国家出版基金项目
重庆市出版专项资金资助

大足石刻全集

第二卷
北山佛湾石窟第101—192号考古报告
上册

大足石刻研究院　编

黎方银　主编

DAZU SHIKE
QUANJI

重庆出版集团　重庆出版社

THE DAZU ROCK CARVINGS

Vol. II

FOWAN (NOS. 101–192), BEISHAN

Part One

EDITED BY
ACADEMY OF DAZU ROCK CARVINGS

EDITOR IN CHIEF
LI FANGYIN

总 策 划　　郭　宜　黎方银

《大足石刻全集》学术委员会

主　　任　　丁明夷
委　　员　　丁明夷　马世长　王川平　宁　强　孙　华　杨　泓　李志荣　李崇峰
　　　　　　李裕群　李静杰　陈明光　陈悦新　杭　侃　姚崇新　郭相颖　雷玉华
　　　　　　霍　巍（以姓氏笔画为序）

《大足石刻全集》编辑委员会

主　　任　　王怀龙　黎方银
副 主 任　　郭　宜　谢晓鹏　刘贤高　郑文武
委　　员　　王怀龙　毛世福　邓启兵　刘贤高　米德昉　李小强　周　颖　郑文武
　　　　　　郭　宜　黄能迁　谢晓鹏　黎方银（以姓氏笔画为序）
主　　编　　黎方银
副 主 编　　刘贤高　邓启兵　黄能迁　谢晓鹏　郑文武

《大足石刻全集》第二卷编纂工作团队

调查记录　　邓启兵　黄能迁　刘贤高　郭　静　陈　静　赵凌飞
现场测绘　　刘贤高　周　颖　毛世福　黄能迁　邓启兵　赵凌飞　张　强　吕　品
　　　　　　陈　杰　潘春香　余倩倩
绘　　图　　周　颖　毛世福　陈　杰　潘春香　余倩倩
图版拍摄　　郑文武（主机）　郭　宜　周　瑜　吕文成　王　远　张　勋
拓　　片　　唐长清　唐毅烈
铭文整理　　赵凌飞
资料整理　　赵凌飞　张媛媛　未小妹　李朝元
英文翻译　　姚淇琳
英文审定　　Tom Suchan　唐仲明
报告编写　　黎方银　邓启兵　黄能迁
统　　稿　　黎方银
审　　定　　丁明夷

《大足石刻全集》第二卷编辑工作团队

工作统筹　　郭　宜　郑文武
三　　审　　李盛强　廖建明　杨希之
编　　辑　　郑文武　王　娟　周　瑜　吕文成　王　远
印前审读　　曾祥志
图片制作　　郑文武　周　瑜　吕文成　王　远
装帧设计　　胡靳一　郑文武
排　　版　　杨　琴
校　　色　　宋晓东　郑文武
校　　对　　廖　颖　陈　琨　何建云　刘小燕　李小君　廖应碧　刘　艳

总目录

第一卷　　　北山佛湾石窟第1—100号考古报告

第二卷　　　北山佛湾石窟第101—192号考古报告

第三卷　　　北山佛湾石窟第193—290号考古报告

第四卷　　　北山多宝塔考古报告

第五卷　　　石篆山、石门山、南山石窟考古报告

第六卷　　　宝顶山大佛湾石窟第1—14号考古报告

第七卷　　　宝顶山大佛湾石窟第15—32号考古报告

第八卷　　　宝顶山小佛湾及周边石窟考古报告

第九卷　　　大足石刻专论

第十卷　　　大足石刻历史图版

第十一卷　　附录及索引

GENERAL CATALOGUE

Vol. I   FOWAN (NOS. 1–100), BEISHAN

Vol. II   FOWAN (NOS. 101–192), BEISHAN

Vol. III   FOWAN (NOS. 193–290), BEISHAN

Vol. IV   DUOBAO PAGODA, BEISHAN

Vol. V   SHIZHUANSHAN, SHIMENSHAN AND NANSHAN

Vol. VI   DAFOWAN (NOS. 1–14), BAODINGSHAN

Vol. VII   DAFOWAN (NOS. 15–32), BAODINGSHAN

Vol. VIII   XIAOFOWAN AND SURROUNDING CARVINGS, BAODINGSHAN

Vol. IX   COLLECTED RESEARCH PAPERS ON THE DAZU ROCK CARVINGS

Vol. X   EARLY PHOTOGRAPHS OF THE DAZU ROCK CARVINGS

Vol. XI   APPENDIX AND INDEX

目　录

第一章　概述 ... 1
第一节　本卷报告的内容 ... 1
第二节　本卷报告的体例和规范 ... 1
- 一　编写体例 ... 1
- 二　报告文本 ... 1
- 三　测绘图 ... 11
- 四　图版 ... 12

第三节　本卷报告的编写经过 ... 12

第二章　第101—104号 ... 13
第一节　本章各编号位置及相互关系 ... 13
第二节　本章各编号所在岩体的裂隙分布 ... 13
第三节　第101号 ... 13
- 一　位置 ... 13
- 二　形制 ... 13
- 三　造像 ... 17
- 四　晚期遗迹 ... 17

第四节　第102号 ... 18
- 一　位置 ... 18
- 二　形制 ... 18
- 三　碑文 ... 18
- 四　晚期遗迹 ... 19

第五节　第103、104号 ... 19
- 一　位置 ... 19
- 二　形制 ... 19
- 三　碑文 ... 19
- 四　晚期遗迹 ... 27

第六节　本章小结 ... 27
- 一　形制特点 ... 27
- 二　年代分析 ... 27
- 三　题材内容 ... 28
- 四　晚期遗迹 ... 28

第三章　第105—123号 ... 29
第一节　本章各编号位置及相互关系 ... 29
第二节　本章各编号所在岩体软弱夹层和裂隙的分布 ... 29
- 一　软弱夹层带 ... 29
- 二　裂隙 ... 29

第三节　第105号 ... 29
- 一　位置 ... 29
- 二　形制 ... 32
- 三　造像 ... 32
- 四　晚期遗迹 ... 39

第四节　第106号 ... 40
- 一　位置 ... 40
- 二　形制 ... 40
- 三　造像 ... 40

四　晚期遗迹 49
第五节　第107号 49
　　一　位置 49
　　二　形制 49
　　三　造像 49
　　四　晚期遗迹 56
第六节　第108号 58
　　一　位置 58
　　二　形制 58
　　三　造像 58
第七节　第109号 59
　　一　位置 59
　　二　形制 59
　　三　造像 59
第八节　第110号 60
　　一　位置 60
　　二　形制 60
　　三　造像 62
　　四　铭文 66
　　五　晚期遗迹 68
第九节　第111号 68
　　一　位置 68
　　二　形制 68
　　三　造像 68
　　四　晚期遗迹 74
第十节　第112号 74
　　一　位置 74
　　二　形制 74
　　三　造像 74
　　四　晚期遗迹 81
第十一节　第113号 82
　　一　位置 82
　　二　形制 82
　　三　造像 82
　　四　晚期遗迹 86
第十二节　第114号 87
　　一　位置 87
　　二　形制 87
　　三　造像 87
　　四　晚期遗迹 87
第十三节　第115号 90
　　一　位置 90
　　二　形制 90
　　三　碑刻 90
第十四节　第116号 91
　　一　位置 91
　　二　形制 91
　　三　造像 91
　　四　晚期遗迹 91

第十五节　第116-1号 93
　　一　位置 93
　　二　形制 93
　　三　造像 94
　　四　晚期遗迹 94
第十六节　第117号 95
　　一　位置 95
　　二　形制 95
　　三　造像 95
　　四　铭文 100
　　五　晚期遗迹 101
第十七节　第118号 102
　　一　位置 102
　　二　形制 102
　　三　造像 102
　　四　晚期遗迹 102
第十八节　第119号 106
　　一　位置 106
　　二　形制 106
　　三　造像 107
　　四　晚期遗迹 107
第十九节　第120号 113
　　一　位置 113
　　二　形制 113
　　三　造像 113
　　四　晚期遗迹 113
第二十节　第121号 118
　　一　位置 118
　　二　形制 118
　　三　造像 118
　　四　铭文 124
　　五　晚期遗迹 124
第二十一节　第122号 124
　　一　位置 124
　　二　形制 124
　　三　造像 124
　　四　晚期遗迹 128
第二十二节　第123号 130
　　一　位置 130
　　二　形制 130
　　三　造像 130
　　四　晚期遗迹 136
第二十三节　本章小结 136
　　一　形制特点 136
　　二　年代分析 137
　　三　题材内容 137
　　四　晚期遗迹 138

第四章　第124—145号 140
第一节　本章各编号位置及相互关系 140

第二节　本章各编号所在岩体软弱夹层带的分布	140
第三节　第124号	140
一　位置	140
二　形制	140
三　造像	141
第四节　第125号	141
一　位置	141
二　形制	141
三　造像	141
四　晚期遗迹	148
第五节　第126号	150
一　位置	150
二　形制	150
三　造像	150
四　晚期遗迹	150
第六节　第127号	154
一　位置	154
二　形制	154
三　造像	156
四　晚期遗迹	156
第七节　第128号	157
一　位置	157
二　形制	157
三　造像	157
四　晚期遗迹	161
第八节　第129号	162
一　位置	162
二　形制	162
三　造像	164
四　晚期遗迹	164
第九节　第130号	165
一　位置	165
二　形制	165
三　造像	165
四　铭文	170
五　晚期遗迹	170
第十节　第131号	173
一　位置	173
二　形制	173
三　造像	175
四　晚期遗迹	175
第十一节　第132号	176
一　位置	176
二　形制	176
三　造像	178
四　晚期遗迹	178
第十二节　第133号	179
一　位置	179
二　形制	179

三　造像 179
　　　四　晚期遗迹 187
　第十三节　第134号 187
　　　一　位置 187
　　　二　形制 187
　　　三　碑文 187
　　　四　晚期遗迹 189
　第十四节　第135号 189
　　　一　位置 189
　　　二　形制 189
　　　三　造像 192
　　　四　晚期遗迹 192
　第十五节　第136号 193
　　　一　位置 193
　　　二　形制 193
　　　三　造像 204
　　　四　铭文 229
　　　五　晚期遗迹 257
　第十六节　第137号 257
　　　一　位置 257
　　　二　形制 257
　　　三　造像 260
　　　四　铭文 261
　　　五　晚期遗迹 262
　第十七节　第138号 262
　　　一　位置 262
　　　二　形制 263
　　　三　题刻 263
　　　四　晚期遗迹 263
　第十八节　第139号 264
　　　一　位置 264
　　　二　形制 264
　　　三　造像 264
　　　四　晚期遗迹 264
　第十九节　第140号 264
　　　一　位置 264
　　　二　形制 264
　　　三　造像 267
　　　四　晚期遗迹 267
　第二十节　第141号 267
　　　一　位置 267
　　　二　形制 267
　　　三　造像 267
　　　四　晚期遗迹 268
　第二十一节　第142号 268
　　　一　位置 268
　　　二　形制 268
　　　三　造像 271
　第二十二节　第143号 271

　　　　一　位置 271
　　　　二　形制 271
　　　　三　碑文 271
　　第二十三节　第144号 272
　　　　一　位置 272
　　　　二　形制 272
　　　　三　造像 272
　　第二十四节　第145号 272
　　　　一　位置 272
　　　　二　形制 272
　　　　三　造像 272
　　　　四　晚期遗迹 273
　　第二十五节　本章小结 275
　　　　一　形制特点 275
　　　　二　年代分析 275
　　　　三　题材内容 275
　　　　四　晚期遗迹 277

第五章　第146—164号 278
　　第一节　本章各编号位置及相互关系 278
　　第二节　第146号 278
　　　　一　位置 278
　　　　二　形制 278
　　　　三　造像 278
　　　　四　晚期遗迹 279
　　第三节　第147号 279
　　　　一　位置 279
　　　　二　形制 279
　　　　三　造像 279
　　　　四　晚期遗迹 286
　　第四节　第148号 287
　　　　一　位置 287
　　　　二　形制 287
　　　　三　造像 287
　　　　四　晚期遗迹 290
　　第五节　第149、150号 290
　　　　一　位置 290
　　　　二　形制 290
　　　　三　造像 294
　　　　四　铭文 303
　　　　五　晚期遗迹 303
　　第六节　第151号 305
　　　　一　位置 305
　　　　二　形制 305
　　　　三　造像 305
　　　　四　晚期遗迹 305
　　第七节　第151-1号 305
　　　　一　位置 305
　　　　二　形制 306
　　　　三　造像 306

第八节　第152号 306
　　一　位置 306
　　二　形制 307
　　三　造像 307
　　四　晚期遗迹 307
第九节　第153号 309
　　一　位置 309
　　二　形制 309
　　三　造像 309
　　四　晚期遗迹 311
第十节　第154号 311
　　一　位置 311
　　二　形制 311
　　三　造像 313
　　四　晚期遗迹 313
第十一节　第155号 313
　　一　位置 313
　　二　形制 313
　　三　造像 313
　　四　铭文 340
　　五　晚期遗迹 341
第十二节　第156号 342
　　一　位置 342
　　二　形制 342
　　三　碑文 342
第十三节　第157号 342
　　一　位置 342
　　二　形制 342
　　三　造像 344
　　四　晚期遗迹 344
第十四节　第158号 344
　　一　位置 344
　　二　形制 344
　　三　造像 344
　　四　晚期遗迹 344
第十五节　第159号 346
　　一　位置 346
　　二　形制 346
　　三　造像 346
　　四　晚期遗迹 346
第十六节　第160号 346
　　一　位置 346
　　二　形制 346
　　三　碑文 348
第十七节　第161号 348
　　一　位置 348
　　二　形制 348
　　三　造像 348
　　四　晚期遗迹 348

第十八节　第162号 ... 350
　　一　位置 ... 350
　　二　形制 ... 350
　　三　造像 ... 350
　　四　晚期遗迹 ... 350

第十九节　第163号 ... 350
　　一　位置 ... 350
　　二　形制 ... 350
　　三　碑文 ... 352
　　四　晚期遗迹 ... 352

第二十节　第164号 ... 352
　　一　位置 ... 352
　　二　形制 ... 352
　　三　造像 ... 355
　　四　晚期遗迹 ... 356

第二十一节　本章小结 ... 356
　　一　形制特点 ... 356
　　二　年代分析 ... 356
　　三　题材内容 ... 357
　　四　晚期遗迹 ... 358

第六章　第165—192号 ... 360
第一节　本章各编号位置及相互关系 ... 360
第二节　本章各编号所在岩体软弱夹层带的分布 ... 360
第三节　第165号 ... 360
　　一　位置 ... 360
　　二　形制 ... 361
　　三　造像 ... 361
　　四　晚期遗迹 ... 361

第四节　第166号 ... 361
　　一　位置 ... 361
　　二　形制 ... 366
　　三　造像 ... 367
　　四　晚期遗迹 ... 367

第五节　第167号 ... 367
　　一　位置 ... 367
　　二　形制 ... 368
　　三　造像 ... 368
　　四　晚期遗迹 ... 369

第六节　第168号 ... 369
　　一　位置 ... 369
　　二　形制 ... 369
　　三　造像 ... 369
　　四　铭文 ... 401
　　五　晚期遗迹 ... 407

第七节　第169号 ... 408
　　一　位置 ... 408
　　二　形制 ... 408
　　三　造像 ... 408
　　四　晚期遗迹 ... 413

第八节　第170号 413
　　一　位置 413
　　二　形制 413
　　三　造像 413
　　四　晚期遗迹 414
第九节　第171号 415
　　一　位置 415
　　二　形制 415
　　三　造像 416
　　四　晚期遗迹 416
第十节　第171-1号 416
　　一　位置 416
　　二　形制 416
　　三　造像 416
　　四　晚期遗迹 416
第十一节　第172号 418
　　一　位置 418
　　二　形制 418
　　三　造像 418
　　四　晚期遗迹 418
第十二节　第173号 418
　　一　位置 418
　　二　形制 420
　　三　造像 420
　　四　晚期遗迹 421
第十三节　第174号 421
　　一　位置 421
　　二　形制 421
　　三　造像 421
　　四　晚期遗迹 421
第十四节　第175号 423
　　一　位置 423
　　二　形制 423
　　三　造像 424
第十五节　第175-1号 424
　　一　位置 424
　　二　形制 424
　　三　造像 425
第十六节　第176号 425
　　一　位置 425
　　二　形制 425
　　三　造像 425
　　四　铭文 439
　　五　晚期遗迹 439
第十七节　第177号 440
　　一　位置 440
　　二　形制 440
　　三　造像 440
　　四　铭文 445

　　　　五　晚期遗迹 448
　第十八节　第178号 449
　　　　一　位置 449
　　　　二　形制 449
　　　　三　造像 450
　　　　四　晚期遗迹 450
　第十九节　第179号 450
　　　　一　位置 450
　　　　二　形制 450
　　　　三　造像 450
　　　　四　晚期遗迹 450
　第二十节　第180号 452
　　　　一　位置 452
　　　　二　形制 452
　　　　三　造像 452
　　　　四　铭文 466
　　　　五　晚期遗迹 467
　第二十一节　第180-1号 468
　　　　一　位置 468
　　　　二　形制 468
　　　　三　造像 468
　第二十二节　第180-2号 469
　　　　一　位置 469
　　　　二　形制 469
　　　　三　造像 469
　第二十三节　第181、184号 470
　　　　一　位置 470
　　　　二　形制 470
　　　　三　造像 470
　　　　四　晚期遗迹 470
　第二十四节　第182号 470
　　　　一　位置 470
　　　　二　形制 470
　　　　三　造像 472
　第二十五节　第183号 472
　　　　一　位置 472
　　　　二　形制 472
　　　　三　造像 472
　　　　四　晚期遗迹 473
　第二十六节　第185号 474
　　　　一　位置 474
　　　　二　形制 474
　　　　三　造像 474
　第二十七节　第186号 474
　　　　一　位置 474
　　　　二　形制 474
　　　　三　造像 474
　　　　四　晚期遗迹 477
　第二十八节　第187号 477

一　位置 ……………………………………………………………………………… 477
　　二　形制 ……………………………………………………………………………… 477
　　三　造像 ……………………………………………………………………………… 477
　　四　晚期遗迹 ………………………………………………………………………… 481
第二十九节　第187-1号 ………………………………………………………………… 481
　　一　位置 ……………………………………………………………………………… 481
　　二　形制 ……………………………………………………………………………… 481
　　三　造像 ……………………………………………………………………………… 481
第三十节　第188号 ……………………………………………………………………… 481
　　一　位置 ……………………………………………………………………………… 481
　　二　形制 ……………………………………………………………………………… 482
　　三　造像 ……………………………………………………………………………… 482
　　四　晚期遗迹 ………………………………………………………………………… 482
第三十一节　第189号 …………………………………………………………………… 484
　　一　位置 ……………………………………………………………………………… 484
　　二　形制 ……………………………………………………………………………… 484
　　三　造像 ……………………………………………………………………………… 484
第三十二节　第190号 …………………………………………………………………… 486
　　一　位置 ……………………………………………………………………………… 486
　　二　形制 ……………………………………………………………………………… 486
　　三　造像 ……………………………………………………………………………… 486
　　四　晚期遗迹 ………………………………………………………………………… 491
第三十三节　第190-1号 ………………………………………………………………… 491
　　一　位置 ……………………………………………………………………………… 491
　　二　形制 ……………………………………………………………………………… 491
　　三　造像 ……………………………………………………………………………… 492
　　四　晚期遗迹 ………………………………………………………………………… 492
第三十四节　第191号 …………………………………………………………………… 493
　　一　位置 ……………………………………………………………………………… 493
　　二　形制 ……………………………………………………………………………… 493
　　三　造像 ……………………………………………………………………………… 493
　　四　晚期遗迹 ………………………………………………………………………… 496
第三十五节　第192号 …………………………………………………………………… 497
　　一　位置 ……………………………………………………………………………… 497
　　二　形制 ……………………………………………………………………………… 497
　　三　造像 ……………………………………………………………………………… 499
　　四　晚期遗迹 ………………………………………………………………………… 499
第三十六节　本章小结 …………………………………………………………………… 499
　　一　形制特点 ………………………………………………………………………… 499
　　二　年代分析 ………………………………………………………………………… 499
　　三　题材内容 ………………………………………………………………………… 500
　　四　晚期遗迹 ………………………………………………………………………… 501

Catalogue

Chapter One　Overview 1

　　Section One　　Content of Vol. Ⅱ 1

　　Section Two　　Guidelines and Organization of Vol. Ⅱ 1

　　　　2.1　Editorial Guidelines and Organization 1

　　　　2.2　Text 1

　　　　2.3　Plans and Drawings 11

　　　　2.4　Photographs 12

　　Section Three　　Writing and Editing Process of Vol. Ⅱ 12

Chapter Two　Nos. 101-104 13

　　Section One　　Locations and Interrelations of Nos. 101-104 13

　　Section Two　　Distribution of Rock Mass Fissures 13

　　Section Three　　No. 101 13

　　　　3.1　Location 13

　　　　3.2　Dimensions and Layout 13

　　　　3.3　Carved Images 17

　　　　3.4　Alterations and Additions 17

　　Section Four　　No. 102 18

　　　　4.1　Location 18

　　　　4.2　Dimensions and Layout 18

　　　　4.3　Stele Inscriptions 18

　　　　4.4　Alterations and Additions 19

　　Section Five　　Nos. 103 and 104 19

　　　　5.1　Location 19

　　　　5.2　Dimensions and Layout 19

　　　　5.3　Stele Inscriptions 19

　　　　5.4　Alterations and Additions 27

　　Section Six　　Chapter Conclusion 27

　　　　6.1　Structural Characteristics 27

　　　　6.2　Periodization and Dating 27

　　　　6.3　Subject Matter and Content 28

　　　　6.4　Alterations and Additions 28

Chapter Three　Nos. 105-123 29

　　Section One　　Locations and Interrelations of Nos. 105-123 29

　　Section Two　　Distribution of Inter-layer Soft Rocks and Rock Mass Fissures 29

　　　　2.1　Inter-layer Soft Rocks 29

　　　　2.2　Fissures 29

　　Section Three　　No. 105 29

　　　　3.1　Location 29

　　　　3.2　Dimensions and Layout 32

　　　　3.3　Carved Images 32

　　　　3.4　Alterations and Additions 39

　　Section Four　　No. 106 40

　　　　4.1　Location 40

　　　　4.2　Dimensions and Layout 40

　　　　4.3　Carved Images 40

4.4	Alterations and Additions	49

Section Five　No. 107 ... 49

5.1	Location	49
5.2	Dimensions and Layout	49
5.3	Carved Images	49
5.4	Alterations and Additions	56

Section Six　No. 108 ... 58

6.1	Location	58
6.2	Dimensions and Layout	58
6.3	Carved Images	58

Section Seven　No. 109 ... 59

7.1	Location	59
7.2	Dimensions and Layout	59
7.3	Carved Images	59

Section Eight　No. 110 ... 60

8.1	Location	60
8.2	Dimensions and Layout	60
8.3	Carved Images	62
8.4	Inscriptions	66
8.5	Alterations and Additions	68

Section Nine　No. 111 ... 68

9.1	Location	68
9.2	Dimensions and Layout	68
9.3	Carved Images	68
9.4	Alterations and Additions	74

Section Ten　No. 112 ... 74

10.1	Location	74
10.2	Dimensions and Layout	74
10.3	Carved Images	74
10.4	Alterations and Additions	81

Section Eleven　No. 113 ... 82

11.1	Location	82
11.2	Dimensions and Layout	82
11.3	Carved Images	82
11.4	Alterations and Additions	86

Section Twelve　No. 114 ... 87

12.1	Location	87
12.2	Dimensions and Layout	87
12.3	Carved Images	87
12.4	Alterations and Additions	87

Section Thirteen　No. 115 ... 90

13.1	Location	90
13.2	Dimensions and Layout	90
13.3	Stele Inscriptions	90

Section Fourteen　No. 116 ... 91

14.1	Location	91
14.2	Dimensions and Layout	91
14.3	Carved Images	91
14.4	Alterations and Additions	91

Section Fifteen　No. 116-1 93
 15.1 Location 93
 15.2 Dimensions and Layout 93
 15.3 Carved Images 94
 15.4 Alterations and Additions 94

Section Sixteen　No. 117 95
 16.1 Location 95
 16.2 Dimensions and Layout 95
 16.3 Carved Images 95
 16.4 Inscriptions 100
 16.5 Alterations and Additions 101

Section Seventeen　No. 118 102
 17.1 Location 102
 17.2 Dimensions and Layout 102
 17.3 Carved Images 102
 17.4 Alterations and Additions 102

Section Eighteen　No. 119 106
 18.1 Location 106
 18.2 Dimensions and Layout 106
 18.3 Carved Images 107
 18.4 Alterations and Additions 107

Section Nineteen　No. 120 113
 19.1 Location 113
 19.2 Dimensions and Layout 113
 19.3 Carved Images 113
 19.4 Alterations and Additions 113

Section Twenty　No. 121 118
 20.1 Location 118
 20.2 Dimensions and Layout 118
 20.3 Carved Images 118
 20.4 Inscriptions 124
 20.5 Alterations and Additions 124

Section Twenty-one　No. 122 124
 21.1 Location 124
 21.2 Dimensions and Layout 124
 21.3 Carved Images 124
 21.4 Alterations and Additions 128

Section Twenty-two　No. 123 130
 22.1 Location 130
 22.2 Dimensions and Layout 130
 22.3 Carved Images 130
 22.4 Alterations and Additions 136

Section Twenty-three　Chapter Conclusion 136
 23.1 Structural Characteristics 136
 23.2 Periodization and Dating 137
 23.3 Subject Matter and Content 137
 23.4 Alterations and Additions 138

Chapter Four　Nos. 124-145 140
 Section One Locations and Interrelations of Nos. 124-145 140

Section Two	Distribution of Inter-layer Soft Rocks	140
Section Three	No. 124	140
	3.1 Location	140
	3.2 Dimensions and Layout	140
	3.3 Carved Images	141
Section Four	No. 125	141
	4.1 Location	141
	4.2 Dimensions and Layout	141
	4.3 Carved Images	141
	4.4 Alterations and Additions	148
Section Five	No. 126	150
	5.1 Location	150
	5.2 Dimensions and Layout	150
	5.3 Carved Images	150
	5.4 Alterations and Additions	150
Section Six	No. 127	150
	6.1 Location	154
	6.2 Dimensions and Layout	154
	6.3 Carved Images	156
	6.4 Alterations and Additions	156
Section Seven	No. 128	157
	7.1 Location	157
	7.2 Dimensions and Layout	157
	7.3 Carved Images	157
	7.4 Alterations and Additions	161
Section Eight	No. 129	162
	8.1 Location	162
	8.2 Dimensions and Layout	162
	8.3 Carved Images	164
	8.4 Alterations and Additions	164
Section Nine	No. 130	165
	9.1 Location	165
	9.2 Dimensions and Layout	165
	9.3 Carved Images	165
	9.4 Inscriptions	170
	9.5 Alterations and Additions	170
Section Ten	No. 131	173
	10.1 Location	173
	10.2 Dimensions and Layout	173
	10.3 Carved Images	175
	10.4 Alterations and Additions	175
Section Eleven	No. 132	176
	11.1 Location	176
	11.2 Dimensions and Layout	176
	11.3 Carved Images	178
	11.4 Alterations and Additions	178
Section Twelve	No. 133	179
	12.1 Location	179
	12.2 Dimensions and Layout	179

  12.3 Carved Images 179

  12.4 Alterations and Additions 187

Section Thirteen No. 134 187

  13.1 Location 187

  13.2 Dimensions and Layout 187

  13.3 Stele Inscriptions 187

  13.4 Alterations and Additions 189

Section Fourteen No. 135 189

  14.1 Location 189

  14.2 Dimensions and Layout 189

  14.3 Carved Images 192

  14.4 Alterations and Additions 192

Section Fifteen No. 136 193

  15.1 Location 193

  15.2 Dimensions and Layout 193

  15.3 Carved Images 204

  15.4 Inscriptions 229

  15.5 Alterations and Additions 257

Section Sixteen No. 137 257

  16.1 Location 257

  16.2 Dimensions and Layout 257

  16.3 Carved Images 260

  16.4 Inscriptions 261

  16.5 Alterations and Additions 262

Section Seventeen No. 138 262

  17.1 Location 262

  17.2 Dimensions and Layout 263

  17.3 Carved Images 263

  17.4 Inscriptions 263

Section Eighteen No. 139 264

  18.1 Location 264

  18.2 Dimensions and Layout 264

  18.3 Carved Images 264

  18.4 Alterations and Additions 264

Section Nineteen No. 140 264

  19.1 Location 264

  19.2 Dimensions and Layout 264

  19.3 Carved Images 267

  19.4 Alterations and Additions 267

Section Twenty No. 141 267

  20.1 Location 267

  20.2 Dimensions and Layout 267

  20.3 Carved Images 267

  20.4 Alterations and Additions 268

Section Twenty-one No. 142 268

  21.1 Location 268

  21.2 Dimensions and Layout 268

  21.3 Carved Images 271

Section Twenty-two No. 143 271

- 22.1 Location 271
- 22.2 Dimensions and Layout 271
- 22.3 Stele Inscriptions 271

Section Twenty-three   No. 144 272
- 23.1 Location 272
- 23.2 Dimensions and Layout 272
- 23.3 Carved Images 272

Section Twenty-four   No. 145 272
- 24.1 Location 272
- 24.2 Dimensions and Layout 272
- 24.3 Carved Images 272
- 24.4 Alterations and Additions 273

Section Twenty-five   Chapter Conclusion 275
- 25.1 Structural Characteristics 275
- 25.2 Periodization and Dating 275
- 25.3 Subject Matter and Content 275
- 25.4 Alterations and Additions 277

Chapter Five   Nos. 146-164 278

Section One   Locations and Interrelations of Nos. 146-164 278

Section Two   No. 146 278
- 2.1 Location 278
- 2.2 Dimensions and Layout 278
- 2.3 Carved Images 278
- 2.4 Alterations and Additions 279

Section Three   No. 147 279
- 3.1 Location 279
- 3.2 Dimensions and Layout 279
- 3.3 Carved Images 279
- 3.4 Alterations and Additions 286

Section Four   No. 148 287
- 4.1 Location 287
- 4.2 Dimensions and Layout 287
- 4.3 Carved Images 287
- 4.4 Alterations and Additions 290

Section Five   Nos. 149 and 150 290
- 5.1 Location 290
- 5.2 Dimensions and Layout 290
- 5.3 Carved Images 294
- 5.4 Inscriptions 303
- 5.5 Alterations and Additions 303

Section Six   No. 151 305
- 6.1 Location 305
- 6.2 Dimensions and Layout 305
- 6.3 Carved Images 305
- 6.4 Alterations and Additions 305

Section Seven   No. 151-1 305
- 7.1 Location 305
- 7.2 Dimensions and Layout 306
- 7.3 Carved Images 306

Section Eight   No. 152 306
    8.1   Location 306
    8.2   Dimensions and Layout 307
    8.3   Carved Images 307
    8.4   Alterations and Additions 307

Section Nine   No. 153 309
    9.1   Location 309
    9.2   Dimensions and Layout 309
    9.3   Carved Images 309
    9.4   Alterations and Additions 311

Section Ten   No. 154 311
    10.1   Location 311
    10.2   Dimensions and Layout 311
    10.3   Carved Images 313
    10.4   Alterations and Additions 313

Section Eleven   No. 155 313
    11.1   Location 313
    11.2   Dimensions and Layout 313
    11.3   Carved Images 313
    11.4   Inscriptions 340
    11.5   Alterations and Additions 341

Section Twelve   No. 156 342
    12.1   Location 342
    12.2   Dimensions and Layout 342
    12.3   Stele Inscriptions 342

Section Thirteen   No. 157 342
    13.1   Location 342
    13.2   Dimensions and Layout 342
    13.3   Carved Images 344
    13.4   Alterations and Additions 344

Section Fourteen   No. 158 344
    14.1   Location 344
    14.2   Dimensions and Layout 344
    14.3   Carved Images 344
    14.4   Alterations and Additions 344

Section Fifteen   No. 159 346
    15.1   Location 346
    15.2   Dimensions and Layout 346
    15.3   Carved Images 346
    15.4   Alterations and Additions 346

Section Sixteen   No. 160 346
    16.1   Location 346
    16.2   Dimensions and Layout 346
    16.3   Stele Inscriptions 348

Section Seventeen   No. 161 348
    17.1   Location 348
    17.2   Dimensions and Layout 348
    17.3   Carved Images 348
    17.4   Alterations and Additions 348

- Section Eighteen　No. 162 350
  - 18.1　Location 350
  - 18.2　Dimensions and Layout 350
  - 18.3　Carved Images 350
  - 18.4　Alterations and Additions 350
- Section Nineteen　No. 163 350
  - 19.1　Location 350
  - 19.2　Dimensions and Layout 350
  - 19.3　Stele Inscriptions 352
  - 19.4　Alterations and Additions 352
- Section Twenty　No. 164 352
  - 20.1　Location 352
  - 20.2　Dimensions and Layout 352
  - 20.3　Carved Images 355
  - 20.4　Alterations and Additions 356
- Section Twenty-one　Chapter Conclusion 356
  - 21.1　Structural Characteristics 356
  - 21.2　Periodization and Dating 356
  - 21.3　Subject Matter and Content 357
  - 21.4　Alterations and Additions 358

Chapter Six　Nos. 165-192 360
- Section One　Locations and Interrelations of Nos. 165-192 360
- Section Two　Distribution of Inter-layer Soft Rocks 360
- Section Three　No. 165 360
  - 3.1　Location 360
  - 3.2　Dimensions and Layout 361
  - 3.3　Carved Images 361
  - 3.4　Alterations and Additions 361
- Section Four　No. 166 361
  - 4.1　Location 361
  - 4.2　Dimensions and Layout 366
  - 4.3　Carved Images 367
  - 4.4　Alterations and Additions 367
- Section Five　No. 167 367
  - 5.1　Location 367
  - 5.2　Dimensions and Layout 368
  - 5.3　Carved Images 368
  - 5.4　Alterations and Additions 369
- Section Six　No. 168 369
  - 6.1　Location 369
  - 6.2　Dimensions and Layout 369
  - 6.3　Carved Images 369
  - 6.4　Inscriptions 401
  - 6.5　Alterations and Additions 407
- Section Seven　No. 169 408
  - 7.1　Location 408
  - 7.2　Dimensions and Layout 408
  - 7.3　Carved Images 408
  - 7.4　Alterations and Additions 413

Section Eight   No. 170 413
    8.1   Location 413
    8.2   Dimensions and Layout 413
    8.3   Carved Images 413
    8.4   Alterations and Additions 414

Section Nine   No. 171 415
    9.1   Location 415
    9.2   Dimensions and Layout 415
    9.3   Carved Images 416
    9.4   Alterations and Additions 416

Section Ten   No. 171-1 416
    10.1   Location 416
    10.2   Dimensions and Layout 416
    10.3   Carved Images 416
    10.4   Alterations and Additions 416

Section Eleven   No. 172 418
    11.1   Location 418
    11.2   Dimensions and Layout 418
    11.3   Carved Images 418
    11.4   Alterations and Additions 418

Section Twelve   No. 173 418
    12.1   Location 418
    12.2   Dimensions and Layout 420
    12.3   Carved Images 420
    12.4   Alterations and Additions 421

Section Thirteen   No. 174 421
    13.1   Location 421
    13.2   Dimensions and Layout 421
    13.3   Carved Images 421
    13.4   Alterations and Additions 421

Section Fourteen   No. 175 423
    14.1   Location 423
    14.2   Dimensions and Layout 423
    14.3   Carved Images 424

Section Fifteen   No. 175-1 424
    15.1   Location 424
    15.2   Dimensions and Layout 424
    15.3   Carved Images 425

Section Sixteen   No. 176 425
    16.1   Location 425
    16.2   Dimensions and Layout 425
    16.3   Carved Images 425
    16.4   Inscriptions 439
    16.5   Alterations and Additions 439

Section Seventeen   No. 177 440
    17.1   Location 440
    17.2   Dimensions and Layout 440
    17.3   Carved Images 440
    17.4   Inscriptions 445

17.5　Alterations and Additions 448

Section Eighteen　No. 178 449

18.1　Location 449

18.2　Dimensions and Layout 449

18.3　Carved Images 450

18.4　Alterations and Additions 450

Section Nineteen　No. 179 450

19.1　Location 450

19.2　Dimensions and Layout 450

19.3　Carved Images 450

19.4　Alterations and Additions 450

Section Twenty　No. 180 452

20.1　Location 452

20.2　Dimensions and Layout 452

20.3　Carved Images 452

20.4　Inscriptions 466

20.5　Alterations and Additions 467

Section Twenty-one　No. 180-1 468

21.1　Location 468

21.2　Dimensions and Layout 468

21.3　Carved Images 468

Section Twenty-two　No. 180-2 469

22.1　Location 469

22.2　Dimensions and Layout 469

22.3　Carved Images 469

Section Twenty-three　No. 181 and No. 184 470

23.1　Location 470

23.2　Dimensions and Layout 470

23.3　Carved Images 470

23.4　Alterations and Additions 470

Section Twenty-four　No. 182 470

24.1　Location 470

24.2　Dimensions and Layout 470

24.3　Carved Images 472

Section Twenty-five　No. 183 472

25.1　Location 472

25.2　Dimensions and Layout 472

25.3　Carved Images 472

25.4　Alterations and Additions 473

Section Twenty-six　No. 185 474

26.1　Location 474

26.2　Dimensions and Layout 474

26.3　Carved Images 474

Section Twenty-seven　No. 186 474

27.1　Location 474

27.2　Dimensions and Layout 474

27.3　Carved Images 474

27.4　Alterations and Additions 477

Section Twenty-eight　No. 187 477

  28.1 Location 477

  28.2 Dimensions and Layout 477

  28.3 Carved Images 477

  28.4 Alterations and Additions 481

Section Twenty-nine No. 187-1 481

  29.1 Location 481

  29.2 Dimensions and Layout 481

  29.3 Carved Images 481

Section Thirty No. 188 481

  30.1 Location 481

  30.2 Dimensions and Layout 482

  30.3 Carved Images 482

  30.4 Alterations and Additions 482

Section Thirty-one No. 189 484

  31.1 Location 484

  31.2 Dimensions and Layout 484

  31.3 Carved Images 484

Section Thirty-two No. 190 486

  32.1 Location 486

  32.2 Dimensions and Layout 486

  32.3 Carved Images 486

  32.4 Alterations and Additions 491

Section Thirty-three No. 190-1 491

  33.1 Location 491

  33.2 Dimensions and Layout 491

  33.3 Carved Images 492

  33.4 Alterations and Additions 492

Section Thirty-four No. 191 493

  34.1 Location 493

  34.2 Dimensions and Layout 493

  34.3 Carved Images 493

  34.4 Alterations and Additions 496

Section Thirty-five No. 192 497

  35.1 Location 497

  35.2 Dimensions and Layout 497

  35.3 Carved Images 499

  35.4 Alterations and Additions 499

Section Thirty-six Chapter Conclusion 499

  36.1 Structural Characteristics 499

  36.2 Periodization and Dating 499

  36.3 Subject Matter and Content 500

  36.4 Alterations and Additions 501

插图目录

图1	北山佛湾石窟分区图	2
图2	北山佛湾北区石窟分段图	4
图3	第101—192号在北区石窟中的位置图	6
图4	第101—192号分组图	8
图5	北山佛湾石窟龛窟外立面示意图	10
图6	北山佛湾石窟龛窟结构形制部位名称示意图	10
图7	第101—104号在本卷龛窟中的位置图	14
图8	第101—104号位置关系图	14
图9	第101号龛平、立面图	16
图10	第101号龛剖面图	17
图11	第103、104号龛平、立、剖面图	20
图12	第104号碑首龙纹展开图	24
图13	第105—123号在本卷龛窟中的位置图	30
图14	第105—123号位置关系图	30
图15	第105号龛立面图	33
图16	第105号龛平面图	34
图17	第105号龛剖面图	35
图18	第105号龛造像展开图	36
图19	第105号龛正壁立面图	37
图20	第105号龛顶仰视图	37
图21	第105号龛左侧壁立面图	39
图22	第105号龛右侧壁立面图	39
图23	第106号龛立面图	41
图24	第106号龛平面图	42
图25	第106号龛剖面图	43
图26	第106号龛造像展开图	44
图27	第106号龛正壁立面图	46
图28	第106号龛龛顶仰视图	46
图29	第106号龛正壁佛像效果图	47
图30	第106号龛左侧壁立面图	48
图31	第106号龛右侧壁立面图	48
图32	第107号龛立面图	50
图33	第107号龛剖面图	51
图34	第107号龛平面图	52
图35	第107号龛造像展开图	53
图36	第107号龛龛顶仰视图	54
图37	第107号龛下层左右侧壁武士像立面图	57
图38	第108号龛立、剖面图	58
图39	第109号龛立、剖面图	59
图40	第110号龛立面图	60
图41	第110号龛剖面图	61
图42	第110号龛平面图	62
图43	第110号龛造像展开图	63
图44	第110号龛正壁立面图	64
图45	第110号龛龛顶仰视图	65
图46	第110号龛左侧壁立面图	67
图47	第110号龛右侧壁立面图	67
图48	第111号龛立面图	69
图49	第111号龛剖面图	70
图50	第111号龛平面图	71
图51	第111号龛龛顶仰视图	71
图52	第111号龛造像展开图	72
图53	第112号龛立面图	75
图54	第112号龛平面图	76
图55	第112号龛剖面图	77
图56	第112号龛龛顶仰视图	78
图57	第112号龛正壁立面图	79
图58	第112号龛左侧壁立面图	80
图59	第112号龛右侧壁立面图	80
图60	第112号龛右侧壁坐像效果图	81
图61	第113号龛立面图	83
图62	第113号龛剖面图	84
图63	第113号龛平面图	84
图64	第113号龛正壁立面图	85
图65	第113号龛左侧壁立面图	86
图66	第113号龛右侧壁立面图	86
图67	第114号窟平、立、剖面图	88
图68	第114号窟正壁立面图	89
图69	第114号窟左侧壁立面图	89
图70	第114号窟右侧壁立面图	89
图71	第114号窟窟顶仰视图	89
图72	第116号龛平、立、剖面图	92
图73	第116号龛左侧壁立面图	93
图74	第116号龛右侧壁立面图	93
图75	第116-1号龛平、立、剖面图	94
图76	第117号龛立面图	96
图77	第117号龛剖面图	97
图78	第117号龛平面图	98
图79	第117号龛龛顶仰视图	99
图80	第117号龛华盖飞天效果图	99
图81	第117号龛左侧壁立面图	101
图82	第117号龛右侧壁立面图	101

图 83	第 118 号龛立面图	103
图 84	第 118 号龛剖面图	104
图 85	第 118 号龛平面图	105
图 86	第 118 号龛左壁侍者像立面图	106
图 87	第 118 号龛右壁侍者像立面图	106
图 88	第 119 号龛立面图	108
图 89	第 119 号龛剖面图	109
图 90	第 119 号龛平面图	110
图 91	第 119 号龛正壁立面图	111
图 92	第 119 号龛龛顶仰视图	112
图 93	第 119 号龛左壁立面图	112
图 94	第 119 号龛右壁立面图	112
图 95	第 120 号龛立面图	114
图 96	第 120 号龛剖面图	115
图 97	第 120 号龛平面图	116
图 98	第 120 号龛龛顶仰视图	116
图 99	第 120 号龛左壁立面图	117
图 100	第 120 号龛右壁立面图	117
图 101	第 121 号龛立面图	119
图 102	第 121 号龛剖面图	120
图 103	第 121 号龛平面图	121
图 104	第 121 号龛龛顶仰视图	122
图 105	第 121 号龛正壁立面图	122
图 106	第 121 号龛左侧壁立面图	123
图 107	第 121 号龛右侧壁立面图	123
图 108	第 122 号龛立面图	125
图 109	第 122 号龛剖面图	126
图 110	第 122 号龛平面图	127
图 111	第 122 号龛左侧壁立面图	129
图 112	第 122 号龛右侧壁立面图	129
图 113	第 123 号龛立面图	131
图 114	第 123 号龛剖面图	132
图 115	第 123 号龛平面图	133
图 116	第 123 号龛龛顶仰视图	133
图 117	第 123 号龛左壁立面图	134
图 118	第 123 号龛右壁立面图	135
图 119	第 124—145 号在本卷龛窟中的位置图	142
图 120	第 124—145 号位置关系图	142
图 121	第 124 号龛平、立、剖面图	144
图 122	第 125 号龛立面图	145
图 123	第 125 号龛剖面图	146
图 124	第 125 号龛平面图	147
图 125	第 125 号龛龛顶仰视图	148
图 126	第 125 号龛左侧壁立面图	149
图 127	第 125 号龛右侧壁立面图	149
图 128	第 126 号龛立面图	151
图 129	第 126 号龛剖面图	152
图 130	第 126 号龛平面图	153
图 131	第 126 号龛龛顶仰视图	153
图 132	第 126 号龛左侧壁立面图	154
图 133	第 126 号龛右侧壁立面图	154
图 134	第 127 号龛平、立、剖面图	155
图 135	第 127 号龛左侧壁立面图	156
图 136	第 127 号龛右侧壁立面图	156
图 137	第 128 号龛立面图	158
图 138	第 128 号龛平、剖面图	159
图 139	第 128 号龛龛顶仰视图	160
图 140	第 128 号龛左侧壁菩萨像效果图	160
图 141	第 128 号龛左侧壁立面图	161
图 142	第 128 号龛右侧壁立面图	161
图 143	第 129 号龛立面图	162
图 144	第 129 号龛平、剖面图	163
图 145	第 129 号龛左壁立面图	164
图 146	第 129 号龛右壁立面图	164
图 147	第 130 号龛立面图	166
图 148	第 130 号龛平面图	167
图 149	第 130 号龛剖面图	168
图 150	第 130 号龛龛顶仰视图	169
图 151	第 130 号龛左侧壁立面图	171
图 152	第 130 号龛右侧壁立面图	172
图 153	第 130 号龛右侧壁第 3 身力士像效果图	173
图 154	第 131 号龛平、立、剖面图	174
图 155	第 131 号龛左壁立面图	175
图 156	第 131 号龛右壁立面图	175
图 157	第 132 号龛立面图	176
图 158	第 132 号龛平、剖面图	177
图 159	第 132 号龛左壁立面图	178
图 160	第 132 号龛右壁立面图	178
图 161	第 133 号窟立面图	180
图 162	第 133 号窟平面图	181
图 163	第 133 号窟剖面图	182
图 164	第 133 号窟窟顶仰视图	183

图 165	第 133 号窟正壁立面图	184	图 209	第 136 号窟左侧壁外龛主尊菩萨像等值线图	240
图 166	第 133 号窟主尊菩萨等值线图	185	图 210	第 136 号窟左侧壁外侧力士像立面图	242
图 167	第 133 号窟主尊左侧善财像效果图	185	图 211	第 136 号窟左侧壁外侧力士像平、剖面图	243
图 168	第 133 号窟左侧壁立面图	186	图 212	第 136 号窟右侧壁立面图	244
图 169	第 133 号窟右侧壁立面图	188	图 213	第 136 号窟右侧壁内龛立面图	246
图 170	第 135 号龛立面图	190	图 214	第 136 号窟右侧壁内龛平、剖面图	247
图 171	第 135 号龛平、剖面图	191	图 215	第 136 号窟右侧壁内龛主尊菩萨像等值线图	248
图 172	第 135 号龛左侧壁立面图	193	图 216	第 136 号窟右侧壁中龛立面图	249
图 173	第 135 号龛右侧壁立面图	193	图 217	第 136 号窟右侧壁中龛平、剖面图	250
图 174	第 136 号窟外立面图	194	图 218	第 136 号窟右侧壁中龛主尊菩萨像等值线图	251
图 175	第 136 号窟平面图	196	图 219	第 136 号窟右侧壁中龛主尊菩萨像胸部璎珞	251
图 176	第 136 号窟横剖面图（向东）	197	图 220	第 136 号窟右侧壁外龛立面图	252
图 177	第 136 号窟纵剖面图（向南）	198	图 221	第 136 号窟右侧壁外龛平、剖面图	253
图 178	第 136 号窟窟顶仰视图	200	图 222	第 136 号窟右侧壁外龛主尊菩萨像等值线图	254
图 179	第 136 号窟透视图（西南向东北）	201	图 223	第 136 号窟右侧壁外龛主尊菩萨像胸部璎珞	254
图 180	第 136 号窟壁面造像展开图	202	图 224	第 136 号窟右侧壁外龛主尊菩萨腹前及体侧璎珞	254
图 181	第 136 号窟转轮藏立面图	208	图 225	第 136 号窟右侧壁外侧力士像立面图	255
图 182	第 136 号窟转轮藏平面图	209	图 226	第 136 号窟右侧壁外侧力士像平、剖面图	256
图 183	第 136 号窟转轮藏等值线图、效果图	210	图 227	第 137 号龛立面图	258
图 184	第 136 号窟转轮藏西北面、西面立面图	212	图 228	第 137 号龛平、剖面图	259
图 185	第 136 号窟转轮藏西南面、南面立面图	213	图 229	第 138 号龛立面图	263
图 186	第 136 号窟转轮藏东南面、东面立面图	214	图 230	第 139 号龛平、立、剖面图	265
图 187	第 136 号窟转轮藏东北面、北面立面图	215	图 231	第 140 号龛平、立、剖面图	266
图 188	第 136 号窟转轮藏西北面、西面、西南面、南面帐柱立面图	216	图 232	第 141 号龛立面图	268
图 189	第 136 号窟转轮藏东南面、东面、东北面、北面帐柱立面图	217	图 233	第 141 号龛平、剖面图	269
图 190	第 136 号窟转轮藏天宫楼阁展开图	218	图 234	第 142、144 号龛平、立、剖面图	270
图 191	第 136 号窟正壁立面图	220	图 235	第 145 号龛立面图	273
图 192	第 136 号窟正壁中龛平、立面图	222	图 236	第 145 号龛平、剖面图	274
图 193	第 136 号窟正壁中龛剖面图	223	图 237	第 146—164 号在本卷龛窟中的位置图	280
图 194	第 136 号窟正壁中龛主尊佛像等值线图	223	图 238	第 146—164 号位置关系图	280
图 195	第 136 号窟正壁左龛立面图	224	图 239	第 146 号龛平、立、剖面图	282
图 196	第 136 号窟正壁左龛平、剖面图	225	图 240	第 147 号龛立面图	283
图 197	第 136 号窟正壁右龛立面图	226	图 241	第 147 号龛平、剖面图	284
图 198	第 136 号窟正壁右龛平、剖面图	227	图 242	第 147 号龛左侧壁立面图	286
图 199	第 136 号窟正壁右侧菩萨像效果图	228	图 243	第 147 号龛右侧壁立面图	286
图 200	第 136 号窟左侧壁立面图	230	图 244	第 147 号龛龛顶仰视图	287
图 201	第 136 号窟左侧壁内龛立面图	232	图 245	第 148 号龛立面图	288
图 202	第 136 号窟左侧壁内龛平、剖面图	233	图 246	第 148 号龛平、剖面图	289
图 203	第 136 号窟左侧壁内龛主尊菩萨像等值线图	234	图 247	第 149 号窟立面图	291
图 204	第 136 号窟左侧壁中龛立面图	235	图 248	第 149 号窟纵剖面图（向北）	292
图 205	第 136 号窟左侧壁中龛平、剖面图	236	图 249	第 149 号窟平面、横剖面图	293
图 206	第 136 号窟左侧壁中龛主尊菩萨像等值线图	237	图 250	第 149 号窟窟顶仰视图	294
图 207	第 136 号窟左侧壁外龛立面图	238	图 251	第 149 号窟造像展开图	296
图 208	第 136 号窟左侧壁外龛平、剖面图	239	图 252	第 149 号窟正壁立面图	298

图253	第149号窟左侧壁造像及编号示意图	301
图254	第149号窟右侧壁造像及编号示意图	302
图255	第151号龛立、剖面图	306
图256	第151-1号龛立面图	307
图257	第152号龛平、立、剖面图	308
图258	第153号龛立面图	309
图259	第153号龛平、剖面图	310
图260	第154号龛立面图	311
图261	第154号龛平、剖面图	312
图262	第155号窟立面图	314
图263	第155号窟平面图	315
图264	第155号窟纵剖面图（向南）	316
图265	第155号窟横剖面图（向东）	317
图266	第155号窟窟顶仰视图	318
图267	第155号窟石柱立面图	319
图268	第155号窟主尊菩萨像等值线图	320
图269	第155号窟石柱左侧视图	321
图270	第155号窟石柱右侧视图	322
图271	第155号窟正壁立面及编号图	325
图272	第155号窟正壁上方浅龛立面图	326
图273	第155号窟正壁左侧中部方龛平、立、剖面图	327
图274	第155号窟左侧壁立面图	328
图275	第155号窟左侧壁造像编号图	330
图276	第155号窟右侧壁立面图	334
图277	第155号窟右侧壁造像编号图	336
图278	第155号窟右侧壁中部坐佛像效果图	336
图279	第155号窟右侧壁内侧中部浅龛立面图	338
图280	第155号窟右侧壁内侧下部造像立面图	338
图281	第155号窟左沿上浅龛立面图	340
图282	第155号窟左沿下浅龛立面图	340
图283	第157号龛平、立、剖面图	343
图284	第158号龛平、立、剖面图	345
图285	第159号龛平、立、剖面图	347
图286	第161号龛平、立、剖面图	349
图287	第162号龛平、立、剖面图	351
图288	第164号龛平、立、剖面图	353
图289	第164号龛正壁立面图	354
图290	第164号龛左侧壁立面图	355
图291	第164号龛右侧壁立面图	355
图292	第165—192号在本卷龛窟中的位置图	362
图293	第165—192号位置关系图	362
图294	第165号龛立面图	364
图295	第165号龛平、剖面图	365
图296	第166号龛平、立、剖面图	366

图297	第167号龛立面、侧视图	368
图298	第168号窟立面图	370
图299	第168号窟平面图	371
图300	第168号窟纵剖面图（向南）	372
图301	第168号窟纵剖面图（向东）	374
图302	第168号窟窟顶仰视图	375
图303	第168号窟正壁立面及编号图	376
图304	第168号窟正壁方龛立面图	378
图305	第168号窟正壁方龛剖面图	378
图306	第168号窟正壁方龛平面图	379
图307	第168号窟正壁方龛主尊佛像效果图	380
图308	第168号窟左壁立面及造像编号图	384
图309	第168号窟右壁立面及编号图	392
图310	第168号窟窟底平面、剖面图	400
图311	第169号龛立面图	409
图312	第169号龛平面图	410
图313	第169号龛剖面图	411
图314	第169号龛左侧壁立面图	412
图315	第169号龛右侧壁立面图	412
图316	第170号龛立、剖面图	414
图317	第171号龛平、立、剖面图	415
图318	第171-1号龛平、立、剖面图	417
图319	第172号龛平、立、剖面图	419
图320	第173号龛平、立、剖面图	420
图321	第174号龛平、立、剖面图	422
图322	第175号龛平、立、剖面图	423
图323	第175-1号龛立、剖面图	424
图324	第176号窟立面图	426
图325	第176号窟剖面图	427
图326	第176号窟平面图	428
图327	第176号窟正壁立面图	429
图328	第176号窟正壁主尊佛像等值线图	430
图329	第176号窟左侧壁立面图	432
图330	第176号窟左侧壁造像分组及编号图	433
图331	第176号窟左侧壁中部右侧造像展开图	433
图332	第176号窟右侧壁立面图	436
图333	第176号窟右侧壁造像分组及编号图	437
图334	第176号窟右侧壁中部左侧造像展开图	437
图335	第176号窟窟顶仰视图	438
图336	第177号窟立面图	441
图337	第177号窟剖面图	442
图338	第177号窟平面图	443
图339	第177号窟正壁立面图	444
图340	第177号窟左侧壁立面图	446

图341	第177号窟右侧壁立面图	447
图342	第177号窟窟顶仰视图	448
图343	第178号龛立、剖面图	449
图344	第179号龛平、立、剖面图	451
图345	第180号窟立面图	454
图346	第180号窟纵剖面图（向南）	456
图347	第180号窟横剖面图（向东）	457
图348	第180号窟平面、窟顶仰视图	458
图349	第180号窟造像展开图	460
图350	第180号窟正壁立面图	462
图351	第180号窟主尊菩萨像等值线图及花冠图	463
图352	第180号窟左侧壁立面图	464
图353	第180号窟右侧壁立面图	465
图354	第180号窟主尊右侧及右侧壁内起第5身菩萨像效果图	466
图355	第180号窟主尊右侧及右侧壁内起第5身菩萨像等值线图	466
图356	第180-1号龛立面图	468
图357	第180-2号龛立面图	469
图358	第181、184号龛平、立、剖面图	471
图359	第182号龛立、剖面图	472
图360	第183号龛平、立、剖面图	473
图361	第185号龛平、立、剖面图	475
图362	第186号龛平、立、剖面图	476
图363	第187号龛立面图	478
图364	第187号龛平、剖面图	479
图365	第187号龛左侧壁立面图	480
图366	第187号龛右侧壁立面图	480
图367	第187-1号龛立面图	482
图368	第188号龛平、立、剖面图	483
图369	第188号龛左侧壁立面图	484
图370	第188号龛右侧壁立面图	484
图371	第189号龛平、立、剖面图	485
图372	第190号龛立面图	487
图373	第190号龛剖面图	488
图374	第190号龛平面图	489
图375	第190号龛效果图	490
图376	第190号龛左侧壁立面图	491
图377	第190号龛右侧壁立面图	491
图378	第190-1龛平、立、剖面图	492
图379	第191号龛立面图	494
图380	第191号龛剖面图	495
图381	第191号龛平面图	496
图382	第191号龛左壁立面图	497
图383	第191号龛右壁立面图	497
图384	第192号龛平、立、剖面图	498

第一章　概述

第一节　本卷报告的内容

如本报告集第一卷《北山佛湾石窟第1—100号考古报告》上册第一章概述所述，根据北山佛湾石窟分布特点，将其分为南北两区（图1）。为记述方便，又将北区石窟分为南段、中段、北段三个造像区域（图2）。从北区石窟南端开始，沿龛窟前抬升地坪，至地坪下降岩体，为其南段，编号为第101—123号（图版Ⅰ：1）。其偏南处一条构造裂隙将此段分为两部分，第一部分为第101—104号，第二部分为第105—123号。从第124号至第192号，为北区石窟中段（图版Ⅰ：2、图版Ⅰ：3）。其间因有两条大的竖向构造裂隙，分别位于第145号与第146号，以及163、164号与第165、166号之间，故将此段划分为三个部分。第一部分为第124—145号；第二部分为第146—164号；第三部分为第165—192号。第193号至佛湾石窟最北端的第290号，为北区石窟北段。

本卷报告所涉内容即包括北区石窟南段、中段两部分（图3），即第101—192号，以及第116-1、151-1、171-1、175-1、180-1、180-2、187-1、190-1号等8个附号，共计100个编号龛像或碑刻题记，约占北区石窟整体岩面的三分之二。其左端紧接佛湾空隙地的自然岩体（图版Ⅰ：4），右端紧邻第193号龛岩面。

为记述方便，根据岩壁状况、龛窟设置、开凿和分布情况，将本卷报告所涉100号由南至北依次划分为五组：第一组，包括第101—104号等4个编号，为北区石窟南段偏南裂隙以南造像区；第二组包括第105—123号，以及第116-1号等20个编号，为南段偏南裂隙以北造像区；第三组包括第124—145号等22个编号，为北区石窟中段第一部分造像区；第四组包括第146—164号，以及第151-1号等20个编号，为北区石窟中段第二部分造像区；第五组包括第165—192号，以及第171-1、175-1、180-1、180-2、187-1、190-1号等6个附号，共计34个编号，为北区石窟中段第三部分造像区（图4）。

第二节　本卷报告的体例和规范

一　编写体例

结合前节分组情况，本卷报告共分为六章：第一章为概述，主要介绍本卷报告的内容、体例、规范与编写经过；第二章介绍第一组第101—104号等4个编号；第三章介绍第二组第105—123号（包括第116-1号）等20个编号；第四章介绍第三组第124—145号等22个编号；第五章介绍第四组第146—164号（包括第151-1号）等20个编号；第六章介绍第五组第165—192号（包括第171-1、175-1、180-1、180-2、187-1、190-1号）等34个编号。

本卷报告分为上、下两册，上册主要包括报告文本、测绘图、示意图等；下册主要包括造像、铭文及拓片等摄影图版。

二　报告文本

章节　报告文本除第一章概述外，各章按编号单独设节。每节依次介绍龛窟位置、形制、造像、铭文、晚期遗迹等五项基本内容。章末设小结，简要讨论分析本章龛窟的形制、年代、造像题材和晚期遗迹等。

编号　本卷报告以1982年大足县文物保管所的编号为依据，与1985年出版的《大足石刻内容总录》一致[1]。其后及在本次调查中发现的龛窟，以邻近龛窟号为主号，新增龛窟为副号。例：第116-1号、第151-1号等。

---

[1] 《大足石刻内容总录》由四川省社会科学院、四川省大足县政协、大足县文物保管所、大足石刻研究会组织编撰，李永翘、胡文和执笔，四川省社会科学院出版社1985年出版。

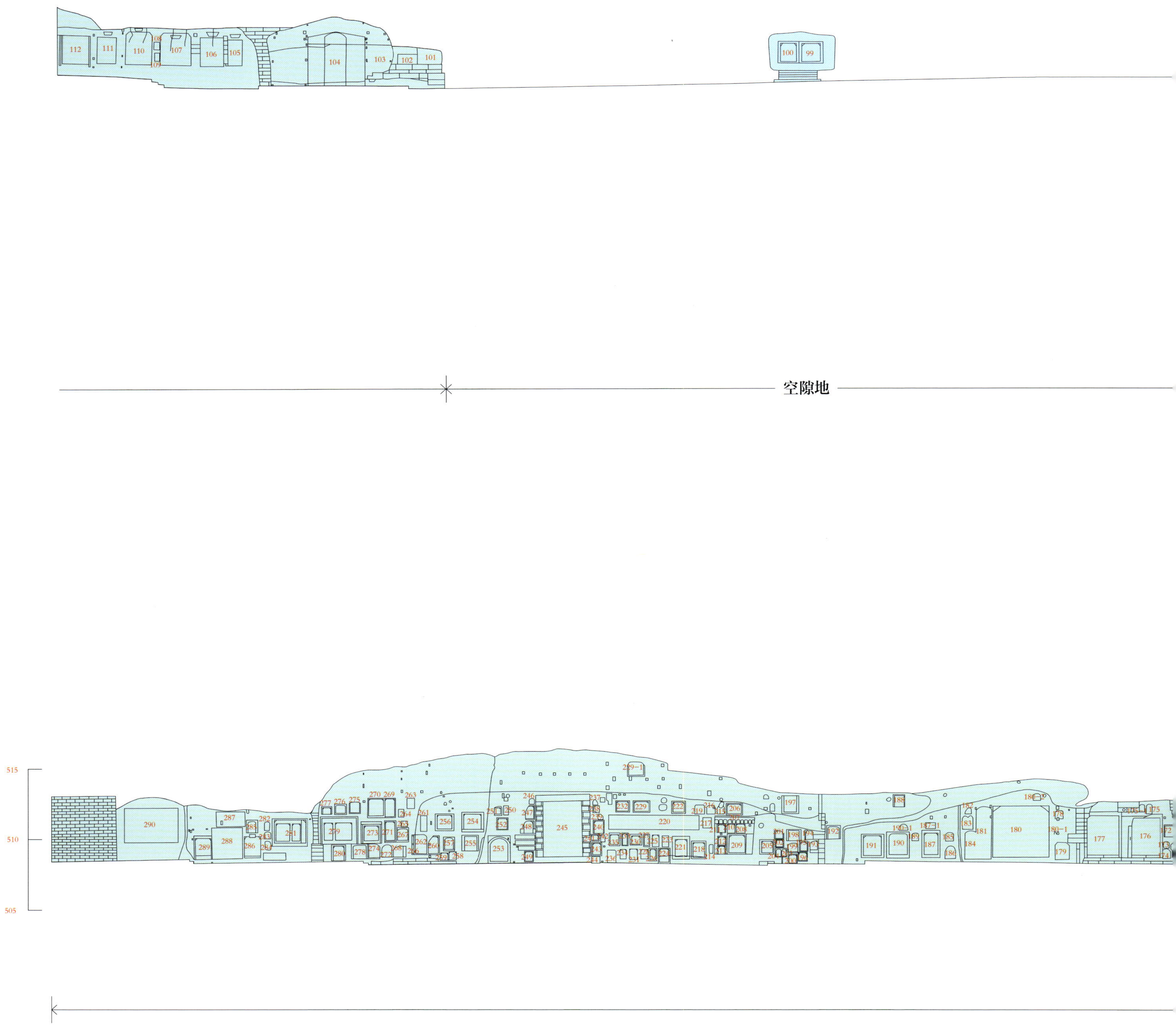

空隙地

图 1　北山佛湾石窟分区图

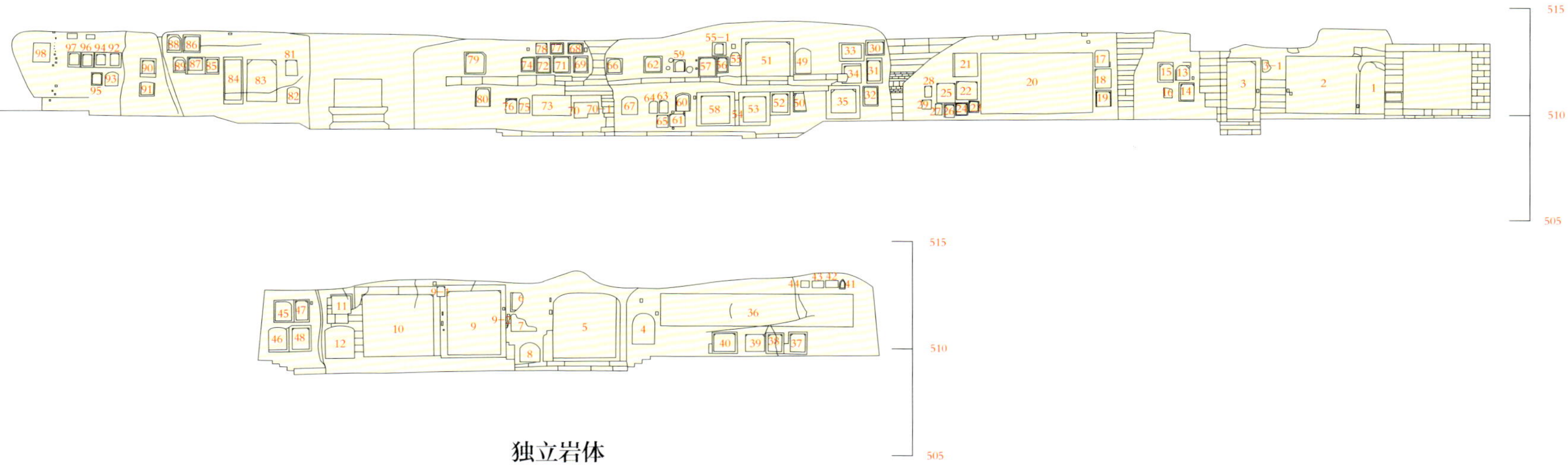

独立岩体

南区

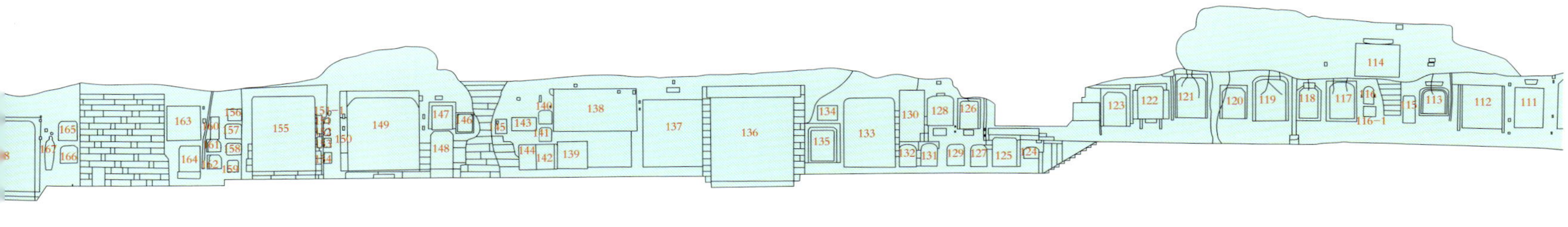

北区

第一章 概述 3

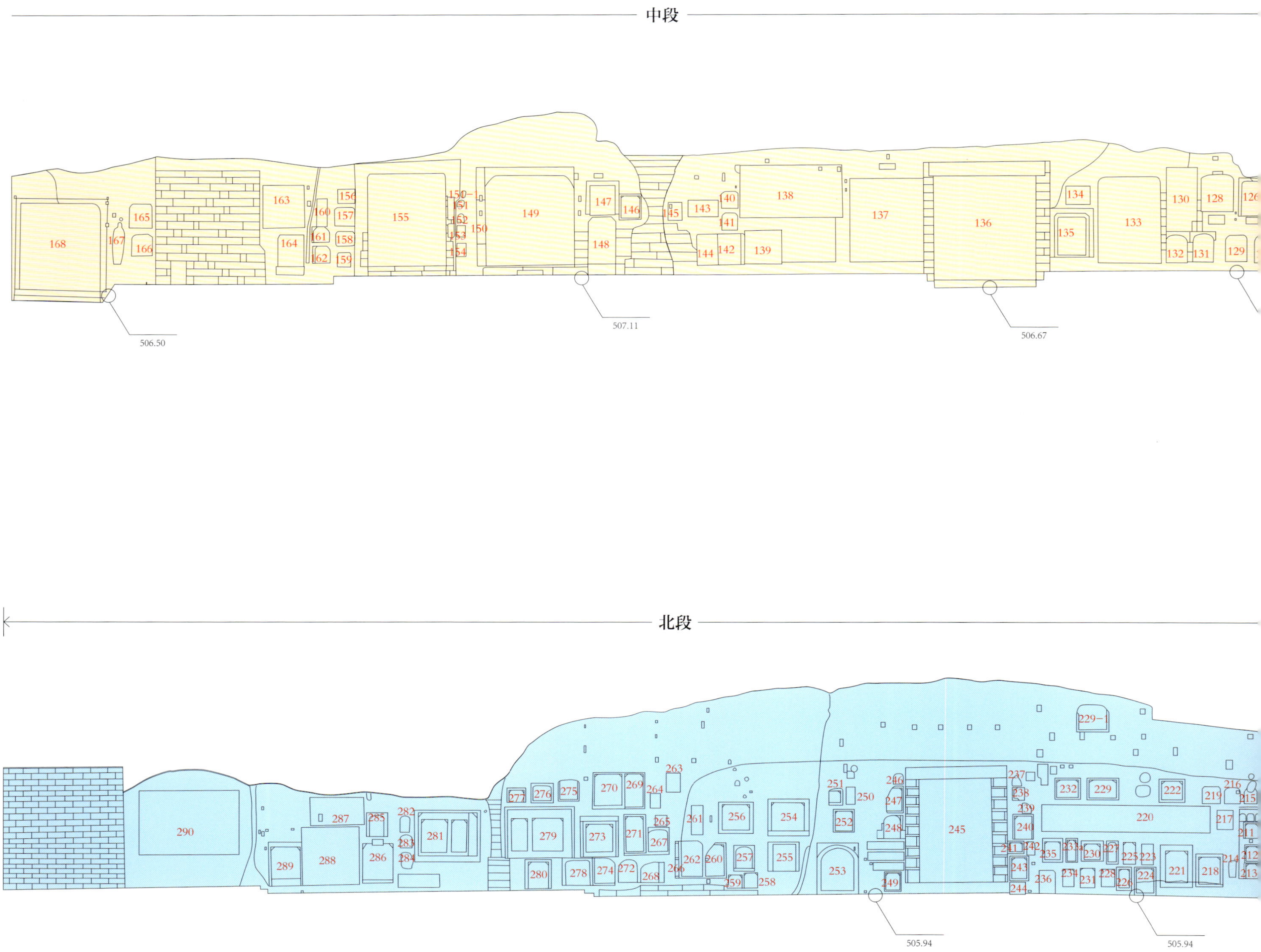

中段

北段

图2 北山佛湾北区石窟分段图

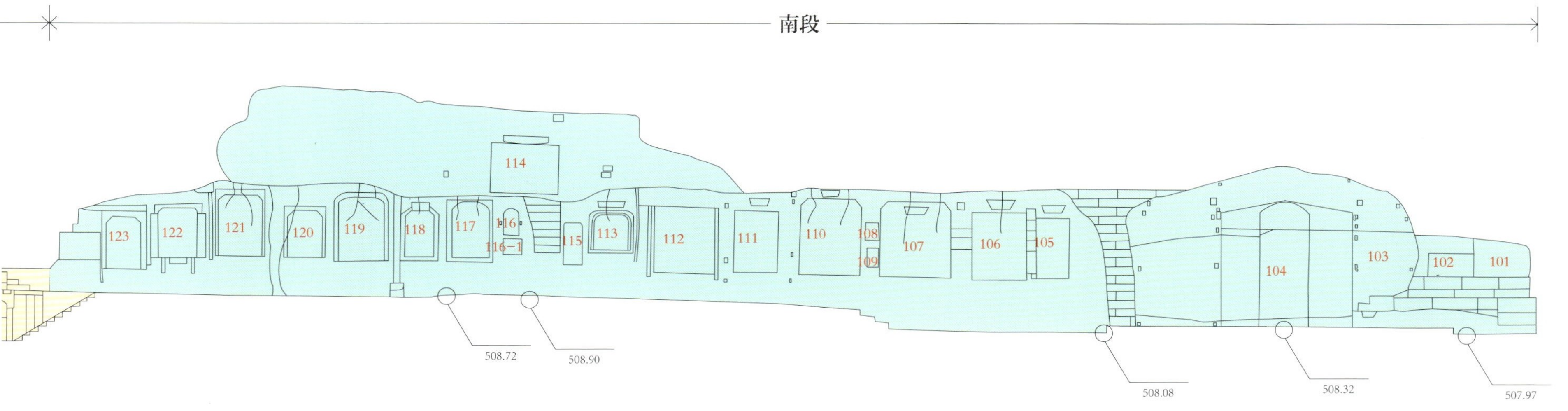

南段

第一章 概述 5

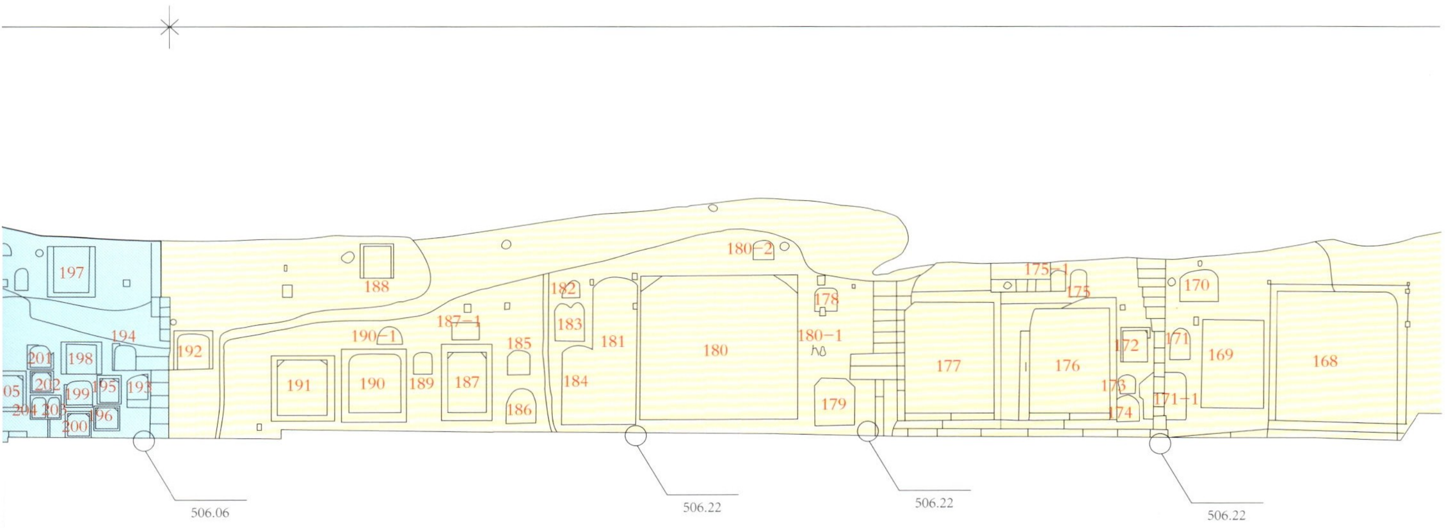

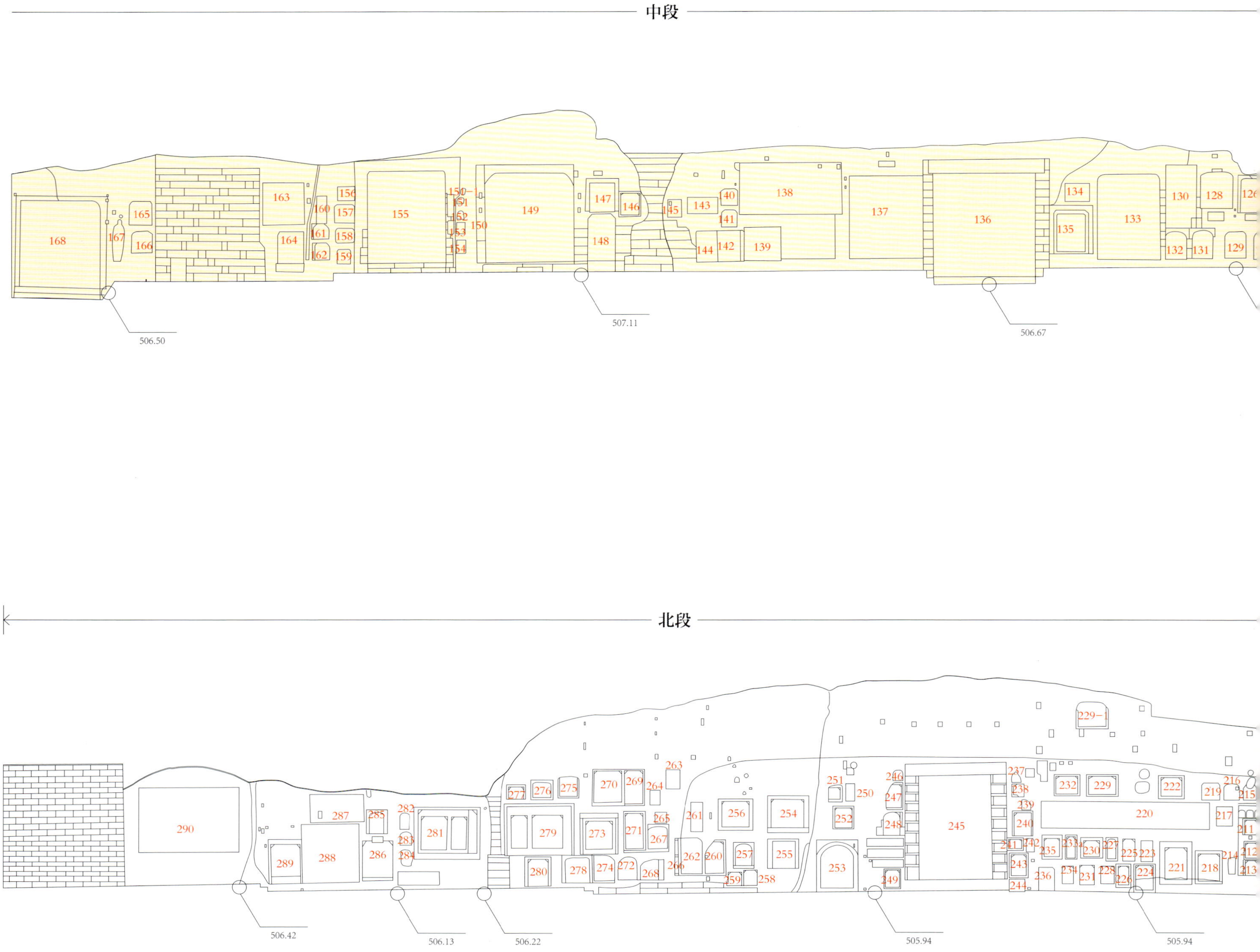

图 3　第 101—192 号在北区石窟中的位置图

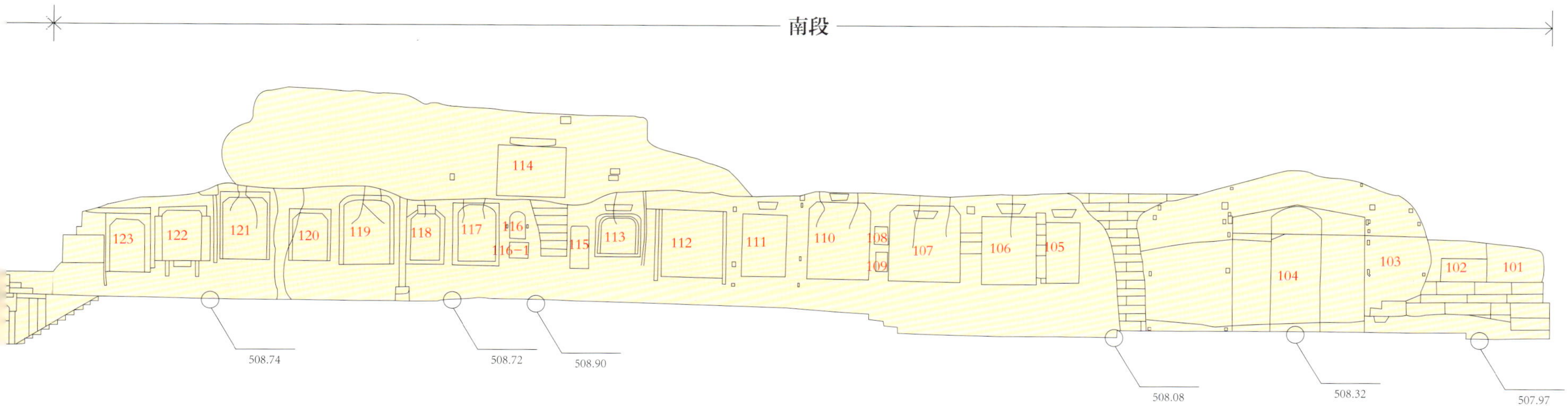

南段

第一章 概述 7

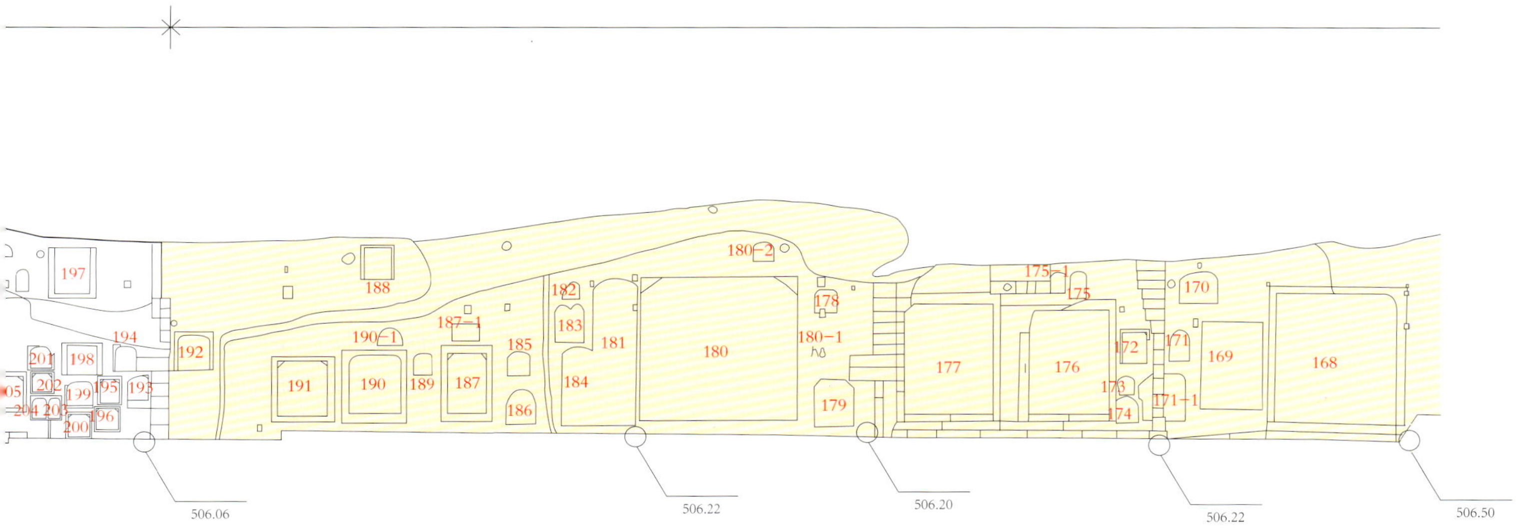

第四组

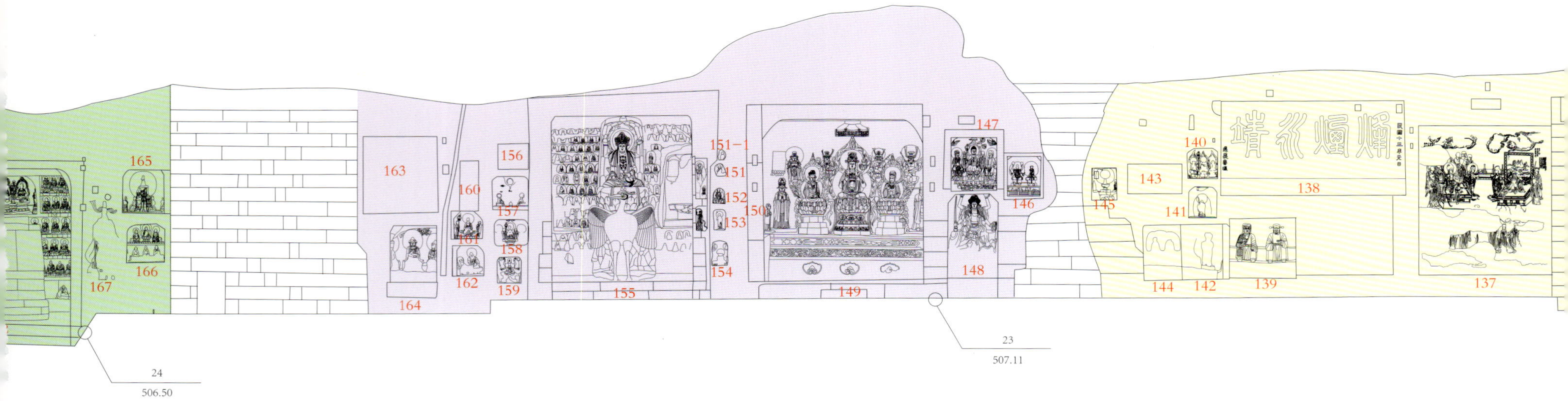

图4　第101—192号分组图

第五组

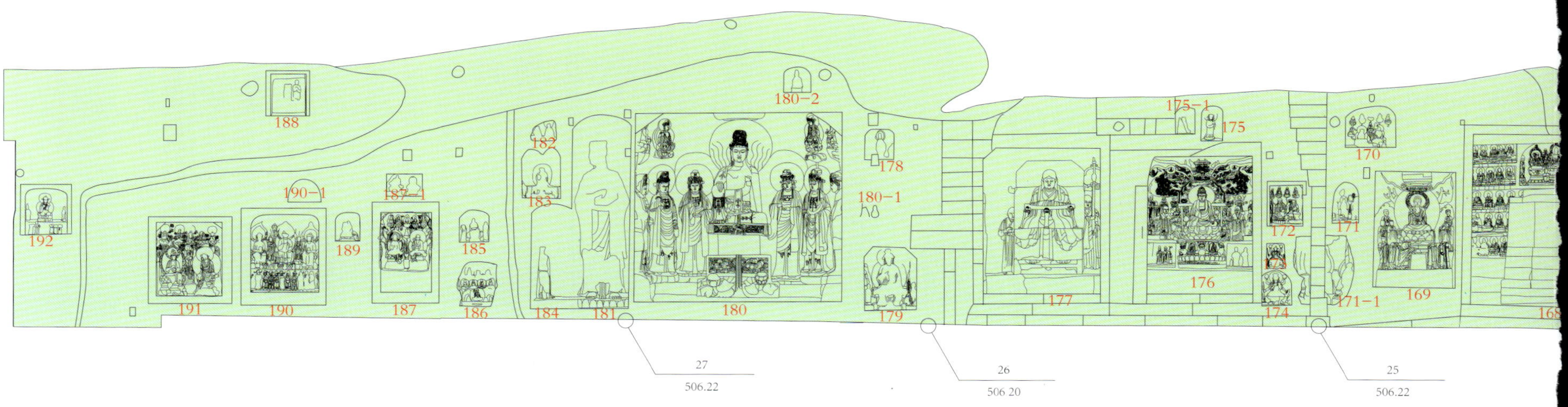

第一组

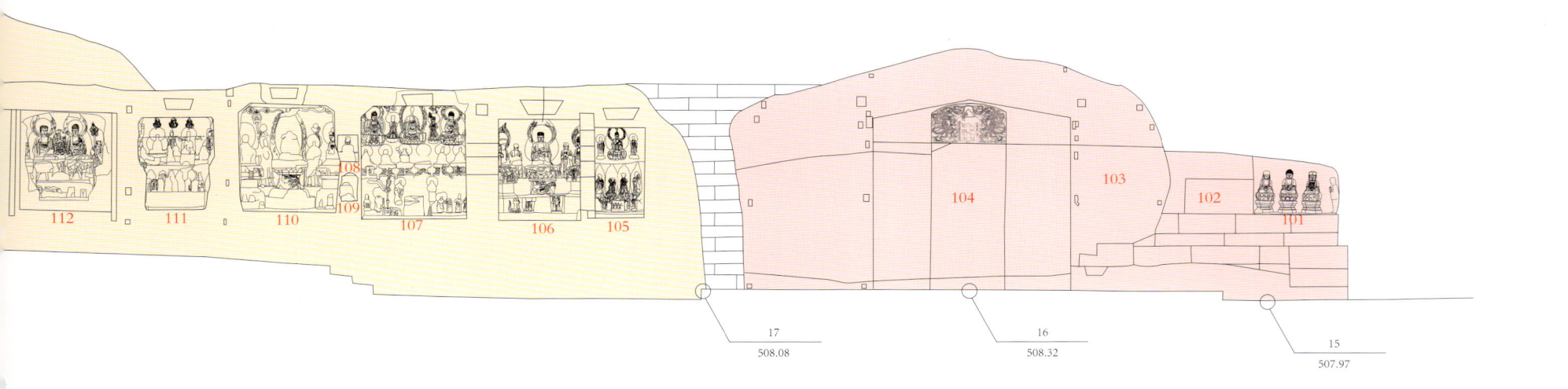

第三组　　　　　　　　　　　　　　　　　　　　　　　　　　　　　　　第二组

位置　岩壁、龛窟、造像及铭文等方位，均以其本身背向、左右定位。龛窟具体位置，先结合前述龛窟总体定位，再记述其四至状况。例：第106号位于第105号龛右侧。左距第105号龛33厘米，右距第107号龛63厘米；上距岩顶约60厘米，下距地坪165厘米。

形制　通过对北山佛湾石窟龛窟形制的观察和归纳，本卷报告对一个完整的龛窟在形制结构上先总体表述其龛窟形，再分述龛窟口（包括龛窟沿、平整面、三角形斜撑结构）、龛窟底、龛窟壁、龛窟顶等（图5、图6）。其中，龛窟形是指龛窟外立面的总体形状，如方形龛、圆拱龛、尖拱龛、屋形龛、帐幔龛、人字顶龛等；龛窟口是指沿自然岩面向内凿进后，在龛窟外部形成的凿口，它与双层龛窟的外龛窟存在某种差别；平整面是指龛窟口至龛窟壁之间的凿面；三角形斜撑结构是指方形龛龛口左右上角的类似三角形托木的结构。记述中，将开凿深度大致在两米以上者称为窟，其余均称为龛。之所以提出并界定这些形制结构上的专门用语，是为统一北山佛湾石窟或大足其他石窟考古调查中涉及形制描述方面的称谓用语，以利调查和记述的方便。

造像　一般情况下，按造像位置，从正壁、侧壁、顶部至龛窟外的顺序依次叙述。对于造像较多需编号者，除个别外，大多按从上至下、从左至右或从内至外的原则记述。对于每身造像的详细介绍，除特例外，均以体量、头部（头光、背光、发式、冠式）、面部、胸饰、衣饰、手姿、身姿、座台等为序记述。

造像具体尺寸，均为可见或残毁后可辨识的部分。坐式造像的量度数据主要有坐高、头长、肩宽、胸厚等。坐高是自造像座台的台面至头顶、发髻顶部或冠顶的高度，不含座台和下垂的腿部；头长是自下颌底部至头顶、发髻顶部或冠顶的高度；肩宽是双肩水平向最大宽度；胸厚是指后背与前胸之间的最大厚度。立式造像的量度数据主要有通高、头长、肩宽、胸厚等。通高是自最低足底至头顶、发髻顶部或冠顶的高度，其余部位的量度数据取值与坐式造像同。

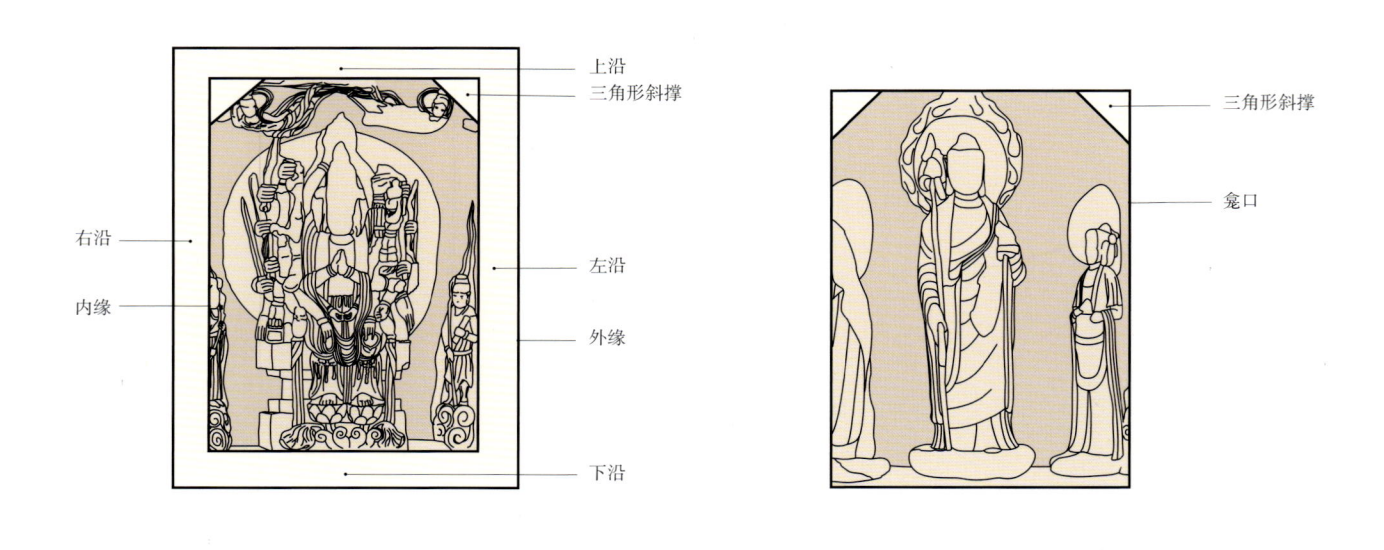

图5　北山佛湾石窟龛窟外立面示意图

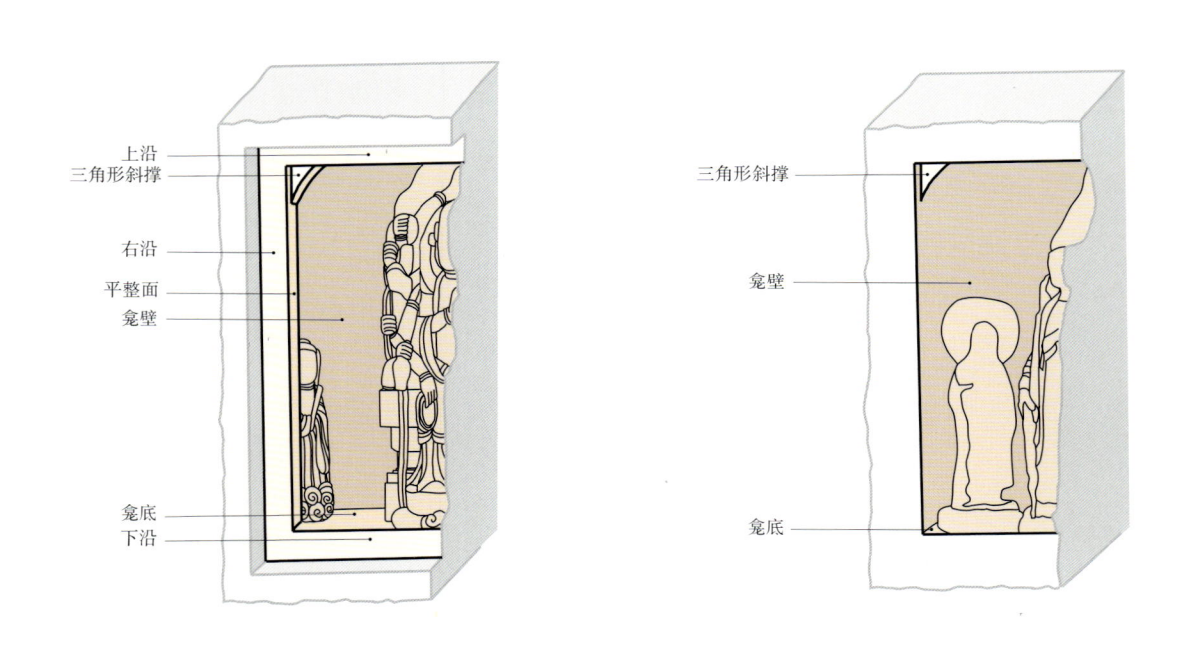

图6　北山佛湾石窟龛窟结构形制部位名称示意图

因造像为三维空间雕塑，且是手工雕凿，在水平和铅锤方向，几乎没有完全平直的线条，也因此几乎没有完全均等整齐的长宽高尺寸。本报告使用的量度数据，部分为人工量测，通常为约数，而测绘线图中的数据则是铅锤方向的正投影数据，为相对精确的数据。人工数据和测绘数据存在一定差异，除注明的以外，各量度数据的变化在测绘线图中有清楚显示，读者可清楚观察和实际量测。

铭文　本卷报告所称铭文是指刻写在龛窟、碑碣中的各种文字，如碑文、造像记、题记、榜题、经、偈、颂等。

（1）本卷报告铭文主要以1994年重庆大足石刻艺术博物馆拓本为底本实录。个别此前所拓或其后补拓者，已在文中注明；未注明者，均为1994年拓本。所有拓本录文均未据文献校补。除个别漶蚀或原捶拓时依稀可辨者遵从《大足石刻铭文录》[1]外，其余均据拓片或现场辨识结果实录。

（2）除个别需按拓本格式实录外，其余一律分行横写，录文一行即为原文一行。为方便阅读，行前以阿拉伯数字标注行数；个别铭文书写不规整、行文较为特殊者，因难以标注行数，其录文和图版则不予标注。

（3）铭文中的繁体字，除可能引起歧义者照录外，一律按照国家规范的简化字录写。铭文中出现的异体字（即字书中不常见的字、历史文献上的古体字、别字及石刻铭文作者的自造字等），根据辨识结果，录写为《现代汉语词典》《汉语大字典》等工具书中的规范字。为求客观记录，方便读者自辨，在报告各章后，以尾注形式，将异体字拓片的照片辑出。为与说明性脚注相区别，尾注采用方括号"[ ]"加阿拉伯数字的形式标注，如[1]、[2]。

（4）凡铭文行文中未刻字的空字位，一个字位书写一个三角符号"△"；漶灭字，一个字书写一个方框符号"□"，不明字数的在字里行间夹注"（漶）"字表示；依稀可辨的字，夹注在方括号"〔 〕"内。

（5）统计字数，以拓本或现存可辨识的字数为限。

晚期遗迹　指龛像开凿后添加的遗迹。主要包括晚期妆绘、后世题记、构筑及维修遗迹等。需要说明的是，由于妆绘遗迹较为复杂，在目前条件下，报告者对其层位、色彩、颜料、损毁程度等难以准确辨识记录，故仅在晚期遗迹项中作概括性的介绍。

在各章小结中，整理部分龛像中保存较好的妆绘涂层遗迹，简单分析了妆绘涂层的主要色种、着色部位以及涂层内外的区别。

为客观反映大足石刻造像妆绘情况，本报告集第九卷《大足石刻专论》特收录《大足石刻彩绘颜料检测分析报告》。报告选择石窟中部分代表性龛像中的标本，对包括颜料保存现状、成分、次第等情况作了具体检测分析，读者可参考。

三　测绘图

本卷报告的测绘图，主要包括总立面图，各龛窟平、立、剖面图，以及部分等值线图等。

总立面图　是在1989年南江水文地质大队实测图的基础上，于2006年再次实测后修订完成的，并增加了本次基于多基线数字近景摄影测绘技术所获得的各龛窟的立面图。

龛窟平、立、剖面图　此部分图由武汉华宇世纪科技发展有限公司运用多基线数字近景摄影技术，按照考古线图测绘的总体要求，以及专门为此次测绘制订的技术规范和标准，在课题组的直接指导和参与下绘制而成。

平面图　以龛窟底投影面作为基础，结合龛窟空间结构以及造像布置情况，选取相应高程绘制水平断面，将不同高程的水平断面叠加在龛窟底的投影面上。平面图上以颜色区分不同高程的断面（以A、A'，B、B'，C、C'等英文大写字母标明），并标注壁面的人为分界点（以圆点标注）、剖面图剖视方向（以直角箭头"⌐"标注）。

立面图　包括龛窟外立面和各壁立面，壁面转角造像单独绘制立面图。立面图上标注平面图剖线所对应的不同高程，用英文字母加短横线（如A-、-A'，B-、-B'，C-、-C'）表示。

此外，部分龛窟还绘制了龛窟顶部仰视图、造像细部图，以及正视角度的等值线图。

剖面图　沿龛窟纵深方向者为纵剖面，与纵剖面垂直的剖面为横剖面。原则上选择与龛窟底投影面相垂直的正壁主尊中轴线或正壁中轴线作为剖线，同时考虑查阅的直观性和反映龛窟空间关系，将可见的侧壁、龛窟口、龛窟顶等内容投影在剖面上；其中，造像、龛窟口的原迹使用同一线型（实线），其余部分则据实使用相应的线型（虚线、圆点线等）。

上述测绘图均配以方格网坐标尺。方格网依据正射影像生成，网格大小依据使用比例确定，标注数值以厘米为单位。全部测绘图均集中编印在本卷报告上册，即文本册内；部分测绘图的局部，虽作为插图使用，但也是实测的成果。

1　《大足石刻铭文录》由重庆大足石刻艺术博物馆组织编纂，重庆出版社1999年出版。鉴于本卷报告中多次提及此书，以下正文中均简称1999年《大足石刻铭文录》，不再一一注明出处。

用线原则　龛窟形制、图像、残破等用实线表示，人为增加的壁面分界用灰色线表示，后期人为修补用圆点线表示；龛窟形制或造像复原用虚线表示。此在每张测绘图图例中已作说明。

四　图版

本卷报告下册为图版册，分为图版Ⅰ、图版Ⅱ两个部分。

图版Ⅰ为摄影图版。大多为2013年用高清数字相机拍摄，部分为2014年补拍。由于龛窟环境所限，部分图版无法达到正投影的要求，且个别图版采用了数字拼接技术，此已在图版说明中注明。

图版Ⅱ为铭文图版。包括铭文实物照片和拓片照片两部分。其中，铭文实物照片均为2015年2月用高清数字相机拍摄；拓本除注明者外，均为1994年所拓，2013年装裱后拍摄。

第三节　本卷报告的编写经过

2011年，在完成本报告集第一卷《北山佛湾石窟第1—100号考古报告》所涉龛窟现场调查后，"大足石刻考古学研究"课题组（以下简称课题组）随即开展了本卷报告的相关工作。按照分工，课题组组长黎方银负责总体组织协调，刘贤高负责现场具体指导。

现场调查　现场调查的文字记录工作按照《大足石刻考古学研究现场调查文字记录规范》，大致分为两个阶段进行。第一阶段，从2012年2月至4月，黄能迁、邓启兵共同完成了第101—123号的现场调查记录。第二阶段，因大足县第三次全国文物普查工作结束，陈静、郭静、赵凌飞等加入课题组，现场调查工作分为两个小组同时进行，即黄能迁、郭静为一组，邓启兵、陈静、赵凌飞为一组。两个小组从2012年5月至7月，共同完成了第124—192号的调查记录工作。

龛窟测绘　2010年7月至12月，大足石刻研究院与武汉华宇世纪科技发展有限公司（以下简称武汉公司）合作，首次运用多基线数字近景摄影测绘技术，对北山佛湾石窟北区第124—135号龛进行实验性测绘。在获得满足考古要求的实测线图的基础上，于2011年9月，正式启动了本卷报告所涉龛窟的测绘工作。至2012年10月，武汉公司测绘人员先后四次进驻现场，在课题组人员的直接指导和参与下，完成了本卷报告所涉龛窟造像的正射影像数据的现场采集和线图初绘工作。之后，从2012年10月至2013年12月，课题组和武汉公司绘图人员一道，对本卷报告测绘图至少进行了三次以上的现场核对、修改。其间，曾将部分测绘成果呈送北京大学马世长教授、李崇峰教授，中国社会科学院李裕群研究员，成都市考古研究院雷玉华研究员等有关专家评审，征求意见，并结合专家意见，对测绘数据采集、数据处理、绘图、调绘、出图线型等五项测绘记录规范和标准进行了调整。在此基础上，又多次对本卷报告测绘图作了修改，最终形成定稿。

大足石刻研究院参加本卷报告测绘工作的有刘贤高、周颖、邓启兵、黄能迁等，主要负责制订和落实具体的考古测绘要求，以及测绘图的现场调绘。其中，周颖用力甚多，测绘图的最终定稿由其完成。武汉公司总经理黄莉萍女士总体负责协调己方的测绘工作，并自始至终全程参与；该公司工作人员张强、吕品等负责现场数据采集和室内整理，陈杰、潘春香等负责线图绘制和修改。

本卷报告的示意图、造像效果图等主要由周颖绘制，毛世福绘制了部分图件。

造像图版　2012年3月至7月，重庆出版集团美术编辑中心副主任、主摄影师郑文武和助理摄影师周瑜进驻大足，完成了大部分图版的现场拍摄工作。其后，又根据课题组要求，先后数次补拍了部分图版。

拓片图版　本卷报告中的拓片，大多系1994年重庆大足石刻艺术博物馆（现大足石刻研究院前身）在收集北山石刻铭文时，由唐长清、唐毅烈所拓，个别为本次调查时由唐长清补拓。拓片拍摄由郑文武、周瑜完成。

报告编写　2012年8月至2014年11月，本卷报告进入编写阶段。其中，2012年8月至12月，邓启兵、黄能迁对调查文字进行了整理、现场校对和修改；赵凌飞、陈静、郭静对铭文作了校对。至2013年5月，邓启兵、黄能迁完成了报告文本初稿的编写。2013年12月至2014年11月，由黎方银、黄能迁、邓启兵选配本卷报告图版、测绘图、示意图等。

2014年3月至11月，黎方银与邓启兵、黄能迁等，共同对本卷报告的文字、测绘图、图版作了调整、修改和审定，最终形成报告定稿。

第二章　第101—104号

第一节　本章各编号位置及相互关系

本章介绍的第101—104号等4个编号，位于北山佛湾石窟北区南端西北向壁面，从南至北大致作水平布置（图7；图版Ⅰ：5）。其左侧为佛湾石窟空隙地自然岩面，右侧直抵北区石窟南段偏南裂隙处。

第101、102号龛位于岩体最南端，两龛紧邻（图8）。第102号龛之右，为第103、104号，其正壁中部为第104号"赵懿简公神道碑"，两侧为第103号"古文孝经碑"。两碑共属一龛制。

第二节　本章各编号所在岩体的裂隙分布

本章各编号所在岩体分布有三条较为明显的裂隙。

第一条　始于第103号碑外左侧平整面中上部边缘，水平向右延伸，经第104号碑中上部，止于第103号碑正壁右端；全长约923厘米，边缘部分残损，最宽3厘米。

第二条　始于第103号碑正壁右侧中部，横贯右侧壁，水平延伸至右侧平整面边缘；全长约403厘米，最宽2厘米。

第三条　始于第103号碑左侧下部，水平向右延伸，经第104号碑身下部，继续向右延伸，止于第103号碑右外侧平整面边缘；全长约1053厘米，最宽5厘米。

第三节　第101号

一　位置

位于北区石窟南段最南端。左距自然岩体转折边缘约130厘米，右紧邻第102号龛；上距岩顶约235厘米，下距地坪约165厘米。龛口西北向，方向320°。

二　形制

单层方形龛（图9、图10；图版Ⅰ：6）。

在岩壁表面直接凿建龛口。龛口呈横长方形，左侧壁存上部少许，右侧壁在开凿第102号龛时被凿毁；上部外挑，后世补接后形成与第102号龛共用的龛檐，最深约66厘米；下部岩体毁，现以条石补砌。龛口残高98厘米，宽146厘米，至后壁最深25厘米。龛底右侧和外端毁，现存龛底为狭长面，内高外低，略倾斜。龛右壁毁，正壁、左壁为竖直壁面，二者弧面相交。龛顶为平顶，与正壁略垂直相交，与左侧壁弧面相接。

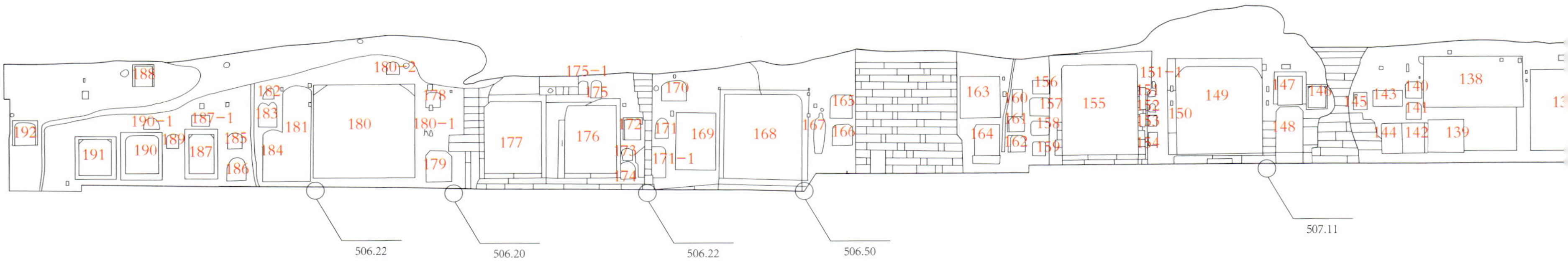

图7　第101—104号在本卷龛窟中的位置图

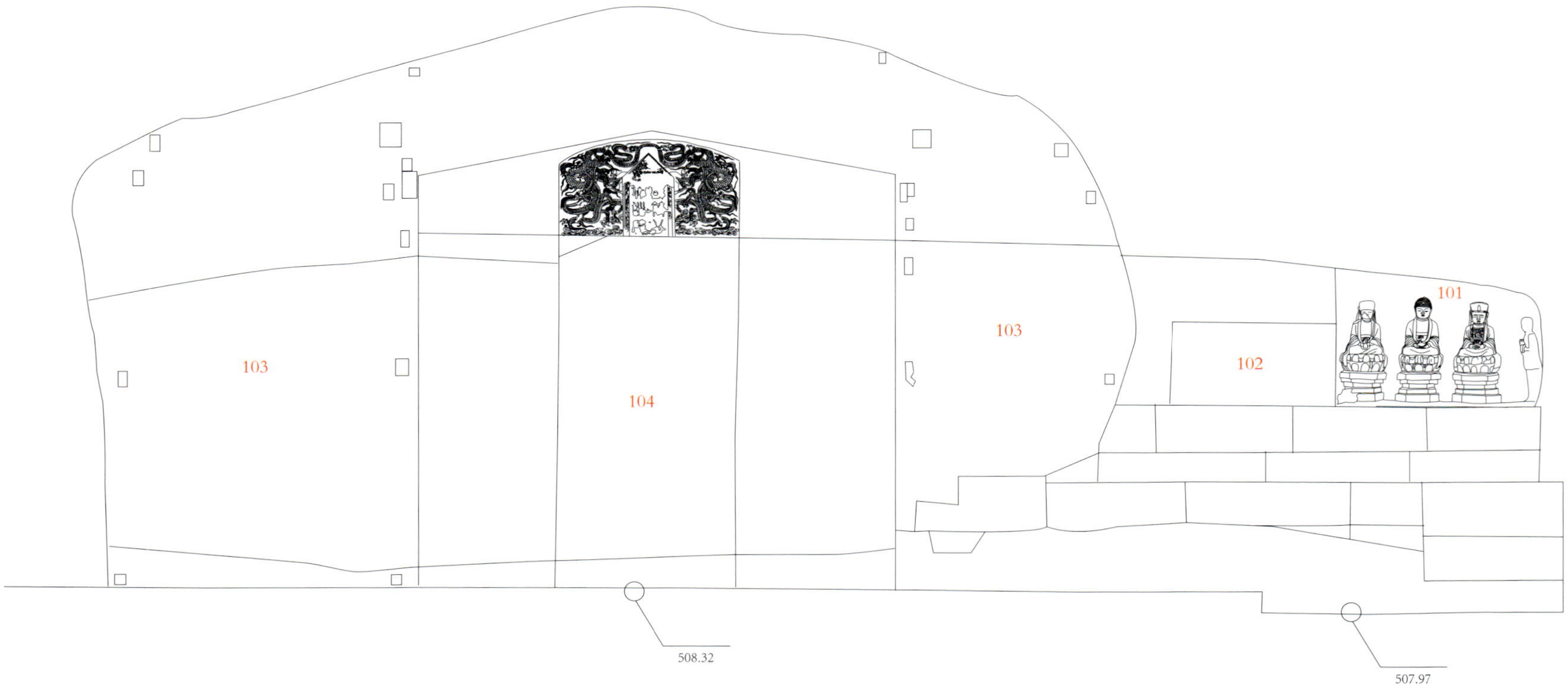

图8　第101—104号位置关系图

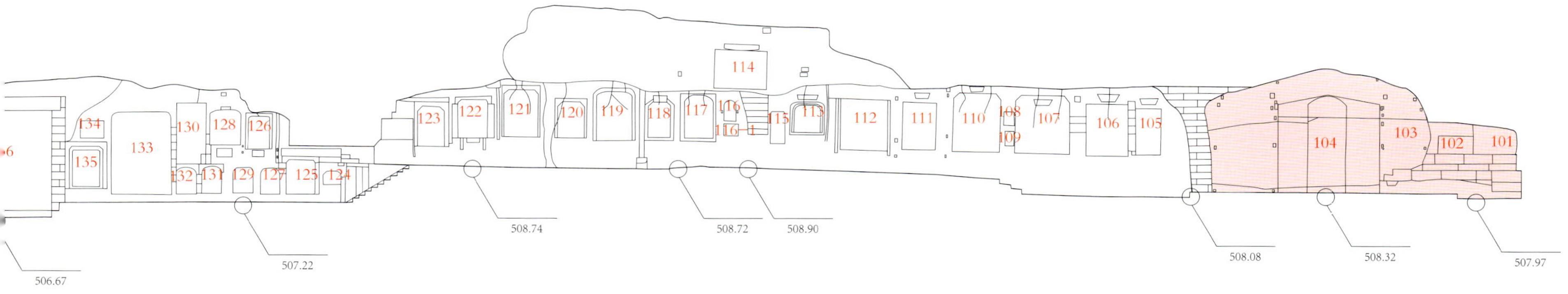

第二章　第101—104号　15

图9 第101号龛平、立面图
1 立面图 2 平面图

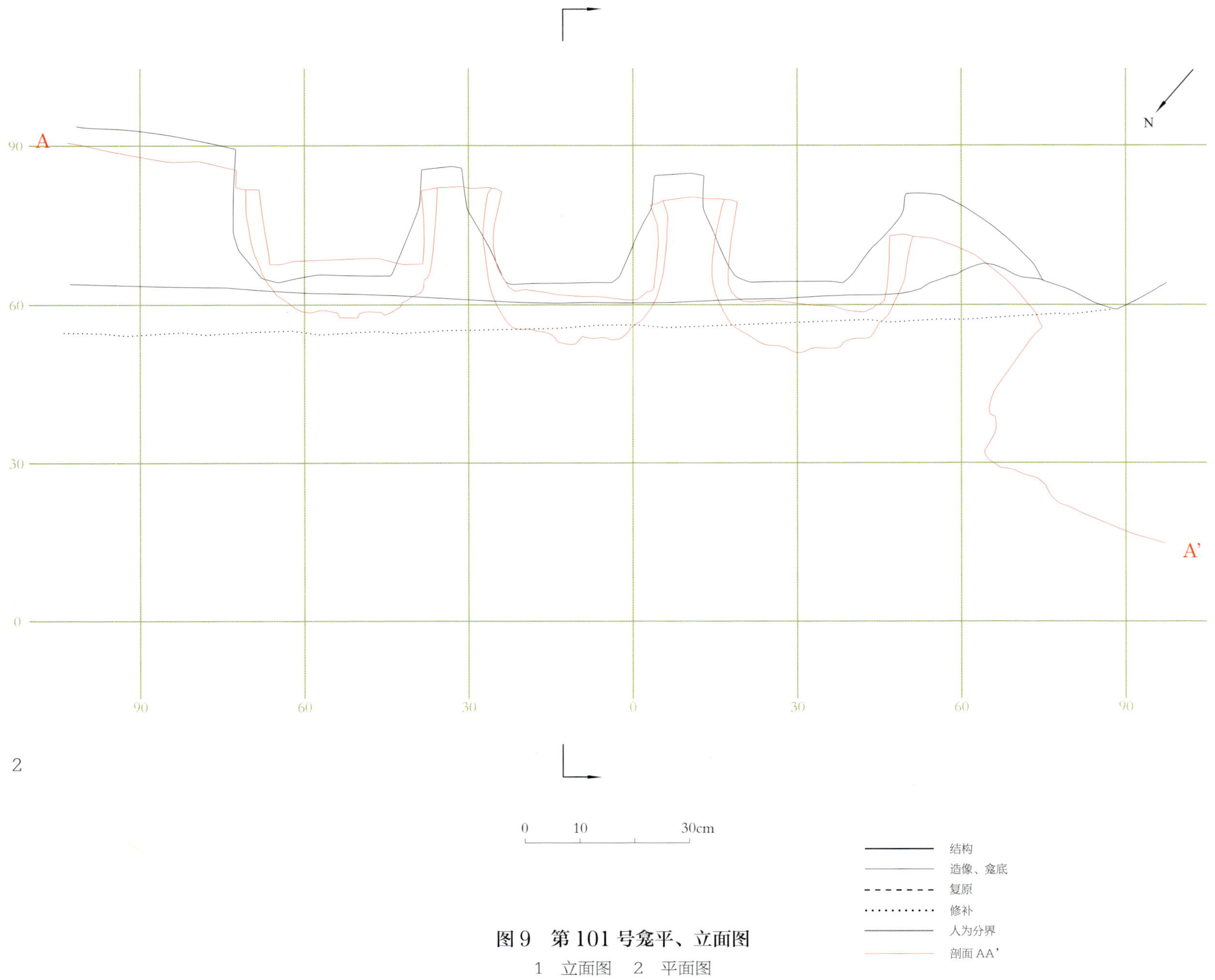

16　大足石刻全集　第二卷（上册）

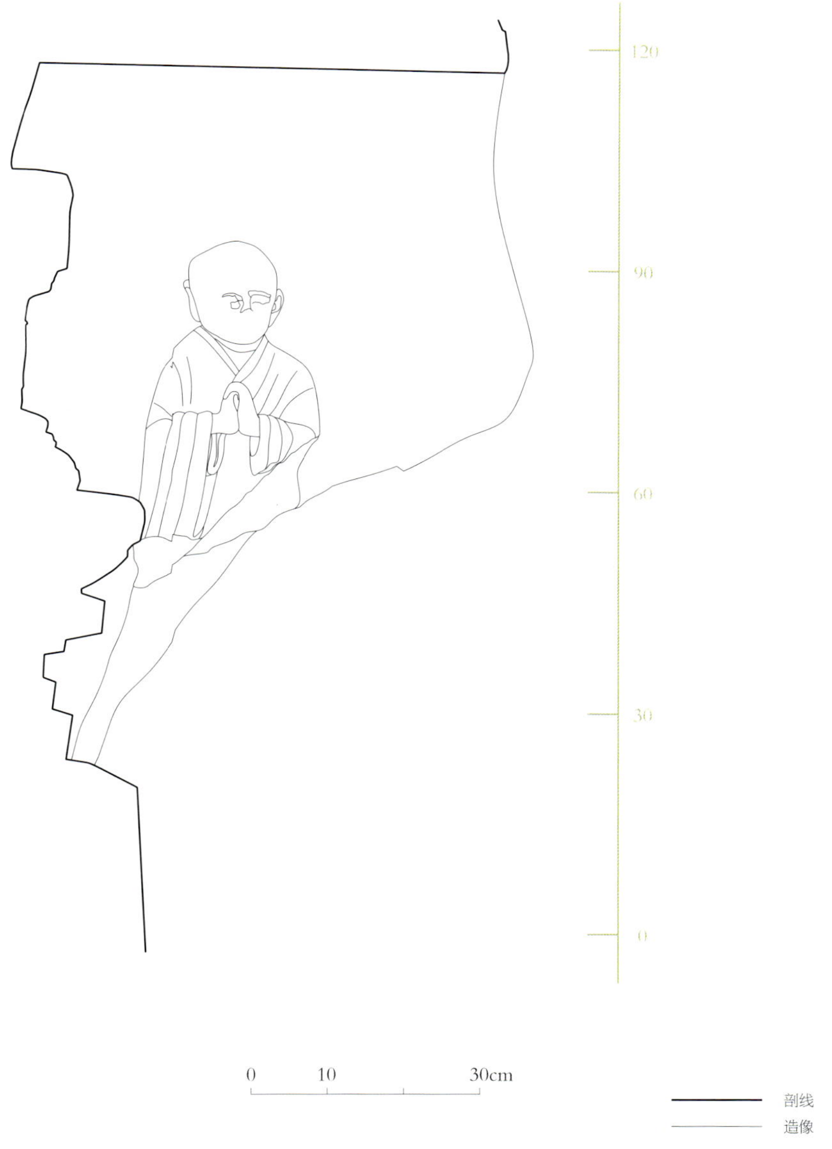

图 10　第 101 号龛剖面图

三　造像

存像4身（图9；图版Ⅰ∶6）。其中，正壁中刻主尊坐佛1身，左右侧各刻菩萨坐像1身；左侧壁刻弟子立像1身，右侧壁像毁。

主尊佛像　坐高43厘米，头长16厘米，肩宽21厘米，胸厚7厘米。细珠状螺发，环列规整，刻髻珠。脸方圆，下颌较平；耳垂略残，颈刻三道肉褶线。内着低平的僧祇支，系带作结；外着双领下垂式袈裟，下着裙，裙摆敷搭座前。腕镯，双手置腹间结印，结跏趺坐于八面束腰莲座上。座通高约36厘米，上部为双重仰莲台，高14厘米，横径31厘米；下部为八角形束腰五阶叠涩方台，台高22厘米，最宽约33厘米。

左菩萨像　坐高40厘米，头长16厘米，肩宽21厘米，胸厚6厘米。戴化佛高冠，冠带作结后下垂至肩。脸略圆，下颌低平。胸饰璎珞，内着低平的僧祇支，系带作结；外着双领下垂式袈裟，下着裙。腕镯，双手腹前托钵，结跏趺坐于八角形束腰莲座上。其座式、体量与主尊佛像略同。

右菩萨像　坐高42厘米，头长14厘米，肩宽17厘米，胸厚6厘米。头冠，略蚀，冠带作结后下垂及肩。双手腹前持经函，结跏趺坐于八角形束腰莲座上。座右下部残，余与主尊佛像座略同。

左侧壁弟子像　立像残高46厘米（图版Ⅰ∶7）。光头，面残，着双层交领宽袖服，双手拱于胸前；下身毁。

四　晚期遗迹

龛檐前端后世以水泥补接。龛外右侧6厘米处至第103号龛边缘间岩体被部分凿毁，现凿痕仍存。

第四节　第102号

一　位置

位于第101号龛之右。左距第101号龛约4厘米，右距第103号碑217厘米；上距外挑龛檐37厘米，下距地坪165厘米。龛口西北向，方向320°。

二　形制

摩崖方碑。

在岩壁表面平直凿进约7厘米，形成竖直壁面。壁面为横长方形，打磨平整，高71厘米，宽128厘米。

三　碑文

霍勤炜题书《教孝》碑，清光绪二十八年（1902年）。碑左侧横刻"教孝"2字，篆书，字径约36厘米×15.5厘米；其右侧，竖刻22行367字，文左起，隶书，字径2厘米；刻石面高40厘米，宽63厘米（图版Ⅱ：1）。

01　北山古文孝经在赵懿简碑左右赵碑穴石壁
02　作碑形经则就穴内外分列两旁其刊于碑后
03　可知末无年月志乘莫征字画遒劲有晋人风
04　自北山颓废即隐于荒烟蔓草间风雨剥蚀无
05　过问者余任是邦间登北山披荆棘别苔藓得
06　范祖禹敬书五字案赵懿简碑为公所撰则此
07　碑为公所书更无疑义湮没数百年一旦得此
08　喜不自胜考公当宋哲宗朝守经据正献纳尤
09　多苏文忠公称为讲官第一史称其长于劝讲
10　平生论谏不啻数十万言其开陈治道区别邪
11　正辨释事宜平易明白洞见底蕴虽贾谊陆贽
12　不是过云其得力于尽忠补过将顺匡救之意
13　者深矣余惧[1]其久而剷灭也葺廊三楹覆以素
14　瓴缭以朱阑颜其额曰教孝窃以圣人言孝至
15　美且备司牧者以此教民即足以塞天地横四
16　海往岁京圻之变喋血千里蚩蚩之氓忘其身
17　以危其亲使明教孝之旨自必洞洞属属如执
18　玉奉盈何骇愚至于斯极今其余殃骎及蜀土
19　将欲大为之防舍孝奚属是即余颜额之意也
20　夫
21　大清光绪二十八年八月既望权知大足县事朝邑
22　霍勤炜志[1]

1　此"惧"字《大足石刻铭文录》录为"想"。重庆大足石刻艺术博物馆编：《大足石刻铭文录》，重庆出版社1999年版，第58页。

四　晚期遗迹

龛檐前端后世以水泥补接。龛外右侧6厘米处至第103号龛边缘间岩体被部分凿毁，现凿痕仍存。

第五节　第103、104号[1]

一　位置

位于第102号龛之右。左距第102号龛217厘米，右距岩体边缘230厘米；上距岩顶约115厘米，下与地坪齐平。龛口西北向，方向315°。

二　形制

方形"人"字顶龛（图11；图版Ⅰ：8）。

龛口　在岩壁表面直接凿建龛口。龛口呈"圭"字形，边缘部分残脱。龛口底宽约377厘米，中部最高422厘米，左侧高347厘米，右侧高340厘米。龛外左右壁面打磨平整，其边缘直至岩壁转折处。其中，左侧平整面最高约346厘米，宽约208厘米，下部残损，以条石补砌；右侧平整面最高301厘米，宽约230厘米，下部亦部分剥蚀。

龛底　原龛底不明。现龛底呈横长方形，以石板铺设平整，宽375厘米，深206厘米。

龛顶　为两坡面，呈"人"字形钝角相交。龛顶存一道较为明显的裂隙，起自龛外上方岩壁，经龛顶斜向延伸，止于正壁右侧上端，全长约310厘米。

龛壁　龛正壁中部外凸于左右壁面约37厘米，形成一通高300厘米，宽137厘米，厚37厘米的石碑。碑左距龛左侧壁116厘米，右距龛右侧壁118厘米，上抵龛顶，下至地坪。此碑即为第104号碑刻。龛正壁与龛顶垂直相交。龛左右侧壁与龛顶钝角相交。

龛外左右两侧的平整面，与正壁（第104号碑）左右两侧，以及左右侧壁平整面一起，共同形成六个平整面，编为第103号的碑刻即镌刻其上。

三　碑文

（一）第103号碑文

范祖禹书《古文孝经》碑，南宋孝宗年间（1163—1189年）[2]。碑文自龛外左侧平整面始，沿龛左侧壁、正壁左右侧、右侧壁，至龛外右侧平整面，依次在六个平整壁面上连续镌刻。碑文刻石面高280—282厘米，通宽（六面之和）约774厘米，其中各面宽130—155厘米不等。碑文左起，楷书，竖刻66行，满行28字，字径8厘米，行距6厘米；现存碑文1620字，以"○"分作二十二章节。现按从左至右顺序录文如下：

第一面（图版Ⅱ：2）

01　□文孝经○仲尼〔闲〕□□〔子〕侍□子曰参先王有至德要道以顺天□□

02　用和睦上下无怨□□□〔乎〕曾□避席曰参不敏何足以知之子曰□□

03　□之本教之所由□□□〔吾〕语女身体发肤受之父母不敢毁伤孝之□

---

[1] 在北山佛湾石窟通编号中，第103、104号分别为两通碑刻，但并无单独龛制，而为一龛两碑，故本报告将第103、104号合并记述，并保留其原编号。

[2] 据马衡先生考证，该碑上石时间为南宋孝宗之世（1163—1194年）。马衡：《大足石刻古文孝经校释》，《民国重修大足县志》。

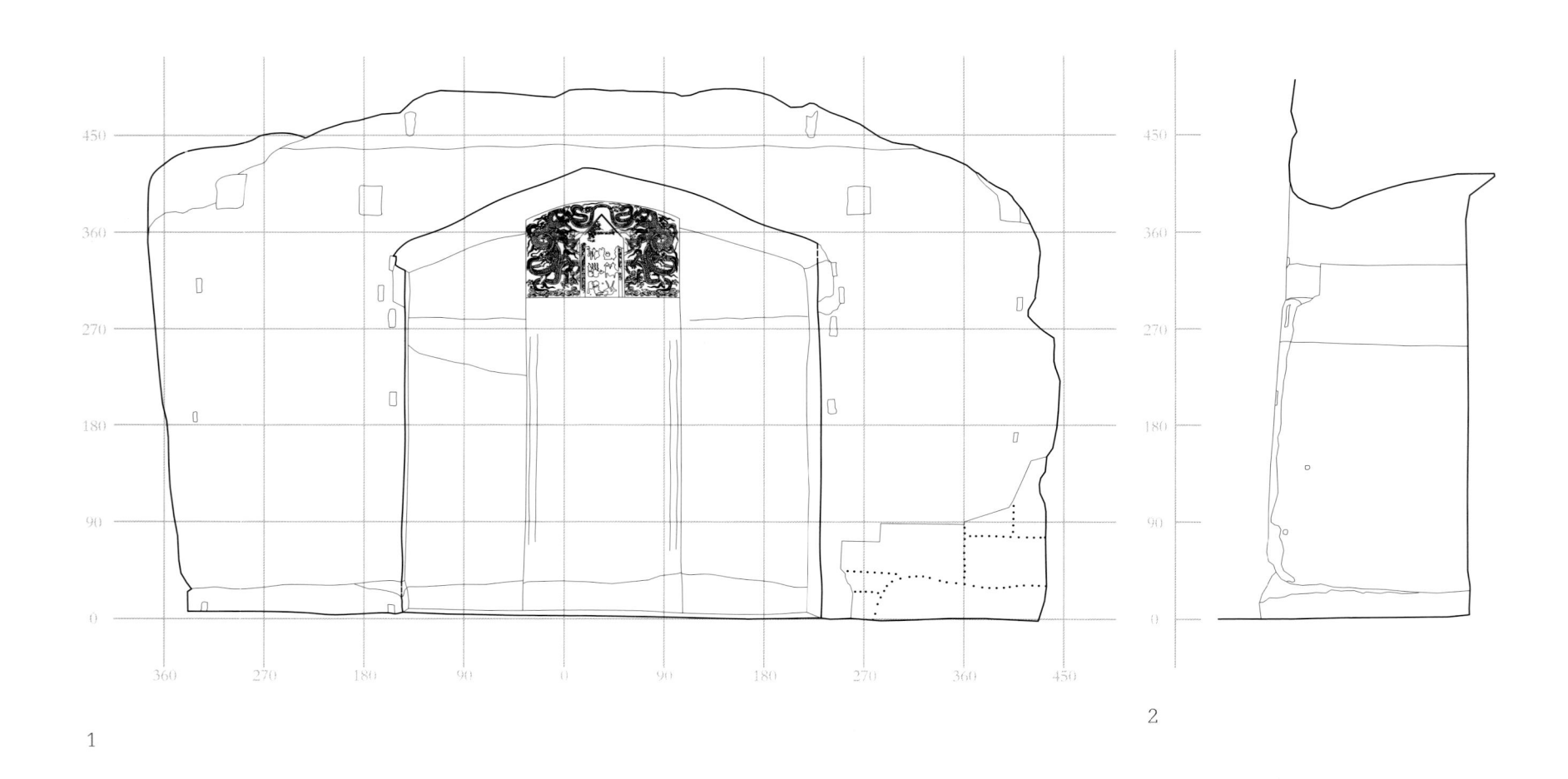

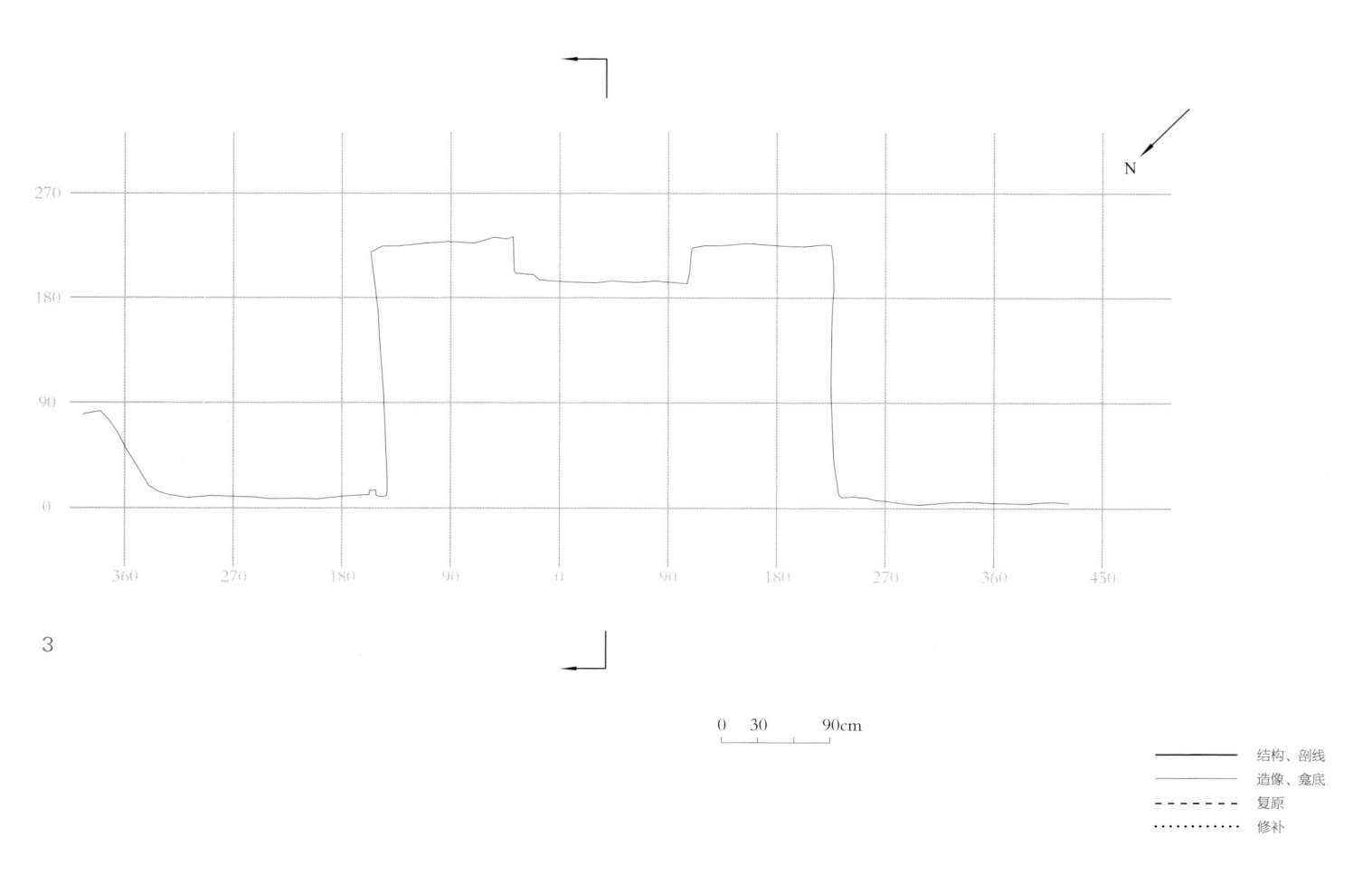

图11 第103、104号龛平、立、剖面图
1 立面图 2 剖面图 3 平面图

04 □立身行道扬名〔于〕□□以显父母孝之终也夫孝始于事亲中于事□
05 □于立身大雅云〔无〕□□□祖聿修厥德○子曰爱亲者不敢恶于人敬□
06 者不敢慢于人爱□□□事亲而德教加于百姓刑于四海盖天子之□
07 甫刑云一人有庆□□□之○子曰在上不骄高而不危制节谨度〔满〕□
08 不溢高而不危所□□□贵满而不溢所以长守富富贵不离其身〔然〕□
09 □保其社稷而和□□□□诸侯之孝诗云战战兢兢如临深渊如履薄
10 □○子曰非先王□□□□□服非先王之法言不敢道非先王之德行
11 □〔敢〕行是故非法□□〔非道〕□□口无择言身无择行言满天下无〔口〕□[2]

第二面（图版Ⅱ：3）

01 行满天下□怨恶三者备矣然后能守其宗庙盖卿大夫之孝□□□凤
02 夜匪懈以事一人○子曰资于事父以事母而爱同资于事父□□□而
03 敬同故母取其爱而君取其敬兼[3]之者父也故以孝事君则忠以敬事长
04 则顺忠顺不失以事其上然后能保其禄位而守其祭祀盖士之孝也诗
05 云凤〔兴〕夜寐母忝尔所生○子曰因天之道因地之利谨身节用以养父
06 母此庶人之孝也故自天子巳[1]下至于庶人孝无终始而患不及者未之
07 有也曾子曰甚哉孝之大也○子曰夫孝天之经地之义民之行天地之
08 经而民是则之则天之明因地之义以顺天下是以其教不肃而成其政
09 不严而治○子曰先王见教之可以化民也是故先之以博爱而民莫遗
10 其亲陈之以德义而民兴行先之以敬△而民不争导之以礼乐而民□
11 睦示之以好恶而民知禁诗云赫赫师尹民具尔瞻○子曰昔者明□之
12 以孝治天下也不敢遗小国之臣而况于公侯伯子男乎故得万国之□
13 心以事其先□治国者不敢侮于鳏寡而况于士民乎故得百姓之□□

第三面（图版Ⅱ：4）

01 以事其先君□□者不敢失于臣妾而况于妻子乎故得人之欢[4]心以事
02 其亲夫然故□〔则〕亲□□□则鬼享之是以□□和平灾害不生祸乱不
03 作故明王之□〔孝〕□〔天下〕如此诗云有觉德□□国顺之○曾子曰敢问
04 圣人之德其无以加□□□〔子〕曰〔天〕地之性□□贵人之行莫大于孝孝
05 莫大于严父〔严〕父〔莫〕□□□□□〔周〕公其天[2]□□者周公郊祀后稷以〔配〕
06 天宗祀文王□明□□□□是以四海之□□〔以〕其职来□□□□□
07 之德又何以〔加〕于□□□□□□□□□□日严圣人因严以教□
08 因亲以教爱〔圣〕□□□不肃而成其政不严而治其所因者本也○子〔曰〕
09 父子之道天□君臣之义父母生之续莫大焉君亲临之厚莫重焉○子

第四面（图版Ⅱ：5）

---

1 此"巳"字《大足石刻铭文录》录为"已"。重庆大足石刻艺术博物馆编：《大足石刻铭文录》，重庆出版社1999年版，第48页。
2 此"天"字《大足石刻铭文录》录为"人"。同前引。

01 曰不爱其亲而爱他人者谓之悖德不敬其亲而敬他人者谓之□礼以
02 顺则逆民无则焉不在于善皆在于凶德虽得□君□□不□君子则不
03 然言斯可道行〔斯〕可乐德义可遵作事可法〔容〕止〔可观〕进退可□〔以〕□其
04 民是以其民畏而爱之则而象之故能成其德教而行政令诗云〔淑〕人君
05 子其仪不忒○子曰孝子之事亲居则致其〔敬〕养则致其乐病则〔致〕其□
06 □则致其哀祭则致其严五者备矣然后〔能〕□亲事亲者居上不□□□
07 不乱在丑不争居上而骄则〔亡〕为下而乱则□□丑□□□□□□
08 除虽日用三牲之□犹为□〔孝〕也○子曰□□□〔属三〕千而罪莫□于不
09 孝要君者无上非圣人者无法非孝者无亲此大乱之道也○子曰教民

第五面（图版Ⅱ：6）

01 亲爱莫善于孝教民礼顺莫善于弟移风易俗莫善于乐安上治〔民〕莫善
02 于礼礼者敬而已矣故敬其父则子悦敬其兄则弟悦敬其君则臣悦敬
03 一人而千万人悦□□者寡而悦者众此之谓要道○子曰君□□教以
04 孝也非〔家至而〕日见之也教以孝所以敬天下之为人父者教□□□以
05 敬天下〔之〕为人兄者教以臣所以敬天下之为人君者诗云岂□君子民
06 之父母非至德其〔孰〕能顺民如此其大者乎○子曰昔者明王□父〔教〕故
07 事天明事母〔孝〕故事地察长幼顺故上下治天地明察神明彰矣故虽天
08 子必有□也言有父也必有先也言有兄也宗庙致敬不忘亲也修□△
09 行恐辱先也宗庙致敬鬼神着矣孝悌之至通于神明光于四海无□不
10 通诗云自西自东自南自北无思不服○子曰君子之事亲孝故□□移
11 于君事兄悌故顺可移于长居家理故治可移于官是故行成于内□名
12 立于后矣○子曰闺门之内具礼矣乎严父严兄妻子臣妾犹百姓□役
13 也○曾子曰若夫慈爱恭敬安亲扬名参[5]闻命矣敢问从父之令可〔谓〕孝

第六面（图版Ⅱ：7）

01 乎子曰是何言□是何言与昔者天子有争臣七人虽无道不失其〔天〕□
02 诸侯有争臣五□虽无道不失其国大夫有争臣三人虽无道不〔失〕□□
03 士有争友则身不离于令名父有争子则身不陷于不义故当不□□□
04 不可以弗争于父臣不可以弗争于君故当不义则争之从父□□□得
05 为孝乎○子曰君子事上进思尽忠退思补过将顺其美△救□□□上
06 下能相亲诗云心乎爱矣遐不谓矣中心藏之何日忘之○子□□□之
07 一亲哭不偯[1]礼无容言不文服美不安闻乐不乐食旨不甘此□□□情
08 三日而食教民无以死伤生毁不灭性此圣人之政△不过三□□□〔有〕
09 终为之棺椁衣衾而举之陈其簠簋而哀戚之擗踊[6]哭泣哀〔以〕□□□□
10 宅兆而安厝之为之宗□□鬼享之春秋祭祀以时思之生事□□□□
11 哀戚生民之本尽矣死生□义备矣孝子之事亲终矣△范祖禹敬△书

---

1 此"偯"字《大足石刻铭文录》录为"哀"。重庆大足石刻艺术博物馆编：《大足石刻铭文录》，重庆出版社1999年版，第51页。

（二）第104号碑文[1]

范祖禹撰赵懿简公神道碑，南宋孝宗年间（1163—1189年）。碑体凸凿，无座。碑首顶呈圆弧形，高44厘米，上刻"圭"形额，中部分两行篆书竖刻"懿简公神道碑"6字，字径12厘米；题名之上及其左右侧，浮雕龙纹（图12）。碑身方形，起于地坪，高256厘米，左右沿线刻条形边框，内线刻卷草纹；碑心局部残脱，下部残蚀尤重。无碑座。

碑文左起，楷书，竖刻38行，满行84字。按台湾傅斯年图书馆藏本碑拓片，存1873字，字径2.5厘米（图版Ⅱ：8）。

01　□□大夫□□□□□□柱国天水郡开国侯食邑一千二百户食实封三百户赠右银青光禄大夫谥懿简赵公神道碑铭并序

02　△△左朝散郎试尚书礼部侍郎兼侍讲范祖禹撰

03　△△左朝散郎龙图阁待△制知永兴军府事蔡京书并篆额

04　□□□年□□□□辅臣□尚书户部侍郎赵公为枢密直学士签书枢密院事明年六月拜中大夫同知院事五年三月丙寅薨于位年七十有二讣闻△△△皇帝△△△太皇太后震悼趣驾临奠哭之（濉）

05　□□□加□□□□青光禄大夫诸孤奉〔丧〕归盩厔[2]△△诏遣使护之其年九月壬午葬盂兆社先茔中书侍郎傅[3]尧俞诔公行而铭诸墓其孤又以状请于太史氏将刻之碑祖禹窃惟元祐之初△△△（濉）

06　□□□格□□春求老成经纬□□凡所建置必视△△△祖宗之旧与吾民之所欲是以海内欢欣震动颂咏圣德如△△△祖宗时岂有他哉由□得其人也当是时公召自沧州不三岁登右府人不（濉）

07　□□□闻□□所言于△△△上前者人不得而悉知其所可见者宽厚清静息兵省刑民无劳役四方安枕公既没[4]而人皆叹恨以为未尽其用也然则宜以是铭于碑公讳瞻字大观其先亳州永城人〔曾〕（濉）

08　□□□曾□□昌国夫人王氏祖供〔备〕库使赠司徒讳彬祖妣歧国夫人李氏考太子宾客赠太尉讳刚妣庆国夫人张氏自太尉始徙凤翔今为盩厔[5]人公少力学以行义高乡里登庆历六年进士第初〔仕〕（濉）

09　□□□河□□□□令□□□之士裹粮而至改秘书省著作佐郎知陕州夏县作八监堂书古贤令长治迹[6]以自为监不烦刑罚而狱讼理父老至今称诵[7]之以秘书丞知彭州永昌县筑（濉）

10　□□□民□□□□太〔常〕博士知咸州公以咸茂杂夷獠险甚而难守不若合之而建郡于汶川因条著其详为西山别录及熙宁中△△朝廷经略西南就公取其书考焉迁尚书屯田员外郎△△△（濉）

11　□□□员□□除侍御史上疏请揽威柄慎赏罚广聪明更积弊△△△帝嘉纳对垂拱殿称善久之△△诏遣内侍王昭明等〔四〕人使陕西招抚蕃部公言唐用宦者为观军容宣慰等使后世以为至（濉）

12　□□□章□□□□切会文彦博孙沔经略西鄙又遣冯京安抚诸路公请罢京使专委宿将夏人入寇王官庆帅孙长卿不能御会长卿加集贤院学士公言长卿当黜赏罚倒置京东盗贼数起公请（濉）

13　□□□未□□□□□言乞追还昭明等不则受显逐△△△帝为改容纳之二年秋△△京师大水△△诏百官言事多留中公请悉出章疏付两省官详择以闻△△△帝从之先是六月△△诏议追〔尊〕（濉）

14　□□□上□□□□□是愿〔与〕建议之臣对辨以定邪正章七上又与吕诲等合十余疏既而△△△皇太后手书尊濮王为皇三夫人并为后公杜门请罪翌日△△诏令速赴台公怀侍御史敕告纳△△（濉）

---

[1] 今所见本碑拓本，重庆中国三峡博物馆藏有13件，分别为咸丰初年、咸丰末年、同治初年、同治末年、光绪早期、光绪中期、光绪晚期、民国时期拓本；台湾傅斯年图书馆藏有1件，疑为民国时期拓本；大足石刻研究院藏有1件，为1994年拓本。胡昌健在《关于〈宋赵懿简公神道碑〉拓本的鉴定》中，对重庆中国三峡博物馆所藏拓本作了介绍，见大足石刻研究院编《2014年大足学国际学术研讨会论文集》，重庆出版社2016年版，第482—490页；《大足石刻铭文录》收载了大足石刻研究院所藏1994年拓本，见重庆大足石刻艺术博物馆编《大足石刻铭文录》，重庆出版社1999年版，第43—45页。为方便读者相互参阅，本次碑文则据台湾傅斯年图书馆所藏拓本实录。

[2] 此"盩厔"二字《大足石刻铭文录》录为"周至"。重庆大足石刻艺术博物馆编：《大足石刻铭文录》，重庆出版社1999年版，第44页。

[3] 此"傅"字《大足石刻铭文录》录为"传"。同前引。

[4] 此"没"字《大足石刻铭文录》录为"殁"。同前引。

[5] 此"盩厔"二字《大足石刻铭文录》录为"周至"。同前引。

[6] 胡昌健先生将此字识为"迹"。胡昌健：《关于〈宋赵懿简公神道碑〉拓本的鉴定》，大足石刻研究院编：《2014年大足学国际学术研讨会论文集》，重庆出版社2016年版，第482—490页。

[7] 此"诵"字《大足石刻铭文录》录为"颂"。重庆大足石刻艺术博物馆编：《大足石刻铭文录》，重庆出版社1999年版，第44页。

图 12　第 104 号碑首龙纹展开图

15 □□□诏□□敕□□□□□□死争之〔勉〕议臣□中人□构惑△△母后降手书反[1]欲归过△△△至尊自捃其恶其十月假太常少卿接契丹贺正使入对延和殿△△△帝问濮园议公曰△△△〔陛〕（漶）

16 □□□而□□称□□□□父非典礼△△△帝□卿尝见朕言欲皇考濮王〔乎〕公曰此乃大臣之议△△△陛下未尝自言也△△△帝曰此中书过议朕自数岁△△△先帝养以为子岂敢称濮王〔为〕（漶）

17 □□□中□□□诏□□□□之疑是时□□□□△△△帝〔指〕天色示公□□□□□□□□□褒尊濮王乎朕意已决亦无庸宣谕□曰△△△陛下祗[2]畏天戒不以私妨公甚盛德非臣愚所及（漶）

18 □□□直□□决□□之会建议者言于△△△并立□□□□□□公使还待罪乞□诲等同贬不□□□□□入对复恳请△△△帝曰卿欲就龙□比干谏争之□乎（漶）

19 □□□逮□□□□日臣何敢拟伦前□□□□□□之□□又十一上遂□□□□□□□□□□□□□□□□司封员外郎□商州□□（漶）

20 □□□□□□□□□奏事△△△帝问曰卿为监司久□知青苗法便也公曰□□□□行之□□□□下□□长久计□百姓诚□时□□□□（漶）

21 □□□其□□□□史□□奉侍公不□□是不□留△△京师□□□□□□□□□□□□公知□州后□□言颇与事酬复以公为转□□□□□军路（漶）

22 □□□州□□□□□□□欲置交子以权之命公制置公以谓交子恃本钱法乃可行如多出空券是罔民也转运使□□□□□□上△△朝廷方□事委公弼移公京西南路转运使以亲□（漶）

23 □□□□□□□□里除提举凤翔府太平宫丁太尉忧服除易朝请大夫知沧州△△△今天子嗣位转朝议大夫召为太常少□拜户部侍郎元祐三年请老△△优诏不允其四月遂辅政封开国侯因（漶）

24 □□□□□□□□□□请诏诸路安抚转运使举使臣科别其才第为三等籍之以备选任自元丰中河决小□北□□河东入于海△△△先帝诏曰东流故道淤[3]高理不可回其勿复塞乃（漶）

25 □□□是□□□□□开河役夫三十万用梢木二千万自河决已八年未有定论而遽兴此大役臣窃忧之今△△朝廷方遣使相视果以东流未便宜亟从之若以为可回宜为数□（漶）

26 □□□□□□□□□□□□□之役非河为限则房寇不止公曰王者恃德不恃险昔尧舜都蒲冀周汉都咸镐□历年数百不闻以河障戎狄澶渊之役盖△△△庙社之灵△△△□□（漶）

27 □□□房□□□□□流□而水官□□塞北流公固争□卒△△诏罢夫□如公所议洮河诸戎以青唐首领寖弱可制欲倚中国兵威以废之边臣亟请用师公曰不可御夷狄（漶）

28 □□□□□□□□□□□□王略之罪何□而伐之若其不克则兵端自此复起矣乃□又乞废渠阳军纡荆湖之力△△诏谕西夏使归永乐遗民夏人听命公□属疾犹以边防为忧及薨△△（漶）

29 □□□□□□□□厚君子也□宽仁爱人□恐伤之色温而气和人望之知其长者也其在△△朝廷义所当为勇若贲育守之不变事△△△君[4]与人一以至诚表里洞澈□见肺腑故面引廷争而□□□（漶）

30 □□□□□□□□友莫之或□其诚心素信于人也娶刘氏尚书驾部郎中晃之女贤淑孝敬配德君子治家有法度先公十六年殁追赠益昌郡夫人子四人孝谌知瀛州录事参军尝举贤良□□献诚□（漶）

31 □□□□□□□康□□□□进士皆强学力行是似是宜孙男六人基郊社斋郎垂假承务郎暨右承务郎壁幼[5]垦坚未仕孙女六人长适渭州华亭县尉司马桂次适潞州司理参军穆京次光公二□（漶）

32 □□□□礼□□□孙男三人□□□公□□论三十卷史记□□论五卷□春秋五十卷奏议十卷文集二十卷西山别录一卷惟公在△△△仁宗之世为循吏事△△△英宗为争（漶）

33 □□□□□□□□□□望□大用之而居位未几功□□究然其著□□□□□于□□□□于后世列于太常藏之史官考公行事所至可纪今撮其大者揭之神道以诏于无穷铭□△△△△（漶）

---

1. 此"反"字《大足石刻铭文录》录为"及"。重庆大足石刻艺术博物馆编：《大足石刻铭文录》，重庆出版社1999年版，第44页。
2. 此"祗"字《大足石刻铭文录》录为"只"。同前引。
3. 此"淤"字《大足石刻铭文录》录为"于"。同前引。
4. 此"君"字《大足石刻铭文录》录为"若"。重庆大足石刻艺术博物馆编：《大足石刻铭文录》，重庆出版社1999年版，第45页。
5. 此"卒"字《大足石刻铭文录》录为"率"。同前引。

34 □□□□□□□□□□△△△△△△△△△△在△仁宗时△△公□□△△△民日父□□△△
□□攸墅△△△简于△英□△△正色匪躬△△△帝钦（漶）

35 □□□□□□□□△△△爰墅△神考△△□□如□△△△言有违从△△△□挠其直△△二□日咨△△△汝□△△△
巫其□□△△翊我枢钧△△△△元祐之政△△□□□□□□（漶）

36 □□□□□□□□△△△△惟民是□△△△公在庙堂△△△四鄙戢兵△△△靡有内外△△△△皆吾孩婴△△△△天□仁人△△△
锡公寿考△△△□终相之△△△不□一老△△△□□□□（漶）

37 □□□□□□□△△△过□必□△△△忠厚之碑

38 元祐七年五月癸未朔二十五日丁未建（漶）[7]

四　晚期遗迹

正壁第104号碑首及碑身保存黑色墨迹，应为捶拓所致。

龛左、右侧壁上部外端各对应凿一较大槽孔，孔高30厘米，宽33厘米，深11厘米；左侧壁槽孔稍残。

龛外上方对称凿有横向的上下两排方形枋孔，竖直相距46厘米。上排两个较小，孔高26厘米，宽10厘米，深17厘米；下列四个较大，孔高26厘米，宽20.5厘米，深24厘米。其对应的枋孔大小相近。

龛外左右平整面纵向对称开凿两列枋孔，外侧各两个，孔高12.5厘米，宽5厘米，深12厘米；内侧各四个，孔高16.5厘米，宽5厘米，深9厘米。其对应的枋孔大小一致。

龛外上方55厘米处横向凿有较浅的沟槽，全长约540厘米，深5—10厘米；沟槽上部存有明显的竖向凿痕。

1982年曾对龛顶裂隙进行灌浆封护。龛底后世以石板铺设平整。

1952年修建北山佛湾石窟保护长廊时，在龛外建八角亭一座。1991年落架维修时，改建为混凝土结构，为重檐攒尖顶，平面作八边形，通高1430厘米。

第六节　本章小结

一　形制特点

本章4个编号3个龛制中，第101、102号龛为较简单的单层方形龛，且第101号龛右侧壁在开凿第102号龛时被凿毁，两龛龛檐经后世补接后相连。第103、104号为一龛两碑，规模较大，系从岩壁直接开凿而成，为方形"人"字顶龛，异于北山佛湾石窟其他龛制。

二　年代分析

本章4个编号中，第103、104号位于本章所在岩体的显著位置，且处于最佳壁面上。龛内两通碑刻布局相互关联，融为一体。

第104号碑位于龛之正壁，第103号碑则分刻于其左右内外壁面，显见第104号早于第103号，至少为同时镌刻。第104号碑末虽有元祐七年（1092年）之纪年，然因其碑为赵懿简公神道碑，始立于陕西周至，其后方转刻于此[1]，故此纪年不能作为其在北山上的上石之年[2]。据马衡先生考证，第103号碑上石年为南宋孝宗之世（1163—1189年）[3]，当可信，故第104号碑上石年至少亦不晚于孝宗之世[4]。

本章所在岩体边缘，为第101、102号龛，规模较小，且左接不宜雕刻的岩面。第102号龛碑末纪年为大清光绪二十八年（1902年），因该龛对第101号龛存在明显的打破关系，故第101号龛略早于第102号龛，似为清刻。

1　陈明光：《大足"懿简公神道碑"考略》，《考古与文物》1986年第4期。
2　虞云国先生考证认为第103号和第104号碑刻上石于元祐七年（1092年）。虞云国：《大足〈赵懿简公神道碑〉考》，《宋史研究通讯》1987年第1期。
3　马衡：《大足石刻古文孝经校释》，载《民国重修大足县志》卷首。
4　关于第104号碑的由来和刻石年代，还可参见陈习删：《大足石刻志略》，1955年油印本，第46—48页。

三　题材内容

第101号　龛内造像符合一佛二菩萨二弟子（右弟子毁）组合特征，故应为"一佛二菩萨龛"。

第102号　碑左横向篆刻"教孝"2字，结合碑文内容，以"霍勤炜题书'教孝'碑"名之。

第103号　碑刻二十二章之《古文孝经》，应为《古文孝经碑》。

第104号　碑首竖刻篆体"懿简公神道碑"6字，结合碑文，应名为"赵懿简公神道碑"；又因其碑文为蔡京书并篆额，亦简称"蔡京碑"。

四　晚期遗迹

第103、104号龛龛口及左右岩壁凿有较大的方形梁孔和略小的枋孔，大致呈两两对称布置，且龛口竖直上方55厘米处凿有横跨龛口的凹槽，据此推测历史上此龛龛前曾有建筑设施。

第101号龛龛壁和造像存灰白色妆绘涂层，表明历史上曾有过妆彩活动。第102、103（含104）号龛未见妆绘遗迹。

注释：

[1] 本则铭文第2行第1字"作"；第2行第11字"列"；第4行第2字"北"；第4行第3字"山"；第4行第12字"草"；第7行第6字"更"；第12行第8字"于"；第13行第5字"惧"；第13行第8字"而"；第15行第18字"四"，铭文分别为：

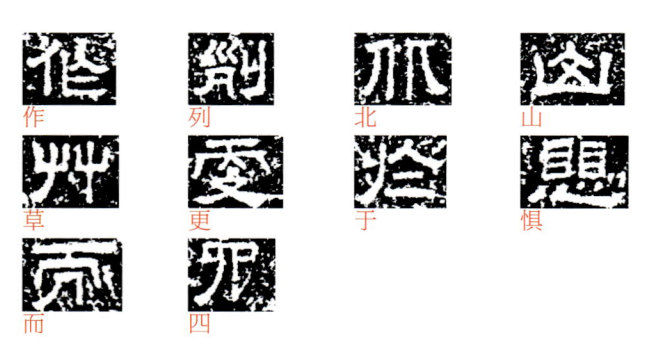

[2] 本则铭文第1行第15字、第2行第17字"参"；第6行第4字"慢"；第8行第12字"满"；第9行第18、19字"战"，铭文分别为：

[3] 此"兼"字，铭文为：

[4] 此"欢"字，铭文为：

[5] 此"参"字，铭文为：

[6] 此"踊"字，铭文为：

[7] 本则铭文第14行第70字、第15行第7字"敕"；第15行第24字"构"，铭文分别为：

第三章　第105—123号

第一节　本章各编号位置及相互关系

本章介绍的第105—123号，以及第116-1号等20个编号，位于北区石窟南段南侧构造裂隙以北岩面；最南端的第105号龛左抵构造裂隙边缘，并与第103号龛相邻，最北端的第123号龛右与后世竖立的文物保护标志碑相邻（图13；图版Ⅰ：9、图版Ⅰ：10）。

本章各编号中，第105、106、107、110、111、112、113、115、116、117、118、119、120、121、122、123号等各龛像，均由南向北（从左至右），沿岩起伏，依次比邻，且大致布置在同一水平高度（图14；图版Ⅰ：11、图版Ⅰ：12）。在第107号龛与第110号龛之间，从上至下开凿第108、109号龛；第115、116号龛上方，开凿第114号窟，居于本章龛像中最高位置；第116号龛下方设一空龛，编为第116-1号龛。

本章各编号中，第105、106号龛地坪与长廊地坪大致在同一水平上。约从第107号龛始，地坪海拔高度从508.08米抬升至508.72—508.90米；从第123号龛前地坪始，至第124号龛前，又下降至507.22米，使第107—123号龛前形成一高于长廊地坪、略有起伏的不规则狭长平台。平台面左端较窄，右端略宽，宽约192—616厘米；其边缘设木质曲臂护栏，左、右端设石梯，连接长廊地坪。

第二节　本章各编号所在岩体软弱夹层和裂隙的分布

一　软弱夹层带

本章各编号所在岩体分布有较为明显的两条软弱夹层带。

第一条　左端起于第105号龛外侧中部，横向发育，止于第112号龛左侧壁；全长约2470厘米，宽约27厘米。

第二条　位于第111—121号龛所在岩体的中部，横向发育，使岩体上下略有分离，部分风化成泥质状，全长2400厘米。

二　裂隙

本章各编号所在岩体分布有较为明显的两条裂隙。

第一条　位于第120号龛与第121号龛之间的岩壁。裂隙纵向发育，上接软弱夹层带，下接龛前平台，全长约324厘米，宽约1厘米。

第二条　位于第120号龛上方右侧岩体。裂隙纵向发育，上端距岩顶150厘米，下端与本节第二条软弱夹层带相接，全长约197厘米，宽4—10厘米。

第三节　第105号

一　位置

位于北区石窟南段南侧。左距后世修建的圆拱门墙体约69厘米，右距第106号龛33厘米；上距岩顶约106厘米，下距地坪165厘米。龛口西北向，方向310°。

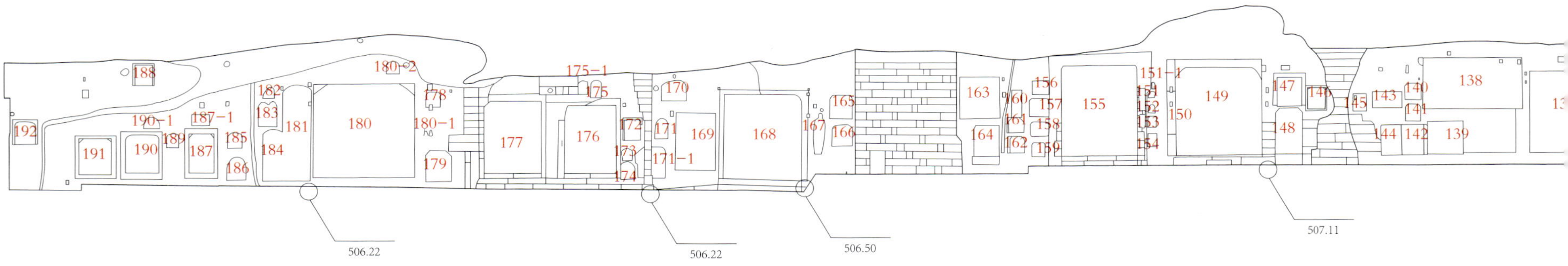

图 13　第 105—123 号在本卷龛窟中的位置图

图 14　第 105—123 号位置关系图

第三章　第105—123号

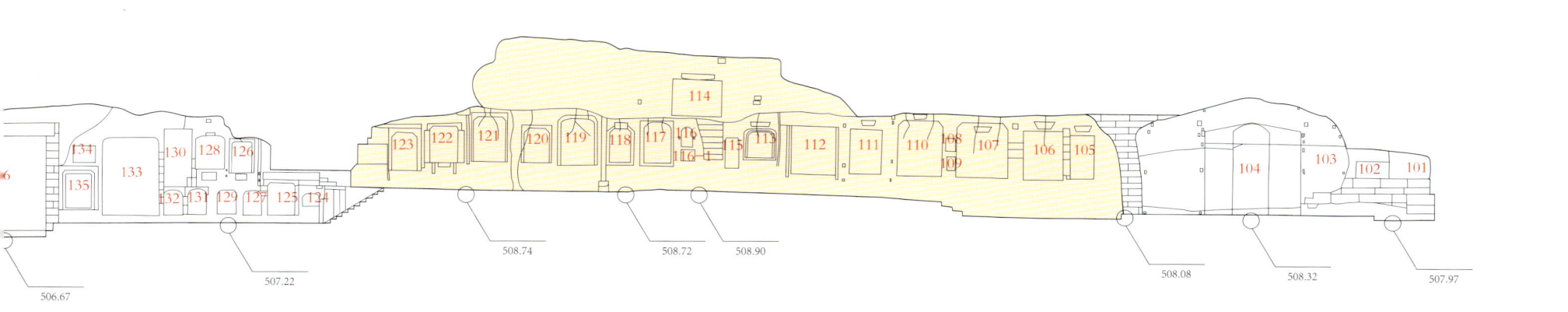

二 形制

单层方形龛（图15、图16、图17、图20、图21、图22；图版Ⅰ：13、图版Ⅰ：14、图版Ⅰ：16、图版Ⅰ：17）。

在岩壁表面直接凿建龛口。龛口方形，残损甚重。左侧岩体部分开裂脱落，右侧岩体毁，现以条石补砌。龛口现存高180厘米，宽95厘米，至后壁最深约96厘米。龛底呈方形，前部残脱。环壁建低坛一级，高3—4厘米，深9—13厘米。龛正壁略竖直，左侧壁中上部外侧开裂分离，右侧壁存下部，上部毁，现以条石补砌。左右侧壁与正壁弧面相交。壁面与龛顶略垂直相交。龛顶为平顶，呈半圆形，前端剥落（图版Ⅰ：14）。

三 造像

现存造像28身。分为正壁、左侧壁、右侧壁造像三部分（图18；图版Ⅰ：13）。

（一）正壁

刻像9身，分为上中下三层（图19；图版Ⅰ：15）。

1. 上层

中刻主尊坐佛像1身，左右各刻立式弟子像1身。

主尊佛像　坐高40厘米，头长12厘米，肩宽14厘米，胸厚7厘米。浮雕桃形头光和椭圆形身光。头光内圆素平，横径33厘米，边缘线刻火焰纹，焰尖延至龛顶中部；身光素面，最宽42厘米。螺发，刻髻珠，髻珠发出四道毫光，延至龛顶外端，外侧两道各绕三匝（图20）。脸长圆，眉眼细挑，鼻蚀，嘴角后收，颈刻三道肉褶线。内着僧祇支，系带作结；外着双领下垂式袈裟，袈裟一角系于左肩；下着裙。左手抚膝，右手置胸前，齐腕残。结跏趺坐于三重仰莲台上。台通高15厘米，直径34厘米。

左弟子像　立像高37厘米。头残，浮雕圆形素面头光，直径19厘米，厚1.5厘米。内着双层交领衫，外披袒右式袈裟，下着裙；袈裟一角系于左肩哲那环上。腕镯，双手拱于胸前。足残，立于台上。台大部毁，高约8厘米，宽约19厘米。

右弟子像　立像高37厘米。浮雕圆形素面头光，直径18厘米，厚1厘米。袈裟于左肩系结，双手合十；余与左弟子像同。

2. 中层

刻菩萨立像4身。各像皆浮雕舟形背光，部分残损甚重，高58厘米，最宽23厘米，厚1.5—3厘米；跣足分踏于莲茎交错缠绕的仰莲台（部分残）上；仰莲台高约7厘米，直径8厘米。从左至右，编为第1—4像。

第1像　残立高41厘米，头长10厘米，肩宽10厘米，胸厚5厘米。头、面皆残。胸饰璎珞，大部残。上着双领下垂式袈裟，下着裙。腕镯，双手于身前握持带茎莲蕾及莲叶。

第2像　立高40厘米，头长10厘米，肩宽10厘米，胸厚5.5厘米。头戴卷草冠，大部残。脸圆，略蚀。胸饰璎珞，大部残。上着披巾，两端下垂腹前，再敷搭前臂后下垂至仰莲外侧；下着裙，裙腰上束至胸，腰带作结后垂至莲台。腕镯，左手屈于左肩，握方形物（似印），右手于腰际握持印带。跣足，部分蚀。

第3像　头毁。残立高30厘米，肩宽9厘米，胸厚5厘米。披发垂肩，胸饰璎珞，大部蚀。上身着披巾，两端交叉垂于腹前，再敷搭前臂后长垂至仰莲外侧；下着裙，裙腰上束至胸，腰带作结后垂至仰莲台。腕镯，左手于腰际持净瓶，右手于胸前持柳枝，跣足，略蚀。

第4像　残高40厘米，头长9厘米，肩宽9厘米，胸厚5厘米。戴卷草冠，大部残。面部分残。胸饰璎珞，上部为两道弧形珠串，中部缀圆形饰物，左右侧各绕一条珠串，交会于饰物底部，再下部分隐于袈裟内。外着双领下垂式袈裟，下着裙。腕镯，左手横于腹前，右手屈举胸前，双手共持一物，物残难辨。足残。

3. 下层

中刻方案，高21厘米，宽24厘米，厚15厘米。台面罩巾，下缀两重，线刻"X"形纹饰；台面中部残留一圆形遗迹。方案左侧刻一塔，通高31厘米。塔基圆形，部分残；塔身亦呈圆形，六重塔檐，呈莲叶形，略残；塔刹呈桃形，部分残。塔左侧刻立式僧人像1身，高32厘米。头顶残，内着交领窄袖衫，外披袒右式袈裟，下着裙。双手胸前合十，着鞋站立，右足残。方案右侧刻僧人立像1

图 15　第 105 号龛立面图

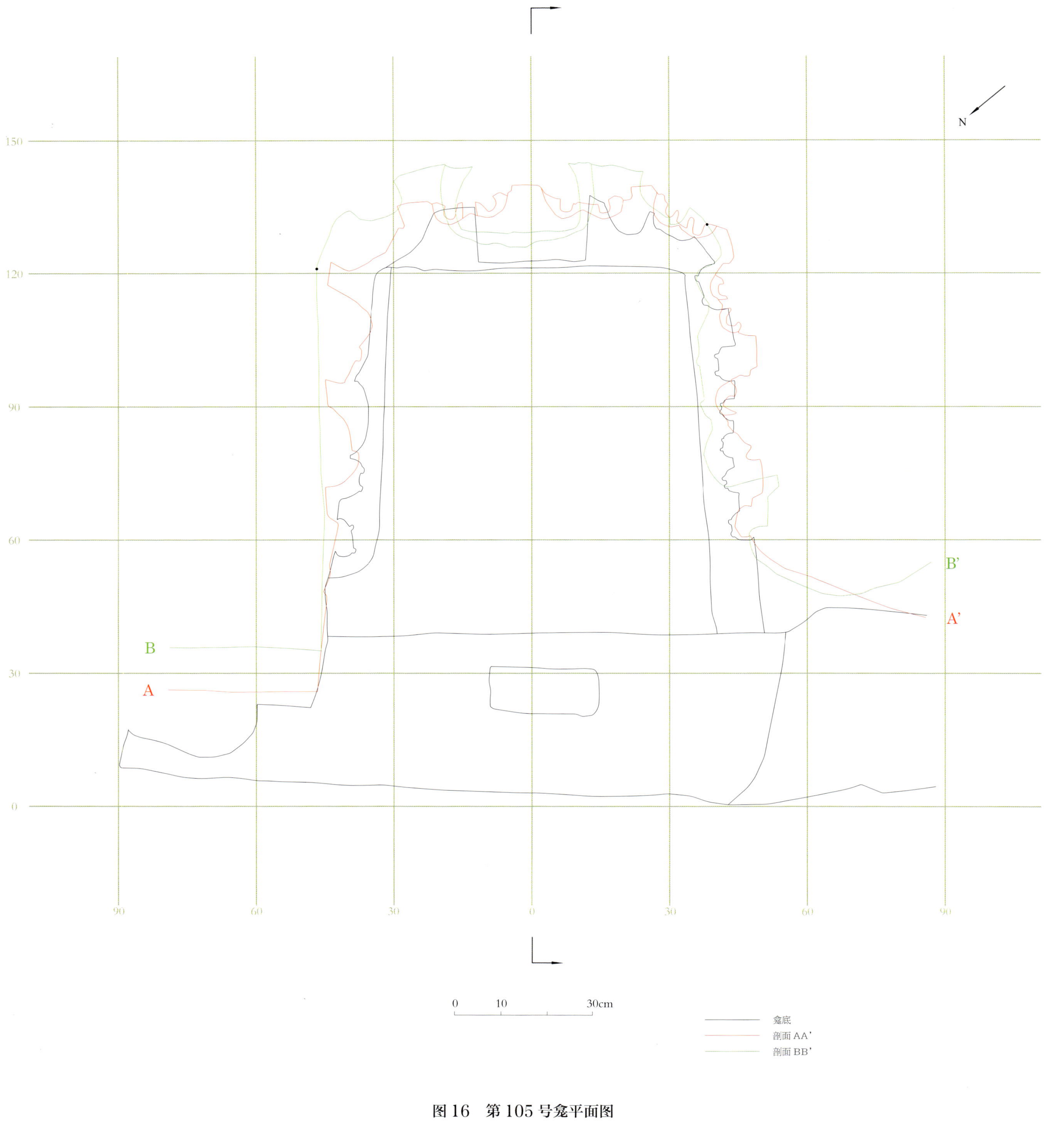

图 16　第 105 号龛平面图

图17 第105号龛剖面图

图18 第105号龛造像展开图

图 19　第 105 号龛正壁立面图

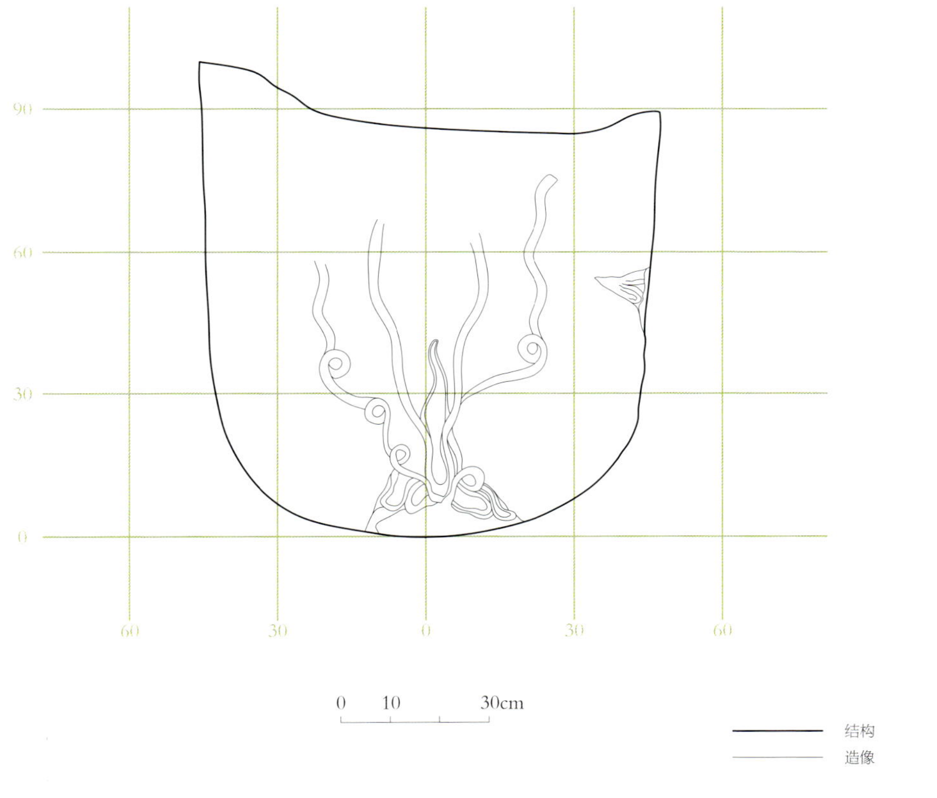

图 20　第 105 号龛顶仰视图

第三章　第 105—123 号　37

身，高约24厘米。头、面蚀，上着双领下垂式袈裟，下着裙；袈裟一角绕过头顶，披覆右肩。左手于体侧伸食指、中指，作指引状；右手持幡，负于右肩，双足隐于低台内。低台部分残，高3厘米，宽17厘米，深4厘米。

（二）左侧壁

刻像12身。分为上中下三层（图21；图版Ⅰ：16）。

1. 上层

刻像一组，共3身。

主像为一菩萨像，头毁，存残痕，坐高26厘米。浮雕桃形头光和椭圆形身光。头光内圆素平，边缘刻火焰纹，横径26厘米；身光素平，最宽28厘米。内着僧祇支，上着宽博披巾，下着裙；披巾两端腹前相绕，再敷搭前臂后下垂体侧。腕镯，左手抚膝，右手横于胸前持如意，结跏趺坐于狮身背负的莲台上。莲台高7厘米，直径22厘米。狮面向龛外，立高14厘米，身长37厘米；两前腿毁，颈部斜向断裂。狮身后侧刻狮奴，高约32厘米，头大部残。上着窄袖服，挽袖；下着裙，裙摆略外展；双手（部分残）握持缰绳，着圆头鞋，立于云台上。狮身前侧刻侍者立像1身，头毁，残高23厘米，存部分圆形头光；上着宽博披巾，下着裙；披巾两端敷搭前臂后于体侧飘飞；腕镯，双手合十，小腿以下毁。

2. 中层

刻菩萨立像3身。各像皆浮雕舟形背光，残损甚重，高58厘米，最宽23厘米，厚1.5—3厘米；跣足分踏于莲茎交错缠绕的仰莲台上；莲台高约7厘米，直径8厘米。从龛内至龛外，依次编为第1—3像。

第1像　头毁。残立高34厘米，肩宽9厘米，胸厚6厘米。存作结下垂的冠带，垂发披肩。胸饰璎珞，略蚀。上着披帛，沿胸下垂至仰莲外侧，饰璎珞；下着裙，裙摆略外展；腰带于膝部作结后长垂足间。腕镯，左手屈肘上举外展体侧，自手心生出祥云一朵，略残；右手下垂体侧，似握环状物，物难辨。跣足。

第2像　头毁。残立高40厘米，肩宽10厘米，胸厚5厘米。左肩存两缕垂发。胸饰璎珞，上着披巾，下着裙。披巾两端腹前相绕，敷搭前臂后长垂体侧；腰带系结后垂至足间。腕镯，双手于胸前托宝珠（略残），右肩存毫光遗迹。左足毁，右足略蚀。

第3像　残立高40厘米，头长10厘米，肩宽9厘米，胸厚6厘米。头、面皆残。胸饰璎珞，上着双领下垂式袈裟，下着裙；袈裟一角绕过头顶，覆于右肩。左手腹前握右手腕，右手持念珠（略残）。身躯下部及仰莲残。

3. 下层

刻供养人立像6身。由龛内至龛外编为第1—6像。

第1像　男像。立高34厘米。头巾，面残，上着圆领窄袖服，双手于胸前持长柄香炉，着鞋站立。

第2像　女像。头毁，残立高27厘米。右肩残，似着对襟窄袖服；身披飘带，环于后背，绕上臂下垂至足。双手（右手毁）置于胸前，覆帛带，着鞋站立。

第3像　头大部残，残立高18厘米。身着圆领窄袖服，双手胸前笼袖内，足鞋。

第4像　头大部残，残立高19厘米。身着交领窄袖服，双手交叠腹前，足鞋。

第5像　毁，略存轮廓。

第6像　头毁，残立高24厘米。上着对襟衫，下着裙。双手交于腹前，略残。足鞋。

（三）右侧壁

存像7身，分为上中下三层（图22；图版Ⅰ：17）。

1. 上层

壁面毁，造像不存。现以条石叠砌修补，打磨竖直平整。

2. 中层

刻菩萨立像3身，皆残损甚重，浮雕舟形背光。从龛内至龛外，依次编为第1—3像。

第1像　残高32厘米。残损甚重，可辨右手屈肘上举外展体侧，自手心生出祥云一朵，云头残；仰莲之间存有下垂的腰带，左右外侧刻斜垂的披帛。披帛装饰由圆珠、花卉、流苏组合而成。双足大部毁。

第2像　残高36厘米。残毁甚重，小腿以下毁。仅可辨腹前相绕的两段披帛及作结下垂的腰带。

图 21　第 105 号龛左侧壁立面图

图 22　第 105 号龛右侧壁立面图

第 3 像　残高 26 厘米。仅存轮廓。

3. 下层

刻供养人立像 4 身和草庐 1 座。从龛内至龛外将供养人像编为第 1—4 像。

第 1 像　男像。立高 18 厘米。头巾，身着交领窄袖服，双手合十，下身隐于祥云内。

第 2 像　女像。立高 18 厘米。绾髻，面残，戴耳饰，内着抹胸，外着对襟窄袖衫。双手于胸前笼袖内，覆帛带。两上臂刻出环绕的飘带，下垂体侧。下身隐于祥云内。

以上二像身下皆刻祥云，高约 13 厘米，最宽 26 厘米，深 4 厘米。

第 3 像　头毁，残立高 23 厘米。上身大部残，可辨长服下摆，左手横于胸前，足鞋。

第 4 像　头毁，残立高 27 厘米。右肩毁，似着对襟长服，双手残，着鞋站立。

第 2、3 像之间　刻草庐一座，高 16 厘米，最宽约 17 厘米。穹隆顶，正面开圆拱门，内刻一鸟形动物。

四　晚期遗迹

本龛与比邻的第 106 号龛之间的岩体残毁，现以条石叠砌修补，打磨平整。修补条石高 206 厘米，宽 33 厘米，至龛内最深 88 厘米。

龛底中部和前侧分别凿有方形凹槽，相距 43 厘米。中部凹槽长 21 厘米，宽 10 厘米，深 8 厘米；外侧凹槽长 23 厘米，宽 9.5 厘米，深 6 厘米。

龛口上部凿出梯形匾额，上宽 65 厘米，下宽 53 厘米，高 23 厘米，内素平。

龛内存灰白、红色、绿色三种涂层。

第四节　第106号

一　位置

位于第105号龛右侧。左距第105号龛33厘米，右距第107号龛63厘米；上距岩顶约60厘米，下距地坪165厘米。

龛口西北向，方向306°。

二　形制

单层方形龛（图23、图24、图25、图28、图30、图31；图版Ⅰ：18、图版Ⅰ：19、图版Ⅰ：23、图版Ⅰ：24）。

龛口　在岩壁表面直接凿建龛口。龛口方形，部分残毁；左侧与第105号龛之间的岩体毁，现以条石补砌；右侧中部岩体毁，现以条石修补；上部、下部岩体略有残损。现存龛口高205厘米，宽164厘米，至后壁最深约155厘米。龛口右侧向龛内凿出平整面，宽18厘米，存上部和下部，中部毁。龛口左上角毁，右上角刻三角形斜撑，部分残。

龛底　略呈方形，部分剥蚀。环壁建三级低坛，逐级向龛内递收。以正壁为测量点，三级低坛分别高约7、43、72厘米，深分别约35、34、12厘米。其中，第一级（底部）低坛部分受损，另两级低坛保存较好。

龛壁　略呈弧壁。壁面与龛顶略垂直相交。

龛顶　平顶，略呈圆形，部分剥蚀。

三　造像

存像22身。分为正壁、左侧壁、右侧壁造像三部分（图26；图版Ⅰ：18）。

（一）正壁

中刻一佛二菩萨像3身；佛像左右壁面略内凹，各刻弟子立像1身；佛座下方左右刻立像2身；右侧菩萨座前刻立像1身（图27）。

主尊佛像　坐高67厘米，头长18厘米，肩宽28厘米，胸厚13厘米（图29；图版Ⅰ：20）。浮雕桃形头光和椭圆形身光。头光内圆素平，边缘刻火焰纹，尖端延至龛顶，横径51厘米；身光素面，最宽61厘米。头顶略残，布螺发；自髻珠出两道毫光，于龛顶间残断，绕两匝后，沿龛顶向龛外斜飘（图28）。面长圆，弯眉细眼，鼻端残，耳长垂。内着僧祇支，系带作结，外着双领下垂式袈裟，下着裙。袈裟一角敷搭右肩，裙摆敷搭座前。腕镯，双手胸前结印，部分残。双腿毁，结跏趺坐于束腰盘龙莲座上。座通高57厘米，上部为三重仰莲台，部分残，最宽约67厘米，其下为弧面低台，最宽约52厘米；下部为束腰盘龙圆台，直径40厘米。龙首刻于圆台正面，头左向，张口，内衔宝珠；龙身修长，刻背鳍、龙鳞、兽形尾；现两前腿。

佛座前下方左右刻立像2身，上身毁。皆浮雕舟形背光，部分残，宽约23厘米；跣足立于圆台上，台高3厘米，直径19厘米。圆台置于第一级低坛上。其中，左立像残高29厘米，可辨上着袈裟，下着裙，腰带垂至足间，左臂下垂，手贴体伸五指，掌心向外，右手残；右立像残高23厘米，可辨下着裙，腰带垂于腿间。

左弟子像　立于主尊佛像左侧。高约67厘米，头长12厘米，肩宽19厘米，胸厚6厘米。光头，面蚀，胸饰璎珞，略蚀；上着双领下垂式袈裟，下着裙，腰带长垂至足间。身饰披帛，敷搭前臂后垂于体侧。双手大部残，似于胸前合十，跣足立于第三级低坛上。

右弟子像　立于主尊佛像右侧。高约69厘米，头长11厘米，肩宽20厘米，胸厚6厘米。双手屈于胸前残，腰带交叠下垂至足间；余与左弟子像同。

左菩萨像　坐高66厘米，头长23厘米，肩宽24厘米，胸厚12厘米（图版Ⅰ：21）。浮雕桃形头光，内圆素平，边缘刻火焰纹，横径41厘米。梳髻，鬓发绕耳，两缕垂发披肩。戴卷草冠，冠体两重，冠带作结下垂于肩后。脸长圆，刻白毫，鼻端稍蚀，戴耳环，颈刻三道肉褶线。胸饰璎珞，内着僧祇支，外着双领下垂式袈裟，下着裙；袈裟下摆敷搭座前，腰带于座前作结下垂。自后腰斜出一带，于腿间交绕后斜垂座前。左手残，横置腹前；右手略残，屈肘举胸前似持柳枝。双腿部分剥蚀，结跏趺坐于须弥座上。座下枋

40　大足石刻全集　第二卷（上册）

图 23　第 106 号龛立面图

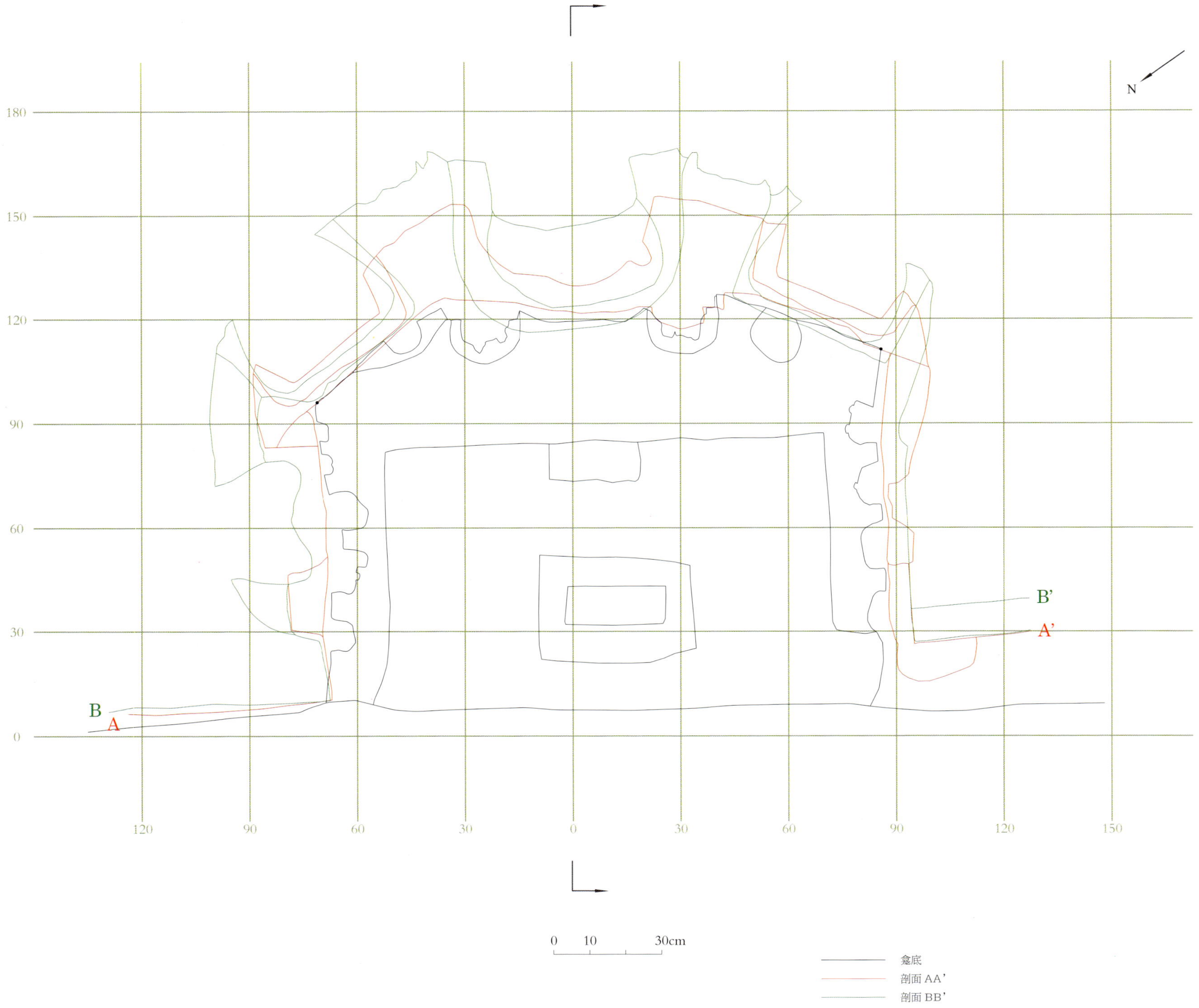

图 24　第 106 号龛平面图

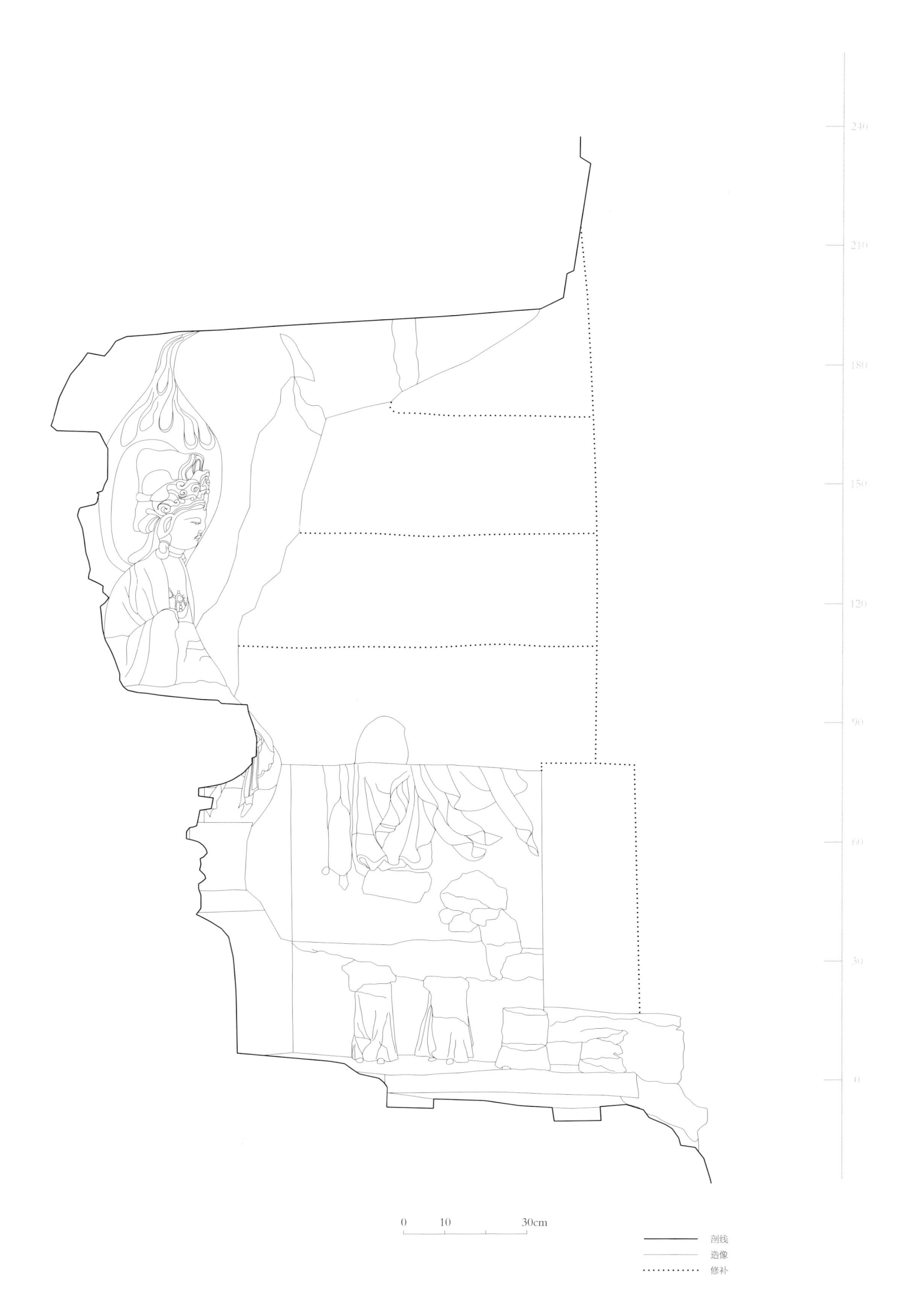

图 25　第 106 号龛剖面图

图26　第106号龛造像展开图

第三章 第105—123号 45

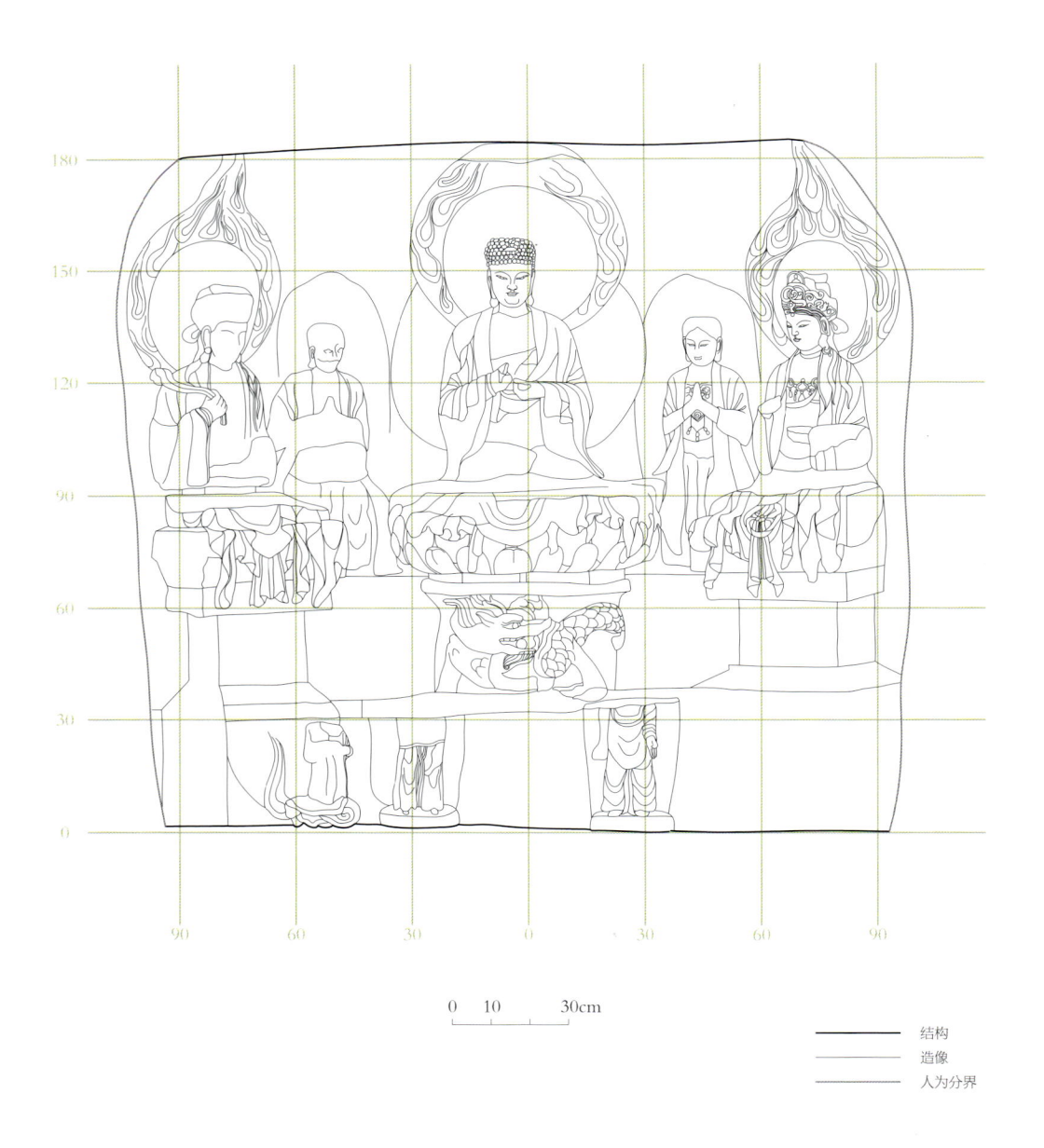

图 27　第 106 号龛正壁立面图

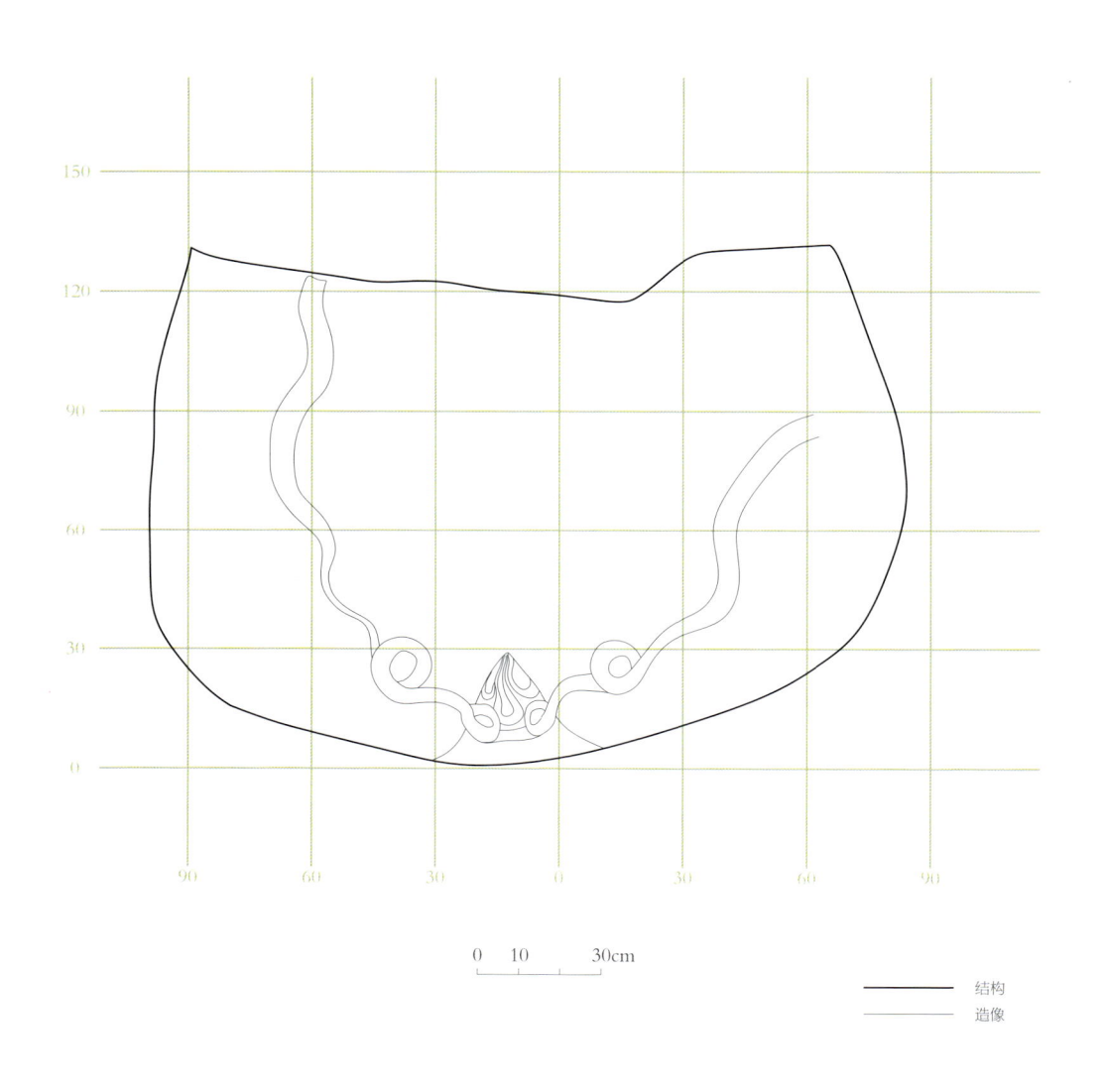

图 28　第 106 号龛龛顶仰视图

图29　第106号龛正壁佛像效果图

残，通高约47厘米，置于第二级低坛上。

右菩萨像　坐高64厘米，头长17厘米，肩宽26厘米，胸厚12厘米（图版Ⅰ：22）。浮雕桃形头光，内圆素平，边缘刻火焰纹，横径45厘米。梳髻，鬓发绕耳，垂发披肩，戴冠，冠体略蚀，冠带作结垂至双肩。面蚀，下颌残，胸剥蚀。上着双领下垂式袈裟，下着长短两层裙，腰带垂于座前；袈裟和裙摆覆于座前。腕镯，左手残，横置腹前，右手屈肘上举右胸前持如意。双腿部分残毁，结跏趺坐于须弥座上。座通高49厘米，式样同左菩萨像座。座前左下方刻立像1身，头毁，身残，残高22厘米，衣饰难辨，双手大部毁，似置腹前，覆帛带，帛带长垂身前，立于云台上。台高7厘米，最宽17厘米，深8厘米；云尾线刻，呈竖直上飘状。

（二）左侧壁

中上部及下部外侧已毁，现以条石砌补，现仅存像6身，且残毁甚重。存像作上中下三部分布置。其中，上部存飞天像1身，中部存立像1身，下部存供养人立像4身（图30；图版Ⅰ：23）。

飞天像　大部毁，存少许遗迹。

中部立像　腰部以上躯体毁，残高26厘米；可辨长裙及身躯右侧下垂的披帛。现存躯体上部为后世嵌入的条石改刻而成。该像左侧壁面另存部分下垂的裙摆和披帛，估计此处应刻有造像；右侧壁面存一段飘带，端头呈三角形，缀圆珠和流苏。

供养人像　共4身。均立于第一级低坛上。从龛内至龛外，第1、2像腰部以上躯体毁，残高约20厘米；可辨长服下摆及着鞋的双足；第3、4像残毁较重，仅存少许遗迹。

（三）右侧壁

刻像8身，亦作上中下三部分布置（图31；图版Ⅰ：24）。上部刻飞天像1身，中部刻坐像1身，下部刻供养人立像6身。

飞天像　头毁，残高19厘米。存头冠及后飘的冠带。上着披巾，下着裙；披巾两端绕腹前后敷搭前臂，飘于身后。腕镯，双手屈于胸前托盘，内盛物，面向龛外胡跪于云纹内。云头最宽38厘米，高20厘米，厚6厘米，云尾斜向上飘。

中部坐像　坐高50厘米。浮雕圆形素面头光，直径约42厘米；左侧存一道斜向上飘的毫光，右下侧毁，现以条石补砌。光头，面残，因横向裂隙致其头裂为上下两部分，且略有错位。颈部至腰部躯体毁，现为条石补砌，略经雕凿修补。躯体下部可辨部分袈裟及长裙。双手毁，腿间存一段锡杖杖柄，杖首刻于头部右上方，部分残。倚坐于方形台座上，双足分踏仰莲台，足及仰莲台部分残。方座通高39.5厘米，至壁最深13.5厘米。

供养人像　共6身。均立于第一级低坛上。从龛内至龛外依次编为第1—6像。

第1像　头残，高17厘米。上着对襟齐膝衫，下着裙；双手胸下笼袖内，双足不现。

第2像　头毁，残高14厘米。上身残，衣饰不明；下着裤，双足不辨。

第3像　残损甚重，仅存躯体下部，残高约13厘米；可辨双足。

第4像　残毁甚重，位于第5像身前，体量较小，似一小孩形象。

第5、6像　与第3像同。

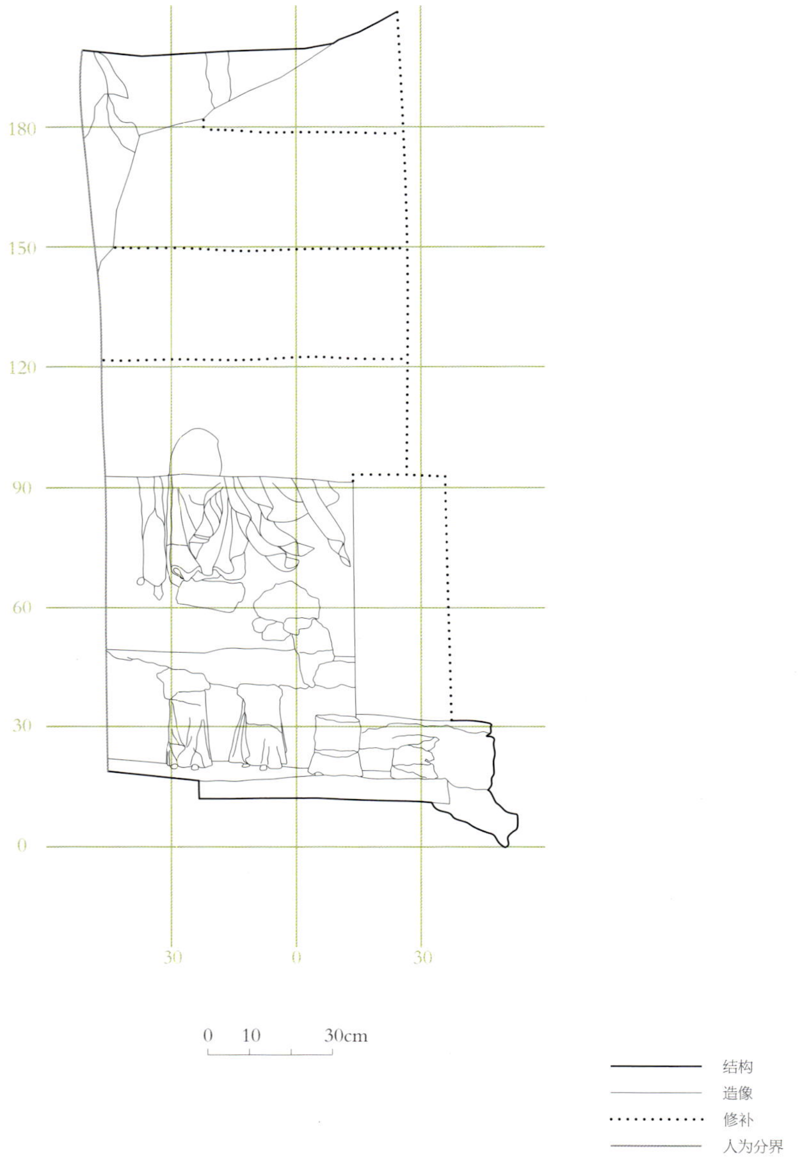

图30　第106号龛左侧壁立面图 　　　　　　　**图31　第106号龛右侧壁立面图**

四　晚期遗迹

龛左侧壁与第105号龛之间的残毁岩体以条石补砌。补砌条石高206厘米，宽33厘米，至龛内最深88厘米。

龛右侧壁中部与第107号龛间的岩体残毁，现以两级条石修补，高59厘米，宽63厘米，至龛内最深约65厘米。

龛口上方凿梯形匾额，上宽65厘米，下宽52厘米，高27厘米；内素平。

龛底中部纵向凿两个方形凹槽，相距32厘米；内侧凹槽长25厘米，宽9厘米，深9厘米；外侧凹槽长27厘米，宽10厘米，深6厘米。

龛内存红色、灰白和蓝色三种涂层。

第五节　第107号

一　位置

位于第106号龛右侧。左距第106号龛63厘米，右邻第108、109号龛，分别相距10、11厘米；上距岩顶约40厘米，下距地坪164厘米。龛口西北向，方向312°。

二　形制

单层方形龛（图32、图33、图34、图36；图版Ⅰ：25、图版Ⅰ：26、图版Ⅰ：30、图版Ⅰ：31）。

龛口　在岩壁表面直接凿建龛口。龛口方形，左侧中部与第106号龛之间的岩体毁，现为补砌的条石；右侧岩体部分残脱；上部岩体中部脱落；下部略残。龛口高203厘米，宽181厘米，至后壁最深137厘米。龛口左右内侧凿有宽26厘米的平整面，左平整面中上部毁，下部略残；右平整面中部和下部残。龛口左右上角凿三角形斜撑，部分残。

龛底　呈横长方形，部分剥蚀。于正壁左侧建一级低坛，高3厘米，深10厘米；左右侧壁各建一级低坛，形制相同，高18厘米，深10厘米；右侧壁低坛残蚀较重。

龛壁　为竖直壁面。正壁与左右侧壁弧面相交。壁面与龛顶垂直相交。

龛顶　呈半圆形，平顶；前端部分残脱。

三　造像

大致分作上、中、下三层环壁布置（图35；图版Ⅰ：25）。

（一）上层

环壁刻像9身，水平布置。其中，坐式佛像7身（正壁3身，左右侧壁各2身），立式侍者像2身。正壁居中佛像体量略大，位置稍高，左右各刻侍者立像1身；以此佛像展开，左右各刻体量略小，位置稍低的佛像3身；相邻佛像头光间浅浮雕花枝（图版Ⅰ：27、图版Ⅰ：30、图版Ⅰ：31）。为记述方便，将正壁居中佛像编为第1像，从内至外，左侧三身佛像编为第2—4像，右侧三身佛像编为第5—7像（图35）。

第1像　头毁，残坐高48厘米，肩宽18厘米，胸厚12厘米。浮雕舟形背光，内素平，边缘刻火焰纹，尖端延至龛顶，最宽46厘米。内着僧祇支，系带作结，外披双领下垂式袈裟，下着裙；袈裟和裙摆覆于座前。腕镯，左手腹前托钵，右手屈肘，自腕残。结跏趺坐于四重仰莲台上。台高21厘米，直径43厘米。

自背光顶端刻出四道毫光，沿龛顶飘向龛外，部分残（图36）。其中，外侧两道毫光各绕三匝。左毫光第一匝内素平。第二匝内刻单重庑殿式楼阁1座，通高约7.5厘米；屋身两柱一间，面阔约4.5厘米，设双扇板门；屋顶为庑殿顶，屋面刻瓦垄瓦沟，正脊端头

图 32　第 107 号龛立面图

图 33　第 107 号龛剖面图

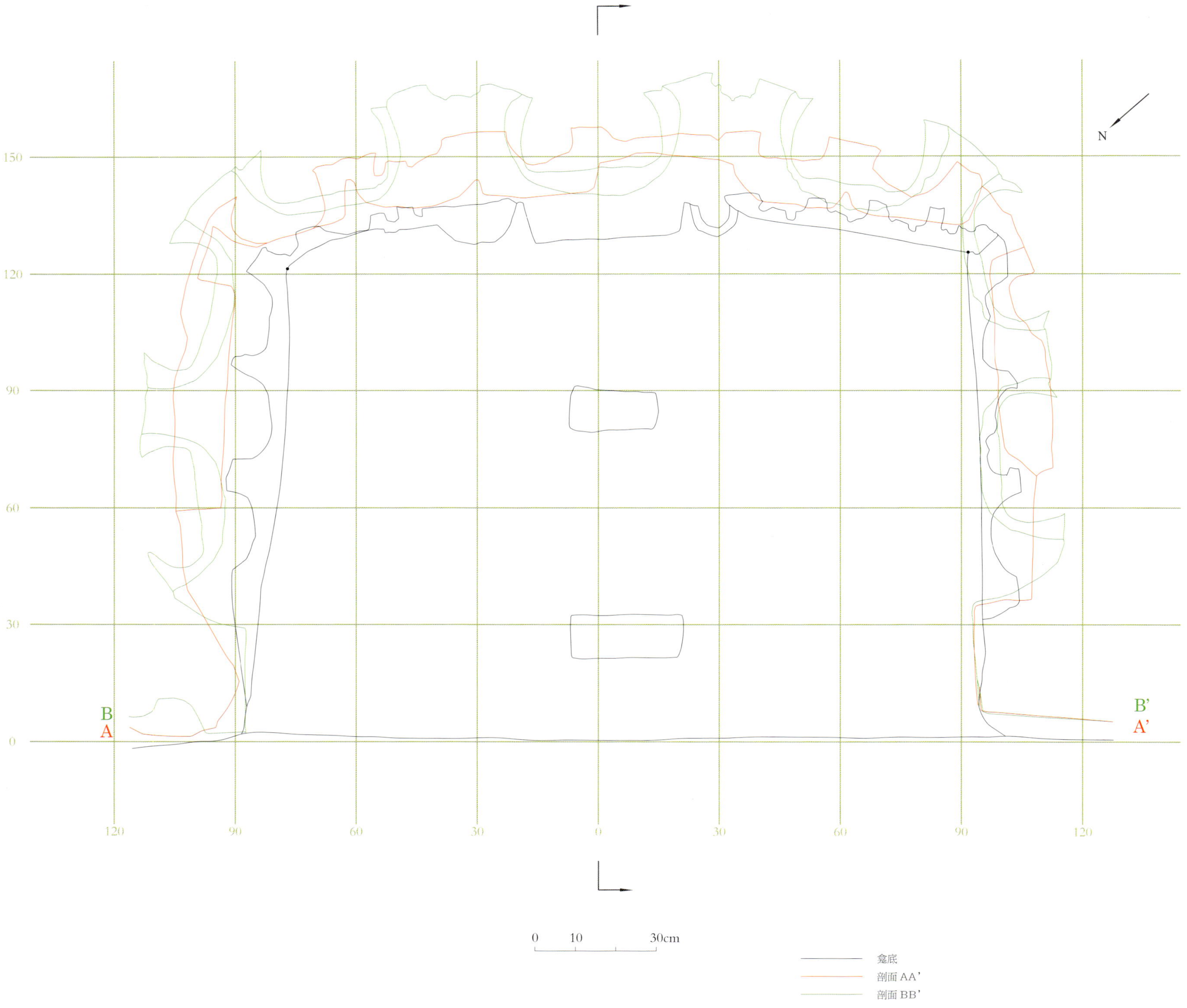

图 34　第 107 号龛平面图

装饰鸱尾。第三匝内刻单重庑殿式楼阁一座，通高11厘米；屋身两柱一间，面阔4.5厘米，进深一间，进深约2厘米；屋身正面开圆拱门，高3.5厘米，宽2.5厘米。屋顶为庑殿顶，屋面刻瓦垄瓦沟，正脊中部刻脊珠，左右端装饰鸱尾。右毫光各匝与左毫光同，但保存较差。

佛像左右各刻侍者立像1身。左侍者像高41厘米。浅浮雕圆形素面头光，直径20厘米。梳髻，垂发作结覆肩。戴冠，冠带作结垂于双肩。脸长圆，胸饰璎珞。上着宽博披巾，下着裙。披巾垂腹前两道，敷搭前臂后下飘体侧。腰带长垂至足间。自后腰斜出一道飘带，于膝间交绕后斜垂体侧。腕镯，双手于身前右斜向持十二环锡杖，通长44厘米，杖首呈葫芦形。跣足，立于两重仰莲台上。仰莲台高6厘米，直径15.5厘米。右侍者像头残，残高41厘米。浮雕圆形素面头光，直径23厘米。右肩毁，双手大部残，双足及仰莲台部分残毁，衣饰略同左侍者像。

第2像　坐高41厘米，头长16厘米，肩宽16厘米，胸厚11厘米。浮雕桃形头光和椭圆形身光。头光内圆素平，边缘刻出双线；外侧刻火焰纹，横径38厘米。背光最宽44厘米，边缘刻双线；中部以双线分隔为内外两部分，内侧素平，外侧刻水波纹。螺发，髻珠出三道较短的毫光。长圆脸，面蚀，颈刻两道肉褶线。内着僧祇支，外披偏衫式袈裟，下着裙；袈裟一角系于左肩哲那环上，袈裟及裙摆覆于座前。腕镯，双手腹前结印，指少许残断。结跏趺坐于四重仰莲台上。台高19厘米，直径38厘米。

第3像　头大部残，坐高39厘米，肩宽17厘米，胸厚10厘米。身着双领下垂式袈裟，袈裟一角于左肩系挂于钩钮上，余与第2像同。

第4像　坐高41厘米，头长15厘米，肩宽18厘米，胸厚10厘米。身着双领下垂式袈裟，小腿略蚀，余与第2像同。

图 35　第 107 号龛造像展开图

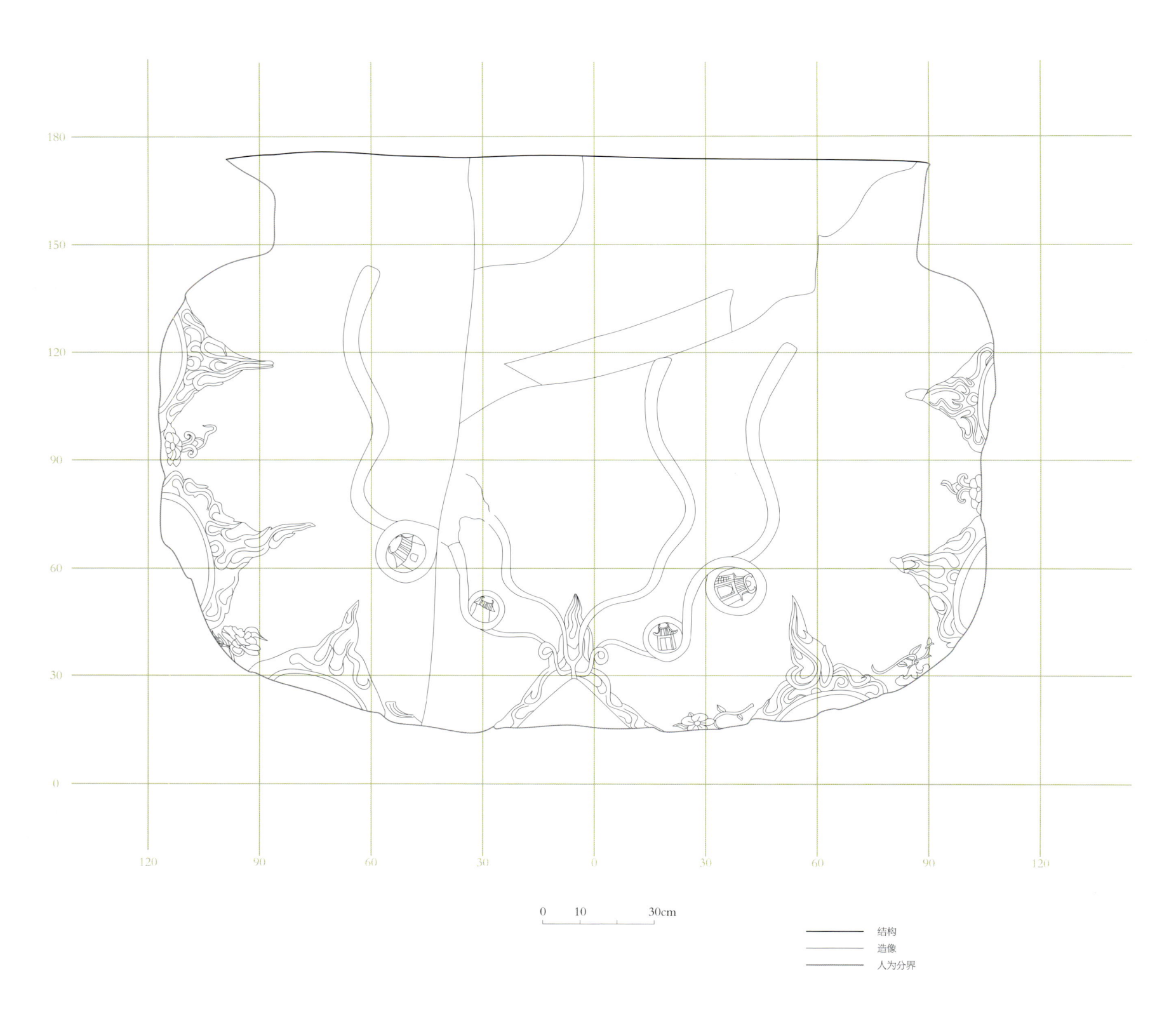

图36　第107号龛龛顶仰视图

第5像　坐高40厘米，头长15厘米，肩宽19厘米，胸厚11厘米。髻珠出四道较短的毫光，眉间刻白毫，身着双领下垂式袈裟，袈裟一角于左肩系于哲那环上，余与第2像同。

第6像　坐高40厘米，头长15厘米，肩宽19厘米，胸厚8厘米。眉间刻白毫，身着双领下垂式袈裟，袈裟一角绕过头顶，覆于右肩，余与第2像同。

第7像　坐高37厘米，头长14厘米，肩宽16厘米，胸厚7厘米。眉间刻白毫，胸部分离略有错位，身着袒右式袈裟，余与第2像同。

（二）中层

环壁刻坐像8身，残毁甚重，仅存轮廓（图版Ⅰ：28、图版Ⅰ：30、图版Ⅰ：31）。其中，正壁6身，左右侧壁内侧各1身；皆结跏趺坐。从左至右，编为第1—8像（图35）。

第1像　残毁甚重，残坐高约24厘米。浮雕圆形素面头光，直径25厘米。可辨左手似抚膝，右手横置身前，手残，坐于须弥座上。座显露部分高约16厘米，宽30厘米，深14厘米。座前存作结下垂的腰带。座束腰部分正面线刻菱形框，框内饰刻云纹。座下部隐于下层云纹内。

第2像　残毁甚重，仅辨轮廓，残坐高约15厘米。浮雕圆形素面头光，直径25厘米。头光右侧存上扬的冠带。须弥座显露部分高约27厘米，宽30厘米，深17厘米。座前存作结下垂的腰带。座束腰部分正面线刻方框，内刻壸门。座下部隐于下层云纹内。

第3像　残坐高约16厘米。须弥座正面方框内刻菱形框。余与第2像略同。

第4像　像毁，存直径约25厘米的圆形素面头光。须弥座上部毁，残高16厘米，宽27厘米，深8厘米；座前存下垂的腰带遗迹；束腰正面方框内刻壸门。

第5像　残坐高22厘米，存头光右侧遗迹。余与第2像略同。

第6像　残坐高14厘米，余与第3像略同。

第7像　残坐高23厘米，躯体残损，表面呈泥质状。与第2像略同。

第8像　残坐高29厘米。浮雕圆形素面头光，直径25厘米。梳髻，鬓发绕耳，戴卷草冠，冠带作结垂于肩后，下颌残。左手屈于胸前托圆形物，手及物残。右手置于身前，自前臂残断。双腿毁，坐于须弥座上。座显露部分高约16厘米，宽28.5厘米，深13厘米。座前存下垂的腰带。座下部隐于下层云纹内。

此外，第1像左侧另刻一须弥座，座上未刻像，式样与第2像须弥座略同。该须弥座左侧壁面刻匾额，大部毁，仅存上方和右侧匾框。第8像右侧亦刻一须弥座，座上未刻像，式样与第3像须弥座略同。该须弥座右侧上方刻"风"字匾额，高22厘米，宽26厘米，内素平。由此可见，中层环壁为十菩萨像。

（三）下层

分为正壁、左侧壁、右侧壁三部分造像。

1. 正壁

中刻方案，上部毁，残高36厘米，最宽35厘米，深9厘米。方案左右两侧对称各刻立像2身；左壁面刻立式供养人像4身，右壁面刻立式供养人像1身（图版Ⅰ：29）。

方案两侧立像4身。刻于方案左右，对称布置，通编为第1—4像。其中，第1像位于方案左上方，第2像位于第1像左下方，第3像位于方案右上方，第4像位于第3像右下方。各像特征列入表1。

表1　第107号龛正壁中部方案两侧造像简表

编号	造像特征
1	损毁甚重，仅存轮廓，残高约34厘米。浅浮雕圆形素面头光，直径20厘米，略蚀。
2	头及双肩毁，残高29厘米。浅浮雕圆形素面头光，直径19厘米。上身似披袈裟，下着裙。双足残，立于低坛上。
3	头毁，残高约38厘米。浅浮雕圆形素面头光。似内着宽袖服，外披袒右式袈裟，双手横置胸前，残。足毁，左向侧身站立。
4	头及双肩毁，残高25厘米。浅浮雕圆形素面头光，大部蚀。似上披袈裟，下着裙。左手似屈肘前伸，残；右手毁。踏于低台上，右足及台大部残。该像身前刻幡杆夹，置于龛底，高16厘米，宽16厘米，深3厘米；内竖曲颈幡杆，悬幡一口，绕杆右飘，杆部分残断。

在第1像正下方刻塔一座，残高15厘米。塔身圆形，存四级塔檐，塔刹毁。第3像正下方刻草庐一座，高16厘米，宽17厘米，深9厘米；穹隆顶，正面开圆拱门，门内雕刻难辨。

供养人像5身。其中，壁面左端4身，立于低坛上，由右至左编为第1—4像；右端1身，立于低台上，编为第5像。各像特征列入表2。

表2　第107号龛正壁供养人像特征简表

编号	造像特征
1	胸部以上毁，残高25厘米。着窄袖长服，双手似合十，指残，足鞋。

续表2

编号	造像特征
2	胸部以上大部毁，残高35厘米。着长服，腰束带，双手置于胸前，持长柄香炉，双手及炉身大部残，足鞋。
3	头、面残，残高31厘米。内着抹胸，外披对襟长服，下着裙，双手胸前似持物，物残难辨，足鞋。
4	位于第3像右前侧，头毁，身残，残高12厘米。仅可辨双手合十，足鞋。
5	头残，身、面皆蚀，衣饰难辨，残高约24厘米。双手置于胸前，上覆帛带，小腿及双足隐于台内，台高约7厘米，宽13厘米，最深6厘米。

2. 左右侧壁

各刻武士像6身，均作上三下三两排错对布置（图37；图版Ⅰ：30、图版Ⅰ：31）。其中，上排武士露半身，下排武士斜跪于低坛上；身后均浮雕云纹背屏。

武士像不同程度残，残高约20—28厘米。浮雕圆形素面头光，直径23厘米。按从上至下，由龛外至龛内的顺序，左侧壁武士像编为左第1—6像，右侧壁编为右第1—6像。各像特征列入表3。

表3　第107号龛左右侧壁武士像特征简表

左侧壁武士	造像特征	右侧壁武士	造像特征
1	头毁，着宽袖服，腰束带，系抱肚；双手拱于胸前；刻臂甲。	1	戴束发小冠，冠带下垂肩后。面长圆，下颌刻须。着双层交领服，腰束带，系抱肚。双手合十，指残。
2	头顶部分残，身面皆蚀。头巾飘于头后左右。内似着紧袖服，外披宽袖服。双手举于下颌处，手残。	2	头顶略残，戴束发小冠，冠带上扬。方圆脸，眉骨略粗，双眼微鼓，双唇较厚。内着窄袖服，外披宽袖服，腰束带，系抱肚。双手置于下颌前，手及前臂部分残。前臂刻出臂甲。
3	戴冠，冠带头后上扬，面蚀。披肩巾，着宽袖服，双手合十，前臂及手部分残。	3	头、面皆残，戴束发冠，冠带飘于头后。着宽袖服，腰束带，双手置胸前，大部残。
4	受损甚重，细节难辨。	4	受损严重，仅存轮廓；可辨上扬的冠带。
5	头毁，双肩残，着宽袖服。腰束带，腰带长垂坛前，双手置于胸前，似合十，手大部残。向龛内斜跪于低坛上。	5	受损严重，仅可辨冠带斜垂，双手似置胸前。
6	头毁，肩残，身蚀，仅可辨下垂的腰带及向龛内斜跪的姿势。	6	身面皆蚀甚重，可辨戴束发小冠，冠带飘于头后。

四　晚期遗迹

龛内头部残毁的造像，颈部均凿有不规则的小孔，约宽1—1.5厘米，深2厘米。

龛顶存左右两道纵向裂隙，略作修补。

龛顶外侧岩体残毁处刻梯形匾额，上宽52厘米，下宽46厘米，高23厘米，内墨书"七贤龛"。

龛底纵向凿有内外两个方形凹槽，相距48厘米。外侧凹槽长27厘米，宽10厘米，深7厘米；内侧凹槽长21厘米，宽10厘米，深5厘米。

龛口左侧中部与第106号龛之间的岩体毁，现以条石补砌，至龛内最深68厘米。

龛内存红色、灰白色、蓝色三种涂层。

图 37　第 107 号龛下层左右侧壁武士像立面图
1　左侧壁武士像　2　右侧壁武士像

第六节　第108号

一　位置

位于第107号龛与第110号龛之间的岩壁中上部。左距第107号龛10厘米，右距第110号龛12厘米；上距岩顶约80厘米，下距第109号龛20厘米。

龛口西北向，方向310°。

二　形制

单层方形龛（图38；图版Ⅰ：32）。

在岩壁表面直接凿建龛口。龛口方形。左侧下部残毁，中上部保存较好；右侧中下部毁，上部保存略好。龛口高53厘米，宽35厘米，至龛壁最深9厘米。龛口左右上角作斜边处理。龛底大部毁，龛壁竖直，与龛顶略呈弧面相接。龛顶近似平顶，略呈弦月形。

三　造像

龛内刻坐像1身（图版Ⅰ：32）。头残，身毁；残高31厘米。头戴冠，颌下系带，存下颌及双耳，其余细节不明。座台残高约18厘米，宽32厘米，深4厘米。

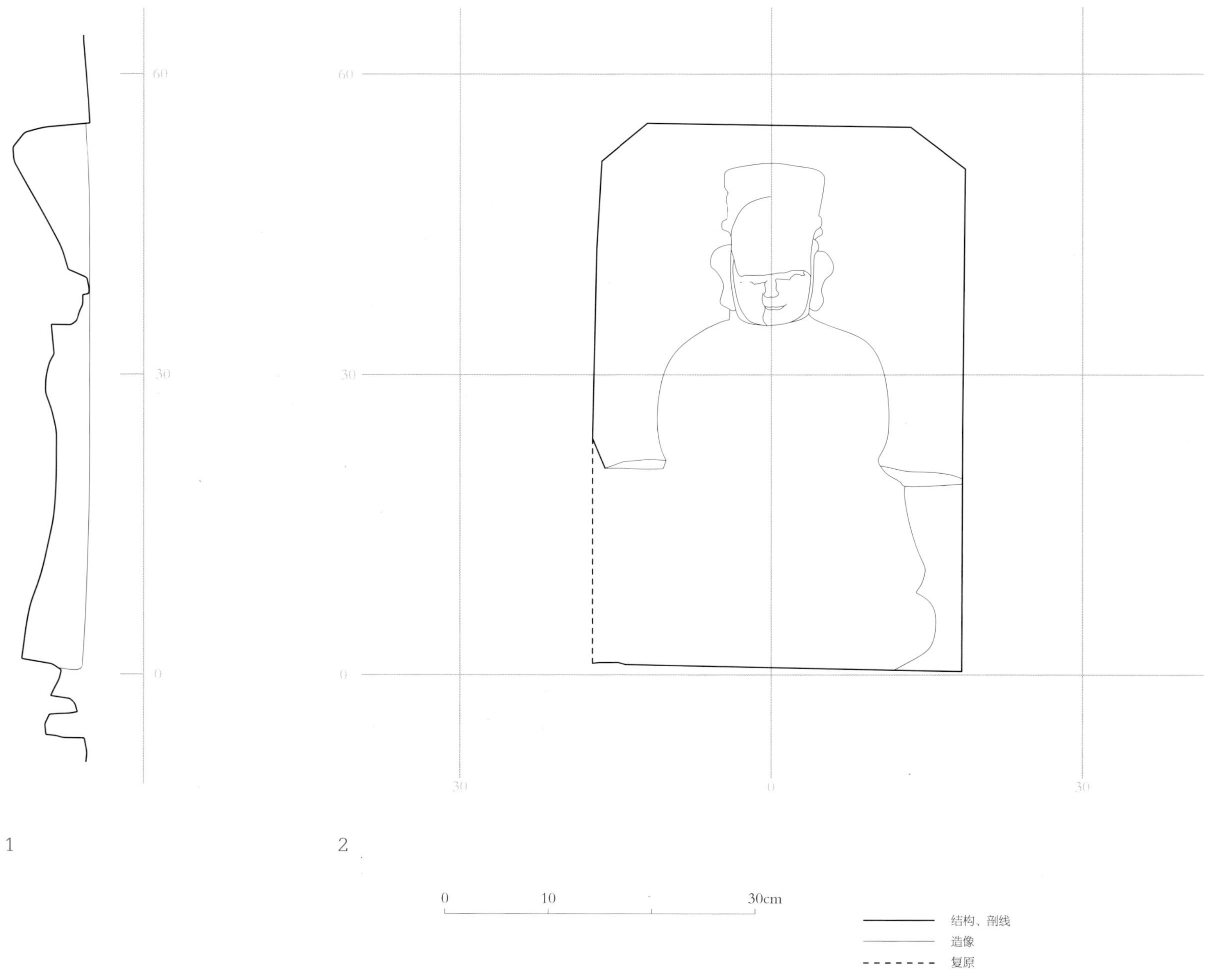

图38　第108号龛立、剖面图
1　剖面图　2　立面图

第七节　第109号

一　位置

位于第107号龛与第110号龛之间的壁面中下部。左距第107号龛11厘米，右紧邻第110号龛；上距第108号龛20厘米，下距地坪185厘米。

龛口西北向，方向302°。

二　形制

在岩壁表面直接凿建龛口（图39；图版Ⅰ：33）。

龛口方形，大部毁，残高49厘米，宽27厘米，至后壁最深6厘米。龛底及龛顶大部毁，龛壁竖直。

三　造像

刻立像1身，残毁甚重，可辨轮廓（图版Ⅰ：33）。

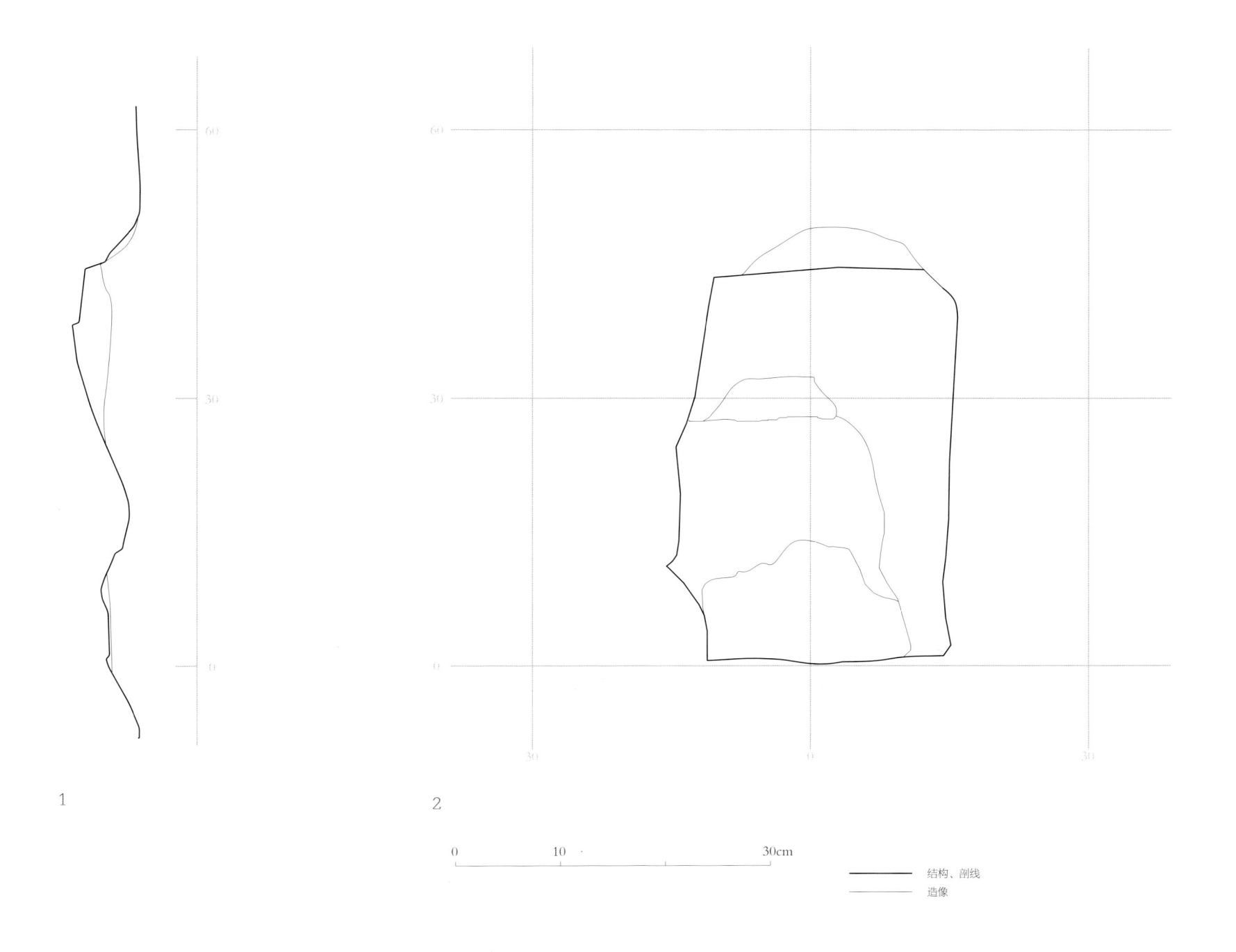

图39　第109号龛立、剖面图
1　剖面图　2　立面图

第八节 第110号

一 位置

位于第107号龛右侧。左距第107号龛56厘米,右邻第111号龛55厘米;上距岩顶48厘米,下距地坪110—120厘米。龛口西北向,方向302°。

二 形制

单层方形龛(图40、图41、图42、图45、图46、图47;图版Ⅰ:34、图版Ⅰ:35、图版Ⅰ:37、图版Ⅰ:38)。

龛口　在岩壁表面直接凿建龛口。龛口方形,左侧中下部大部残,上部毁;右侧中下部稍残,上部保存较好。龛口残高194厘米,宽182厘米,至后壁最深167厘米。龛口左右内侧凿出平整面。左平整面存上部,宽约23厘米,下部毁。右平整面亦存上部,宽约24厘米,下部残。龛口左右上角凿三角形斜撑,略残。

龛底　方形。左侧及前侧剥蚀。左右侧壁各建一级低坛。左侧壁低坛内侧高12厘米,外侧高20厘米,至壁最深6厘米。右侧壁低坛高16厘米,至壁最深8厘米。龛底左端凿一条纵向的浅沟。

龛壁　竖直。正壁与左右侧壁弧面相接;正壁、左右侧壁与龛顶略垂直相交。正壁中部左下方存一道裂隙,向下延至龛底,并与龛底左端浅沟相接。

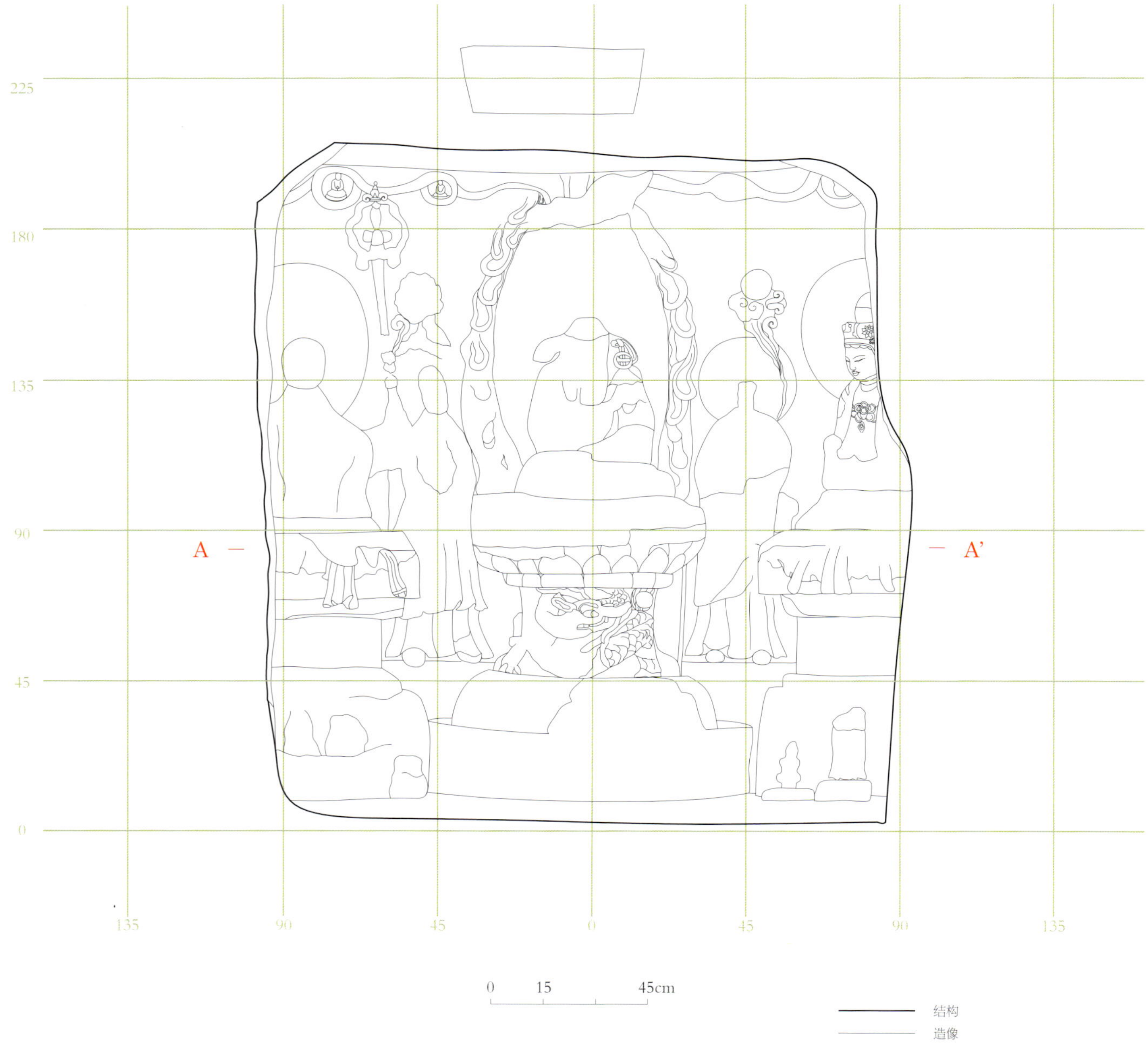

图40　第110号龛立面图

图41　第110号龛剖面图

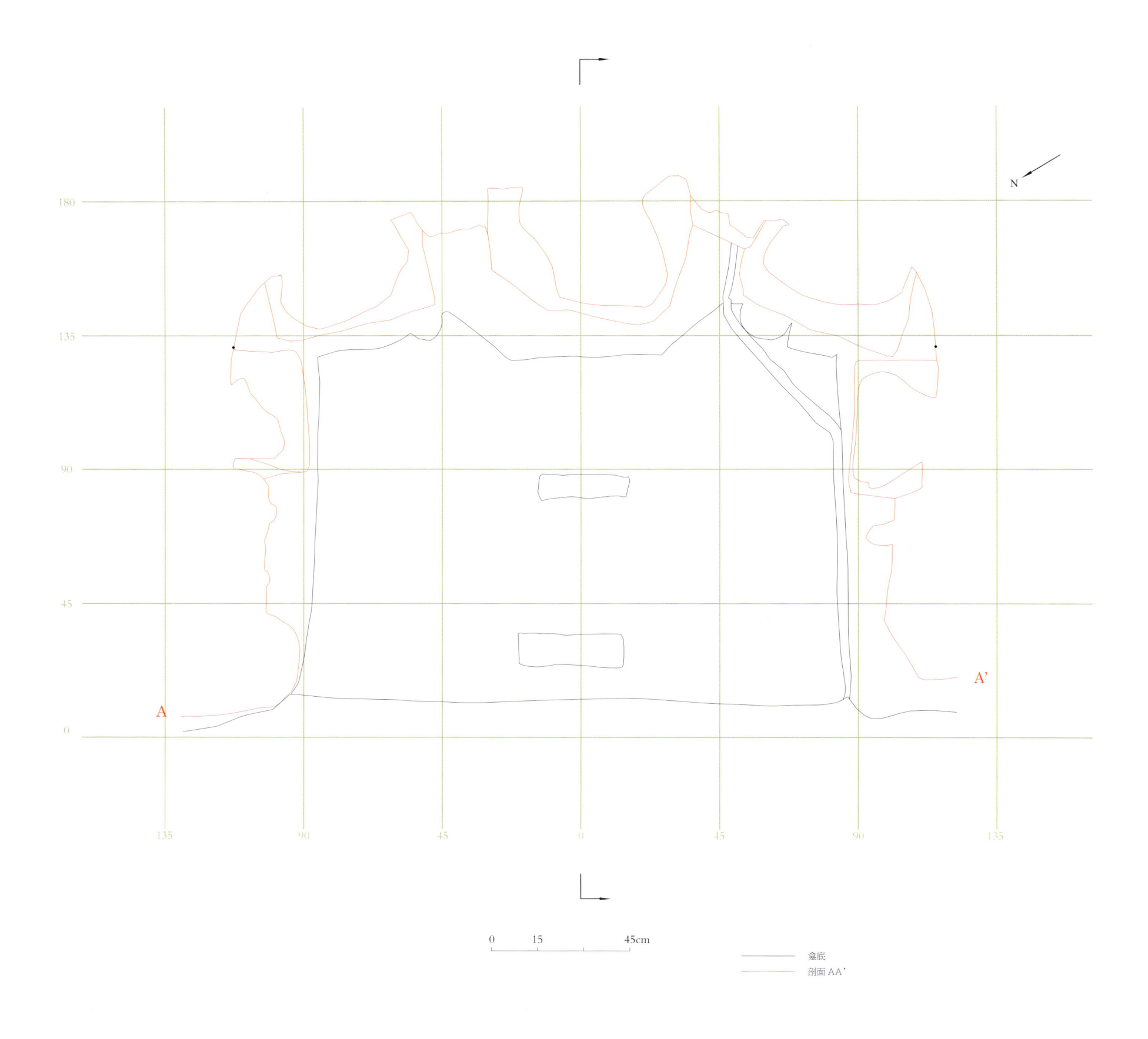

图42　第110号龛平面图

龛顶　平顶。略呈圆形。存两道纵向裂隙，裂隙前端岩体少许残脱。

三　造像

分为正壁、左侧壁、右侧壁造像三部分。此外，龛左侧平整面纵向浅浮雕一列展翅的飞鸟，身长约8厘米；存5只（图43）。

（一）正壁

刻像8身（图44；图版Ⅰ：36）。其中，中刻一佛二菩萨3身坐像，佛与菩萨像之间各刻弟子立像1身；左菩萨座前刻立像1身，右菩萨座前刻立像2身。

佛像　头毁。残坐高53厘米，肩宽30厘米，胸厚14厘米。浮雕舟形背光，内素平，边缘刻火焰纹，最宽64厘米。肩残身蚀。着双领下垂式袈裟，袈裟一角系于左肩皙那环上。左手残，似置腹前，右手毁。双腿大部残，结跏趺坐于束腰盘龙仰莲座上。座通高92厘米，部分残。最上为三重仰莲台，台残，最宽63厘米，其下为弧面低台，最宽约46厘米。束腰部分为圆柱，直径约33厘米；饰刻盘

图 43 第 110 号龛造像展开图

图44 第110号龛正壁立面图

龙，龙首刻于正面，闭口、曲颈，唇前端置放焰宝珠，直径4.5厘米；身修长，绕圆柱一周，饰背鳍、龙甲，现两前腿，兽形尾。最下为二阶叠涩圆台，大部残，最宽分别约49、68厘米。座置于八角形低台上，台部分残，高约20厘米，宽约87厘米。

佛像头顶上方刻四道毫光。外侧两道各绕三匝，沿壁面上部横向飘于龛顶前端，部分残；内侧两道向龛顶左右斜飘，略残蚀（图45），由下至上匝圈逐渐增大，内各浅浮雕坐佛像1身。其中，左侧毫光内侧两个匝圈毁，存外侧最大匝圈，外径17厘米，内径10厘米；圈内佛像坐高6.5厘米，螺发，长圆脸，略蚀；身蚀，衣饰不明；左手残，右手残，似置腹前；其余细节不明。右侧毫光内侧匝圈毁，存中部和外侧匝圈；中部匝圈外径11厘米，内径6厘米；圈内佛像坐高4厘米，头面残，身着袈裟，双手残，置于腹前，结跏趺坐于仰莲台上。外侧匝圈外径15厘米，内径9.5厘米；圈内佛像坐高7厘米，与中匝圈佛像略同。

左弟子像　头毁。残立高85厘米。浮雕圆形素面头光，直径29.5厘米。头光左侧刻上升的一朵祥云，云头上方刻圆轮，直径10.5厘米，厚2.5厘米。上身残，可辨上着袈裟，下着裙，着鞋立于低台上。台高20厘米，宽27厘米，深9厘米。

右弟子像　残立高90厘米。头、身残。双手持锡杖，杖首呈葫芦形，部分残，杖柄大部残断，余略同左侍者像。该像头顶上方刻一朵祥云，残毁甚重，云头上刻一圆轮，仅辨轮廓。

左菩萨像　坐高67厘米，头长26厘米，肩宽25厘米，胸厚13厘米。浮雕圆形素面头光，直径44厘米，厚1.5厘米。梳髻，垂发作结后分三缕披肩。戴卷草冠，冠带作结下垂至胸，再次作结后绕肘隐于身后。脸长圆，略蚀，刻白毫，戴耳环。胸饰璎珞，残蚀略重，衣饰不清。手及腿大部残，坐于束腰须弥座上。座通高77厘米，中部为束腰方台，宽36厘米；其上下部分皆为二阶叠涩方台，部分残，最宽分别为44、54厘米。座前存有下垂的裙摆及腰带。

菩萨像座左前侧刻立像1身，残蚀较重，残高23厘米。可辨长服下摆及双足，立于方台上。台部分残，高7厘米，宽16厘米，厚9厘米。该像右侧刻塔一座，大部毁，残高9厘米；塔基为圆台，高4厘米，直径14厘米；可辨两重塔檐。

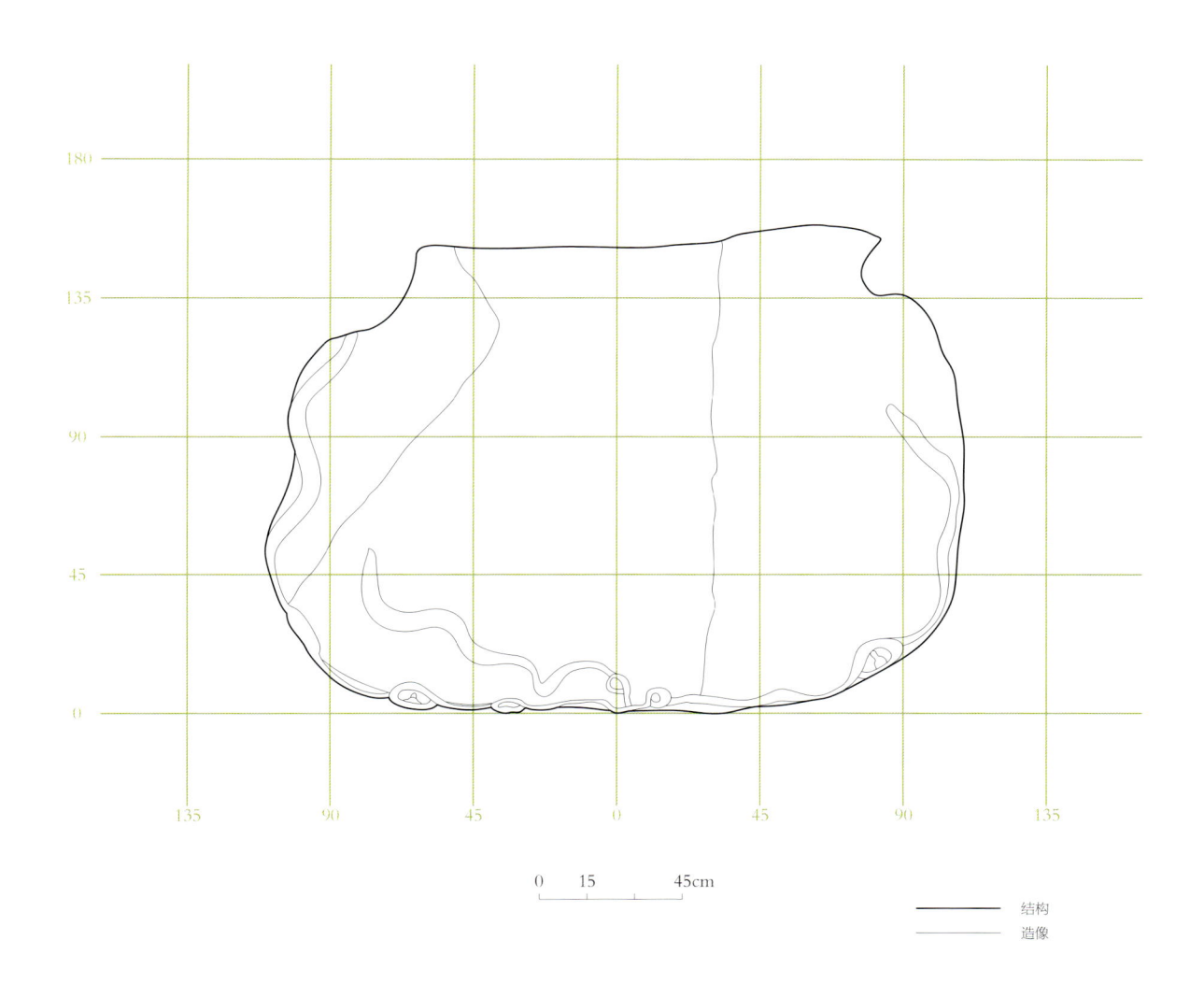

图45　第110号龛龛顶仰视图

右菩萨像　残坐高57厘米。浮雕圆形素面头光，直径45厘米，部分剥蚀。头残，肩毁，身蚀，细节不明。坐于须弥座上，座前存裙摆和腰带。座通高80厘米，下部残，式样略同左菩萨像座台。

菩萨像座前中部刻立像2身，残毁甚重，可辨轮廓，高约12厘米，均立于低台上。台高约14厘米，宽31厘米，深6厘米。座左下方刻一仰莲台，残高8厘米，直径10厘米。

（二）左侧壁

刻像12身（图46；图版Ⅰ：37）。其中，内侧上部刻菩萨坐像1身，下部低坛刻立式供养人像5身；壁面外侧刻神将像6身。

菩萨像　坐高57厘米，头长20厘米，肩宽20厘米，胸厚10厘米。浮雕圆形素面头光，直径41厘米。梳髻，垂发作结分三缕披肩。戴化佛冠，顶部略残，冠翼略外展，冠前横刻一道璎珞。冠带作结下垂胸前，再次作结后敷搭前臂垂至座前。面长圆，刻白毫，耳垂残，颈刻三道肉褶线。胸饰璎珞，璎珞横向作三道，下坠流苏，其间以圆形饰物相接。上着宽博披巾，下着长短两层裙；披巾领缘装饰一串菱形、圆形及桃形饰物，两端交叠腹前，敷搭前臂后沿体侧下垂座前；腰带作结下垂，长裙于双膝处装饰珠串璎珞，裙摆覆于座前。腕镯，左手残，屈置腹前；右手举至胸前，似持物，手及物残。结跏趺坐于须弥座上。座残高76厘米，中部束腰为方台，宽约31厘米，上下部分为二阶叠涩方台；上部两阶方台宽分别为45、38厘米，下部残蚀。

供养人像　5身。残蚀甚重，高约5—15厘米。其中，从内至外第2像体量最小，残毁最重，位于第3像身前。其余各像仅可辨长服下摆及足鞋。

神将像　6身。作上中下三层布置，各层两身。下层神将立于低坛上，上中两层神将显露半身。皆残。浮雕圆形素面头光，直径约21厘米。从上至下，由龛外至龛内编为第1—6像。各像特征列入表4。

表4　第110号龛左侧壁神将像特征简表

编号	造像特征
1	半身像高33厘米。梳髻，戴束发小冠，冠带于头后上扬。脸方圆，残蚀，着圆领宽袖服，双手似置胸前，前臂及手残。
2	半身像高33厘米。梳髻，戴束发小冠，冠带于头后上扬。脸形较圆，眼眶略深，鼻残，口微张，身着双层交领服，腰束带，系抱肚，双手拱于胸前，两食指相捻。
3	头残，半身残高23厘米。双手拱于胸前，部分残，余略同第2像。
4	头及面部分残，半身残高约28厘米。头左侧存下垂的冠带，着圆领宽袖服，双手置胸前似合十，手掌大部残。
5	头毁，身残，残立高约44厘米。仅辨右足。
6	头毁，残立高约43厘米。头后左侧存作结的冠带，左肩剥蚀，下部身躯残，可辨双手置于胸前，手残，双足部分残。该像右侧刻云纹，最高约21厘米，宽约8厘米。

（三）右侧壁

刻像9身。布局与左侧壁略同（图47；图版Ⅰ：38）。其中，内侧上部刻菩萨坐像1身，下部低坛刻立式供养人像2身；外侧刻神将像6身。

菩萨像　残坐高57厘米。浮雕圆形素面头光，直径42厘米。身残蚀较重，细节不明。须弥座通高60厘米，上部存下垂的裙摆和腰带，下部稍残，式样与左侧壁菩萨像座台同。

供养人像　2身。残损甚重，仅辨轮廓。内侧像残高约9厘米，外侧像残高约3厘米。

神将像　6身。与左侧壁神将像布局同。下层神将立于低坛上，上方两层神将仅刻半身。浮雕圆形素面头光，直径约21厘米。按从上至下、由龛外至龛内顺序编为第1—6像。各像特征列入表5。

表5　第110号龛右侧壁神将像特征简表

编号	造像特征
1	毁，仅存少许轮廓，半身残高约11厘米。
2	毁，仅存少许轮廓，半身残高约5厘米。头光上部存两段上扬的冠带。
3	头毁，半身残高21厘米。头光大部残，存下部少许。双肩残，可辨着宽袖服，双手置于胸前，手残。
4	头毁，半身残高22厘米。头光残毁，仅存下部少许轮廓。可辨着宽袖服，双手置于胸前，前臂及手残。
5	残毁甚重，仅存轮廓，残立高约26厘米。
6	残毁甚重，仅存轮廓，残立高约26厘米。可辨头光右上方上扬的冠带。该像右侧上方刻云纹，最高19厘米，宽6厘米。

此外，龛右侧平整面下部存一瓶，残毁较重，仅辨瓶颈、腹部轮廓。残高约22厘米，宽11厘米。

四　铭文

2则，为"张辉造药师佛龛镌记"，南宋（1127—1279年）上石。

第1则

位于正壁与左侧壁相交壁面的上部。作碑形，通高52厘米。碑首为覆莲叶。碑身高33厘米，宽20.5厘米；刻石面高32厘米，宽20厘米。碑座为仰莲台。碑身内左起竖刻6行，存66字，楷体，字径2厘米（图版Ⅱ：9）。

01　昌州在郭正东街居住奉善

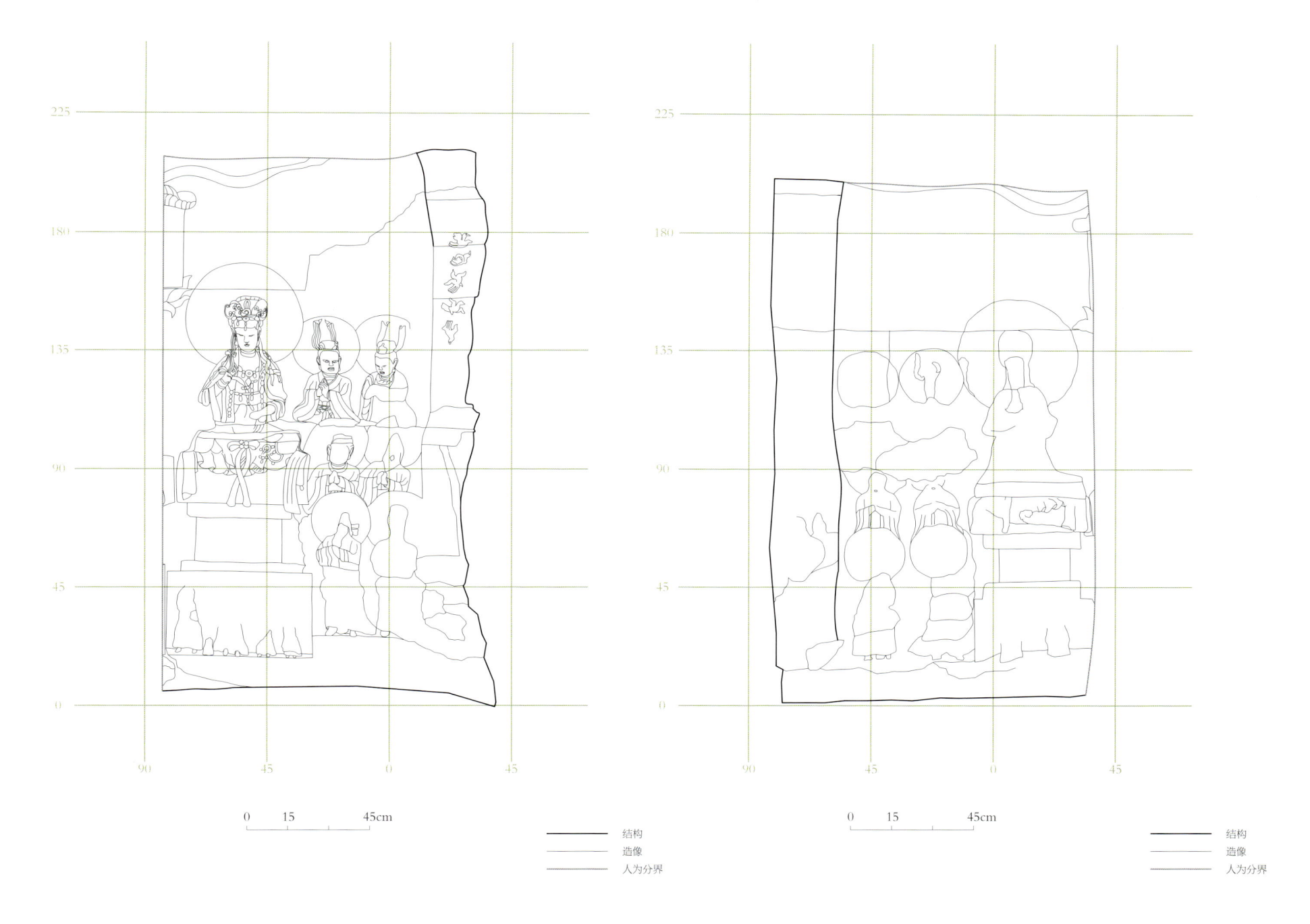

图46　第110号龛左侧壁立面图　　　　　　　　　　图47　第110号龛右侧壁立面图

02　弟子张辉刘氏夫妇膝下男

03　张师明妇昝氏次女道保娘

04　阖家同命工开岩镌造妆銮

05　药师琉璃光如来菩萨药叉

06　神将共一龛永为历世瞻仰

第2则

位于正壁与右侧壁相交壁面的上部。作碑形，通高52厘米。碑首为覆莲叶。碑身高34厘米，宽18厘米；刻石面高33厘米，宽18厘米。碑座为仰莲台。碑身内左起竖刻6行，存34字，楷体，字径2厘米（图版Ⅱ：10）。

01　□□□□□□□□所生□

02　□□□□□□□□氏各〔堂〕

03　佛妆□□□□□□□方利

04　祐阖家□春无□□□□嗣繁

05　昌子孙□□□以岁次癸□叁

06　月初贰日奉□就院斋□表庆

第三章　第105—123号　67

五　晚期遗迹

龛底与左侧壁交接处凿一条浅沟，通贯龛底，全长约90厘米，宽2—4厘米，深3—7厘米。

龛底中部纵向凿内外两个方形凹槽，相距47厘米。外侧凹槽长33厘米，宽10厘米，深9厘米；内侧凹槽长28厘米，宽5.5厘米，深7厘米。

龛外右侧上方岩体凿上下两个枋孔，大小不一，上者高22厘米，宽15厘米，深35厘米；下者高11厘米，宽5厘米，深10厘米。二枋孔下方另纵向凿三个较小的圆孔，孔径3厘米，深2—4厘米。

龛外上方刻梯形匾额，内素平，上宽54厘米，下宽46厘米，高20厘米。

龛外下方38厘米处凿一狭长的平台，长231厘米，最宽10厘米；台面下距地坪70—73厘米。

龛内存红色、灰白色和蓝色三种涂层。

第九节　第111号

一　位置

位于第110号龛右侧。左距第110号龛55厘米，右距第112号龛71厘米；上距岩顶56厘米，下距地坪102厘米。

龛口西北向，方向293°。

二　形制

单层方形龛（图48、图49、图50、图51；图版Ⅰ：39、图版Ⅰ：40、图版Ⅰ：42、图版Ⅰ：43）。

龛口　在岩壁表面直接凿建龛口。龛口方形，左右侧下部略残，左侧上部部分残。龛口高180厘米，宽140厘米，至后壁最深73厘米。

龛底　呈横长方形，局部剥蚀。

龛壁　壁面中部凿一平台，使壁面上、下部分分界较为明显。台面下距龛底80厘米，深9—17厘米。上部龛壁为弧壁，正壁与左右侧壁呈弧面相交；壁面中部存一道横向裂隙，水平延至龛外。下部龛壁竖直，正壁与左右侧壁成垂直相交。龛壁与龛顶略成垂直相交。

龛顶　平顶，呈半圆形；前端左侧少许残脱。

三　造像

以平台为界，大致环壁作上、下两层布置（图52；图版Ⅰ：41、图版Ⅰ：42、图版Ⅰ：43）。

（一）上层

刻像20身（图52）。其中，正壁刻像8身，正壁与左侧壁相接处刻像3身，正壁与右侧壁相接处刻像1身；左侧壁刻像4身，右侧壁刻像4身。

1. 正壁

刻像8身。中刻主尊坐像2身，间刻侍者立像3身；主尊上方刻坐像3身。

左主尊像　头毁，残坐高36厘米。浮雕圆形素面头光，直径28厘米。身残较重，衣饰不明，坐于靠背椅上。椅通高约42厘米，靠背左右端呈"U"形外凸，似龙首；座下刻方台，残蚀呈泥质状。

右主尊像　残毁甚重，存上身轮廓，残坐高约30厘米。浮雕圆形素面头光和身光，相叠呈葫芦形；头光直径29厘米，身光直径38

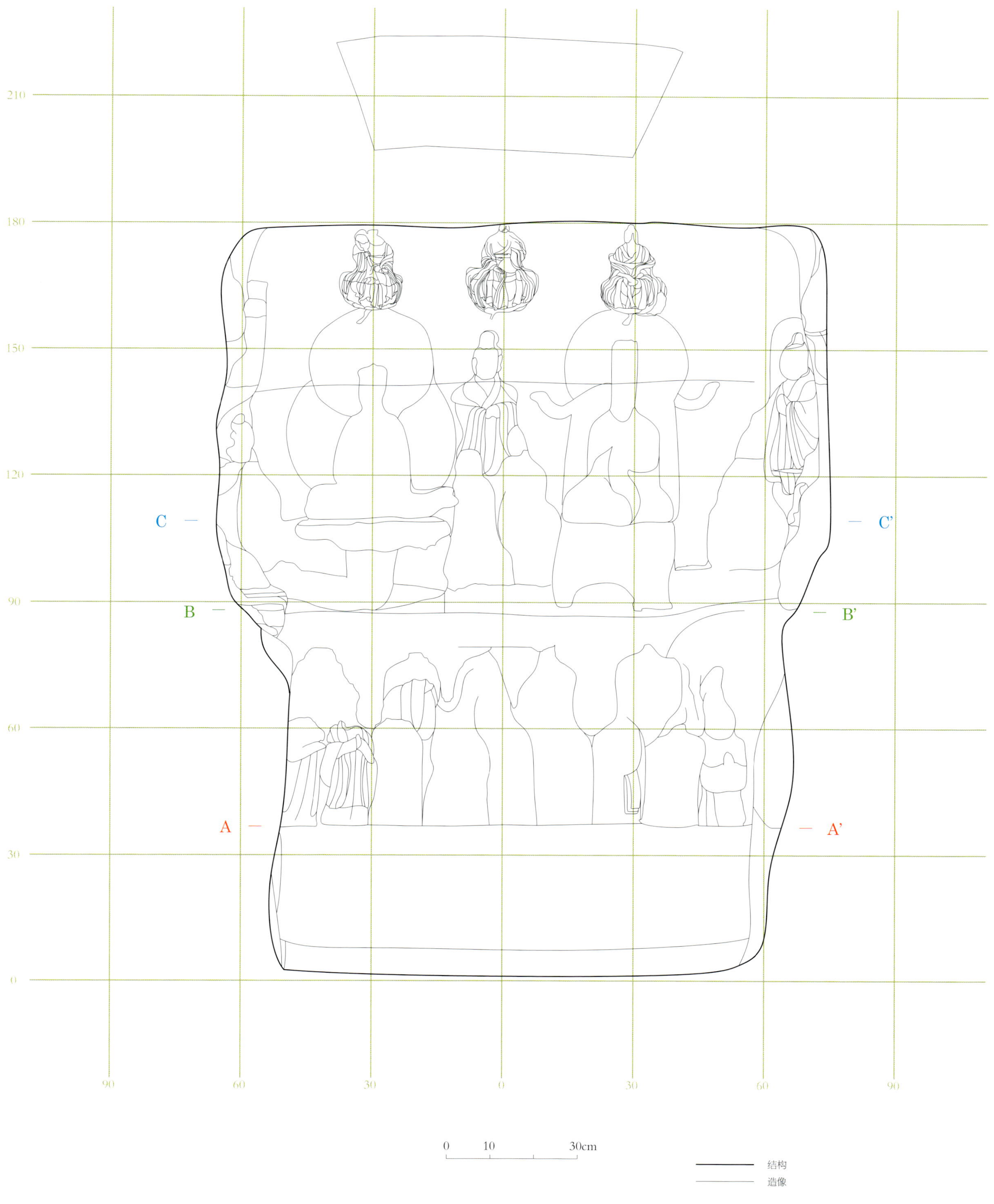

图 48　第 111 号龛立面图

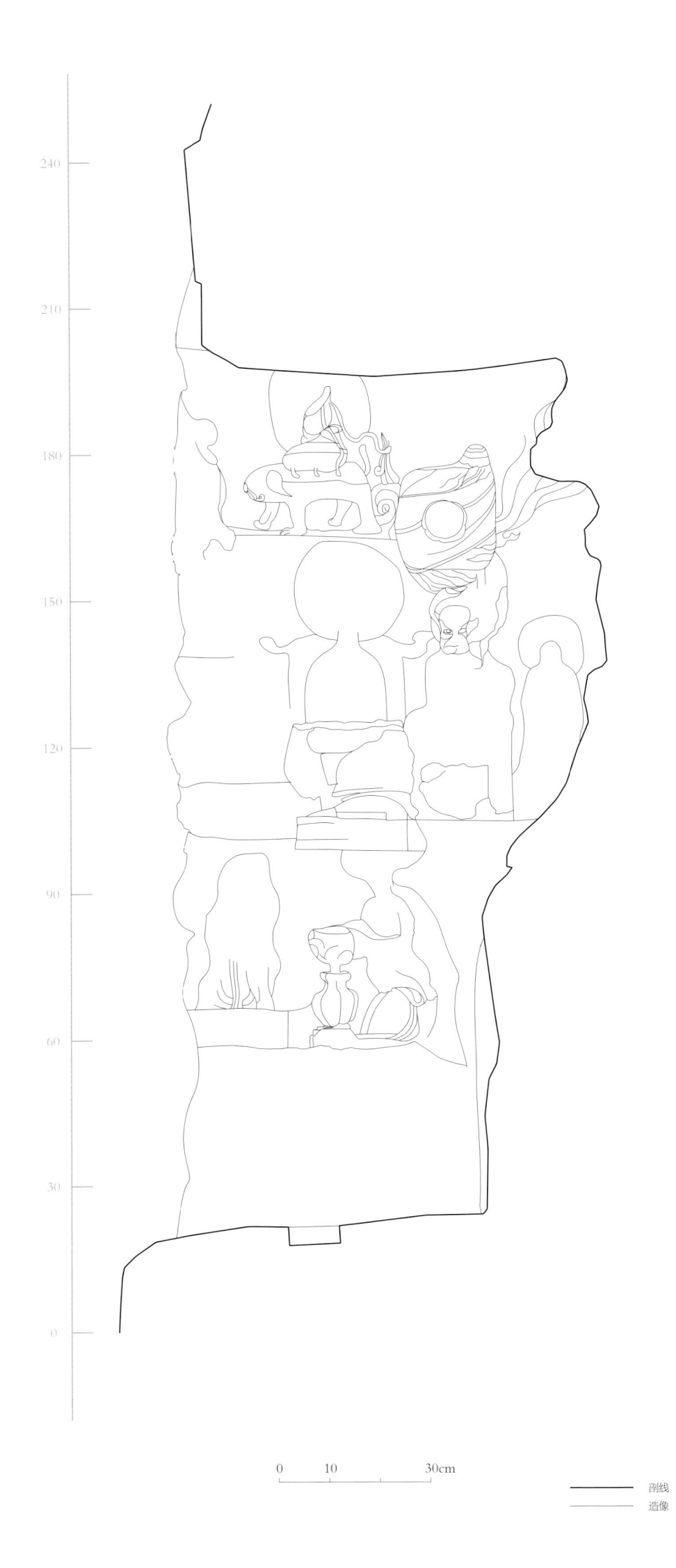

图 49　第 111 号龛剖面图

70　大足石刻全集　第二卷（上册）

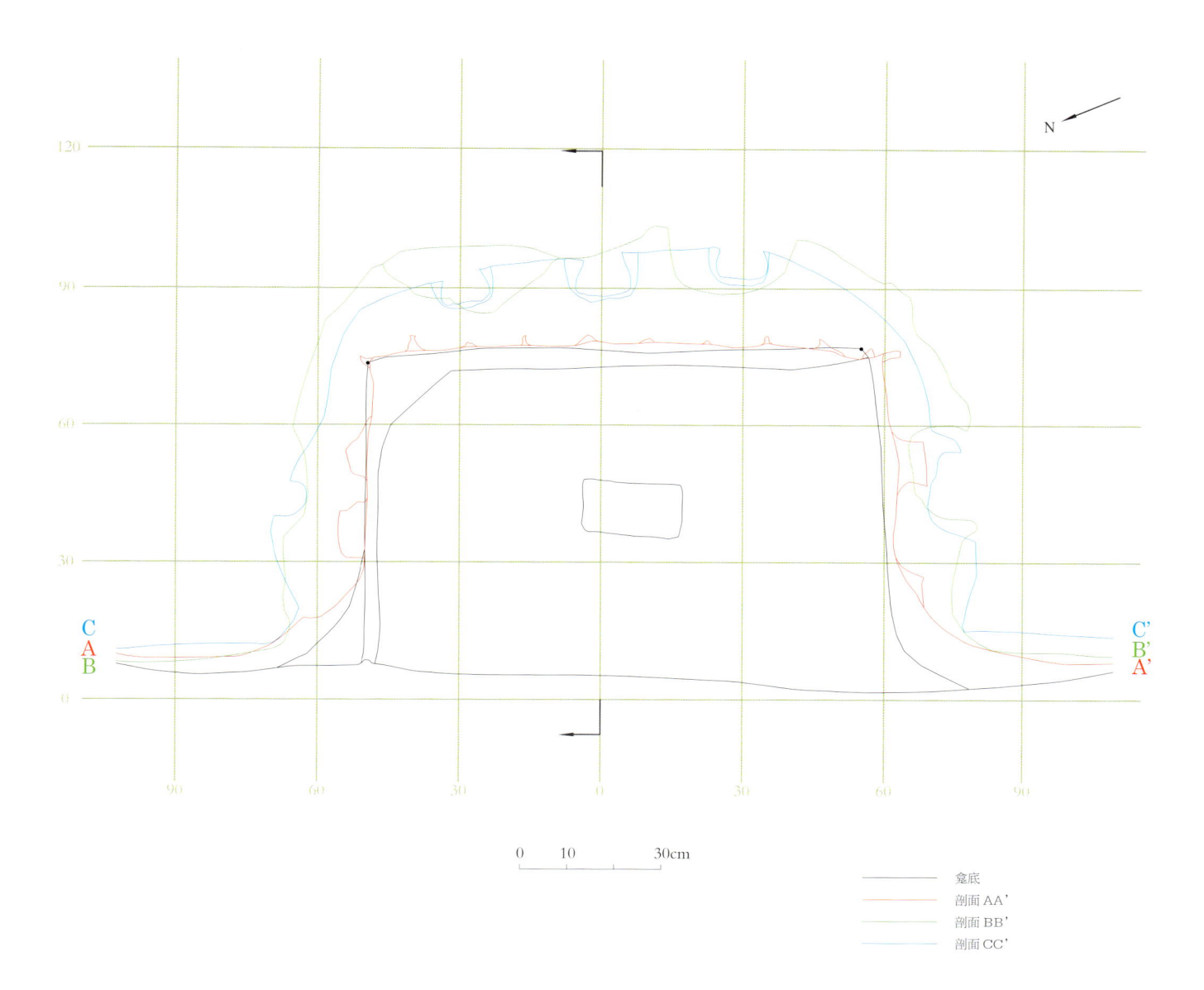

图 50　第 111 号龛平面图

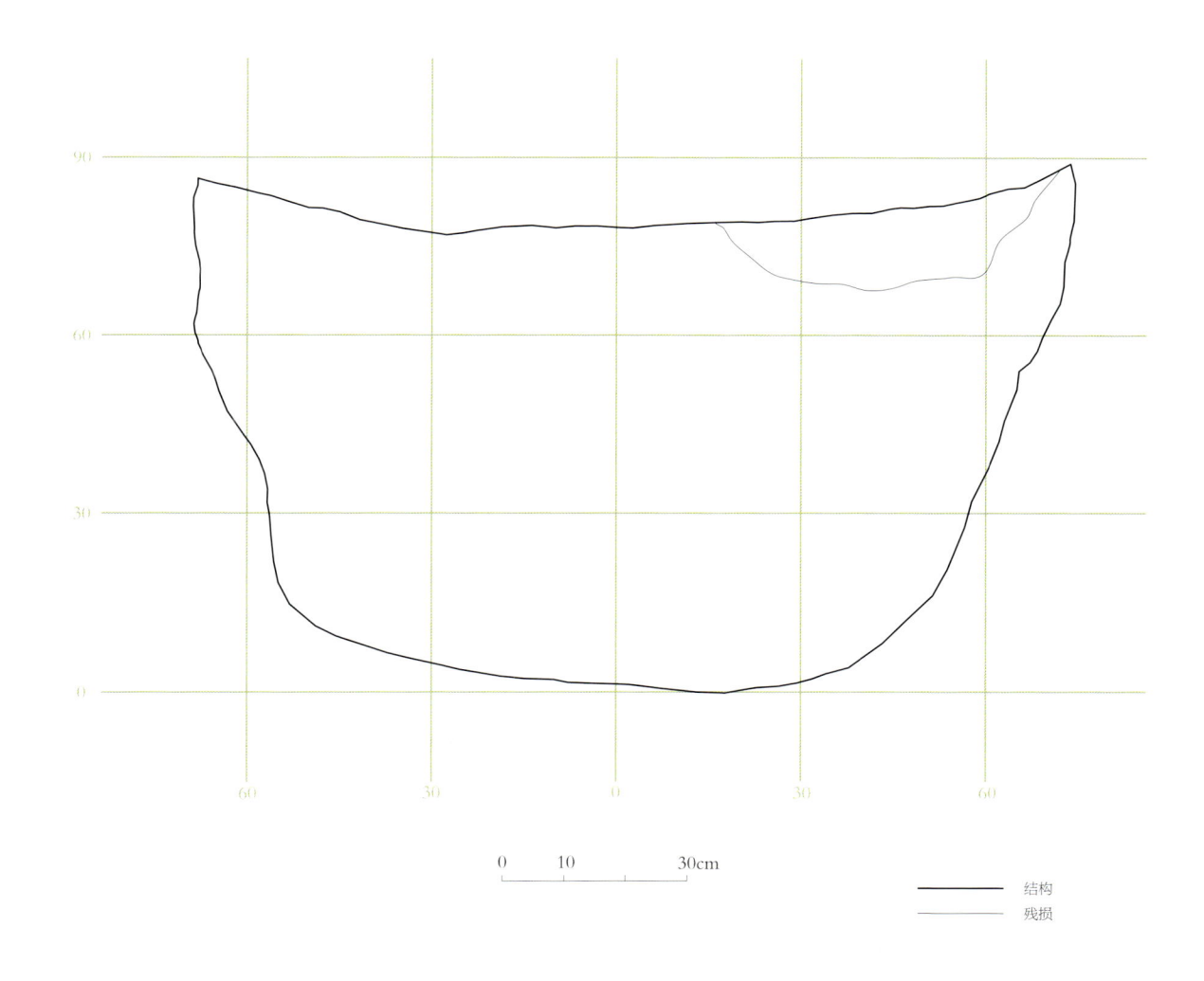

图 51　第 111 号龛龛顶仰视图

第三章　第 105—123 号

图 52 第 111 号龛造像展开图

厘米。座为束腰座，残毁甚重，通高约20厘米，最宽32厘米。

侍者像　3身，呈上一下二布置，位于二主尊像间。上像残立高约33厘米。头顶稍残，梳髻，圆脸，面蚀，着交领宽袖服，外披氅；双手胸前似持物，物残难辨。下二像残蚀较重，仅辨轮廓，残立高约35厘米。

主尊上方坐像　3身，水平布置。中像略大，两侧像略小。中像头毁，残坐高10厘米。内着交领宽袖服，外披氅；腰束带，下着裙；裙摆覆于台前。左手残，举胸前，右手捻帛带。结跏趺坐于带茎仰莲台上；莲台高11厘米，直径15厘米。左像头毁，残坐高10厘米。左手残，置腹前，右手腹前持如意。右像头毁，残坐高10厘米。存胡须，左手残，置于腹前，右手置胸前持团扇，略残。左像和右像其余特征与中像略同。

2. 左侧壁转折处

正壁与左侧壁转折相交壁面上方凿一圆拱形浅龛，高52厘米，宽24厘米，深7厘米，内刻立像1身，龛前刻像2身（图版Ⅰ∶44）。

浅龛内立像高40厘米。梳髻，面蚀。内着交领窄袖服，外披氅；下着裙，腰带长垂。双手胸前持笏，手及笏略残。

龛前两像残毁甚重，残高约21厘米。可辨躯体轮廓和左侧像头戴的幞头幞脚。

3. 右侧壁转折处

正壁与右侧壁转折相交壁面刻立像1身，残毁甚重，存少许轮廓，残高约30厘米。可辨头光，略残，直径约19厘米（图版Ⅰ∶45）。

4. 左侧壁

刻像4身（图52；图版Ⅰ∶42）。其中，最上部壁面刻菩萨坐像1身及侍者立像1身，置于"L"形云纹内；云朵高7厘米，宽45厘米，厚8厘米。其下壁面刻坐像1身及右胁侍1身。

上部菩萨像　头毁，残坐高12厘米。浮雕圆形背光，直径21厘米。身残蚀较重，衣饰不明，结跏趺坐于大象背负的莲台上。莲台高4厘米，直径13厘米。象大部残，高12厘米，身长25厘米；四腿直立，尾翻卷。象头前侧刻侍者立像，面向菩萨，头毁，残高约15厘米。有圆形素面头光，直径9厘米。上身衣饰模糊，下着裙，腰带垂至足间；前臂敷搭披帛，并下飘体侧。双手残，置于胸前，跣足。

下部坐像　残蚀甚重，残坐高36厘米。浮雕圆形头光，直径25厘米；可辨坐于靠背椅上。椅略残，通高约23厘米。该像右侧刻胁侍立像1身，残毁甚重，存轮廓，残高43厘米；可辨头顶上方竖直的两幞脚，似朝天幞头。

5. 右侧壁

刻像4身。布局与左侧壁略同（图52；图版Ⅰ∶43）。上方壁面刻菩萨坐像及立像各1身，置于"L"形云纹内；云纹高6厘米，宽37厘米，厚6厘米。下方壁面刻坐像1身及左胁侍像1身。

上部菩萨像　头毁，残坐高16厘米。浮雕圆形素面背光，直径22厘米。身右侧存一段斜垂的冠带。上着宽博披巾，下身衣饰不明；披巾敷搭前臂后垂于座前。双手残，置腹前，双腿剥蚀，结跏趺坐于狮身背负的莲台上。台高4厘米，直径13厘米。狮头向龛外，头略残，高12厘米，身长24厘米；四腿直立，尾上竖。狮头前侧刻侍者立像，大部毁，存少许头光及下垂的披帛。

下部坐像　残毁甚重，存少许轮廓。浮雕圆形素面头光，直径22厘米。身后刻靠背椅，通高约18厘米，宽33厘米。靠椅左侧刻胁侍立像1身，残毁甚重，残高约45厘米。衣饰不明，可见头巾上扬，左肩扛幢，幢竿部分残断，通高43厘米，最宽21厘米；幢身卷裹，尾端上飘；幢身正面线刻圆形纹饰。

（二）下层

刻像19身。其中，正壁刻立像15身，左侧壁刻坐像2身，右侧壁刻立像2身（图52）。

1. 正壁

15身立像作上六下九两层布置。上层6身，仅现半身，高约20厘米；各像残漶甚重，仅辨轮廓。下层9身，亦残毁甚重，仅见轮廓，残高约26厘米；最右端2身像可辨上着对襟长服，下着裙，双手合十，立于低台上。低台残蚀，与龛底等宽，下距龛底29厘米，深3.5厘米。

2. 左侧壁

刻坐像2身。头毁，身蚀，残坐高14厘米，可见头后左右刻水平展出的幞脚；其中外侧像可辨腰束带及下摆线刻的衣纹。二像坐于方台上，台高9厘米，宽18厘米，深6厘米；方台置于低台上，台部分残，下距龛底36厘米，深7厘米。

3. 右侧壁

刻立像2身。内侧像头残，残立高37厘米。上身剥蚀较重，可辨袖摆、裙摆及下垂的腰带；双手前伸，似抚于身前仰莲上。身前刻一瓶，置于低台上。瓶通高14厘米，细颈，鼓腹作瓜棱形；瓶口生出仰莲，仰莲高7.5厘米，直径9厘米。低台高37厘米，宽27厘米，深5厘米。外侧像亦头毁身残，残高30厘米；可辨裙摆、腰带及左腿；立于山石台上，台高7厘米，宽15厘米，深7厘米。

四　晚期遗迹

龛内正壁右主尊颈部残毁处凿有小孔，孔内存两段木棍。

龛内正壁主尊上方坐像颈部残毁处均各存一段木棍和铁签。

龛内左壁上方菩萨像颈部存一段铁签。

龛底内侧及右侧凿有相接的"「"形浅沟，延至龛外，全长173厘米，宽3.5厘米，深2厘米。

龛底中部凿方形凹槽，长20厘米，宽10厘米，深6.5厘米。

龛口上方刻梯形匾额，内素平，上宽77厘米，下宽58厘米，高27厘米。

龛外左右纵向各凿三个枋孔，对称布置，对应枋孔大小相近。自上而下，上孔，高6厘米，宽3.5厘米，深3厘米；中孔，高7厘米，宽4.5厘米，深4.5厘米；下孔，高10厘米，宽6厘米，深6厘米。

龛内存红色和灰白色两种涂层。

第十节　第112号

一　位置

位于第111号龛右侧。左距第111号龛71厘米，右距第113号龛58厘米；上部为岩体，下距地坪80厘米。

龛口西北向，方向290°。

二　形制

在岩壁表面直接凿建龛口（图53、图54、图55、图56、图58、图59；图版Ⅰ：46、图版Ⅰ：47、图版Ⅰ：50、图版Ⅰ：51）。龛口方形，残损甚重，左右侧部分残，上部毁，下方保存较好。龛口残高198厘米，宽186厘米，至龛后壁最深182厘米。龛底呈倒置的"凸"字形，中部残脱。龛壁为弧壁，正壁与左右侧壁弧面相交。正壁与左侧壁相接处有一道纵向的裂隙，以水泥填塞修补。壁面与龛顶略呈弧面相交。龛顶平顶，大部毁，保存内侧少许；龛顶右端一角以水泥补接，补接面形如三角形。

三　造像

刻像20身。分为正壁、左侧壁、右侧壁造像三部分（图版Ⅰ：46）。

（一）正壁

刻像13身（图57；图版Ⅰ：48）。其中，正中并坐主尊佛像2身，其左右各刻侍者立像1身，座前刻立像3身；两佛像之间的浅龛内，刻供养人像6身。

左佛像　坐高83厘米，头长24厘米，肩宽32厘米，胸厚18厘米。浮雕桃形头光和椭圆形素面身光，头光内圆素平，边缘刻火焰纹，尖端蚀，横径约56厘米；身光仅刻左侧部分，右侧被开凿浅龛所占据。肉髻微隆，螺发，髻珠升起毫光，仅存少许。眉间刻白毫，面方正。眉眼细长，鼻高直，厚唇，抿嘴，耳垂略残，颈刻三道肉褶线。内着僧祇支，系带作结；外着双领下垂式袈裟，下着

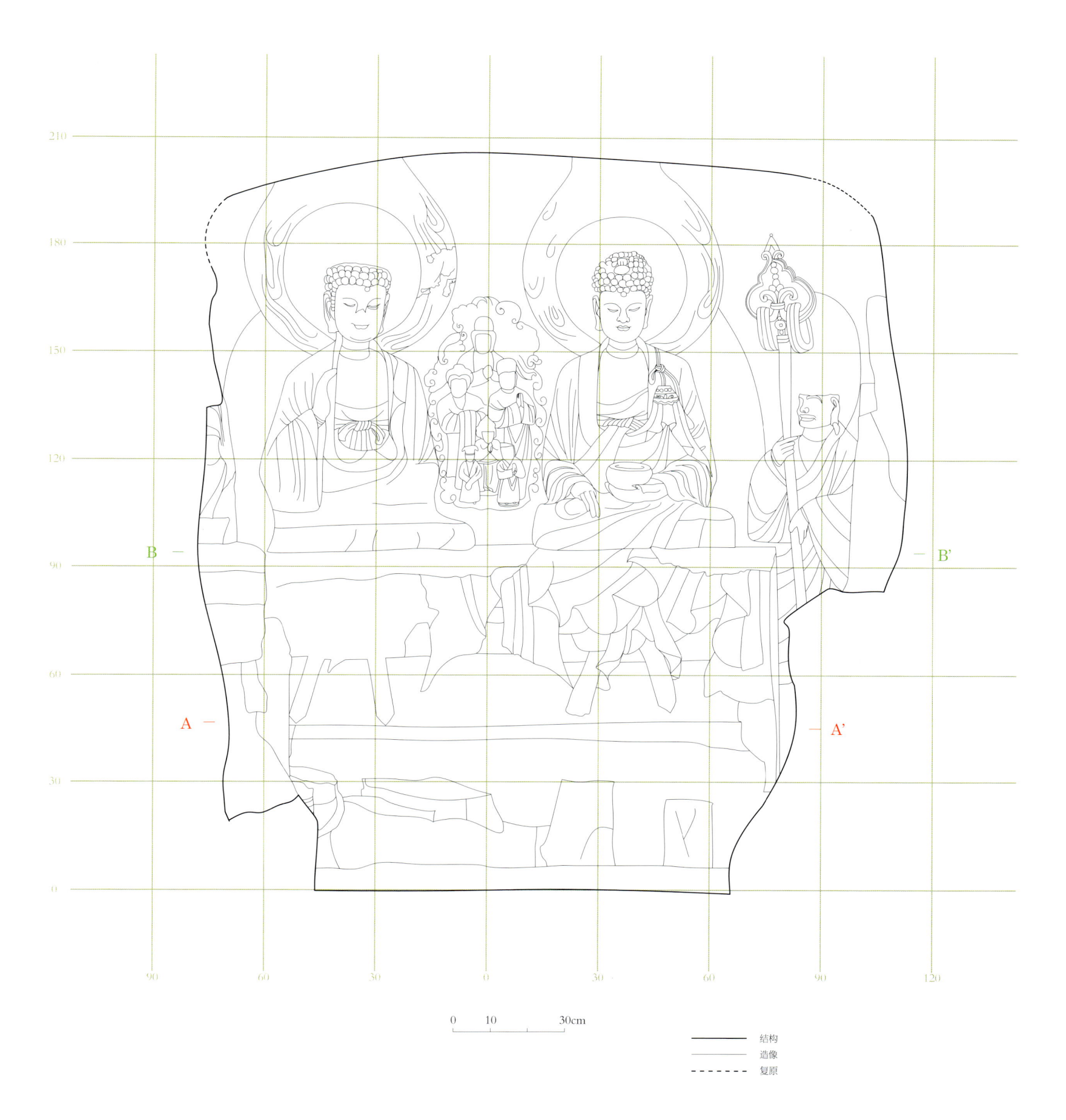

图53 第112号龛立面图

第三章 第105—123号

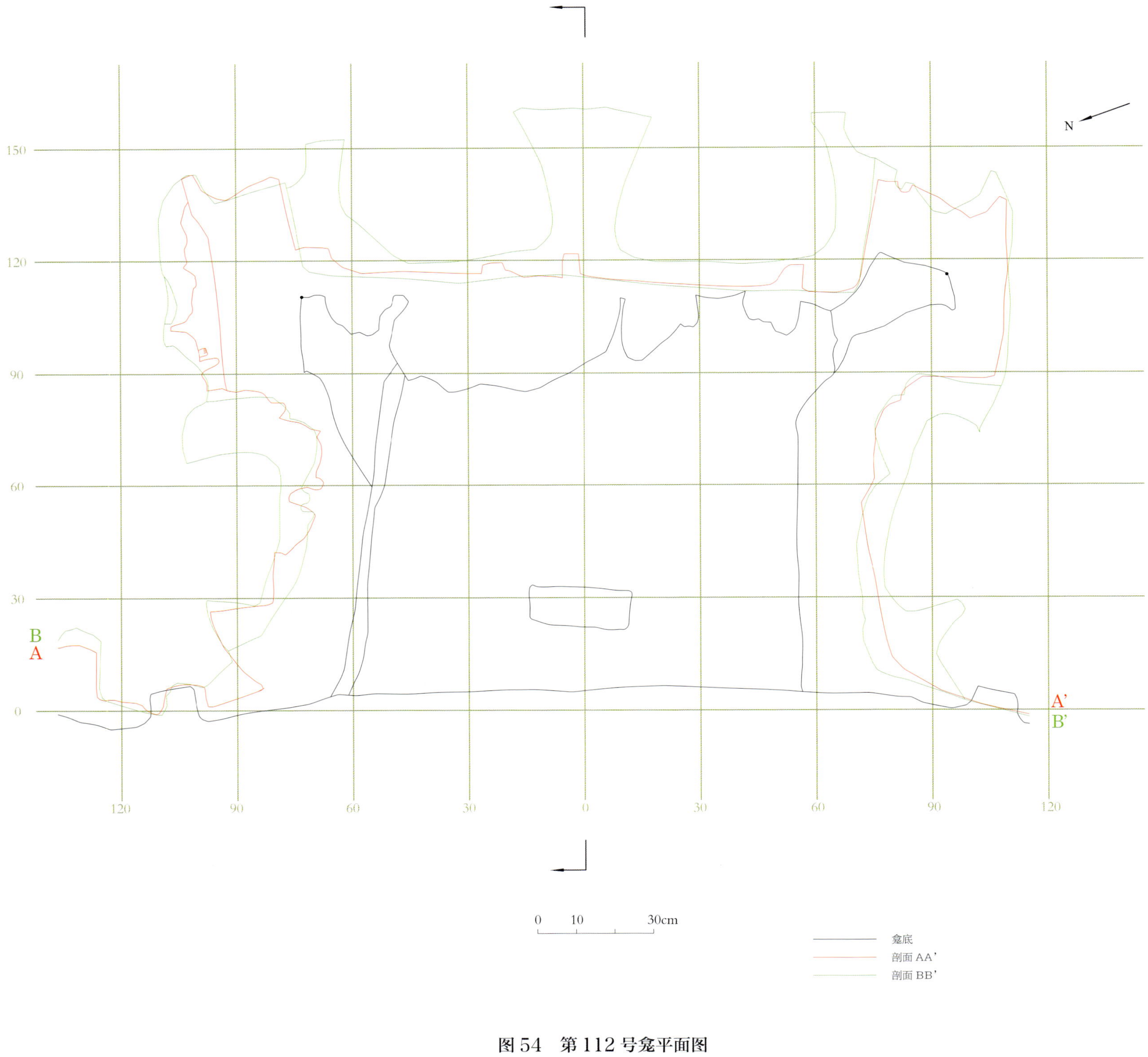

图 54　第 112 号龛平面图

图 55　第 112 号龛剖面图

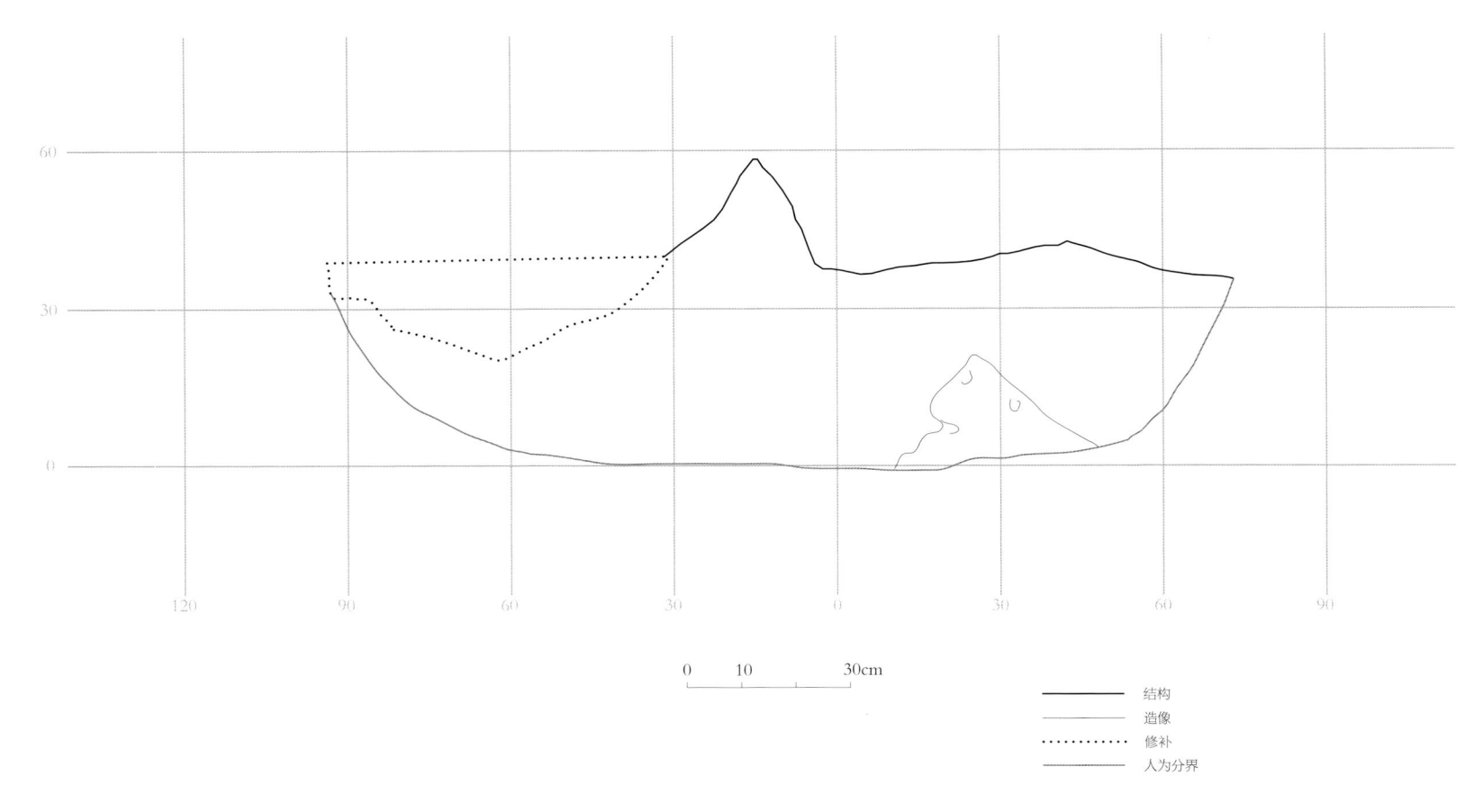

图56　第112号龛龛顶仰视图

裙。袈裟一角经腹前上撩，系于左肩。袈裟下摆、裙摆、腰带皆悬垂座前。腕镯，左手腹前托钵，钵高8厘米，直径14厘米；右手抚膝，指部分残。结跏趺坐。

右佛像　坐高79厘米，头长20厘米，肩宽30厘米，胸厚18厘米。头顶残，螺发。内着僧祇支，系带作结；外着双领下垂式袈裟；下着裙。左手置于腹前，自前臂残，右手腕镯，置于胸前，手掌残。其余特征与左佛像同。

二佛像共坐于须弥座上。座略残，通高86厘米，宽147厘米，厚47厘米。二佛像头顶上方龛顶，存华盖遗迹。须弥座前刻立像3身，其中，两身位于左前侧，存下部身躯，残高约18—20厘米；一身位于右前侧，大部毁，残高23厘米，可辨身着长服，左向侧身微躬站立。

左侍者像　立像高103厘米，头残长10厘米，肩宽24厘米，胸厚13厘米。浮雕圆形素面头光，直径36厘米。头顶残，脸方正，眼眶略深，颧骨稍凸，阔口闭合，颈略短，颈肌凸显。内着交领衫，外着袒右式袈裟，下着裙。腕镯，双手握持六环锡杖。锡杖全长145厘米，杖首呈桃形。双足略残，立于低台上。台高16厘米，最宽24厘米，深24厘米。

右侍者像　头大部残，残高102厘米，肩宽25厘米，胸厚11厘米。浮雕圆形素面头光，直径40厘米。头后存右向飘飞的头巾。双肩略蚀，上着对襟宽袖长服，下着裙；腰带两次作结下垂至低台。双手于胸前捧盘，右手大部毁；盘高6厘米，径11厘米，部分残。双足不现，立于低台上。台高17厘米，宽20厘米，深24厘米。

供养人像　6身，刻于主尊佛像间的圆拱浅龛内。浅龛龛口高60厘米，最宽32厘米，深7厘米，龛壁饰云纹。上部三身像略大，下部三身像略小，皆作"品"字形排列（图版Ⅰ：49）。从上至下，从左至右将其编为第1—6像。其造像特征列入表6。

表6　第112号龛正壁供养人像特征简表

编号	造像特征
1	女像，半身，高25厘米。梳球状高髻，圆脸、面蚀。身着交领窄袖服，双手置于胸前，大部残。
2	男像，半身，高33厘米。头巾，脸方正，身着圆领窄袖长服，双手于左胸前合十。
3	女像，半身，高35厘米。梳髻，面残，身着交领窄袖服，双手置于胸前，帛带绕双肘，并覆盖双手后长垂身前。
4	男像，高20厘米，余略同第2像。

图57 第112号龛正壁立面图

续表6

编号	造像特征
5	像高18厘米。头顶残，垂发齐耳，圆脸，身着交领窄袖服，双手胸前合十。
6	女像，高17厘米。双手笼袖内，交叠于腹前；余略同第5像。

（二）左侧壁

刻菩萨坐像1身（图58；图版Ⅰ：50）。头毁，残坐高57厘米。浮雕桃形头光，内圆素平，边缘刻火焰纹，尖端毁；横径44厘米。身残，可辨四臂；上两臂屈肘上举，下两臂斜伸。其中，左上手腕镯，持物，物残；其余手臂仅辨轮廓。双腿大部毁，坐于山石座上。座通高63厘米，宽77厘米，最深34厘米。座前存有下垂的裙摆及腰带。

（三）右侧壁

刻像4身（图59；图版Ⅰ：51）。其中，外侧刻菩萨坐像1身；内侧依次刻侍者像1身、供养人2身，此三像立于低台上。

菩萨像 头毁，残坐高54厘米（图60）。存圆形头光遗迹。胸饰璎珞，最上一道呈弧形，左右端各下垂两道珠串；内侧两道与中

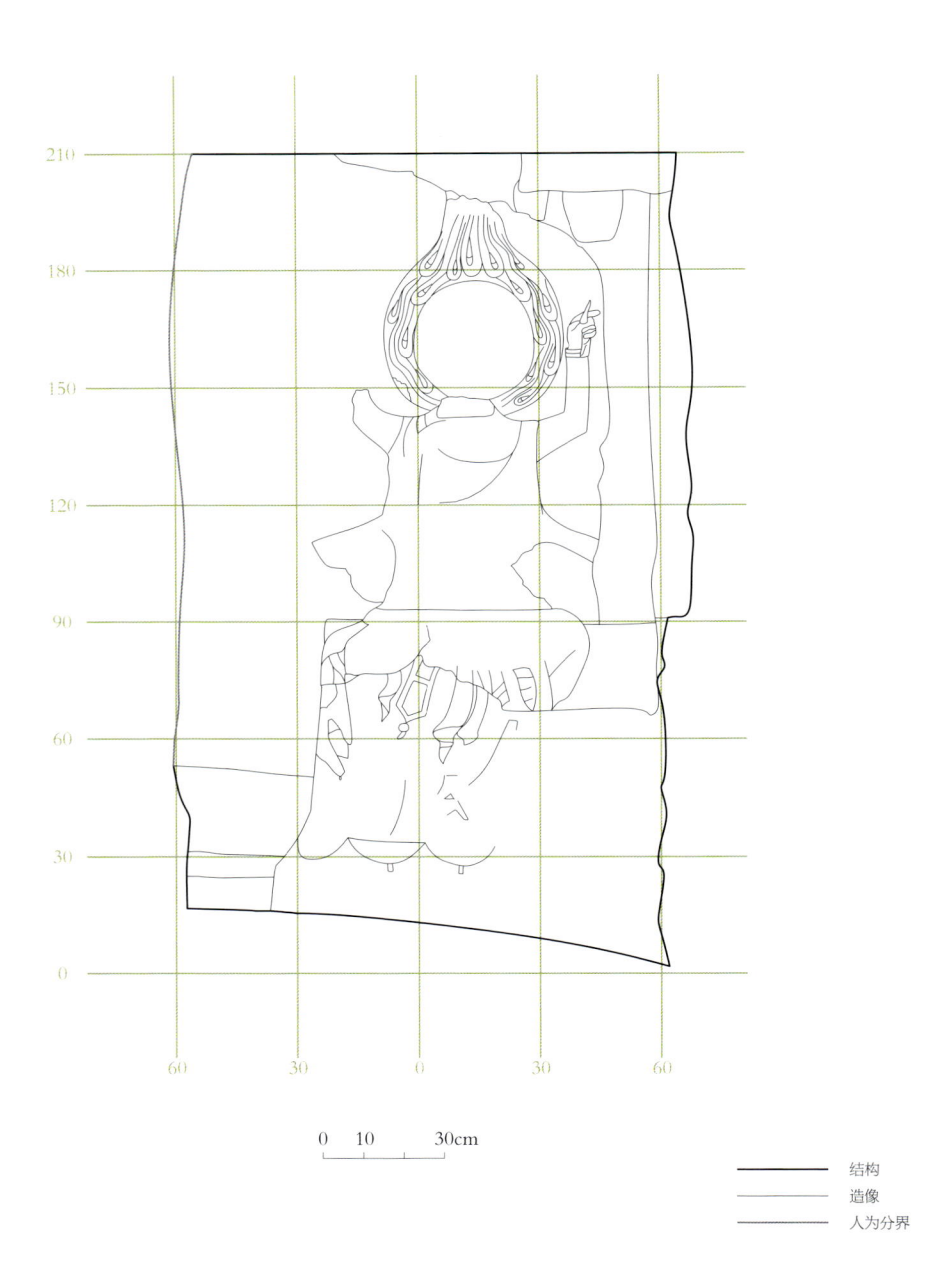

图 58　第 112 号龛左侧壁立面图

图 59　第 112 号龛右侧壁立面图

图60　第112号龛右侧壁坐像效果图

部下垂的桃形饰物交汇，略呈漏斗形；外侧两道圆弧下垂，并与中部下垂的圆形饰物交汇。外着双领下垂式袈裟，下着裙。左胸刻一道毫光，绕两匝后沿肩上飘。双手毁，两腿大部毁，存左小腿下垂，跣足踏带茎仰莲台；莲台高16厘米，直径16厘米。结跏趺坐于须弥座上。座通高79厘米，宽65厘米，深33厘米；上下枋及座前莲叶部分毁。座前存一截杖柄，长约48厘米。

侍者像　头毁，残立高约74厘米。浮雕圆形素面头光，直径32厘米。头后刻上扬的头巾，上身大部残，身下部可辨长裙及腰带。双手毁，身前斜置一幡，幡杆部分残断，长约100厘米；幡左向斜飘。跣足立于低台上。台高33.5厘米，宽46厘米，深4—14厘米。

供养人像　2身。外侧像头毁，身大部残，残立高42厘米；可辨身着长服，足鞋。内侧像立高29厘米，头顶残，脸圆，身着圆领窄袖服，腰束带；左手笼袖内下垂，右手横置胸前，似持物；双足不现。

四　晚期遗迹

正壁与左右侧壁交接处的纵向裂隙用水泥修补填塞。

左侧壁上方残毁处凿三个大小不等孔洞，部分毁；孔上下高5—11厘米，左右宽约10—16厘米，深13—20厘米。

龛顶右上角用水泥补接少许，补接面形如三角形，底长74厘米，高34厘米。

龛底前侧凿方形凹槽，长25厘米，宽9.5厘米，深7厘米。

龛外左右各凿一条纵向的排水沟，长237厘米，宽15厘米，深约13厘米。

龛内存红色、灰白色、蓝色三种涂层。

第十一节　第113号

一　位置

位于第112号龛右侧。左距第112号龛58厘米，右距第115号龛20厘米，上距岩顶44厘米，下距地坪143厘米。龛口西北向，方向302°。

二　形制

单层圆拱龛（图61、图62、图63、图65、图66；图版Ⅰ：52、图版Ⅰ：54、图版Ⅰ：55）。

龛口　在岩壁表面平直凿进最深约8厘米形成龛口。龛口呈圆拱形，外缘高约132厘米，宽约91厘米。龛沿亦呈圆拱形，左右沿及上沿宽4.5厘米，其上饰刻水波纹图案；下沿右侧稍残，存宽7.5厘米；龛口内缘高123厘米，宽83厘米，至龛后壁最深71厘米。龛口左右内侧凿有宽4.5—7厘米的平整面。

龛底　略呈方形。前侧略剥蚀。左右侧各建一级低坛，左低坛高10厘米，深8厘米，右低坛高14厘米，深8厘米。

龛壁　弧壁。正壁与左右侧壁弧面相交，分界不明。龛壁与龛顶弧面相交。

龛顶　穹隆顶，略蚀。

三　造像

刻像9身。分为正壁、左侧壁、右侧壁造像三部分（图版Ⅰ：52）。

（一）正壁

刻主尊菩萨坐像1身，左右各刻侍者立像1身（图64）。

菩萨像　坐高55厘米，头长21厘米，肩宽22厘米，胸厚12厘米（图版Ⅰ：53）。浅浮雕圆形素面背光，直径80厘米，占据正壁上部。背光左上方刻净瓶，略蚀，通高14厘米。头梳髻，鬓发绕耳；垂发作结后分三缕覆肩。戴卷草冠，冠体两重；上重正面刻立式化佛，残毁较重。冠带作结后分三道下垂。其中，后侧一道斜垂身后，前侧一道作结后敷搭前臂，另一道作结后再分作两道经上臂绕于身后。脸长圆，双颊丰满，戴耳环。自左右脸颊上方各升出一道毫光，绕匝后沿龛顶飘向龛外，部分残蚀。胸饰璎珞，大致作横向两重，以圆珠相连。上着宽博披巾，下着裙；腰带作结长垂座前。披巾装饰璎珞，两端窄收为带，于腹前交叠；其中一端经右手后长垂座台右侧，另一端悬垂于座前，再向上敷搭于左大腿上。自后腰斜出一道飘带，于腹前交绕后长垂座前。腕镯，左手撑台面，右臂斜伸置于右膝上，捻披巾；跣足，垂左腿踏仰莲，竖右腿，游戏坐于山石座上。座高42厘米，宽51厘米，深23厘米；座前仰莲残。

左侍者像　立像高47厘米。光头，面蚀，衣饰不明。双手残，置于胸前；左手前臂存一段下垂的披帛。双足不现。

右侍者像　位于右侧壁内侧，高44厘米。面蚀，身残，上身衣饰不明，下着齐膝短裙，腰带长垂至足间。披帛环状绕于头后，再飘垂体侧。双手于胸前捧盘，内盛物，物残。足环，跣足而立。

（二）左侧壁

刻供养人像4身，立于低坛上（图65；图版Ⅰ：54）。从龛内向龛外，编为第1—4像。

第1像　男像，立高59厘米。头扎巾，巾带斜垂头后，面蚀，身着双层交领窄袖长服，腰系带。左手于腰际处似持物，手及物残；右手笼袖内垂于体侧。足残。

第2像　女像，立高60厘米。头梳髻，戴冠，冠带略上扬；面蚀，身着交领窄袖长服，左手残，横于腹前，右手垂体侧。余略同第1像。

图 61　第 113 号龛立面图

图 62　第 113 号龛剖面图

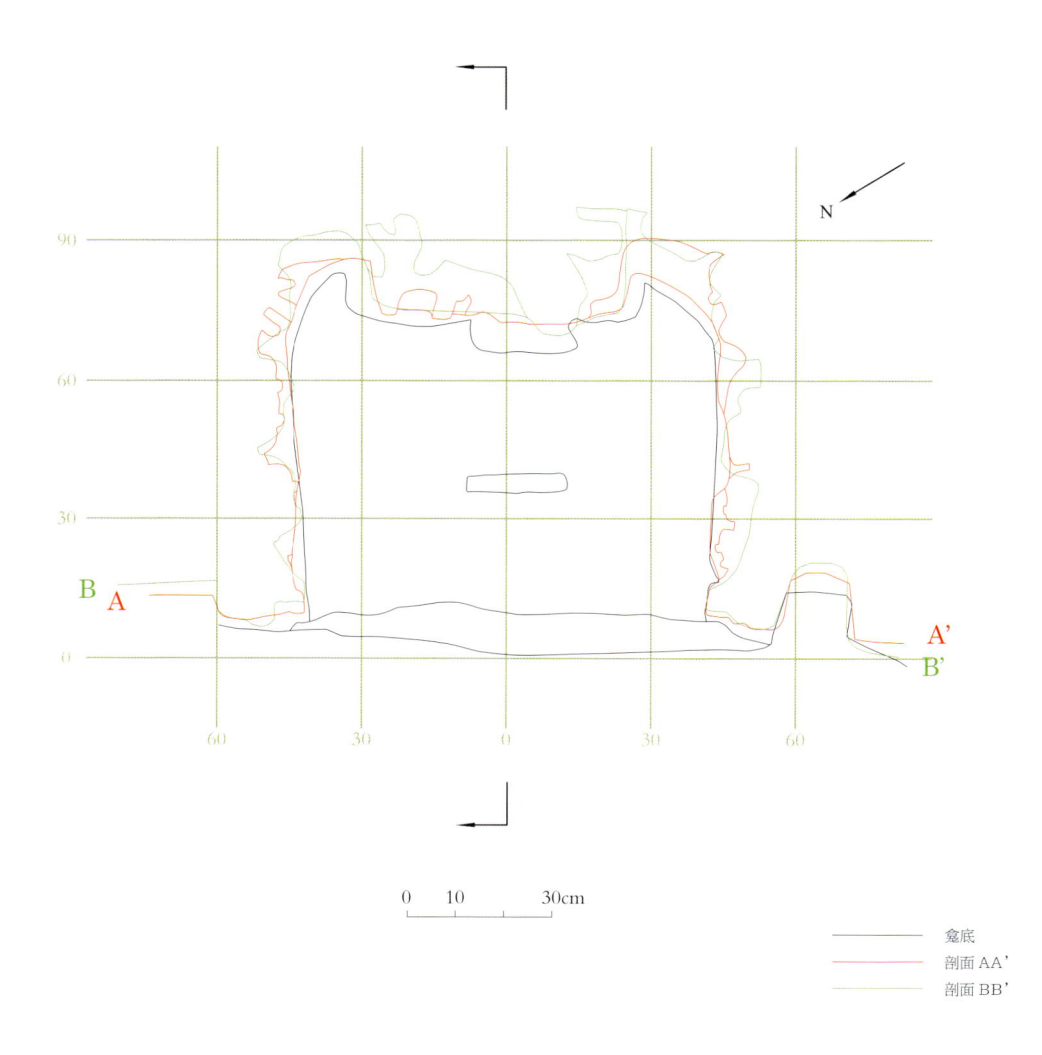

图 63　第 113 号龛平面图

图64　第113号龛正壁立面图

图65　第113号龛左侧壁立面图 　　　　　　　　　　　　　　图66　第113号龛右侧壁立面图

第3像　残，存少许轮廓，残立高23厘米。

第4像　残毁甚重，残立高25厘米，可辨长服下摆和双足。

（三）右侧壁

刻像3身。其中左侧像为正壁主尊右侍像，前已记述；中像及右像为两身供养人像，立于低坛上（图66；图版Ⅰ：55）。

中像　男像，立高约55厘米。头裹巾，面方正，显苍老；左颊残。身着双层交领窄袖长服，腰系带。双手残，胸前似合十，右手腕悬挂一串念珠。足鞋。

右像　男像，立高55厘米。光头，面蚀，身略残，内着交领服，外披袒右式袈裟，下着裙。双手胸前合十。足鞋。

四　晚期遗迹

龛壁面上部存一道裂隙，横贯整个龛壁，长约204厘米；该裂隙于正壁和左侧壁相交处发育出一道向下的裂隙，延至壁面中下部。裂隙局部以水泥粘补。

龛底前侧凿方形凹槽，长20厘米，宽3厘米，深5厘米。

龛外上方刻梯形匾额，上宽50厘米，下宽43厘米，高28厘米；内素平。

龛外左侧凿纵向排水沟，上端与岩顶排水沟相接，下端距地坪约90厘米，长约168厘米，宽14厘米，深12厘米。

龛内存红色、灰白色两种涂层。

第十二节　第114号

一　位置

位于第113号龛上方右侧。窟左右和上方皆为自然岩体，下方右侧为第116号龛及117号龛，分别竖直相距约60、40厘米。下距地坪180厘米。

窟口西北向，方向305°。

二　形制

方形平顶窟（图67、图68、图69、图70、图71；图版Ⅰ：56）。

窟口　在岩壁表面直接凿建窟口。窟左右侧岩体与上部岩体交接处存有较明显的裂缝，使本窟类似由相对独立的岩体扣合拼组而成。窟口局部岩体残脱，大致呈方形，高184—205厘米，宽220—248厘米，至后壁最深350厘米。

窟底　大致呈方形，前侧略下倾，与窟前的石阶相接。窟底后侧建一级平台，高24厘米，宽260厘米，深99厘米；台面凿一凹槽，长230厘米，宽64厘米，深21厘米。

窟壁　正壁、左右侧壁分界明显。其中正壁高171厘米，宽270厘米；中部略内凹，因存在软弱夹层带，所以岩体部分脱落；上部亦有脱落。左侧壁高166厘米，宽397厘米；中部毁，现以条石填塞修补；壁面内侧打磨粗糙，存斜向粗大凿痕；外侧竖直，加工平整；少许毁。右侧壁高178厘米，宽376厘米；壁面内侧存外凸的少许岩体，其余壁面平整、竖直；壁面下部因软弱夹层带通过，所以岩体脱落；壁面中上部存一道宽大的裂隙，使岩体少许残脱；壁面外侧下部岩体部分毁。

窟顶　平顶，略经打磨。窟顶与正壁交接处，局部岩体脱落；窟顶前端岩体部分残脱。

三　造像

现为空窟。窟底平台中部存少许座椅遗迹，残高20厘米，宽65厘米，深19厘米（图版Ⅰ：57）。

四　晚期遗迹

窟左右侧壁中部对称凿出纵向凹槽，长176厘米，宽8厘米，深5厘米；在此断面的窟顶、窟底各另凿两个方形枋孔，上下相对；孔边长27厘米，深7厘米。

左右侧壁前侧对称凿枋孔，因残，数量不明；残存的孔高11厘米，宽6厘米，深4厘米。

窟底后侧中部凿一圆孔，直径37厘米，深4厘米。

窟底左右凿有浅沟。其中，左侧浅沟延至窟外，全长265厘米，宽4—6厘米，深3厘米；右侧浅沟自平台台面中部，沿右侧壁延伸窟外，再止于岩体边缘；沟全长560厘米，宽6—10厘米，深6厘米。

窟口上方刻方形匾额，高28厘米，宽128厘米；内依稀可辨3个字迹。

窟口与地坪间凿有不规整的可供上下的多级梯步，通高约180厘米，宽约65—111厘米。梯步下方纵向凿有三个踏步，大小相近，宽16厘米，高12厘米，深约9厘米；最下踏步下距地坪55厘米。

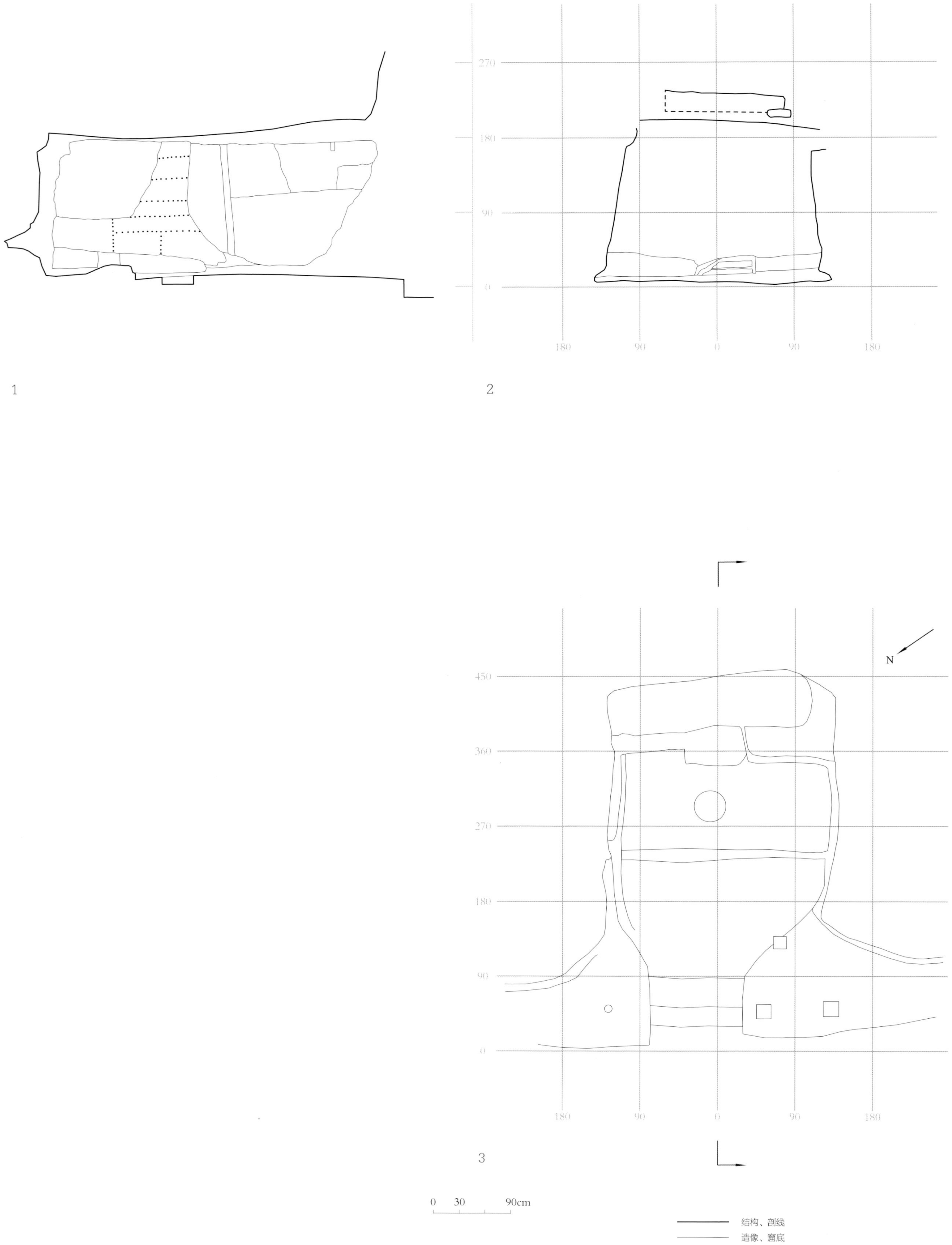

图 67　第 114 号窟平、立、剖面图
1　剖面图　2　立面图　3　平面图

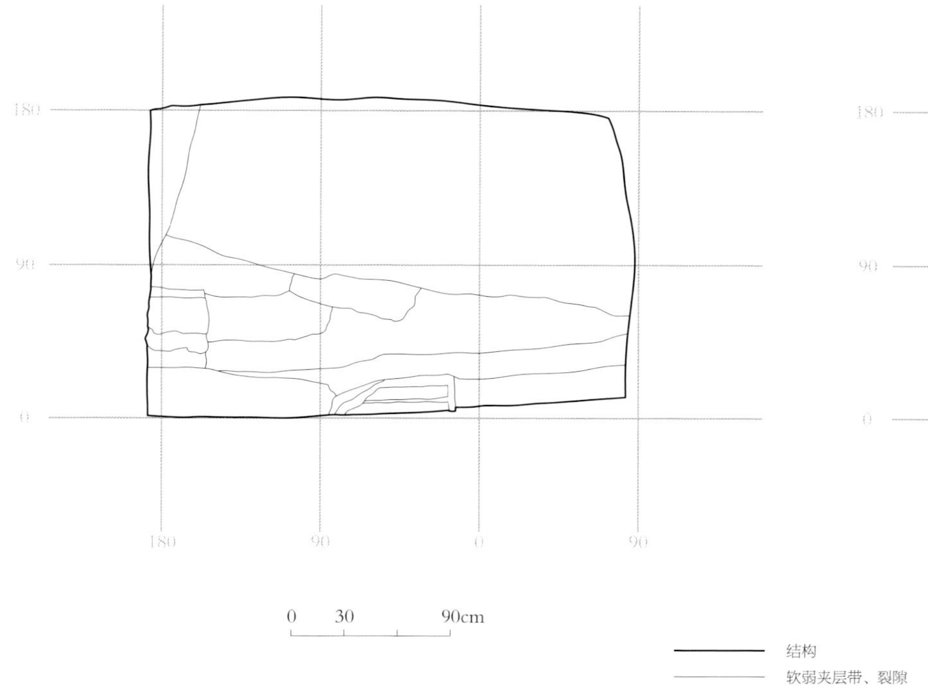

图 68　第 114 号窟正壁立面图 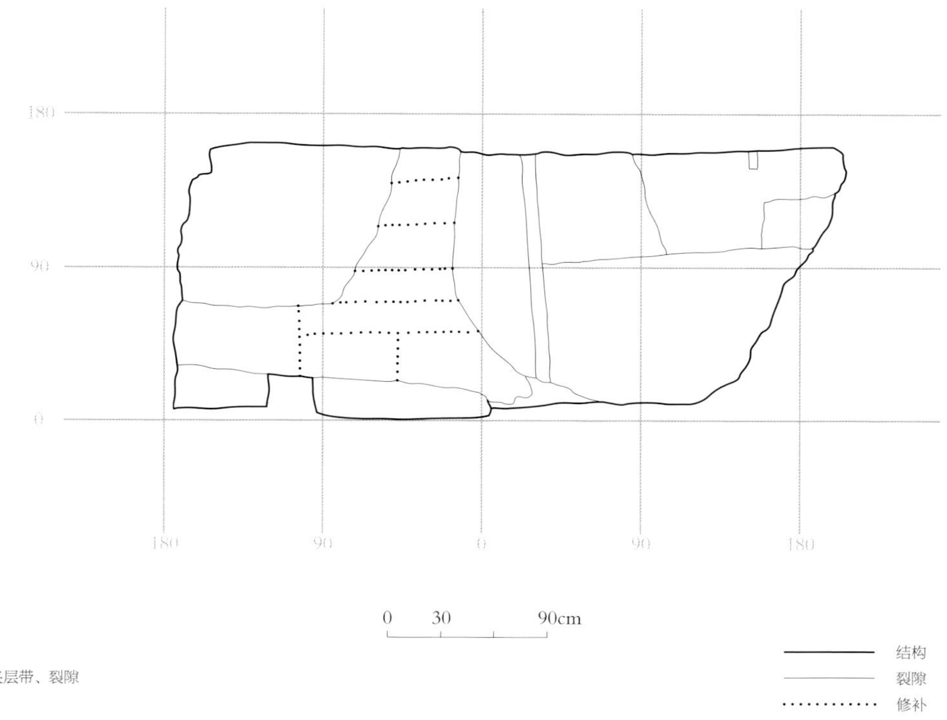　　　　　　　　　　　图 69　第 114 号窟左侧壁立面图

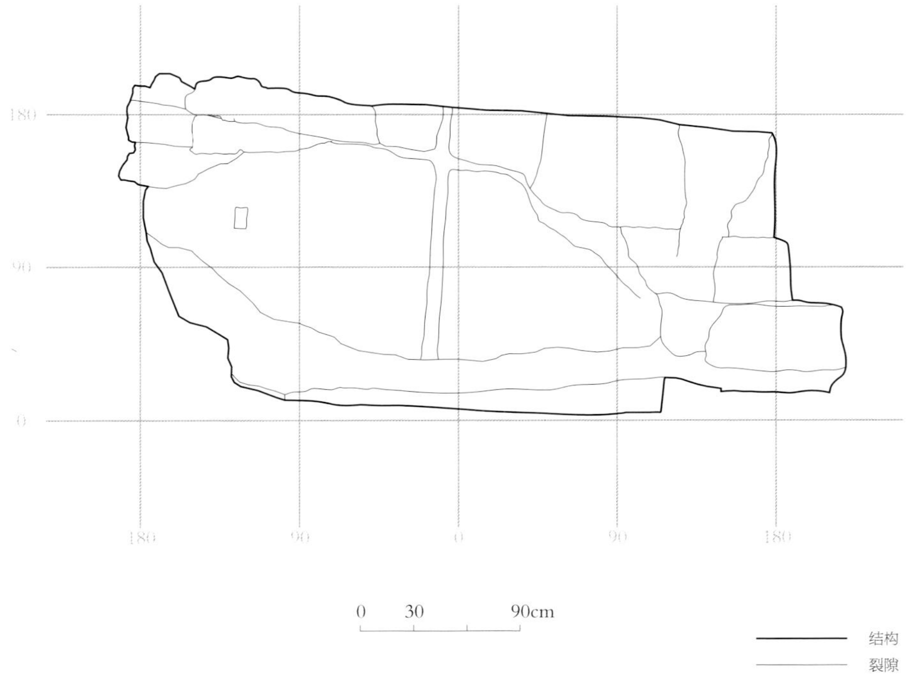

图 70　第 114 号窟右侧壁立面图 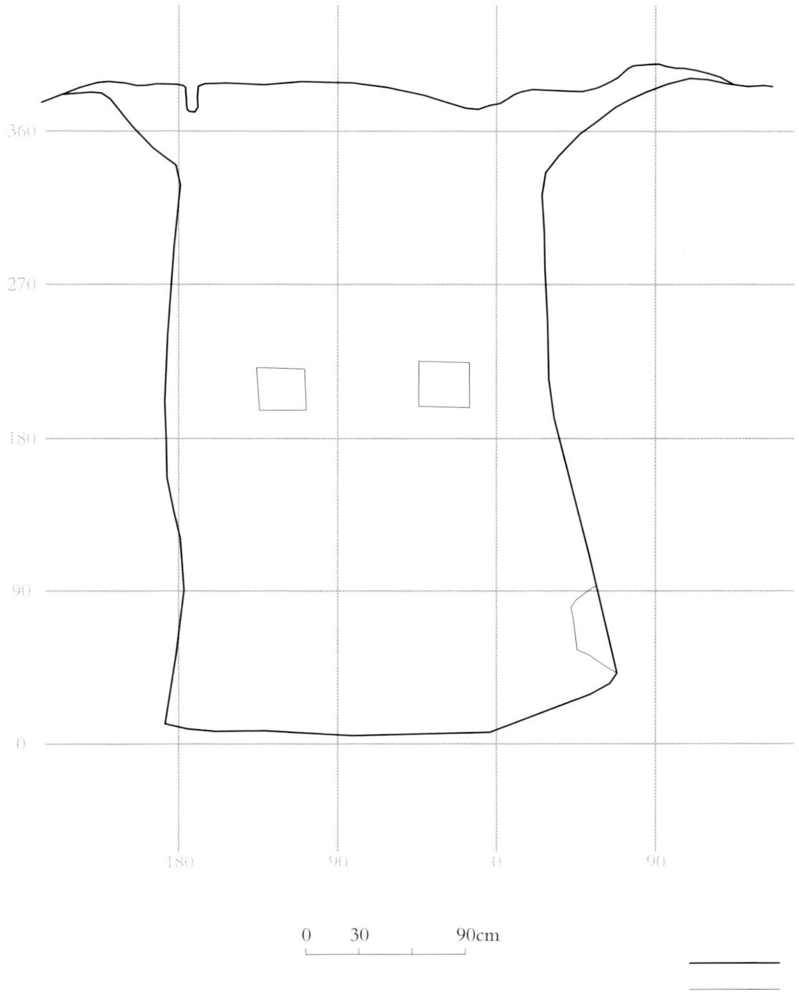　　　　　　　　　　图 71　第 114 号窟窟顶仰视图

第十三节　第115号

一　位置

位于第113号龛右侧。左距第113号龛20厘米，右紧邻通达第114号窟的梯步；上距岩顶约82厘米，下距地坪97厘米。龛口西北向，方向299°。

二　形制

在岩壁表面直接凿建方碑。碑通高123厘米，宽54厘米，碑身左右上角抹角。

三　碑刻

杨淮清等彩化佛像碑记，民国十三年（1924年）。碑文左起，上部竖刻8行，下部竖刻功德主名及署款[1]，行数不规整，163字，楷体，字径约3厘米（图版Ⅱ：11）。

上部

彩化佛像

帝王宫

三清殿

西佛宫

七贤洞

道佛宫

金仙殿

观音堂

下部

承首人　杨淮清三元八角

沈显文一元七角

陈述之半元

姜有凤一元四角　黄云高一元　江虚海四角

胡鑫浦一元　肖志凌一元　任寿山四角

张云程一元　徐全武一元　丁融昌四角

肖象林一元　艾洪恩半元　郑锡乡四角

梁伯乡一元九角　苏子林四角　何锡乡一元　刘治昌四角

张忠海一元　雷永发一元　刘登云半元　钟海林一元

民国拾叁年五月十八日吉立

1　因铭文书写格式与录写存在差异，为使文义表达更为清晰，报告录写为10行。1985年《大足石刻内容总录》录写部分碑文，1999年《大足石刻铭文录》未见收录。

第十四节 第116号

一 位置

位于第114号窟右下方。左紧邻通达第114号窟的梯步，右距第117号龛15厘米；上距第114号窟约60厘米，下距第116-1号龛6厘米。龛口西北向，方向327°。

二 形制

在岩壁表面直接凿建龛口（图72、图73、图74；图版Ⅰ：58）。龛口略呈圆拱形，部分残，残高67厘米，宽54厘米，至后壁最深19厘米。龛底略呈梯形，前端部分残。龛底左右建一级低坛，均高4厘米，深6厘米。龛壁为弧壁，与龛顶弧面相交。龛顶呈半圆形，前端残。

三 造像

刻像8身（图版Ⅰ：58）。正壁刻主尊菩萨坐像1身，座台前刻跪像1身；左右侧壁低坛各刻立式供养人像3身。

菩萨像　坐高40厘米，头长16厘米，肩宽16厘米，胸厚5厘米。梳髻，戴化佛冠；冠与发髻之间刻出冠梁（板）。冠带作结沿胸下垂。面蚀，似戴珠串耳饰。胸蚀，上着披巾，下着裙。身六臂，腕镯；上两手屈肘上举托圆轮，左圆轮残，右圆轮直径约8.5厘米；左中手横置腹前，残；右中手于胸前持柳枝，手略残；左下手持三叉戟，略残；右下手握剑，手及剑略蚀。双腿残蚀，结跏趺坐于半圆形低台上。台高22厘米，宽44厘米，最深12厘米。台前刻悬垂的七条帛带。台前刻跪像1身，残蚀较重，仅辨头后环状披帛及少许造像轮廓。

供养人像　左右侧壁低坛上各刻立像3身，共6身，皆残毁甚重（图73、图74）。从龛内向龛外，左侧壁造像编为左第1—3像，右侧壁编为右第1—3像。其特征见表7。

表7　第116号龛左右侧壁低坛供养人像特征简表

左侧壁	造像特征	右侧壁	造像特征
1	残立高27厘米。可辨头梳髻，身着交领长服，双手合十；左前臂垂搭一条帛带。	1	头毁，残立高20厘米。可辨双手似置身前。
2	残立高约26厘米。可辨长服下摆。	2	仅存轮廓，残立高24厘米。
3	残立高约25厘米。可辨长服下摆，右手似斜垂身前。	3	残立高30厘米。可辨长服下摆。

四 晚期遗迹

龛内裂隙已局部修补。

龛口左右外侧中部对称凿一个枋孔，形制相同，高6厘米，宽3厘米，深5.5厘米。

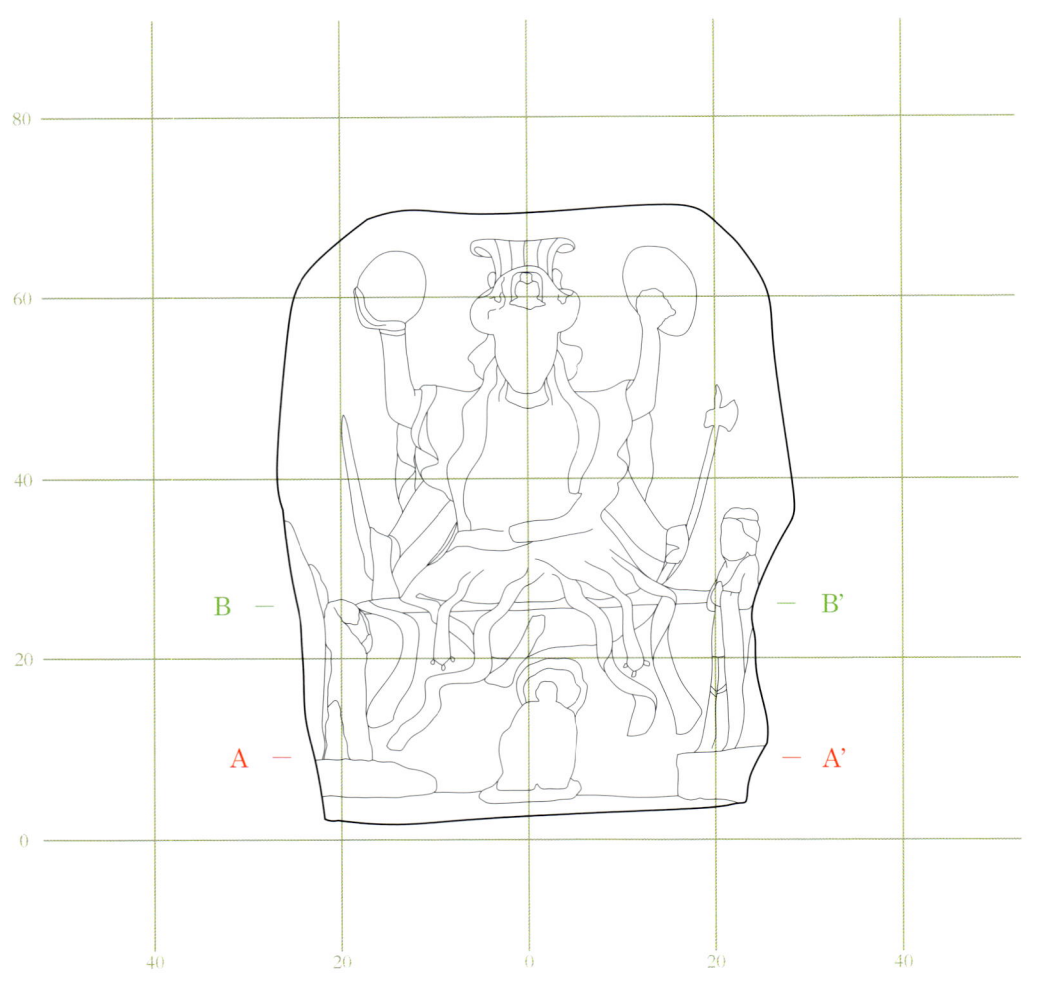

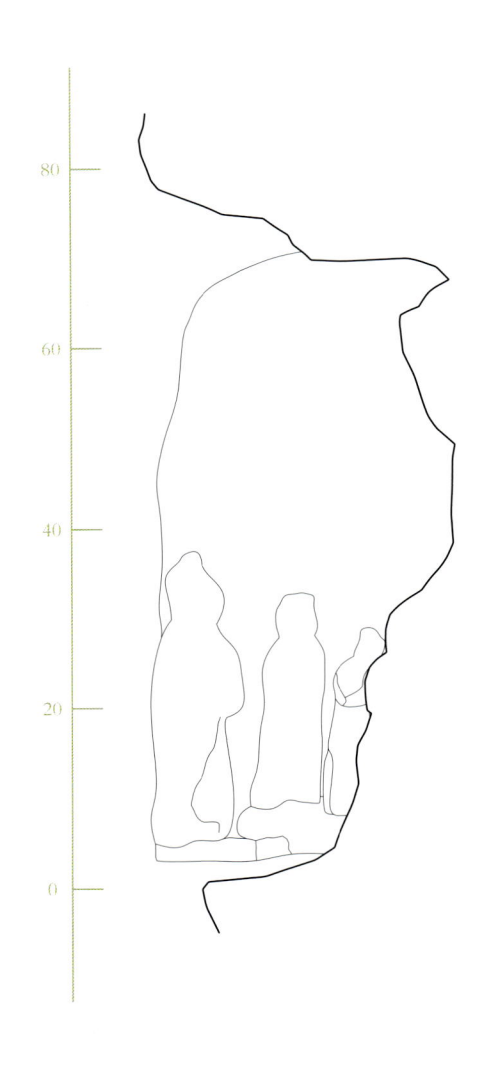

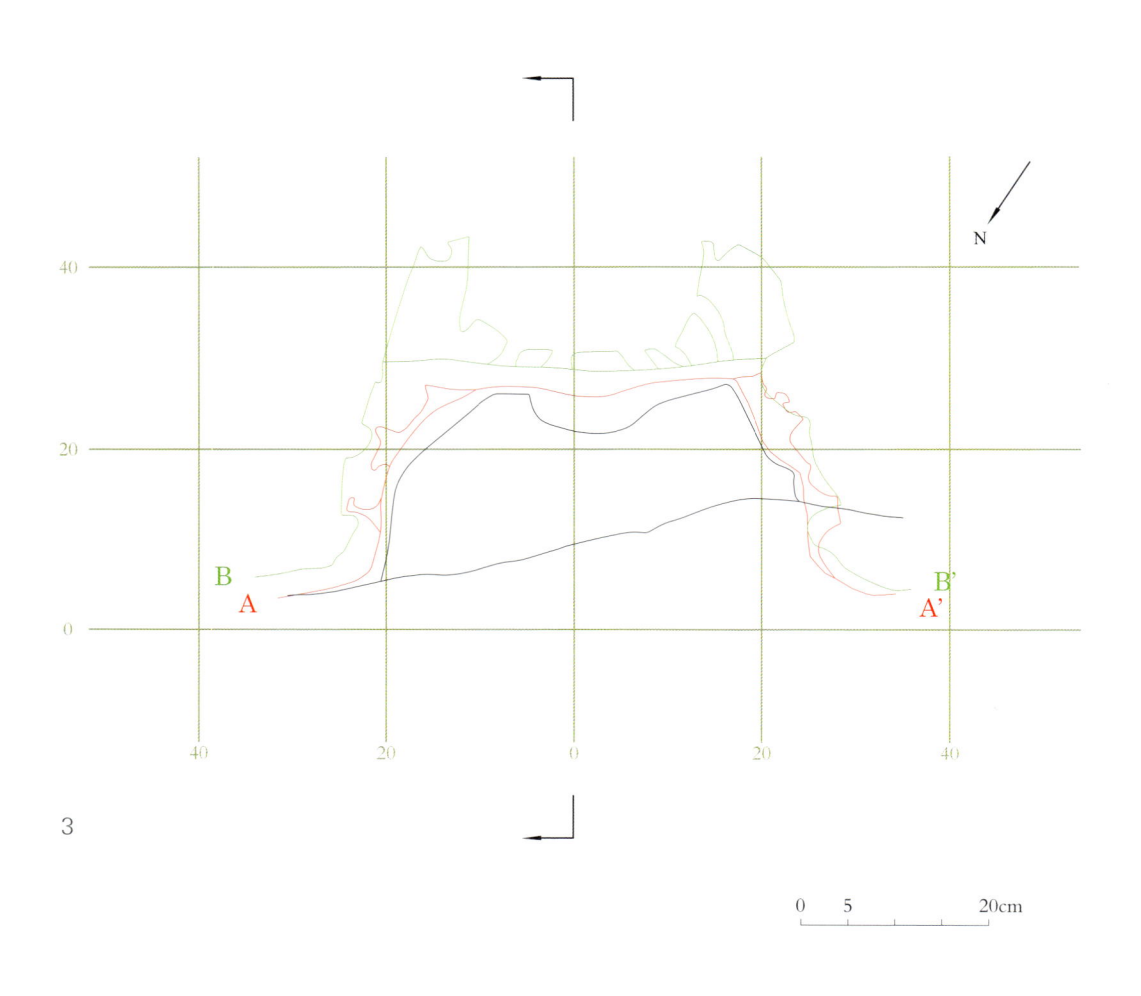

图72 第116号龛平、立、剖面图
1 立面图 2 剖面图 3 平面图

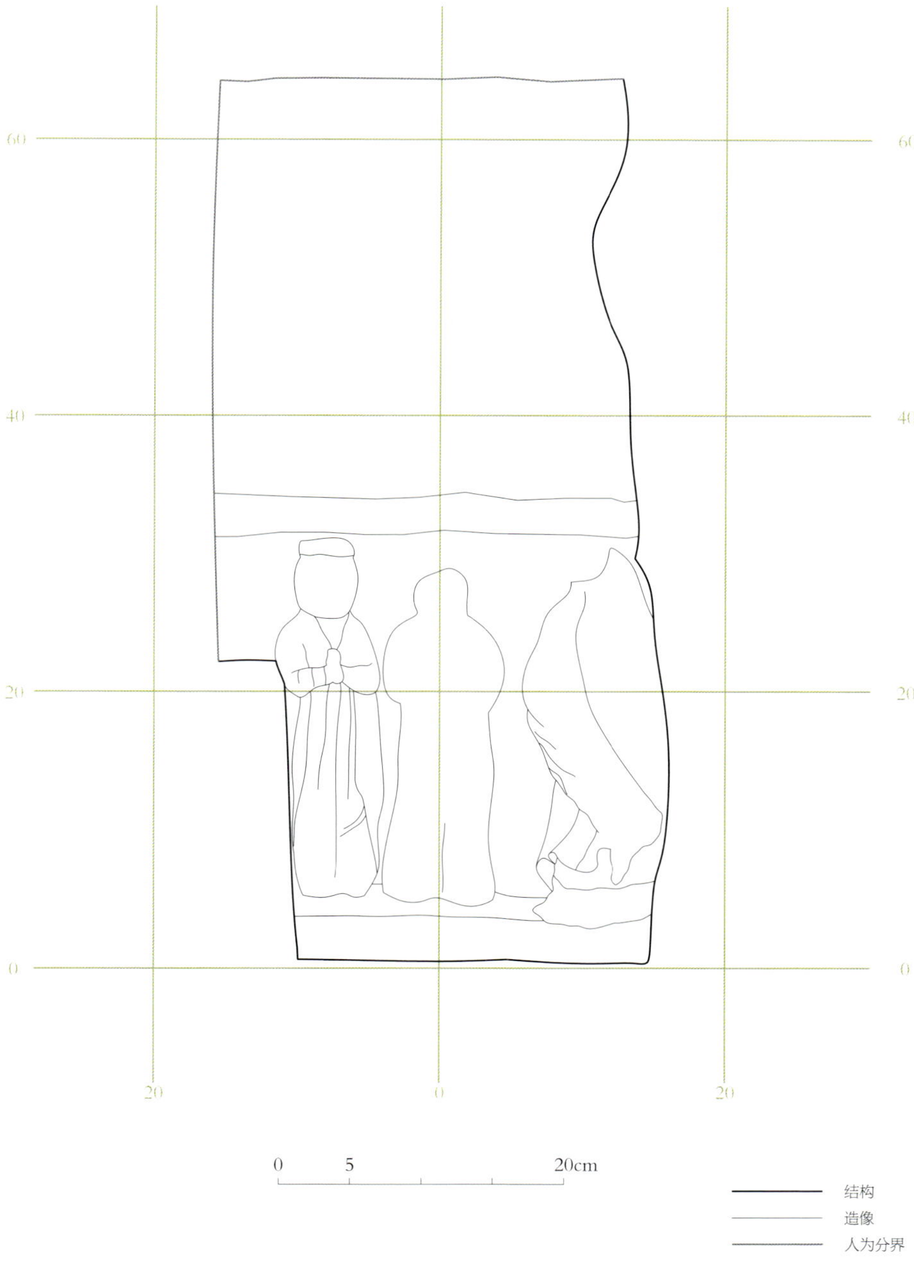

图 73　第 116 号龛左侧壁立面图

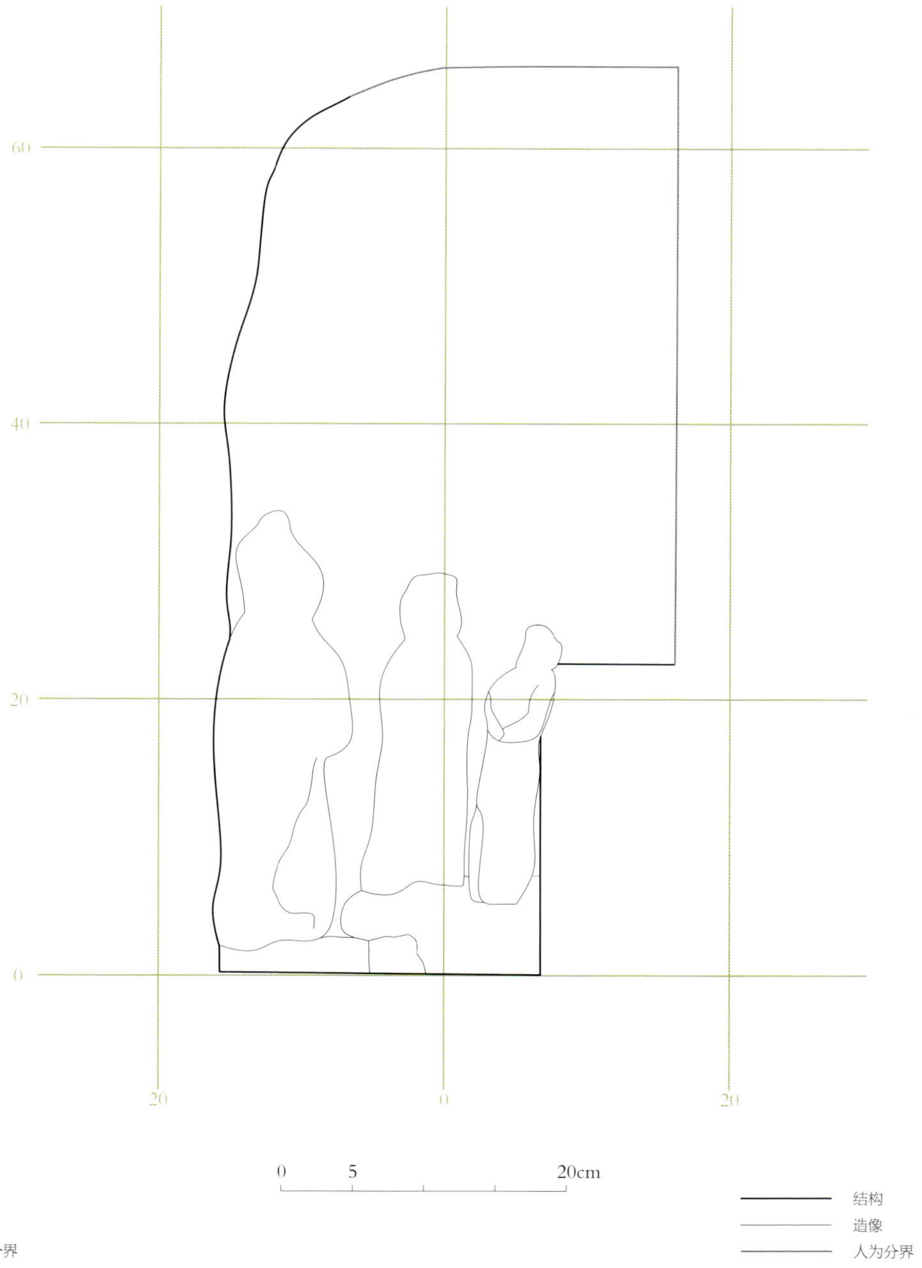

图 74　第 116 号龛右侧壁立面图

第十五节　第116-1号

一　位置

位于第116号龛下方。左为通达第114号窟的梯步，右距117号龛28厘米；上距第116号龛6厘米，下距地坪128厘米。龛口西北向，方向335°。

二　形制

单层方形龛（图75；图版Ⅰ：59）。

龛口　在岩壁表面平直凿进最深约11厘米形成龛口。龛口方形，上下岩体残，外缘高约48厘米，宽64厘米。左沿中上部残，下部存宽3厘米；右沿完整，宽3厘米；上下沿未刻。龛口内缘高48厘米，宽58厘米，至后壁最深57厘米。

龛底　呈方形，前端少许残。

龛壁　竖直，打磨粗糙。正壁与左右侧壁垂直相交；正壁上部与龛顶之间的岩石未被凿掉。壁面与龛顶垂直相交。

龛顶　平顶，方形。局部剥落，前端残。

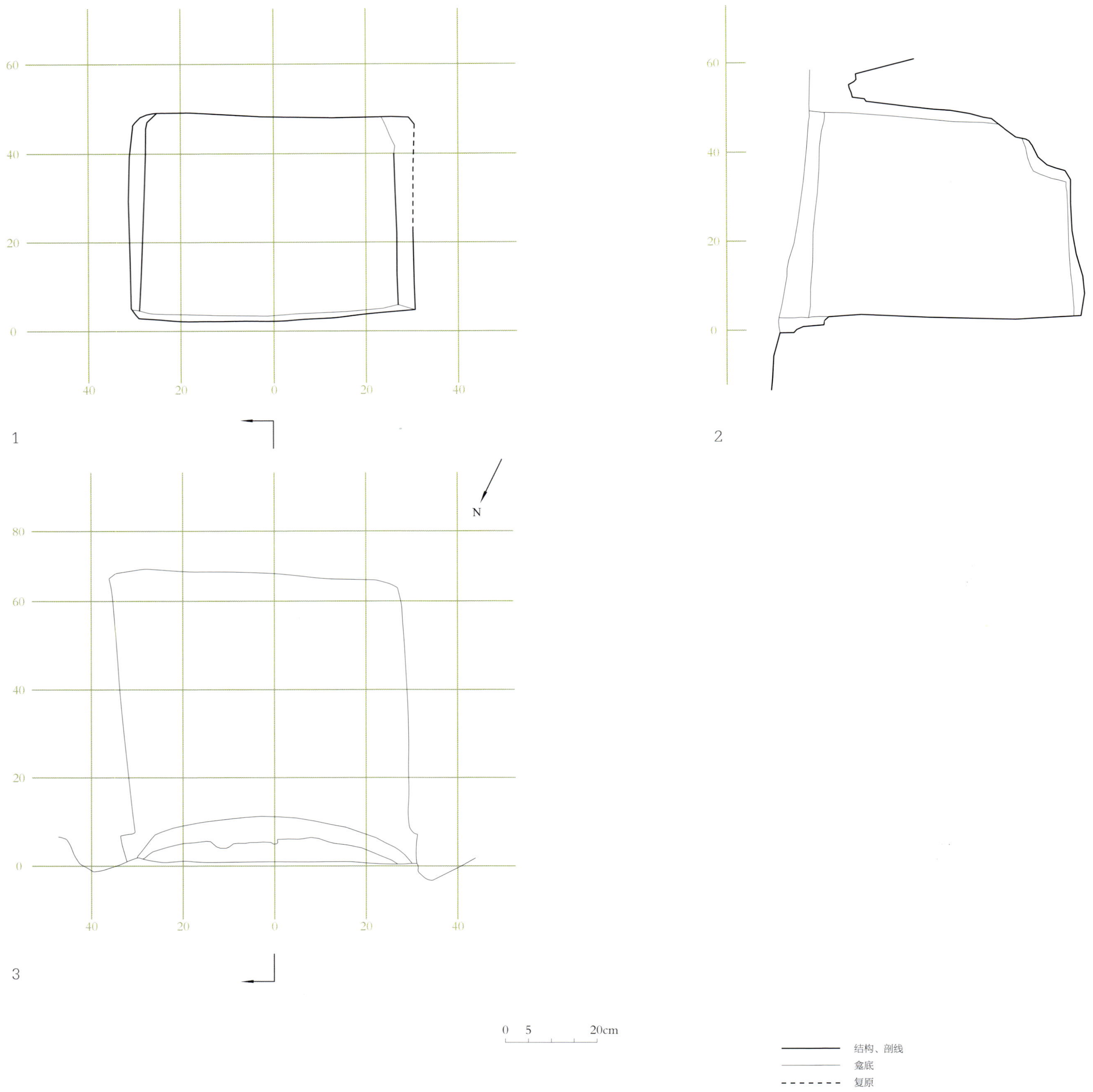

图 75　第 116-1 号龛平、立、剖面图
1　立面图　2　剖面图　3　平面图

三　造像

无。

四　晚期遗迹

龛外下方32厘米处凿方形凹槽，长22厘米，宽6厘米，深5厘米。

第十六节　第117号

一　位置

位于第116号龛右侧。左距第116号龛15厘米，右距第118号龛26厘米；上距岩顶34厘米，下距地坪106厘米。龛口西北向，方向315°。

二　形制

单层方形龛（图76、图77、图78、图79、图81、图82；图版Ⅰ：60、图版Ⅰ：61、图版Ⅰ：64、图版Ⅰ：65）。

龛口　在岩壁表面平直凿进最深约20厘米形成龛口。龛口方形，外缘高180厘米，宽140厘米。左沿部分残，残宽12厘米；右沿中部残脱，存宽12—14厘米；上沿大部残，残高12厘米；下沿完整，宽6厘米，较左右沿面外凸9厘米。龛口内缘高169厘米，宽114厘米，至后壁最深107厘米。龛左右沿内侧凿出宽15厘米的平整面，部分残。龛口左右上角作弧形，部分残。

龛底　呈方形，外侧部分剥蚀；左右侧各建一级低坛，皆高30厘米，深2—5厘米。

龛壁　竖直。正壁与左右侧壁弧面相交，分界不明。壁面与龛顶弧面相交。

龛顶　平顶，呈半圆形，外端受损。自龛左沿上部至龛顶内侧存一道斜向裂隙，裂隙折向右侧壁上部再分作上、下两道延向龛外。

三　造像

刻像26身。分为正壁、左侧壁、右侧壁造像三部分（图版Ⅰ：60）。

（一）正壁

刻像4身。中刻主尊菩萨立像2身，其头顶上方刻飞天像2身（图版Ⅰ：62）。

左菩萨像　头毁，残立高88厘米，肩宽20厘米，胸厚10厘米。胸饰璎珞，内着僧祇支，外披双领下垂式袈裟，下着裙，腰带长垂至足踏的莲间。左手横置胸前，齐腕残，右手垂于体侧，自前臂残。跣足立于并蒂带茎仰莲台上。莲台通高10厘米，宽26厘米，深11厘米。莲蒂刻于龛底，向左生出莲蕾，部分残。

右菩萨像　头毁，残立高85厘米，肩宽22厘米，胸厚8厘米。双肩刻下垂的冠带、披发，珠串耳饰下垂胸前。胸饰璎珞，上部形如窄带，嵌饰团花；中部下垂一串饰物，缀两条细小珠串；左右侧圆弧另下垂一条珠串，交汇于中部下垂的菱形饰物；左右珠串与中部饰物间以团花饰物相接。上着宽博披巾，下着长短两层裙；腰带作结下垂，于膝间再次作结后，下垂至足间；披巾镶缀璎珞，交叠腹前，敷搭前臂后下垂体侧。自后腰斜出一道披帛，于双膝处相绕，再斜垂体侧。左手斜垂，齐腕残断，右手胸前持柳枝，手残。跣足立于并蒂仰莲台上。双足、仰莲及莲茎部分残蚀。莲台通高10厘米，宽26厘米，厚6厘米。莲蒂刻于龛底，向右生出莲叶，部分残。

飞天像　二菩萨像头顶上方龛顶处，刻圆形华盖，高24厘米，直径80厘米，外挑出龛壁32厘米（图80；图版Ⅰ：63）。华盖素面，正面相向刻飞天像2身。左飞天像，残身长30厘米；梳高髻，上身残，下着裙，披帛环状绕头后，经腋下飘于身后。腕镯，左手置于体侧，右手前伸，屈肘托供物，手及物略残。左腿平伸，右腿屈膝上抬，作飞翔状。右飞天像，身长30厘米；袒上身，下着裙。左手前伸，屈肘托物，手及物残；右手置于体侧，略残。左腿屈膝上抬，右腿平伸，作飞翔状。余略同左飞天像。

（二）左侧壁

刻立像12身，作上、中、下三层布置，每层4身（图81；图版Ⅰ：64）。上两层造像立于祥云上，双足隐于云内；云头呈连续的如意形，略向外侈。下层造像立于低坛上。从上至下，从龛外至龛内编为第1—12像。其特征列入表8。

图 76　第 117 号龛立面图

图 77　第 117 号龛剖面图

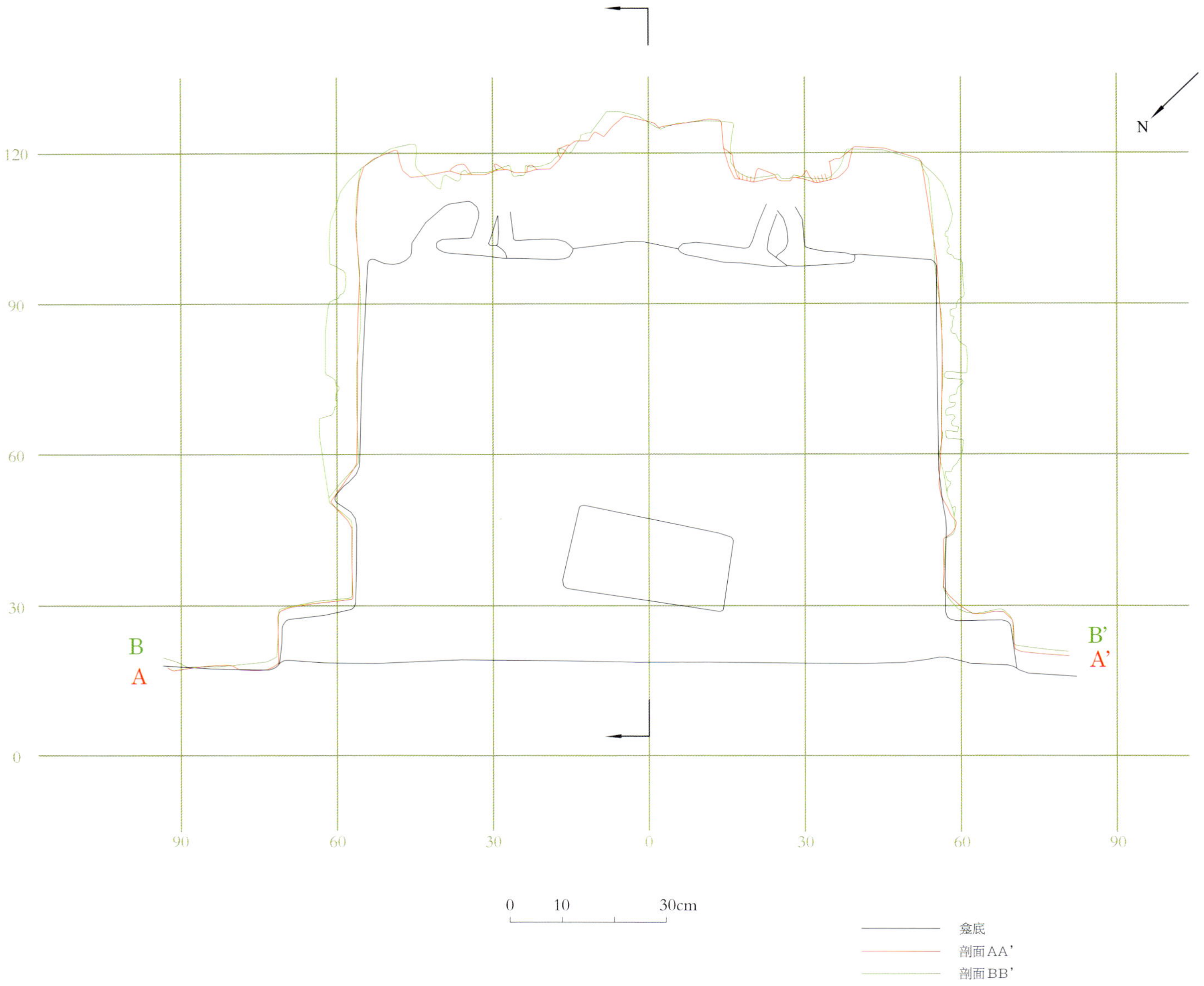

图78　第117号龛平面图

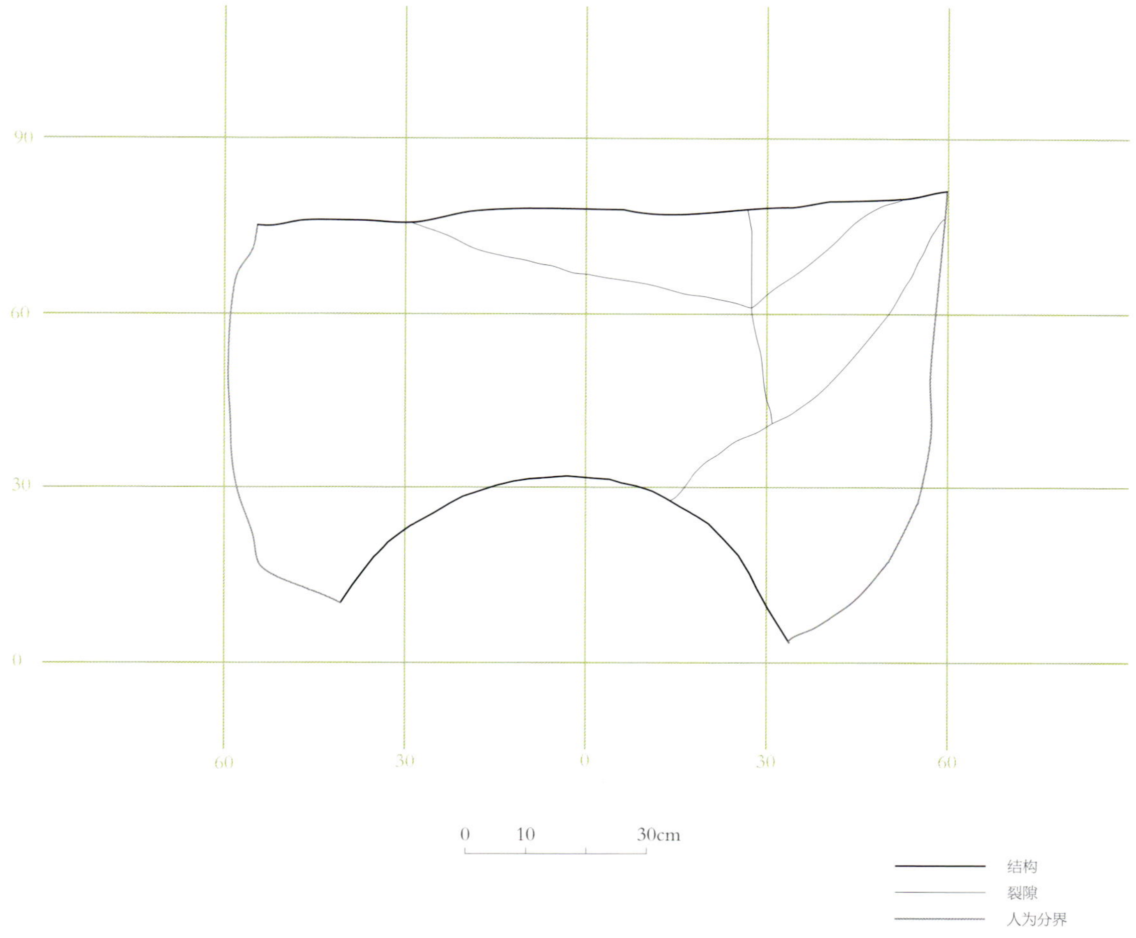

图 79　第 117 号龛龛顶仰视图

图 80　第 117 号龛华盖飞天效果图

表8　第117号龛左侧壁造像特征简表

编号	造像特征
1	头、面略残，残高20厘米。戴软脚幞头，上着宽袖长服，下着裙。双手笼袖内，抱持棍状物。
2	头、面略残，残高25厘米。上着圆领宽袖长服，下着裙。双手持圆状物，手及物残。
3	高25厘米。头戴冠，方脸。内着翻领窄袖服，外着交领宽袖服，下着裙。腰带长垂足间。双手持笏。
4	头、面部分残脱，残高24厘米。梳髻，上着圆领宽袖服，下着裙。腰带长垂。双手覆巾，托物，物残。
5	头、面残，残高19厘米。似着宽袖服。双手持物，物残。
6	头毁，残高21厘米。上着宽袖长服，下着裙。双手持笏，略残。
7	面大部残脱，残高24厘米。头梳髻，内着窄袖服，外着圆领宽袖服，下着裙。双手持笏，略残。
8	头残，残高23厘米。身略蚀，上着宽袖服，袖摆上扬，下着裙；腕镯，左手抱经函，右臂屈肘于胸，竖食指，余指弯曲。
9	头残，残高20.5厘米。上着圆领宽袖服，下着裙。左手横置腹前，右手屈于体侧。足稍残。
10	残高26厘米。头戴盔，略蚀，下颌系带，面蚀。外着宽袖长服，下着裤。身饰披帛，中段垂于腹前，两端自身后斜出，垂于低坛上。双手合十，手略残。足靴。
11	头毁，残高18厘米。上着圆领服，下着裙；裙腰上束于胸，腰带长垂足间。双手合十，手略残。着圆头鞋。
12	头、面残，残高20厘米。梳髻，上着圆领宽袖服，下着裙。双手持物，物残难辨。足鞋。

（三）右侧壁

刻立像10身，仍作上、中、下三层布置（图82；图版Ⅰ：65）。其中，上、中两层各4身，立于云头上，双足隐于云内；云头呈连续的如意形，略向外侈。下层2身，立于低坛上。从上至下，从龛外至龛内，编为第1—10像。其造像特征列入表9。

表9　第117号龛右侧壁造像特征简表

编号	造像特征
1	头残，残高20厘米。袒上身，下着短裙，腰带长垂；腕镯，双手置于胸前似作拱揖状。
2	高25厘米。头戴冠，面残。上着翻领宽袖长服，下着裙。左手横于胸前，右手持笏。
3	高24厘米。头戴冠，面蚀。上着翻领宽袖长服，下着裙；裙腰上束于胸。双手笼袖内，交于腹前。第1、2、3像因裂隙通过，致躯体断裂，略错位。
4	高17厘米。头、面略残，梳髻，圆脸。上着圆领宽袖服，下着裙；裙腰上束于胸，腰带长垂。双手置胸前，覆巾，托盘，盘内盛物。
5	高23厘米。头、面部分剥蚀，梳髻。上着宽袖服，下着裙；裙腰上束于胸，腰带长垂。双手于胸前持物，手及物残。
6	头毁，残高17厘米。上着交领长服，下着裙；裙腰上束于胸，腰带长垂。双手持笏，笏稍残。
7	高24厘米。戴冠，面方正，余略同第6像。
8	高22厘米。戴软脚幞头，面残。上着圆领宽袖服，胸际束带，下着裙。双手握于胸前。
9	头毁，残高21厘米。存幞头展脚遗迹。上着翻领宽袖服，胸束带，下着裙。双手持笏。着圆头鞋。
10	头毁，残高20厘米。上内着抹胸，外披对襟窄袖衫，下着裙。双手胸前覆帛带，帛带长垂足间。足稍残。

四　铭文

在正壁二主尊菩萨像间，刻一方形碑。碑通高37厘米，宽14厘米。碑首为卷曲的覆莲叶，碑身方形，碑座为长茎仰莲台，略残。碑文蚀。

图81　第117号龛左侧壁立面图

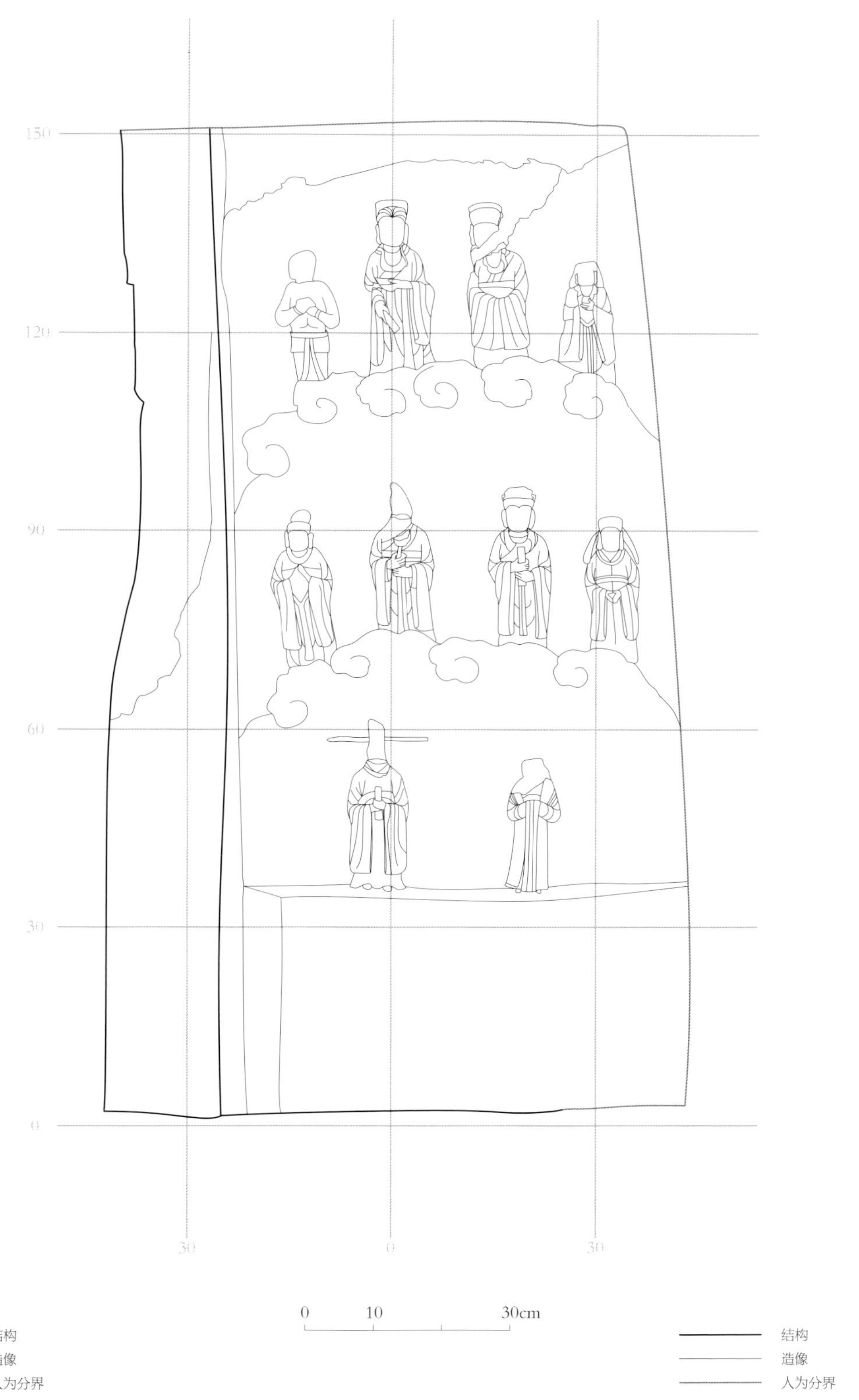

图82　第117号龛右侧壁立面图

五　晚期遗迹

龛内正壁二主尊菩萨像颈部、手臂残毁处留存小孔。颈部孔径2.5厘米，深3.5厘米；手臂处孔径1厘米，深2厘米。

龛内存一条裂隙，起于龛口左上角，斜向经过龛顶，再横向延伸至右壁上部，全长约205厘米。裂隙已黏合修补。

龛底前侧凿方形凹槽，长29厘米，宽16厘米，深10厘米。

龛内存红色、灰白色两种涂层。

第十七节 第118号

一 位置

位于第117号龛右侧。左距第117号龛26厘米，右距第119号龛25厘米；上距岩顶47厘米，下距地坪112厘米。龛口西北向，方向333°。

二 形制

单层方形龛（图83、图84、图85、图86、图87；图版Ⅰ∶66、图版Ⅰ∶68、图版Ⅰ∶69）。

龛口 在岩壁表面平直凿进最深约30厘米形成龛口。龛口方形，外缘高168厘米，宽117厘米。左沿宽13厘米，中上部残脱；右沿被后世铺设的排水管道损坏，残宽10厘米；上沿宽14厘米，下沿宽9厘米，略残。龛口内缘高145厘米，宽94厘米，至后壁最深76厘米。左右沿内侧凿有宽13厘米的平整面，部分残。龛口左右上角作斜面处理。

龛底 呈方形，大部剥蚀。龛底左右侧建一级低坛，高14厘米，深2—7厘米。

龛壁 弧壁。壁面与龛顶弧面相交。壁面上部存一道裂隙，横向贯穿整个龛壁。

龛顶 平顶，略呈圆形。略蚀。

三 造像

刻像3身。其中，正壁刻主尊菩萨坐像1身，左右侧壁低坛各刻侍者立像1身（图版Ⅰ∶66）。

菩萨像 坐高64厘米，头长19厘米，肩宽25厘米，胸厚12厘米（图版Ⅰ∶67）。浮雕圆形素面背光，直径84厘米，厚1厘米。梳髻，鬓发绕耳，垂发作结分三缕覆肩。戴卷草冠，冠带作结后分四道下垂，后侧二道斜向下飘至双肘外侧，前侧二道沿胸长垂，敷搭前臂后垂于座侧。脸长圆，戴耳环。胸饰璎珞，内着僧祇支，系带作结；外着双领下垂式袈裟，下着裙。袈裟、裙摆覆于座前，袈裟与裙摆间刻出下垂的腰带及两条斜向飘带。腕镯，左手胸前持印，手及印部分残；右手腹前持印带，结跏趺坐于须弥座上。座通高46厘米，宽60厘米，深18厘米。

左壁侍者像 男像。立高78厘米，头长17厘米，肩宽20厘米，胸厚6厘米（图86；图版Ⅰ∶68）。戴冠，略蚀。面方圆，左肩略残。上着双层交领服，下着裙；裙腰上束腋下，腰带作结垂至足间。双手于胸前持笏，笏略残。着尖头鞋而立。

右壁侍者像 女像。立高77厘米，头长16.5厘米，肩宽18厘米，胸厚6厘米（图87；图版Ⅰ∶69）。梳髻，戴冠，方圆脸。上着圆形翻领宽袖长服，披云肩，下着裙；裙腰上束腋下，腰带长垂足间。披帛经双肩下垂，敷搭前臂后长垂体侧。双手胸前持笏，笏略残。着尖头鞋而立。

四 晚期遗迹

龛口上方后世增刻一方形匾额，高约24厘米，宽约59厘米；其下缘与龛口齐平。

龛内存一道裂隙，起于龛口左侧平整面上部，横贯龛壁，止于右侧平整面上部，全长约220厘米；裂隙已黏合修补。

龛底中部凿出方形凹槽，长约21厘米，宽7厘米，深8厘米。

龛上沿凿方形匾额，长约59厘米，宽25厘米，高24厘米，内素平。

本龛与第119号龛之间铺设排水管道，上起岩顶，下至地坪，全长约308厘米，宽15—20厘米；下端近地坪处以两级条石封护。

龛内存红色、灰白色两种涂层。

图 83　第 118 号龛立面图

第三章　第 105—123 号

图84 第118号龛剖面图

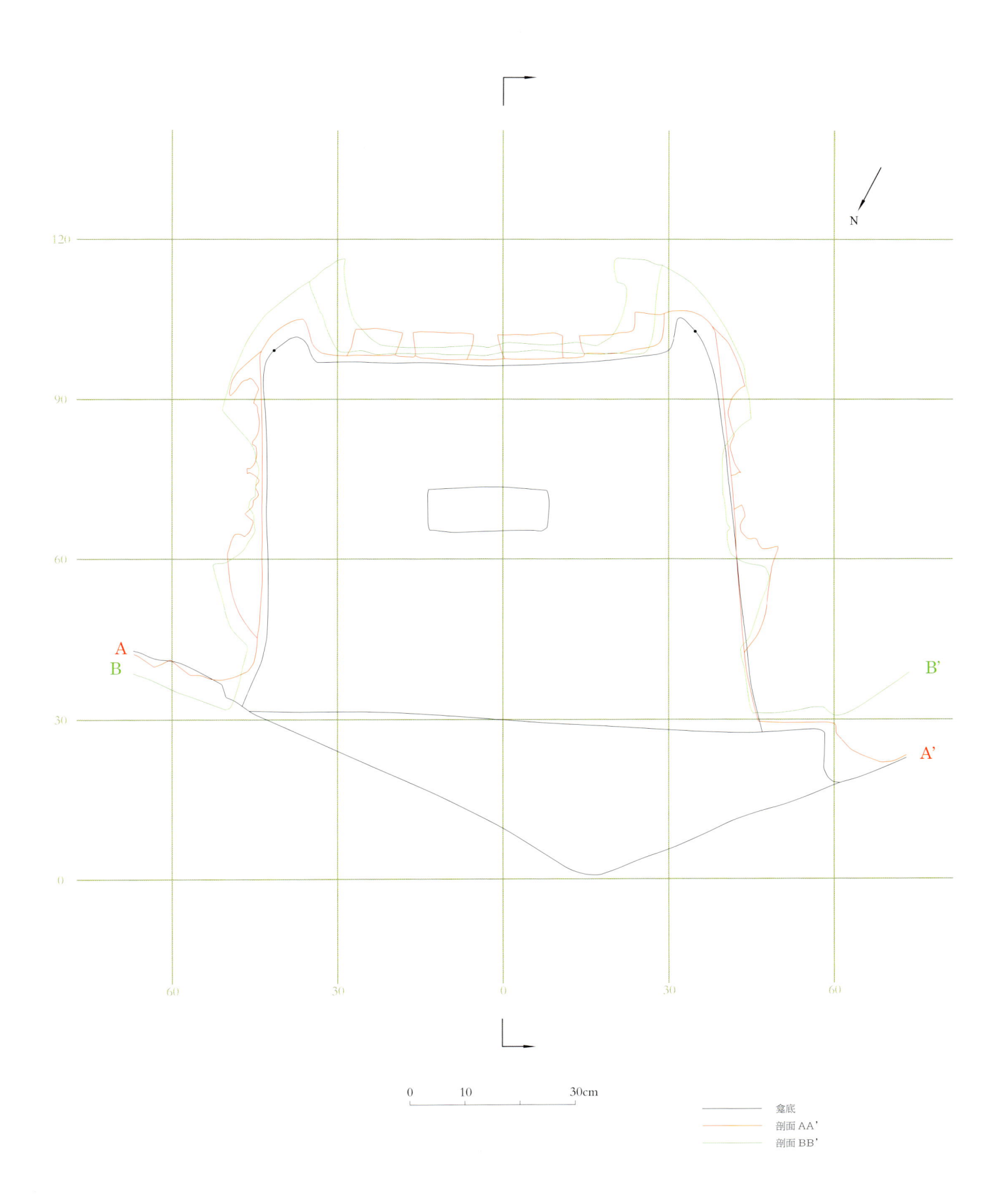

图 85　第 118 号龛平面图

图 86　第 118 号龛左壁侍者像立面图　　　　　　　　　图 87　第 118 号龛右壁侍者像立面图

第十八节　第119号

一　位置

位于第118号龛右侧。左距第118号龛25厘米，右距第120号龛18厘米；上距岩体间的宽大裂缝下缘20厘米，下距地坪116厘米。龛口北向，方向3°。

二　形制

单层圆拱龛（图88、图89、图90、图92、图93、图94；图版Ⅰ：70、图版Ⅰ：71、图版Ⅰ：72）。

106　大足石刻全集　第二卷（上册）

龛口　在岩壁表面平直凿进最深约6厘米形成龛口。龛口圆拱形，下部岩体毁，外缘残高约197厘米，宽155厘米。龛沿作圆拱形，沿宽约14厘米；左沿中部及上沿部分残，未刻下沿。龛口内缘高183厘米，宽127厘米，至后壁最深98厘米。左右沿内侧凿出宽15—25厘米的平整面，下窄上宽。

龛底　呈梯形，内宽116厘米，外宽126厘米。龛内环壁建一级低坛，高49厘米，深7—22厘米。龛底中部减地平钑一圆盘，部分残，直径64厘米；内线刻数道毫光。龛底前侧大部毁，毁面形如三角形。

龛壁　壁面竖直。正壁与左右壁弧面相接，分界不明。壁面与龛顶弧面相交。

龛顶　平顶，略呈圆形；前端略残。

三　造像

刻像5身。其中，正壁中刻主尊菩萨坐像1身，左右各刻侍者立像1身；左右壁各刻立像1身（图版Ⅰ：70）。

菩萨像　坐高76厘米，头长25厘米，肩宽26厘米，胸厚11厘米（图91；图版Ⅰ：73）。浅浮雕桃形头光和圆形素面身光。头光内圆素平，边缘刻火焰纹，横径47厘米。身光横径104厘米。梳髻，鬓发绕耳，垂发分三缕覆肩。戴卷草花卉冠，冠翼略外展，正面饰珠串。冠带作结后，沿双肩下垂，敷搭中手前臂，再垂于座上。脸长圆，眉眼细长，鼻端略残，小嘴。戴耳环，垂珠串。内着僧祇支，系带作结，外着宽博披巾，下着裙。披巾两端下垂腹前，向上敷搭中手前臂后，垂于座台两侧。裙摆于双膝处饰横向的一条珠串，下坠三道菱形、圆形、六边形、莲花等组合的饰物，其间以珠串相接。腰带于双膝处作结，下垂足间。自后腰斜出一道披帛，于膝间相绕后，垂于座前。身六臂，皆腕镯。上两臂屈肘上举，手心升出祥云，云头刻坐像1身，高约8厘米，有圆形素面背光，直径13厘米；身蚀，似着交领服，双手腹前笼袖内，结跏趺坐于仰莲上。左中手斜伸持罥索，右中手斜伸握宝剑。左下手腹前托钵，右下手胸前持柳枝，手略残。跣足踏仰莲，善跏趺坐于方台上；台高27厘米，宽60厘米，深23厘米。低坛前龛底刻一坛，高14厘米，宽17厘米。自坛内竖直向上生出两朵仰莲，承托菩萨双足，仰莲通宽50厘米，高16厘米；左右斜向生出带茎莲叶，左莲叶舒展，右莲叶闭合。

菩萨像头顶上方龛顶刻双重覆莲，莲蕊素平，直径44厘米；边缘刻出宽9厘米的两重覆莲瓣（图92；图版Ⅰ：74）。

左侍者像　男像。立像高60厘米，头长16厘米，肩宽12厘米，胸厚7厘米（图版Ⅰ：75）。梳髻、戴冠，冠带作结下垂至肩。圆脸，上着双领下垂式袈裟，下着裙，腰带垂至足间。双手覆巾于腹前托盘，内盛物。头侧身扭，跣足站立。

右侍者像　女像。立像高60厘米，头长14厘米，肩宽12厘米，胸厚6厘米（图版Ⅰ：76）。头梳髻，双手覆巾于腹前托盘，内盛山石。余略同左侍者像。

左壁立像　立像高45厘米。浅浮雕圆形素面头光，直径22厘米（图93；图版Ⅰ：77）。光头，圆脸，面蚀。内着交领窄袖服，外着袒右式袈裟，下着裙。左手斜垂持念珠，右手于胸前持物，手及物略残。跣足而立。

右壁立像　高45厘米（图94；图版Ⅰ：78）。梳高髻，面残。上着对襟窄袖衫，下着裙；腰带作结下垂至足间。披帛垂于腹前，两端经双肩飘于体侧。双手隐于袖内，左手置于下颌处，右手置于腰际。双足残。

四　晚期遗迹

龛顶存一道纵向裂隙，于中部发育为左右两道。其中，左侧一道斜向左侧壁中部，止于龛沿；全长约250厘米。右侧一道斜向延至正壁与右侧壁交接处上方，再发育为两道；一道经正壁向下延至龛底，一道经右壁中部延至龛底，全长分别约195、270厘米。裂隙已黏合修补。

龛内保存灰白色、红色、蓝色、绿色四种涂层。

图88 第119号龛立面图

108　大足石刻全集　第二卷（上册）

图 89　第 119 号龛剖面图

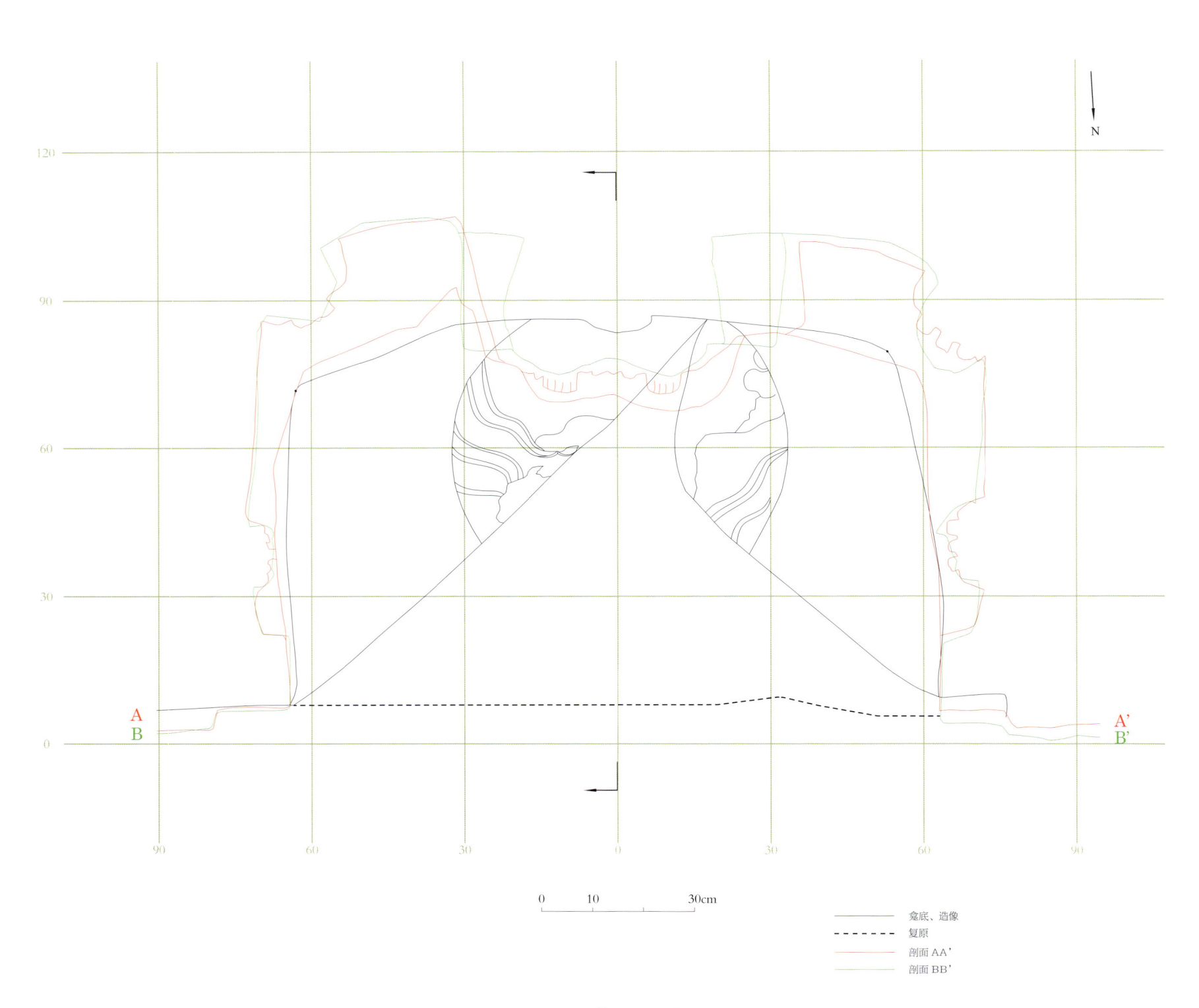

图 90　第 119 号龛平面图

图91　第119号龛正壁立面图

第三章　第105—123号

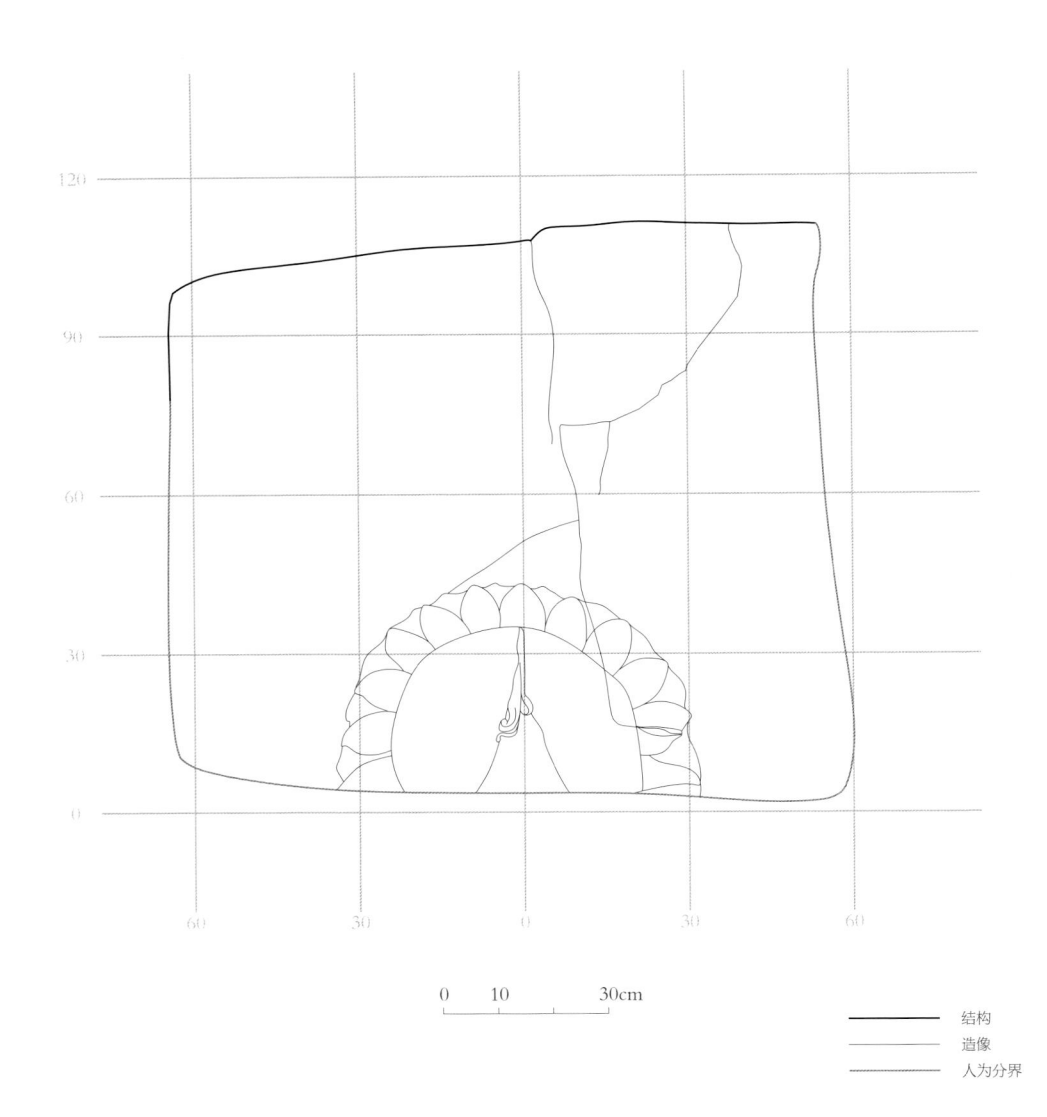

图 92　第 119 号龛龛顶仰视图

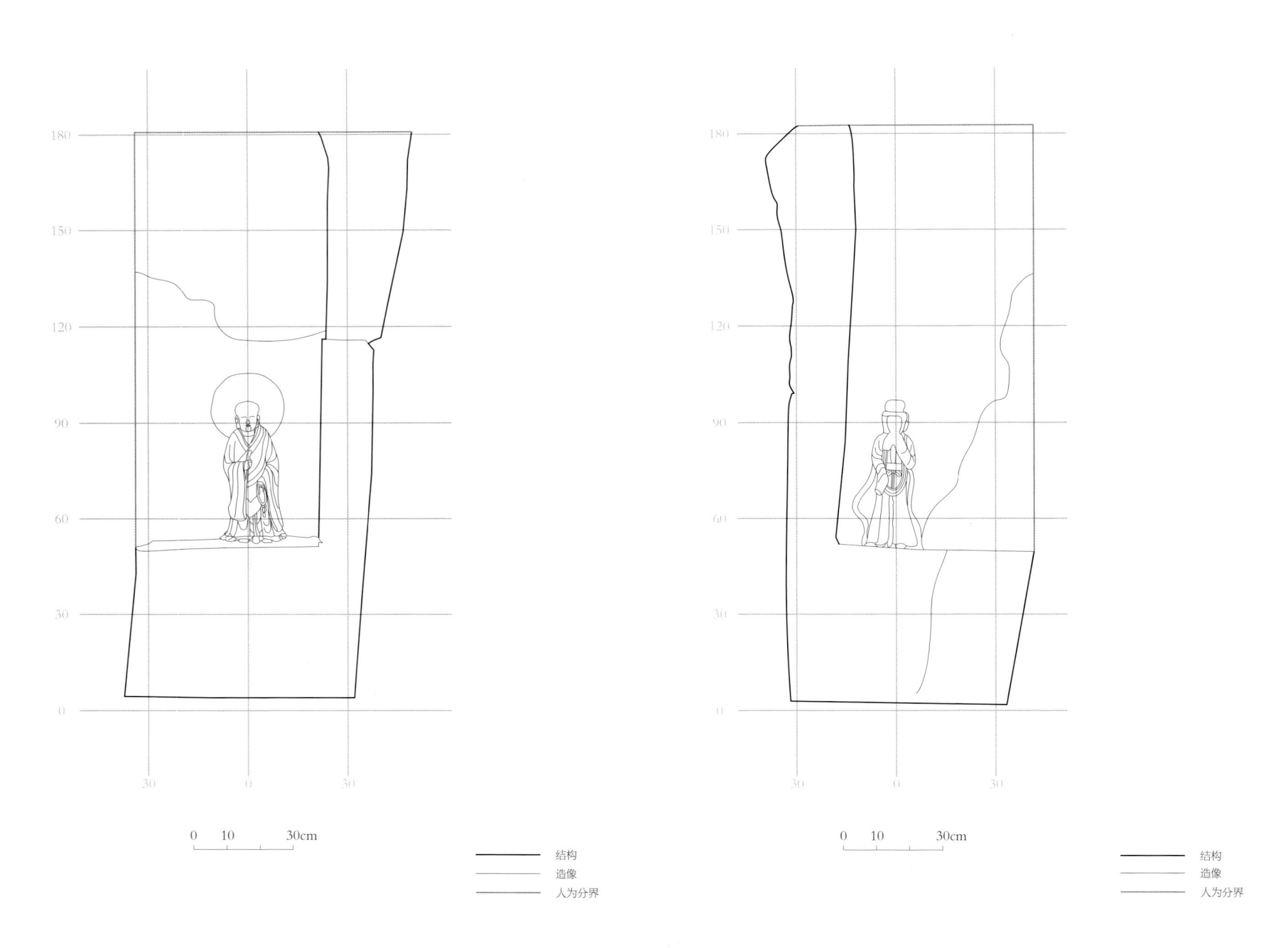

图 93　第 119 号龛左壁立面图

图 94　第 119 号龛右壁立面图

第十九节　第120号

一　位置

位于第119号龛右侧。左距第119号龛18厘米，右距第121号龛约60厘米；上距岩体间的裂缝下缘55厘米，下距地坪121厘米。龛口北向，方向4°。

二　形制

单层方形龛（图95、图96、图97、图98、图99、图100；图版Ⅰ：79、图版Ⅰ：80、图版Ⅰ：81、图版Ⅰ：82）。

龛口　在岩壁表面平直凿进最深约4厘米形成龛口。龛口方形，外缘高159厘米，宽125厘米。龛左右沿完整，皆宽8厘米；上沿中部毁，存宽约7厘米，未刻下沿。龛口内缘高152厘米，宽109厘米，至后壁最深74厘米。左右沿内侧凿出宽6厘米的平整面。龛口左右上角作斜边处理。

龛底　呈梯形，内宽71厘米，外宽93厘米，略剥蚀。龛底左右侧各建一级低坛，左低坛高14厘米，宽50厘米，深16厘米；右低坛高11厘米，宽34厘米，深12厘米，部分受损。

龛壁　弧壁，与龛顶弧面相交。

龛顶　平顶，呈圆形；前端部分残脱。

三　造像

刻像3身。其中，正壁中刻主尊菩萨坐像1身，左右侧壁各刻立式侍者像1身（图版Ⅰ：79）。

菩萨像　坐高80厘米，头长32厘米，肩宽28厘米，胸厚13厘米。浮雕圆形素面头光和背光，直径分别为54、87厘米。梳髻，额发作"人"字形，垂发分三缕披肩。戴卷草花卉冠，冠带作结后斜飘体侧。面长圆，刻白毫。下颌稍残。颈刻两道肉褶线。戴项圈，垂挂璎珞。内着僧祇支，外着双领下垂式袈裟，下着裙。双膝间遍饰璎珞。腕镯，左手腹前持净瓶，瓶通高约14厘米，瓶口残；右手胸前持柳枝，手残。跣足，略残，右腿横置座面，左足垂踏座前仰莲，左舒相坐于座台上。座台高42厘米，宽92厘米，最深24厘米。台前刻并蒂仰莲及一带茎闭合莲叶，左莲高17厘米，直径25厘米。右莲毁，仅存遗迹。

左侍者像　男像。立像高83厘米，头长17厘米，肩宽23厘米，胸厚9厘米（图99；图版Ⅰ：81）。梳髻，戴冠，双眉垂梢，口微启。内着双层交领窄袖服，外着对襟宽袖长服，腰束带，下着裙；腰带长垂至足间。双手胸前托盘，内盛物，物残难辨。着鞋立于低坛上。

右侍者像　女像。立像高87厘米，头长20厘米，肩残宽22厘米，胸厚7厘米（图100；图版Ⅰ：82）。因裂隙经过，致身躯斜向断裂，略错位。头梳髻，戴冠，长圆脸。左肩部分剥落。内着抹胸，外着对襟宽袖服，罩云肩，下着裙；腰带垂至足间。双手胸前托盘，内置宝珠，手及盘略残。着鞋立于低坛上，右足稍残。

四　晚期遗迹

左壁外侧存一道裂隙，起自龛外上方岩顶，止于龛左壁中上部，全长约110厘米。自左侧壁立像头后左侧至左沿底端另有一道裂隙，全长约90厘米。龛顶存一道纵向裂隙，起于龛外上方岩石中上部，斜向经右壁延伸至龛外，止于地坪，全长约390厘米。上述裂隙已部分黏合修补。

龛底前侧凿方形凹槽，长21厘米，宽5厘米，深6厘米。

龛内存灰白色、红色、蓝色、黑色四种涂层。

图95 第120号龛立面图

图 96　第 120 号龛剖面图

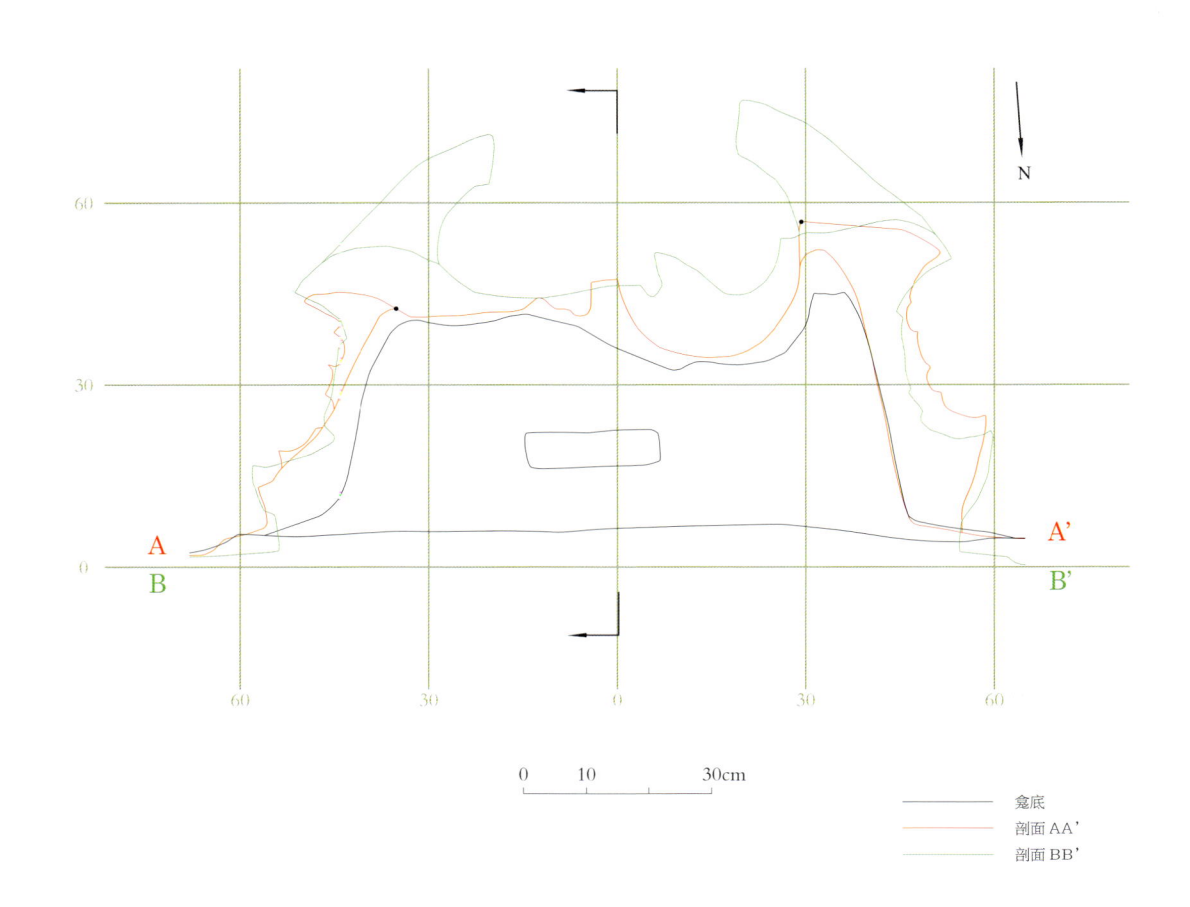

图 97　第 120 号龛平面图

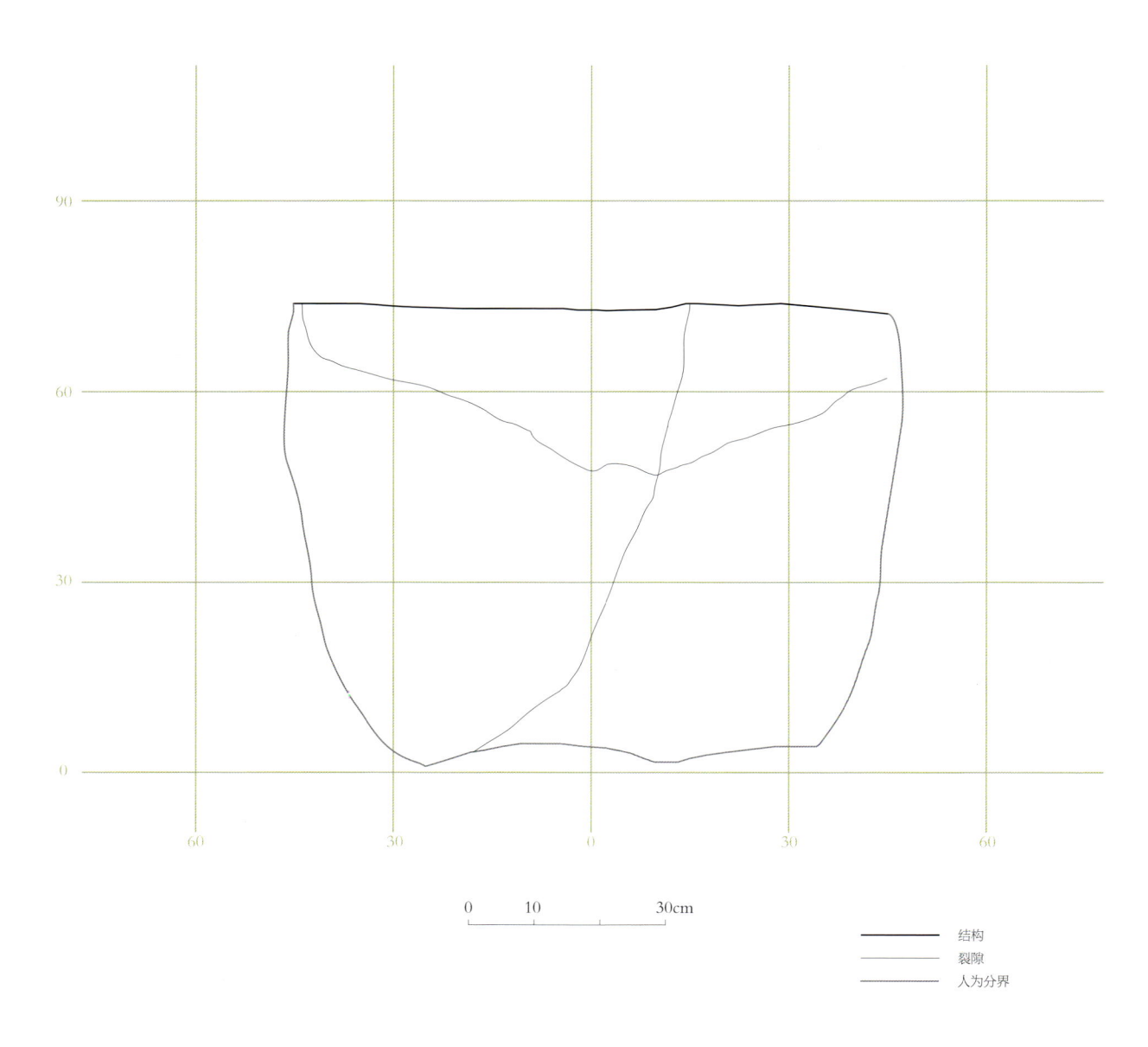

图 98　第 120 号龛龛顶仰视图

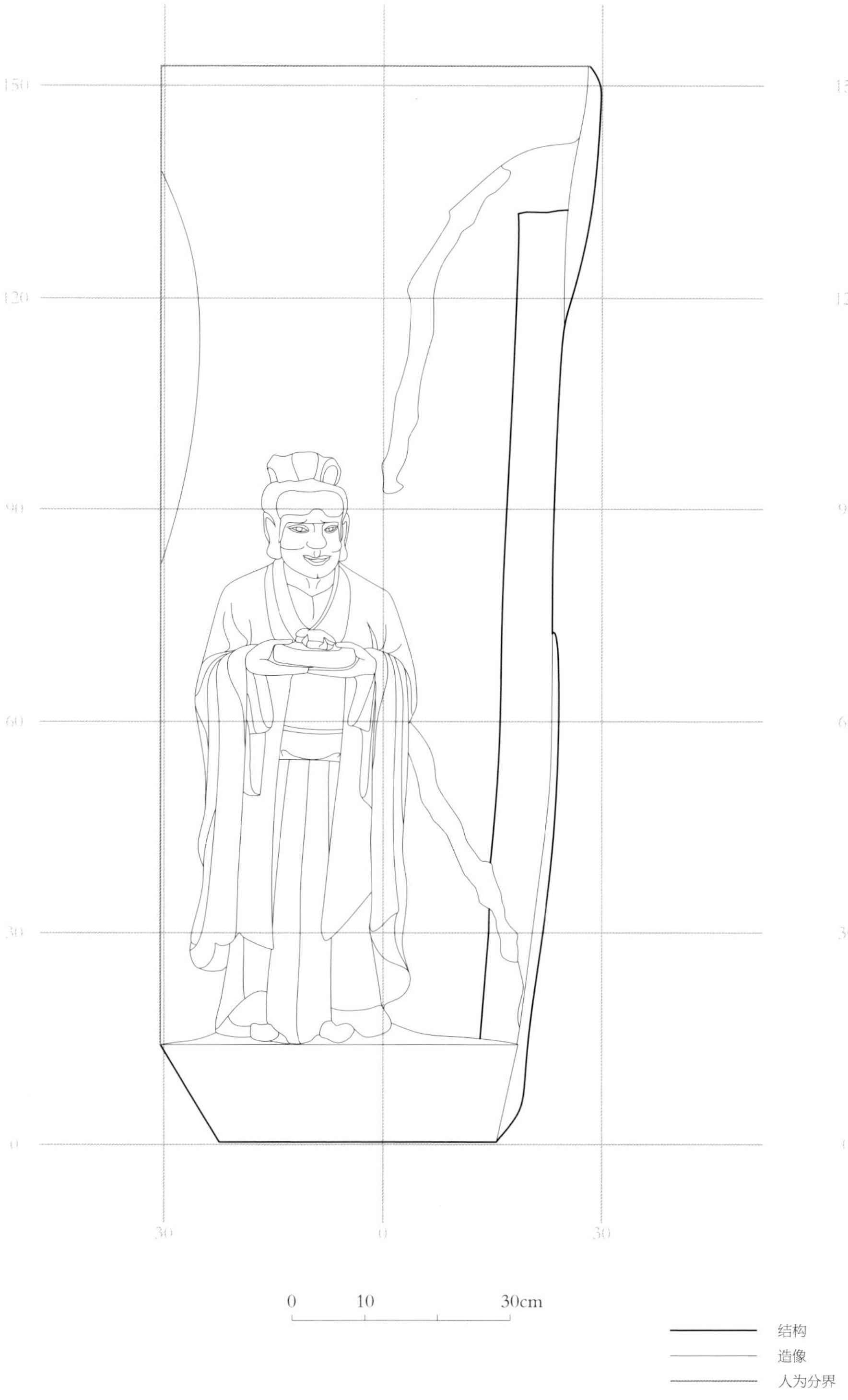

图 99　第 120 号龛左壁立面图 　　　　　　　　　　　　图 100　第 120 号龛右壁立面图

第二十节 第121号

一 位置

位于第120号龛右侧。左距第120号龛60厘米，右距第122号龛37厘米；上距岩体间裂缝下缘25厘米，下距地坪114厘米。龛口西北向，方向339°。

二 形制

单层方形龛（图101、图102、图103、图104、图106、图107；图版Ⅰ：83、图版Ⅰ：84、图版Ⅰ：85、图版Ⅰ：88）。

龛口　在岩壁表面平直凿进最深约4厘米形成龛口。龛口方形，外缘高196厘米，宽140厘米。龛沿完整，左沿宽7厘米，右沿宽8厘米，上沿宽10厘米，未刻下沿。龛口内缘高186厘米，宽125厘米，至后壁最深138厘米。左、右沿内侧凿出宽11—12厘米的平整面。龛口左右上角作斜面处理。

龛底　呈方形，原龛底已被凿毁，仅保存内侧及右侧少许，宽约2—5厘米。后人环壁凿出宽3厘米、深4厘米的粗糙沟槽。现龛底方形，略低于原龛底约2厘米；其前部被剔除，厚约5厘米。龛底正壁建一级低坛，下距原龛底37厘米，深14.5厘米；龛底左右侧各建一级低坛，左低坛下距原龛底14厘米，深2—10厘米；右低坛下距原龛底9—15厘米，深5—12厘米。

龛壁　略竖直。正壁与左右侧壁弧面相交，分界不明。壁面与龛顶亦弧面相交。

龛顶　平顶，略呈方形；前侧略微上仰。

三 造像

刻像10身。分为正壁、左侧壁、右侧壁造像三部分（图版Ⅰ：83）。

（一）正壁

刻主尊菩萨坐像2身（图105）。

左菩萨像　坐高66厘米，头长20厘米，肩宽27厘米，胸厚11厘米。线刻圆形素面头光和椭圆形身光。头光直径46厘米，身光最宽66厘米。光头，略蚀。长圆脸，刻白毫，鼻端稍残，小嘴微闭；颈刻三道肉褶线。内着僧祇支，系带作结，外着双领下垂式袈裟，下着裙；腰带下垂至低坛。腕镯，左手腹前持宝珠，直径约6厘米；宝珠升起一道毫光，绕三匝后向斜飘至左侧壁上部。右手胸前结印，指略残。跣足，左腿横置座面，垂右足，稍残，踏座前双重仰莲，呈右舒相坐于方台上。

右菩萨像　坐高67厘米，头长26厘米，肩宽28厘米，胸厚10厘米。线刻圆形素面头光和椭圆形身光。头光直径43厘米，身光最宽62厘米。梳髻，鬈发绕耳，垂发分两缕披肩。戴卷草冠，冠体两重，上重刻结跏趺坐的化佛1身，略残；下重饰团花和珠串。冠带作结长垂体侧。脸长圆，刻白毫，弯眉细眼，鼻残，戴珠串耳饰，颈刻三道肉褶线。胸饰璎珞。内着僧祇支，系带作结，外着宽博披巾，下着长短两层裙；腰带长垂至低坛。披巾两端敷搭前臂后垂于座前。双膝下方裙摆处饰璎珞，最上为一条弧形珠串，其下垂挂一条圆弧下垂的珠串，其间缀有饰物及流苏。自腰部斜出一道披帛，腹前相绕后，自然下垂。腕镯，双手持如意。跣足，垂左足踏座前双重仰莲，右腿横置座面，呈左舒相坐于方台上。

二菩萨像坐于通体方台上，台高31.5厘米，最深25厘米；其下为低坛。低坛上刻四朵双重仰莲，均高8厘米，直径22厘米。

二菩萨像头顶上方龛顶刻华盖，高17.5厘米，通宽116厘米，外挑龛正壁约43厘米（图104）。边缘刻上下两重帷幔。

（二）左侧壁

刻像4身（图106；图版Ⅰ：85）。其中下部内侧刻侍者像1身，外侧刻立式供养人像2身；上部刻亭阁1座，内刻像1身。

侍者像　男像。立像高94厘米，头长15厘米，肩宽24厘米，胸厚9厘米。浮雕圆形素面头光，直径38厘米。光头，面方正，前额

图101　第121号龛立面图

图 102　第 121 号龛剖面图

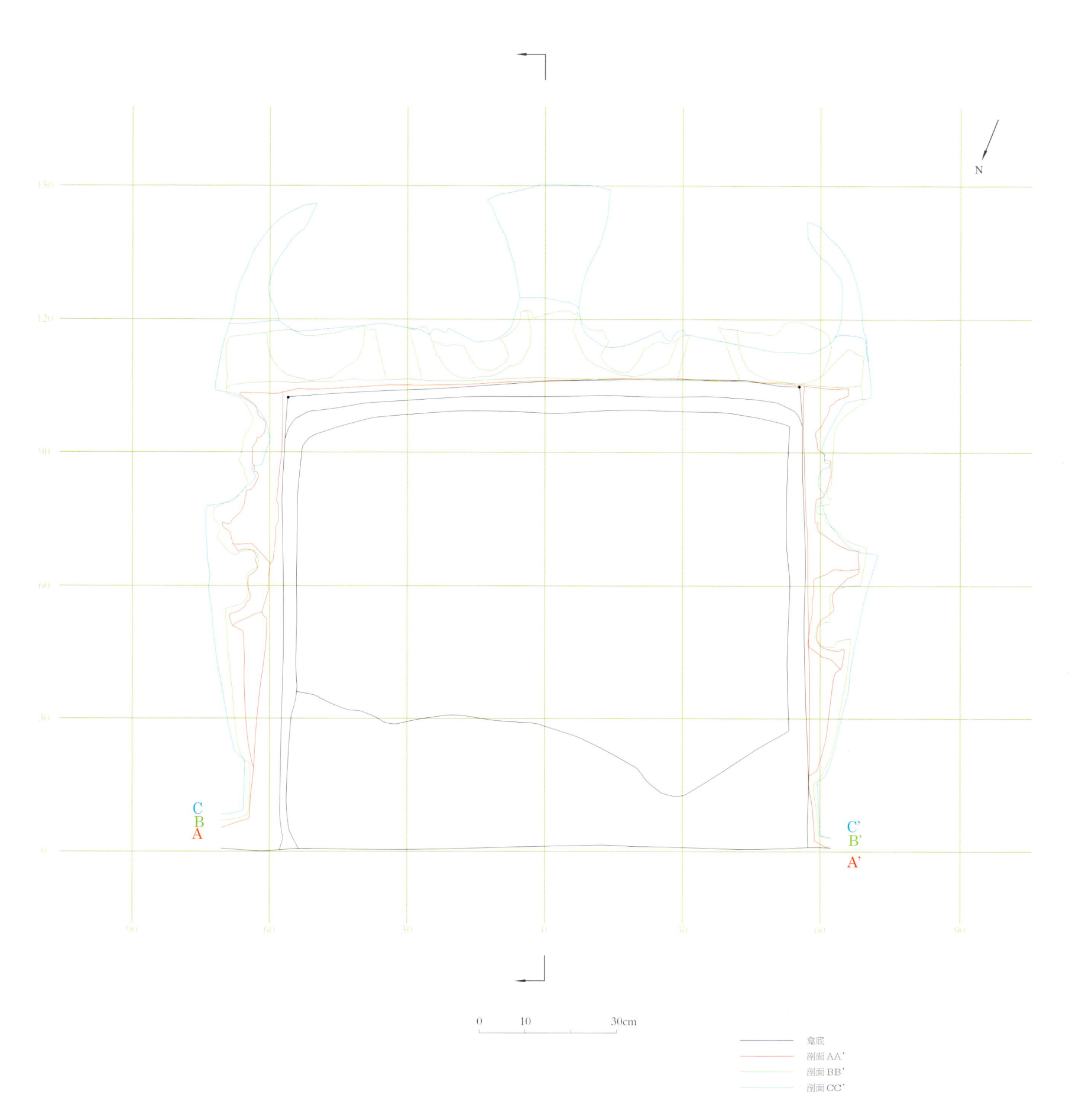

图 103　第 121 号龛平面图

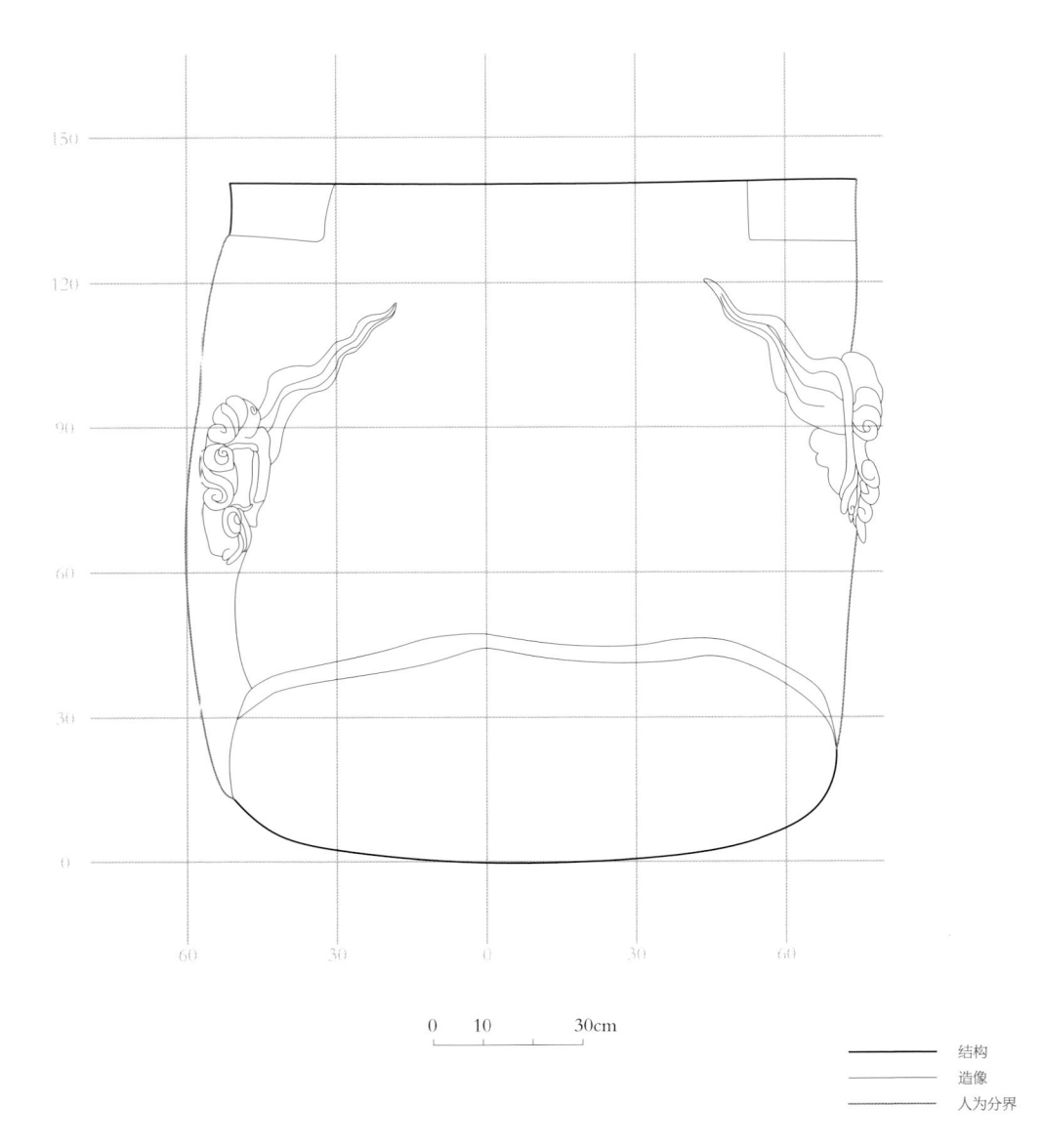

图 104　第 121 号龛龛顶仰视图

图 105　第 121 号龛正壁立面图

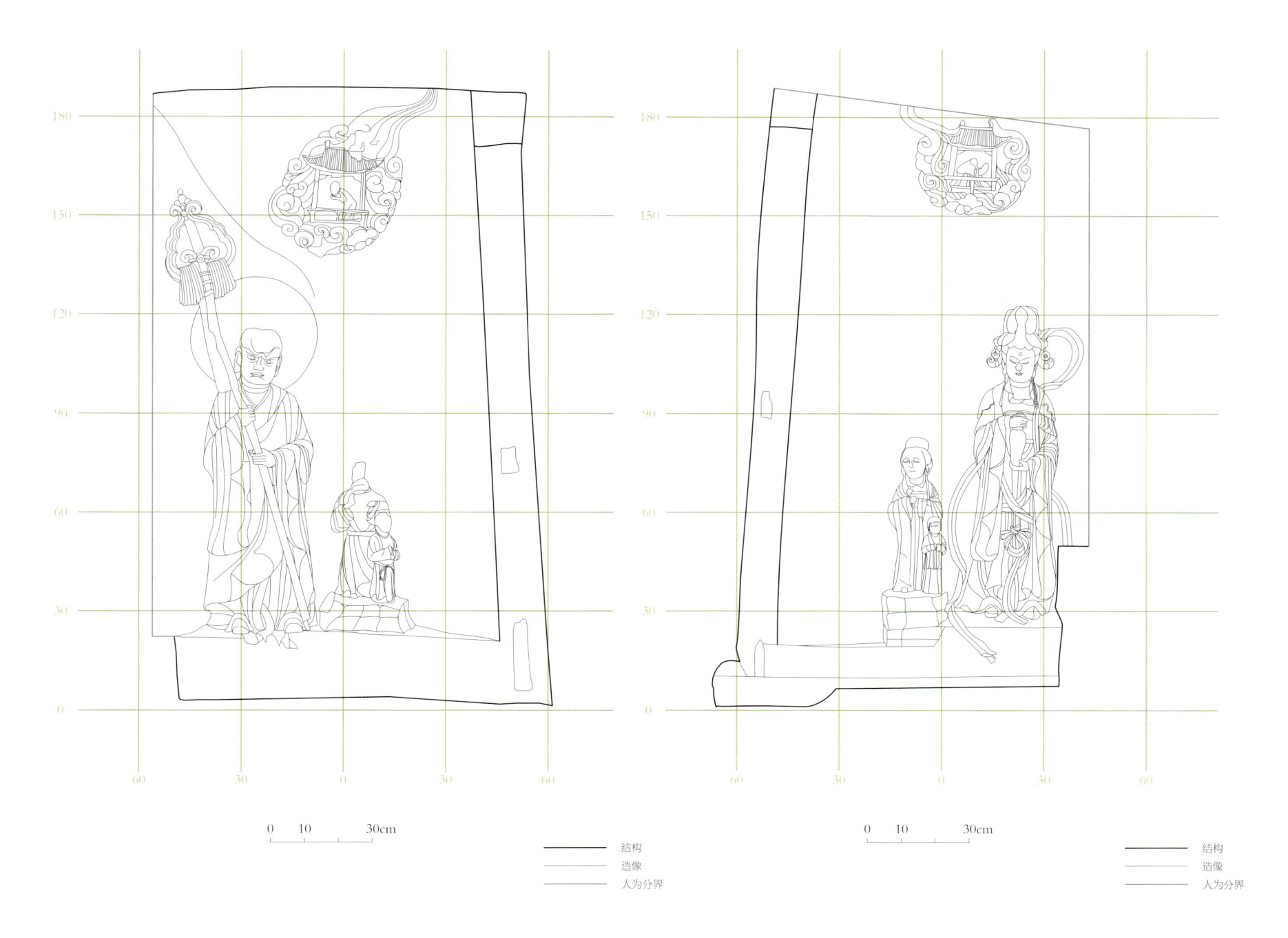

图106　第121号龛左侧壁立面图　　　　　　　　　　　图107　第121号龛右侧壁立面图

略凸；皱眉，双眼略鼓；短鼻，鼻端稍残，左耳垂略残。内着双层交领长服，外披袒右式袈裟，下着裙；腰带长垂至足间。双手于胸前握持右斜向的十六环锡杖，通高135厘米。杖首桃形，杖柄上端略残。着尖头鞋立于低坛上。

供养人像　2身，位于侍者像左侧，一大一小分前后立于山石台上（图版Ⅰ：86）。后侧者，头毁，残立高43厘米；着圆领窄袖服，腰束带，下着裙；双手残，置胸前，似持物；着鞋。前侧者，高29厘米；头大部残，着圆领窄袖长服，腰束带，双手合十，略残；双足不现。山石台通高9厘米，宽28厘米，最深10厘米。

亭阁及造像　壁面上部刻亭阁1座，置于祥云内（图版Ⅰ：87）。祥云略呈圆形，最宽38厘米，厚6厘米，云纹斜飘龛顶。亭阁两柱一间，通高25厘米，面阔14厘米。柱间刻出阑额，额下刻出雀替。柱身下部刻两段护栏。最上为歇山式屋顶，屋面刻出瓦垄、瓦沟，正脊两端刻鸱尾。亭内刻像1身，高约12厘米，略残，躬身向龛内作礼拜状。

（三）右侧壁

刻像4身，布局与左侧壁同（图107；图版Ⅰ：88）。其中，下部内侧刻侍者像1身，外侧刻立式供养人像2身；上部刻亭阁1座，内刻像1身。

侍者像　女像。立像高95厘米，头长21厘米，肩宽19厘米，胸厚7厘米。梳髻，戴凤冠，略残，插步摇。面长圆，略蚀。戴珠串耳饰。上着翻领服，披云肩；下着裙，腰带作结，长垂足间。披帛环于头后左侧，顺双肩下垂腹前交叠，再敷搭前臂，下垂体侧。双手胸前托持净瓶，瓶高17厘米。着尖头鞋站立。

供养人像　2身，一大一小。分前后站立于山石台上（图版Ⅰ：89）。后侧者，高47厘米；梳高髻，面蚀，戴耳饰；上着双层对

第三章　第105—123号　123

襟衫，下着裙；双手置于胸前，略残，似合十；着鞋。前侧者，高23厘米；梳髻，圆脸，面蚀；上着对襟短衫，下着裙；双手残，横置胸前；立于山石台上；双足不现。山石台通高16厘米，宽19厘米，最深7厘米。

亭阁及造像 壁面上部刻一朵祥云。云朵内刻单层歇山顶亭阁1座（图版Ⅰ：90）。亭内刻像1身，头毁，高约8厘米，身略蚀，可辨披帛绕后背，敷搭前臂下垂，双手前伸，躬身向龛内作礼拜状。祥云及亭阁与左侧壁略同。

四　铭文

在正壁二主尊菩萨像头光之间刻一碑，通高27厘米，宽19厘米；碑首为覆莲叶，碑身方形，碑座为仰莲。碑文不存。

五　晚期遗迹

龛左、右沿内侧平整面中部和底部对称凿有上下两个枋孔，对应枋孔大小相近；上孔高8厘米，宽4厘米，深2.5厘米；下孔高11厘米，宽3厘米，深2厘米。

龛内存红色、蓝色、灰白色、绿色、黑色五种涂层。

第二十一节　第122号

一　位置

位于第121号龛右侧。左距第121号龛37厘米，右距第123号龛47.5厘米；上距岩顶52厘米，下距地坪108厘米。

龛口西北向，方向290°。

二　形制

单层方形龛（图108、图109、图110、图111、图112；图版Ⅰ：91、图版Ⅰ：93、图版Ⅰ：94）。

龛口 在岩壁表面平直凿进形成龛口。方形，部分残，被后世改刻，进深不明。左右沿面仅残存上端少许，宽约11厘米，其余沿面后世改凿为楣联，略低于沿面0.5厘米；上沿宽10厘米，中部残；下沿亦被改凿，与岩壁分界不明。龛口内缘高161厘米，宽109厘米，至龛后壁深117厘米。龛左右沿内侧凿出宽8.5厘米的平整面，右平整面中上部略残。龛口左右上角作斜边处理。

龛底 略呈半圆形。其前端被后世开凿为一台面，与龛口等宽，深21厘米，低于原龛底7.5厘米。龛底右侧前端建一级低坛，坛下距原龛底11厘米，最深8厘米。

龛壁 弧壁。壁面与龛顶弧面相交。

龛顶 平顶，略呈圆形；前端少许残脱。

三　造像

刻像13身。分为正壁、左侧壁、右侧壁、龛底造像四部分（图版Ⅰ：91）。

（一）正壁

刻主尊坐像1身，怀抱一小孩。

主尊像 坐高82厘米，头长37厘米，肩宽30厘米，胸厚16厘米（图版Ⅰ：92）。梳髻，戴凤冠，冠带斜飘肩后。面方圆，眉间

图108　第122号龛立面图

第三章　第105—123号

图 109 第 122 号龛剖面图

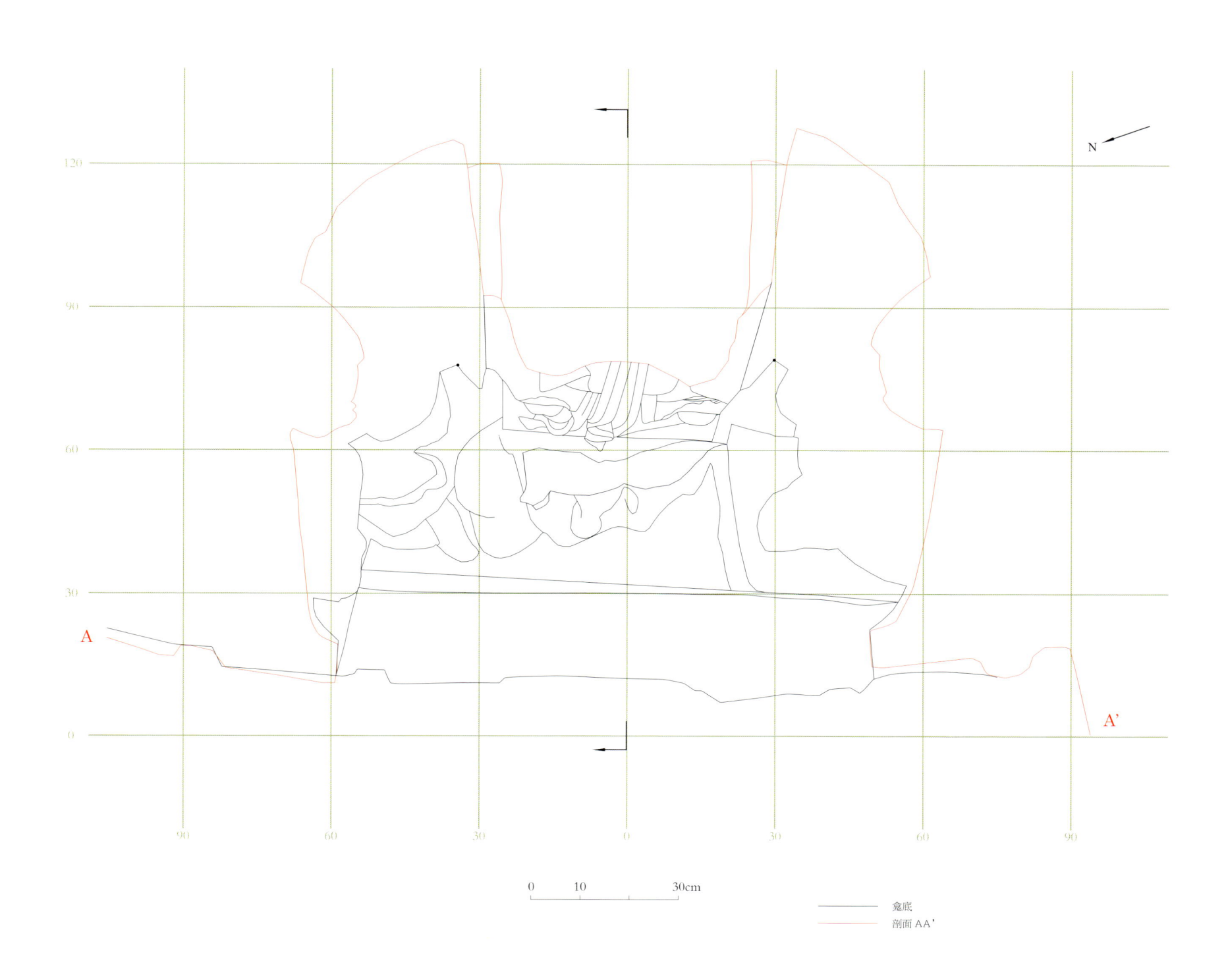

图110　第122号龛平面图

外凸白毫妆，细眉，鼻端残，双唇微闭，颈刻两道肉褶线。耳戴珠串，耳垂之下部分残断。披云肩，外着翻领宽袖服，臂间刻半臂；下着长短两层裙。胸束带，饰团花，下垂蔽膝，覆于腿间。胸带之下腰带作结下垂，于小腿间再次作结后垂至足间。披帛绕后背，两端沿胸下垂，于膝间相绕后，再分垂体侧，止于龛底。左手抱一小儿，右手抚膝，倚坐于方形靠背椅上，着翘头鞋踏方形足踏。靠椅通高84厘米，宽56厘米，深35厘米；足踏宽44厘米，高约7厘米，厚14厘米。身后浮雕三联屏风，下起龛底，通高129厘米，宽117厘米；屏风中部刻一锥角，高约10厘米，最宽3厘米；左右上角抹角。

主尊像左腿上刻坐式小孩像1身，头毁，残高18厘米；戴项圈，上着窄袖衫，露双肩，下着裤，双手于胸前捧圆状物，盘左腿，半屈右腿，着鞋而坐。

（二）左侧壁

刻像3身。从内至外，依次刻女侍者立像1身、怀抱1小孩的乳母坐像1身（图111；图版Ⅰ：93）。

女侍者像　立像高87厘米，头长13厘米，肩宽19厘米，胸厚9厘米。头顶残，梳髻。面长圆，戴珠串耳饰。罩云肩，内着窄袖衣，外着翻领长服，臂间刻半臂，下着裙；胸束带，腰带作结长垂。披帛绕于颈后，沿双肩下垂，敷搭前臂后长垂体侧。腕镯，双手握于胸前，略残。双足不现。

乳母像　坐高63厘米，头长22厘米，肩宽30厘米，胸厚17厘米。梳髻，圆脸微胖，口微启。双肩略蚀。身着对襟衫，下着裙，袒露双乳，双手抱小孩坐于低台上，作哺乳状，双足不现。低台显露部分，外端少许残。小孩大部残，残高24厘米，可辨仰卧的姿势。

（三）右侧壁

刻像3身。从内至外，依次刻女侍立像1身和小孩2身（图112；图版Ⅰ：94）。

女侍者像　头残，残高79厘米，略同左侧壁女侍者像。

小孩像　2身。均坐于高8厘米，宽32厘米，厚6厘米的方台上。内侧小孩，坐高约22厘米，光头，胖圆脸，戴项圈；上着交领窄袖衫，下着裤；左手胸前似托物，右手抚外侧小孩左肩；垂左足，盘右腿而坐。外侧小孩，坐高23厘米，头大部残，左手置于腿间，右手置于胸前似持物；垂左腿，右腿斜置而坐；腰带下垂身前。余与内侧小孩像略同。

（四）龛底

刻小孩5身，均残损较重。左侧3身小孩仅可辨轮廓。右侧2身小孩保存略好，其中内侧小孩可辨左手上举抓握侍女披帛及攀爬的姿势，外侧小孩可辨双手身前捧物，左腿斜伸，盘右腿而坐的姿势。

四　晚期遗迹

（一）铭文

杨子孝书楹联，民国。龛左、右沿改刻成楹联，联面均高136厘米，宽21厘米，共篆书18字，字径10厘米（图版Ⅱ：12）。

祥麟不作[1]无缘嗣（左联）

威凤[2]偏临积善家（右联）

杨子孝书（署款）

（二）维修和妆绘

龛左右沿内侧平整面上部对称凿有上下两个枋孔，大小相近，高4厘米，宽2.5厘米，深3厘米。

1　此"作"字《大足石刻铭文录》录为"祚"。重庆大足石刻艺术博物馆编：《大足石刻铭文录》，重庆出版社1999年版，第69页。
2　此"凤"字《大足石刻铭文录》录为"风"。同前引。

图 111　第 122 号龛左侧壁立面图　　　　　　　　　　　　　图 112　第 122 号龛右侧壁立面图

　　龛外左侧与第121号龛所在壁面相接处凿有纵向排水浅沟，向上延至岩顶，下端下距地坪88厘米；全长约229厘米，宽约8厘米，最深8厘米。

　　龛外上方凿有横向凹槽，经壁面转折处延至第121号龛右上角，再竖直折向岩顶；全长约240厘米，最宽9厘米，最深8厘米。

　　龛底前端左右向下对称凿有凹槽，长56厘米，宽6厘米，最深3厘米；中部向下凿出方形框，高13厘米，宽36厘米，深2厘米，用途不明。

　　本龛贴金及彩绘颜色较新。龛内保存红色、灰白色、蓝色、绿色、黑色五种涂层。

第二十二节　第123号

一　位置

位于第122号龛右侧。左距第122号龛47.5厘米，右邻1961年大足县人民委员会所立"全国重点文物保护单位"标志碑；上距岩顶70厘米，下距长廊地坪76—80厘米。

龛口西北向，方向286°。

二　形制

单层方形龛（图113、图114、图115、图116、图117、图118；图版Ⅰ：95、图版Ⅰ：96、图版Ⅰ：98、图版Ⅰ：99）。

龛口　在岩体表面平直凿进最深约4厘米形成龛口。龛口方形，四周岩体被后世打磨成平整面，外缘不明。龛沿保存下沿及左沿下部，下沿宽11厘米，外凸左沿2.5厘米；左沿存宽7.5厘米。其余龛沿与岩壁分界不明。龛口左侧及上方15厘米处凿有凹槽，右侧15厘米处岩体被凿掉，形成了现有龛口的外立面。龛口内缘高158厘米，宽106厘米，至龛后壁最深80厘米。左右沿内侧中上部凿出高82厘米、宽7厘米的平整面，并与龛壁衔接。龛口左右上角作斜面处理。

龛底　略呈梯形。外侧（下底）宽约90厘米，内侧（上底）宽约50厘米，深45厘米。龛底左右侧各建低坛，内高外低，形如两级梯道，高分别为24、13厘米，最深8.5厘米。

龛壁　弧壁。壁面中部及左右侧造像处内凹明显。壁面与龛顶略弧面相交。

龛顶　平顶，呈半圆形。

三　造像

刻像7身。其中，中刻主尊坐佛1身，左右壁各刻胁侍菩萨坐像1身；左右壁低坛外端各刻立式供养人像2身。

佛像　坐高59厘米，头长18厘米，肩宽24厘米，胸厚11厘米（图版Ⅰ：97）。浮雕桃形头光和椭圆形素面身光。头光内圆素平，边缘刻火焰纹，焰尖延至龛顶中部，横径51厘米，厚2厘米；身光最宽67厘米，厚3厘米。脸方圆，眉眼细长，鼻端残，嘴角略后收，耳垂残。内着僧祇支，系带作结，外披双领下垂式袈裟，下着裙；袈裟下摆及裙摆悬于座前。腕镯，左手腹前托钵，钵高7厘米，直径9厘米；右手举至胸前，大部残。结跏趺坐于束腰仰莲座上。座通高81厘米，上部为三重仰莲台，直径58厘米；中部束腰为圆鼓台，最宽30厘米，其下为一圆台，直径约34厘米；下部为三阶八边形叠涩方台，显露三面，面宽分别约为20、27、29厘米；下阶叠涩正面部分被凿毁。

左壁菩萨像　坐高59厘米，头长18厘米，肩宽24厘米，胸厚11厘米（图117；图版Ⅰ：98）。浅浮雕圆形素面头光，直径42.5厘米。梳高髻，戴长枝花冠，冠带系结，沿胸下垂，两次敷搭前臂后沿双膝斜垂座侧。脸长圆，耳戴长垂的珠串，颈刻三道肉褶线。胸饰璎珞，最上为桃形、方形饰物横向连接而成，其下连缀饰物。内着僧祇支，系带作结；外着宽博披巾，披巾两端沿双腿飘于座前立面，端头呈三角形，垂坠饰；下着长短两层裙，下摆覆于座前立面。腰带作结后长垂座前。自后腰斜出一段飘带，于腿间交绕后斜垂。身六臂，腕镯。上两手屈肘上举托圆轮，直径约9.5厘米；左中手胸前托钵，右中手置于胸前，齐腕残；左下手斜伸握羂索，右下手斜伸持剑；结跏趺坐于山石座上。座通高40厘米，置于低坛内侧台面。

右壁菩萨像　坐高63厘米，头长21厘米，肩宽22厘米，胸厚9厘米（图118；图版Ⅰ：99）。浅浮雕圆形素面头光，直径40厘米。梳髻，戴卷草冠，冠带作结后沿胸下垂，端头上扬于体侧。面长圆，部分蚀。戴珠串耳饰，残。胸及双腿残蚀，上着宽博披巾，下着裙。披巾敷搭前臂后长垂座前，端头呈三角形，缀坠饰。腰带于座前作结长垂。自后腰斜垂一段飘带，于腿间交绕后斜垂座前。左手屈于胸前，齐腕残，左肩外壁面保存有较小的圆状遗迹；右手似置腹前，前臂及手残，结跏趺坐于山石座上。座高42厘米，置于低坛内侧台面。

左壁供养人像　2身（图117；图版Ⅰ：100）。内侧像，立高42厘米。头裹巾、作结。脸长圆，右颊剥落。着双层交领窄袖长

130　　大足石刻全集　第二卷（上册）

图113　第123号龛立面图

图 114　第 123 号龛剖面图

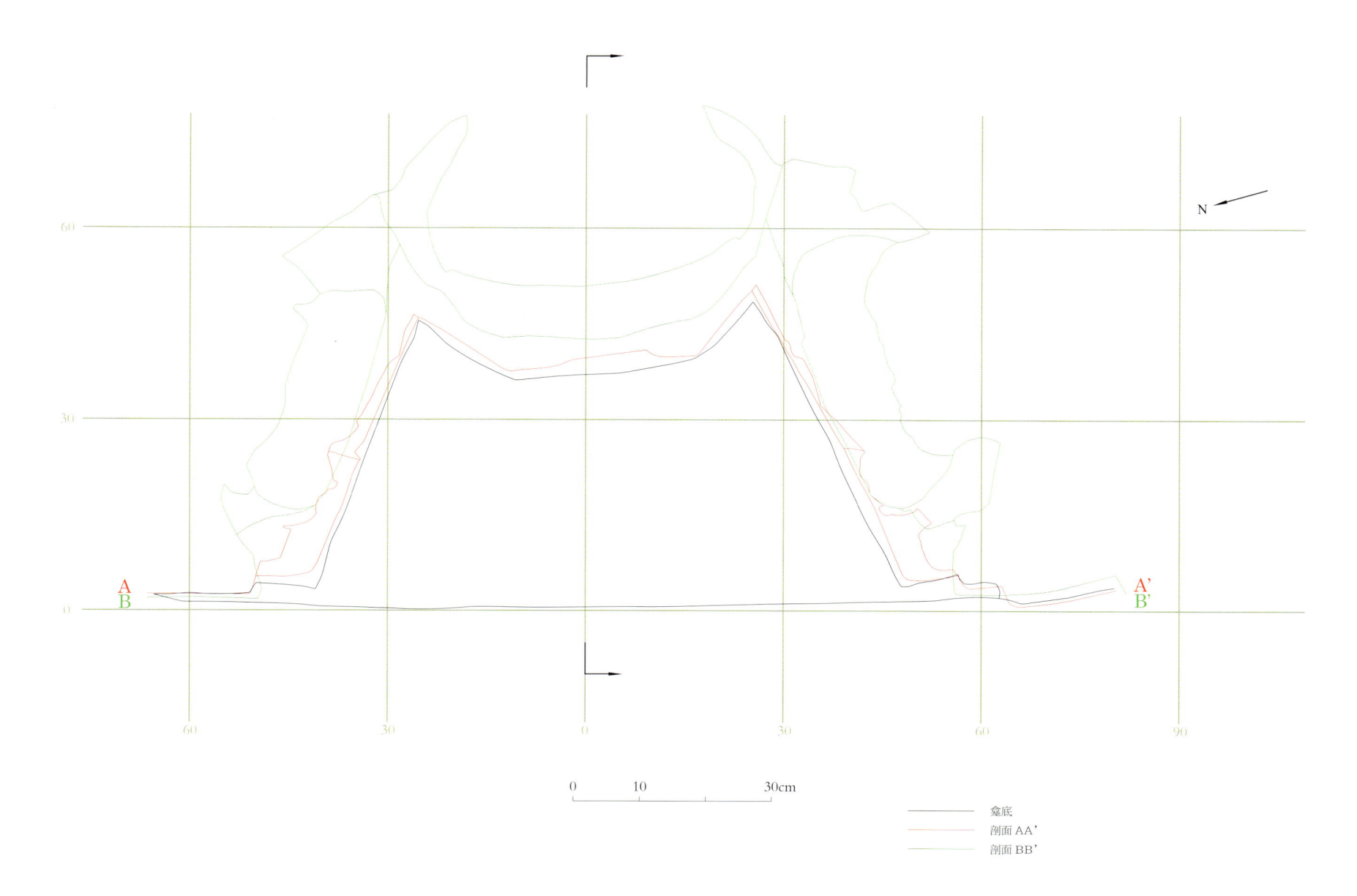

图 115　第 123 号龛平面图

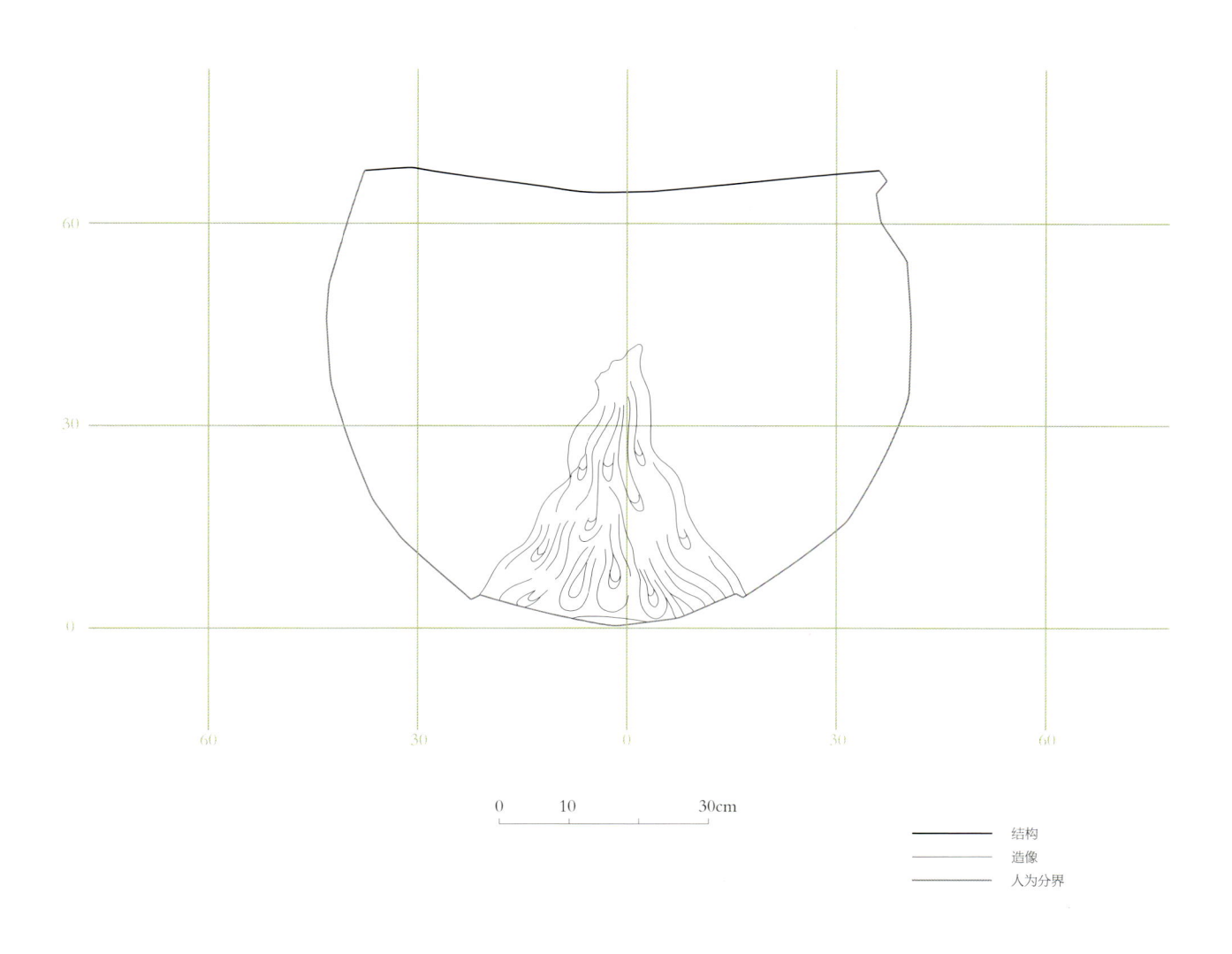

图 116　第 123 号龛龛顶仰视图

第三章　第 105—123 号　133

图117 第123号龛左壁立面图

图 118　第 123 号龛右壁立面图

服，腰部绳带作结。双手胸前合十，部分残。着鞋站立。外侧像，头毁，残立高14厘米。着圆领紧袖长服，腰束带。双手胸前合十，手大部残。双足不现。

右壁供养人像　2身（图118，图版Ⅰ：101）。内侧像，立高40厘米。高髻，面略残。耳戴珠串，左珠串大部残。内着抹胸和短衫，下着长裙，外披开衩的褙子。双手胸前合十，略残。着鞋站立。外侧像，头及面大部残，残高21厘米。着圆领窄袖开衩长服。双手置于胸前，大部残。双足不现。

四　晚期遗迹

（一）铭文

胡鑫甫等募建送子殿宇镌记，民国。位于龛口右侧平整面。刻石面高118厘米，宽15厘米，左起竖刻5行，存212字，楷体，字径2厘米（图版Ⅱ：13）。

01　作善降祥天道也神道也神以灵著此寺观之所由起乎邑北山佛湾唐宋以来石镌佛像千万中有送子殿神像

02　庄严灵应奇异自唐迄明香火之盛不亚宝顶惜明季兵燹庙宇倾颓亦越清代补修无几△民国以来戴君元兴

03　沈君显文姜君有凤江君虚海众等募修天王殿功竣余有木料□瓦□钉□胡君鑫甫杨君淮清苏君子林等见

04　之慨然曰送子观音有求必应远近祷祈酬愿者甚伙[1]神像风雨不蔽其何以答神庥爰约同人订簿募建□年终

05　□□□年春落成△噫后之视今亦犹今之视昔百年后培修有人更廓大其规模辉煌庙貌庶神恩永共护子孙□□焉

（二）维修和妆绘

龛外上方及左侧凿有垂直相接的凹槽，上方凹槽长约125厘米，宽7厘米，深约2—4厘米；左侧凹槽高约164厘米，宽10厘米，深4厘米。龛外右侧亦凿有纵向的凹槽，中上部因竖立"全国重点文物保护单位"标志碑而凿毁，保存的下部高68厘米，宽11厘米，深5—9厘米。

龛下沿下方另凿一竖直面，长128厘米，高10厘米；存细密的斜向凿痕。

龛内保存红色、灰白色、蓝色三种涂层。

第二十三节　本章小结

一　形制特点

本章20个编号中，第115号为摩崖方碑，第109、112号等2龛残损甚重，形制特点不明。其余第105、106、107、108、110、111、113、114、116、116-1、117、118、119、120、121、122、123号等17龛窟形制保存较好、特征明显，可分为三类。

第一类　方形平顶窟。仅第114号窟，规模较大，从岩壁直接凿建，窟口、窟顶、窟底方形，未凿窟沿及左右平整面，平顶，窟壁竖直，壁面间成垂直相交。

第二类　单层圆拱龛。有第113、116、119号等3龛。龛口呈圆拱形，其内侧凿建竖直的平整面与弧形龛壁相接；龛底呈方形，凿建低坛，造像皆镌刻于低坛之上。其中，第113、119号龛从壁面平直凿进一定深度形成龛口，有较为明显的龛沿；第116号龛，则从岩壁直接凿建龛口，无龛沿。

第三类　单层方形龛。有第105、106、107、108、110、111、116-1、117、118、120、121、122、123号等13龛。龛口呈方形，凿建龛沿；沿面内侧凿有竖直的平整面与龛壁衔接。龛底以方形为主，内侧建有低坛，造像皆布置于低坛之上。龛壁以弧壁为主，亦有正壁与左右壁圆转或垂直相接的情形。其中，第110号龛正壁与左右壁圆转相接，无明显分界；第116-1号龛壁面相互垂直，分界明显。

此外，第116-1号龛龛口左右上角未作处理，第117号龛龛口左右上角作弧面处理，其余9龛皆作斜面处理。

二　年代分析

本章20个编号中，第115号为碑刻，明确纪年为民国十三年（1924年）。

其余各编号龛窟中，第105、106、107号龛，以及第110—113号龛，第117—123号龛等14龛均处于所在岩体显著壁面，且各龛规模相近，形制略同，相互比邻，又大致布列在同一水平高度，显示其在开凿时间上大体相近。

第108号龛和第109号龛位于第107号龛和第110号龛之间的剩余壁面上，空间紧促，龛制浅小，应是开凿第107号龛和第110号龛之后的选择。

第116号龛和第116-1号龛处于第117号龛左侧壁面，且龛制浅小，情形应同于第108号龛和第109号龛，应是开凿第117号龛之后的选择。

第114号窟规模较大，处于本章龛像所在岩体的最上层，窟内无造像。从其至今窟内仍存巨大的裂隙，稳定性差，位置不佳等方面分析，应是在其他壁面已被利用的情况下所做的选择，即应晚于上述龛像的开凿。

根据以上分析，本章龛像可分为三个阶段：第一阶段，包括第105、106、107、110、111、112、113号龛，以及第117—123号龛等14龛；第二阶段，包括第108、109、116、116-1号龛等4龛；第三阶段仅第114号窟。

第一阶段龛像中仅第110号龛镌刻造像记，惜纪年已失，然存"昌州在郭东正街"等字[1]。结合北山佛湾石窟造像总体布置及第一阶段龛像造像特征，可确证其开凿于宋。另从其所在岩面与前章第103号龛碑刻所在岩面状况及位置关系分析，第一阶段龛像位置较佳，可能早于位置稍偏的第103号龛的开凿[2]，即开凿于南宋孝宗（1163—1189年）之前。而第二阶段和第三阶段造像则可能晚于第103号龛，但晚不过宋。

三　题材内容

本章20个编号中，第108、109号等两龛造像残毁严重，题材不明；第114号为空窟，第116-1号为空龛。其余第105、106、107、110、111、112、113、115—123等16个编号龛或碑铭保存较好，特征较为明显，题材大体可辨。

第105号　龛上部正壁结跏趺坐像似为毗卢遮那佛，左右侧立像为其弟子；左侧壁结跏趺坐像头毁，但据其骑于青狮背上的特征判断，当为文殊像；右侧壁像毁。中部环壁十身立像部分头毁，但均为菩萨像的特征明显。下部环壁所刻为一方案、一宝塔、一草庐、二侍者及十身供养人立像。据其上部造像，疑此龛为"华严三圣龛"。

第106号　正壁中刻结跏趺坐像为毗卢遮那佛，左骑狮者为文殊菩萨，右骑象者为普贤菩萨，三像间各立一像，为其侍者。左侧壁像残毁甚重，据其所存遗迹，推测似凿有观音像；右侧壁主像为光头，存锡杖、宝珠等，可知为地藏像；左右侧壁另存飞天二身、供养人像十身。据其主尊组合，疑为"华严三圣龛"。

第107号　壁面上层环壁刻七佛及二侍者像。居中佛像左手腹间持钵，且其左侧弟子双手持十二环锡杖，故此七佛似为药师七佛。中层为八身菩萨坐像。左右侧壁为十二神将。此外，龛内还刻有数尊侍者和供养人像。据其造像组合，此龛应为"药师经变龛"[3]。

第108号　龛内一身坐像已毁，为"残像龛"。

第109号　龛内一身立像已毁，为"残像龛"。

第110号　从镌刻于龛内正壁与左侧壁相交壁面上部的"张辉造药师佛龛"造像题记可知，正壁中坐像应为药师佛，左右二像为日光菩萨、月光菩萨，三像间所立者为一侍者像；左右侧壁外侧所立像为十二神将。据此，此龛应为"药师经变龛"。

第111号　龛内两层造像。上层正壁二主尊像残泐甚重，难辨身份；其头顶上方有三身坐像，中像戴冠披氅，左像持如意，右像持团扇，至为特别；左侧壁刻普贤坐像，右侧壁刻文殊坐像；正壁与左右侧壁转折处，以及下层环壁另刻若干坐式、立式小像，因其残

---

[1] 唐乾元元年（758年）唐肃宗采纳左拾遗李鼎祚奏议，置昌州，大足县与州同置。元世祖至元二十二年（1285年）撤昌州，以州属三县并入大足，旋又并大足入合州铜梁县。鉴于此部分造像非唐末、五代开凿的特征明显，故此"昌州"二字，表明其年代应为宋代。大足县县志编修委员会编纂：《大足县志》，方志出版社1996年版，第8—11页。

[2] 第103号龛位于北区石窟最南端，位置较偏，并非最佳开凿崖面，故第103号龛应晚于第一阶段龛像的开凿。

[3] 《大足石刻内容总录》定名为"七贤龛"（即七佛龛）。四川省社会科学院、大足县文物保管所编：《大足石刻内容总录》，四川省社会科学院出版社1985年版，第38页。

漶，身份待考。鉴于此龛主尊像不明，故暂以"残像龛"命之[1]。

第112号　正壁主尊二像共坐于须弥座上，皆头布螺髻，为佛像。左佛身侧立一咧嘴露牙、手握锡杖的侍者；右佛身侧立一捧盘侍者。左侧壁主像头虽毁，但存内圆素平、外饰火焰的桃形头光，以及可辨的四臂，似为四臂菩萨像。右侧壁主像已毁，据所存杖柄，似应为地藏像；其左持幡侍立者为其侍者像。两佛像间圆拱浅龛内所刻六身立像，以及右侧壁内侧所刻的二身立像，从其衣饰判断，似为供养人像。据其主像，此龛暂定为"二佛二菩萨龛"[2]。

第113号　龛沿刻水波纹，龛内主尊菩萨呈游戏坐式，且左壁上方有一净瓶，应为水月观音像。其左侧所立为一童子像，右侧所立为一捧盘侍者。龛左侧壁四身、右侧壁二身立像多残漶，然衣饰表明其为供养人像。按其主像，此龛应为"水月观音龛"。

第114号　现窟内无像，窟底平台中部仅存座椅等少许遗迹，故将此窟名为"空窟"。

第115号　摩崖方碑，碑文记述民国时杨淮清等功德主彩化佛像之事，故将此碑名为"杨淮清等彩化佛像碑记"。

第116号　龛内主尊菩萨坐像身六臂，上两手分别托日月，中两手一手置腹前，一手胸前持柳枝，下两手持三叉戟及握剑，座台前刻童子跪像一身，据其特征，应为不空羂索观音像。左右侧壁低坛上各刻三身立像，虽残毁甚重，但从其衣饰判断，应为供养人像。按其主像，此龛应为"不空羂索观音龛"。

第116-1号　龛内无造像，为"空龛"。

第117号　龛内二主尊菩萨像头皆毁。左菩萨像内着僧祇支，外披袈裟；右菩萨像上着宽博披巾，下着长短两层裙，胸饰璎珞；二像头顶上方刻飞天环绕的圆形华盖。其布置及造像组合与北山佛湾石窟第121、253号"观音地藏龛"大同，故此龛疑为"观音地藏龛"。从其衣饰判断，左侧壁所立十身、右侧壁所立十二身像，似为供养人像。

第118号　龛内主尊菩萨坐像左手持印，右手握印带，应为持印观音像。左右立像分别为男女侍者像。按其主像，为"持印观音龛"。

第119号　龛内主尊菩萨坐像身六臂，上两手上举，手心祥云中各坐一小佛；中两手持索及握宝剑，下两手托钵及持柳枝，应为不空羂索观音像；其左侧立像为善财，右侧立像为龙女。左侧壁立像光头，身着袈裟，左手持数珠，右手残，应为一比丘像；右侧壁立像虽残，但从其发式、衣饰判断，应为一女侍像。据其主像，此龛为"不空羂索观音龛"。

第120号　龛内主尊菩萨头戴花冠，胸饰璎珞，身着袈裟，左手捧净瓶，右手持柳枝。据其特征，此龛应为"净瓶观音龛"。

第121号　龛内两主尊菩萨坐于通体方台上。左像光头，身袈裟，手持放焰珠，应为地藏像；其左侧壁光头、持锡杖者是其侍者。右像头冠，胸饰璎珞，手持如意，应为观音像；其右侧壁手持净瓶者是其侍者。左右壁外侧各有二身立像，从其位置和衣饰判断，应为供养人像。据其主像，此龛应为"观音地藏龛"。

第122号　龛内主尊凤冠霞帔，怀抱小孩，倚坐于靠背椅上。其左右各立一身侍女像。座前刻八身小孩及奶母哺乳像。据其特征，此龛应为"诃利帝母龛"。

第123号　龛中正壁坐像头布螺髻，内着僧祇支，外披袈裟，下着裙，左手腹前托钵，右手举至胸前，似为释迦佛像。左侧壁坐像身六臂，分执日、月、钵、索及剑等，应为不空羂索观音像；右侧壁坐像虽多残漶，但从其头戴冠，上着宽博披巾，下着裙，披帛满身的特点看，应为一菩萨像。龛左右低坛外侧各两身立像，从其所处位置和服饰判断，应为供养人像。从其龛内造像布置看，似为"一佛二菩萨龛"。

四　晚期遗迹

（一）构筑遗迹

本章20个编号中，第105、106、107、110、111、113、118号等7龛龛口上方凿有横长方形或梯形匾额，有打破关系，且凿面略显粗糙，内素平或存留墨书题记，推测为后世所凿。第122号龛龛沿后世被改凿，上刻楹联。

1　根据大足南山、石门山、舒成岩石窟中的道教造像组合与特征，李淞先生考释本龛造像由佛教的华严三圣、道教的三官和三清组成。李淞：《对宋代道教图像志的观察——以大足北山111龛和南山6龛、安岳老君岩造像为例》，大足石刻研究院编：《2014年大足学国际学术研讨会论文集》，重庆出版社2016年版，第39—51页。另《大足石刻内容总录》定为"双身像"，四川省社会科学院、大足县文物保管所等编：《大足石刻内容总录》，四川省社会科学院出版社1985年版。

2　根据造像特征，米德昉先生认为该龛主像左为药师佛、右为卢舍那佛，并进一步认为这是一种特殊的组合。米德昉：《唐宋时期大足药师造像考察》，大足石刻研究院编：《大足学刊》第一辑，重庆出版社2016年版，第37—63页。

第111、113、114、116、121、122、123号等7龛龛外、龛沿内侧遗存有枋孔或纵向的凹槽遗迹，且左右对称布置，推测历史上曾搭建过简易的建筑设施。

第105、106、107、110号等4龛龛底中部凿有纵向布置的两个方形槽孔，第111、112、113、116-1、117、118、120号等7龛龛底中部或龛外下方凿有一个方形槽孔。这些槽孔凿面粗糙，且处于离地坪较近的龛内，推测是后世信众为方便插放香烛而凿的"香槽"。

第107号龛中坐佛像、第110号龛主佛像和左右壁药叉神将、第111号龛主尊像及上方三坐像、第112号龛正壁右侧侍者像等颈部断面处，以及第117号龛主尊像颈部和手臂断面处，均凿有方形或圆形的小孔，推测是后世维修时，为方便插接榫头补接塑像所凿。

（二）妆绘遗迹

本章20个编号中，第108、109、116、116-1号等4龛为规制较小的残龛，第114号为空窟，第115号为碑刻，未见妆绘遗迹。其余龛像，均存妆绘遗迹。其中，以第119、120、121、122、123号等5龛保存的妆绘涂层较为显著。其颜料以灰白色、红色为主，亦存少量的蓝色、绿色、黑色。龛壁、龛顶通体施绘红色涂层。造像大多可见两层妆绘，底层为灰白色涂层，外层按不同部位施绘红色、蓝色、绿色、黑色等涂层。此外，第122号龛主尊像面部、颈部和双手保存金箔，表明其历史上曾作过贴金处理。

注释：

［1］ 此"伏"字，铭文为：

伏

第四章　第124—145号

第一节　本章各编号位置及相互关系

本章介绍的第124—145号等22个编号，位于北区石窟中段第一部分造像区。最南端第124号龛左接第123号龛前地坪下降阶梯，最北端第145号龛右接北区石窟中段第一条构造裂隙，后世以条石封堵为石墙（图119、图120；图版Ⅰ：102、图版Ⅰ：103）。

本章22个编号中，第133号窟是本章相对较大的洞窟，其左侧壁面龛像大致作上下两层布置。其中，下层六龛，即第124、125、127、129、131、132号，各龛规模相近；上层三龛，相邻而置，依次为第126、128、130号。窟右侧从上至下纵向布置第134、135号；再右则为第136号，系本章最大的洞窟（图版Ⅰ：104）。

第136号窟窟外右侧壁面上，布置第137号。第137号右侧上部，为第138号，下部为第139号。第138、139号龛壁面右侧，自上而下纵向布置第140、141、142号；再右纵向布置第143、144号，最末为第145号（图版Ⅰ：105）。

本章各龛窟中，除第136号窟地坪海拔高度为506.67米外，其余各龛地坪约在507.11—507.22米之间，大致在同一水平上。

第二节　本章各编号所在岩体软弱夹层带的分布

本章各编号所在岩体裂隙的分布不明显。软弱夹层带主要有两条。

第一条　起于第126号龛右上角，水平延伸至第134号龛上方，再斜向延伸至第135号龛右上角；全长约807厘米，最宽约36厘米。该夹层带后世局部已作填塞修补。

第二条　起于第124号龛上方，水平向右延伸，止于第144号龛正壁上部；全长约4600厘米，最宽约46厘米。

第三节　第124号

一　位置

位于北区石窟中段最南端。左前侧为后期修建的水泥阶梯，右距第125号龛8厘米；上距后期修建的条石平台70厘米，下距长廊地坪72厘米。

龛口西北向，方向315°。

二　形制

单层圆拱龛（图121；图版Ⅰ：106）。

在岩壁表面直接凿建龛口。龛口圆拱形，左下部毁，现为后期嵌补的石板。该石板与龛口及其左侧嵌补的另一石板均在同一竖直面上，并与下方的阶梯垂直相接。龛外上方为后期修建平台所叠砌的两级条石，通高54厘米。龛口高67厘米，宽68厘米，至后壁深29厘米。龛内凿出方台，高23厘米，宽45厘米，深28厘米；台面略有倾斜；方台与左右侧壁间凿出凹槽，推测方台系未完工之作。龛壁未经打磨，凿痕明显，正壁与左右侧壁略垂直相接。壁面与龛顶弧面相交。龛顶平顶，略呈方形。

三 造像

无。

第四节 第125号

一 位置

位于第124号龛右侧。左距第124号龛8厘米，右距第127号龛27厘米；上为后期修建平台叠砌的两级条石，高46厘米；下距地坪32厘米。

龛口西北向，方向297°。

二 形制

单层方形龛（图122、图123、图124、图125、图126、图127；图版Ⅰ：107、图版Ⅰ：108、图版Ⅰ：110、图版Ⅰ：111）。

龛口　在岩壁表面平直凿进最深约6.5厘米形成龛口。龛口方形，左右侧上部及上方岩体毁，现均为条石嵌入修补。龛左沿上端毁，中下部宽15厘米，右沿、下沿与岩壁分界不明，上沿毁。龛口内缘高125厘米，宽100厘米，至后壁最深67厘米。龛左右沿内侧凿有宽16—20厘米的平整面。龛口左右上角作斜面处理。

龛底　略呈方形，内侧稍窄于外侧；龛底左前端略有残脱，左右侧建一级低坛，坛面略呈弦月形，高13厘米，深2—10厘米。

龛壁　正壁竖直，与左右侧壁弧面相交；左右侧壁略内凹，并与龛口内侧平整面衔接；龛壁与现龛顶略垂直相交。

龛顶　原龛顶毁，现为两列条石补砌。现龛顶为平顶，呈方形。

三 造像

刻像5身。分为正壁、左侧壁、右侧壁造像三部分（图版Ⅰ：107）。

（一）正壁

刻菩萨立像1身（图版Ⅰ：109）。立像高98厘米，头长22厘米，肩宽18厘米，胸厚12厘米。浮雕椭圆形背光，下起龛底，上齐抵龛顶，通高115厘米，最宽77厘米，厚2厘米。头略右侧，梳髻，鬓发绕耳，垂发作结分三缕覆肩；戴卷草冠，上部残；冠带作结后分两段下垂体侧。头顶左右各存一道斜向毫光遗迹。脸长圆，双颊丰满，小口微启。戴圆形耳环，垂缀饰。身纤细，胸饰璎珞，略蚀；上着宽博披巾，下着长短两层裙，裙腰外翻。披巾两端垂叠于腹前，敷搭前臂后，皆飘于身体右侧，端头呈三角形，垂桃形坠饰。裙摆于膝下饰璎珞，最上为一条弧形珠串，下坠饰物，略有残蚀；裙摆向左斜飘。腰带下垂至龛底。自后腰斜出一段披帛，于膝间交绕后下垂。双手置腹前，左手握右手腕，右手持数珠，略蚀，外观呈"S"形。跣足，略蚀，分踏单重仰莲台上。台高7厘米，通宽36厘米。

（二）左侧壁

下部刻侍者立像1身，上部刻飞天像1身（图126；图版Ⅰ：110）。

侍者像　立像高53厘米。光头，顶残，面蚀。上着宽博披巾，下着裙；腰带下垂至足间。披巾两端腹前相叠，敷搭前臂后，飘于体侧。双手胸前似合十，跣足立于低坛上。

飞天像　身长30厘米。头残，袒上身，下着裙，腰带作结长飘身后；双肩处存一段披垂的披帛。抬头，左手前伸，屈肘托物；右

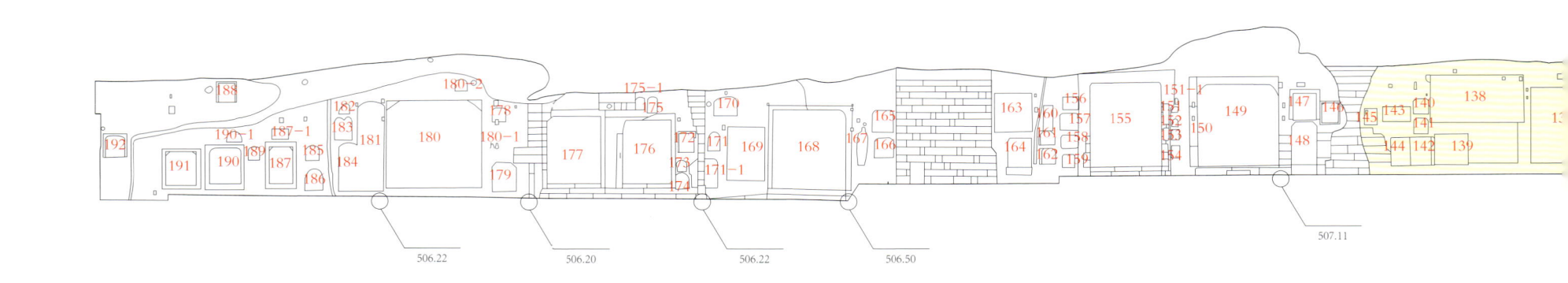

图 119　第 124—145 号在本卷龛窟中的位置图

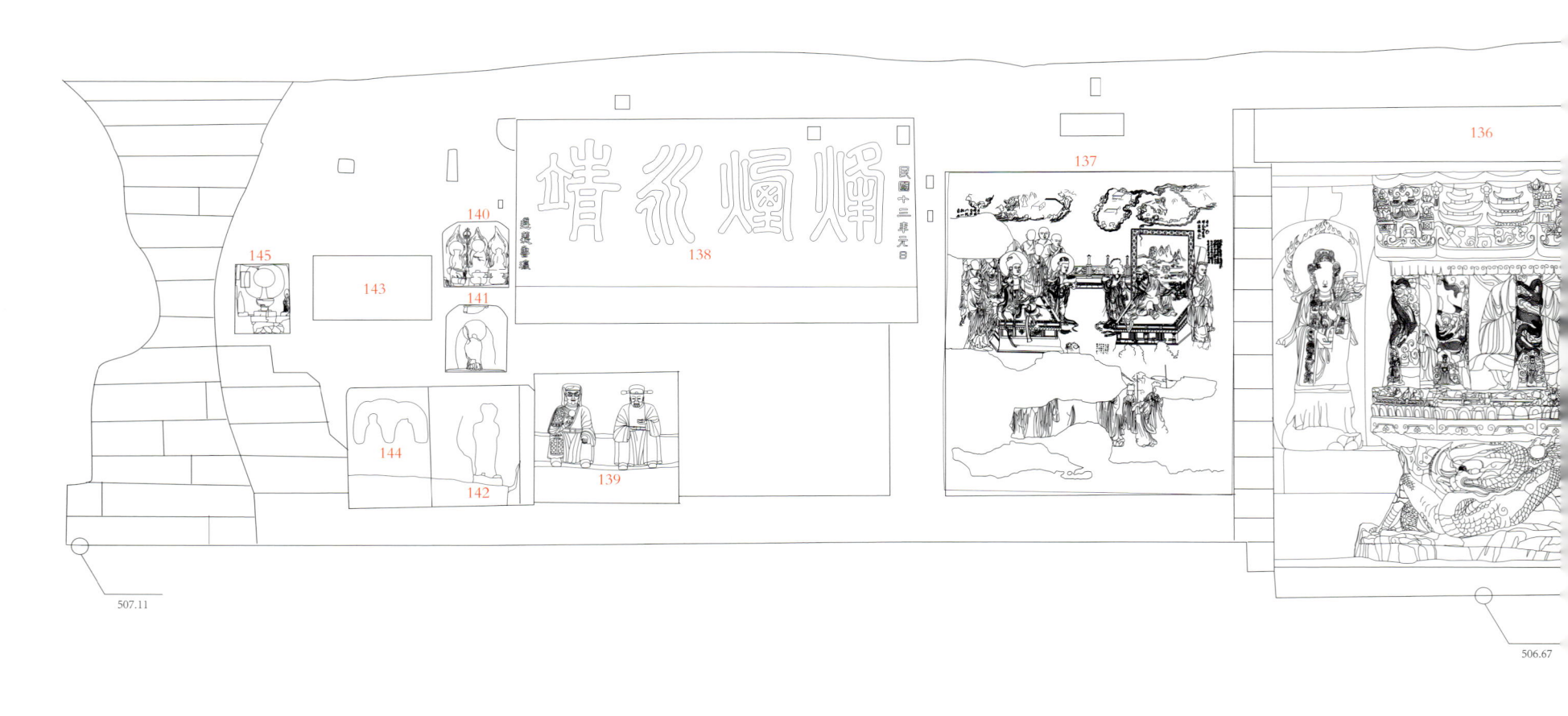

图 120　第 124—145 号位置关系图

142　大足石刻全集　第二卷（上册）

第四章 第124—145号 143

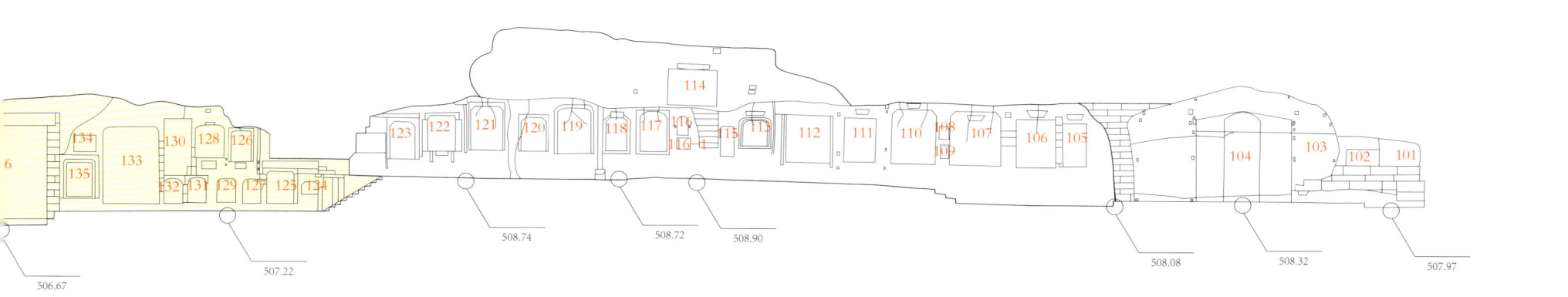

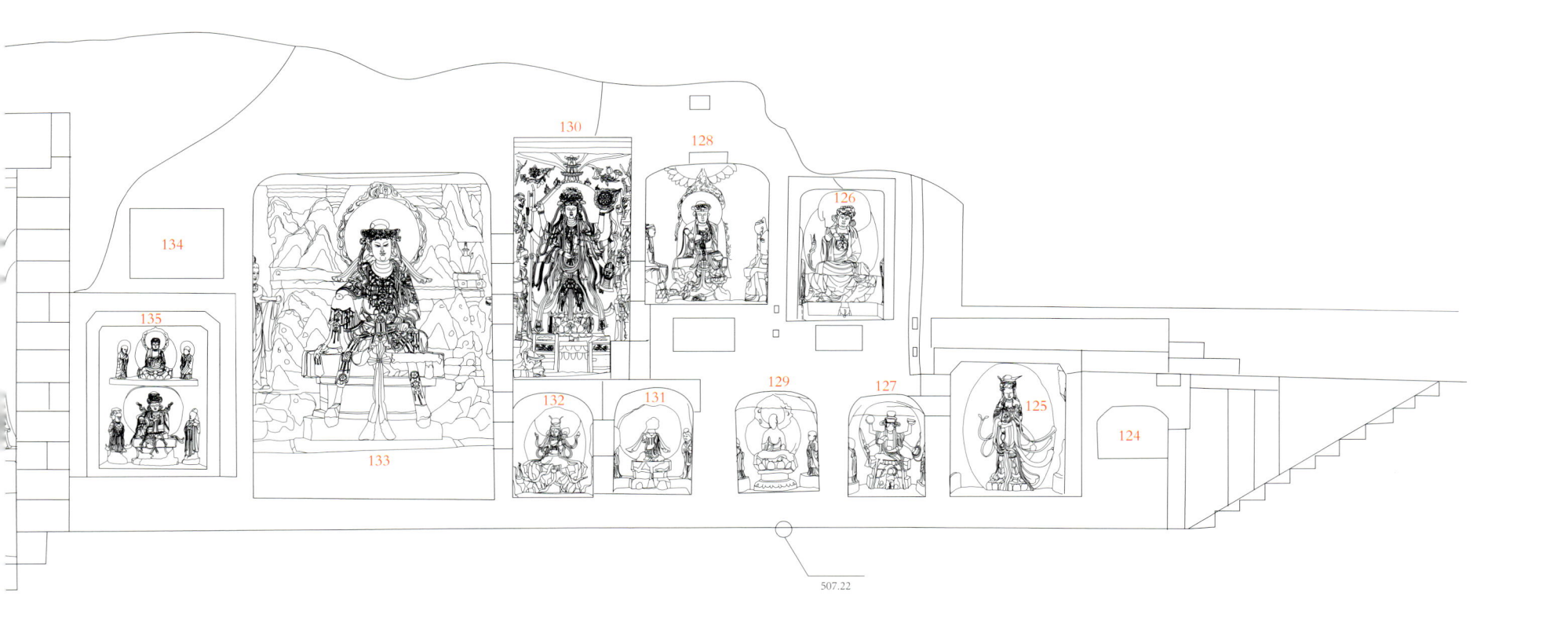

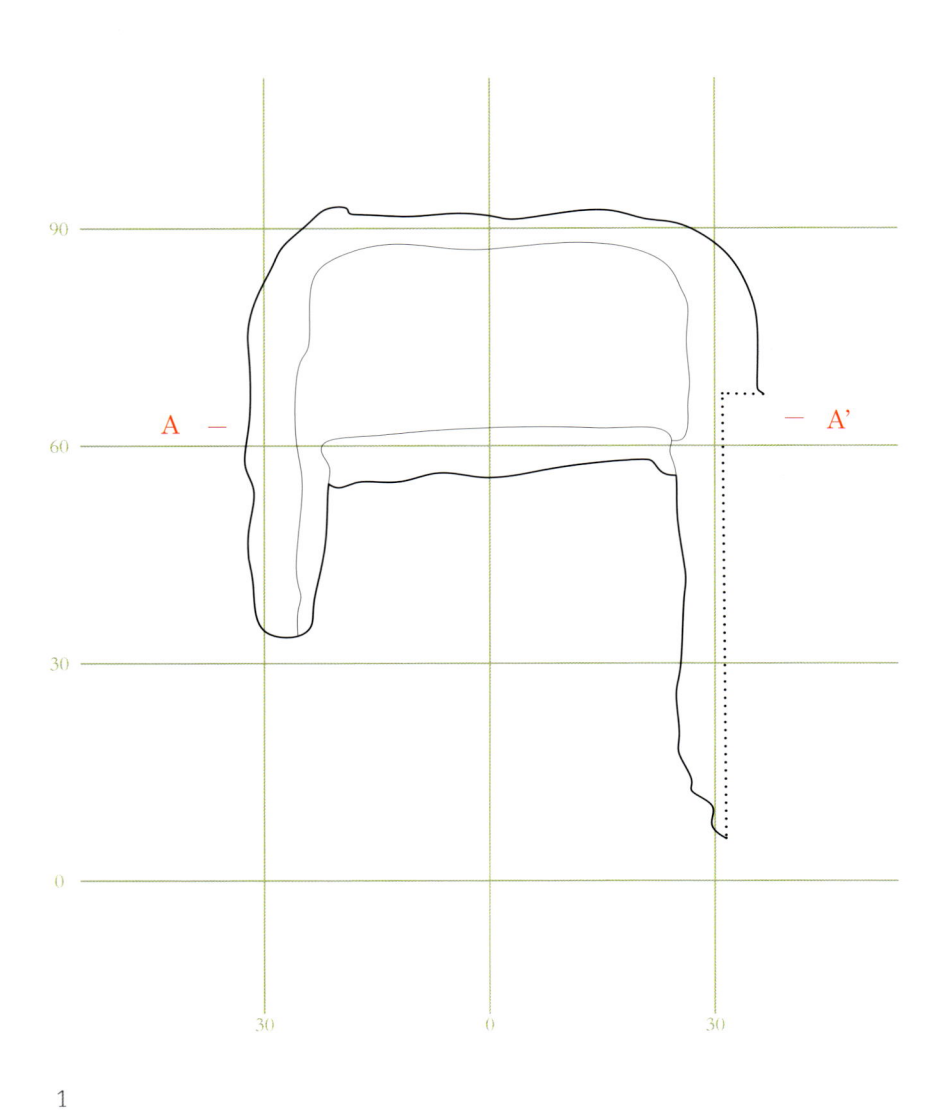

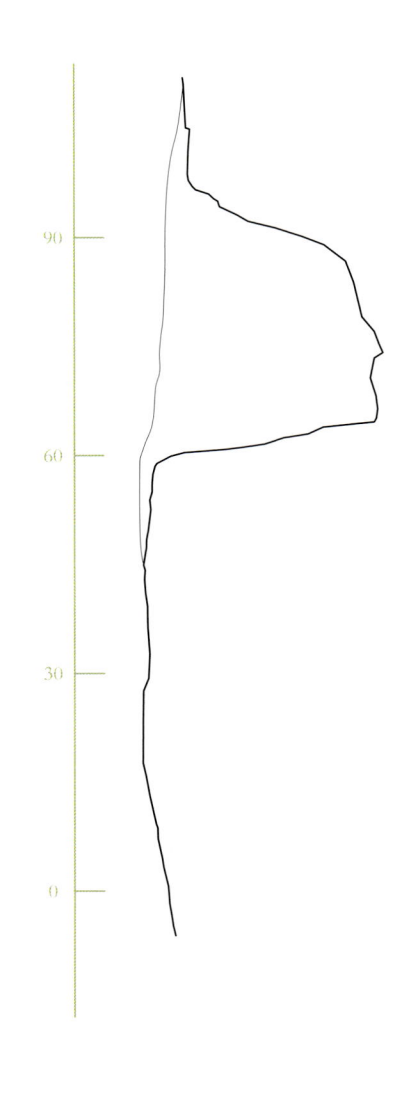

图121 第124号龛平、立、剖面图
1 立面图 2 剖面图 3 平面图

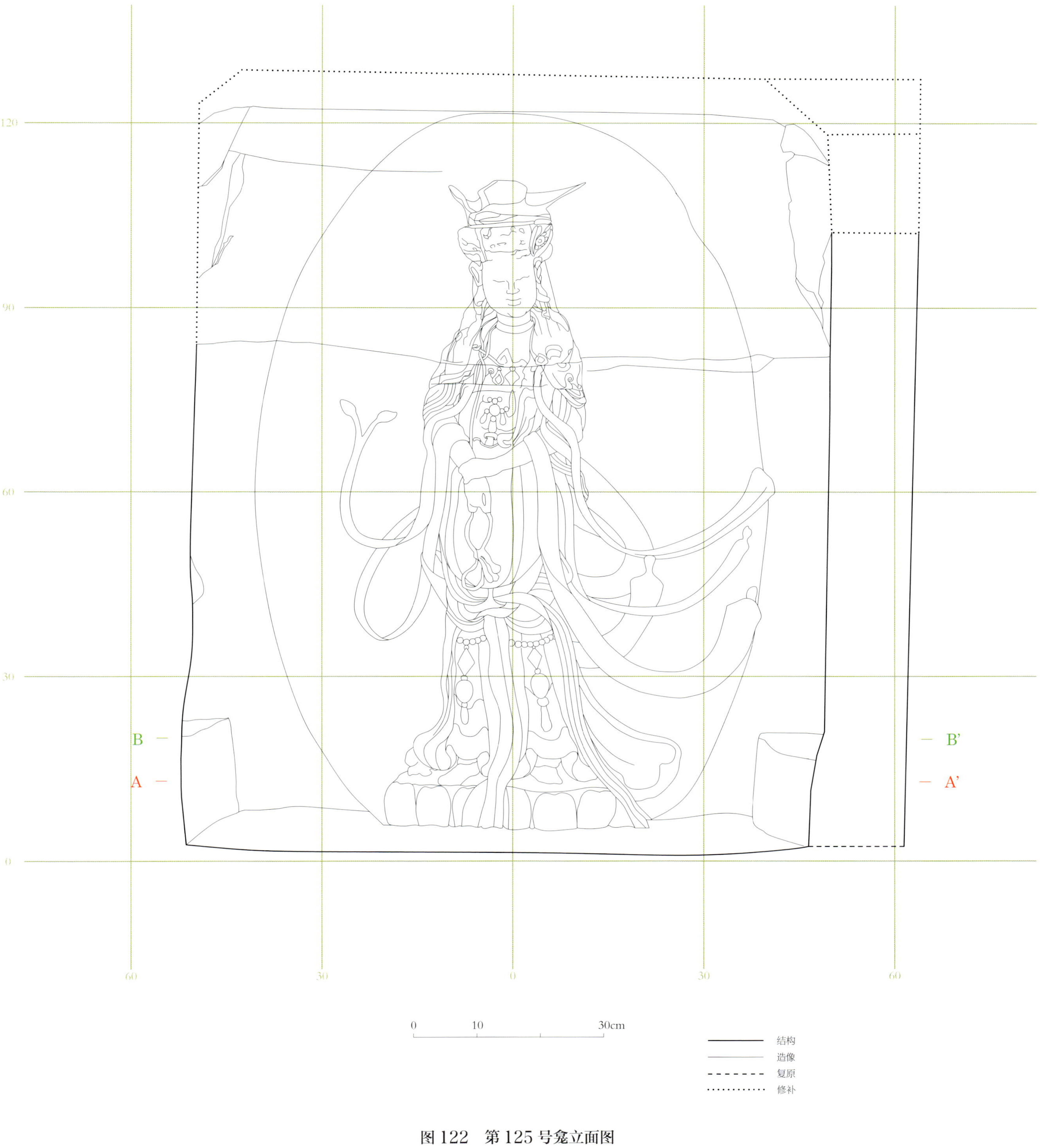

图 122　第 125 号龛立面图

图123 第125号龛剖面图

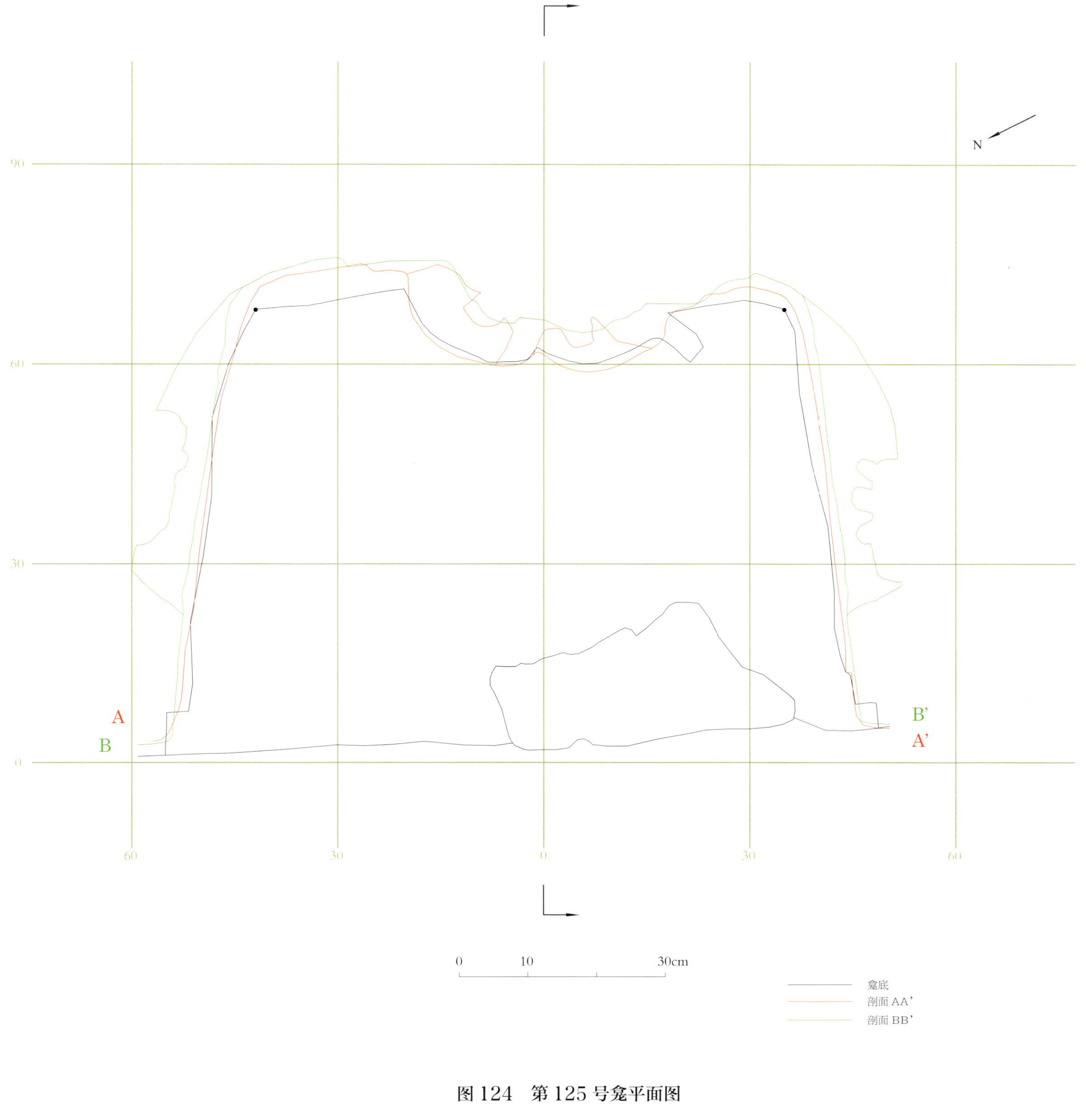

图 124　第 125 号龛平面图

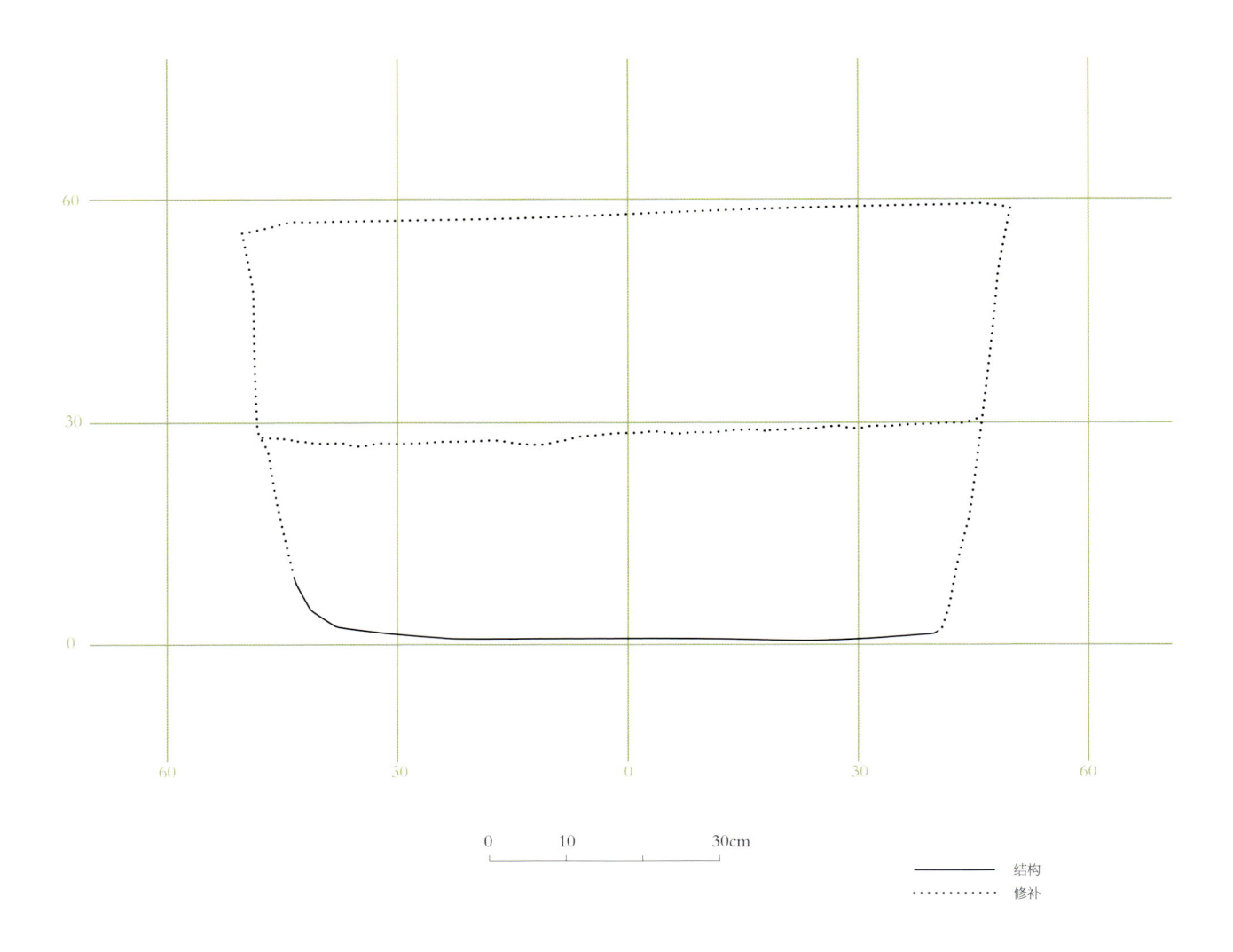

图 125　第 125 号龛龛顶仰视图

手后伸，斜垂体侧；左膝微屈上抬，右腿微翘，作向龛外飞翔状。

（三）右侧壁

与左侧壁造像对称布置，下部亦刻侍者立像1身，上部刻飞天像1身（图127；图版Ⅰ：111）。

侍者像　立像高55厘米。头残，似戴冠。身着窄袖长服，腰束带，腰带下垂止于双膝间。双手置于身右侧，捧物，手及物残。着鞋立于低坛上。

飞天像　颈以上毁，身残长约27厘米。左手斜伸体侧，右手残，屈膝抬右腿；余略同左飞天像。

四　晚期遗迹

龛口左右上角及龛顶毁，现以条石补砌。

龛口左右平整面上端及底端，各凿有大小相近的对应方孔；上孔高5厘米，宽1.5厘米，深2厘米；下孔高7厘米，宽7厘米，深3厘米。

图 126　第 125 号龛左侧壁立面图 　　　　　　　　　　　　图 127　第 125 号龛右侧壁立面图

第五节　第126号

一　位置

位于第125号龛右上方。左距岩壁边缘44—51厘米，右距第128号龛9厘米；上距岩顶10厘米，下距第127号龛70厘米。龛口西北向，方向300°。

二　形制

单层方形龛（图128、图129、图130、图131、图132、图133；图版Ⅰ：112、图版Ⅰ：113、图版Ⅰ：114、图版Ⅰ：115）。

龛口　在岩壁表面平直凿进最深约2厘米形成龛口。龛口方形，外缘高145厘米，宽97厘米。左沿宽8.5厘米，右沿下部残，存宽9厘米；上沿残，下沿与岩壁分界不明。龛口内缘高134厘米，宽80厘米，至后壁最深35厘米。龛口左右内侧凿有宽9—10厘米的平整面，与龛壁衔接。龛口左右上角大部残，右存少许三角形斜撑。

龛底　呈方形，环壁建一级低坛，高14厘米，深2—8厘米。

龛壁　弧壁，壁面与龛顶略垂直相交。

龛顶　平顶，略呈圆形。龛顶少许剥落，存一道斜向裂隙，贯穿龛顶。

三　造像

刻像3身（图版Ⅰ：112）。其中，正壁刻主尊菩萨坐像1身，左右侧壁外端各刻立像1身。

菩萨像　坐高72厘米，头长22厘米，肩宽27厘米，胸厚11厘米。浮雕圆形素面头光和身光，横径分别为50、72厘米。头左侧，梳髻，垂发分三缕覆肩。戴花冠，略残。冠带作结长垂至座台面，再上扬于身光内。戴珠串耳饰。面长圆，略蚀。胸饰璎珞；内着僧祇支，系带作结；外着双领下垂式袈裟，下着裙；袈裟和裙摆垂搭座前。腕镯，左手大部残，于腹前握印带，右手于胸前持印，印部分残。结跏趺坐于半圆形台座上。座置于低坛上，高28厘米，最深42厘米。座前刻圆形三足香炉，高12厘米；炉顶略残。

左侧壁像　男像。立像高76厘米（图132；图版Ⅰ：114）。梳髻，戴进贤冠。长脸，右肩略残，上着双层翻领服，下着裙；腰带长垂至足间。双手胸前持笏，笏略残。左足残，着鞋立于低坛上。

右侧壁像　女像。立像高73厘米（图133；图版Ⅰ：115）。梳高髻。面略蚀，戴珠串耳饰。身左肩及手臂残。上着双层翻领长服，下着裙；腰带于腹前作结后长垂足间。身饰披帛，自双肩"U"形下垂于腹前，再敷搭前臂后下垂体侧。双手胸前持笏，着鞋立于低坛上。

四　晚期遗迹

龛底前侧凿方形凹槽，长20.5厘米，宽6厘米，深4厘米。

龛外下方中刻方碑一通，高26厘米，宽47厘米；内素平。

龛外左侧16.5厘米处凿有纵向凹槽，通高194厘米，宽9厘米，深3厘米；凹槽起自龛下岩体，上至岩顶。龛右下方亦凿类似凹槽，高约65厘米，宽15厘米，深2厘米。两凹槽用途不明。

龛外左右凹槽对称凿有上下两个枋孔，水平相距115厘米，竖直相距23厘米；孔大小相近，高5厘米，宽3.5厘米，深5.5厘米。

龛内存红色、灰白色两种涂层。

图 128　第 126 号龛立面图

图 129　第 126 号龛剖面图

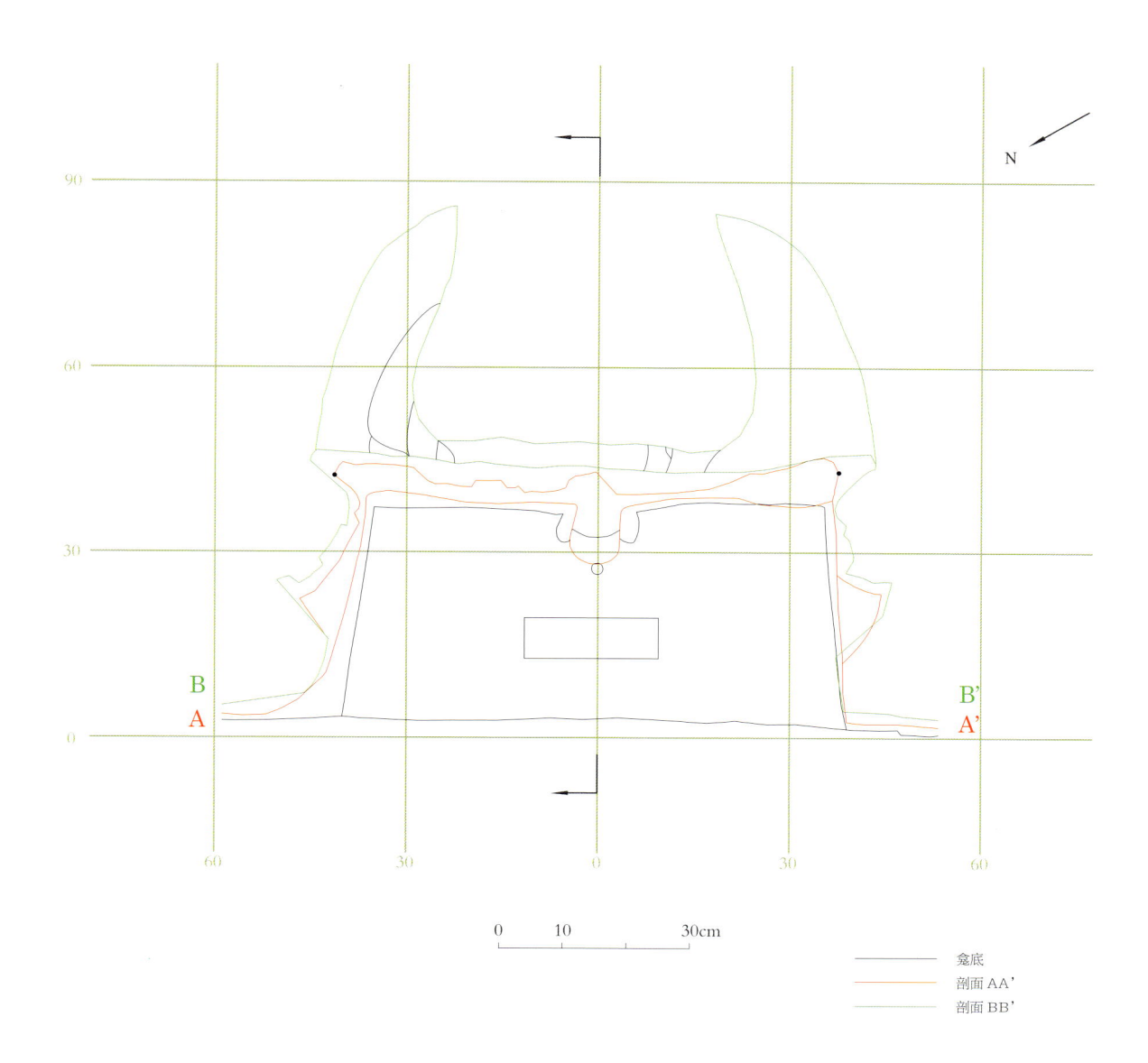

图130 第126号龛平面图

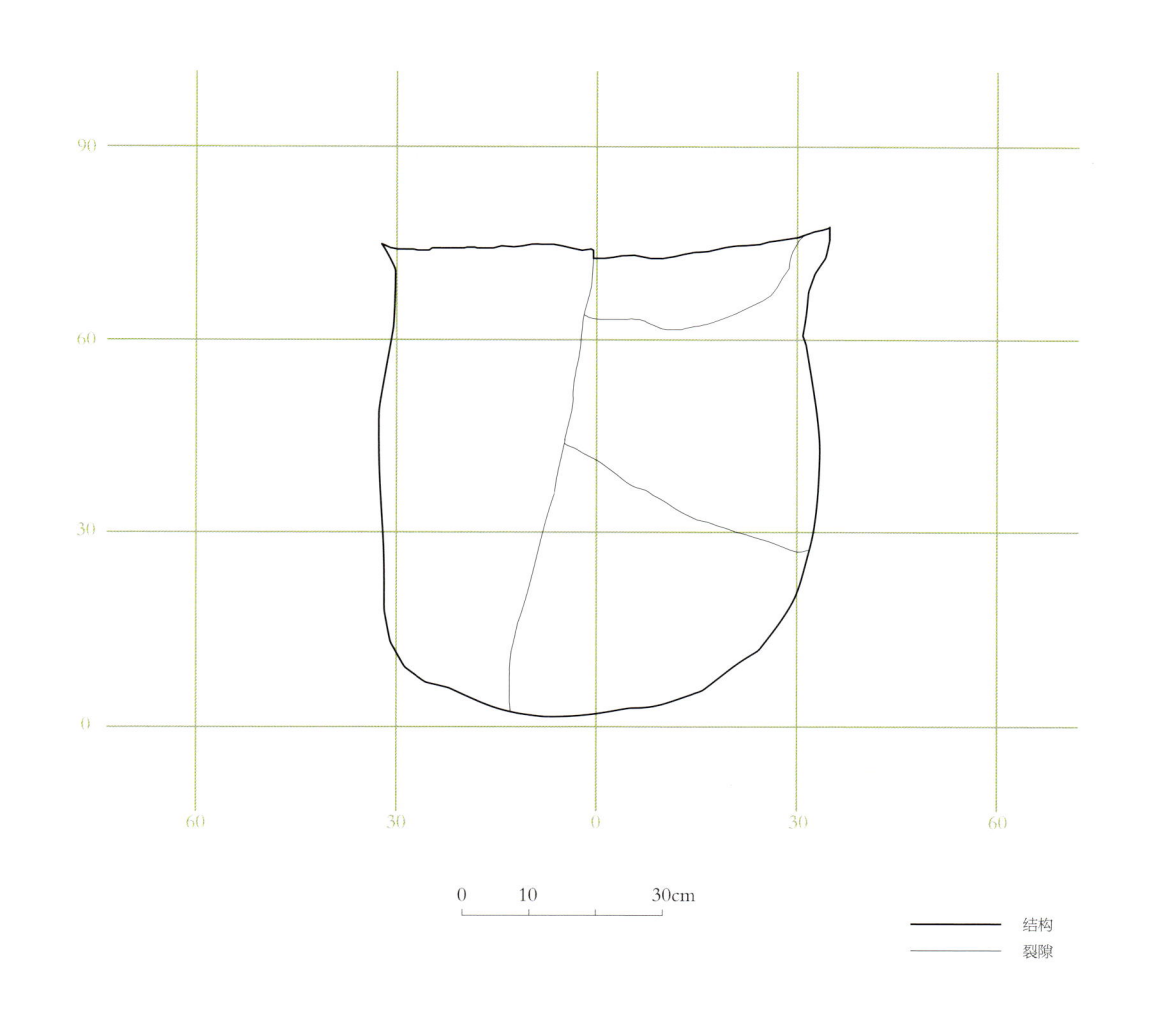

图131 第126号龛龛顶仰视图

第四章 第124—145号 153

图 132　第 126 号龛左侧壁立面图

图 133　第 126 号龛右侧壁立面图

第六节　第127号

一　位置

位于第125号龛右侧。左距第125号龛27厘米，右距第129号龛20厘米；上距第126号龛70厘米，下距地坪34厘米。龛口西北向，方向305°。

二　形制

单层圆拱龛（图134、图135、图136；图版Ⅰ∶116、图版Ⅰ∶117、图版Ⅰ∶118）。

龛口　在岩壁表面直接凿建龛口。龛口呈圆拱形，左上角毁，现以条石补砌，并作弧形处理。龛口右侧中部残脱。龛口高95厘米，宽7厘米，至后壁最深35厘米。

龛底　略呈半圆形。

龛壁　弧壁，与龛顶弧面相接。壁面右侧存一道较为明显的纵向裂隙，起自龛顶，延至龛底，全长约93厘米。

龛顶　券顶。其前端存一道横向裂隙，长约45厘米。

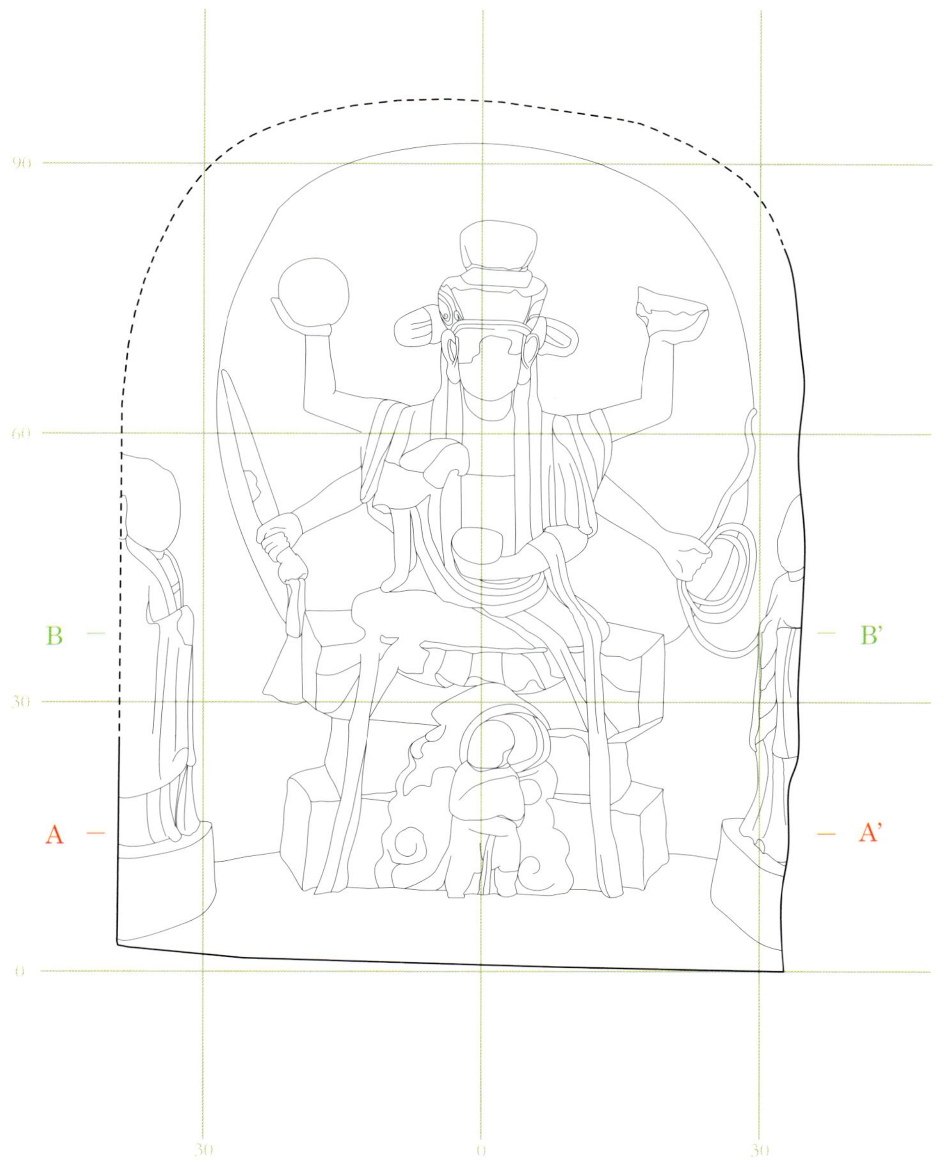

图134 第127号龛平、立、剖面图
1 立面图　2 剖面图　3 平面图

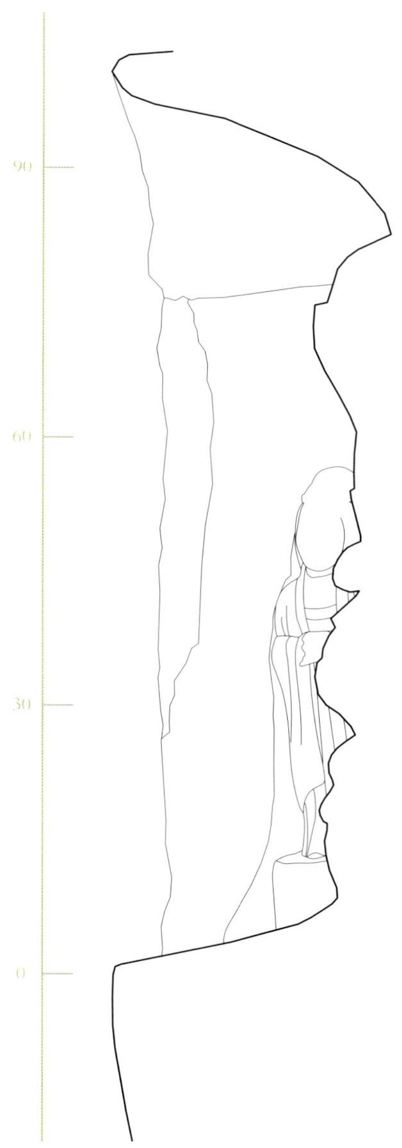

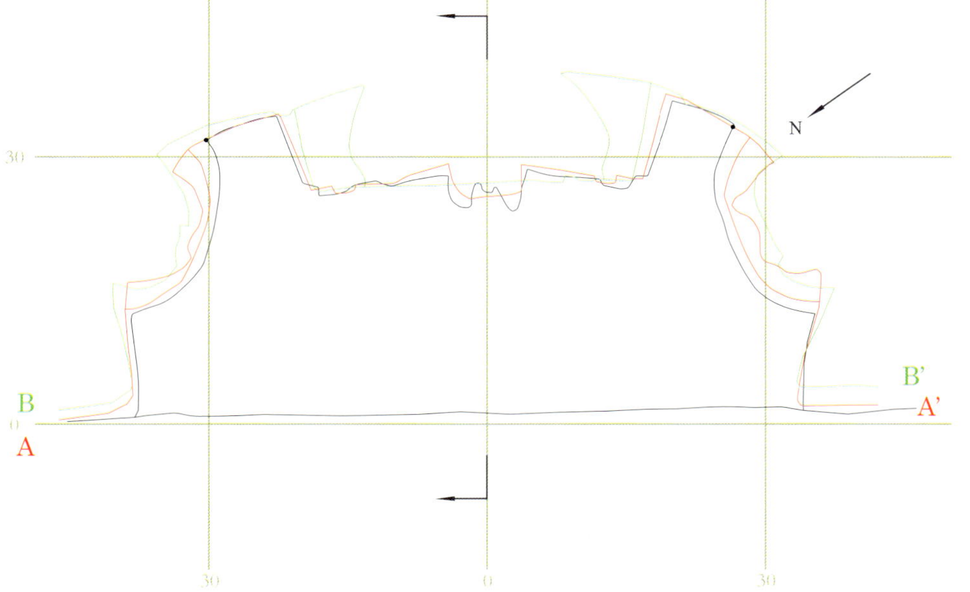

三　造像

　　刻像4身（图版Ⅰ：116）。其中，正壁中刻主尊菩萨坐像1身，座前刻立式童子像1身；左右侧壁各刻侍者立像1身。

　　菩萨像　坐高47厘米，头长19厘米，肩宽17厘米，胸厚8厘米。浅浮雕圆形素面背光，横径57厘米。梳髻，戴卷草冠，冠带作结后沿胸下垂至腰。面蚀，内着僧祇支，上着宽博披巾，下着裙；裙摆覆于座前。披巾两端交叠于腹前，敷搭前臂后沿座前下垂至龛底。自后腰斜出一段飘带，部分残，两端斜垂座前。身六臂，上两手屈肘上举分托圆轮，轮略残，径7.5厘米；左中手斜伸持羂索，右中手斜伸持剑，剑略残；左下手腹前托钵，钵略残，右下手前臂残，置胸前持柳枝，柳枝略残。右腿剥蚀，结跏趺坐于须弥座上。座高29厘米，宽34厘米，深13厘米。座前刻一童子，高19厘米。头略右偏，面蚀，衣饰不清，腰带下垂足间；披帛绕于头后，下垂体侧。双手略残，似合十。膝微屈，跣足站立。身后刻圆拱形云纹背屏，最宽20厘米，高23厘米。

　　左侧壁像　立像高41厘米（图135；图版Ⅰ：117）。浅浮雕圆形素面头光，直径16厘米。头残、面蚀，存下垂的披帽披幅。身略蚀，上着袈裟，下着裙。左手似横置胸前持物，手及物残；右手曲于胸前，前臂残。着鞋立于低台上。台高8厘米，宽23厘米，深7厘米。

　　右侧壁像　立像高43厘米（图136；图版Ⅰ：118）。头、面残蚀。内着抹胸，外披对襟宽袖衫，下着裙。双手残，置于胸前。着鞋立于低台上。台高8厘米，宽20厘米，深6.5厘米。

四　晚期遗迹

　　龛口左上角与第125号龛之间的岩体毁，现以条石补砌。补砌的条石与原岩体壁面齐平。补砌条石高20厘米，最宽47厘米，厚14厘米。

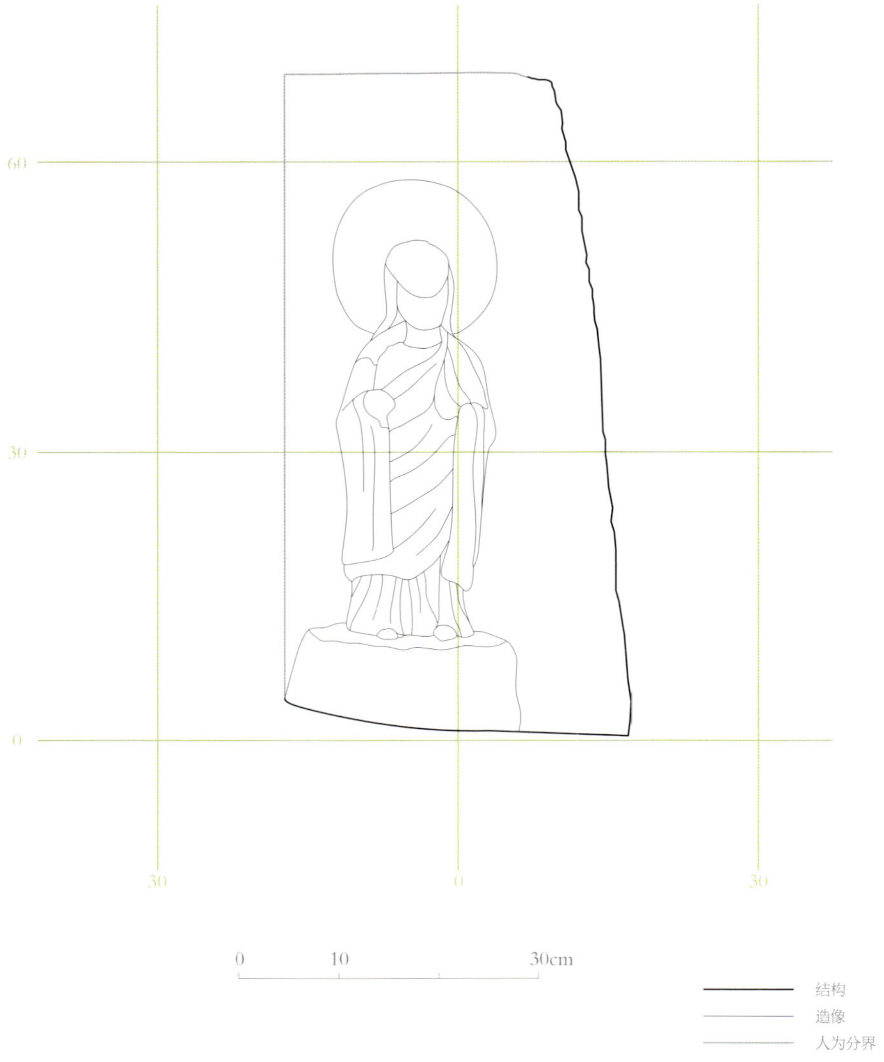

图135　第127号龛左侧壁立面图 　　　　　　　　　　图136　第127号龛右侧壁立面图

第七节　第128号

一　位置

位于第126号龛右侧。左距第126号龛9厘米，右距第130号龛16厘米；上距岩顶约92厘米，下距第129号龛93厘米。龛口西北向，方向300°。

二　形制

单层方形龛（图137、图138、图139、图141、图142；图版Ⅰ：119、图版Ⅰ：120、图版Ⅰ：122、图版Ⅰ：123）。

龛口　在岩壁表面直接凿建龛口。龛口方形，左侧大部残毁；右侧存上部，下部与第130号龛之间的岩体毁，现以条石修补；上部及下部部分残损。龛口高133厘米，宽100厘米，至后壁最深68厘米。龛口左右内侧上部保存有宽13厘米的平整面。龛口左右上角存部分三角形斜撑。

龛底　分作前后两部分，高差13厘米。前部呈方形，部分残损；后部呈半圆形，前端受损。

龛壁　正壁为弧壁，略内凹。左右侧壁略竖直，其外侧下部各另开圆拱形浅龛（残高47.5厘米，宽16厘米，深5厘米）。正壁与左右侧壁弧面相接。壁面与龛顶略成垂直相交。正壁与左侧壁相接处存一道纵向裂隙，上起龛顶中部，下至左壁中下部，全长约96厘米。

龛顶　平顶，略呈半圆形，部分剥落。

三　造像

刻像5身（图版Ⅰ：119）。其中，正壁刻主尊菩萨坐像1身，左右侧壁各刻菩萨坐像1身；左右侧壁外侧浅龛内各刻立式供养人1身。

主尊像　坐高46厘米，头长17厘米，肩宽19厘米，胸厚10厘米（图版Ⅰ：121）。线刻桃形头光和椭圆形身光。内皆素平，边缘饰火焰纹。头光横径35厘米，身光最宽41厘米。头光上方近龛顶处，线刻覆莲华盖，保存下部；内圆素平，最宽约40厘米，边缘刻出宽8厘米的两重覆莲瓣。像头顶残，垂发分三缕披肩；戴卷草冠，冠带作结后沿胸长垂于座左右侧。方脸，面蚀，戴珠串耳饰。胸前佩戴由圆形饰物组成的项圈，中部下垂一条坠饰，末端隐于衣饰内。上身斜披络腋，装饰璎珞；下着裙，裙腰外翻，腰带于座前作结后长垂。裙摆于双膝下方装饰一条由圆形、菱形、圆珠等饰物组成的璎珞，下坠菱形饰件。自后腰斜出一道披帛，于腹前相绕后垂于座前下方。腕镯，左手直伸座台面，右手置于右膝持念珠。跣足，垂左足踏座前仰莲，右腿屈膝上竖置座台面，坐山石座上。座高36厘米，最宽40厘米，深26厘米；座前刻带茎仰莲台，高5厘米，直径11厘米。

左侧壁像　坐高47厘米，头残长16厘米，肩宽20厘米，胸厚8厘米（图140、图141；图版Ⅰ：122）。线刻圆形素面头光和椭圆形身光。头光横径35厘米，身光最宽38厘米。头残，面蚀，身风化，双腿残蚀。可辨戴珠串耳饰，胸饰璎珞，存两菱形饰物及横向的一条珠串。左手斜置腹前，右手屈肘上举置于胸前，均残。似左舒相坐于须弥座上。座高27厘米，宽35厘米，深11—17厘米，座底部线刻少许云纹。

右侧壁像　坐高44厘米，头残长17厘米，肩宽20厘米，胸厚9厘米（图142；图版Ⅰ：123）。线刻圆形素面头光和椭圆形身光。头光横径32.5厘米，身光最宽35厘米。头顶略残，梳髻，垂发披肩。戴冠，冠体大部残，冠带作结垂于腋下。脸长圆，面蚀，耳饰珠串。戴圆环饰物组成的项圈，当胸下垂坠饰，末端隐于袈裟内；项圈下垂四条珠串，交汇于坠饰之上。上着双领下垂式袈裟，下着裙；腰带垂至足间。左手于膝握带，右手残，置于腹前。跣足，分踏并蒂双重仰莲台，倚坐于方形座台上。座通高27厘米，宽36厘米，深15厘米；仰莲台高7厘米，直径11厘米；莲间刻一莲蕾；莲底部刻卷云。

左供养人像　位于左侧壁像外侧下方。男像。高39厘米（图版Ⅰ：124）。头巾，面残。身着圆领窄袖长服，腰束带，双手当胸合十，着鞋站立。

右供养人像　位于右侧壁像外侧下方。女像。头残，残高37厘米（图版Ⅰ：125）。胸剥蚀，着窄袖长服。双手置于胸前、覆帛

图 137　第 128 号龛立面图

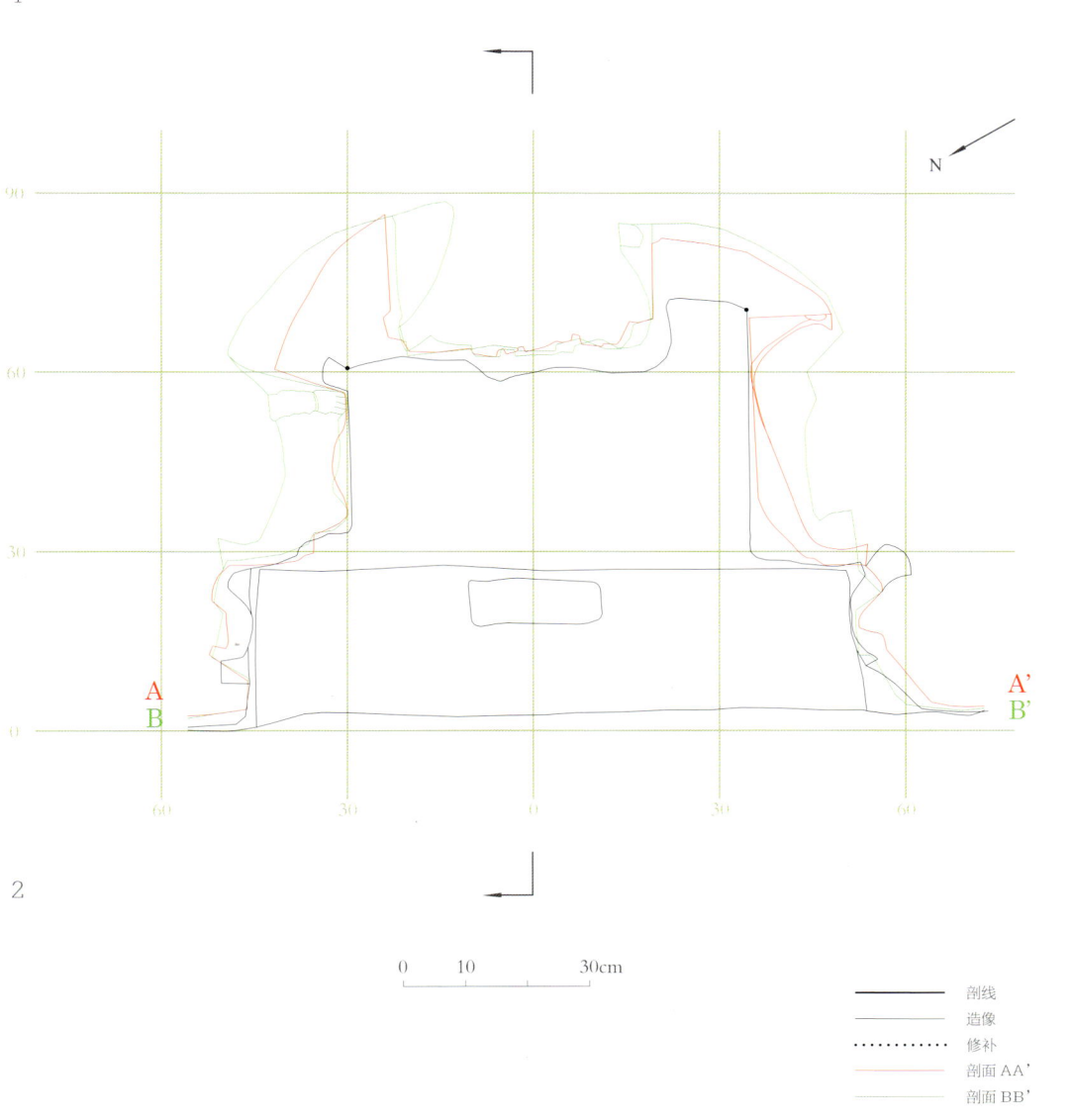

图 138　第 128 号龛平、剖面图
1　剖面图　2　平面图

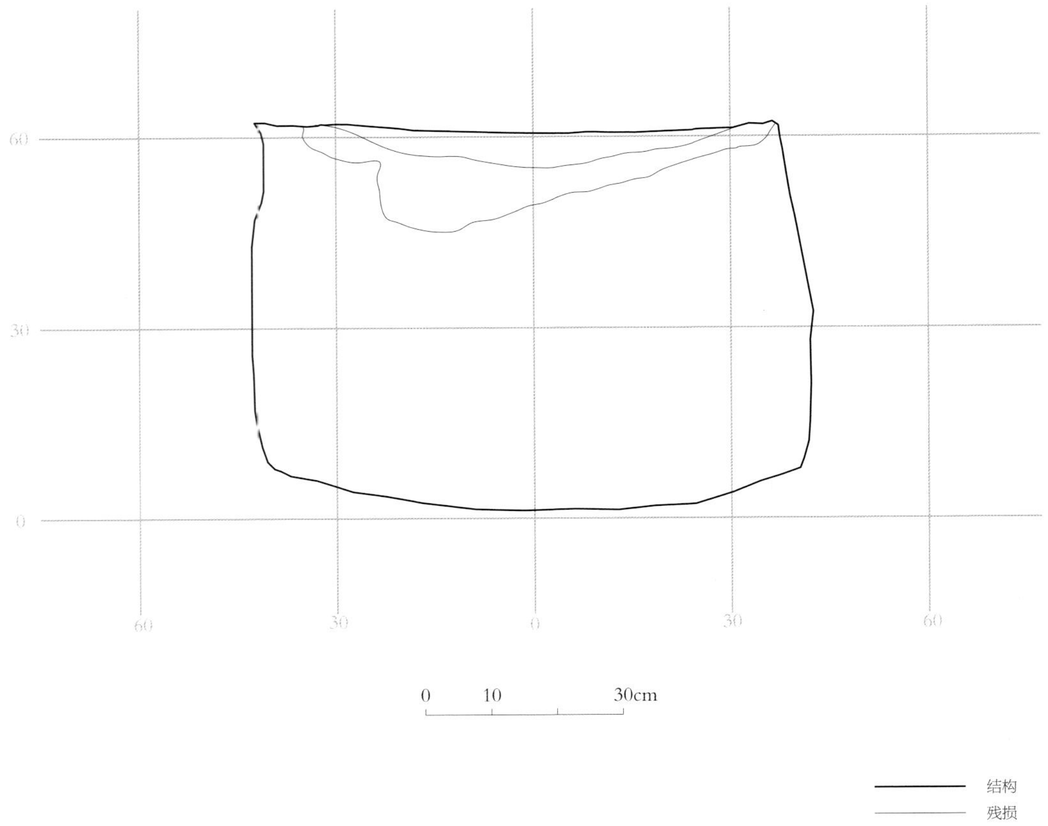

图 139　第 128 号龛龛顶仰视图

图 140　第 128 号龛左侧壁菩萨像效果图

图141　第128号龛左侧壁立面图

图142　第128号龛右侧壁立面图

带，帛带长垂身前。双足不现。

四　晚期遗迹

右侧龛口中下部与第130号龛之间的岩石毁，现以条石修补，修补面高87厘米，宽16厘米，至龛内最深13厘米。

龛右侧壁外端存一条纵向裂隙，现已作修补。

前部龛底中央凿方形凹槽，长20厘米，宽6厘米，深6厘米。

龛外上方凿方形匾额，高20厘米，宽31厘米，深约4厘米；内素平。

龛外下方中刻方碑一通，右侧残，高33厘米，宽57厘米，深1厘米；内素平。

龛内存红色、灰白色两种涂层。

第八节 第129号

一 位置

位于第127号龛右侧。左距第127号龛20厘米，右距第131号龛23厘米；上距第128号龛93厘米，下距地坪34厘米。龛口西北向，方向306°。

二 形制

单层圆拱龛（图143、图144、图145、图146；图版Ⅰ：126、图版Ⅰ：127、图版Ⅰ：128）。

龛口　在岩壁表面直接凿建龛口。龛口呈圆拱形，部分残；高96厘米，宽74厘米，至后壁最深37厘米。

龛底　呈不规则的梯形，外宽内窄，前端略残。龛底左右各建一级低坛，高12厘米，深1—6厘米。

龛壁　弧壁，与龛顶弧面相交。

龛顶　弧顶，略残。

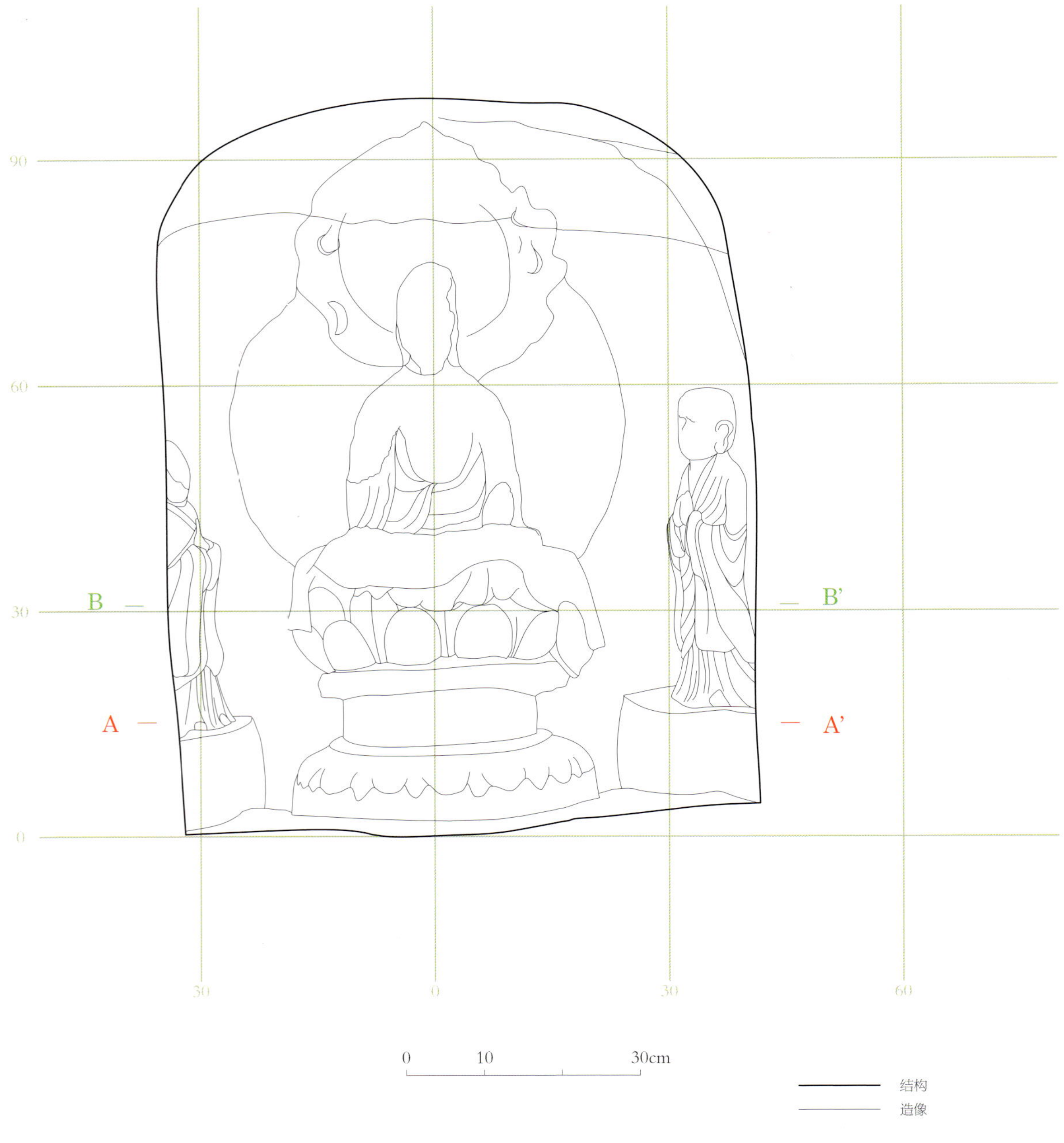

图143　第129号龛立面图

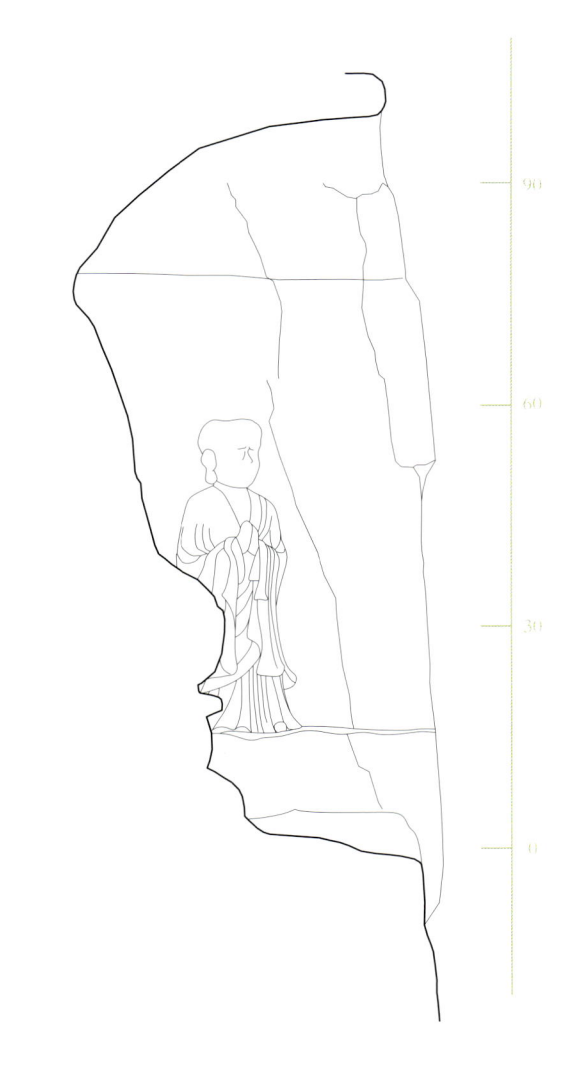

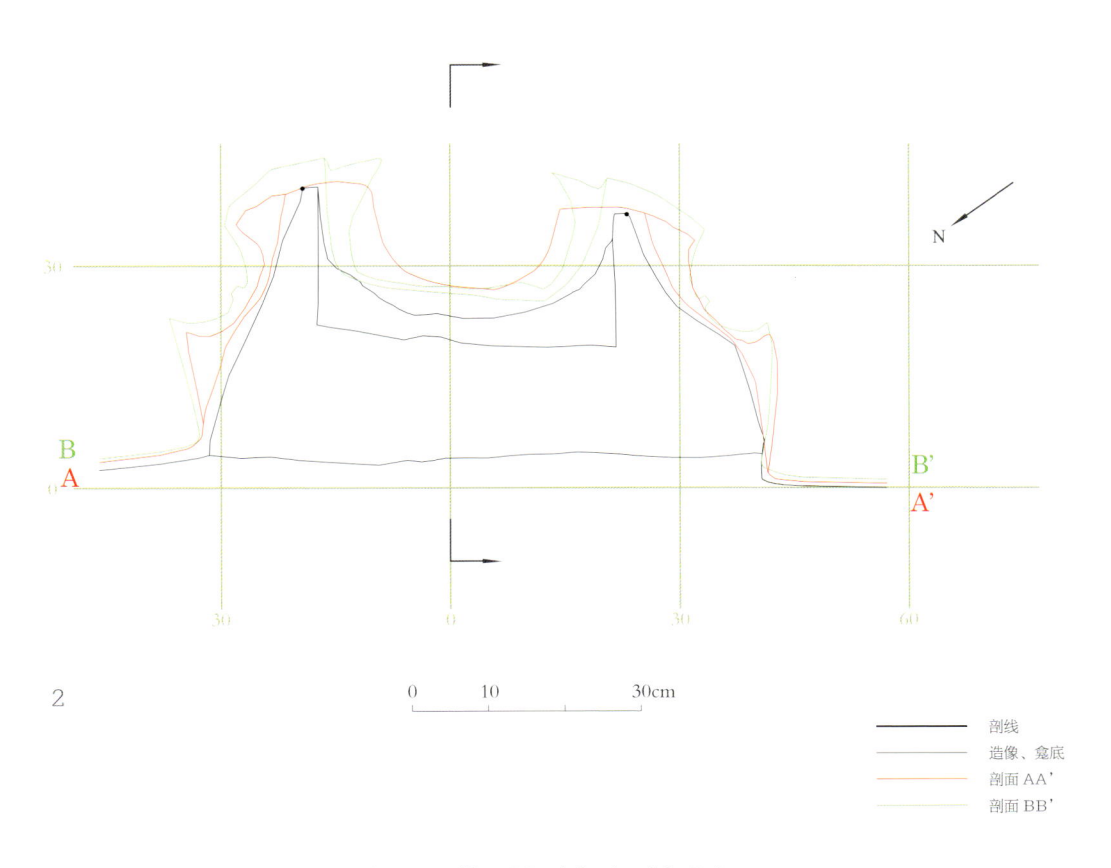

图144　第129号龛平、剖面图
1　剖面图　2　平面图

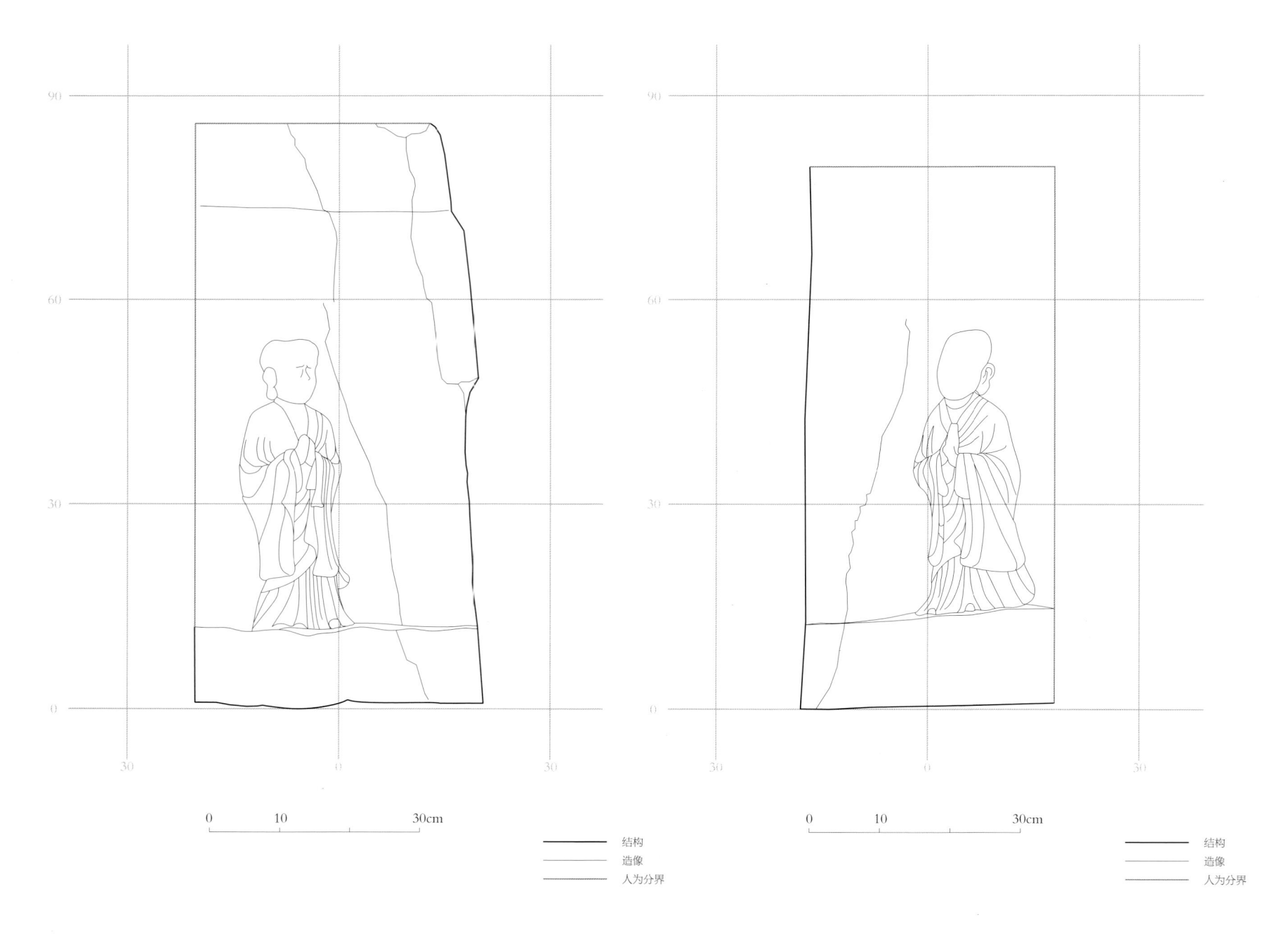

图145　第129号龛左壁立面图

图146　第129号龛右壁立面图

三　造像

刻像3身（图版Ⅰ：126）。其中，中刻主尊坐佛1身，左右壁低坛各刻立像1身。

主尊佛像　坐高40厘米，头残长14厘米，肩宽18厘米，胸厚9厘米。浮雕桃形头光和身光。头光内素平，外饰火焰纹，横径34厘米，厚2厘米；身光素平，最宽48厘米，厚2.5厘米。头大部残，身蚀。上身似着双领下垂式袈裟，下着裙；袈裟一角敷搭于座台左右侧。双手残，左手似抚膝，右手举胸前；结跏趺坐于束腰仰覆莲座上。座通高33厘米，最上为双重仰莲台，直径35厘米；其下为圆台，最宽31厘米；中部束腰部分为圆鼓台，直径22厘米；再下接覆莲台，略残；最下部为方台，宽38厘米。

左壁立像　高42厘米（图145；图版Ⅰ：127）。光头，稍残，面蚀；内着交领窄袖服，外披袈裟，下着裙。双手胸前合十，足略蚀，立于低坛上。

右壁立像　高42厘米，与左壁立像略同（图146；图版Ⅰ：128）。

四　晚期遗迹

龛内存灰白色涂层。

第九节　第130号

一　位置

位于第128号龛右侧。左距第128号龛16厘米，右距第133号窟30.5厘米；上距岩顶约73厘米，下距第132号龛13厘米。龛口西北向，方向298°。

二　形制

单层方形龛（图147、图148、图149、图150、图151、图152；图版Ⅰ：129、图版Ⅰ：130、图版Ⅰ：134、图版Ⅰ：139）。

龛口　在岩壁表面平直凿进最深约20厘米形成龛口。龛口方形，大部毁，残毁处以条石叠砌修补。现龛口内缘高221厘米，宽114厘米，至后壁最深104厘米。

龛底　呈方形。前端与第131、132号龛龛顶修补的条石相接，并处在同一平整面上。

龛壁　正壁略内凹，与左右侧壁弧面相接。左右侧壁竖直。壁面与龛顶垂直相交。

龛顶　平顶，呈半圆形。龛顶前端部分残脱。龛顶左侧存一道纵向裂隙。

三　造像

刻像9身（图版Ⅰ：129）。分为正壁、左侧壁、右侧壁造像三部分。

（一）正壁

刻主尊立像1身（图147；图版Ⅰ：131）。三面八臂，高133厘米，头长29厘米，肩宽25厘米，胸厚15厘米。浮雕椭圆形素面背光，厚2.5厘米；上部呈圆弧形，中下部与壁面分界不明。梳髻，垂发作结后分为三缕披覆双肩。戴卷草花卉冠，冠翼外展。冠带作结后各分三道下垂。正面相长圆，张口，眉眼细长，鼻稍残；左右面相略小，面圆，闭口。像饰圆形耳环，颈刻三道肉褶线。戴镶饰团花的项圈，中垂坠饰，左右下垂饰物；饰物垂挂三条珠串，左右珠串较短，中间一条珠串于胸下交汇；交汇处再下垂两条细珠串。内着僧祇支，系带作结后长垂至双膝外侧，端头呈圭形，垂坠饰；上着宽博披巾，下着长短两层裙。披巾两端于腹前交叠，敷搭前臂后长垂于莲台外侧，端头呈圭形，饰花卉图案，并垂三粒圆珠。腰带作结，短裙腰带于膝间再次作结后竖直垂于足间，长裙腰带斜垂于小腿正面，端头呈圭形，饰花卉图案，并垂坠饰。自后腰斜出一道飘带，于膝间交绕后，外扬于体侧。身八臂，皆腕镯。当中两手于胸腹间结印，指部分残。左上手屈肘托法轮，直径约14厘米；毂呈圆环形，外刻八枚叶形轮辐，轮辐间以圆珠相接；轮辋减地饰十六粒圆珠，边缘刻八粒放焰珠，焰尖左向斜飘。左中手持弓，弓略残。左下手斜持人面旁牌，旁牌通高约43厘米，宽9—15厘米。右上手屈肘持剑，剑通长46厘米，剑身上部缠绕饰物。右中手持箭，箭全长约39厘米。右下手斜伸持戟，戟全长约135厘米。跣足，立于双层仰莲台上。莲台通高16厘米，直径42厘米；下部饰一周如意头云纹。莲台置于方形车厢中部的圆盘上，圆盘高7厘米，直径67厘米。车厢高46厘米，宽83厘米，深约40厘米，置于两车轮上。车厢正面中刻方台，覆两重帏布，上置三足兽面香炉，大部残；左右侧刻方框，内饰壸门、卷草，部分残蚀。车厢前端左右各刻拉车前行的大象，右象头毁，后世补塑，身高23厘米，残长31厘米，四足踏圆形云朵；左象受损严重，身高24厘米，残长44厘米。

主尊背光上部边缘刻出均匀布置的五粒放焰珠，珠径约3厘米。背光顶部刻仰莲瓣，上置一座方塔，通高29厘米。塔身三级，逐级内收。塔檐三重，均刻出瓦垄、瓦沟。塔刹作宝珠形。各级塔身正面开圆拱浅龛，最下龛内素平，上两龛内各刻一身小坐像，略蚀，可辨轮廓。自第二、第三级塔身向左右各出一道毫光，斜飘至龛顶。塔上方龛顶浅浮雕覆莲华盖，内圆素平，直径23厘米，边缘刻出宽12厘米的两重覆莲瓣，略蚀（图150；图版Ⅰ：132、图版Ⅰ：133）。

主尊头顶上方宝塔左右空隙壁面，各刻一长枝花卉，略呈对称布置。

图147　第130号龛立面图

166　大足石刻全集　第二卷（上册）

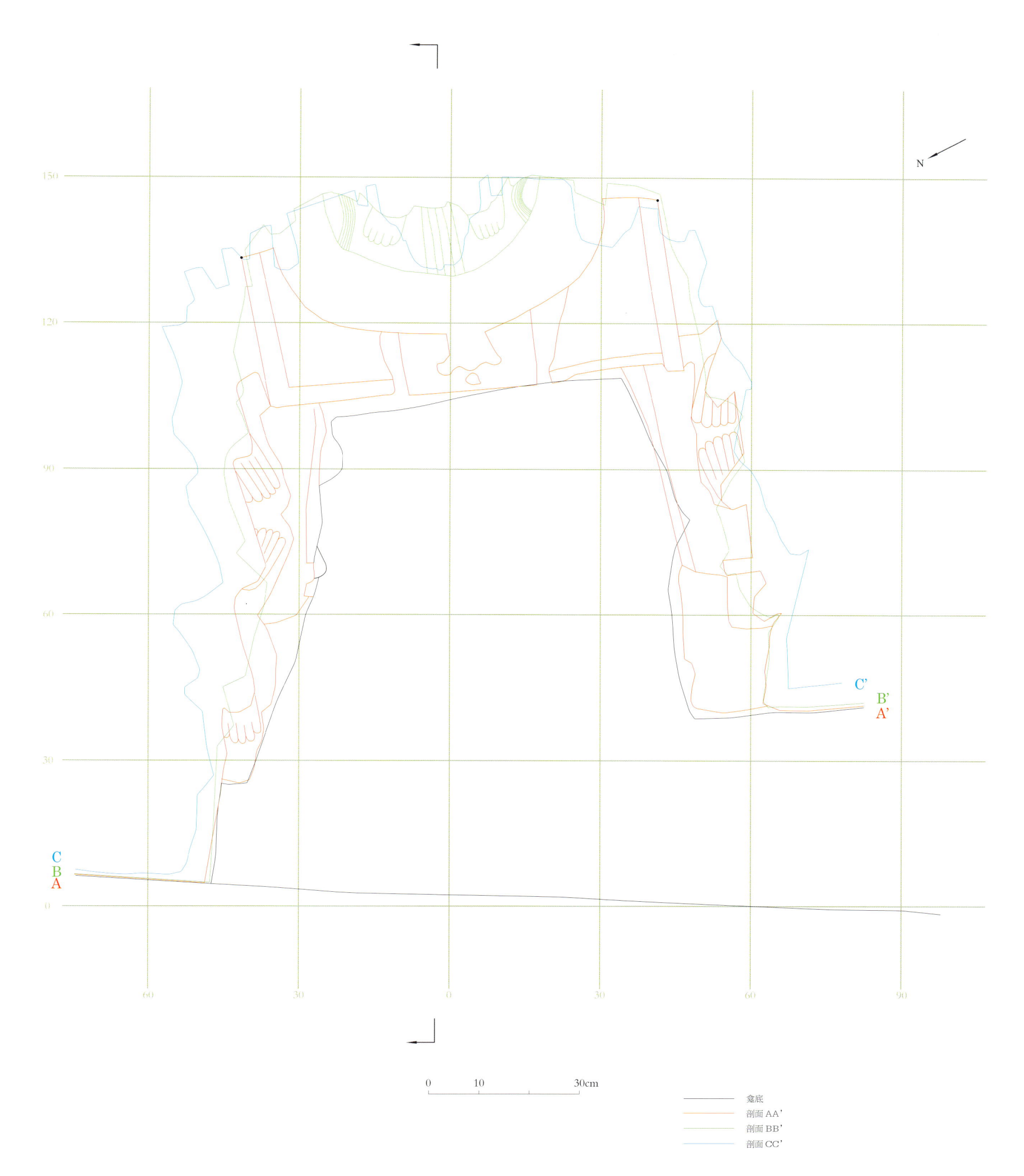

图 148　第 130 号龛平面图

图 149　第 130 号龛剖面图

168　大足石刻全集　第二卷（上册）

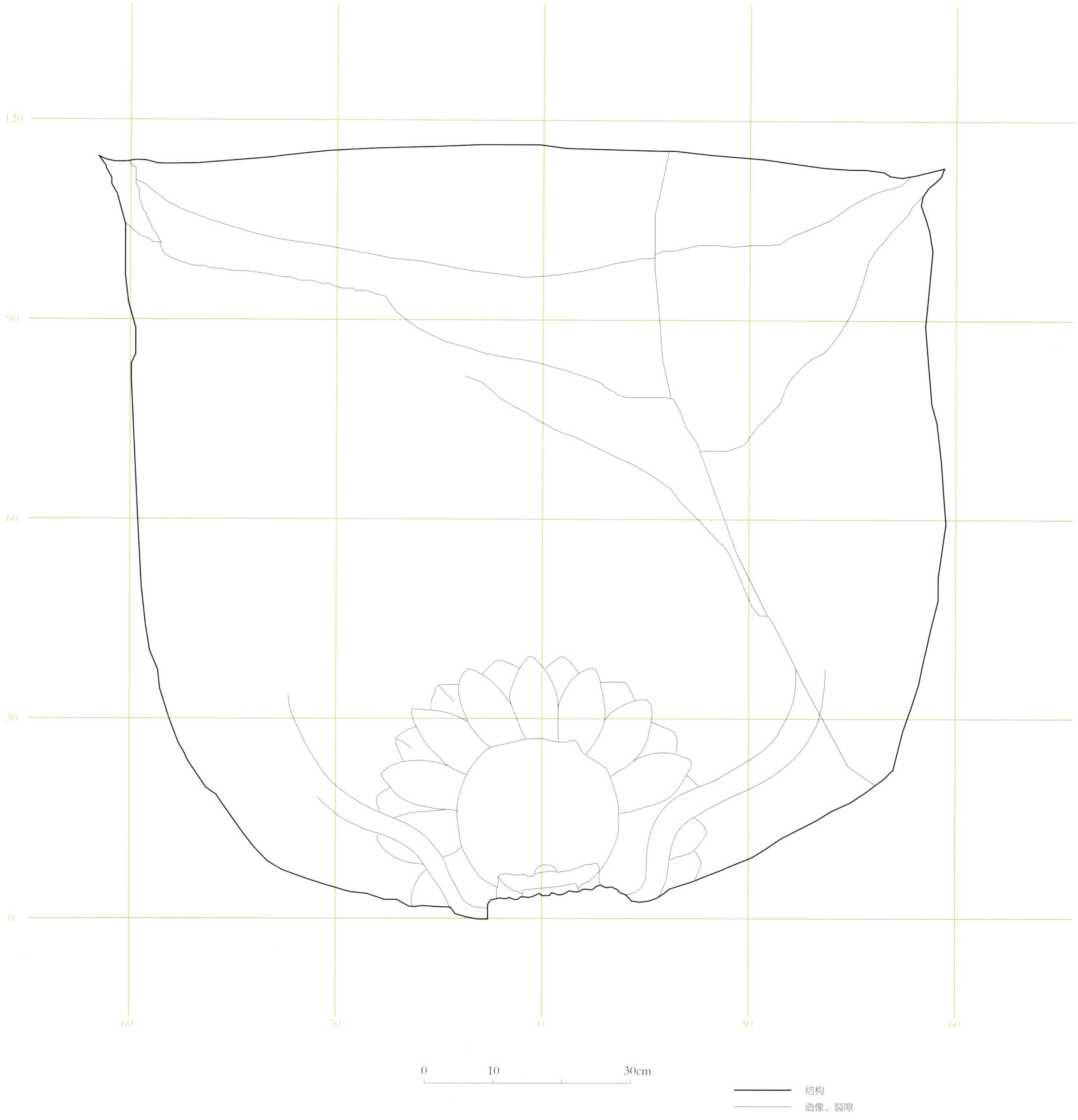

图150　第130号龛龛顶仰视图

第四章　第124—145号　169

（二）左侧壁

刻力士像4身，作上二下二两层布置。上层力士像下部身躯隐于云纹背屏之后，下层力士像立于山石低台上（图151；图版Ⅰ：134）。低台高15厘米，显露宽50厘米，深4—11厘米。

各像皆头梳髻，戴冠，冠带作结上飘。面方，眉骨隆起，鼓目圆睁，颧骨高突，阔口，戴耳环。颈肌显露，身肌毕现。戴项饰，袒上身，下着短裙，腰带系结后下垂身前。饰披帛，环状绕于头后，经腋下飘于体侧。臂钏，腕镯，手持器物。下层二像足环，跣足而立。按从上至下、从外至内的顺序编为第1—4像。

第1像　半身立高48厘米，头长19厘米，肩宽25厘米，胸厚8厘米（图版Ⅰ：135）。一头四臂。左上手持斧，右上手横于胸前；左下手持圆环状物，略残；右下手持钩绳。面略蚀，左肩开裂。

第2像　半身立高48厘米，头长20厘米，肩宽20厘米，胸厚7厘米（图版Ⅰ：136）。三面六臂。左上手持独股金刚杵，右上手持三叉戟；左中手胸前托放焰珠，右中手屈肘，食指上竖，余指相握；左右下手共持刀。

第3像　立像高94厘米，头长20厘米，肩宽24厘米，胸厚7厘米（图版Ⅰ：137）。三面六臂。身前两手挂剑；左上手齐腕残断，右上手持金刚杵，略残；左下手上臂和前臂残毁，右下手握披帛。

第4像　立像高92厘米，头长19厘米，肩宽24厘米，胸厚7厘米（图版Ⅰ：138）。一头四臂。当胸两手合十，持如意；左下手握披帛，右下手屈肘上举持方印。

（三）右侧壁

刻力士像4身，仍作上二下二两层布置。上层力士像下部身躯隐于云纹背屏内，下层力士像立于山石低台上（图152；图版Ⅰ：139）。低台高19厘米，宽81厘米，深5—11厘米。

各像冠式、面相、身姿、装饰等与左侧壁力士像略同。按从上至下，从外至内的顺序，将其编为第1—4像。

第1像　半身立高46厘米，头长19厘米，肩宽25厘米，胸厚8厘米（图版Ⅰ：140）。一头四臂。左上手持净瓶，右上手持鞭，余两手胸前持剑。

第2像　半身立高49厘米，头长18厘米，肩宽24厘米，胸厚7厘米（图版Ⅰ：141）。三面六臂。左上手持骷髅杖，右上手持锡杖；左中手横于胸前握箭，右中手握左中手腕；左下手持兽面牌，右下手持刀。

第3像　立像高94厘米，头长20厘米，肩宽29厘米，胸厚6厘米（图153；图版Ⅰ：142）。三面六臂。胸前两手持斧；左上手持羂索，右上手持金刚杵；左下手握披帛，右下手握剑。右腿外侧披帛为后世修补。

第4像　立像高101厘米，头长26厘米，肩宽25厘米，胸厚5厘米（图版Ⅰ：143）。一头四臂，刻连鬓胡须。左上手托碗，形如莲蓬，右上手横置左肩持金刚杵；左下手持矛，右下手斜伸，食指上竖，余指相握。

四　铭文

佚名造像残记，南宋年间（1127—1279年）[1]。位于龛右沿外侧中上部方碑内。碑首为覆莲叶，右侧残。碑身方形，右侧残。碑座毁。碑通高32厘米，残宽10厘米。碑文右起，竖刻2行，存8字，楷体，字径2厘米（图版Ⅱ：14）。

01　□□州□镌造题记耳
02　□□□□□□命僧□

五　晚期遗迹

龛口左右侧残毁处均以条石叠砌修补，略经打磨。左侧修补面高166厘米，宽13.5—37厘米，至龛内最深35厘米，其底端的条石占据龛内空间。右侧修补面高182厘米，宽30.5厘米，至龛内最深39厘米。

---

[1] 本则铭文为此次调查新发现。

图 151　第 130 号龛左侧壁立面图

第四章　第 124—145 号　171

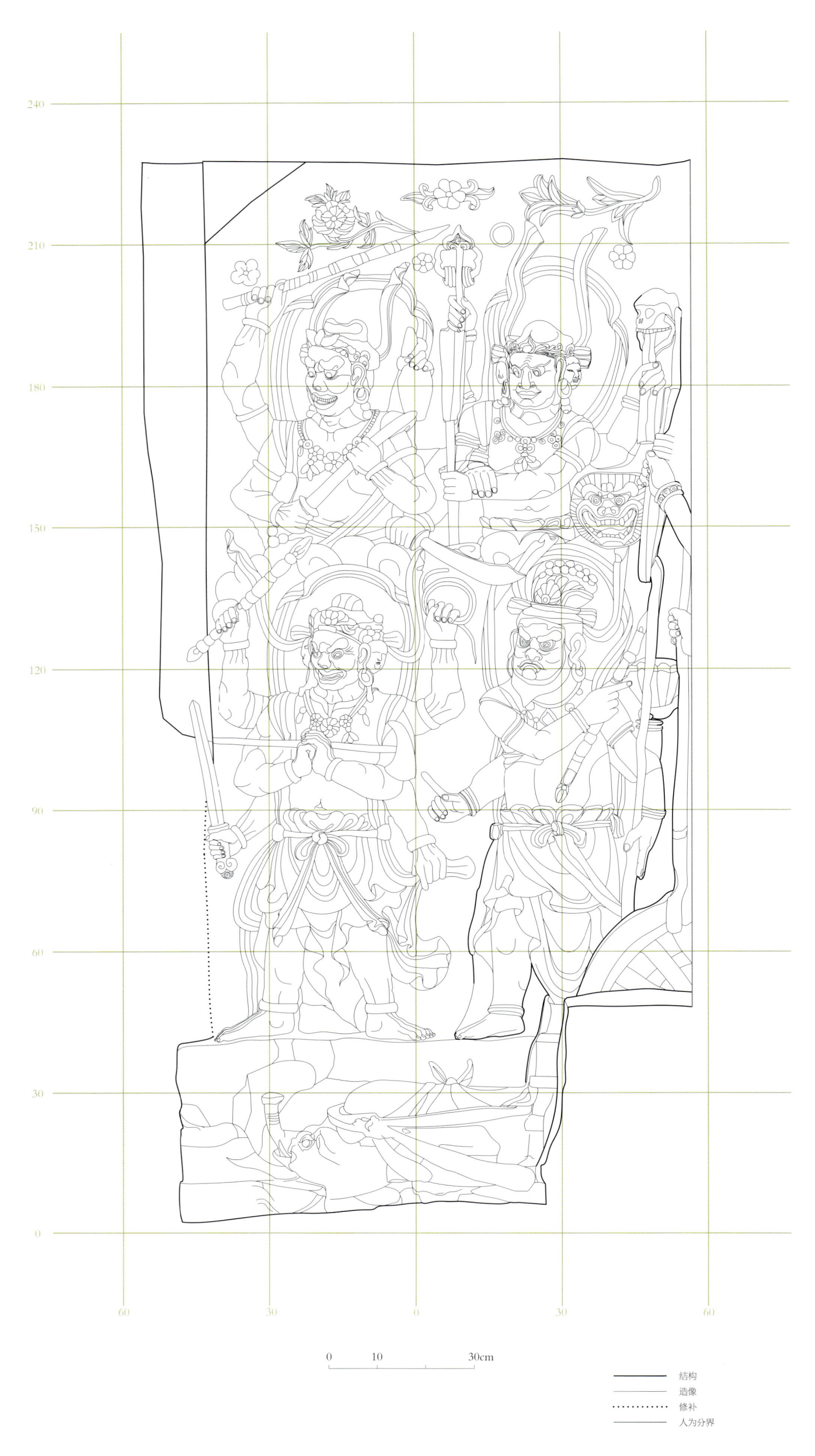

图 152　第 130 号龛右侧壁立面图

172　大足石刻全集　第二卷（上册）

图153　第130号龛右侧壁第3身力士像效果图

龛顶存一道裂隙，始自正壁与龛顶交接处，贯穿龛顶后，延至龛外；全长约136厘米。窟顶左侧裂隙现已修补[1]。龛内存红色、灰白色、蓝色三种涂层。

第十节　第131号

一　位置

位于第129号龛右侧。左距第129号龛23厘米，右距第132号龛24厘米；上方右侧为第130号龛，竖直相距约14厘米；下距地坪28厘米。

龛口西北向，方向308°。

二　形制

单层圆拱龛（图154、图155、图156；图版Ⅰ：144、图版Ⅰ：145、图版Ⅰ：146）。

龛口　在岩壁表面直接凿建龛口。龛口上部、右侧毁，保存下部和左侧大部；残毁处均用条石修补，并作相应处理。现龛口呈圆拱形，高100厘米，宽75厘米，至后壁最深29厘米。

龛底　呈横长方形。龛底左右建一级低坛，高10厘米，深2—9厘米。

龛壁　略为弧壁，右侧壁大部毁。正壁与左右侧壁相交，上部呈圆转相接，下部略成垂直相交。

龛顶　大部已毁，现修补后的龛顶为弧顶。

1　1982年，对第130号窟右壁窟顶进行灌浆封护加固。邓之金：《大足石刻维修工程四十年回顾》，重庆大足石刻艺术博物馆编：《大足石刻研究文集》（2），重庆出版社1997年版，第579页。

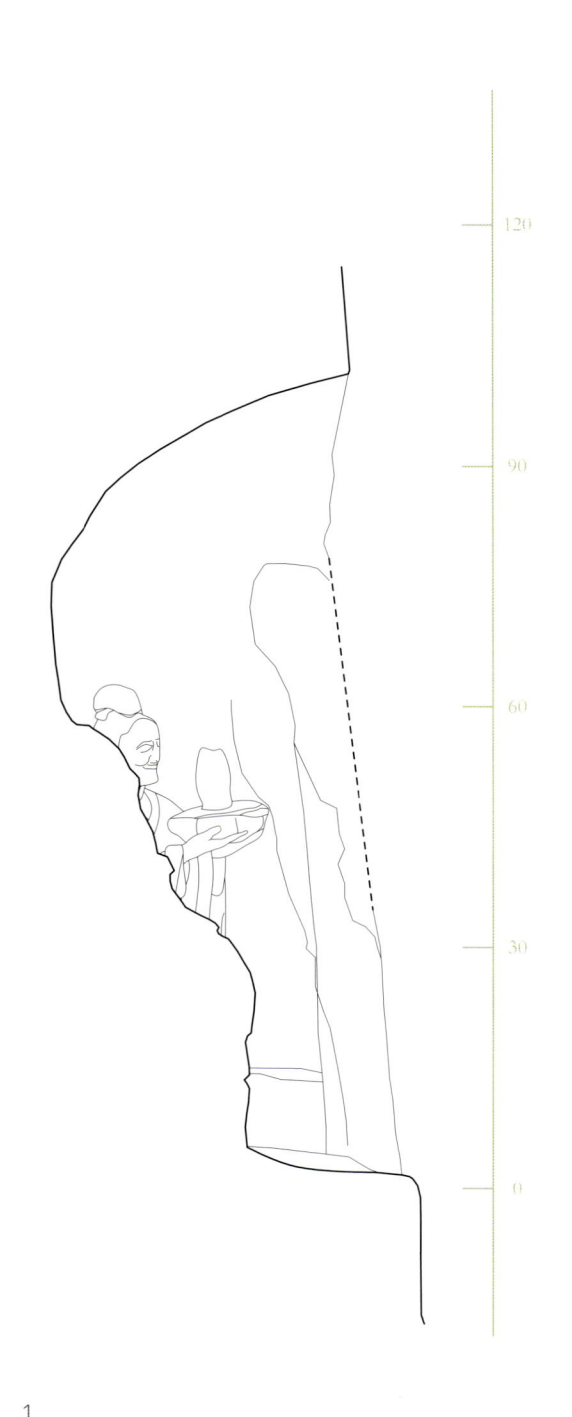

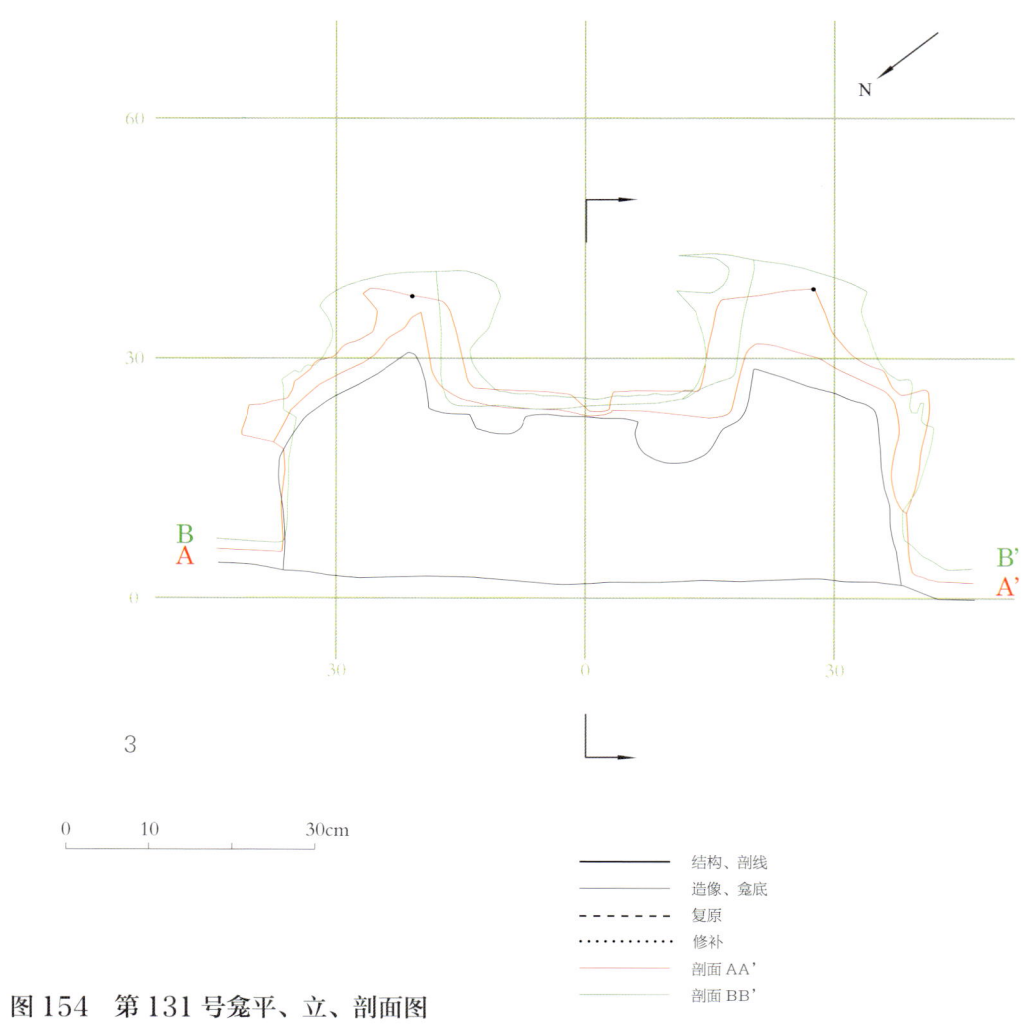

图154 第131号龛平、立、剖面图
1 剖面图 2 立面图 3 平面图

174 大足石刻全集 第二卷（上册）

三　造像

刻像3身（图版Ⅰ：144）。其中，中刻主尊菩萨坐像1身，左右低坛各刻立像1身。

菩萨像　头、颈毁，残坐高32厘米，肩宽14厘米，胸厚8厘米（图154-2）。浮雕圆形素面背光，直径60厘米。所存略为宽大的冠带斜向下垂。身纤细，上身斜披络腋，下着裙；腰带长垂座前。左手直伸撑台，双腿残蚀，从轮廓可见左腿横置座台面，坐于须弥座上。座通高30厘米，宽35厘米，深20厘米；座前刻并蒂莲，仅存轮廓。

左立像　立高49厘米，头长12厘米，肩宽12厘米，胸厚4厘米（图155；图版Ⅰ：145）。梳髻，戴冠，面老，身着双层交领长服，双手于体侧托盘，盘内盛物，似假山。着鞋站立。

右立像　头毁，胸残，残高28厘米。可辨袖摆及长裙，着鞋而立（图156；图版Ⅰ：146）。造像残毁壁面现为后世补砌的条石占据。

四　晚期遗迹

龛口右侧与第132号龛之间的岩体现以条石补砌，补砌面高72厘米，宽23—26厘米，至龛内最深30厘米。龛顶亦用条石修补，修补面高14—42厘米，宽96厘米，至龛内最深32厘米。

龛内存灰白色涂层。

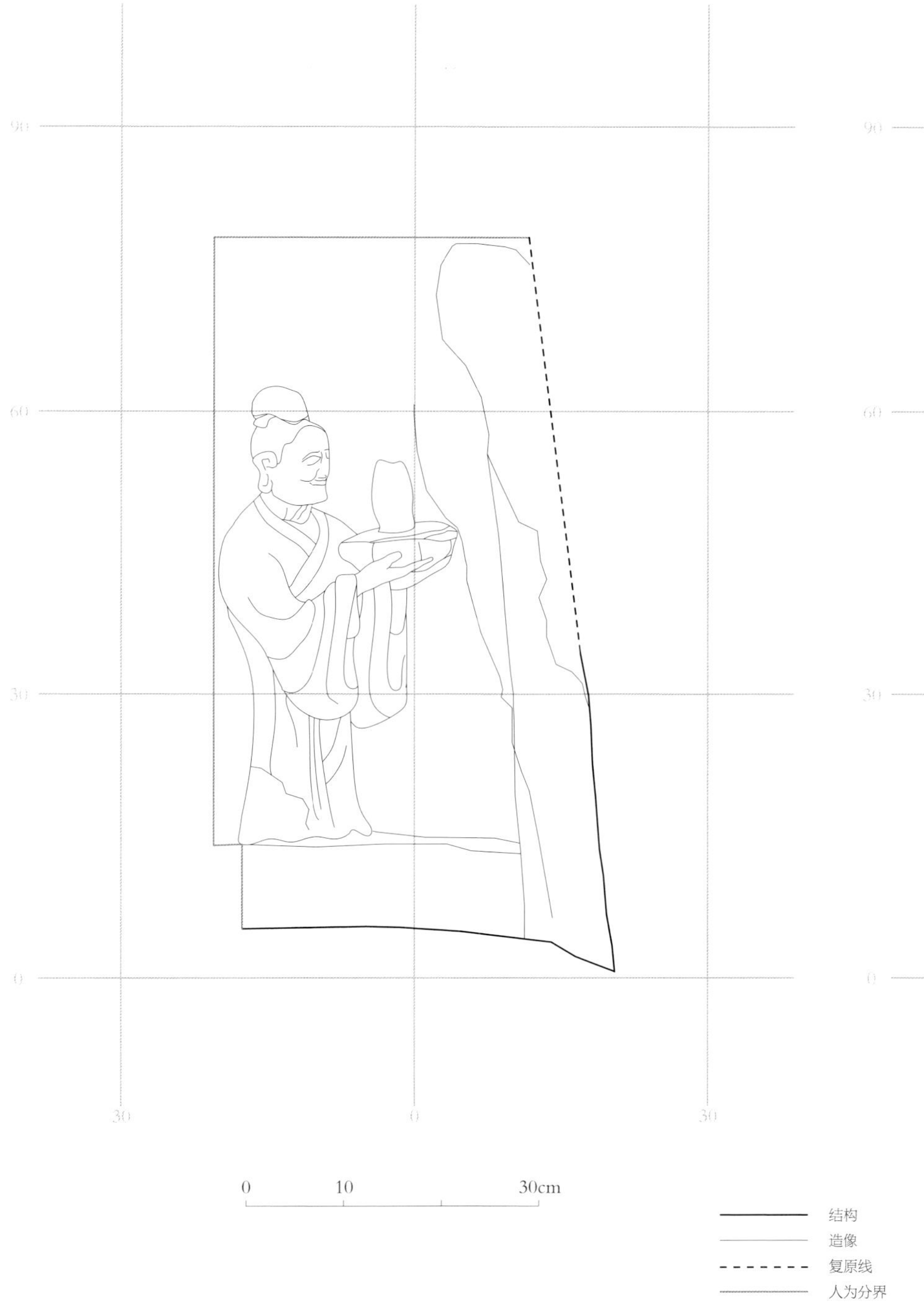

图155　第131号龛左壁立面图 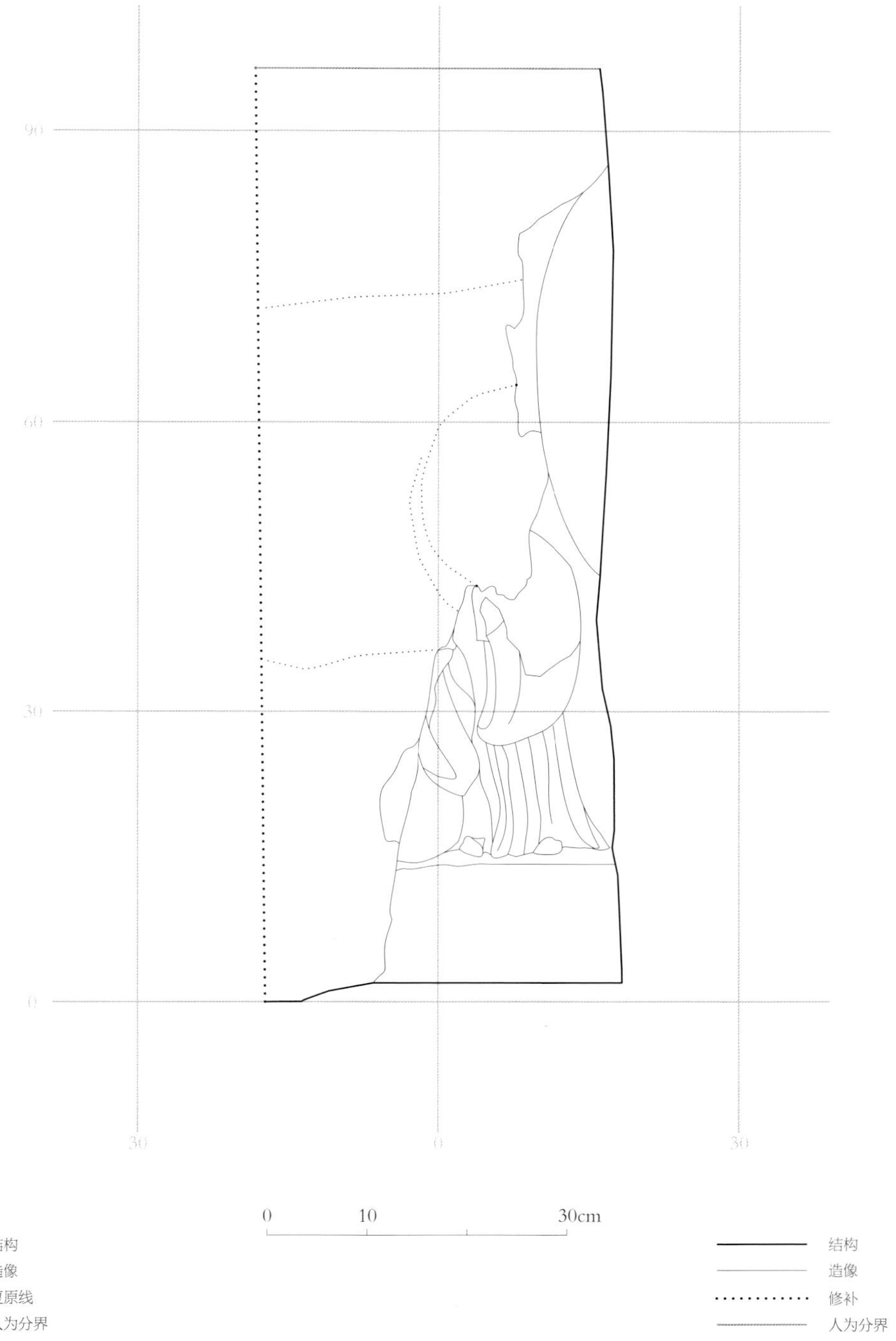　　　　　　　　　图156　第131号龛右壁立面图

第十一节 第132号

一 位置

位于第131号龛右侧。左距第131号龛24厘米，右距第133号窟30厘米；上距第130号龛13厘米，下距地坪26厘米。龛口西北向，方向307°。

二 形制

龛口　在岩壁表面直接凿建龛口（图157、图158、图159、图160；图版Ⅰ：147、图版Ⅰ：148、图版Ⅰ：149）。龛口大部毁，仅存右侧底端和下部，残毁处以条石修补，并作相应处理。龛口呈圆拱形，高103厘米，宽74厘米，至后壁最深37厘米。

龛底　呈梯形，外宽内窄。龛底左右侧建一级弦月形低坛，高7厘米，深1—8厘米。

龛壁　为弧壁。壁面左右外端皆毁，现已修补。

龛顶　毁。修补后为券顶。

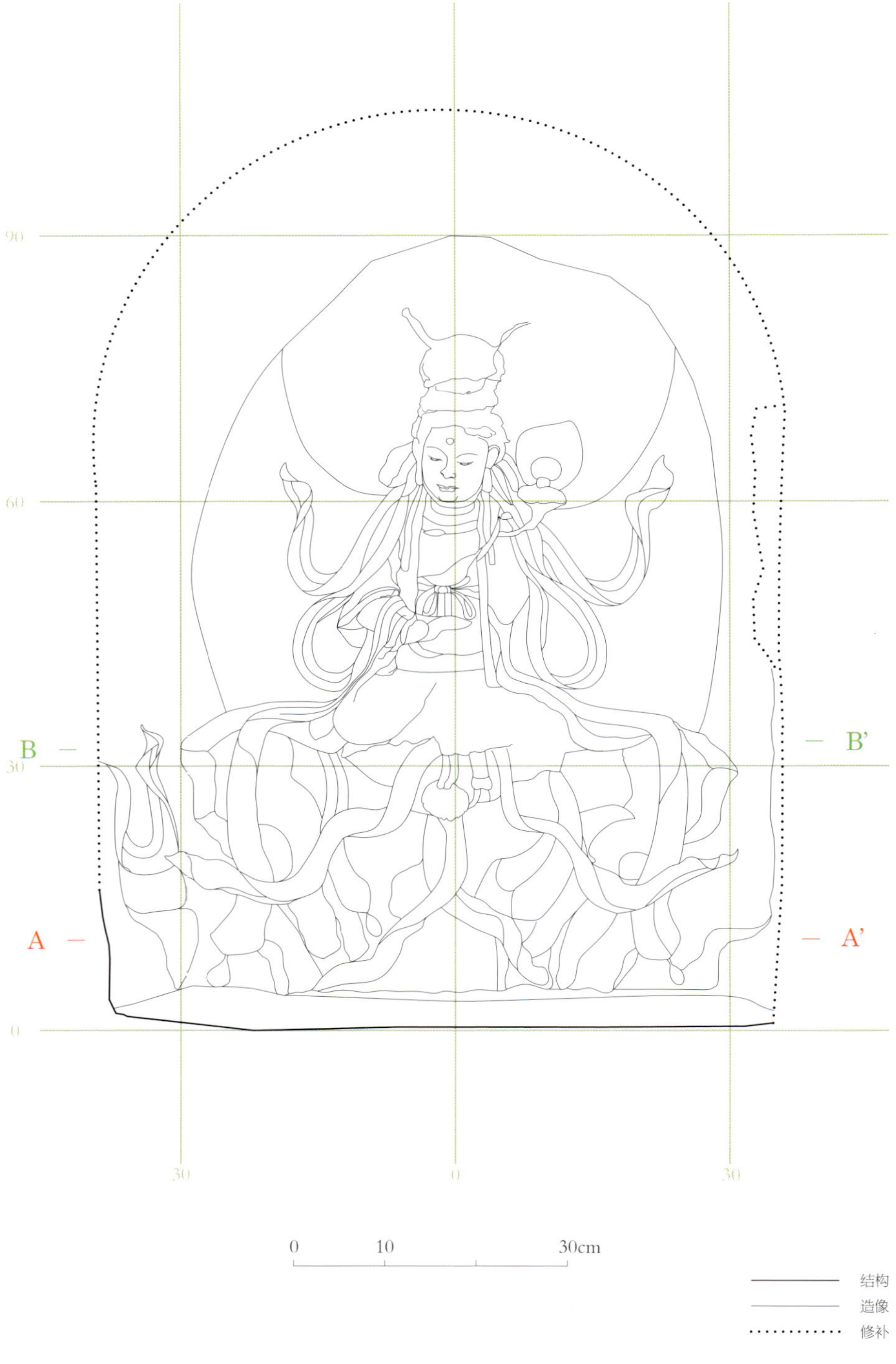

图157　第132号龛立面图

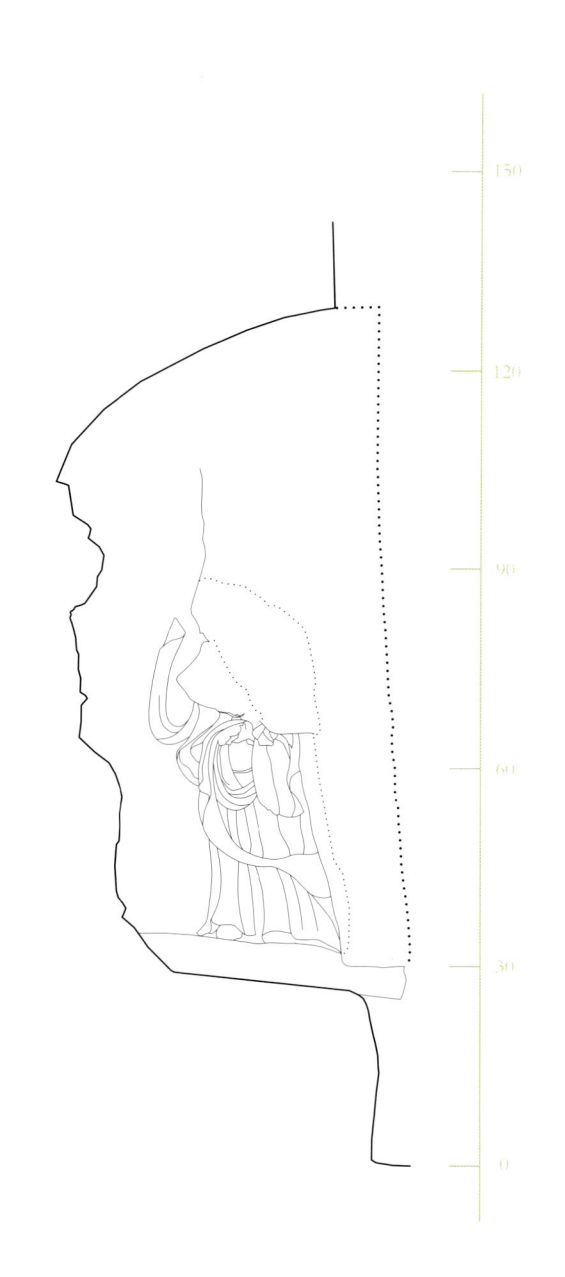

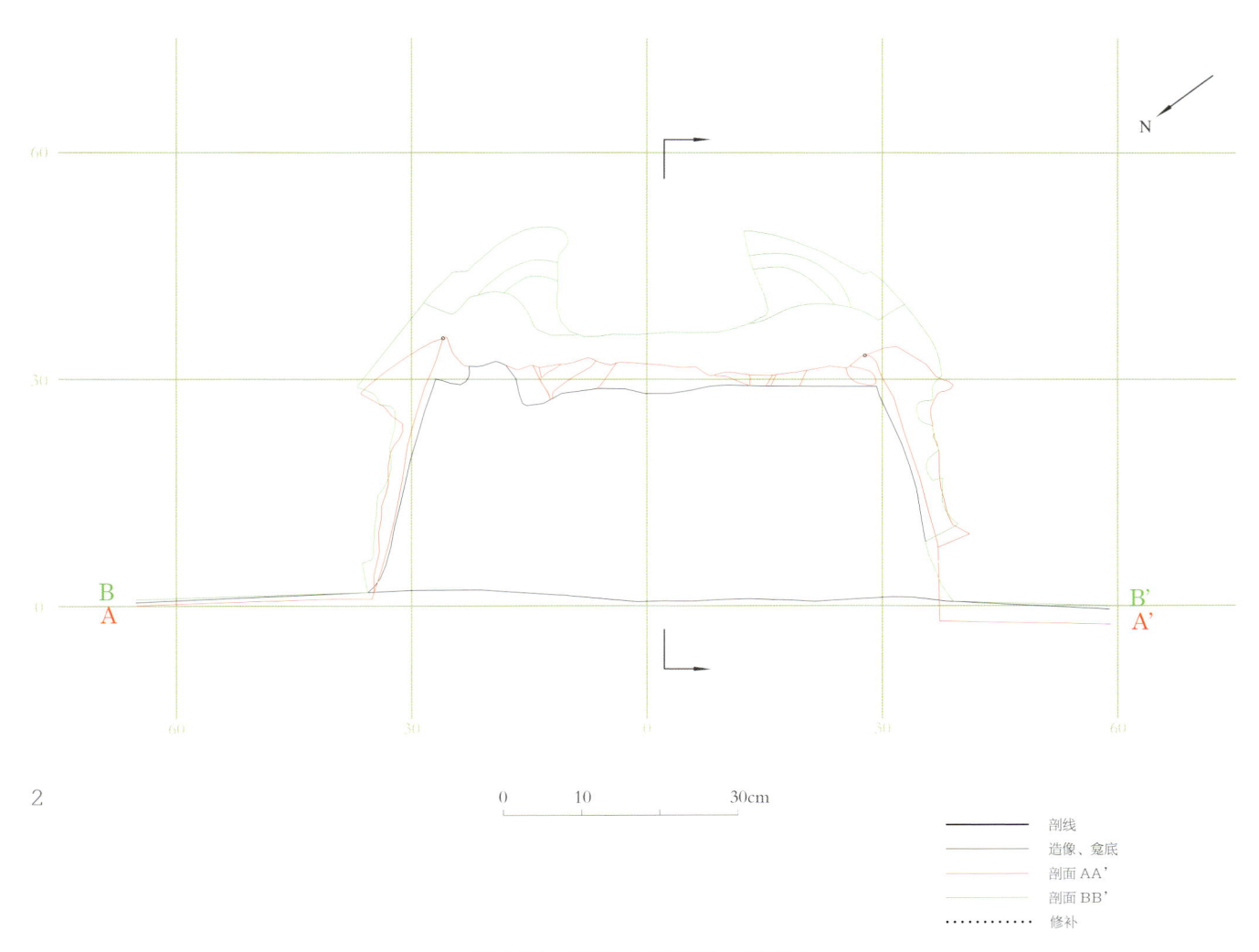

图158 第132号龛平、剖面图
1 剖面图 2 平面图

三　造像

刻像3身（图版Ⅰ：147）。其中，中刻主尊菩萨坐像1身，左右壁低坛各刻立像1身。

菩萨像　坐高46厘米，头长17厘米，肩宽15厘米，胸厚8厘米（图157）。浅浮雕圆形素面头光和身光，上部皆残，横径分别为39、57厘米。高髻，略残，髻顶斜出两道毫光。冠带作结后，作前、后两段下垂；后侧一段上扬呈"U"形；前侧一段沿肩下垂，绕前臂后拂于座前。头略低垂、左侧。面长圆，稍残，饰珠串耳饰。内着僧祇支，系带作结；外着宽博披巾，下着裙；裙摆覆于座前。披巾两端敷搭前臂后，长垂座前。腰带作结，下垂龛底。座前另刻出两段斜飘的帛带，叠于冠带和披巾之上。左手胸前持带茎莲，莲上刻放焰宝珠，右手置于腹前，均前臂残。双腿剥蚀，结跏趺坐于山石座上。座高30厘米，最宽61厘米，最深15厘米。

左壁立像　肩部以上毁，残高约33厘米（图159；图版Ⅰ：148）。可辨长裙、腰带，披帛于腹前交叠后敷搭前臂，再斜飘于左侧；右手举于胸前。跣足而立。

右壁立像　腰部以上毁，残高约21厘米（图160；图版Ⅰ：149）。可辨长服下摆、腰带及体侧上扬的披帛。像左上方另存一段上扬的冠带。

四　晚期遗迹

龛口左侧与第131号龛之间的岩体毁，现已修补。

龛口右侧与第133号窟之间的岩体毁，现已修补，修补面至龛内最深31厘米。

龛顶现以条石修补完整，并作弧形处理。修补面高13—41厘米，宽85厘米，至龛内最深35厘米。

龛内存灰白色涂层。

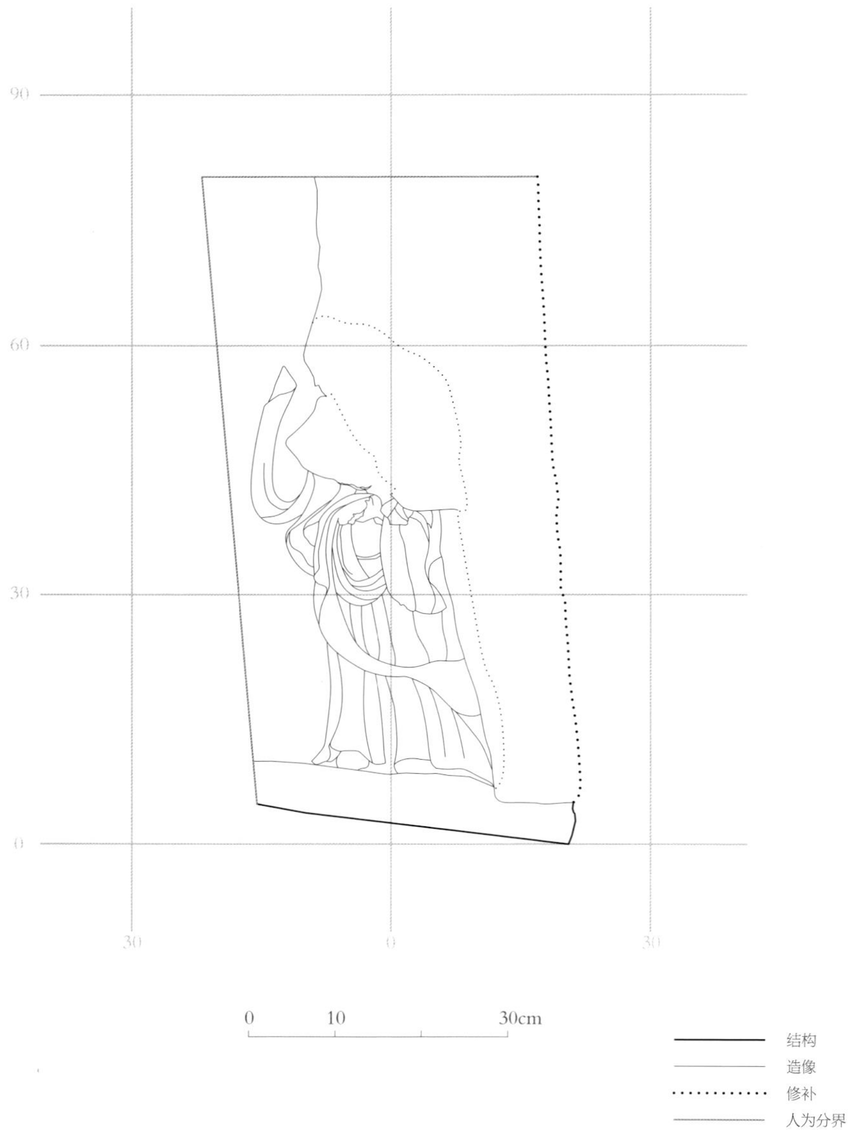

图 159　第132号龛左壁立面图

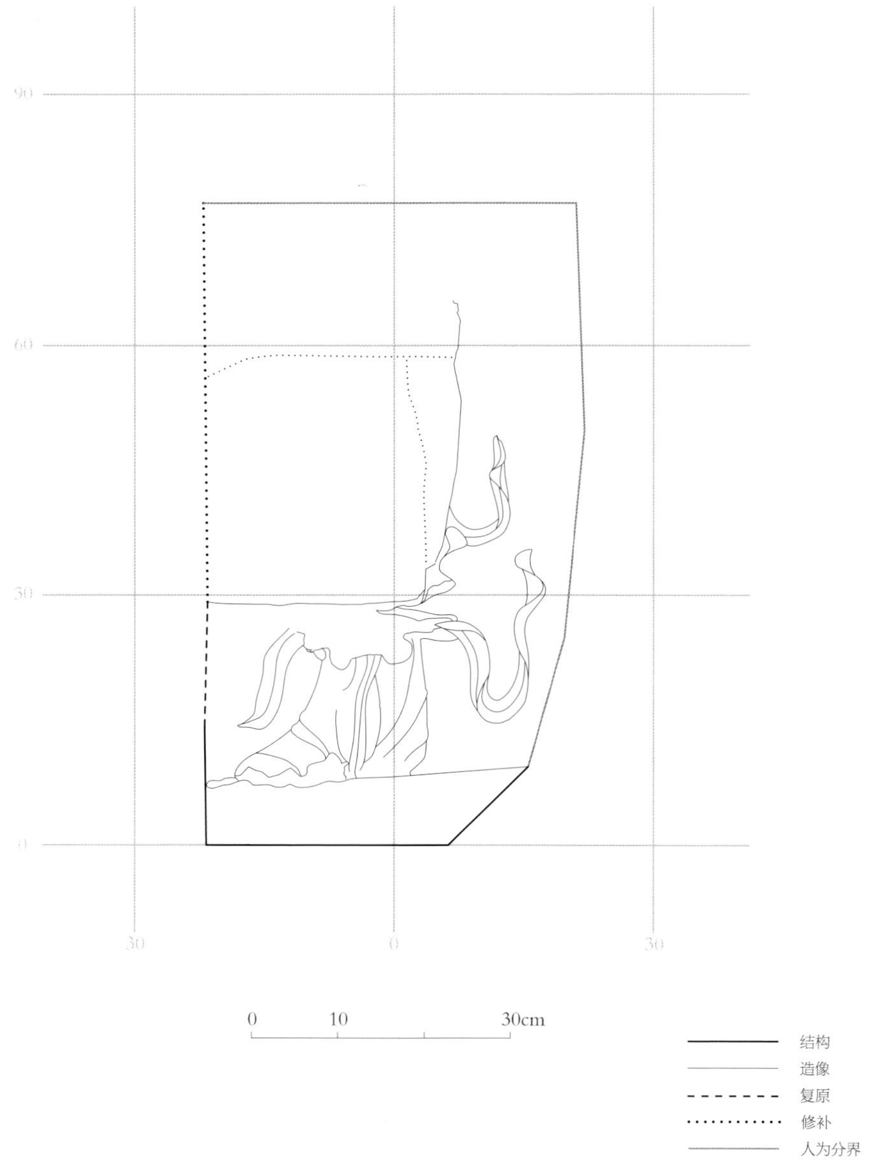

图 160　第132号龛右壁立面图

第十二节　第133号

一　位置

位于第132号龛右侧。左距第132号龛30厘米，右距第135号龛16厘米；上为岩体，下距地坪17厘米。窟口西北向，方向299°。

二　形制

平顶方形窟（图161、图162、图163、图164、图168、图169；图版Ⅰ：150、图版Ⅰ：151、图版Ⅰ：156、图版Ⅰ：160）。

窟口　在岩壁表面直接凿建窟口。窟口方形，左侧岩体大部毁，存上下端少许，残毁处以条石补砌，并打磨平直；右侧下部局部损，现以条石修补；上部岩体残脱，下部完整。窟口高305厘米，宽217厘米，至正壁最深309厘米。窟口左、右内侧保存有最宽约31厘米的平整面，部分受损。窟口左、右上角作圆弧处理，略残。

窟底　方形。分作前、后两部分，前低后高，高差44—50厘米。其中，前部呈方形，与窟口等宽，深104厘米；于中间位置后世凿一圆孔，右侧凿一条浅沟。后部亦呈方形，未处理平整，与前部等宽，深176厘米；右侧凿有浅沟，并与前部窟底的浅沟相接。

窟壁　壁面略竖直，正壁与左右侧壁圆转相接。壁面与窟顶垂直相交。

窟顶　平顶，方形；前侧部分剥落。

三　造像

刻像7身。分为正壁、左侧壁、右侧壁造像三部分（图版Ⅰ：150）。

（一）正壁

中刻主尊菩萨坐像1身，左右侧各刻侍者立像1身（图165；图版Ⅰ：152）。

菩萨像　坐高128厘米，头长36厘米，肩宽44厘米，胸厚22厘米（图166；图版Ⅰ：153）。浮雕桃形头光，内圆素平，边缘刻火焰纹，焰尖延至窟顶，横径84厘米。梳髻，鬓发绕耳，垂发作结后分三缕披垂双肩。戴卷草花卉冠，冠体上部残，下部饰六段弧形下垂的饰带，尖角处垂桃形坠饰。冠带作结后各分三段下垂，后侧两段斜飘至上臂外侧；中侧两段部分残断，饰以珠串、饰物组成的璎珞，下垂至双腋处作结，再折叠垂搭前臂、绕手腕后飘于座台正面左右端，端头呈三角形；前侧两段部分残断，下垂至双腋处作结，再各分作两条细飘带，分别绕上臂和前臂后沿体侧下垂至座台左右侧。脸椭圆，双颊丰满，眼角上挑，鼻稍残，唇厚，嘴角后收，下颌外凸，耳垂略残，存左侧耳饰。颈刻三道肉褶线。胸饰璎珞，上部为两条珠串组成的项圈，内镶团花。项圈之下垂挂珠串、饰物等组成的璎珞，其竖直边缘连接四条珠串，绕上臂后隐于身后，形如阶梯；珠串间均镶缀饰物。内着僧祇支，上身斜披络腋，下着长短两层裙。络腋帛带缀饰璎珞，中部为两条珠串接若干饰物而成，每件饰物两端各下垂一条较短的珠串；帛带于腹前外翻，下垂于座前。腰带作结下垂，于座台正面再次作结后长垂至座台底部。自后腰斜出一道飘带，上饰璎珞，于腹前相绕后斜垂座前。腕镯，左手屈肘置腿膝间握持念珠，右臂置右膝上，齐腕残断。跣足，足趾残；左腿横置于台面，右腿屈膝上抬置于座台面，坐于须弥座上。座高84.5厘米，宽127厘米，深60厘米；中部为束腰方台，宽92厘米；上下部分皆为两阶叠涩方台，上部方台左侧前端残。须弥座置于方台上，台长148厘米，宽64厘米；边缘一周浮雕山石，高约9厘米。

菩萨像身后浮雕方形山石背屏，下起窟底，上抵窟顶，高约154厘米，宽约170厘米，最厚14厘米；背屏左侧中部刻一只净瓶，瓶口有带锥状瓶塞，通高30厘米，腹径9厘米。

左侍者像　男像。立像高129厘米，头长24厘米，肩宽30厘米，胸厚10厘米（图167；图版Ⅰ：154）。戴束发冠，面方，额刻三道皱纹；双眉外凸、垂梢，眼眶略深，双眼鼓突；弓鼻，鼻端残；高颧骨，阔口闭合，刻连鬓胡须。内着交领窄袖服，外披氅；下着

图 161　第 133 号窟立面图

图 162　第 133 号窟平面图

图 163 第 133 号窟剖面图

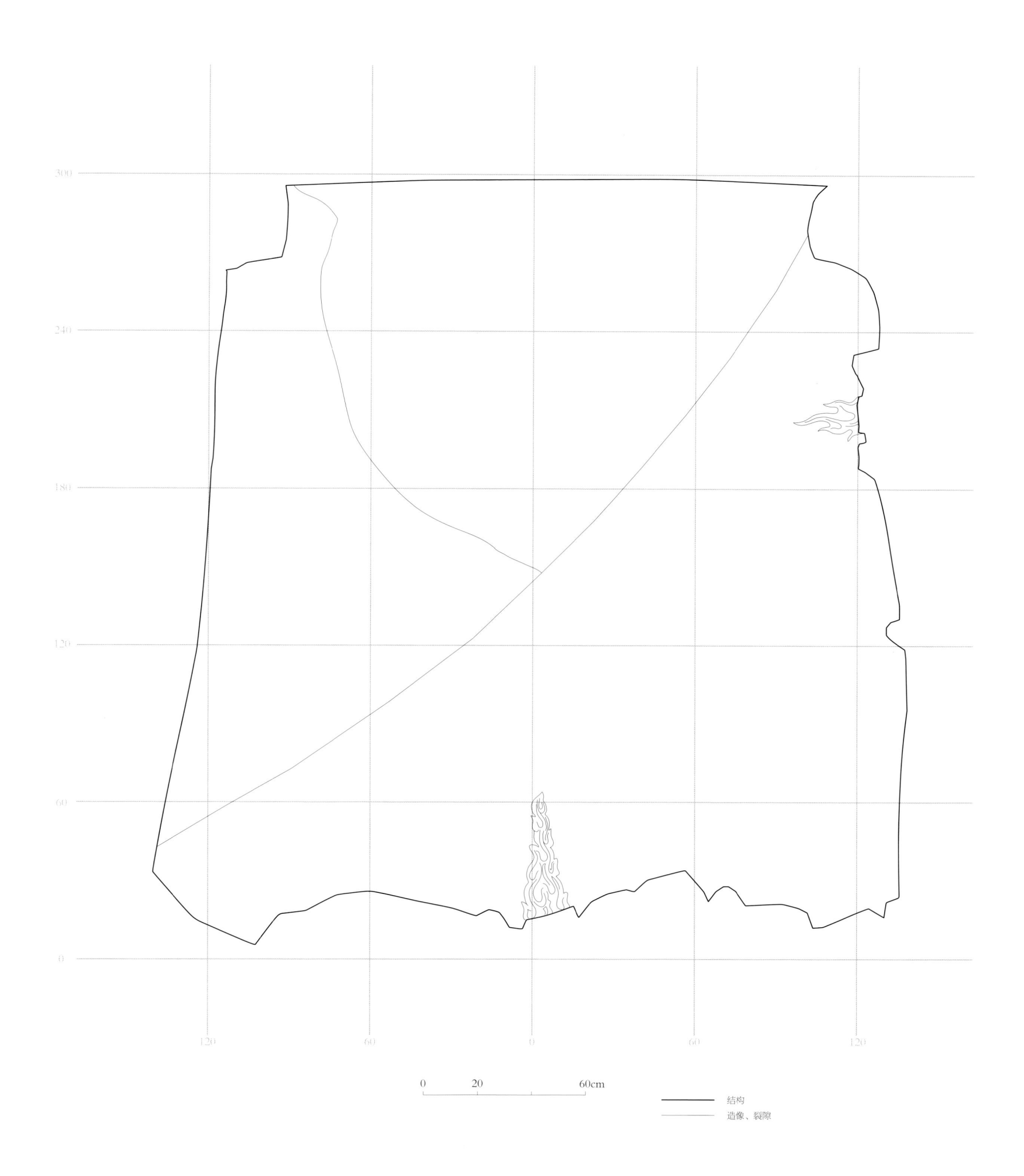

图 164　第 133 号窟窟顶仰视图

图 165　第 133 号窟正壁立面图

图 166　第 133 号窟主尊菩萨等值线图 　　　　　　　　　图 167　第 133 号窟主尊左侧善财像效果图

长裙，裙腰上束至胸，腰带长垂至足间。双手置于右胸前托盘，内盛假山。着鞋立于不规则山石台上。台高56厘米，宽50厘米，最深21厘米。

右侍者像　女像。立像高131厘米，头长25厘米，肩宽26厘米，胸厚13厘米（图版Ⅰ：155）。梳双环髻，戴冠。面长圆，细眉小眼，鼻残、厚唇，下颌外突。饰桃形耳饰，内着翻领窄袖衣，外着交领宽袖衫，下着长裙。胸系带，作结长垂，于双膝上部再次作结后下垂至足；胸前垂挂一条较宽的帛带，止于裙摆底部。双手置左胸前托盘，左手及盘部分残。着鞋，略蚀，立于不规则山石台上。台高52厘米，宽54厘米，深17厘米。

（二）左侧壁

刻武士立像2身，呈"八"字形立于山石低台上。台长245厘米，高20厘米，深16—27厘米（图168；图版Ⅰ：156）。

外侧武士像　三面六臂。立像高175厘米，头长31厘米，肩宽50厘米，胸厚21厘米（图版Ⅰ：157）。戴兽头冠，左右饰凤翅，下颌系带，冠带作结上飘头顶；饰耳环。正面脸形方正，浓眉上挑，鼓眼，颧骨高突，鼻翼稍残，阔口半开；左、右面略小，闭口作愤怒状。内着袍，袖口宽大，下摆右飘。颈系肩巾，双肩刻出龙头护肩及披膊。外着裲裆甲，当胸圆护；胸际束勒甲索。腰间系革带和腰带，束抱肚，垂鹘尾；腰带作结后斜飘身体右侧。腿裙正面开衩，止于双膝处。身甲与腿裙均由细条穿编呈"井"字形。在腿裙与袍服之间刻出一段腰带，长垂足间。腰间革带插入一段帛带，中部垂于腹前，两端飘于体侧。六臂皆臂甲。上两臂于头顶托一轮，直径45厘米；毂内凹，刻双手合十的立式小佛1身，高约10厘米；外刻八枚叶形轮辐（高10厘米，最宽约6厘米）与辋相接，轮辐间以团花相接；辋边缘均匀刻出八粒放焰珠，火焰上飘（图版Ⅰ：158）。中两手握持一矛，全长约167厘米；柄残断，矛毁，后世另刻于窟口内侧壁面。左下手握帛带，右下手于胸前持金刚杵，略残。小腿胫甲。足靴，大部残。

内侧武士像　一头四臂。立像高185厘米，头长31厘米，肩宽40厘米，胸厚22厘米（图版Ⅰ：159）。头戴凤翅盔，盔顶绳带作结后飘。顿项披垂，下颌系带作结。面方圆，浓眉鼓眼，鼻残，阔口闭合，下颌上扬。戴圆形耳环。身甲、腿裙均为山文甲，左右胸刻兽面圆护，腹前刻龙首吞；其余装束略同外侧武士像。身四臂，左上手上举持斧，斧通长54厘米；左下手横于胸前，掌心向上，手指弯曲；右上手上举握鞭，鞭全长71厘米；右下手屈肘持剑，通长111厘米，剑身宽约5厘米，前端残。

图 168　第 133 号窟左侧壁立面图

（三）右侧壁

刻武士立像2身，呈"八"字形立于山石低台上，低台与左侧壁像略同（图169；图版Ⅰ：160）。

外侧武士像　三面六臂。立像高177厘米，头长33厘米，肩宽42厘米，胸厚23厘米（图版Ⅰ：161）。头梳髻，戴卷草冠，下颌系带作结，冠带作结上飘。正面相方正，浓眉鼓眼，鼻翼粗大，阔口闭合，戴耳环；左、右面相略小，圆脸，蓬发上飘。左、右胸圆护刻出团花，身甲作皮条穿编，呈六边形。腿裙甲叶略呈耳形，并刻出圆形铆钉。其余装束略同左壁外侧武士像。身六臂，左上手上举持圆镜，直径约24厘米，厚约4厘米，部分残；右上手上举持锏，全长约94厘米，少许残；中两手（左手前臂毁）持戟，全长约200厘米，柄部分残断；左下手斜伸握持羂索；右下手挂剑，通长约107厘米，剑身大部残断。双足略蚀。

内侧武士像　一头四臂。立像高188厘米，头长32厘米，肩宽43厘米，胸厚20厘米（图版Ⅰ：162）。头戴凤翅盔，盔顶绳带作结；顿项披垂，下颌系带作结。面方正，额刻三道皱纹，浓眉鼓眼，鼻稍残，阔口闭合，下颌微扬。身甲甲叶刻作梅花形，腿裙甲叶刻作鱼鳞状。其余装束略同左壁内侧武士像。身四臂，左上手屈肘上举托钵，钵高17厘米，直径27厘米，内斜向伸出龙首，龙嘴略尖，口闭合，有龙角、龙须，显露部分高约20厘米；左下手垂于身前，握持凤头斧，柄部分残断，残长162厘米；右上手上举握刀，刀长约65厘米；右下手横置于胸前，掌心向上，手指内屈，略残。双足略蚀。

此外，窟底后侧于正壁主尊座台底部前端线刻云气纹，剥蚀残损，残长197厘米，宽58厘米。云气纹右侧靠里端似存一兽（图版Ⅰ：163）。

四　晚期遗迹

主尊菩萨像右臂残毁处凿圆形小孔，直径1厘米，深3厘米。

窟底右侧凿一条浅沟，自后侧窟底中部延至窟外，全长约240厘米，宽3—7厘米，深2厘米。后侧窟底线刻少许云气纹，剥蚀较重。

窟底前侧中部凿圆孔，直径43厘米，深3厘米。圆孔前端至窟外凿有浅沟，长35厘米，宽3—7厘米，深3厘米。

左侧窟口与第130、132号龛之间的岩体毁，现以条石叠砌修补，修补面通高288厘米，宽31厘米，至窟内最深45厘米[1]。

右侧窟口下部残毁处以条石修补，修补面通高117厘米，宽17—23厘米，至窟内最深22厘米。

窟内保存灰白色、红色、蓝色、黑色四种涂层。

第十三节　第134号

一　位置

位于第133号窟右上方。左距第133号窟18厘米，右距第136号窟121厘米；上为岩体，下距第135号龛29厘米。

碑刻西北向，方向297°。

二　形制

在岩壁表面平直凿进最深约4厘米刻碑1通。碑高65厘米，宽86厘米，深4厘米；四周刻出宽4厘米的碑框。

三　碑文

民国大足石刻考察团记事碑，民国三十四年（1945年）。楷书，左起竖刻14行，180字，字径3厘米（图版Ⅱ：15）。

---

[1] 1982年，对第133号窟窟口进行加固处理。邓之金：《大足石刻维修工程四十年回顾》，重庆大足石刻艺术博物馆编：《大足石刻研究文集》（2），重庆出版社1997年版，第579页。

图 169　第 133 号窟右侧壁立面图

01　中华民国卅有四年四月江宁杨
02　家骆应大足县郭县长鸿厚县
03　参议会陈议长习删之邀组织大
04　足石刻考查团参观北山宝顶山
05　等处唐宋造像参加者鄞马衡
06　侯官何遂吴顾颉刚铜山张静秋
07　江宁朱锦江庐江冯四知北平庄尚
08　严新河傅振伦台山梅健鹰临川
09　雷震侯官何康民权苏鸿恩江津
10　程椿蔚潮安吴显齐以是月廿七日
11　至县凡历七日遍游诸山识韦刺
12　史之勋猷见赵本尊之坚毅妙
13　相庄严人天俱足为之欢喜赞
14　叹爱于归日题名刊石以志胜游[1]

四　晚期遗迹

碑存黑色墨迹。

第十四节　第135号

一　位置

位于第134号龛下方。左距第133号窟16厘米，右距第136号窟70厘米；上距第134号龛29厘米，下距龛外平台25厘米，平台台面下距地坪20厘米。

龛口西北向，方向297°。

二　形制

双层方形龛（图170、图171、图172、图173；图版Ⅰ：164）。

龛口　在岩壁表面平直凿进最深约33厘米形成龛口。龛口左右侧中下部残损，上、下部稍残。据龛口遗迹推测，龛口为两重，呈方形。外龛外缘高212厘米，宽约165厘米；内缘高201厘米，宽143厘米，至内龛沿面深约0.5厘米；沿面（未刻下沿）宽约11厘米。内龛未刻下沿，沿面宽7.5厘米，内缘高166.5厘米，宽127厘米，至后壁深74.5厘米。内龛左右沿内侧上部存有宽6厘米的平整面，下部毁。龛口左右上角作斜面处理。龛外下方25厘米处凿一平台，台面大致与外龛等宽，深约30厘米。

龛底　略呈半圆形，略剥蚀。

龛壁　正壁为弧壁，与左右侧壁圆转相接；左右壁略外敞。正壁中部建弦月形平台，高6.5厘米，宽102厘米，最深20厘米；上距龛顶61厘米，下距龛底140厘米。壁面与龛顶弧面相接。壁面存有两道较为明显的裂隙，一道起自龛顶左侧，向右发育，再向下延至正壁与右壁交接处中部，全长约160厘米；另一道起自左壁中部，向上横贯龛顶，再向下延至右壁中部，全长约233厘米。

龛顶　为平顶，呈半圆形。

图 170　第 135 号龛立面图

190　大足石刻全集　第二卷（上册）

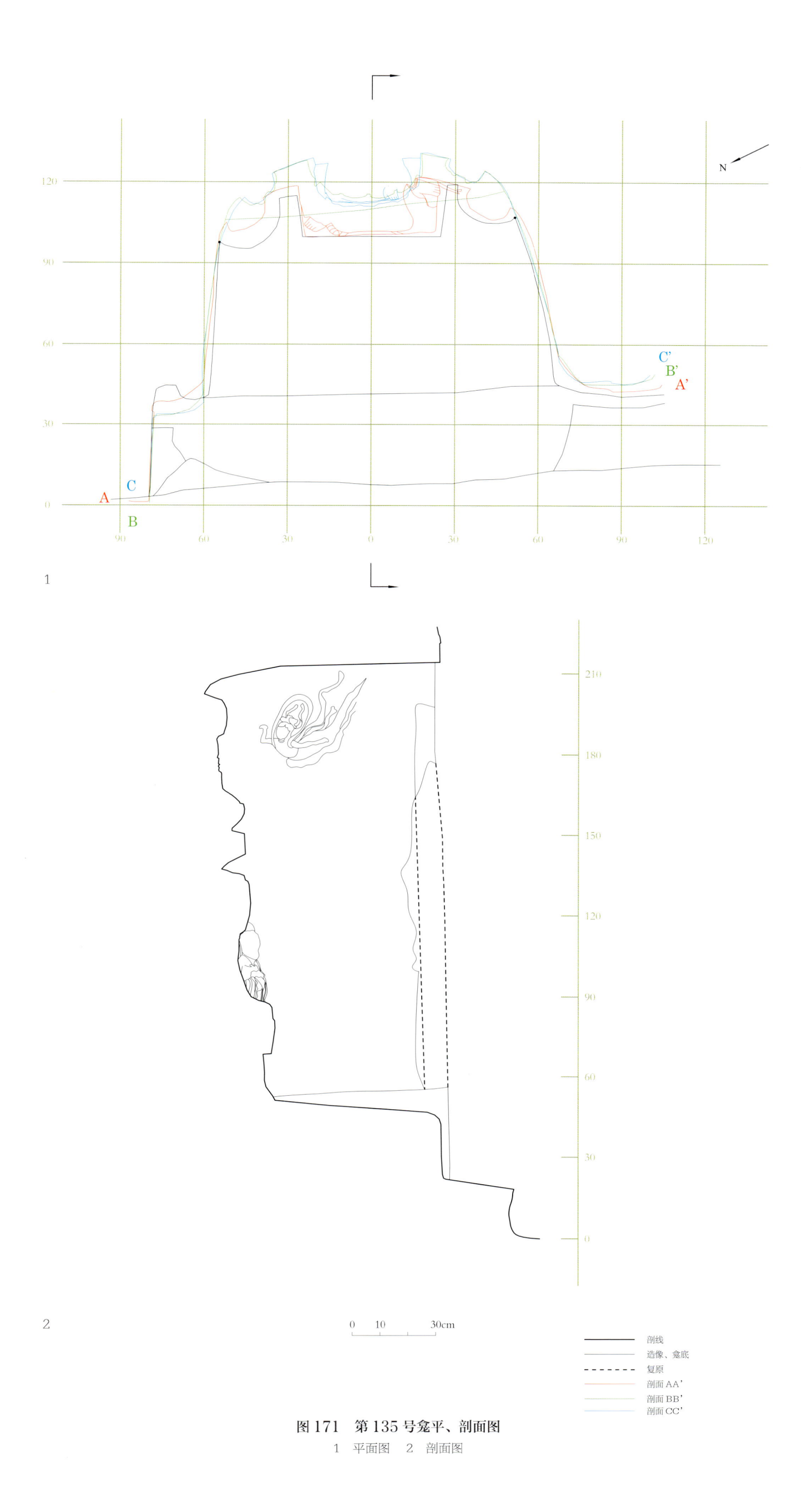

图 171　第 135 号龛平、剖面图

1　平面图　2　剖面图

三 造像

刻像8身。分为正壁上部、下部、左右侧壁造像三部分（图版Ⅰ：164）。

（一）上部

上部平台刻一佛二弟子3身像（图版Ⅰ：165）。

佛像　坐高38厘米，头长13.5厘米，肩宽18厘米，胸厚7.5厘米。浮雕桃形头光和圆形身光。头光内圆素平，边缘刻火焰纹，横径31厘米；身光素平，直径46厘米，厚2.5厘米。螺发，髻珠内陷。面方圆，眉间刻白毫，鼻端残，下颌略蚀，双耳垂长。内着僧祇支，系带作结；外着双领下垂式袈裟，袈裟一角系于左肩，少许覆于座前。左手抚膝，右手屈肘举胸前，齐腕残。结跏趺坐于双重仰莲台上。台高11厘米，宽41厘米，深19厘米。

左弟子像　立像高39厘米，头长9.5厘米，肩宽14厘米，胸厚5厘米。浅浮雕圆形素面头光，直径19厘米，厚0.5厘米。光头，略蚀，方脸，面老。内着双层交领长服，胸际系带；外披袒右式袈裟，下着裙，腰带长垂至足间。双手胸前作拱，着鞋站立。

右弟子像　高39厘米，头长9厘米，肩宽13厘米，胸厚4.5厘米。面圆，显年轻，装束、身姿与左弟子像略同。

（二）下部

刻一菩萨二侍者3身像（图版Ⅰ：166）。

菩萨像　坐高54厘米，头长22厘米，肩宽22厘米，胸厚10厘米。浅浮雕圆形素面背光，直径66厘米。梳髻，鬓发绕耳，垂发分三缕披肩；戴双重卷草冠，冠翼略外展；冠带作结后各分两段下垂，后侧两段上扬，前侧两段沿肩下垂，末端垂于座台左右外侧。脸长圆，鼻稍残，戴珠串耳饰。颈刻三道，胸饰璎珞，略蚀，上部为项圈，其下垂珠串及饰物。上身斜披络腋，下着长短两层裙，腰带交绕下垂于座前。自后腰斜出一道飘带，于腹前交绕后，斜垂座前，末端残。腕镯，左手撑台压冠带，右手置膝上握冠带。跣足，左腿横置于台面，右腿屈膝上抬，坐于须弥座上。座高30厘米，宽47.5厘米，深22.5厘米，须弥座束腰及下枋部分残。

左侍者像　男像。立像高60厘米，头长14厘米，肩宽16厘米，胸厚7.5厘米。梳髻，系巾。面蚀。上着双层交领长服，下着裙，腰带长垂足间。双手置于胸前，覆巾，部分残；立于圆台上，足及台大部残。台残高7厘米，直径23厘米。

右侍者像　女像。立像高55厘米，头长17厘米，肩宽14厘米，胸厚7厘米。梳高髻，系巾，巾带垂于头后侧。面浑圆，细眉小口。上着翻领宽袖长服，披云肩；下着裙，腰带长垂。身饰一道披帛，沿胸下垂，于腹前交叠，再敷搭前臂后垂于体侧，末端上扬。双手胸前托巾，巾上置宝珠，珠径3.5厘米。小腿下部及台大部残蚀。台残高7厘米，直径25厘米。

（三）左右侧壁

其上部各线刻"U"形飞天像1身，呈对称布置，向龛内飘飞。

左侧壁飞天像　身长31厘米（图172；图版Ⅰ：167）。梳髻，头巾飘于头顶。面蚀。上身袒，下着长裙，披帛环状绕于头后，两端经腋下长飘体后。左臂斜垂体侧，右臂前伸屈肘上举持物，物难辨；左腿略后翘，右腿屈膝上抬，作飞翔状。

右侧壁飞天像　身长33厘米。残蚀略重（图173；图版Ⅰ：168）。双手腕镯，屈肘于胸前托盏；左腿略上抬，右腿屈于身后；余与左侧壁飞天像同。

四　晚期遗迹

龛内保存红色、白色、绿色、黑色四种涂层。

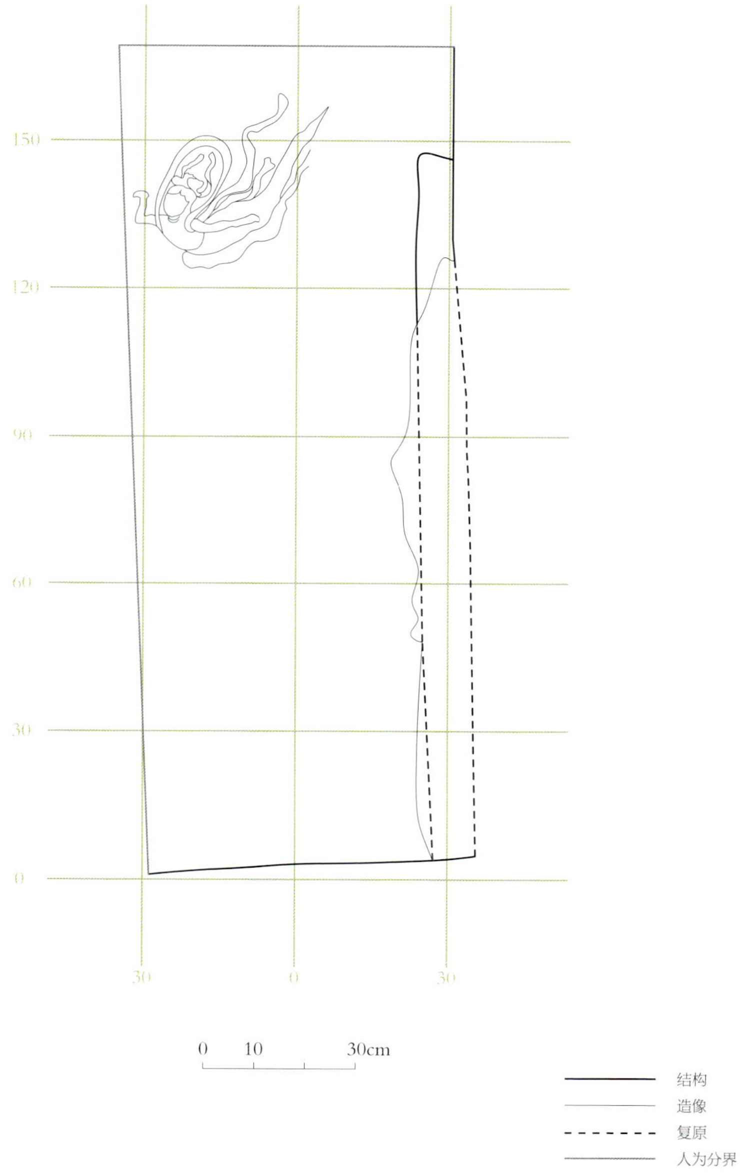

图172　第135号龛左侧壁立面图

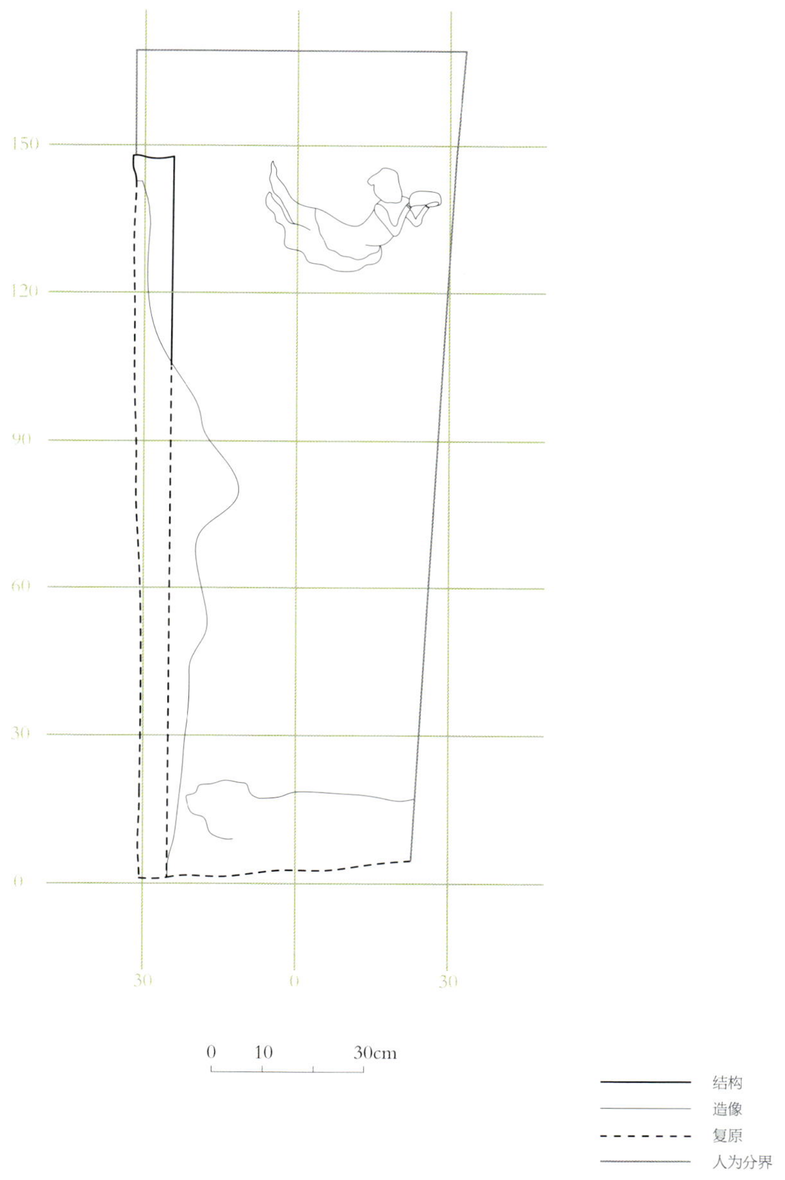

图173　第135号龛右侧壁立面图

第十五节　第136号

一　位置

位于第134号、第135号龛与第137号龛之间。左距第134号龛121厘米、第135号龛70厘米，右距第137号龛44厘米；上为自然岩体，下部与长廊现地坪相接。

窟口西北向，方向305°。

二　形制

方形平顶窟[1]（图174、图175、图176、图177、图178、图179、图191、图200、图212；图版Ⅰ：169、图版Ⅰ：170、图版Ⅰ：198）。

窟口　原窟口毁。现窟口左右以条石叠砌修补，并经打磨，修补面高405厘米，宽44—52厘米，至窟内深22—52厘米。窟口上部以水泥补接，长470厘米，高47厘米，内侧与窟顶相接。窟口下部砌一级条石，高21—24厘米，长412厘米，宽31厘米，外侧与长廊地坪相接，并在同一水平面上。现窟口为方形，高379厘米，宽412厘米，至后壁最深约679厘米。

---

[1] 1991年12月至1992年10月，在第136号窟窟口两侧用条石砌出"门框"，与左右两侧壁连为一体，其上横架钢筋混凝土梁与窟前沿连接为一体，构成现存的一个完整的窟口。贾瑞广：《大足宝顶山"截膝地狱"和北山第136号窟维修加固工程技术总结报告》，重庆大足石刻艺术博物馆编：《大足石刻研究文集》（2），重庆出版社1997年版，第554—561页。

图 174　第 136 号窟外立面图

第四章 第 124—145 号　195

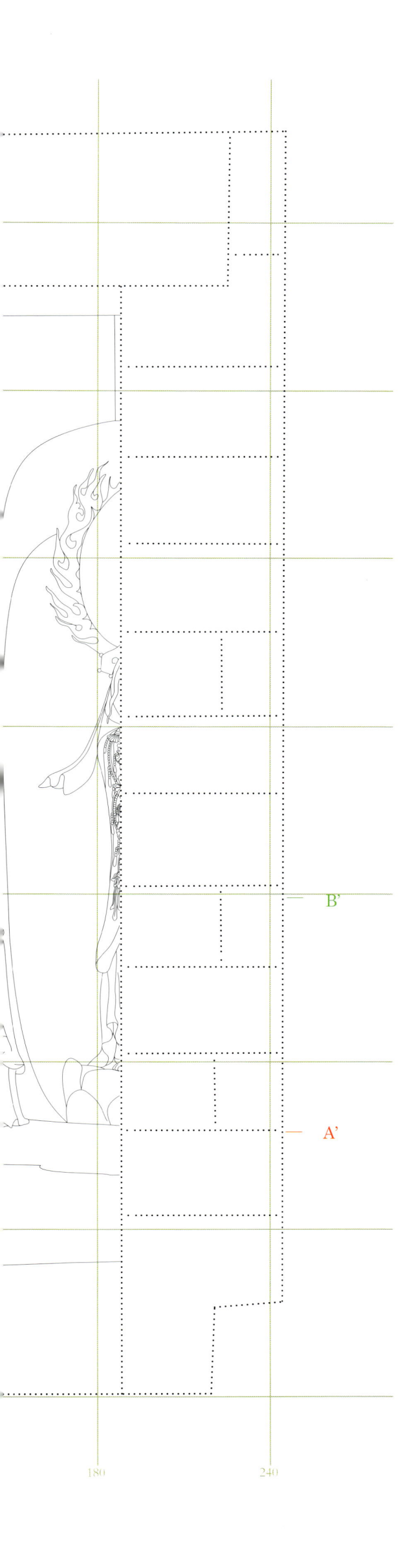

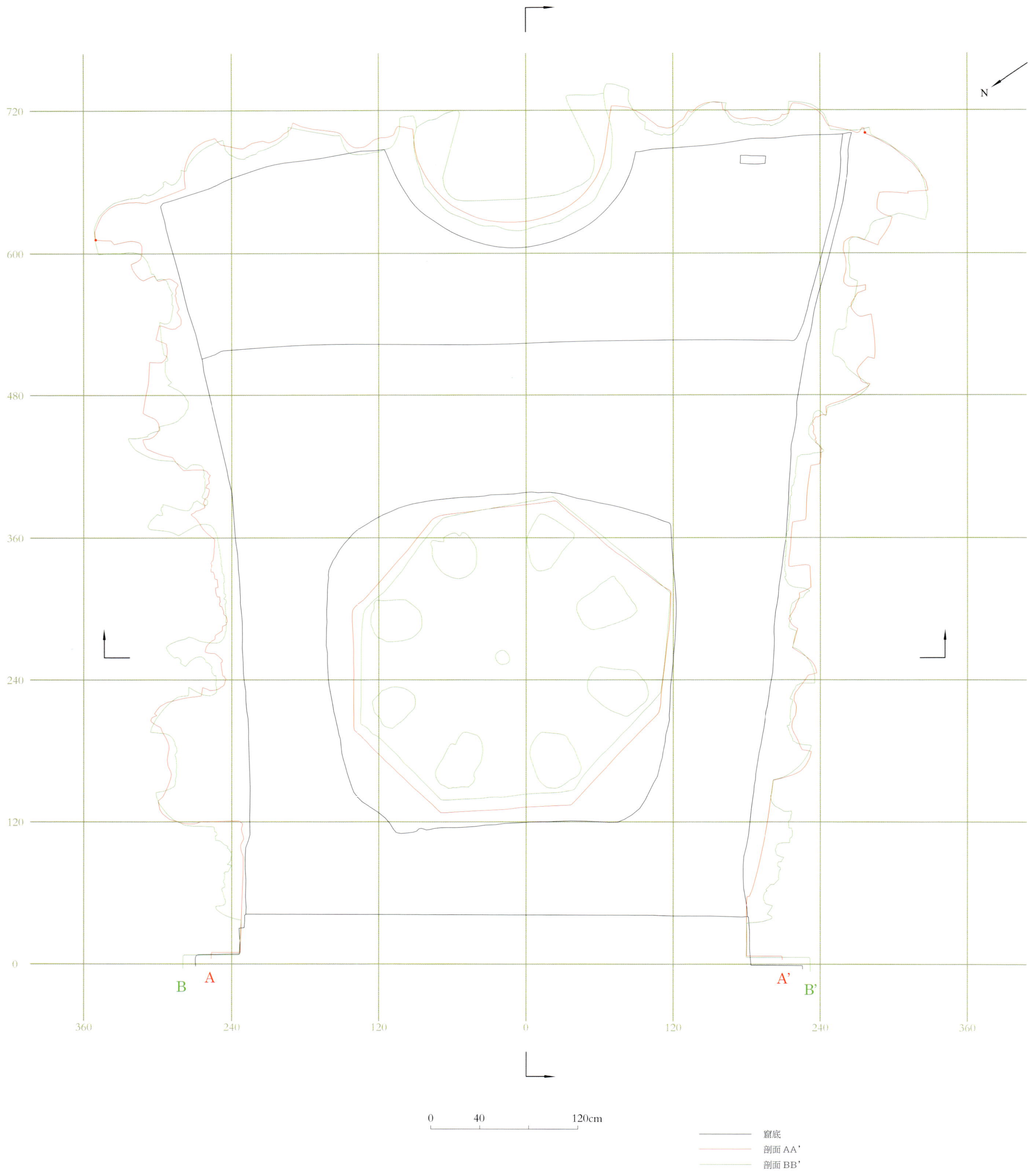

图 175　第 136 号窟平面图

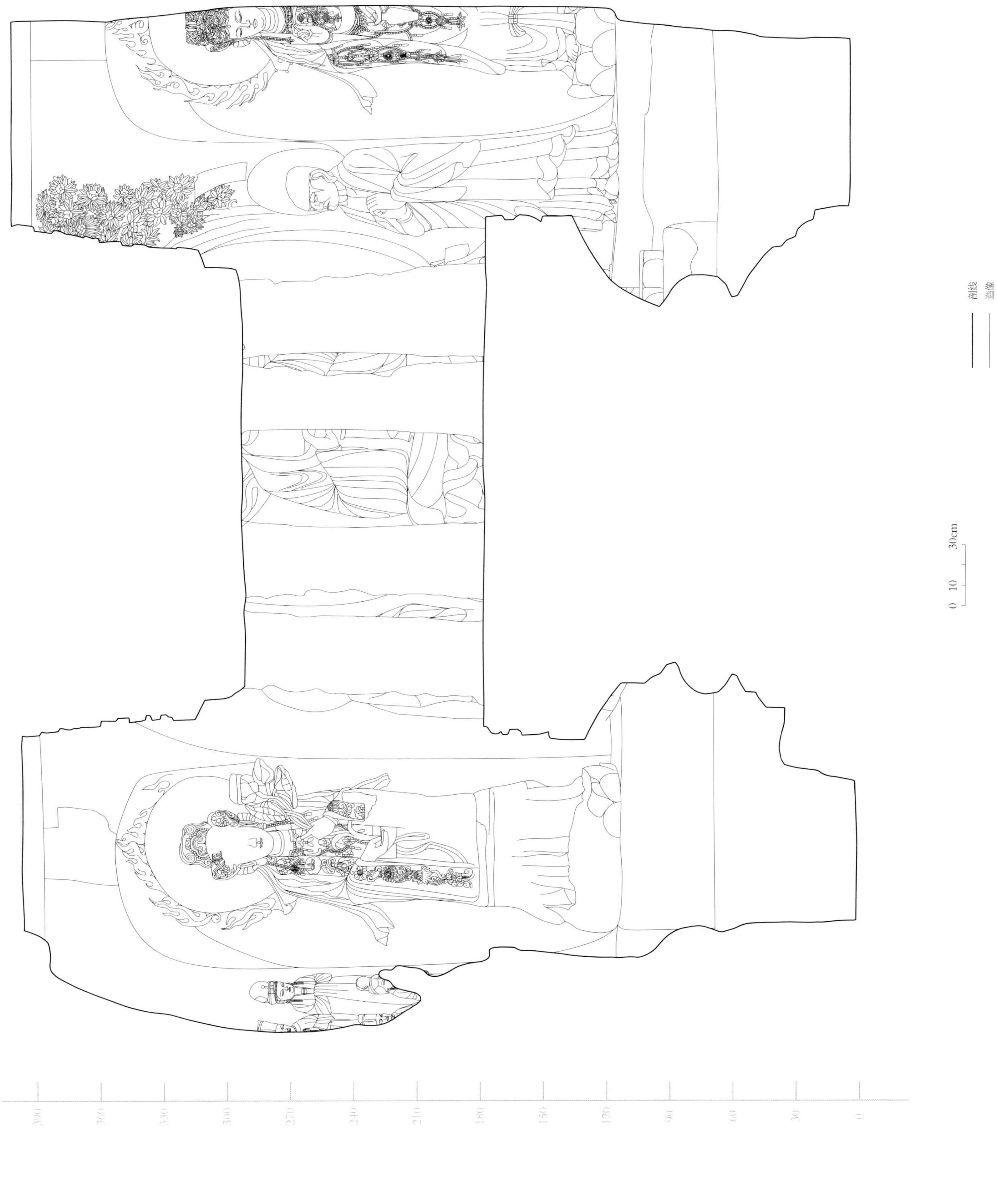

图 176　第 136 号龛横剖面图（向东）

图177 第136号窟纵剖面图（向南）

第四章　第 124—145 号　　199

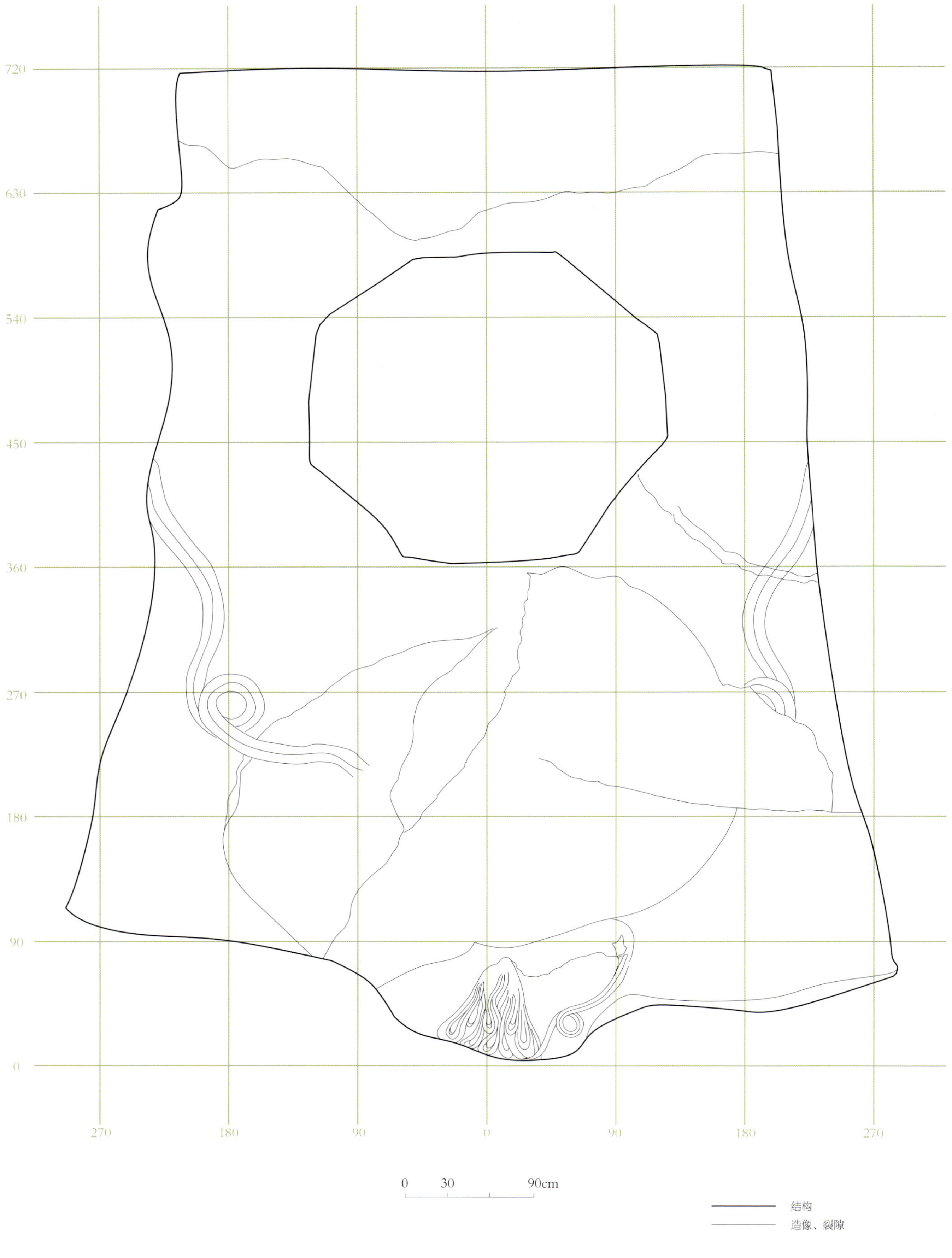

图 178　第 136 号窟窟顶仰视图

图 179　第 136 号窟透视图（西南向东北）

正壁

图180　第136号窟壁面造像展开图

右壁

左壁

窟底　分作前、后两部分。前部略呈方形，低于窟口21—24厘米；左侧边宽488厘米，右侧边宽472厘米，后侧边宽491厘米，前端与窟口等宽。中刻须弥山，上立转轮藏，与窟顶相接。后部略呈梯形，高于前部窟底57—60厘米，右前端残损。左侧斜边长178厘米，右侧斜边长135厘米，后侧宽539厘米，前侧与前部窟底内侧等宽。窟底左右侧各凿一条浅沟，贯穿前、后窟底。前部窟底右侧前端、左侧中前部、后侧中部均部分残损，现以石板嵌补，与窟壁大致齐平。后部窟底左后侧凿有方形槽口。

窟壁　正壁壁面竖直，中部略内凹，高约317厘米。正壁壁面与左右侧壁、窟顶垂直相交。壁面并列开凿三个浅龛。正壁与左侧壁交界处存一道纵向的小裂隙，正壁中部右存一条粗大的裂隙，现均已修补。左右侧壁壁面竖直，中部略向外凸，局部残损。壁面高390—399厘米，与窟顶垂直相接。壁面中上部打磨平整，各开凿四个浅龛；下部稍作打磨，存斜向凿痕。

窟顶　平顶，前高后低。前部毁，现以水泥补接，与窟口齐平；后部部分残脱，并存两道裂隙。

三　造像

以窟底前部转轮藏为中心，在正壁、左侧壁、右侧壁壁面上分别凿像（图180；图版Ⅰ：169）。

（一）转轮藏

位于前部窟底正中。以须弥山为基台，上承转轮藏之帐座、帐身、帐顶，通高396厘米（图181、图182、图183、图184、图185、图186、图187；图版Ⅰ：171）。

1. 基台。为须弥山。底部呈不规则的四边形，周长985厘米，通高120厘米（图版Ⅰ：172）。其中部束腰位置，刻一条盘龙。龙首位于正面（西北面），龙身逆时针绕须弥山一周，龙尾刻于龙首下部。龙口大开，鼻、唇部分残，双眼鼓突，龙角大部残，龙鬣顺颈后飘，下颌刻龙须，龙舌略残，向左前伸，舌尖上刻一粒放焰珠，珠径13.5厘米。龙颈三折，略细。龙身浑圆，直径约30厘米，刻两列火焰纹背鳍，装饰圆珠。龙身刻龙甲，身躯部分作鱼鳞状，腹部部分呈阶梯形。四腿粗壮，作蹬踏状，部分残。龙爪部分隐入山体，可见三爪。兽形尾，部分残。

此外，须弥山底部北面的山石顶面线刻水波纹（图版Ⅰ：173）。

2. 帐座。平面作八边形，高44厘米，边宽约102厘米（南面120厘米），可分上、中、下三部分。正面（西北面）右端转角毁，现已修补[1]。

帐座下部，浮雕羊角形壸门一周，各面壸门内线刻两朵如意头云纹，部分残蚀。

帐座中部，浮雕一周仰莲瓣，部分残蚀。

帐座上部，为平台。西南面、南面、东南面受损较重，现修补完整。平台边缘刻一周单重勾栏，高9厘米，部分残损。栏间刻童子像（图版Ⅰ：174、图版Ⅰ：175、图版Ⅰ：176、图版Ⅰ：177、图版Ⅰ：178、图版Ⅰ：179、图版Ⅰ：180、图版Ⅰ：181），现存30身。其中，西北面（正面）6身、西面7身、东面7身、东北面7身、北面6身，其余各面童子像皆毁。童子像大部残，体量相近，身高19厘米。上身或着圆领窄袖服，或着交领窄袖服，或着对襟衫，腰系带，下着裤，着鞋。童子于栏间嬉戏玩耍，或攀或爬，或坐或立，姿态各异。

3. 帐身。在八边形帐座台面边缘转角处，立八根圆形帐柱（图188、图189；图版Ⅰ：182、图版Ⅰ：183、图版Ⅰ：184、图版Ⅰ：185、图版Ⅰ：186、图版Ⅰ：187、图版Ⅰ：188、图版Ⅰ：189）。台面正中，现立有圆形石柱1根，高114厘米，直径12厘米[2]。柱顶为八边形云台，高21厘米，部分残。其中，东面、东北面、北面云纹未刻完整，形如覆莲瓣。每根帐柱直径约38厘米，高116厘米，距平台边缘约8—26厘米。柱身正面浮雕云纹，上部刻一条盘龙。龙首皆刻于正面，卷鼻，口或闭或张（含珠），龙角分叉，曲颈，龙身盘于云纹内，刻出背鳍和龙甲，兽形尾，四腿，四爪。下部尖拱形云纹内，各刻立式女像1身，高约34厘米。自正面（西北面）左立像始，逆时针方向依次编为第1—8像。其特征列入表10。

---

[1] 1982年，在转轮藏破碎、崩塌处，用块石粘补后雕凿；除对台座上的一条NE70°的大裂隙灌浆黏结外，在裂隙间还铺设了4根钢筋相互牵拉，并在台面上施混凝土一层，形成统一的台面。贾瑞广：《大足宝顶山"截膝地狱"和北山第136号窟维修加固工程技术总结报告》，重庆大足石刻艺术博物馆编：《大足石刻研究文集》（2），重庆出版社1997年版，第554—561页。

[2] 1982年，在加固第136号窟时，在转轮藏台面中心部位，借用原来的轴心孔，插入1根直径10厘米的钢管，仿制为石柱。邓之金：《大足石刻维修工程四十年回顾》，重庆大足石刻艺术博物馆编：《大足石刻研究文集》（2），重庆出版社1997年版，第579页。

表10　第136号窟转轮藏帐柱下部造像特征简表

编号	造像特征	备注
1	梳髻，头小冠。脸长圆。着交领紧袖长服，下着裙。腰间系带长垂，身饰披帛。左手握持披帛，右手前臂毁。着鞋站立。	
2	身着双层交领长服，双手覆巾，巾上置物，物残难辨。余略同第1像。	
3	头冠，面长圆。着交领长服，下着裙。双手持拂，双足毁。	该像为1982年补刻。
4	头冠，面长圆。着交领宽袖服，下着裙，双手合十，双足不现。	该像为1982年补刻。
5	梳髻，头小冠，面长圆。内着圆领衫，外披对襟宽袖长服，下着裙。双手笼于袖内，双足不现。	
6	梳髻，头小冠，面圆。身着交领窄袖长服，下着裙。身饰披帛，双手于左肩处持一圆状物。着鞋站立。	
7	梳髻，头冠，脸长圆。上着交领窄袖服，下着长裙，身饰披帛。左手腹前握披帛，右手胸前持如意。着鞋站立。	像腰部以上身躯为1982年补刻。
8	梳髻，头小冠，面长圆。上着交领窄袖服，下着长裙，腰带长垂。双手腹前托巾，双足残蚀。	

4. 帐顶。平面呈八边形，通高91厘米，可分为三部分（图190）。下部刻山花蕉叶，挑出帐身约15厘米，略残。上部刻出屋顶形式的图案，作十六边形，与窟顶相接；屋面檐口作弧线，檐角略起翘，相交处檐下刻流苏。中部各面均浮雕若干建筑图像，四周饰云纹环绕。从正面（西北面）始，按逆时针方向，造像特征列入表11。

表11　第136号窟转轮藏帐顶造像特征简表

位置	造像特征
西北面	楼阁2座，形制、体量相近，下部均隐于云纹内（图版Ⅰ：190）。显露部分为三重屋顶两级屋身，通高40厘米。屋身面阔分别为20、28厘米。歇山顶，翼角起翘明显，屋面刻出瓦垄、瓦沟，部分残蚀。左侧楼阁下部云纹内刻一圆形物与一花苞。
西面	塔4座。其中，中部2座，左右对称各1座（图版Ⅰ：191）。 中部两塔规模、形制相近，显露部分通高43厘米。塔基为双重仰莲台，上部浮雕圆拱形的帷幔，端头坠流苏；其上为第一级方形塔身，高7厘米，宽15厘米；正面开圆拱形浅龛；再上依次刻第一重塔檐及平座和第二重塔檐及平座，未刻第二级塔身。最上隐于上部覆莲叶下。 左塔仅显露少许塔身。 右塔通高43厘米。塔基为须弥座，中部方形，正面开方形浅龛，龛顶存圆珠状遗迹。再上为塔身，塔身下部刻出羊角形饰物；上部为塔檐，塔檐之上为两重仰莲台；最上为桃形塔刹。
西南面	楼阁2座，规模、形制相近（图版Ⅰ：192）。其屋身下部及右侧楼阁部分隐入云纹内，显露部分通高50厘米。楼阁底层屋身两柱一间，面阔19.5厘米；再上为第一重屋檐，屋面线刻瓦垄，翼角起翘；屋面宽出屋顶，左右端内卷；屋脊上承平座。平座上为第二级屋身，屋身呈圆拱形，开二圆拱形门洞；再上为攒尖式屋顶，左右屋面略有弧度，檐下坠流苏。
南面	建筑毁（图版Ⅰ：193）。壁面受损，后世以水泥修补。
东南面	亭1座，下部隐入云内，显露部分通高44厘米（图版Ⅰ：194）。亭正面阔33厘米，开圆拱形浅龛，龛内雕刻残蚀严重。攒尖顶，屋面刻出瓦垄、瓦沟。
东面	壁面中部内凹，端底与帐身云台大致齐平。中部刻亭1座，左右对称各刻小亭1座（图版Ⅰ：195）。 中亭通高50厘米，面阔49厘米。屋身左右底端刻作如意头，中刻尖拱形壸门，内设圆拱形浅龛。龛内浮雕云纹、团花及心形物。屋顶分上下两部分，下部为歇山式屋顶，檐口作弧线，翼角起翘，屋面线刻瓦垄，正脊左右端内卷；上部为攒尖式屋顶，屋面线刻瓦垄，宝顶刻作弧形；宝顶上方刻一覆莲，自莲下云纹左右各垂一流苏。 左右小亭规制相当。底部基台为两阶方台，显露部分高16厘米，最宽16厘米。正面分别刻圆拱形、尖拱形壸门。基台上为基座，高6厘米，正面线刻壸门，左右转折抹棱。基座上刻攒尖顶亭阁1座，通高23厘米，面阔两柱一间，宽10.5厘米。亭身正面开圆拱形浅龛，屋身上承屋顶，檐口中部内敛，左右檐角略翘。屋面刻出瓦垄、瓦沟，宝顶刻作圆珠，其下设一周覆莲。

续表11

位置	造像特征
东北面	中刻楼阁1座，左右对称刻小亭各1座（图版Ⅰ：196）。 楼阁通高39厘米。基座方形，部分隐于云纹内。基座上为屋身，略呈圆拱形，高13.5厘米，面阔35厘米，正面设壸门，内刻如意头云纹。屋身上为屋顶，檐口起伏，翼角起翘，屋面线刻瓦垄。最上为屋脊，端头略上翘，屋脊下部刻出山花蕉叶。楼阁上方刻有伞状云纹。 左右小亭规制相近，通高36厘米。底部为方形基台，部分隐于云纹内，正面设壸门，其上为基座，刻作两阶方台（左下阶刻作山花蕉叶）。上为屋身，屋身低矮，高4厘米，面阔15.5厘米。屋身正面中开方形门洞（右亭为圆拱形）；再上为攒尖式屋顶，檐口起伏，翼角起翘，屋面线刻瓦垄；宝顶作葫芦形，下部线刻团花。
北面	中刻亭阁1座，上方刻楼阁2座，左右对称刻塔1座（图版Ⅰ：197）。 亭阁下部隐于云纹内，通高38厘米。屋身高18厘米，面阔32厘米，正面设壸门，雕刻风蚀难辨。再上为屋顶，檐口起伏，翼角起翘，檐下刻出流苏，屋面线刻瓦垄，桃形宝顶，其下刻一周覆莲。 两座楼阁规制相当，屋身部分隐于亭阁后，显露部分通高18厘米。屋身高9厘米，面阔13厘米，正面开圆拱形门洞。屋身上为屋顶，檐口起伏，翼角微翘，屋面刻瓦垄、瓦沟，正脊平直。二楼阁上方刻有伞状云纹，云纹中部刻一朵团花。 左塔下部隐于云内，通高48厘米。基座为须弥座，上刻山花蕉叶，束腰部分线刻壸门，部分风蚀。再上为方形塔身，正面开圆拱形浅龛，其内雕刻大部毁。再上为塔檐，呈覆钵形，檐口内凹。塔檐上为塔刹，依次作仰莲台、放焰珠。 右塔基台部分隐于云纹内，通高47厘米。基座为须弥座，上刻山花蕉叶，束腰部分刻四瓣菱形结。再上刻二立柱作塔身，高8厘米，面阔10厘米；其上设仰莲台，再上为山花蕉叶，塔刹刻作四瓣花。

（二）正壁

并列紧邻开凿三个浅龛（图191；图版Ⅰ：198）。其中，中龛龛口不规整，龛顶直抵窟顶，最高278厘米，宽281厘米，至后壁最深50厘米；内刻像3身。左、右龛形制相当，龛口呈圆拱形，高243厘米，宽122厘米，至后壁最深22厘米，上距窟顶34厘米，内各刻像1身；龛外上方各刻方碑1通。正壁右端中部另刻立像4身（图191）。

1. 中龛

刻主尊坐佛1身，左右各侍立弟子像1身（图192、图193；图版Ⅰ：199）。

佛像　坐高145厘米，头长47厘米，肩宽70厘米，胸厚30厘米（图194）。浮雕桃形头光和圆形身光。头光横径115厘米，厚4.5厘米，内圆素平，边缘饰火焰纹，宽20厘米，尖端延至窟顶，部分残。身光横径180厘米，最厚12厘米。圆锥状螺发，部分蚀。脸形方正，眉间刻白毫，弯眉，双眼半开，直鼻，人中略微内凹，闭口。耳垂残断，颈刻三道肉褶线。肩宽胸厚，内着僧祇支，外着双领下垂式袈裟，袈裟下摆覆于座前，略残。腕镯，双手胸前结印，指残断。结跏趺坐于束腰仰莲座上。座通高136厘米，最上为三重仰莲台，直径175厘米，其下为圆轮，直径150厘米，正面横刻两道线纹；中部束腰部分正面及左右侧面刻三个壸门，内刻放焰宝珠及斜向毫光；底部两阶叠涩，上为仰莲台，直径161厘米，下为圆台，直径190厘米。座底外凸壁面约80厘米。

佛像头后升出两道毫光，部分残断，左右斜向上飘，绕匝（可见四匝）后沿龛顶至左、右侧壁上缘中部。佛像身后左右侧，各浅浮雕一株菩提树，枝干分叉，树冠繁茂并向外鼓突，右侧树冠部分剥蚀，顶端与窟顶相接。

左弟子像　立像高158厘米，头长24厘米，肩宽40厘米，胸厚15厘米（图版Ⅰ：200）。浅浮雕圆形素面头光，直径52厘米。头顶毁，以泥补塑。面方，双眉垂梢，眼微鼓，弓鼻，鼻翼宽大；薄唇阔口，下颌微扬，轮廓分明；双耳肥大；颈肌、喉结凸显；锁骨、胸骨凸露。内着僧祇支，上着袒右式袈裟，袈裟一角敷搭右肩；下着裙，腰带长垂至足间。腕镯，双手拱于胸前，着鞋站立，右足残。像头顶上方刻造像题记1则。

右弟子像　头毁，立像高145厘米，肩宽40厘米，胸厚12厘米（图版Ⅰ：201）。浅浮雕圆形素面头光，直径51厘米，略剥蚀。双肩、腰腹皆残，可辨内着双层交领服，外披袒右式袈裟，袈裟一角系于左肩；下着裙，腰带垂于足间。双手置胸前，手残。双足毁。像头顶上方刻造像题记1则，部分残。

2. 左龛

刻菩萨立像1身。立像高188厘米，头长38厘米，肩宽40厘米，胸厚17厘米（图195、图196；图版Ⅰ：202）。浅浮雕圆形素面头光，直径63厘米，边缘浮雕宽约12厘米的火焰纹；身光椭圆形，最宽122厘米。头梳髻，鬓发绕耳，垂发分二缕披肩；戴卷草冠，冠体两重，上重正面刻立式化佛，部分残；下重冠翼外展，饰璎珞珠串。冠带作结后各分两道下垂，其中，较短的两段端头呈三角形，缀坠饰；较长的两段斜飘体侧。脸形长圆，眉间刻白毫，戴桃形花钿耳饰，下垂两条珠串，左珠串残断。下颌刻一道肉褶线，颈刻三道肉褶线。胸饰璎珞，上部为两段宽扁的珠串项圈，交错相叠；中部下垂一条饰物链，左右各圆弧下垂一条珠串，交汇于饰物链中部；部分隐于袈裟内。内着僧祇支，系带作结；外着双领下垂式袈裟，下着裙，腰带于小腿间作结后垂至足间。腹前饰璎珞，上部为两条珠串圆弧交叠，中部下垂一条饰物链，左右端圆弧下垂一条珠串，交汇于饰物链上部团花；珠串下部再穿挂一条珠串，圆弧下垂，交汇于饰物链下部团花；自下部团花再圆弧下垂两条珠串，交汇于菱形饰物上；菱形饰物垂挂珠串及花瓣，最下为流苏，略残。自双手前臂垂搭一条璎珞，止于袖摆下缘；璎珞组合相近，上部为扇形饰物，中部下垂一条饰物链，间隔饰物间以珠串圆弧相接；饰物链底部下垂两条交绕的珠串，珠串下接花瓣及三道流苏。腕镯，左手右斜下于腹前持净瓶，瓶高25厘米，腹径8厘米；右手举于胸前持柳枝。跣足，立于双层仰莲台上。莲台高19厘米，宽80厘米，深28厘米。菩萨头顶上方刻造像记1则。

3. 右龛

刻菩萨立像1身，残蚀甚重。立像高198厘米，头长42厘米，肩宽45厘米，胸厚15厘米（图197、图198、图199；图版Ⅰ：203）。浅浮雕圆形素面头光，左侧残，直径62厘米，边缘浮雕宽约11厘米的火焰纹。身光椭圆形，左侧残，右侧显露部分最宽38厘米。梳髻，鬓发绕耳，垂发分两缕覆肩。戴卷草冠，冠体两重，上重完整，下重部分残蚀，冠翼外展。冠带作结后各分两道下垂，其中，较短的两道下垂于肩部外侧，较长的两道斜飘至肘部外侧。面蚀，耳饰珠串，颈刻三道肉褶线。胸饰璎珞，略蚀，显露部分。内着僧祇支，系带作结，外着袈裟，下着裙；裙腰翻出，绳带作结下垂，部分残。于小腿间另刻一条下垂的宽腰带，止于足间。袈裟领缘及袖摆装饰花卉组成的璎珞。腕镯，双手残，于胸腹前持带茎莲朵。双膝残毁，双足大部残，立于两重仰莲台上。台大部损，高16厘米，宽74厘米，深28厘米。菩萨头顶上方刻造像记1则。

4. 供养人像

正壁右端中部刻供养人立像4身，呈上二下二两排布置（图191；图版Ⅰ：204）。按从上至下、从左至右顺序编为第1—4像。

第1像　女像。立像高73厘米。正面刻圆形发髻；山口刻有缯带；冠下刻作结的束发带，带下横刻一列珠串。面方圆，戴珠串耳饰。内着抹胸，上缘饰一条珠串。外着对襟窄袖衫，下着裙。双手置胸前隐于披帛之下。披帛自肘部绕出，敷搭双手前臂后长垂身前。双足不现。

第2像　男像。立像高70厘米。头巾，面方正，内着双层交领窄袖服，外着圆领窄袖长服，腰束带。双手胸前合十，着鞋站立。

第3像　女像。立像高65厘米。梳髻，戴团冠，冠下束发带。面方圆，刻白毫妆。足鞋，稍残。余与第1像同。

第4像　男像。立像高65厘米。余与第2像略同。

（三）左侧壁

共开凿三个浅龛，大致布置在同一水平线上。上距窟顶30—46厘米，下距前部窟底100—114厘米；从内至外规模渐次缩小（图200）。

内龛龛口呈方形，高257厘米，宽232厘米，深63厘米；龛内右侧另开圆拱形浅龛，高93厘米，宽61厘米，深15厘米。龛内刻像3身。中龛龛口呈方形，高268厘米，宽170厘米，深70厘米，内刻一菩萨二侍者像。外龛龛口呈圆拱形，高245厘米，宽112厘米，深32厘米，内刻一菩萨像。近窟口处壁面，刻力士像1身。

1. 内龛

刻像3身。其中，中刻主尊菩萨坐像1身，座下刻狮奴1身；右侧浅龛内刻童子立像1身（图201、图202；图版Ⅰ：205）。

菩萨像　坐像高95厘米，头长32厘米，肩宽37厘米，胸厚21厘米（图203；图版Ⅰ：206）。侧身略向窟口。浅浮雕桃形头光和圆形身光。头光横径74厘米，内圆素平，边缘刻火焰纹；身光素平，直径98厘米。梳髻，鬓发绕耳，垂发分三缕覆肩。戴卷草冠，冠体两重，上重大部残，下重底部饰珠串，冠翼外展。冠带作结下垂于肩后。面长圆，眉间刻白毫，弯眉，双眼微启，直鼻小口，下颌线刻一道肉褶线。戴花钿耳饰，下垂三条珠串。颈刻三道肉褶线。胸饰璎珞，上部为饰物组成的项圈，中部下垂饰物链，左右各弧形下垂一条珠串，交汇于饰物链上，下部隐于僧祇支内。系带作结，上着宽博披巾，两端交垂腹前，敷搭双手前臂后垂于体侧；下着长短两层裙，短裙腰带为细绳，交垂于腿间，长裙腰带下垂台前。自身后斜出一条飘带，于腹前相绕后垂于台前左右。腕镯，左手置于腿上握经函，函长21厘米，宽6.5厘米，高5厘米；右手屈肘举于胸前结印。结跏趺坐于青狮背驮的三重仰莲台上。台高29厘米，直径90厘米，台下刻云纹。狮高99厘米，身长173厘米。狮头右侧，阔口露齿，鬃毛卷曲，颈下刻一铃，身雄健，背覆鞯，尾卷曲上扬，

图 181　第 136 号窟转轮藏立面图

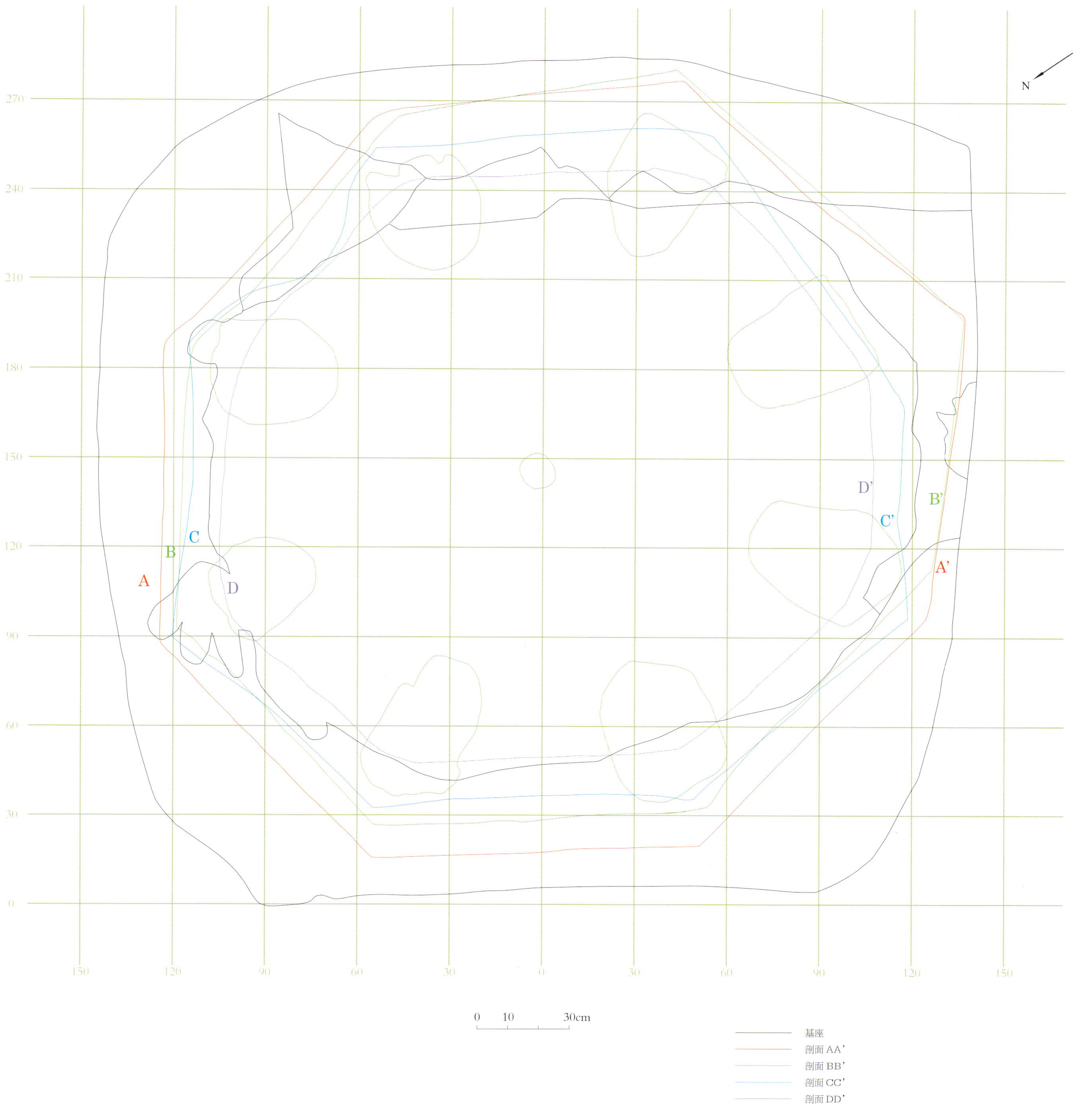

图 182　第 136 号窟转轮藏平面图

图 183　第 136 号窟转轮藏等值线图、效果图

西面 　　　　　　　　　　　南面

东面 　　　　　　　　　　　北面

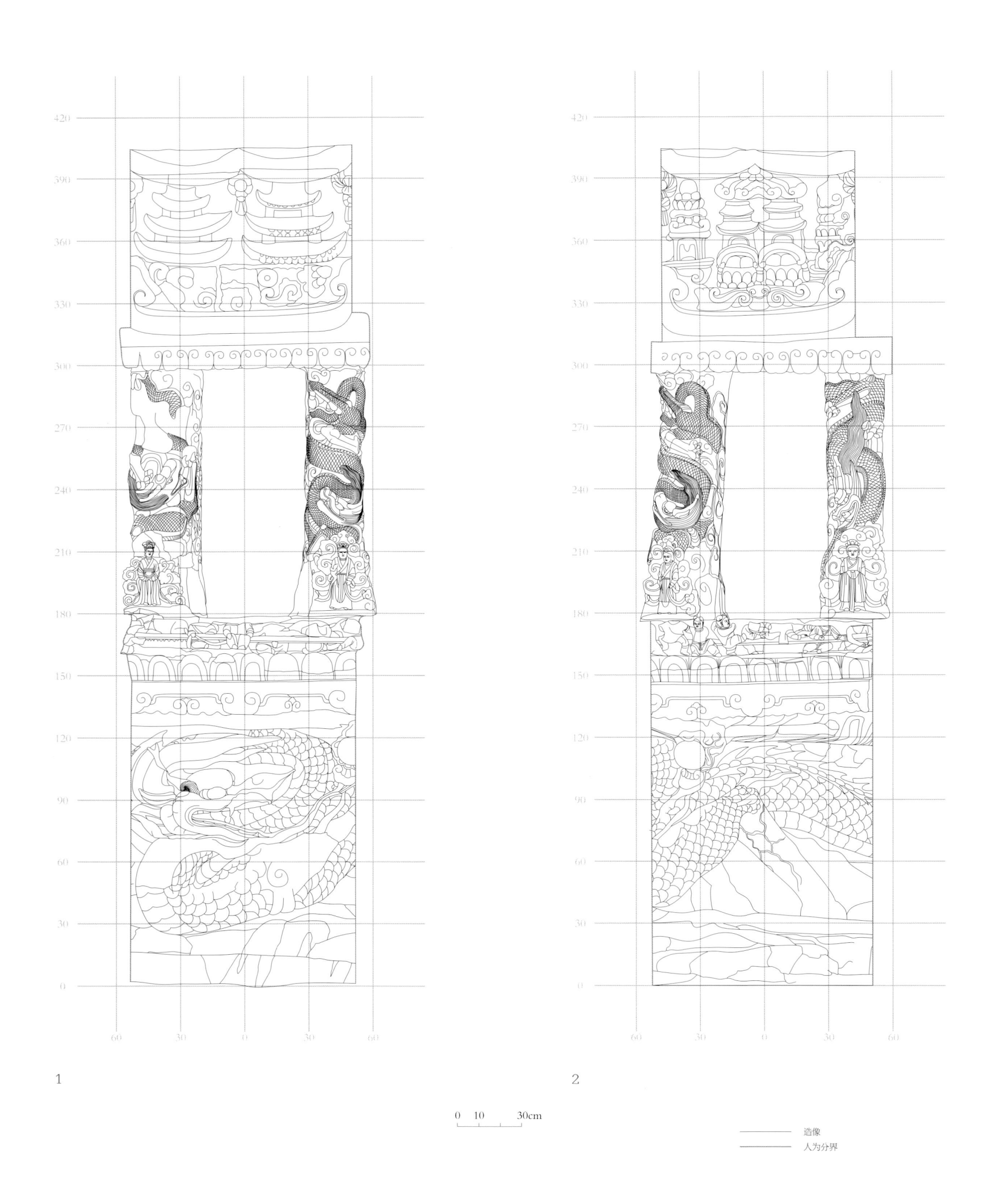

图 184 第 136 号窟转轮藏西北面、西面立面图
1 西北面 2 西面

图 185　第 136 号窟转轮藏西南面、南面立面图
1　西南面　2　南面

第四章　第 124—145 号

图186　第136号窟转轮藏东南面、东面立面图
1　东南面　2　东面

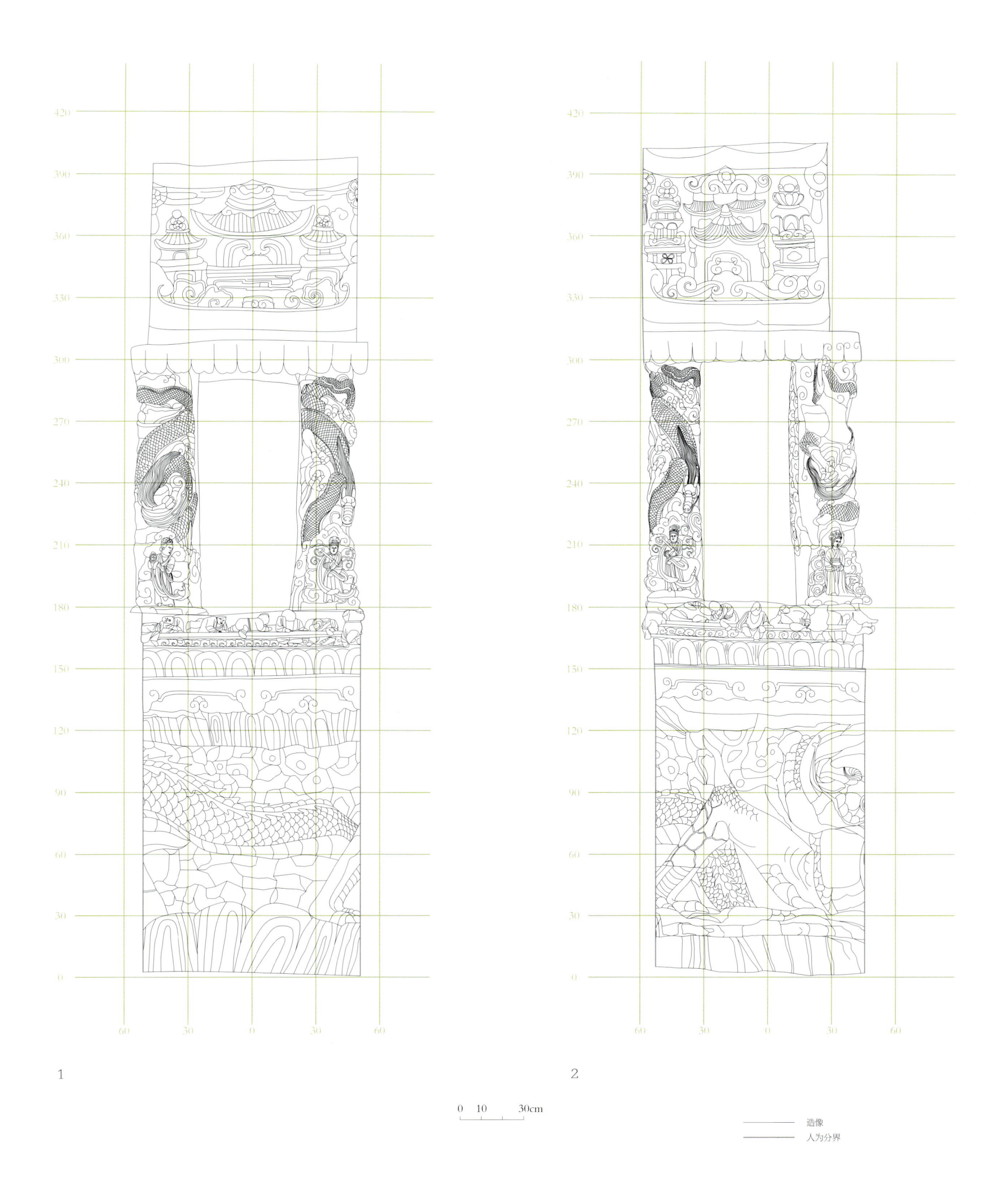

图187　第136号窟转轮藏东北面、北面立面图
1　东北面　2　北面

第四章　第124—145号

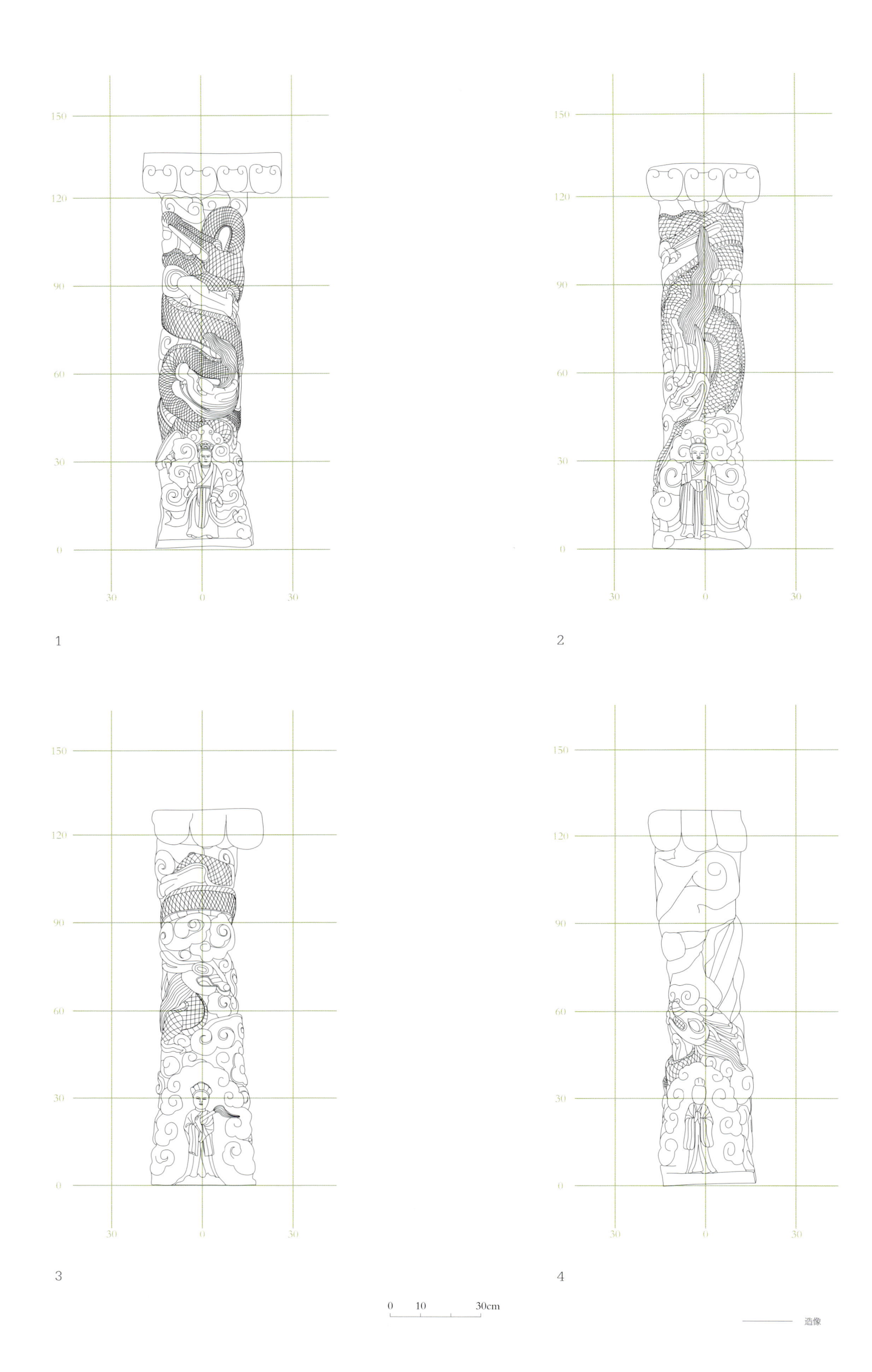

图188　第136号窟转轮藏西北面、西面、西南面、南面帐柱立面图
1　西北面　2　西面　3　西南面　4　南面

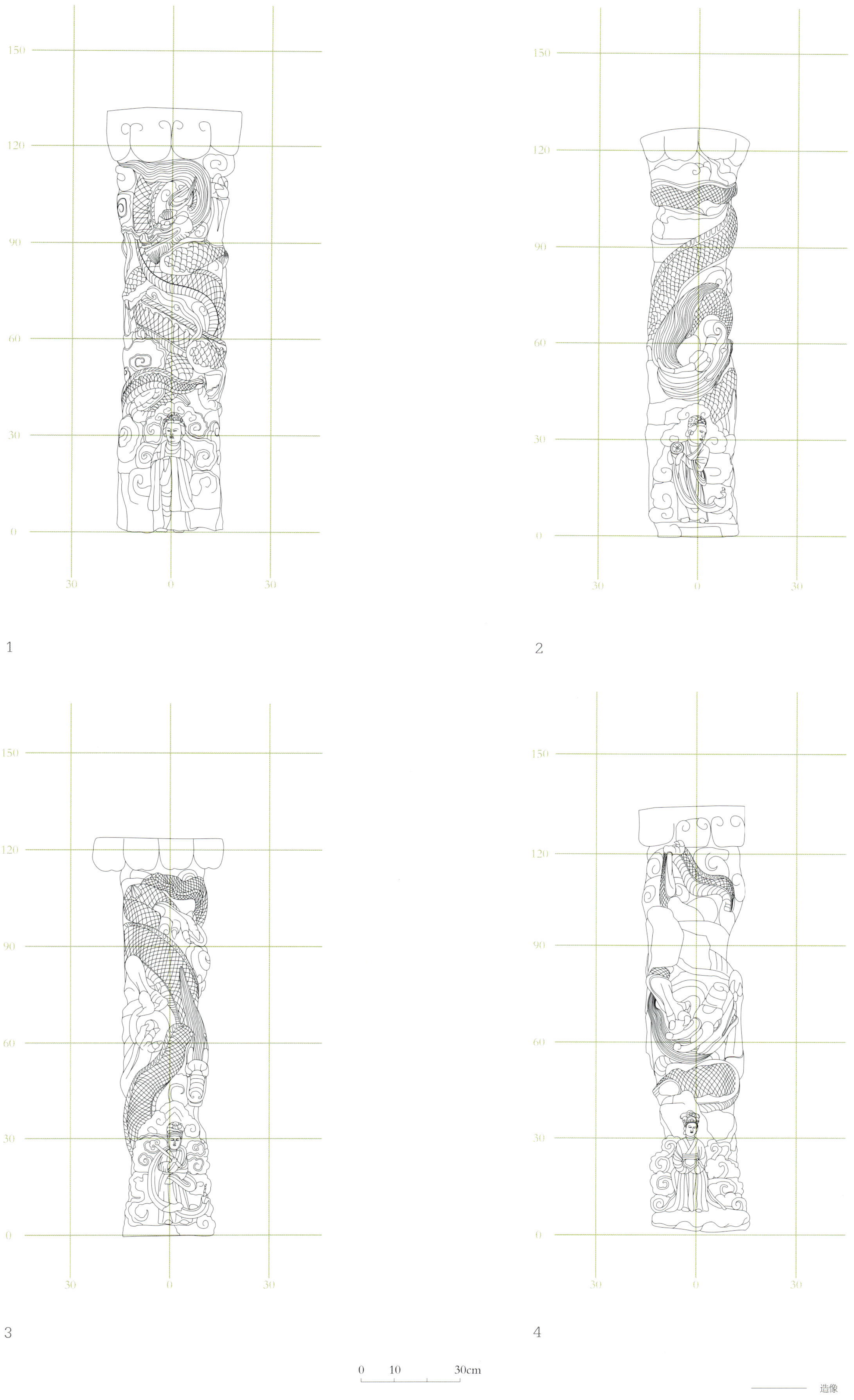

图189 第136号窟转轮藏东南面、东面、东北面、北面帐柱立面图
1 东南面 2 东面 3 东北面 4 北面

← 东南 —— ✳ —— 东 —— ✳ —— 东北 —— ✳ —— 北

图190 第136号窟转轮藏天宫楼阁展开图

四腿五爪，立于方台上。台高10厘米，最深48厘米，与龛口等宽。

狮奴　立像高105厘米，头长25厘米，肩宽34厘米，胸厚11厘米（图版Ⅰ：207）。头盔，顿项翻卷，盔下幅巾覆背。方脸，浓眉鼓眼，露齿咬下唇，下颌刻胡须，呈"八"字外拂。上身蚀，似着窄袖长服；腰束革带，下着短裙，腰带下垂足间；小腿胫甲。双手举于胸前，握持缰绳，手残。足靴，右足残。身略后仰，作牵扯状。

童子像　立像高72厘米，头长15厘米，肩宽20厘米，胸厚7厘米（图版Ⅰ：208）。光头，略蚀，面圆，下颌稍残。胸饰璎珞，略蚀。上着宽博披巾，两端敷搭前臂后飘垂体侧，端头上扬。下着长短两层裙，短裙腰带垂于双膝处，长裙腰带下垂至足间。腕镯。双手稍残，于胸前合十，跣足站立。

2. 中龛

刻像3身。其中，中刻主尊菩萨坐像1身，左右侧各刻立式侍者像1身（图204、图205；图版Ⅰ：209）。

菩萨像　坐像高143厘米，头长52厘米，肩宽62厘米，胸厚22厘米（图206；图版Ⅰ：210）。浅浮雕圆形素面头光和背光，横径分别为100、161厘米；头光叠于身光内。梳髻，鬓发绕耳，垂发分三缕披肩。戴卷草花冠，冠体硕大，外观呈"凸"字形（图版Ⅰ：211）。冠带作结后各分作两道，一道上扬于头光内，一道下垂隐于肩后。面方圆，眉间刻白毫，柳叶眉，双眼微鼓、半开，棱鼻小口，脸颊丰满，下颌线刻一道肉褶线。戴花钿耳饰，下垂两条珠串。颈刻三道肉褶线，胸饰璎珞，上部为由放焰珠、饰物组成的项圈，下部绕挂珠串及饰物，部分隐于僧祇支内。内着僧祇支，系带作结；外着双领下垂式袈裟，袖摆覆于座台左右侧，下着长短两层裙。腰带作结后下垂座前，再作结后斜飘座底。自后腰斜出一条飘带，于腿间交绕后飘垂座前。腕镯。右手屈肘举于右胸前持印，印长20.5厘米，宽13.5厘米，厚5.5厘米；左手置腿上握印带（指稍残），结跏趺坐于须弥座上。座通高93厘米，最宽111厘米，厚61厘米。

左侍者像　男像。立像高125厘米，头长25厘米，肩宽32厘米，胸厚10厘米（图版Ⅰ：212）。戴通天冠，长方脸，眉眼上挑，鼻梁高直，小口微闭。身着翻领宽袖长服，下着裙，裙腰上束腋下，腰带交绕长垂足间。双手胸前持笏，上端残断。着翘头履。

右侍者像　女像。立像高123厘米，头长23厘米，肩宽27厘米，胸厚12厘米（图版Ⅰ：213）。高髻，凤冠，面长圆，戴桃形耳饰，下垂两条细带，止于左右胸。内着翻领宽袖长服，披云肩，下着长裙，裙腰上束至胸，腰带长垂足间。披帛沿肩下垂，于腹前交绕，敷搭前臂后垂于体侧。双手胸前持物，部分残，物上覆巾。着如意头鞋。

3. 外龛

刻菩萨立像1身（图207、图208、图209；图版Ⅰ：214、图版Ⅰ：215）。立像高196厘米，头长47厘米，肩宽44厘米，胸厚16厘米。浅浮雕桃形头光和线刻椭圆形身光。头光横径72厘米，内圆素平，边缘刻火焰纹；身光下起莲台，高约178厘米，最宽107厘米。戴卷草冠，冠体两重，上重刻立式化佛，略残，通高约5厘米，饰头光及身光；下重饰珠串，交错垂挂。椭圆脸，眉间白毫，弯

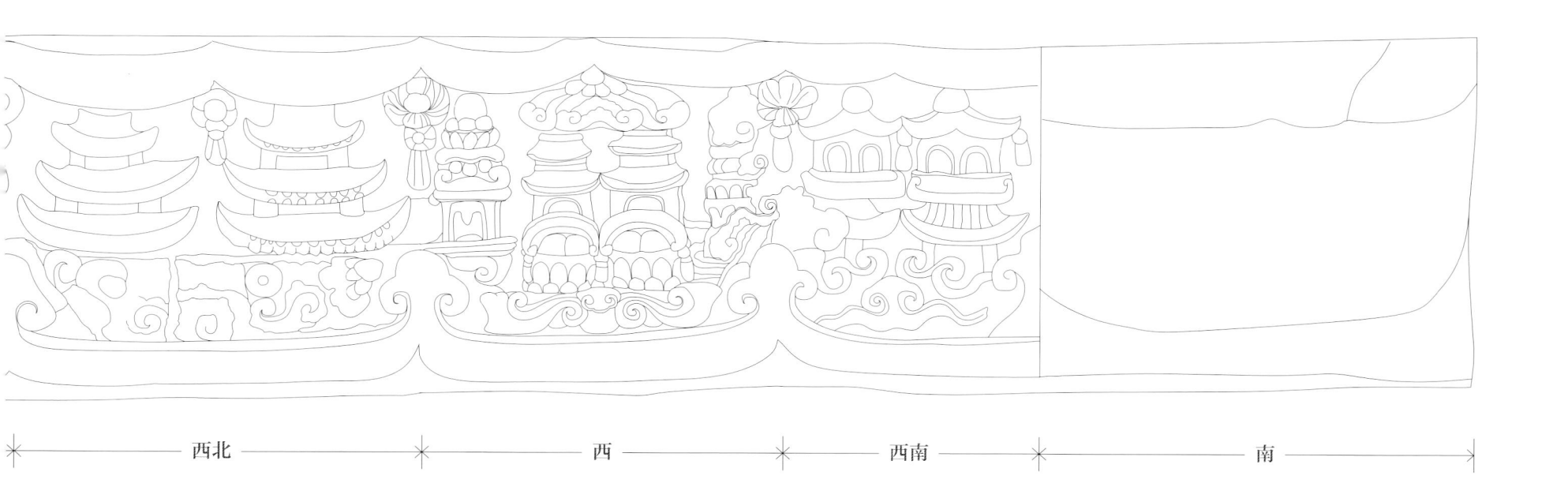

眉细眼，直鼻小口，嘴角略微后收。戴花钿耳饰，下垂两条细珠串，末端隐于袈裟内。胸饰璎珞，上部为饰物链，下垂四条扁条和珠串，交绕后交汇于胸下团花饰物上；内侧两条穿过"山纹"坠，该坠镶嵌饰物，使上下相接。内着僧祇支，系带作结；外着双领下垂式袈裟，袈裟一角覆于头顶上；下着裙，腰带长垂足间。腹前及袖摆处饰璎珞，上部略宽大，下部略狭小；主要由花卉饰物构成，各饰物均垂有圆珠、坠饰；底端垂三道流苏。腕镯，双手腹前托珠，直径9厘米；珠发出一道毫光，绕三匝后沿左肩斜向上飘至龛口左上角。跣足，略残，立于双重仰莲台上。台略残，高19厘米，直径80厘米。

4. 力士像

立像高179厘米，头长37厘米，肩宽42厘米，胸厚15厘米（图210、图211；图版Ⅰ：216）。浅浮雕圆形素面头光，直径63厘米。梳髻，戴冠，冠带作结后上飘头顶。面方，隆眉上扬，双眼鼓突，颧骨凸显，弓鼻，阔口，露齿咬下唇，两腮外凸，戴圆形耳环；颈肌喉结明显，戴项圈、缀坠饰。袒上身，锁骨凸显，肌肉鼓凸，腰系革带，下着两层短裙，外层腰带作结后折入革带内，内层腰带下垂至足间。披帛环状绕于头后沿肩下垂，绕革带端头飘于体侧；革带左端毁，后期修补。臂环、腕镯，左手于腹前握金刚杵（两端头残断），右手屈肘上举握拳。足环，跣足，右足残，立于山石台上。台大部毁，存右端少许；残毁处后世以水泥修补。

（四）右侧壁

龛像设置与左侧壁同，系对称布置。壁面上开凿的三个浅龛大致处于同一水平线上，上距窟顶12—27厘米，下距前部窟底88—107厘米，从内至外规模渐次缩小（图212）。

内龛龛口呈方形，高260厘米，宽235厘米，深66厘米；龛内右侧另开一圆拱形浅龛，高104厘米，宽65.5厘米，深12厘米；龛内刻一菩萨二侍者像。中龛龛口呈方形，高290厘米，宽185厘米，深85厘米，龛内刻一菩萨二侍者像。外龛于壁面平直凿进最深约30厘米，形成高286厘米、宽114厘米的平整面后，再于此面开凿圆拱龛，龛口高240厘米，宽114厘米，深42厘米；龛内刻一菩萨像。近窟口处壁面，刻力士像1身。

1. 内龛

刻像3身。其中，中刻主尊菩萨坐像1身，座下刻象奴1身；主尊身后浅龛内刻童子立像1身（图213、图214；图版Ⅰ：217）。

菩萨像 坐高106厘米，头长41厘米，肩宽34厘米，胸厚20厘米（图215；图版Ⅰ：218）。侧身略向窟口。浅浮雕桃形头光和椭圆形身光。头光横径75厘米，内圆素平，边缘刻火焰纹。身光素平，最宽97厘米。梳髻，鬓发绕耳，左右垂发作结后分三缕披肩。戴冠，顶稍残，冠沿垂饰珠串；冠带作结（左端残）后顺双肩下垂座前。椭圆脸，弯眉，双眼半开，直鼻小口，嘴角内收；下颌线刻一道肉褶线，戴耳环，颈细长，线刻三道肉褶线。胸饰璎珞，左右侧各斜向下垂两条珠串，垂坠饰物；左右珠串间以交扣的双环相接。外着宽博披巾，两端腹前相绕再敷搭双手前臂后垂于座侧。下着长短两层裙，短裙上束至胸，系带作结；长裙腰带作结后敷搭座前。腕

图 191　第 136 号窟正壁立面图

第四章 第124—145号　221

图 192 第 136 号窟正壁中龛平、立面图
1 立面图 2 平面图

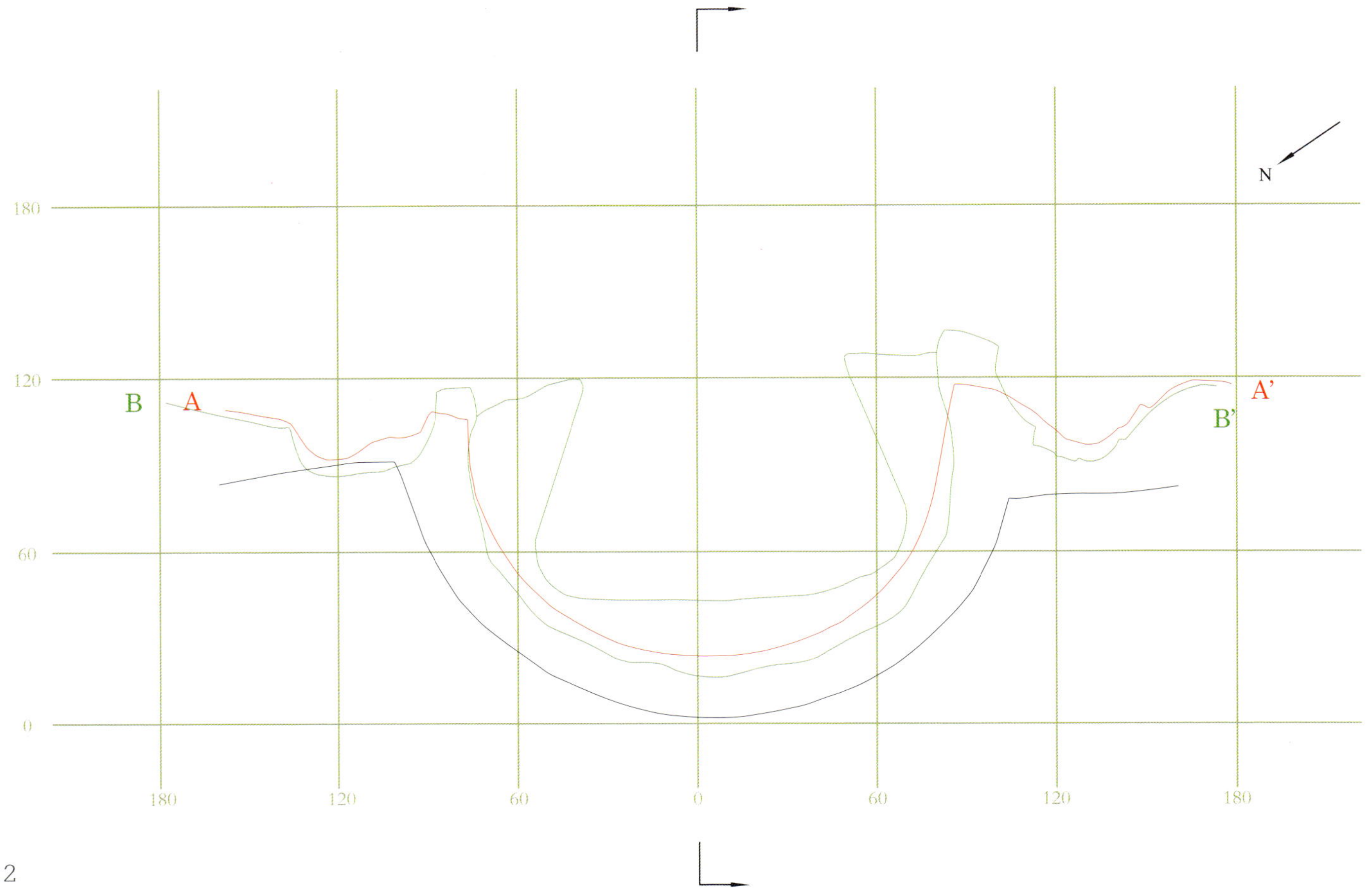

222 大足石刻全集 第二卷（上册）

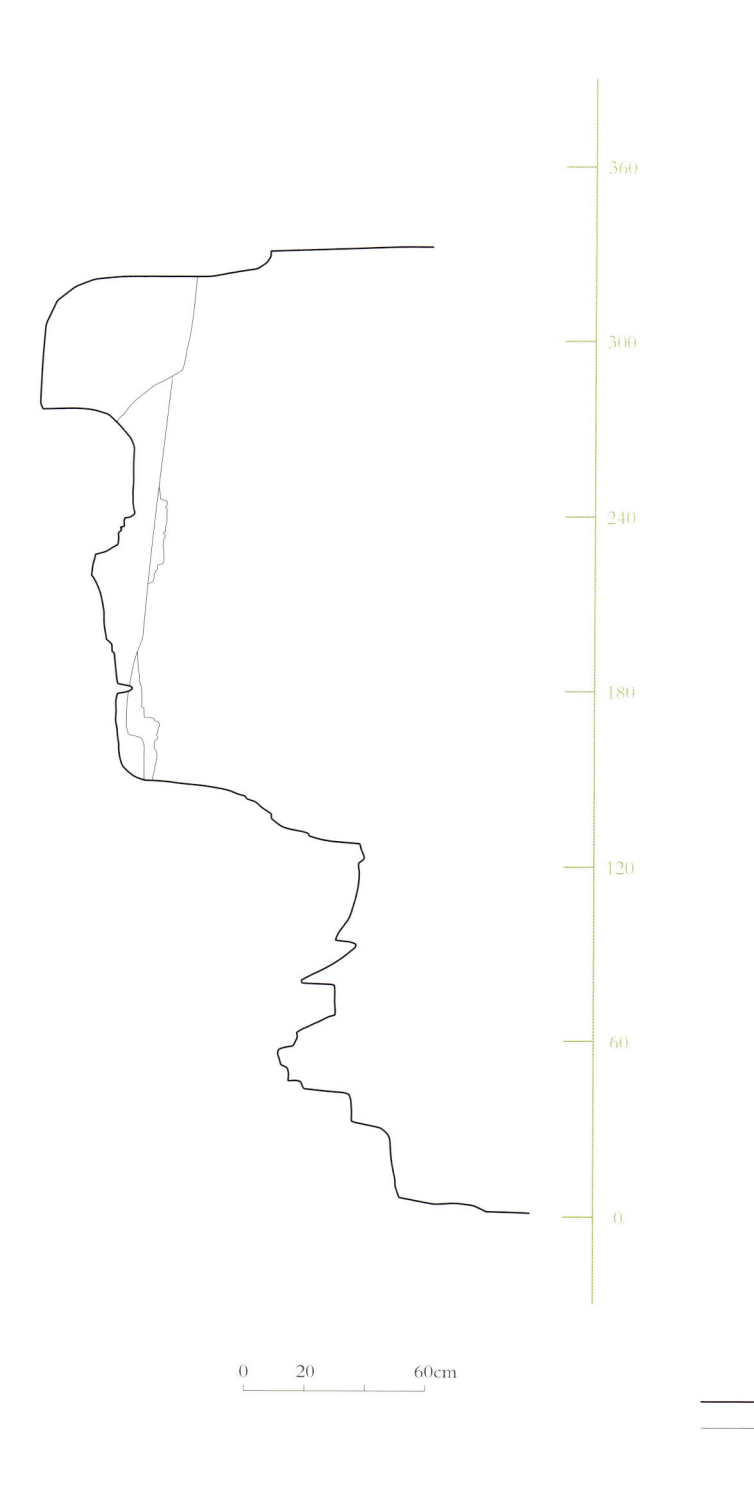

图 193　第 136 号窟正壁中龛剖面图

图 194　第 136 号窟正壁中龛主尊佛像等值线图

第四章　第 124—145 号　223

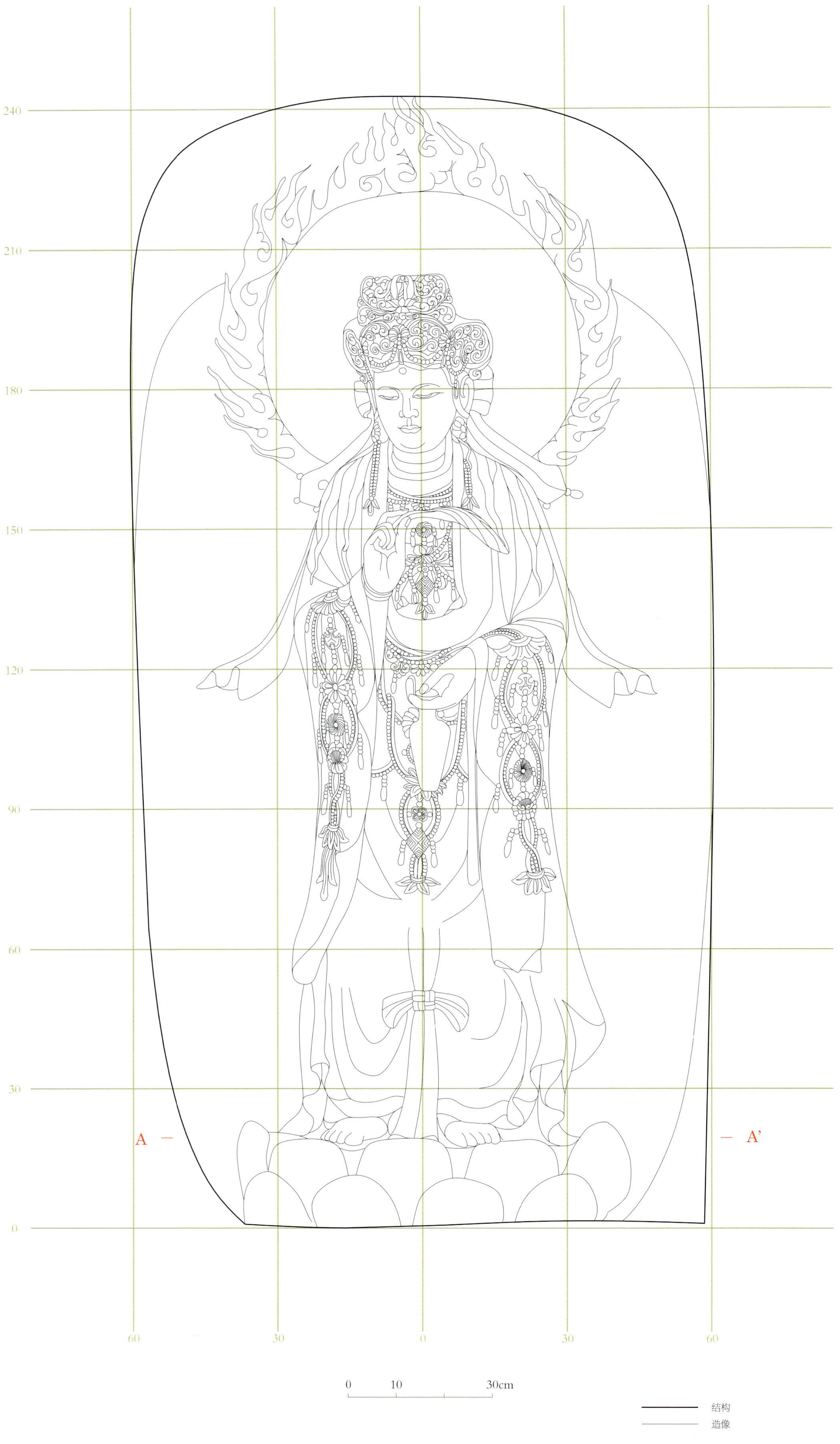

图 195　第 136 号窟正壁左龛立面图

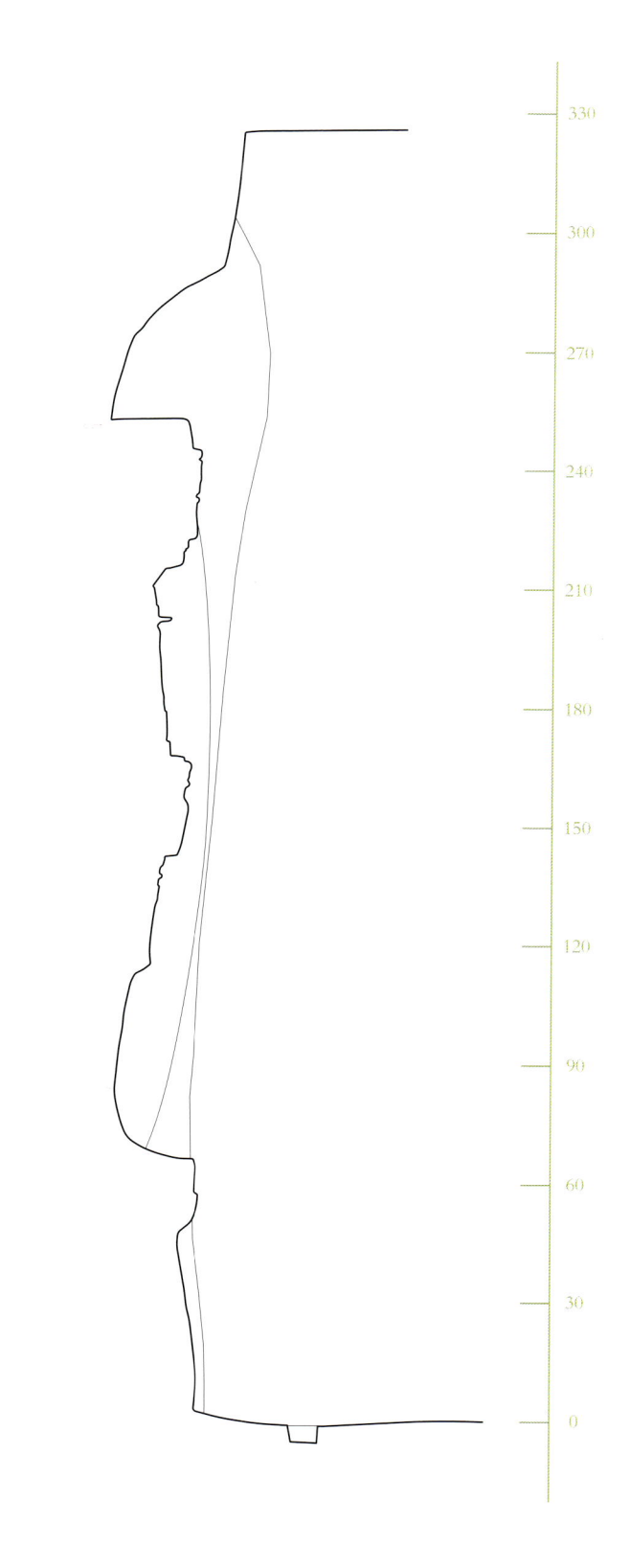

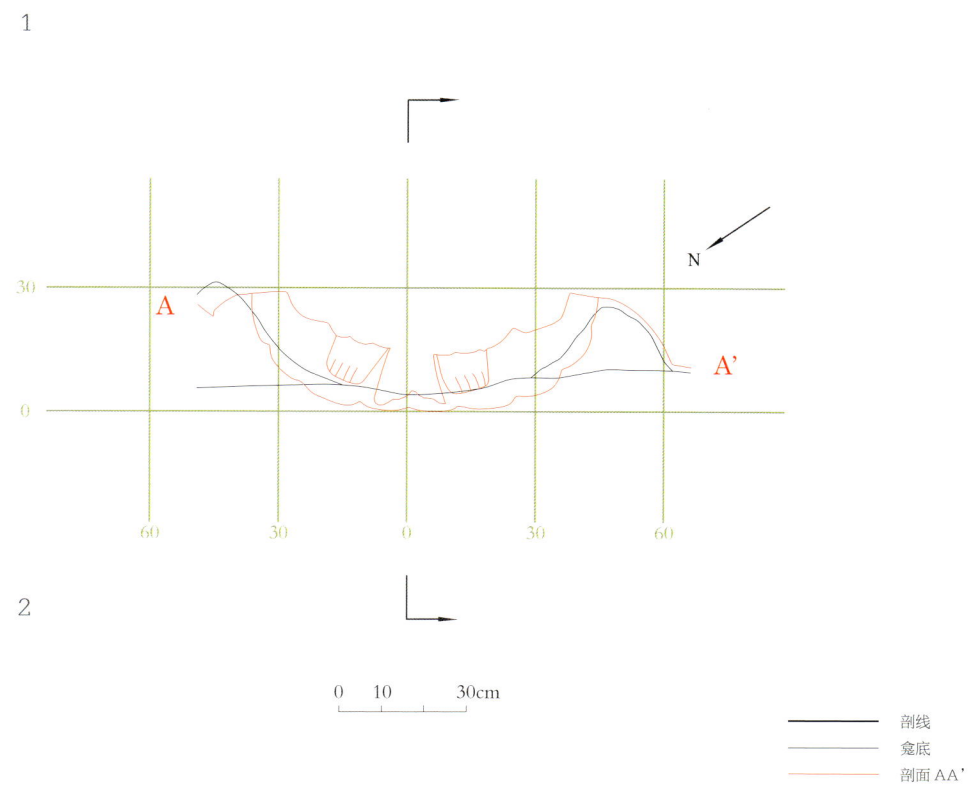

图 196　第 136 号窟正壁左龛平、剖面图
1　剖面图　2　平面图

图 197　第 136 号窟正壁右龛立面图

图 198　第 136 号窟正壁右龛平、剖面图
1　剖面图　2　平面图

图199　第136号窟正壁右侧菩萨像效果图

镯。左手抚小腿，右手举于胸前持如意，如意头毁，后期补塑，结跏趺坐于大象背驮的三层仰莲台上。莲台高32厘米，直径95厘米，下部刻出云纹。大象高94厘米，身长170厘米，六牙，鼻前端残断，头左侧，刻络头，背覆鞯，尾向上翻卷。现粗短的三腿，五趾，立于低台上。台高11厘米，最深14厘米，与龛等宽。

象奴　立像高103厘米，头长21厘米，肩宽36厘米，胸厚13厘米（图版Ⅰ：219）。头巾，束发箍，左右缯带作结后飘。方圆脸，眉眼上挑，短鼻，口微闭，嘴角后收。戴耳环，短颈。内着翻领衫，外着紧袖长服，前襟上撩折入腰间；胸际系带作结。下着裤，缚裤。外系短裙，腰带垂于足间。腕镯，双手（左肘残脱）于胸前握持缰绳，部分残。小腿及双足大部残。身微后仰，双腿微屈，作牵扯状。

童子像　立像高74厘米，头长15厘米，肩宽21厘米，胸厚8厘米（图版Ⅰ：220）。光头，略残。胸饰璎珞，上着宽博披巾，两端交垂腹前，敷搭前臂后飘于体侧；下着长短两层裙。长裙腰带下垂至足间。双手及前臂残，似胸前合十。

2. 中龛

刻像3身。其中，中刻主尊菩萨坐像1身，左右各刻立式侍者像1身（图216、图217；图版Ⅰ：221）。

菩萨像　坐像高153厘米，头长53厘米，肩宽50厘米，胸厚27厘米（图218；图版Ⅰ：222）。浅浮雕圆形素面头光和圆形背光，横径分别为78、173厘米，头光叠于背光内。梳髻，鬓发绕耳，垂发分三缕覆肩。戴花冠，冠体两重，上重部分残，中部内凹，内刻坐式化佛1身，肩颈以上毁；下重遍饰带茎植物、花卉纹，冠下沿一周刻方形、圆形、桃形等饰物（图版Ⅰ：223）。冠带作结下垂，于双肩再次作结后沿体侧垂搭于座前。面相丰圆，眉间白毫，线刻弯眉，双眼半开，棱鼻小口，下颌线刻一道肉褶线。戴桃形花钿耳

228　大足石刻全集　第二卷（上册）

饰，下垂两条珠串至胸。颈刻三道肉褶线。胸饰繁复璎珞（图219）。内着僧祇支，系带作结；外着双领下垂式袈裟，袖摆覆于座台左右侧，下着长短两层裙。腰带作结后下垂座前，再作结后斜飘座底。身六臂，腕镯。两上手屈肘上举托圆轮，轮径20厘米；左中手斜伸握斧，全长114厘米，飘带垂绕斧柄；左下手腹前托钵，钵高9厘米，口径15厘米；右中手斜伸持剑，剑全长115厘米；右下手屈于胸前持柳枝，部分残。结跏趺坐于山石座上。座通高92厘米，宽111厘米，深60厘米。座正面内凹，线刻云纹，内刻胡跪的童子像1身，头毁，残高48厘米（图版Ⅰ：224）；戴项圈，上着对襟窄袖衫，腰束带，下着裤；披帛环状绕于头后经双肩飘于身右侧；双手于胸前合十，指残，侧身向窟内胡跪，右膝残，左足毁。

左侍者像　立像高139厘米，头长22厘米，肩宽33厘米，胸厚14厘米（图版Ⅰ：225）。头部右侧刻出部分头光和身光。方面宽额，眉间刻白毫，浓眉垂梢，眼眶内陷，颧骨高突，鼻端毁（后期补塑），开口露齿，颈肌锁骨显露。上着双层交领服，外披袒右式袈裟，袈裟一角向上覆于头顶。下着长裙，腰带长垂足间。腕镯，左手前臂部分残，横置腹间持拂子，右手举于胸前，伸出中指和食指。双足部分残，着鞋站立。

右侍者像　立像高135厘米，头长25厘米，肩宽29厘米，胸厚15厘米（图版Ⅱ：226）。梳高髻、罩巾，巾垂于后背；髻上饰珠串和团花。脸长圆，眉间刻桃形花钿，细眉小眼，棱鼻小口。耳戴珠串，垂至胸前；颈刻三道肉褶线。身内着抹胸，外披对襟长服，下着裙，裙腰上束至胸，腰带长垂足间；双手腹前笼于袖内，前臂部分残。双足大部残，着鞋站立。

3. 外龛

刻菩萨立像1身（图220、图221、图222；图版Ⅰ：227）。立像高197厘米，头长47厘米，肩宽42厘米，胸厚15厘米。浮雕桃形头光和线刻椭圆形身光。头光横径70厘米，内圆素平，边缘刻火焰纹；身光最宽107厘米，素面。梳髻，鬓发绕耳，垂发分两缕披肩；戴卷草花卉冠，冠体两重，上层正面刻立式化佛1身；下重冠翼外展，底沿一周遍饰饰物，间刻植物、花卉纹饰（图版Ⅰ：228）。自额中白毫生起四道毫光，分作两组，于冠正面交绕后，飘于龛外左右上方。冠带作结后各分两道，上两道扬于头光内，下两道垂于肘部外侧。长圆脸，双颊丰盈。下颌刻一道肉褶线，戴圆形花钿耳饰，垂三条珠串，部分残断。颈刻三道肉褶线。胸饰璎珞，极为繁复（图223）。内着僧祇支，系带作结；外披袒右式袈裟，袈裟一角覆于右肩；下着长裙，腰带垂于足间，端头残。腹前及双手前臂至腿侧垂挂璎珞（图224）。腕镯，双手交于腹前，左手握右手腕，右手持数珠，数珠呈"8"字形。跣足，大部残蚀，立于双重仰莲台上。台高20厘米，宽83厘米，深29厘米；置于半圆形低台上，台高19厘米，直径102厘米。

4. 力士像[1]

立像高175厘米，头长37厘米，肩宽43厘米，胸厚18厘米（图225、图226；图版Ⅰ：229）。浅浮雕圆形素面头光，右部毁。面略残蚀，梳髻，戴冠，冠带作结后上飘头顶。隆眉上扬，双眼鼓凸，颧骨突显，阔口，露齿咬下唇，两腮外凸，戴圆形耳环；颈肌、喉结明显，戴项圈，缀坠饰。袒上身，锁骨突显，肌肉鼓凸。腰系革带，下着两层短裙，外层腰带作结后斜飘，内层腰带下垂至足间。披帛环状绕于头后沿肩下垂。臂环、腕镯。左手斜伸握腰带，右手屈于左肩持鞭，右小腿部分残。

四　铭文

窟内保存铭文8则。

第1则

陈吉銮彩释迦佛像镌记，南宋绍兴十二年至十六年（1142—1146年）。位于正壁中龛左弟子头顶上方。刻石面高28厘米，宽16厘米。文左起，竖刻4行，36字，楷体，字径2厘米（图版Ⅱ：16）。

01　南山乡居住奉善陈吉

02　同诚郭氏孙男文明王氏

03　共发丹诚捐舍净财銮

04　彩△本师释迦牟尼佛

---

[1] 1982年，对窟内二力士进行加固。贾瑞广：《大足宝顶山"截膝地狱"和北山第136号窟维修加固工程技术总结报告》，重庆大足石刻艺术博物馆编：《大足石刻研究文集》（2），重庆出版社1997年版，第554—561页。

图 200　第 136 号窟左侧壁立面图

第四章　第124—145号

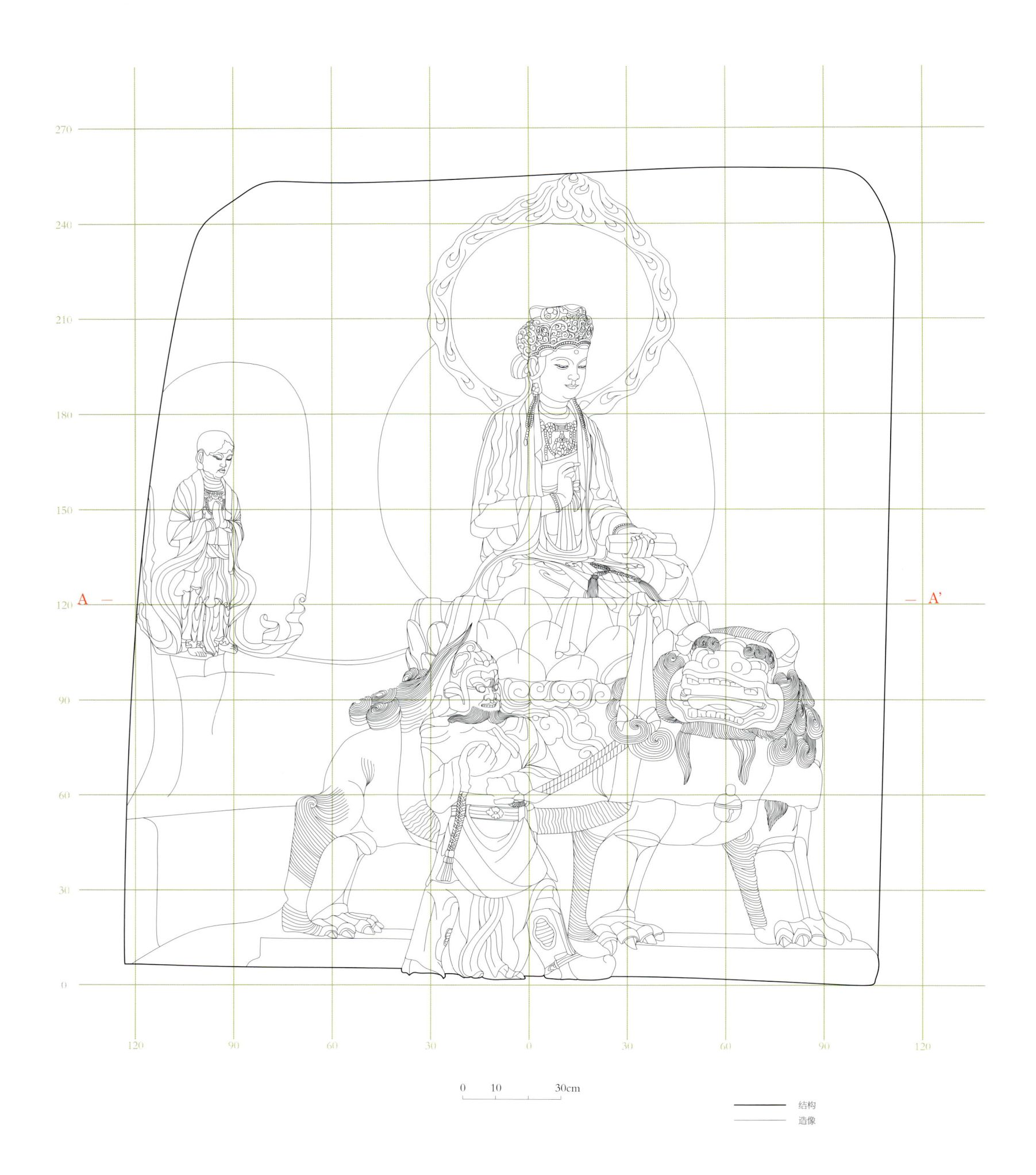

图 201　第 136 号窟左侧壁内龛立面图

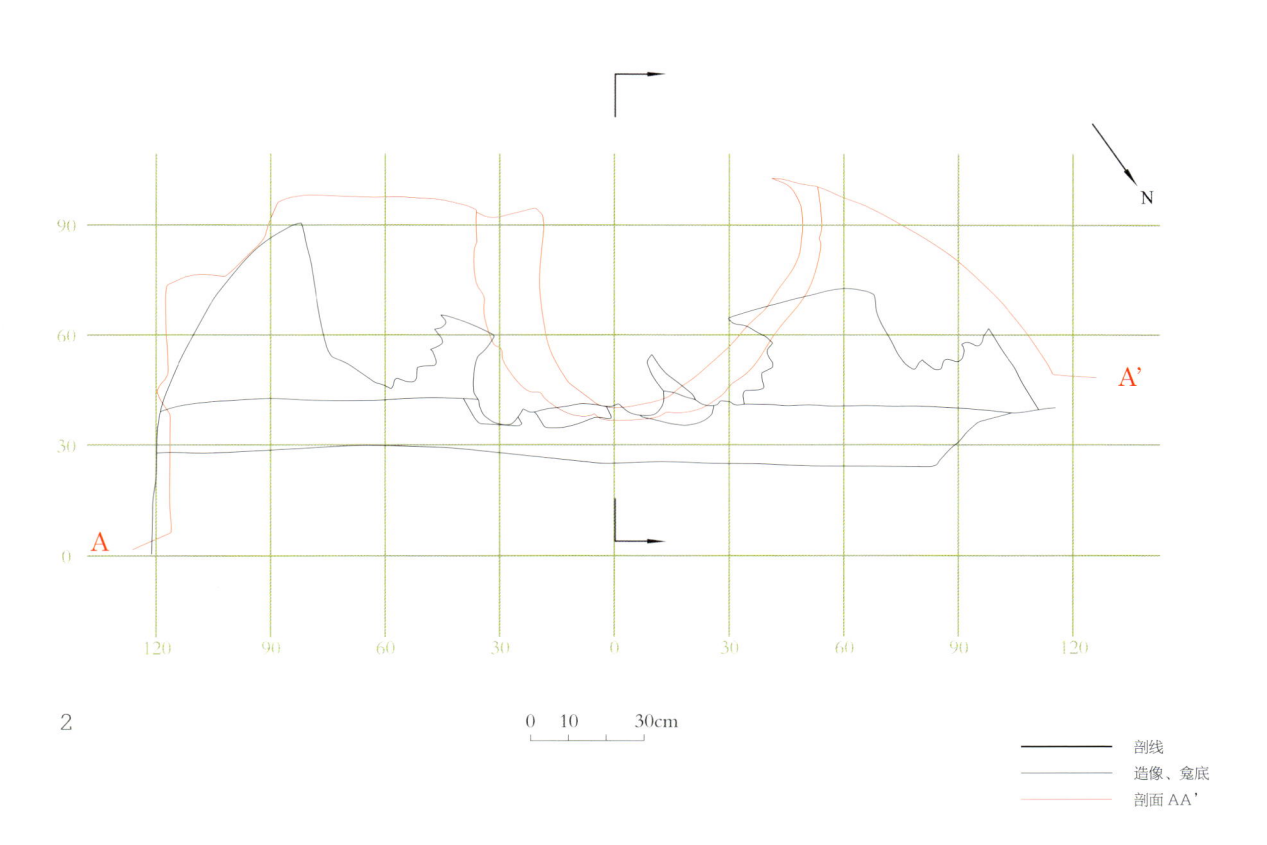

图 202　第 136 号窟左侧壁内龛平、剖面图
1　剖面图　2　平面图

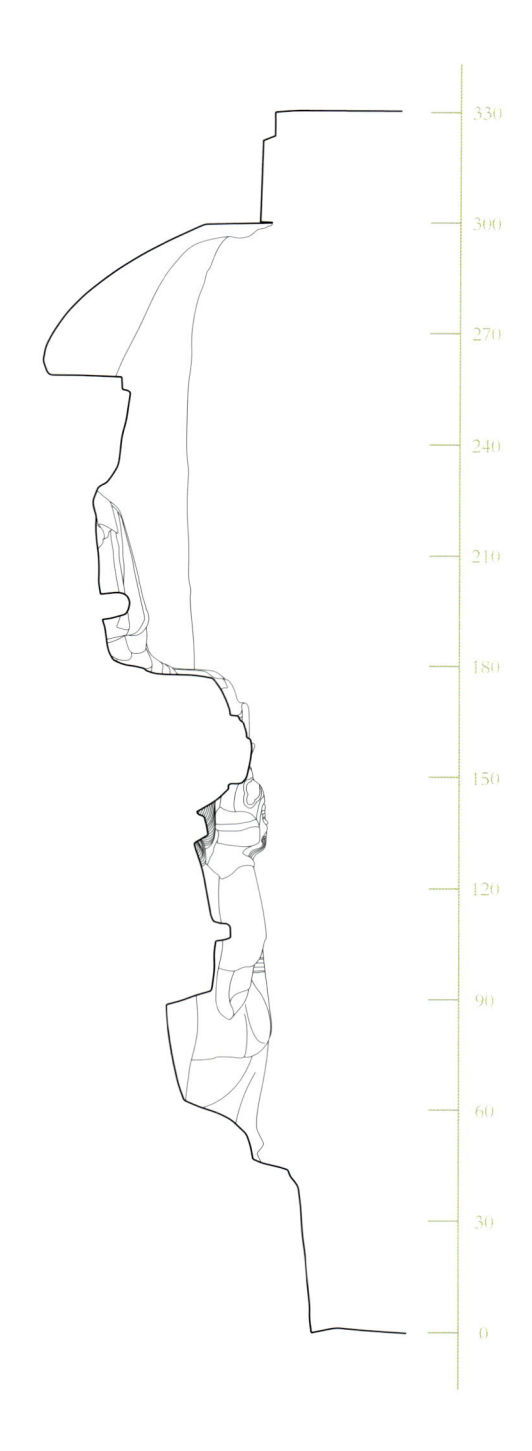

图 203　第 136 号窟左侧壁内龛主尊菩萨像等值线图

图 204　第 136 号窟左侧壁中龛立面图

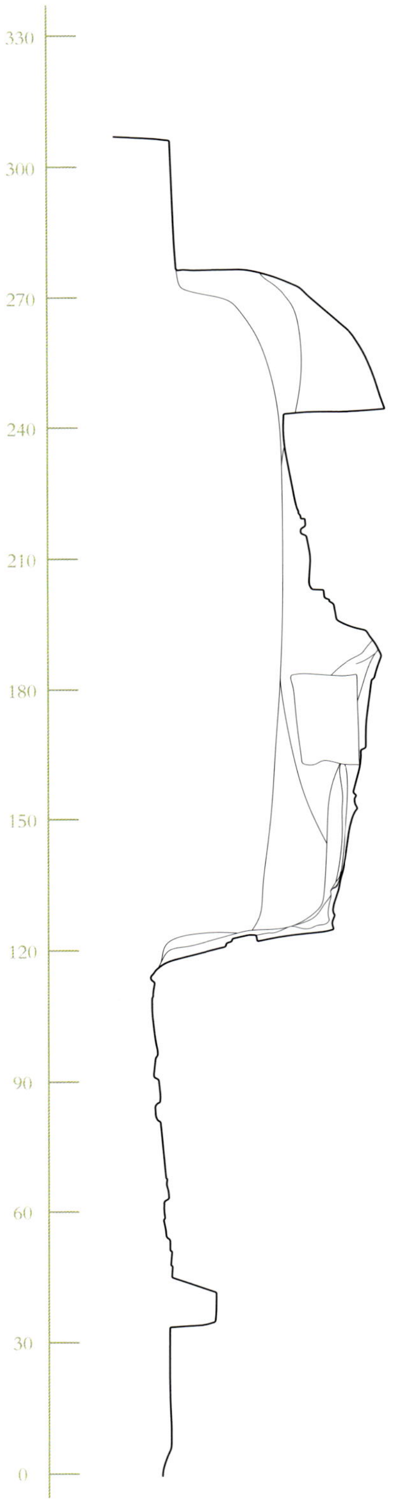

图 205　第 136 号窟左侧壁中龛平、剖面图
1　剖面图　2　平面图

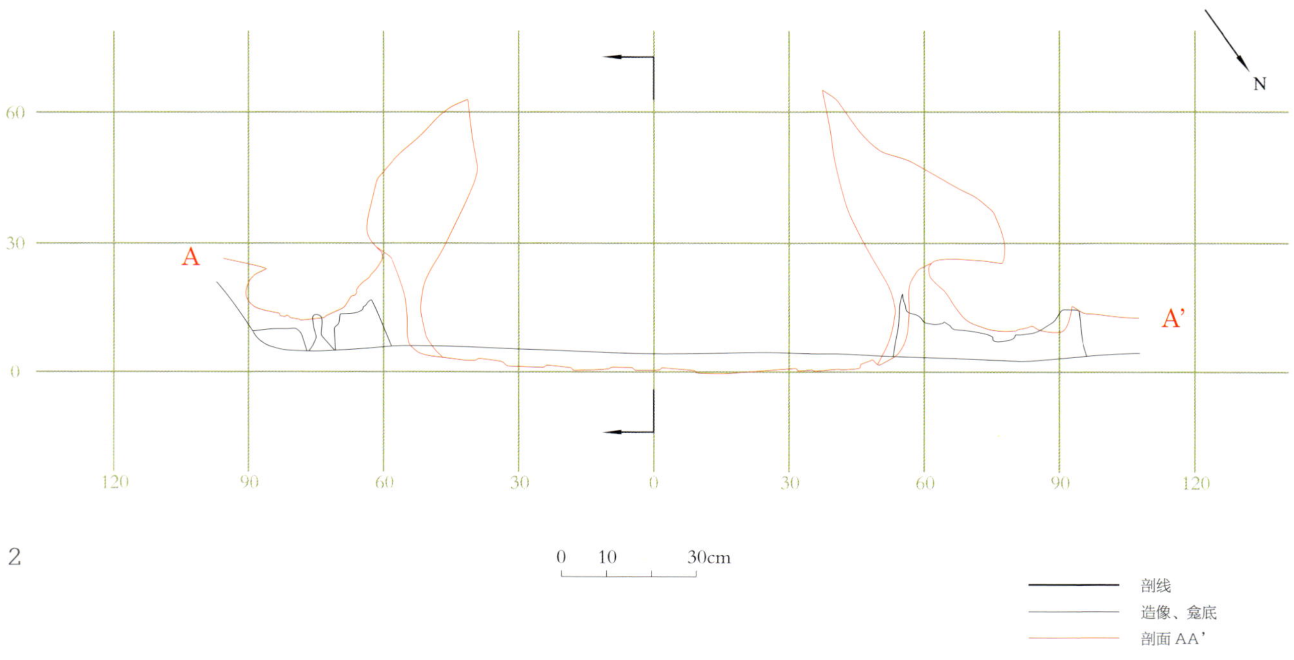

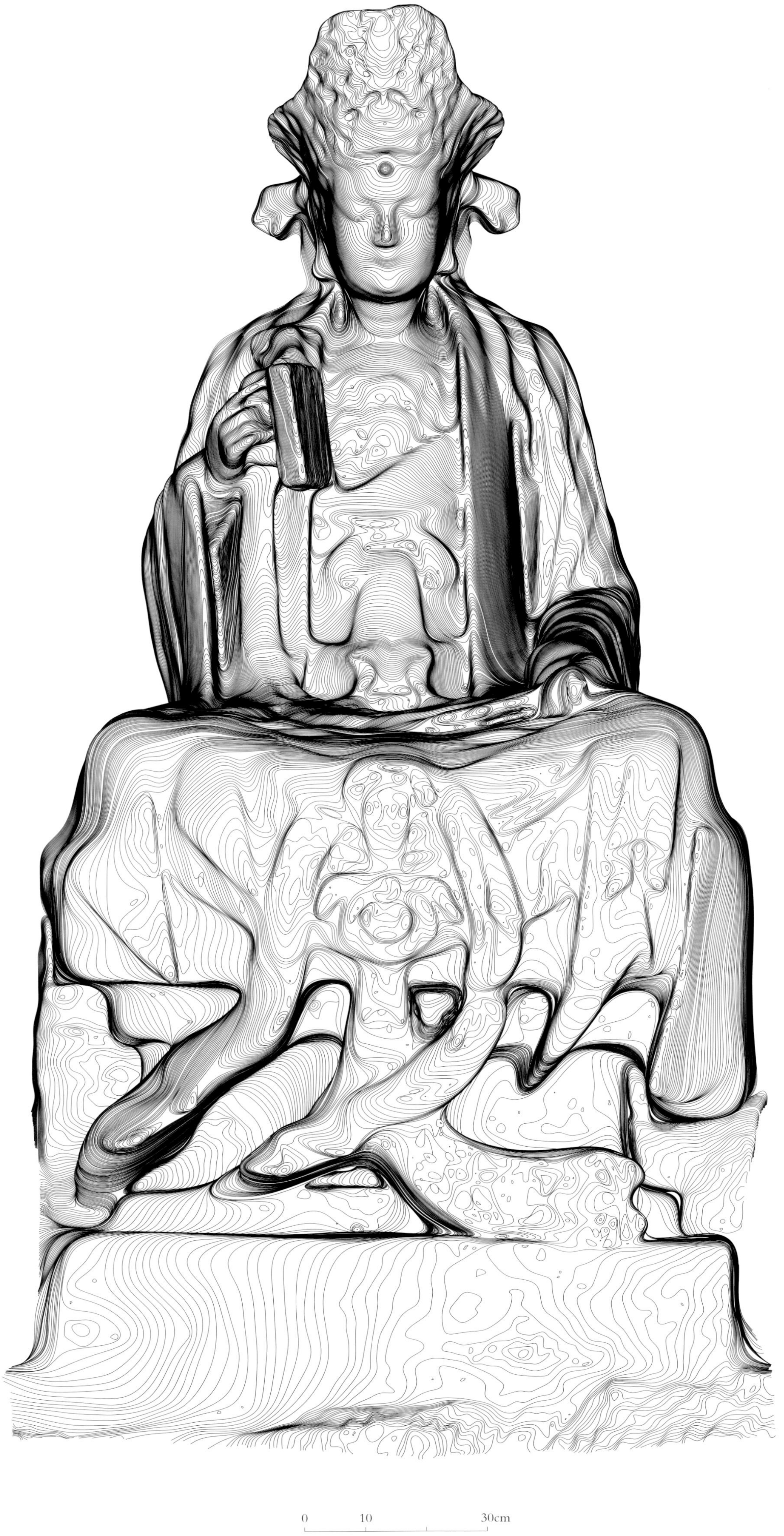

图 206　第 136 号窟左侧壁中龛主尊菩萨像等值线图

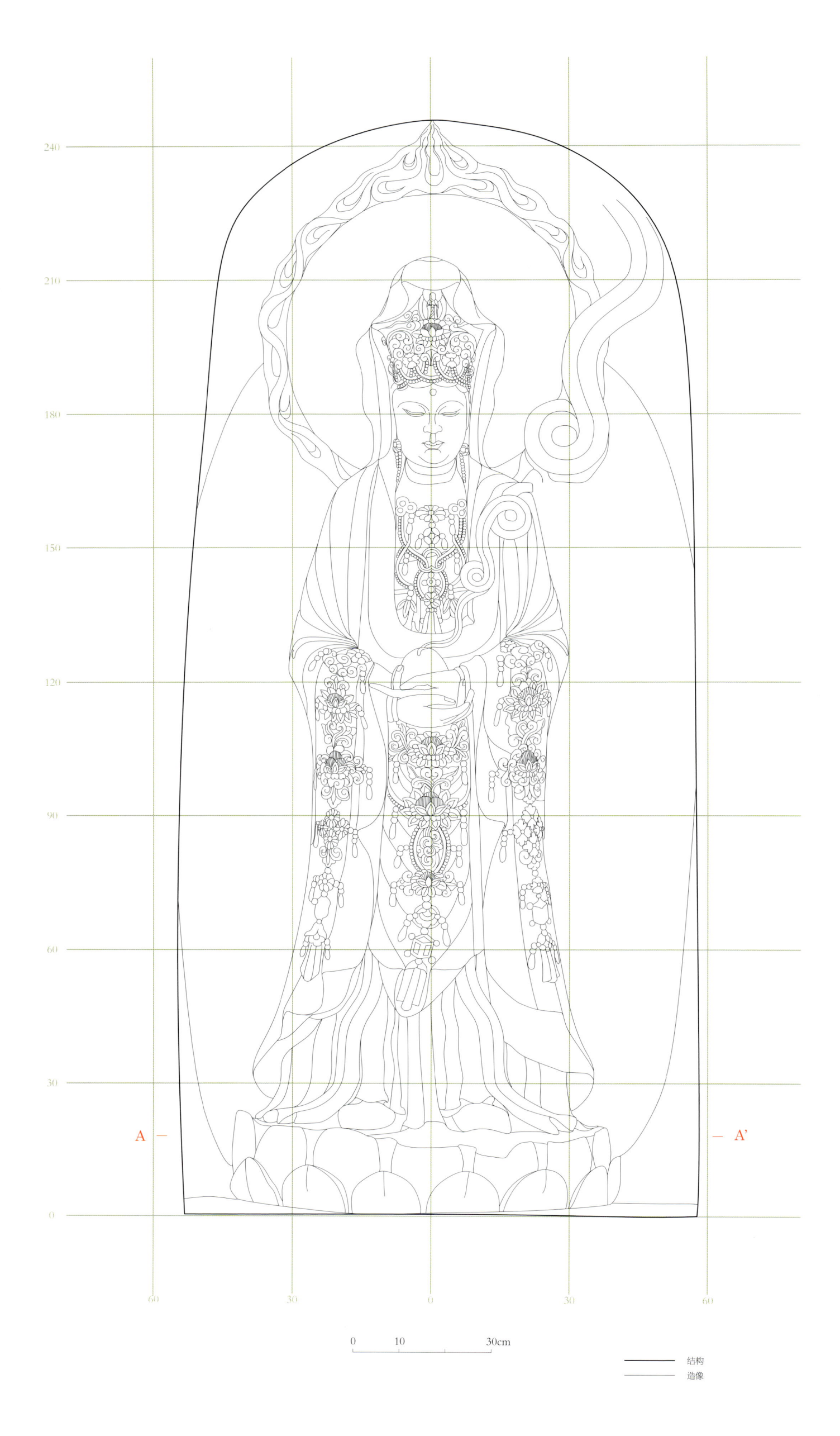

图 207　第 136 号窟左侧壁外龛立面图

238　大足石刻全集　第二卷（上册）

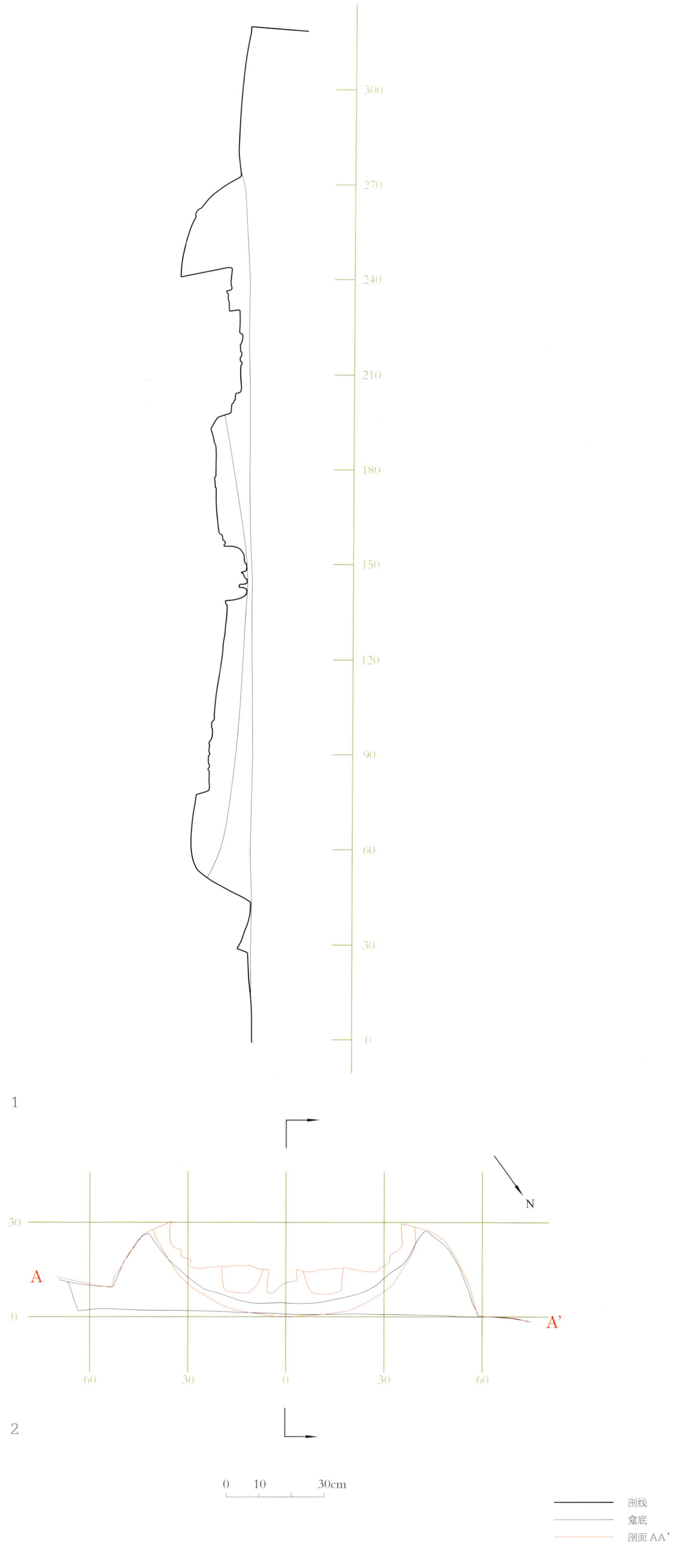

图 208　第 136 号窟左侧壁外龛平、剖面图
1　剖面图　2　平面图

第四章　第 124—145 号　239

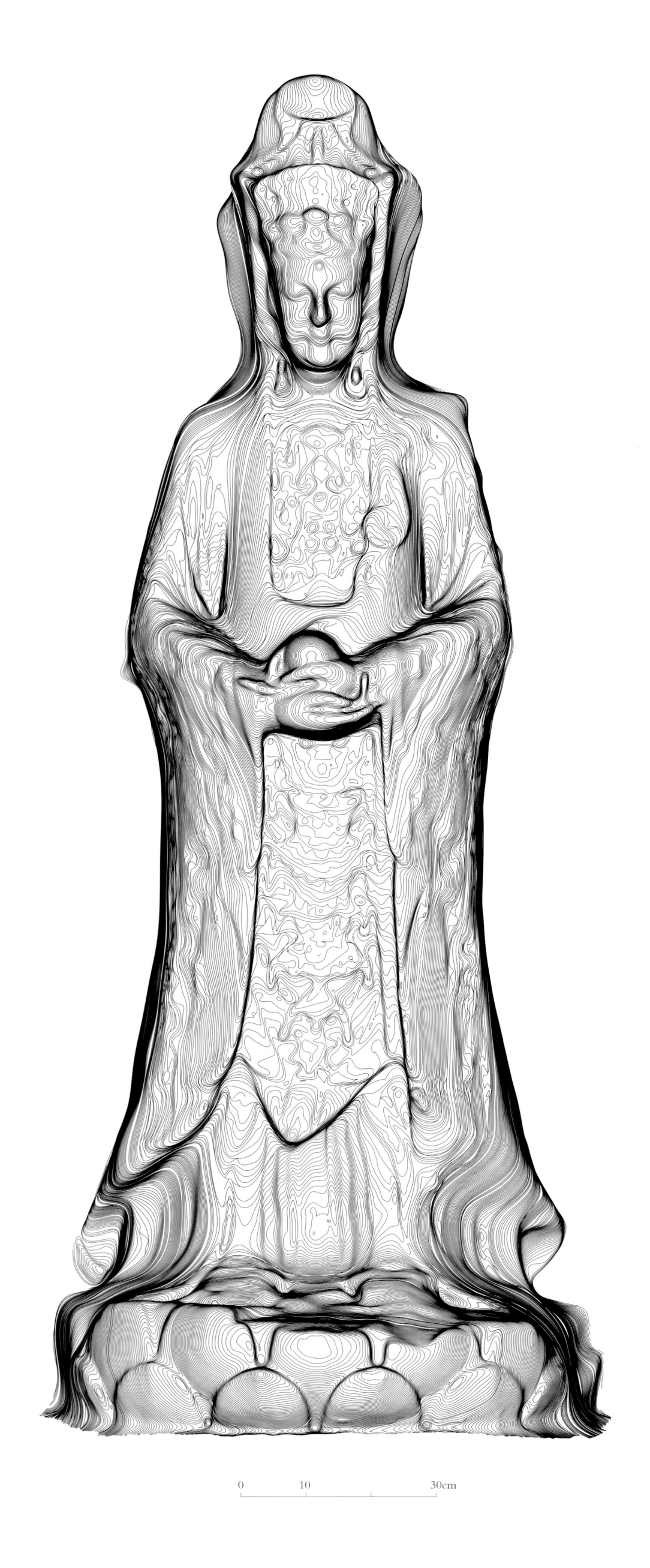

图 209　第 136 号窟左侧壁外龛主尊菩萨像等值线图

第2则

佚名残记，南宋绍兴十二年至十六年（1142—1146年）。位于正壁中龛右弟子头顶上方。刻石面部分残，高26厘米，宽16厘米。文左起，竖刻4行，存13字，楷体，字径2厘米（图版Ⅱ：17）。

01　（漶）并奉施

02　（漶）周备卜

03　（漶）表庆以

04　（漶）上六日记

第3则

张莘民造观音像镌记，南宋绍兴十二年（1142年）。位于正壁左菩萨头顶上方。刻石面高35.5厘米，宽37厘米。文左起，竖刻8行，78字，楷体，字径2.5厘米（图版Ⅱ：18）。

01　左朝散大夫权发遣昌州军州事

02　张莘民谨发诚心就院镌造

03　观音菩萨一尊永为瞻奉

04　今者彩刻同就修设

05　圆通妙斋施献寿幡以伸庆

06　赞祈乞

07　国祚兴隆阖门清吉

08　壬戌绍兴十二年仲冬二十九日题

第4则

陈文明造大势至菩萨等像镌记及匠师题名，南宋绍兴十三年（1143年）。位于正壁右菩萨头顶上方。刻石面部分残损，残高36厘米，宽40厘米。文左起，竖刻11行，存96字，楷体，字径2厘米（图版Ⅱ：19）。

01　□□□□郭外居住奉善□□□

02　□□□□郭氏孙男陈文明□□□

03　□□□□镌刻妆彩

04　大势至菩萨迦叶阿难〔共三尊〕□□

05　经藏洞永为历世

06　瞻仰祈保寿年遐远福寿□昌

07　续裔□□转增荣贵愿

08　法轮常转祈

09　舜日惟明今者镌妆工毕时以癸亥

10　绍兴十三年正月二十五日伏僧庆

11　赞谨题△△赖[1]川镌匠骨安（漶）

1　此"赖"字《大足石刻铭文录》录为"颖"。赖川，据《元丰九域志》卷7《梓州路》记载："上，昌元。州西一百里。五乡。赖川、滩子……"属于昌元县。又石篆山佛会寺《严逊碑记》记载："……父以避役居昌元今赖川宅且病是时小溪方买旁居人宅……"可见，北宋时期昌元县有"赖川"这个地名，故此处释为"赖川"。

图 210　第 136 号窟左侧壁外侧力士像立面图

242　大足石刻全集　第二卷（上册）

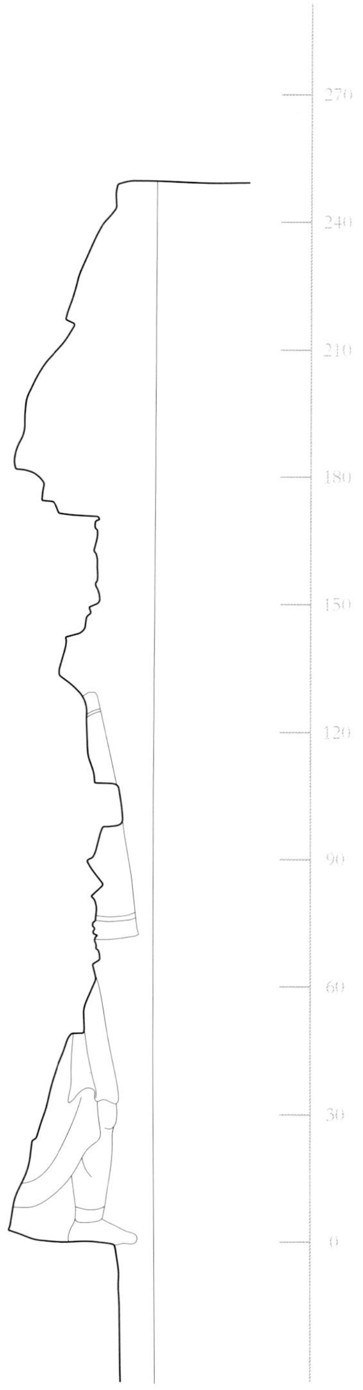

图211 第136号窟左侧壁外侧力士像平、剖面图
1 剖面图 2 平面图

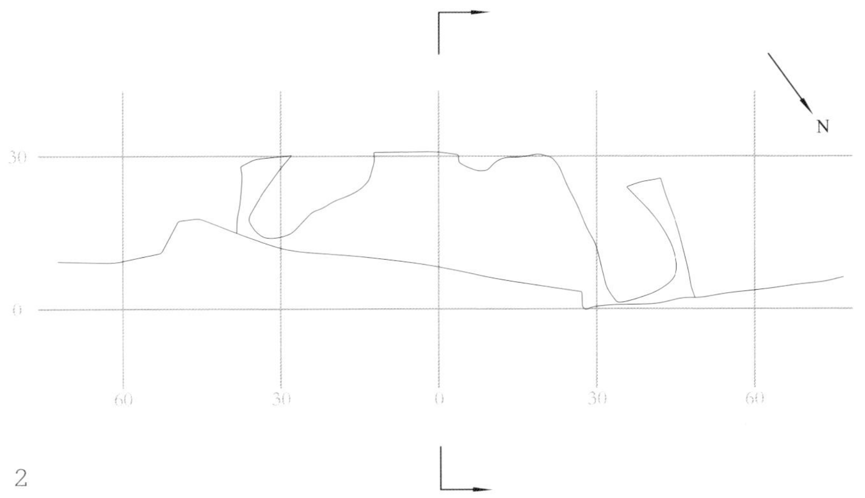

图212　第136号窟右侧壁立面图

第四章 第124—145号 245

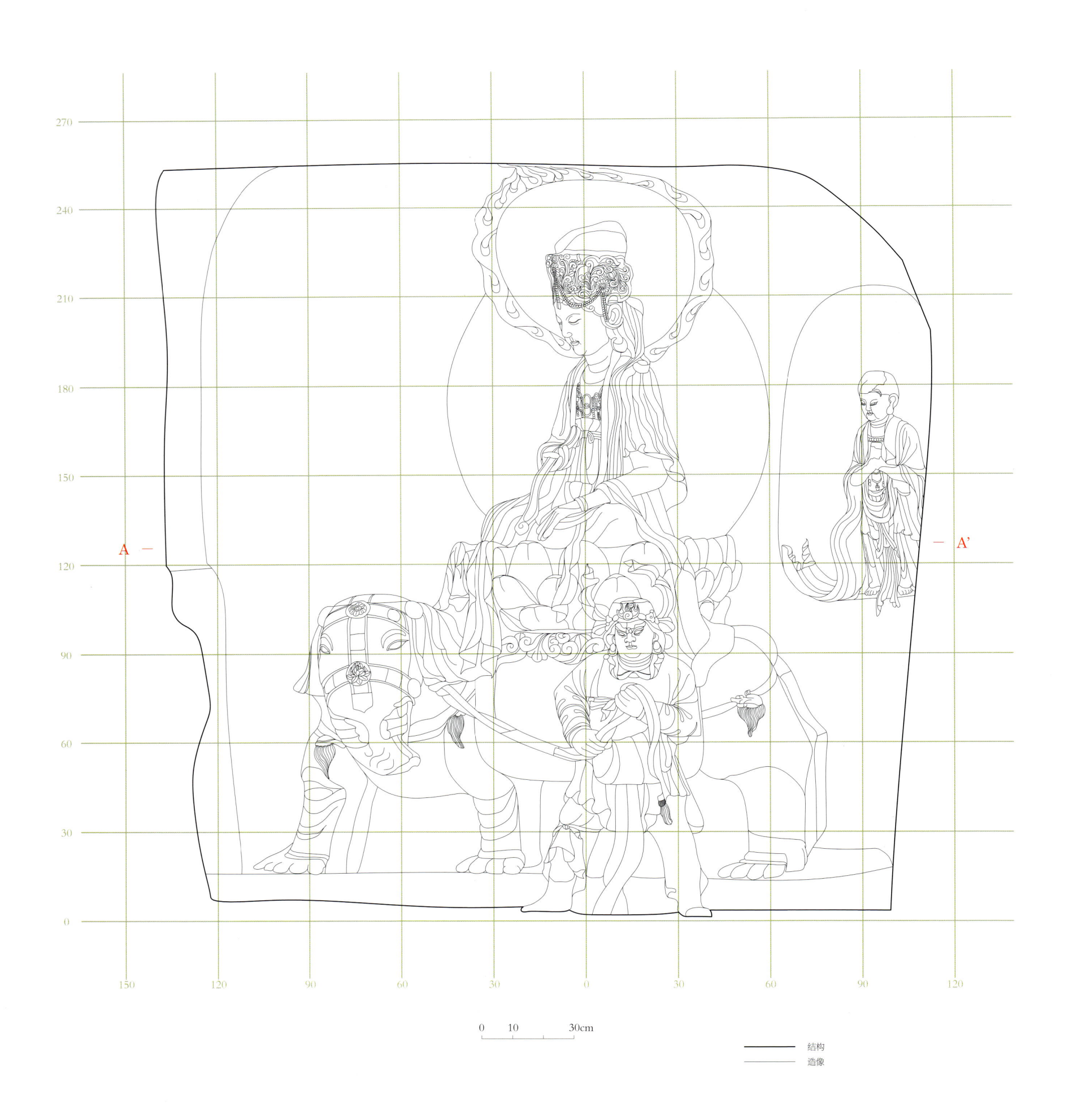

图 213　第 136 号窟右侧壁内龛立面图

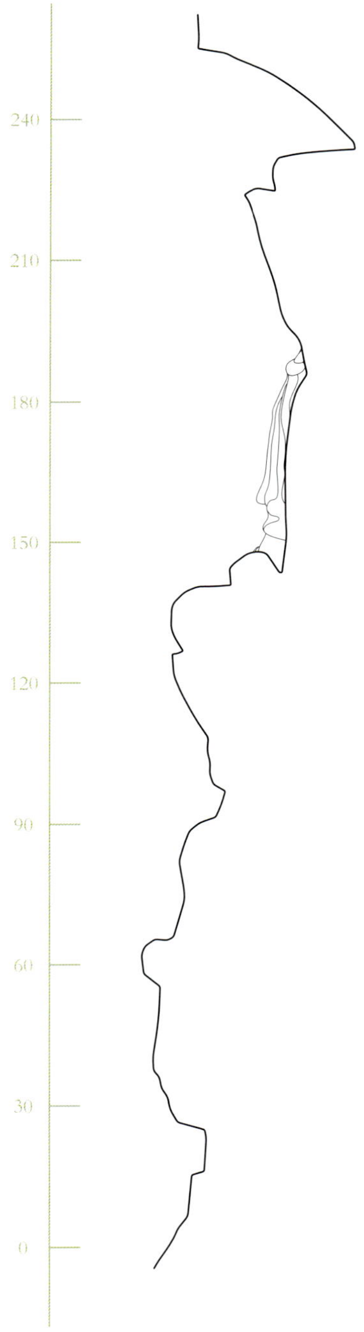

图214　第136号窟右侧壁内龛平、剖面图
1　剖面图　2　平面图

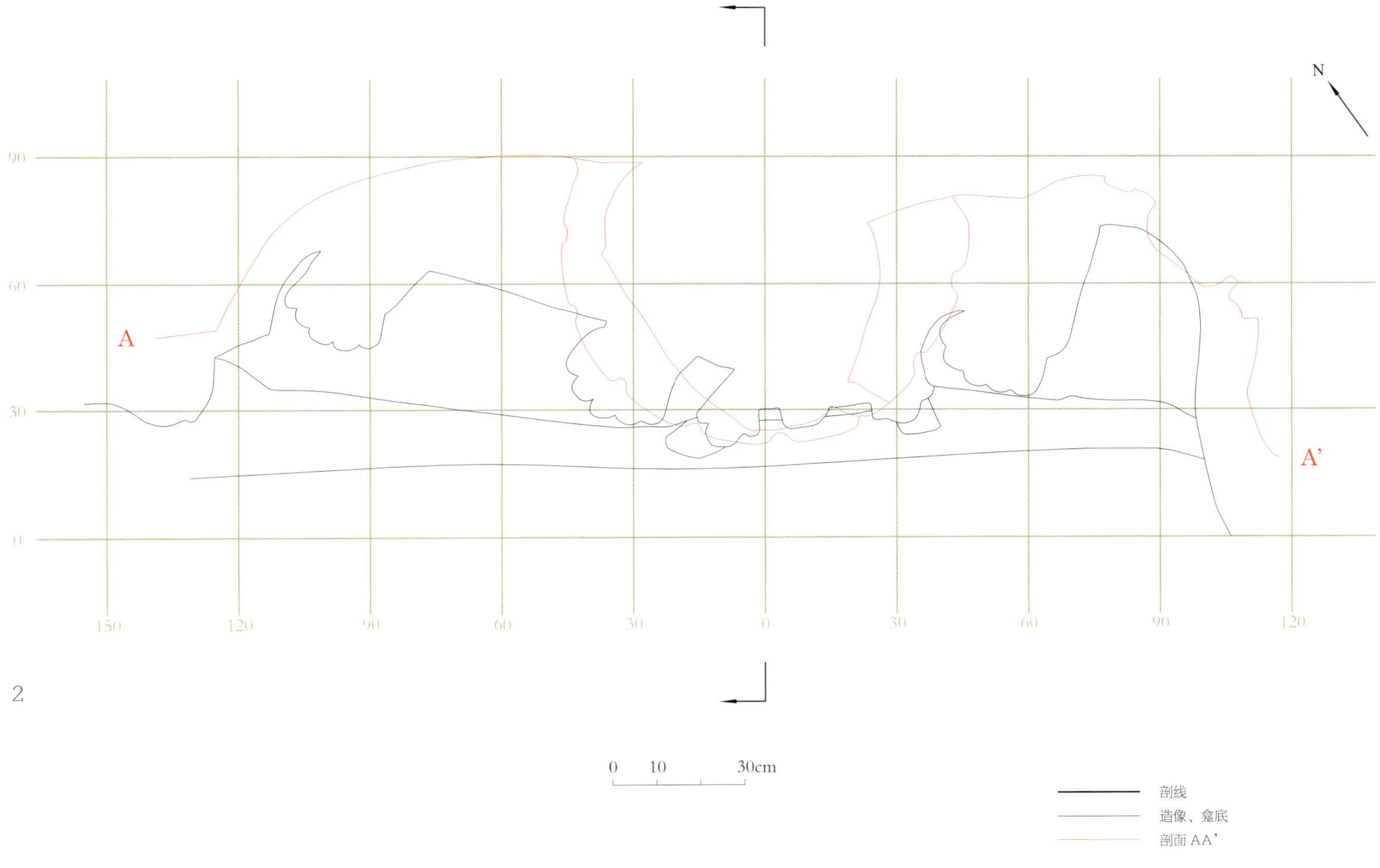

图 215　第 136 号窟右侧壁内龛主尊菩萨像等值线图

图 216　第 136 号窟右侧壁中龛立面图

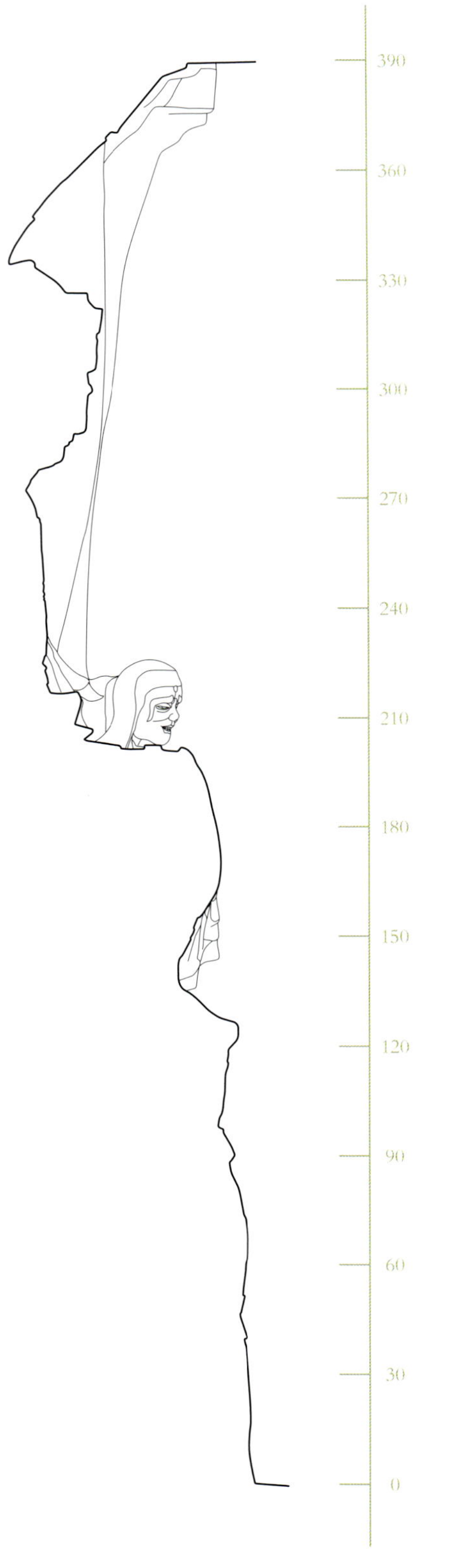

图 217　第 136 号窟右侧壁中龛平、剖面图
1　剖面图　2　平面图

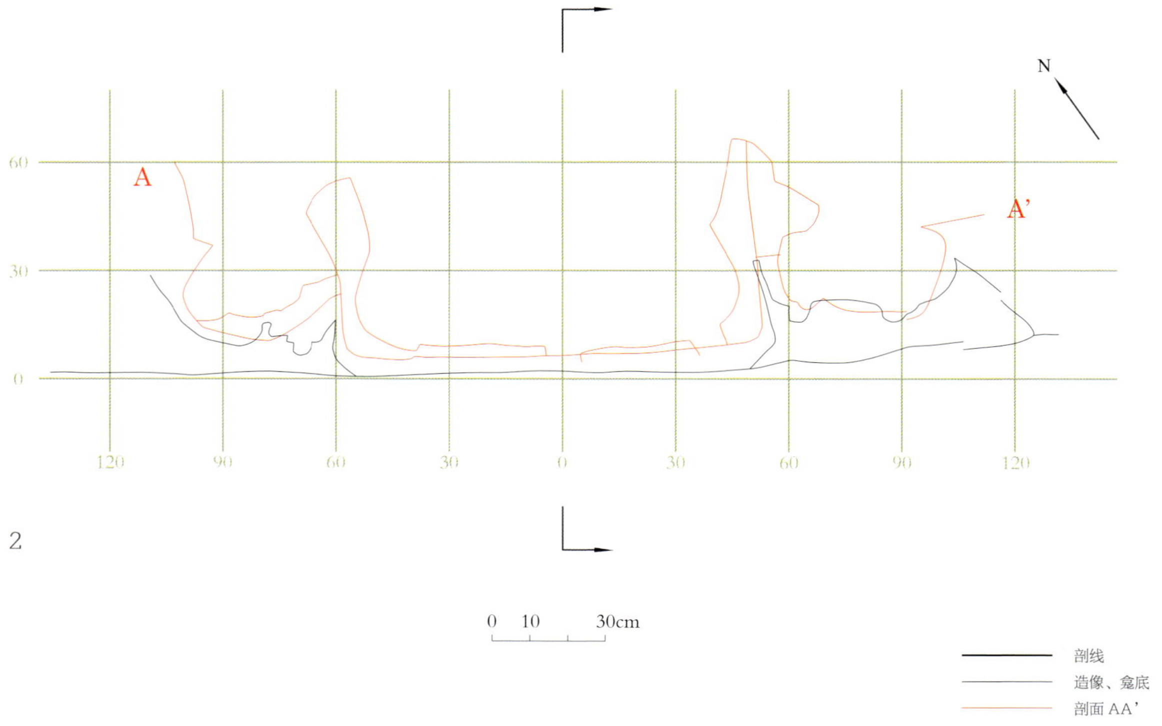

图 218　第 136 号窟右侧壁中龛主尊菩萨像等值线图　　　　　　　　图 219　第 136 号窟右侧壁中龛主尊菩萨像胸部璎珞

第5则

赵彭年造文殊普贤像镌记，南宋绍兴十三年（1143年）。位于左侧壁内龛上方。刻石面高29厘米，宽47厘米。文左起，竖刻13行，114字，楷体，字径2厘米（图版Ⅱ：20）。

01　弟子赵彭年同寿杨氏
02　发至诚心敬镌造
03　文殊师利菩萨普贤王
04　菩萨二龛上祝
05　今上皇帝圣寿无疆皇
06　封永固夷夏义安人民快
07　乐次乞母亲康宁眷属
08　吉庆普愿法界有情同
09　沾利益绍兴十三年岁
10　在癸亥六月丙戌朔十六
11　日辛丑斋僧庆赞左从
12　事郎昌州录事参军
13　兼司户司法赵彭年谨题

第6则

位于左侧壁外龛上方。刻石面高29厘米，宽27.5厘米，内素平。

图 220　第 136 号窟右侧壁外龛立面图

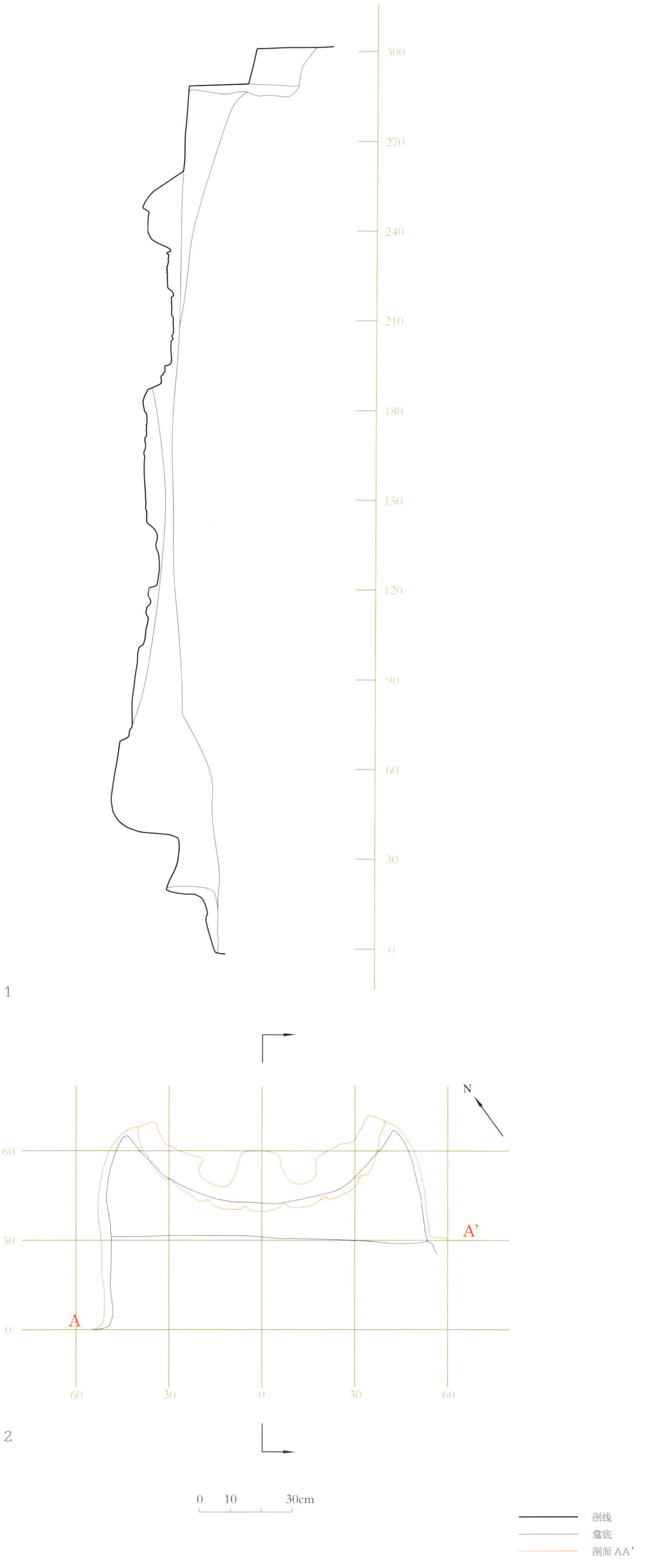

图 221　第 136 号窟右侧壁外龛平、剖面图
1　剖面图　2　平面图

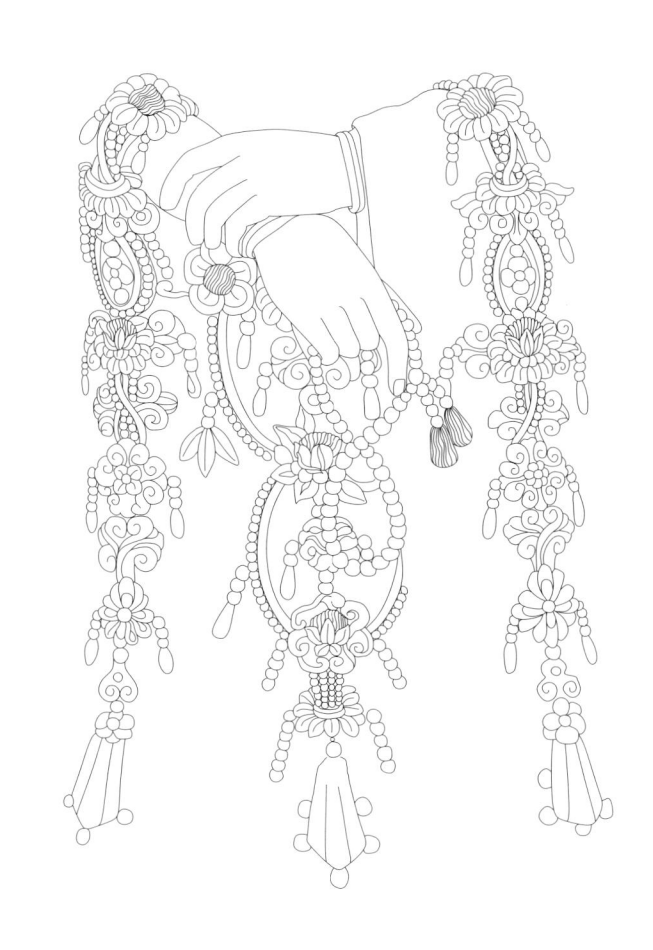

图 222　第 136 号窟右侧壁外龛主尊菩萨像等值线图

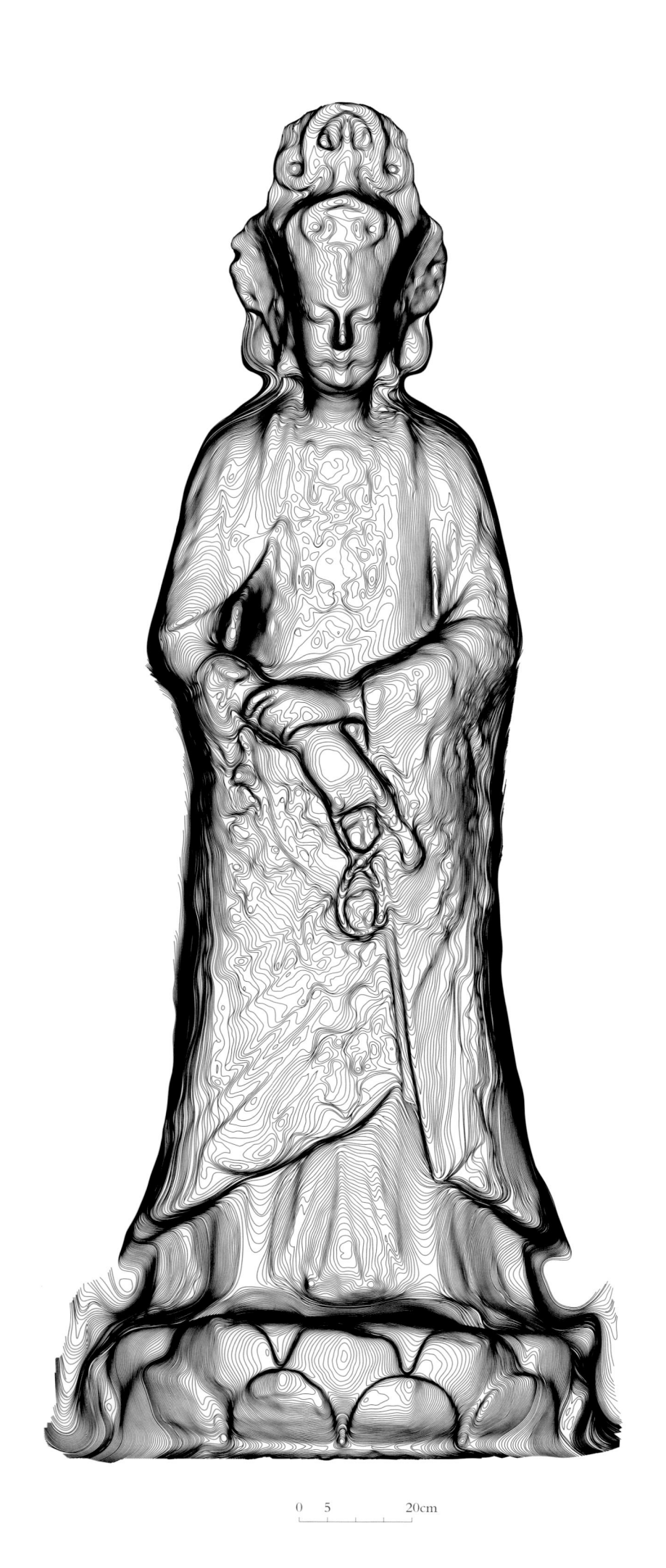

图 223　第 136 号窟右侧壁外龛主尊菩萨像胸部璎珞

图 224　第 136 号窟右侧壁外龛主尊菩萨腹前及体侧璎珞

图 225　第 136 号窟右侧壁外侧力士像立面图

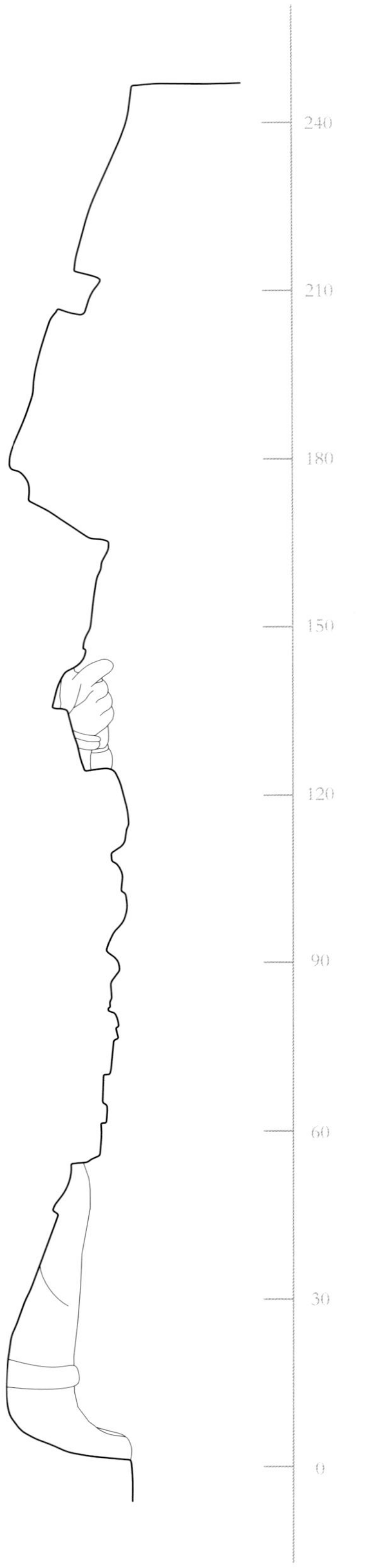

图 226　第 136 号窟右侧壁外侧力士像平、剖面图
1　剖面图　2　平面图

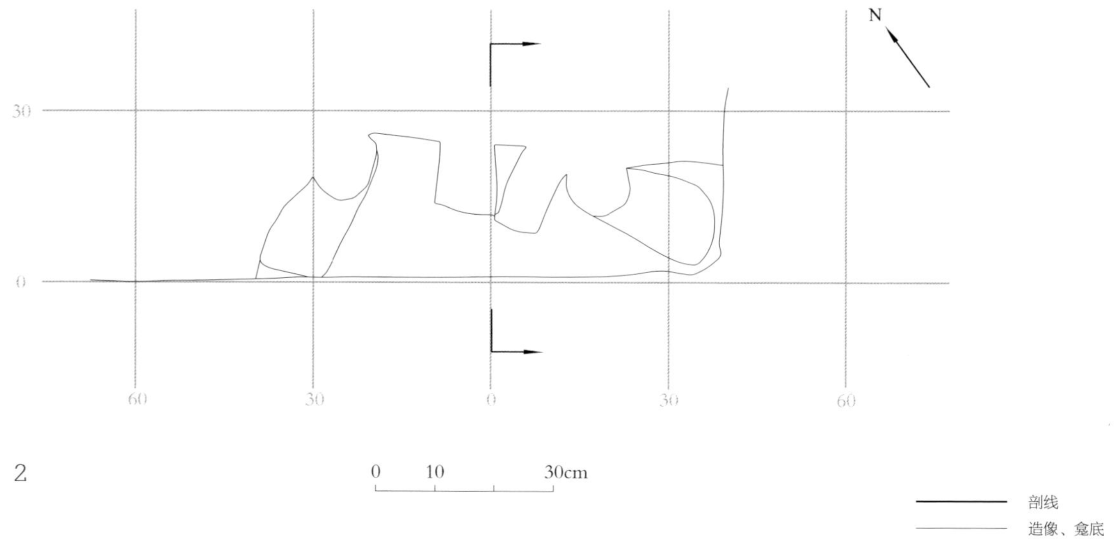

第7则

位于右侧壁中龛上方。匾额，横长方形，高28厘米，宽60厘米；匾心素平。

第8则

王陞造数珠手观音像镌记，南宋绍兴十六年（1146年）。位于右侧壁外龛上方。刻字面高29厘米，宽27厘米。文左起，竖刻8行，86字，楷体，字径2.5厘米（图版Ⅱ：21）。

01　在城奉佛弟子王陞同政
02　何氏伏为在堂父王山母亲
03　周氏谨舍净财镌妆
04　大圣数珠手观音菩萨一尊
05　永为瞻仰伏愿二亲寿算[2]增
06　延合属百顺来宜五福咸备
07　二六时中公私清吉以丙寅绍
08　兴十六年季冬十二日表庆讫

五　晚期遗迹

窟内存有两条较为粗大的裂隙。其中，一条位于正壁与左侧壁交接处，始于窟顶，向下延伸并向左转折，全长约277厘米；另一条位于正壁右侧中部，始于左侧壁前端，斜向贯穿窟顶，至正壁转折向下，全长约960厘米，最宽37厘米。后条裂隙于窟顶另发育出横向的两道较细的裂隙，斜向延伸至窟左壁，全长分别为265、115厘米。上述两条裂隙均已修补[1]。

窟底左、右侧各开一条排水浅沟，部分以石板、水泥封护。左侧沟一端与裂隙相接，另一端延至窟口，全长约910厘米，宽4—8厘米。右侧沟，一端与正壁粗裂隙相接，另一端延至窟口处，全长约750厘米，宽10—16厘米。

窟左右侧壁内侧龛与中龛之间的壁面各凿一圆孔，大致对称；孔大小相近，直径5厘米，深2.5厘米。

后侧窟底左端内侧凿一凹槽，长21厘米，宽7厘米，深4厘米。前侧窟底左前部、后部地坪局部残损，现以石板嵌入修补。

窟顶前端毁，现以水泥补接，并与窟口保持在同一水平上。修补面长与窟口相当，宽120厘米。

窟内壁面和造像涂层颜料色彩保存较好，可见红色、灰白色、蓝色、绿色等四种涂层。

第十六节　第137号

一　位置

位于第136号窟右侧。左距第136号窟44厘米，右邻第138号龛26厘米；上为岩顶，下距地坪37厘米。

龛口西北向，方向为303°。

二　形制

在岩壁表面平直凿进最深约37厘米形成方形摩崖壁面（图227、图228；图版Ⅰ：230）。壁面左外侧岩体已毁，现为第136号窟补砌的右侧窟口；壁面上、下及右外侧岩体部分受损。壁面高306厘米，宽270厘米；局部残脱、剥蚀。

1　1982年，对窟顶裂隙黏合修补。贾瑞广：《大足宝顶山"截膝地狱"和北山第136号窟维修加固工程技术总结报告》，重庆大足石刻艺术博物馆编：《大足石刻研究文集》（2），重庆出版社1997年版，第554—561页。

图 227　第 137 号龛立面图

258　大足石刻全集　第二卷（上册）

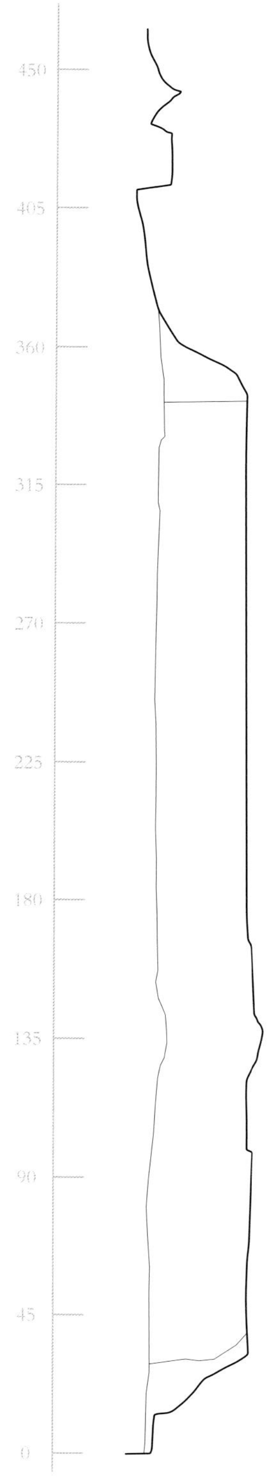

图 228　第 137 号龛平、剖面图
1　剖面图　2　平面图

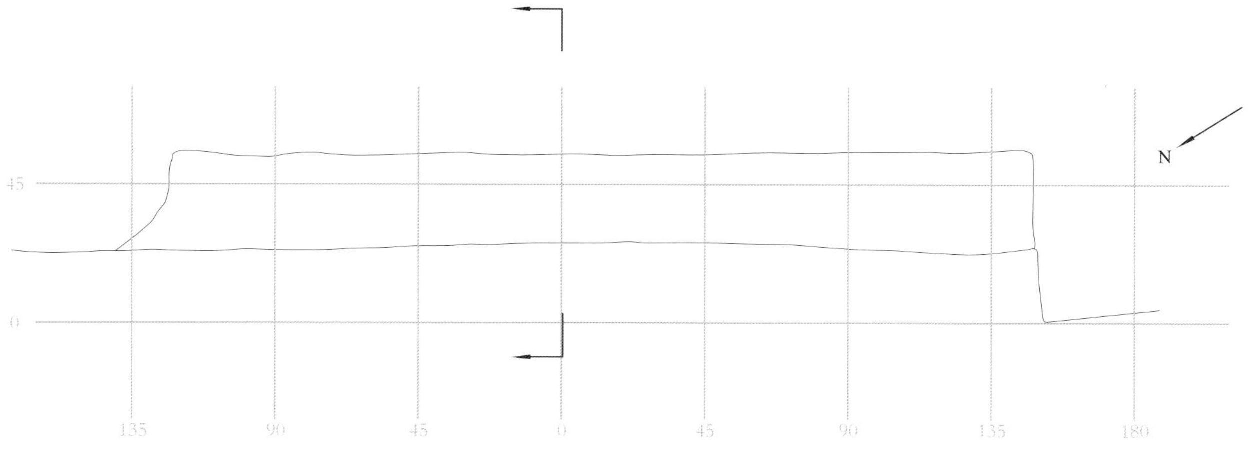

三 造像

壁面阴刻线图一幅，保存较差[1]。为记述方便，将其分为中部、上部、下部三部分（图227；图版Ⅰ：230、图版Ⅱ：22）。

（一）中部

1. 左侧图像

中刻主尊坐像1身，其座左侧刻立式侍者2身，右侧刻立式侍者1身。

主尊坐像　坐高54厘米。头髻，裹巾。胡须长垂，面老。身着双层交领宽袖服，下着裙。左手抚膝，右手置腹前；屈肘处斜置如意。左腿屈膝上竖，右腿横置。面略右侧，坐于须弥座上。座高28厘米，宽56厘米，圭脚作如意头状，中部束腰部分刻出方框，正面中央及左右端各刻一只净瓶；上枋与束腰间刻一列仰莲瓣。上枋方形，亦刻出方框。座面似覆搭织物。座后侧刻一扇方形屏风，高69厘米，宽59厘米；边框宽5.8厘米，饰团花。屏风内可辨山峦、云纹及水波纹图案。

侍者像　3身，分刻于座左右侧，其中左侧2身，右侧1身。左前侍者，高64厘米。头扎巾，长圆脸。身着交领宽袖长服，下着裙。双手合十而立。左后侍者，显露部分高46厘米。头左垂，戴冠，圆脸。服饰与前像略同。双手斜持长柄扇。右侧侍者为女像，高68厘米。头梳髻，戴发簪。面椭圆。身着对襟宽袖长服，下着裙。双手于胸前捧盘，内盛花朵及花瓣；略侧身向右站立。该侍女身后刻有高13厘米的四段护栏，中间二段完整，左右二段显出部分。柱身方形，柱首呈坛形，栏间安置华板。

2. 右侧图像

中刻主尊菩萨坐像1身，座左前胁侍菩萨1身，座后及右侧可辨刻立式弟子9身。

主尊菩萨像　坐高51厘米。线刻圆形头光，直径27厘米。戴冠，面圆，仰面微左侧。上着披巾，下着裙。腕镯，左手抚膝，右手上举至肩，结印。披巾两端敷搭前臂后，长垂座前。结跏趺坐于须弥座上。座高26厘米，宽58厘米，形制与左侧坐像略同。座左前侧存一狮头。

胁侍菩萨像　立于主尊菩萨像座左前侧，高68厘米。线刻圆形头光，直径22厘米。戴冠，冠带长垂双肩。上着披巾，下着裙，裙摆坠地。披巾敷搭前臂后，下垂体侧。腕镯，双手覆巾、捧钵，内盛米粒状物。侧身向左，躬身、屈膝作敬献状。

弟子像　刻于主尊菩萨座后及右侧，残蚀较重，可辨9身，完整者高约53厘米，皆光头，环立于主尊菩萨头光左上、头后、身右，侧身略向左。从左至右，编为第1—9像。

第1像　面老，上着交领宽袖服，下着裙；双手部分被胁侍菩萨头光遮挡。

第2像　上着交领宽袖服，下着裙；双手合十。

第3像　面方，仅露双肩。

第4像　头部模糊，可见身着的交领服。

第5像　头毁、身残，仅露左肩。

第6像　头大部残，装束同第1像，双手胸前持瓶。

第7像　头毁，身体大部被第8像遮挡。

第8像　圆脸，仰面，身着交领服，外披偏衫式袈裟；双手拱于胸前。

第9像　圆脸，面稚，身着交领服，下着裙；双手腹前似结印。

---

[1] 清嘉庆二十四年（1819年），大足知县张澍游北山所见："……中画文殊坐宝床上，旁一圣者手执钵，钵内有物如珠，向维摩状……上面侍弟子十人，下面侍弟子七人，皆无发头陀。左侧画维摩，有须，坐宝床，手执如意，首向文殊斜睨。旁侍二弟子，下面立七弟子，皆戴巾，手执幢节宝瓶诸物……石壁上中均完好，惟文殊下面七弟子有剥落……"见（清）光绪《大足县志》卷一，第44页。又《金石苑》载："石高八尺，广七尺四寸。画三层，上层云高一尺五寸，凡五段，一段坐像、立像、案像各一；二段坐像五，跪像一，香案一，案上香炉、香瓶、香合；三段佛座像二，旁各有二兽；四段坐像三、立像二，跪像一，香案一，案上有香炉三事同前；五段坐像、立像、香案各一。中层左有两台，右台高一尺五寸五分，广二尺，台上坐维诘像，右足拳，左足立，右手持物，左手拈带；座后有屏，画山石云水；右侧侍者二，一持扇后顾，一捧手正立；左侧一童女，右手托盘，盘中有花，左手作欲献于文殊状；人高二尺五寸或二尺不等。下层七人，三人各持长竿，上系璎珞宝幡灯，灯旁云气旋绕，其四人作问讯状。左台高广如右，趺坐者为文殊像，右手扬，左手垂置膝上；座后及旁有阿罗汉十，或持扇、或持瓶、或指如意，余作问讯状；右侧一童男，两手托钵，中似粟粒，作欲献于维摩状；下一兽，似狮子；下层侍者九人，自肩以上皆泐，后二人，一手拈带，余皆长袖，有问讯者、有垂一袖者；一人双手托盘，盘中似果形。共四十八人。右题字二段，上段三行，行五字，字径八分；下段五行，行九字，字径六分。中题字一段六行全泐。左题字一段，六行，行七八字不同，字径八分，正书。"见（清）刘喜海：《金石苑》"宋惠因寺维摩诘像并题字"条，道光丙午来凤堂本。

（二）上部

刻五朵环状云纹，大致水平布置，从左至右编为第1—5朵。其中，第1、5朵云纹存留少许，第2、3、4朵云纹保存较好；第2朵云纹自中部左侧主尊身后屏风的右上角升起。

第1朵　云内可辨一方榻轮廓和一圆形头光遗迹。

第2朵　云内刻一方榻，榻边刻像，风蚀甚重，数量不明；仅辨其中二身像的圆形头光，余细节不明。

第3朵　云内仅可辨二方榻，余细节不明。

第4朵　云内刻一方榻，可辨榻边刻像2身，皆有背光，余细节难辨。

第5朵　云内细节难辨。

（三）下部

下部壁面左侧局部剥落，右侧大部剥落，图像保存较差，分为左右两组。左侧一组明显可辨存立像4身，最高约50厘米，皆着交领宽袖长服。其中，左起第1像自肩以上毁，第2像头面稍残，第3像保存较好，可辨头似戴冠，双手置胸前，姿势不明，侧身站立；第4像自胸部以上毁。另外，第1像左上方、第2像右侧分别存有一竖刻的竿状物。右侧一组存三身像，残毁甚重，服饰与左组像略同，其余细节不明。

四　铭文

4则。

第1则

李大郎等摹刻维摩图记，南宋绍兴四年（1134年）。位于壁面左上方。刻石面高22厘米，宽13厘米，文左起，竖刻3行14字，楷体，字径3厘米（图版Ⅱ：23）。

01　李大郎摹[1]

02　罗复明另刻

03　住岩僧志诚

第2则

文志造像记，南宋绍兴四年（1134年）。位于壁面左上方偏下位置（第1则左下方）。刻石面高33厘米，宽18厘米，文右起，竖刻5行46字，楷体，字径2厘米（图版Ⅱ：24）。

01　当州克[2]宁十将文志于

02　初摹日同施大钱叁贯

03　图福利坚久斯碑不坠

04　绍兴甲寅重九日谨铭

05　母亲薛氏家室任氏男谦

第3则

佚名题刻，南宋绍兴四年（1134年）。位于壁面右上方。刻石面高9厘米，宽21厘米，文右起，竖刻6行，存12字，楷体，字径2厘米（图版Ⅱ：25）。

---

[1] 此行《大足石刻铭文录》录为"李大郎重摹"。重庆大足石刻艺术博物馆编：《大足石刻铭文录》，重庆出版社1999年版，第30页。

[2] 此"克"字《大足石刻铭文录》录为"充"。同前引。

01　东平（漫）

02　纪二（漫）

03　此院（漫）

04　士最（漫）

05　僧宜（漫）

06　月十（漫）[1]

第4则

位于画面中部左主尊座台右下方，刻石面高23厘米，宽28厘米，文漫[2]。

五　晚期遗迹

（一）铭文

赵子充等游北山题名，南宋绍兴十年（1140年）。位于龛外右侧中部。刻石面高65厘米，宽35厘米，文右起，竖刻4行，存15字，楷体，字径7厘米（图版Ⅱ：26）。

01　（漫）赵子充同弟柔

02　（漫）彦绍兴庚申

03　（漫）三日乘（漫）同

04　（漫）[3]

此外，龛口中部上方刻一方形匾额，高21厘米，宽65厘米，深2—3厘米。匾心竖刻"樊宝丨马才丨赵囗丨赵囗丨（漫）丨"5行，存6字，字径6厘米（图版Ⅱ：27）。

（二）构筑

后世进行化学封护处理[4]。

匾额上方凿一竖向枋孔，高20厘米，宽7厘米，深10厘米。

第十七节　第138号

一　位置

位于137号龛右侧上方。左距第137号龛26厘米，右邻第140号龛6厘米；上距岩顶约55厘米，下距地坪210—219厘米。

题刻西北向，方向310°。

1　清嘉庆二十四年（1819年）张澍游北山时，将本则铭文录为"东平十清河八成纪二太原三遍观此院壁画维摩居士最佳佗皆不逮主僧宜护之丁卯仲秋月十四日题"。见（清）张澍《养素堂文集》卷十九。

2　此则铭文不可辨，根据1994年拓片辨识其所处位置以及行文行数，结合文献推测本则铭文应是《舆地纪胜》"画维摩石碑"条载文："绍兴间北山刻云昌州惠因寺藏殿壁阴有水墨画文殊诘维摩问疾一堵意全相妙合经所说恐浸漫灭故石刻于此"。见（宋）王象之《舆地纪胜》卷一百六十一。

3　本则铭文只辨识部分，张澍录文为"普慈赵子充同弟柔文姪延彦绍兴庚申四月念三日乘兴同游男德言侍行"。见（清）张澍《养素堂文集》卷十九。

4　1994年10月，封护加固此龛图像。陈明光：《大足石刻考察与研究》，中国三峡出版社2001年版，第393—394页。

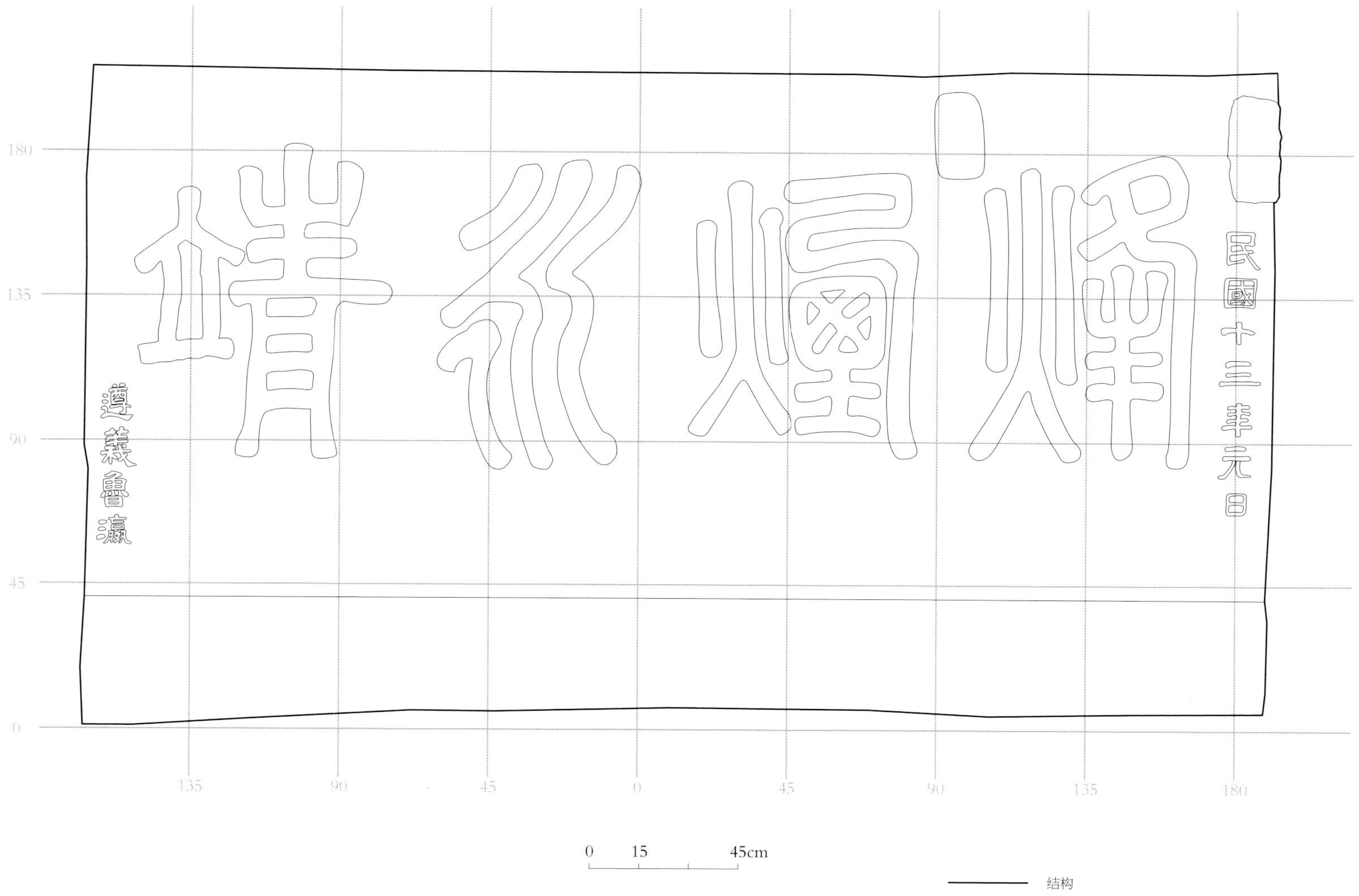

图 229　第 138 号龛立面图

二　形制

在岩壁表面平直凿进最深约4厘米形成方形壁面（图229）。壁面竖直，呈横长方形，高155厘米，宽360厘米；上部壁面打磨平整，下部存有高35厘米的壁面，打磨较为粗糙，存斜向凿痕，且外凸约1.5厘米。壁面四周外的岩体部分受损、残脱。

三　题刻

鲁瀛书"烽烟永靖"题刻，民国十三年（1924年）。壁面左起篆刻"烽烟永靖"4字，字径高62厘米，宽99厘米；左上款竖刻"民国十三年元旦"7字，右署款竖刻"遵义鲁瀛"4字，字径皆10厘米（图版Ⅱ：28）。

四　晚期遗迹

壁面中部凿一梁孔，高23厘米，宽16厘米，深22.5厘米，内置横梁。
壁面左上角、右外侧上方各凿一枋孔，似对称布置，大小相近，高33厘米，宽16厘米，深19厘米。
碑面中部外侧对称凿一枋孔，高15厘米，宽6厘米，深10厘米；左侧枋孔上方另凿一相同大小的枋孔。

第十八节　第139号

一　位置

位于第138号龛右下方。左距第137号龛248厘米，右邻142号龛14.5厘米；左上距第138号龛约47厘米，下距地坪43厘米。龛口西北向，方向305°。

二　形制

在岩壁表面直接凿建龛口（图230；图版Ⅰ：231）。龛口方形，高123—127厘米，宽129厘米，至后壁深约55厘米。龛口左右上角部分残脱。龛底为横长方形，中部残脱；右侧外端被后世凿毁，凿毁面形如三角形。龛底后侧建两级低台，高分别为33、64厘米，深分别为10、6厘米。正壁竖直，中部略内凹，与左右侧壁垂直相交；壁面存有斜向的凿痕。壁面与龛顶垂直相交。龛顶平顶，方形，略左高右低。

三　造像

龛正壁左右刻坐像2身（图版Ⅰ：231）。

左像　坐高82厘米，头长22厘米，肩宽29厘米，胸厚11厘米。头戴乌纱帽，帽翅端头扁平，呈方形。长方脸，两眼细小，张口，短颈。身着双层圆领窄袖服，腰束带。左手于胸前持银锭，右手握腰带，着方头鞋坐于第二级低台上。

右像　坐高81厘米，头长20厘米，肩宽27厘米，胸厚11厘米。头戴冠，覆巾。方脸，浓眉，鼓眼，口微启。胸前刻圆形护心镜，内着圆领窄袖衫，外着甲衣，右侧披膊及腿裙，最外再披长服，腰束带。左手抚膝，右手于胸下持尖状物。着方头鞋坐于第二级低台上。

四　晚期遗迹

龛内保存灰白色、蓝色、红色三种涂层。

第十九节　第140号

一　位置

位于第138号龛右侧。左距第138号龛6厘米，右邻第143号龛约4厘米；上距岩顶约165厘米，下距第141号龛10厘米。龛口西向，方向309°。

二　形制

在岩壁表面直接凿建龛口（图231；图版Ⅰ：232）。龛口方形，大部残，残高64厘米，宽68厘米，至后壁最深27厘米。龛左内侧下部保存有高23厘米，宽4厘米的平整面。龛底略呈横长方形，前端剥蚀。龛壁为弧壁，壁面中部与龛顶略垂直相交，左右上端与龛顶弧面相接。龛顶近似平顶，呈半圆形，部分残脱。

图230 第139号龛平、立、剖面图
1 剖面图 2 立面图 3 平面图

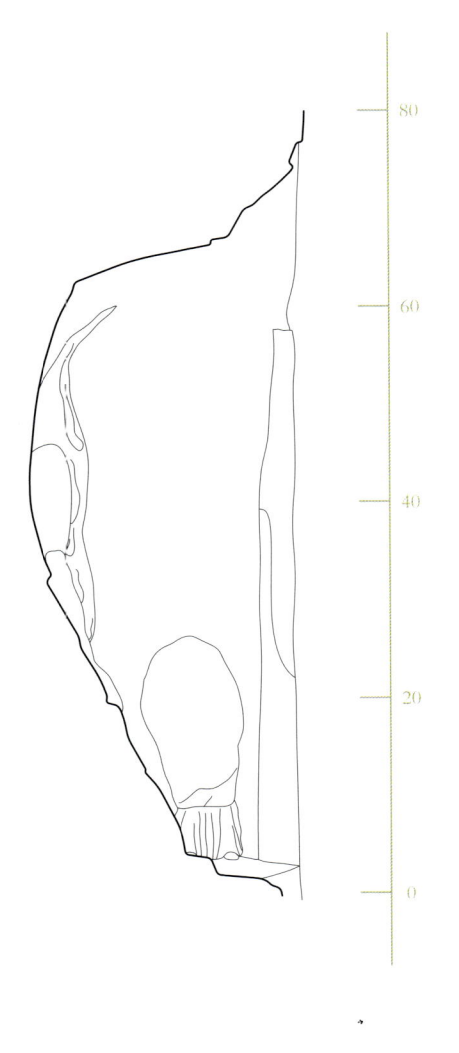

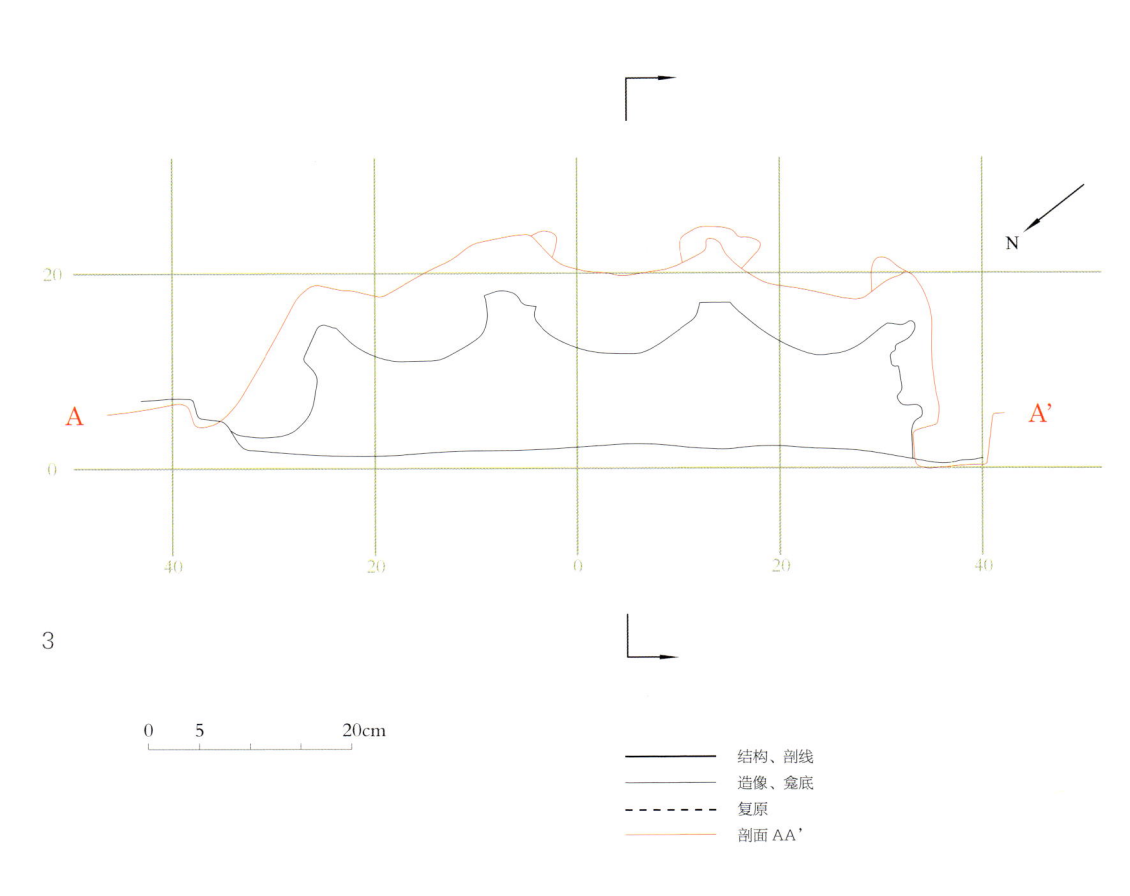

图 231 第 140 号龛平、立、剖面图
1 剖面图 2 立面图 3 平面图

三　造像

刻像5身。其中，中刻主尊坐像3身，左右侧壁各刻立像1身（图版Ⅰ：232）。

中主尊像　头毁身残，残坐高30.5厘米。线刻桃形头光和椭圆形身光，边缘刻火焰纹；头光横径19.5厘米，身光最宽约22厘米。背光右侧竖刻锡杖，杖首呈桃形，套小环，通高约39厘米。似善跏趺坐于须弥座上。座通高19厘米，宽20厘米，深约6厘米；座前刻高9厘米，直径16.5厘米的单重仰莲台，部分残。

左主尊像　残损甚重，残坐高约32厘米。可辨头部左右冠带作结的遗迹、披垂座前左右端的飘带。座台及座前仰莲大部残。

右主尊像　残损甚重，残坐高约33厘米。可辨冠带作结的遗迹、长裙下摆及披垂座台左右端的飘带。似倚坐于须弥座上。跣足，右足残，踏单重仰莲台。座部分残，高18厘米，宽19厘米，深4厘米。仰莲台部分残，高约8厘米，直径约14厘米。

左立像　头毁身残，残高24厘米。可辨下着长裙，着鞋站立（图版Ⅰ：233）。

右立像　残高5.5厘米。存小腿以下身躯，仅可辨裙摆。

四　晚期遗迹

佚名残记，年代不详。位于龛外上方约40厘米处。刻石面高40厘米，宽26厘米，竖刻3行，存6字，楷体，字径7厘米（图版Ⅱ：29）。

01　（漶）周弟（漶）
02　李修（漶）载酒（漶）
03　（漶）

龛外右上方凿一枋孔，高39厘米，宽9.5厘米，深13厘米。

第二十节　第141号

一　位置

位于第140号龛下方。左距第138号龛8厘米，右距第143号龛11厘米；上距第140号龛10厘米，下距第142号龛12厘米。龛口西北向，方向313°。

二　形制

在岩壁表面直接凿建龛口（图232、图233；图版Ⅰ：234）。龛口方形，左、右侧及下部岩体受损，上部保存较好；残高72厘米，宽61厘米，至后壁最深28厘米。龛口左上角作弧面处理，右上角残。龛底呈半圆形，前端残脱。龛壁为弧壁，与龛顶弧面相交。顶为券顶。

三　造像

刻立像1身（图版Ⅰ：234）。头毁，残高36厘米。浮雕圆形素面头光和椭圆形素面身光，头光直径26厘米，身光最宽39厘米。身残甚重，似上着袈裟，下着裙，着鞋站立。双手于身前似斜持锡杖，大部残，底端置于双足间，顶端现于头光右侧。立像头顶上方刻横长方形匾额，部分残，匾框外敞，匾心残高9厘米，宽19厘米；内素平。

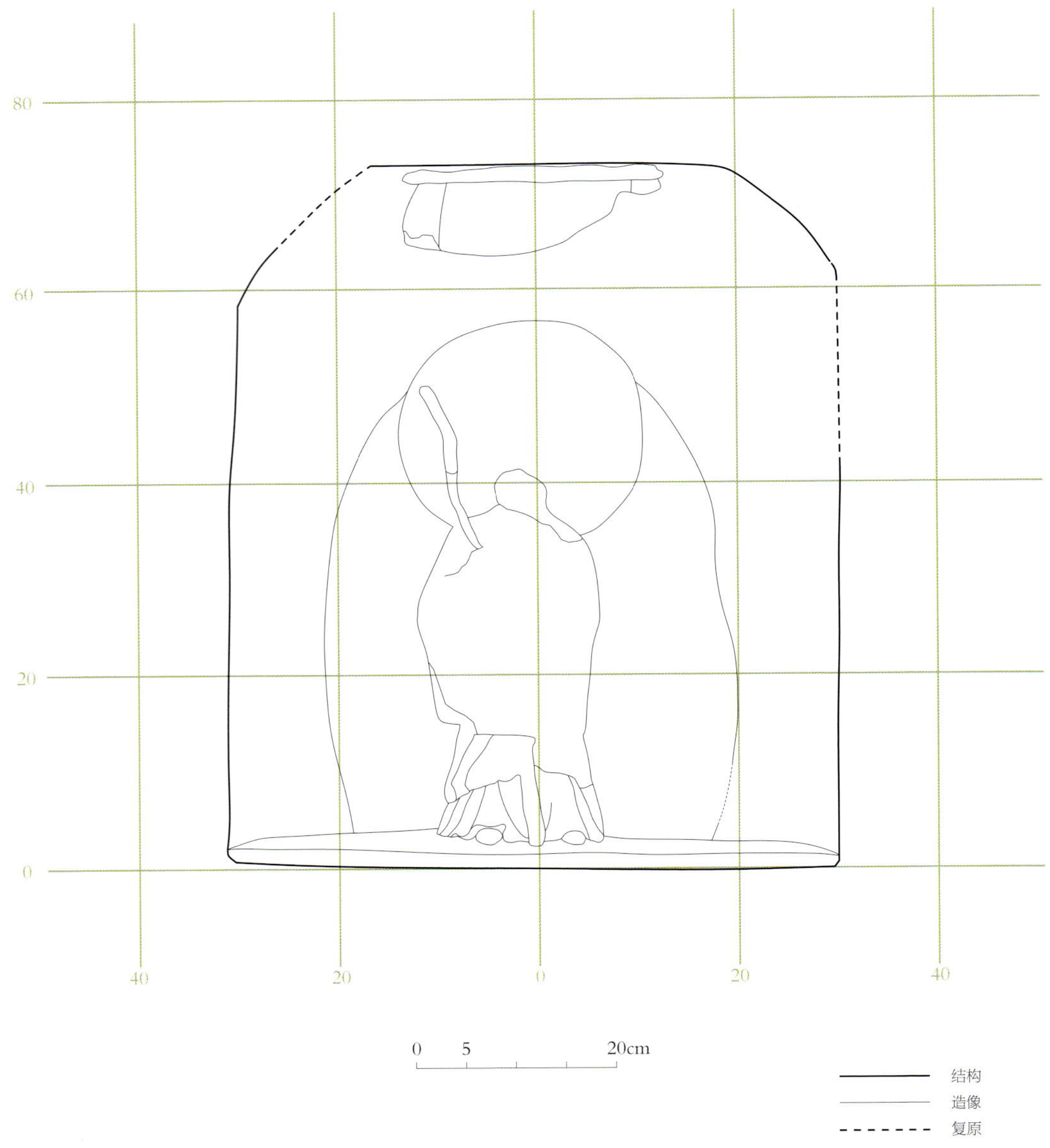

图 232　第 141 号龛立面图

四　晚期遗迹

龛内保存灰白色涂层。

第二十一节　第142号

一　位置

位于第141号龛下方。左距第139号龛14.5厘米，右比邻第144号龛；上距第141号龛12厘米，下距地坪39厘米。龛口西北向，方向308°。

二　形制

在岩壁表面直接凿建龛口（图234；图版Ⅰ：235）。龛口方形，残毁甚重。其中，龛口左侧基本保存原貌；右侧已被凿毁，凿毁面大致接近龛壁面，并与紧邻的第144号龛龛壁齐平；上部因软弱夹层通过，岩体脱落，致上部现为外挑的石檐，并与第144号龛上部

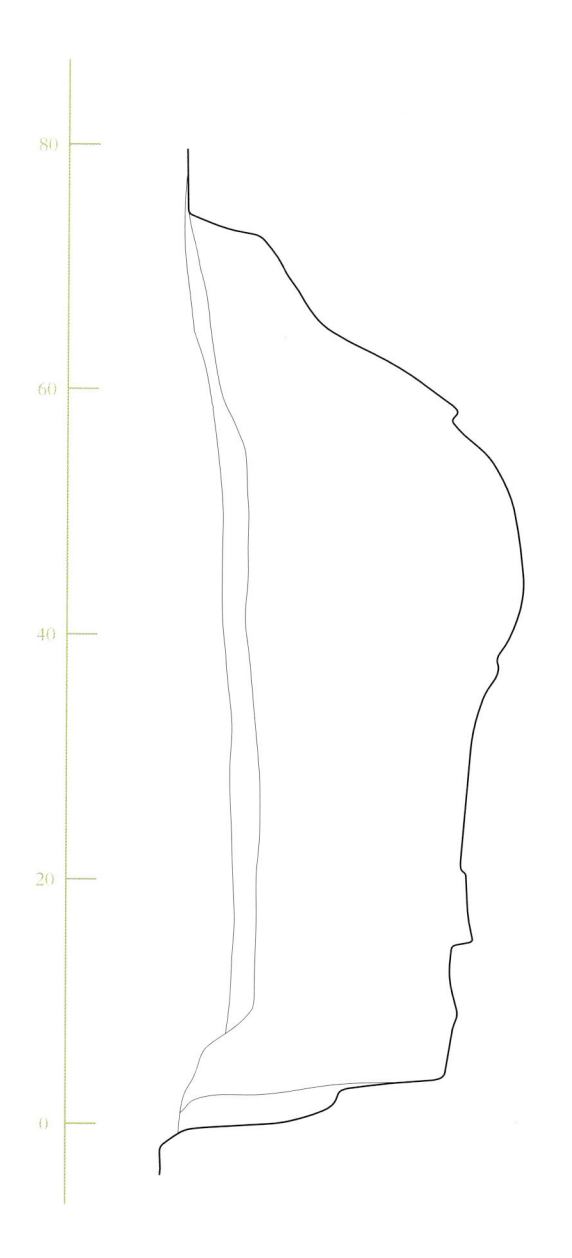

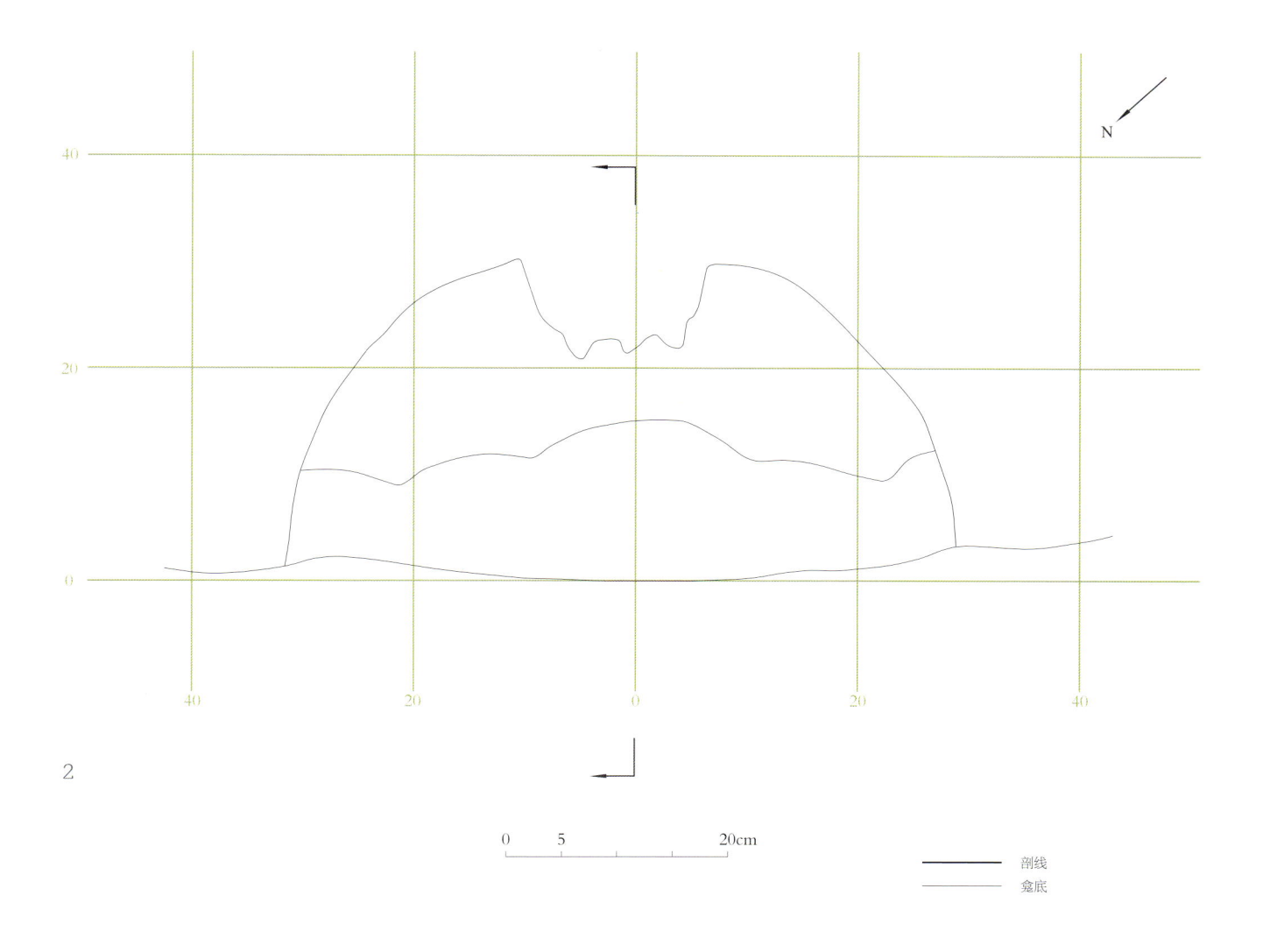

图233 第141号龛平、剖面图
1 剖面图　2 平面图

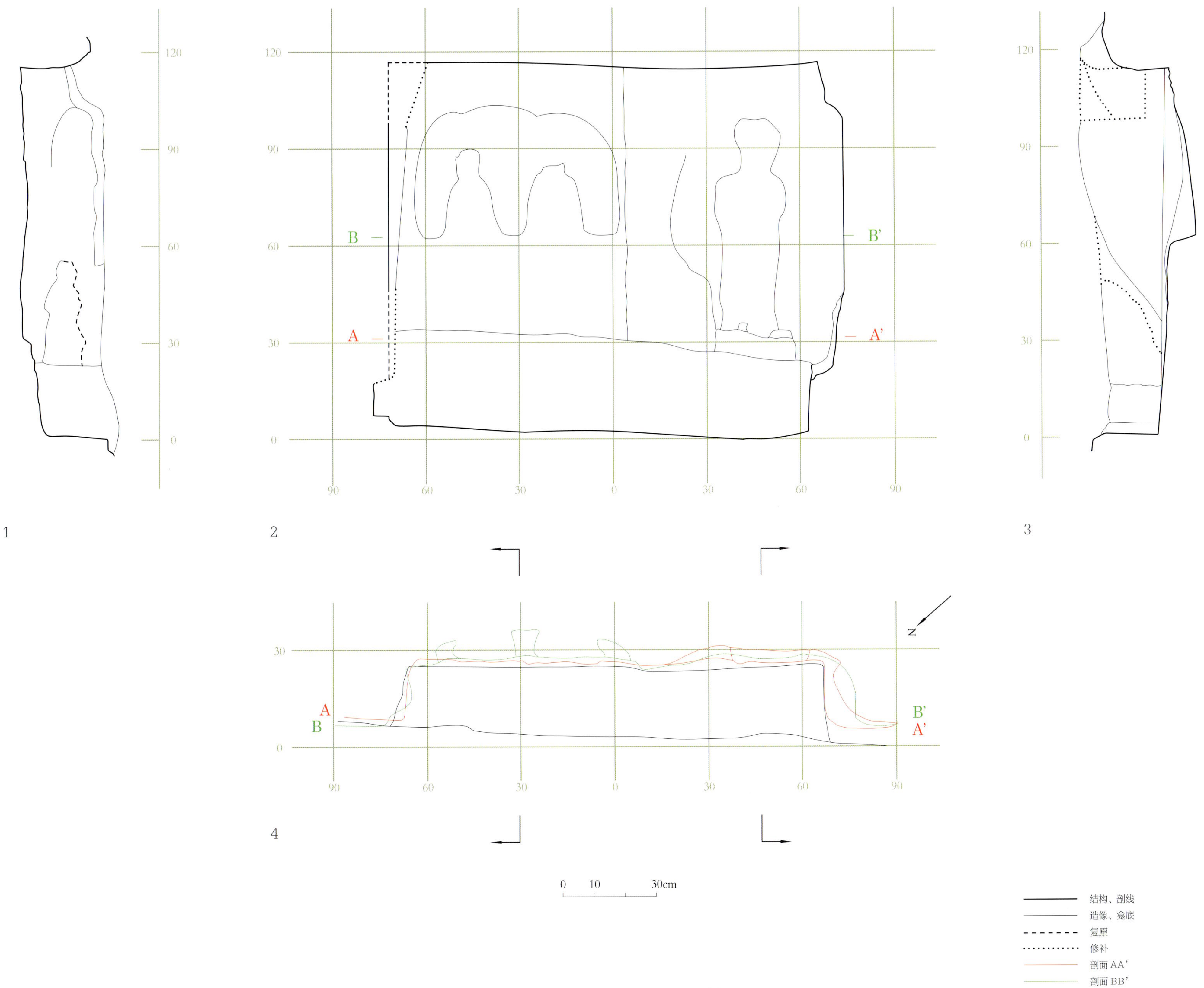

图234 第142、144号龛平、立、剖面图

1 第142号龛纵剖面图 2 第142、144号龛立面图 3 第144号龛纵剖面图 4 第142、144号龛平面图

石檐齐平；下部毁，后世向下开凿成平台，平台与右侧第144号龛平台齐平（平台通宽135厘米，深19—23厘米），使本龛与第144号龛同处一方形界面内。龛口残高116厘米，宽61厘米，至后壁深20厘米。龛底大部毁，仅存少许。正壁略竖直，打磨平整，与左壁弧面相交。右壁毁。龛顶毁。

三　造像

存立式残像2身，仅辨轮廓（图版Ⅰ：235）。其中，正壁残像高约54厘米，左侧壁残像高约30厘米。

第二十二节　第143号

一　位置

位于第140号龛右侧。左距第140号龛4厘米，右距第145号龛12厘米；上距岩顶约185厘米，下距第144号龛69厘米。碑刻西北向，方向305°。

二　形制

在岩壁表面平直凿进约3厘米形成碑面。碑面高63厘米，宽113.5厘米，四周刻出宽2厘米的碑框。

三　碑文

鲁瀛五古十七韵诗，民国十三年（1924年）。碑文左起，竖刻20行218字，楷体，字径3厘米（图版Ⅱ：30）。

01　△民苦久矣望治之心如望岁
02　△焉今日为十三年岁首之元
03　△日书烽烟永靖四字以祝太
04　△平复作五古十七韵以自警
05　我今告士兵兵民一家人我若
06　欺老年我有父母身我若欺少
07　年我有儿女身我若欺妇女我
08　有姊妹身开口为同胞同胞沾
09　何恩一福未曾享百难巳饱经
10　扶杖避拉夫携儿避大军田园
11　被兵践屋宇被兵焚器具被兵
12　毁[1][3]财物被兵倾养女十三四逃
13　灾速嫁人慈母难养子孝子难
14　养亲血肉沟壑蛆孤儿嗷嗷鸣
15　是谁造此孽粉粹宁甘心我曾

1　此"毁"字《大足石刻铭文录》录为"烧"。重庆大足石刻艺术博物馆编：《大足石刻铭文录》，重庆出版社1999年版，第69页。

16　　经此痛慎勿加诸人天道有循

17　　环因果不爽分我今告士兵士

18　　兵互叮咛莫作寻常语到头自

19　　有真

20　　遵义鲁瀛

第二十三节　第144号

一　位置

位于第142号龛右侧。左与第142号龛相接，右距岩壁边缘60—90厘米；上邻第143号龛69厘米，下距地坪39厘米。

龛口西北向，方向为310°。

二　形制

在岩壁表面直接凿建龛口（图234）。龛口方形，残损甚重。其中，龛口左侧毁，残毁面大致与第142号龛龛壁齐平；右侧部分毁，现以条石叠砌修补；上部为外挑的岩檐，下部毁，后世向下开凿成平台。龛口残高114厘米，宽74厘米，至后壁最深20厘米。龛底大部毁，仅存少许。龛壁仅存正壁，略作弧面，打磨光洁。龛顶毁。

三　造像

存坐像2身，均残毁甚重，仅辨轮廓，残高约29厘米（图版Ⅰ：235）。

第二十四节　第145号

一　位置

位于第143号龛右侧，处于本章龛像所在岩体的最北端。左距第143号龛12厘米，右距岩体边缘约17厘米；上距岩顶约120厘米，下距地坪212厘米。

龛口北向，方向354°。

二　形制

龛残毁甚重，仅保存下部高11厘米，宽30厘米的下沿（图235、图236；图版Ⅰ：236）。龛口残高63厘米，宽51厘米，至后壁最深20厘米。龛底大部残，残存部分极不规整。龛壁为弧壁，壁面左侧存一道纵向的细小裂隙，右侧上方存一枋孔。龛顶毁。

三　造像

刻像3身（图235；图版Ⅰ：236）。其中，中刻主尊像1身，左右侧各刻立像1身；下沿保存少许线刻的莲瓣。

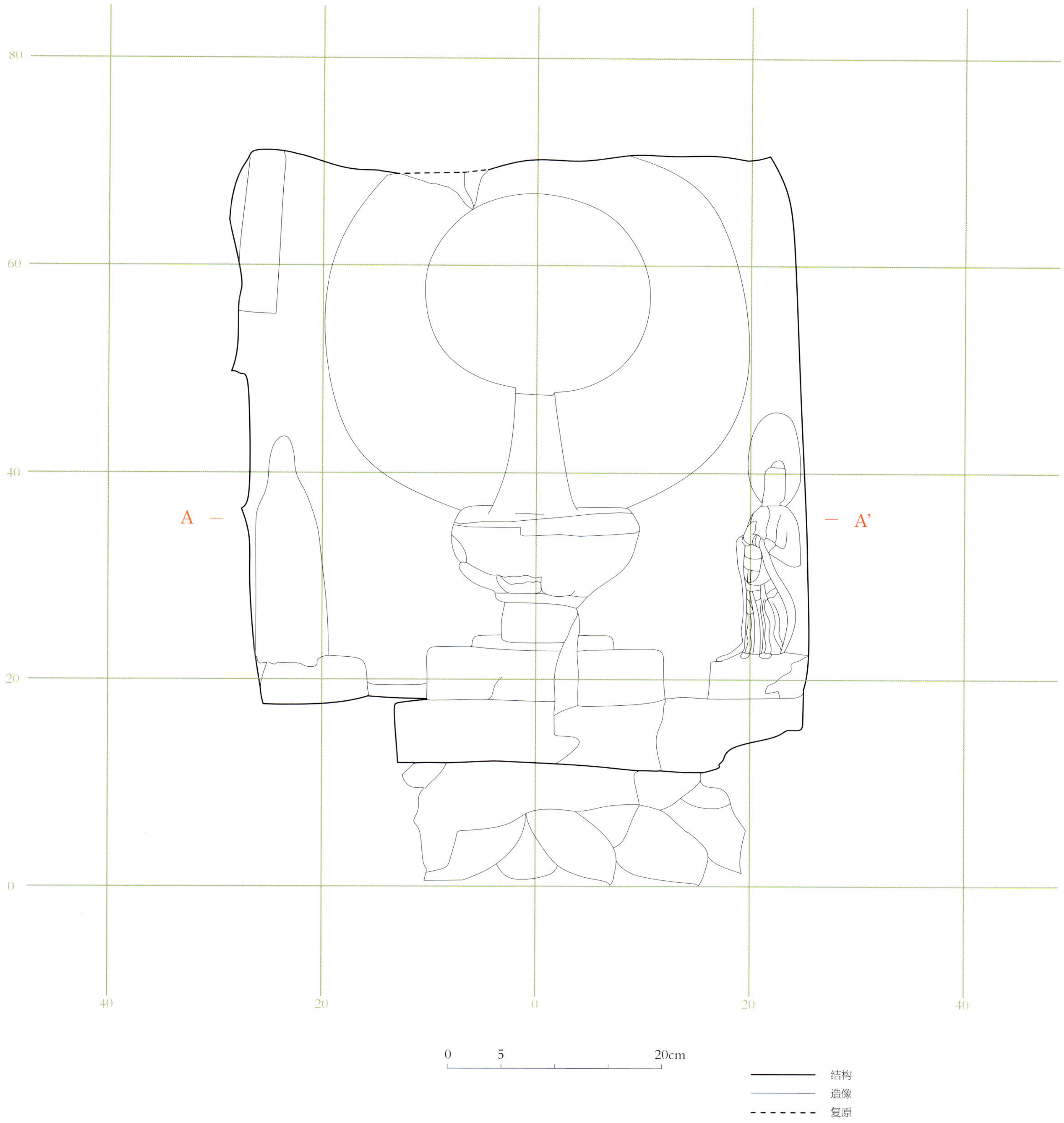

图235　第145号龛立面图

主尊像　毁。存圆形素面头光和身光，直径分别为20.5、39.5厘米。座为束腰仰莲座，通高约18厘米，大部残；上部为仰莲台，直径约16.5厘米，中部束腰为圆棱台，直径7.5厘米，下部为两阶叠涩方台，大部残。

左立像　头残，残高19厘米。刻圆形素面头光，直径11厘米（图版Ⅰ：237）。上着宽博披巾，披巾两端于腹前相叠，敷搭前臂后长垂体侧；下着裙，腰带作结后长垂足间。双手胸前合十，跣足，部分蚀，立低台上。台高4厘米，宽15厘米，深约4.5厘米，部分残。

右立像　残毁甚重，存少许轮廓，残高约20厘米。

四　晚期遗迹

壁面左侧细小裂隙已黏合修补。

壁面右侧上方枋孔高16.5厘米，宽7厘米，深9.5厘米。

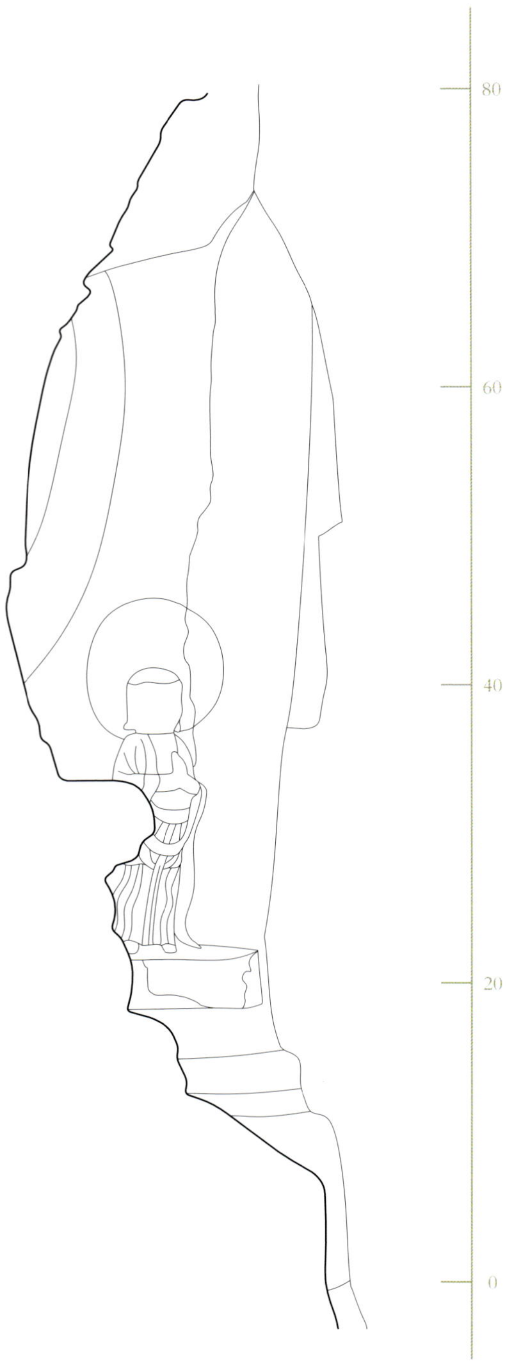

图 236　第 145 号龛平、剖面图
1　剖面图　2　平面图

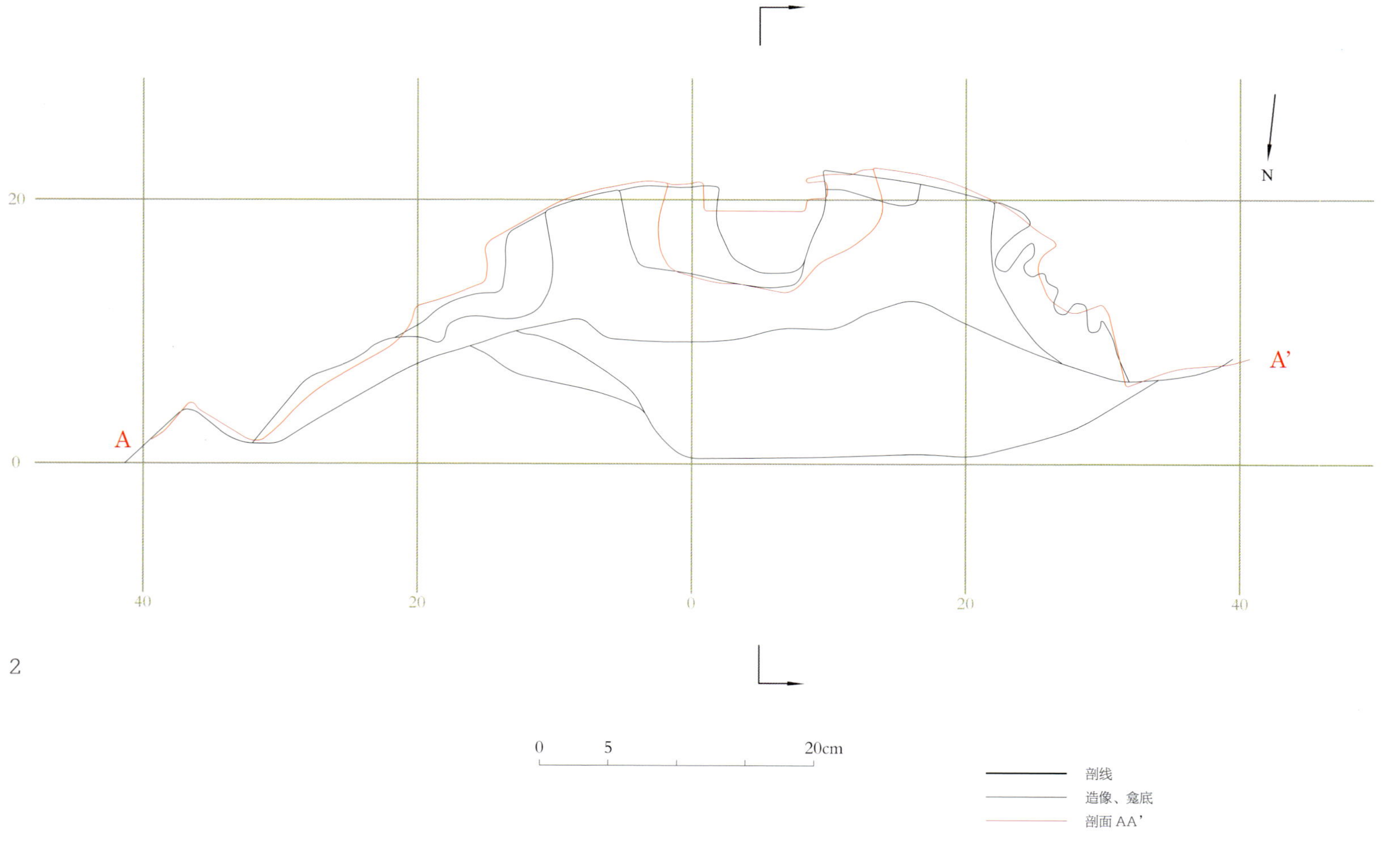

274　大足石刻全集　第二卷（上册）

第二十五节　本章小结

一　形制特点

本章22个编号中，第134、137、138、143号等4号为摩崖碑刻或阴刻图。第124、130、132、139、140、141、142、144、145号等9个龛残毁甚重，形制特点不明。其余第125、126、127、128、129、131、133、135、136号等9个龛窟形制保存较好、特征明显，可将其分为四类。

第一类　方形平顶窟。有第133、136号等2窟。窟底呈方形，内侧建低坛，其上布置造像；窟壁竖直，相互间略垂直相交，分界较为明显；窟顶平顶，呈方形。其中，第133号窟窟口凿建沿面，左右上角作弧面处理，沿面内侧凿有竖直的平整面与窟壁相接。第136号窟窟口毁，原貌不明；窟底前侧中部建中心柱——转轮藏，连接窟顶，使中心柱与窟壁间形成回廊。窟三壁另开浅龛，内刻像，其形制在大足石刻中少见。

第二类　单层圆拱龛。有第127、129、131号等3龛。从岩壁直接凿建龛口，龛口呈圆拱形；龛底略呈半圆形，龛壁为弧壁。其中，第129号龛龛底内侧另凿低坛，造像置于低坛上；第127号龛未建低坛。

第三类　单层方形龛。有第125、126、128号等3龛。龛口呈方形，左右上角作斜面处理，与沿面齐平；沿面内侧凿竖直的平整面与龛壁相接；龛底以方形为主，凿建低坛，造像皆置于低坛之上；龛壁为弧壁。其中，第125、126号龛从岩体平直凿进一定深度后形成龛口，有龛沿；第128号龛从岩体直接开凿龛口，无龛沿。

第四类　双层方形龛。仅第135号龛。龛口呈方形，有双层龛沿，左右上角作斜面处理，与沿面齐平；龛沿面内侧凿竖直平整面与龛壁相交；龛底呈半圆形，龛壁为弧壁。

二　年代分析

本章22个编号中，第134号摩崖碑刻有民国三十四年（1945年），第138、143号摩崖碑刻有民国十三年（1924年）纪年。第139号龛处于岩体下部，龛像浅小，造像风格表明其开凿时间不早于清代。

其余18个龛窟中，第136、137号处于本章所在岩体中部显著位置，且岩体稳定，壁面开阔，所开龛窟规模较大，应为本章第一阶段造像。

第125—135号龛位于第136号窟左侧较为舒展的壁面上，造像风格大体相近，应为本章第二阶段造像。其中，第133号窟规模稍大，第135号龛位于第133号窟与第136号窟之间，其余龛像分上下两层连续布置，同层龛像大致处于同一水平高度，且规模较小。从开凿次第判断，应是继第136号窟之后，首先开凿第133号窟，继后开凿其余各龛。

第124、140、141、142、144、145号龛位于本章龛像所在岩体的次要位置，龛制较小，布置略显无序，应是本章第三阶段造像。

上述18个龛窟中，第137号龛所存造像纪年为南宋绍兴四年（1134年），第136号窟所存造像纪年为南宋绍兴十二年至十六年（1142—1146年），据此可知第一阶段造像开凿于南宋绍兴四年至十二年（1134—1142年），第二阶段和第三阶段造像则推测开凿于南宋绍兴十二年（1142年）以后的南宋时期。

三　题材内容

本章22个编号中，第124号龛无造像；第142、144、145号等3龛造像残毁甚重，题材难辨；第125—141号龛及第143号等18个编号龛窟或碑铭保存较好，题材可辨。

第124号　龛内无造像，为"空龛"。

第125号　龛内主像头戴花冠，着披巾、长裙，左手握右手腕，右手持数珠，跣足踏仰莲，应为数珠手观音像；左右侧壁上方各有一飞天，下部各立一侍者。据其主尊，此龛应为"数珠手观音龛"。

第126号　龛内结跏趺坐主尊像头戴花冠，胸饰璎珞，着袈裟，左手于腹前握印带，右手于胸前持印，应为持印观音像。左右侧壁各立一像为其侍者。据其主尊，此龛为"持印观音龛"。

第127号　龛内结跏趺坐主尊像头戴花冠，身六臂，分持日、月、宝剑、羂索、柳枝、钵等，座前有立式童子像1身，应为"不空羂索观音龛"。左右侧壁各立一像为其侍者。

第128号　龛内主尊像头戴花冠，胸饰璎珞，斜披络腋，左手撑台，右手持数珠，呈游戏坐式，似为水月观音像。左右侧壁坐像皆有头光和身光，头戴花冠，身着袈裟，胸饰璎珞，应为二菩萨像；其外侧各立一像，从其衣饰判断，似供养人像。据其主尊，此龛为"水月观音龛"。

第129号　龛内结跏趺坐主尊像头残，有桃形火焰纹头光和素面身光，上身似着双领下垂式袈裟，下着裙，左手似抚膝，右手举至胸前，结跏趺坐于束腰仰覆莲座上，从其特征判断，似为佛像。其左右侧各立一像，为其弟子。据此，将此龛名为"一佛二弟子龛"。

第130号　龛内主尊像头戴花冠，胸饰璎珞，项饰背光，作三头八臂形。上两手举法轮或握剑，中两手持弓或握箭，下两手拄戟或持盾，胸前两手结印。冠上方刻三层宝塔一座，每层中各坐一小佛。足踏莲台，台置于大象挽辕牵引之战车上，其特征与摩利支天女像相符。左右侧壁各立四像，双目圆睁，颧骨高凸，颈肌显露，上身赤裸，佩项圈，着短裙，臂钏腕镯，手持诸般兵器，为金刚像。据其主尊，此龛为"摩利支天女龛"。

第131号　龛内主尊虽头毁身残，但从其身有背光，斜披络腋，左手撑台，左腿横置座台面，呈游戏坐式，其左侧有一老者似善财的特征判断，似为"水月观音龛"[1]。

第132号　龛内主尊头戴冠，身披巾，左手于胸前持带茎莲，莲上置放焰宝珠，右手置于腹前，结跏趺坐于山石座上，据其所持法器，似为"如意珠观音龛"；其两侧各立一残像，是其侍者。

第133号　窟内主尊饰头光及身光，戴花冠，璎珞蔽体，左手于膝间握数珠，右手置右膝上，呈游戏坐式坐于山石背屏前的须弥座上，背屏左有一净瓶，应为水月观音像。其左立者为善财像，右立者为龙女像。两侧壁四身作武士装束者，则为金刚像。据其主尊，将此龛名为"水月观音像窟"。

第134号　为摩崖方碑。碑文记述1945年大足石刻考察团考察北山、宝顶山石刻之事，故将此碑名为"民国大足石刻考察团记事碑"。

第135号　全龛分上下两部分。上部为一佛二弟子的造像特征明显。下部主像符合水月观音像特征，左立善财，右立龙女。据此，暂将此龛定名为"佛与水月观音龛"。

第136号　据窟内造像记及其造像姿势、衣饰、持物等特征判断，正壁正中结跏趺坐像为释迦佛，左侍像为迦叶，右侍像为阿难；其左侧持净瓶立像为净瓶观音，右侧持带茎莲立像为大势至菩萨。左侧壁内龛于狮背上结跏趺坐像为文殊菩萨，身前立狮奴，身后立一童子；中龛右手持印结跏趺坐像为持印观音，左右立侍者；外龛于腹前捧如意珠立像为如意珠观音。右侧壁内龛于象背上结跏趺坐像为普贤菩萨，象前立象奴，身后亦立一童子；中龛身六臂结跏趺坐像为不空羂索观音，左右亦立侍者；外龛双手于腹前持数珠立像为数珠手观音。窟口左右环目竖眉者为力士。正壁与右侧壁交接处4身立像，为供养人。窟中央由地及顶的八角形建筑，为转轮藏，并据此将此窟定名为"转轮经藏窟"。

第137号　为阴刻线图，保存较差。画面左侧着居士装、胡须长垂者，应为维摩诘像，其身后刻屏风，四周环立侍女；右侧着菩萨装、手持经卷者，当为文殊菩萨像，其四周环立合十的光头弟子。二主像相对而坐，头顶毫光萦绕。从画面判断，所表现的主要是《维摩诘经》中的部分内容，故将其定名为"维摩诘经变相图"。

第138号　为摩崖题刻。据其署款，应名为"鲁瀛书'烽烟永靖'题刻"。

第139号　龛内刻坐像2身。左像头戴乌纱帽，手持银锭；右像内甲外袍，手持物。刻工粗糙，似为"俗神龛"。

第140号　龛内造像残毁甚重，从其中像存头光和身光、似善跏趺坐于须弥座上，左右两像存冠带、披帛、裙摆及锡杖等判断，似为"一佛二菩萨龛"。

第141号　龛内一身立像头毁身残，但从其轮廓观察，似上着袈裟，下着裙，双手置身前斜持锡杖，似为"地藏龛"。

第142号　龛内存立式残像2身，仅辨轮廓，为"残像龛"。

---

[1] 《大足石刻内容总录》定名为"残像龛"。四川省社会科学院、大足县文物保管所编：《大足石刻内容总录》，四川省社会科学院出版社1985年版，第51页。

第143号　摩崖碑刻。为民国遵义鲁瀛所作五古十七韵诗，故将其定为"鲁瀛五古十七韵诗碑"。

第144号　龛内存坐式残像2身，仅辨轮廓，为"残像龛"。

第145号　龛内刻像3身，残毁甚重，为"残像龛"。

四　晚期遗迹

（一）构筑遗迹

第125号龛龛沿内侧左右平整面和第126号龛龛外左右岩壁，各凿对称的方孔，推测两龛在历史上曾有建筑设施。

第137、138、141、143、145号龛所在岩壁的上方，横向存有较大的梁孔和纵向布置的枋孔，推测在此岩壁上方，历史上曾有建筑设施。

第128号龛龛底和龛外各凿一方形槽孔，略显粗糙，推测是后世信众为方便插放香烛而凿的"香槽"。

第133号窟主尊像右臂残毁断面处凿圆形小孔，推测其为后世所凿，以便作为插接榫头补接塑像之用。

第124、125、126、127、128、130、131、132、133、136号等龛窟现代以条石砌补加固。

（二）妆绘遗迹

本章22个编号中，第124号为空龛，第134、138、143号为碑刻题记，第137号为线刻图，第125、127、140、141、142、144、145号等7龛为小龛，且风蚀甚重，均未见妆绘遗迹。其余第126、128、129、130、131、132、133、135、136、139号等10个龛窟均存妆绘遗迹，其中以第130号龛和第133、136号窟最为显著。涂层颜料以灰白色、红色为主，亦有少量的蓝色、绿色和黑色。龛壁和龛顶施以红色涂层，造像涂层大致分作两层，底层着灰白色，外层根据造像不同部位选择使用蓝色、绿色和黑色等涂层。

据第136号窟铭文可知，正壁主尊释迦牟尼佛，左右迦叶、阿难、净瓶观音和大势至菩萨，以及右壁数珠手观音等5身像在造像时就曾进行过妆绘。

注释：

[1] 本则铭文第5行第2字"处"；第6行第1字、第9行第3字"侯"；第11行第7字"遍"；第11行第13字"刺"，铭文分别为：

[2] 此"算"字，铭文为：

[3] 此"毁"字，铭文为：

第五章　第146—164号

第一节　本章各编号位置及相互关系

　　本章介绍的第146—164号及第151-1号等20个编号，位于北区石窟中段第二部分造像区。最南端的第146号龛直抵北区石窟中段第一条构造裂隙边缘，最北端的第164号龛右抵北区石窟中段第二条构造裂隙边缘，现均为条石砌筑的墙体（图版Ⅰ：238、图版Ⅰ：239）。龛像由南向北，沿壁依次比邻布置，且地坪海拔高度大致在同一水平上（图237、图238；图版Ⅰ：240、图版Ⅰ：241）。

　　本章龛窟中，第149号窟和第155号窟是其中最大的两个洞窟，占据岩体壁面显著位置；其余各龛布置于左右壁面上。其中，第149号窟左侧壁面，布置第146、147、148号等3龛；右沿布置第150号龛。第155号窟左侧壁面，自上而下纵向布置第151-1、151、152、153、154号等5龛（图版Ⅰ：242）；右侧壁面自上而下布置第156、157、158、159号等4龛；再右壁面右转后，自上而下布置第160、161、162号等3龛（图版Ⅰ：243）。

　　第163号龛和第164号龛位于本章龛像的最北端，上下比邻，右接后世为封堵构造裂隙而修筑的条石墙体（图版Ⅰ：244）。

　　本章所在岩体的软弱夹层带和裂隙分布不明显。

第二节　第146号

一　位置

　　位于本章龛窟最南端。左距岩体构造裂隙条石砌体边缘约30厘米，右紧邻第147号龛；上为自然岩壁，下距地坪209厘米。龛口西北向，方向283°。

二　形制

　　单层方形龛（图239；图版Ⅰ：245）。

　　龛口　在岩壁表面平直凿进最深约6厘米形成龛口。龛口方形，左上角及右下角毁，外缘残高89.5厘米，宽88厘米。龛口左沿、右沿、上沿略残，均宽12厘米；未刻出下沿。龛口内缘高77.5厘米，宽64厘米，至后壁最深22厘米。龛左、右沿内侧凿出宽6厘米的平整面。龛左上角毁，右上角存部分三角形斜撑。

　　龛底　略呈弦月形。

　　龛壁　弧壁，壁面与龛顶弧面相交。

　　龛顶　近似平顶，略呈弦月形，部分残脱。

三　造像

　　刻像6身。其中，中刻主尊菩萨坐像2身，龛底前侧刻三段重台勾栏，内刻小孩像4身（图版Ⅰ：245）。

　　左菩萨像　坐高23厘米，头长5.5厘米，肩宽5.5厘米，胸厚4.5厘米。存线刻的圆形素面背光，直径27厘米。头顶残、面蚀，梳髻，垂发披肩，戴冠，冠大部残，冠带（右侧冠带残断）作结后沿肩长垂座正面左右端。耳饰珠串，胸饰璎珞，略蚀。上身斜披络腋，下着长短两层裙，腰带作结垂于座前。自后腰另斜出一段飘带，于腿间交绕后，斜垂座前下部。腕镯，左手直伸撑台，右臂毁。左腿横置座面，右腿似屈膝上竖，膝毁。跣足，坐于须弥座上。座高16.5厘米，宽21厘米，深8厘米。座前刻仰莲和莲蕾；仰莲高4.5厘米，直径5厘米；莲蕾通高7厘米，最宽5厘米。

右菩萨像　头残断，残坐高16厘米，肩宽9厘米，胸厚7厘米。可辨线刻圆形素面背光，右侧残，直径约29厘米。垂发至肩，左右胸前垂珠串，胸饰璎珞。上着宽博披巾，下着长短两层裙。披巾垂腹前两道，敷搭前臂后下垂座前左右端。短裙腰带下垂至座台上部，长裙腰带下垂至座台下部。身六臂，腕镯。上两手屈肘上举分托圆轮，轮径约5厘米；左中手斜伸持羂索，右中手斜伸持剑；左下手腹前托钵，高2.5厘米，直径4厘米，右下手胸前持柳枝。结跏趺坐于须弥座上。座台与左主尊像座台同，两座台底部相接。

龛底前刻三段重台勾栏，通高17厘米，与龛口同宽。勾栏桿杖与盆唇之间刻四斗子蜀柱，盆唇与地栿之间与蜀柱对应处刻四方形间柱，柱间线刻直棂。栏间刻小孩4身，残蚀甚重，仅可辨轮廓，残高约12—14厘米。从左向右，编为第1—4像。

第1像　头残，右手悬垂于栏外，侧身匍于盆唇上。

第2像　头毁，身倒悬，双手曲撑盆唇，双足勾搭于桿杖上。

第3像　头毁，侧身坐于盆唇上，双手似握桿杖，左腿屈膝上竖，右足悬于栏外。

第4像　头毁，双手前伸，匍于盆唇上，翘足。

四　晚期遗迹

龛外左侧中部凿一平整面，上部残，残存高20厘米，宽15.5厘米，内素平。

龛内保存红色、灰白色两种涂层。

第三节　第147号

一　位置

位于第146号龛右侧。左紧邻第146号龛，右距第149号窟21厘米；上为自然岩壁，下距第148号龛12厘米。

龛口西北向，方向300°。

二　形制

单层方形龛（图240、图241、图242、图243、图244；图版Ⅰ：246、图版Ⅰ：248、图版Ⅰ：249、图版Ⅰ：251）。

龛口　在岩壁表面平直凿进最深约8厘米形成龛口。龛口方形，下部及右下侧毁，外缘残高122厘米，宽119厘米。龛左沿、上沿保存较完整，宽12厘米；右沿中部以下残毁，上部存宽12厘米；下沿毁。龛口内缘残高110厘米，宽95厘米，至龛后壁最深42厘米。左右沿内侧刻出宽4厘米的平整面。龛左右上角作弧面处理。

龛底　略呈弦月形，前端残。

龛壁　正壁竖直，与左右壁弧面相交；壁面与龛顶弧面相交。

龛顶　近似平顶，略呈半圆形；部分残脱。

三　造像

刻像27身。分为正壁、左侧壁、右侧壁、龛底前侧、龛顶造像五部分（图版Ⅰ：246）。

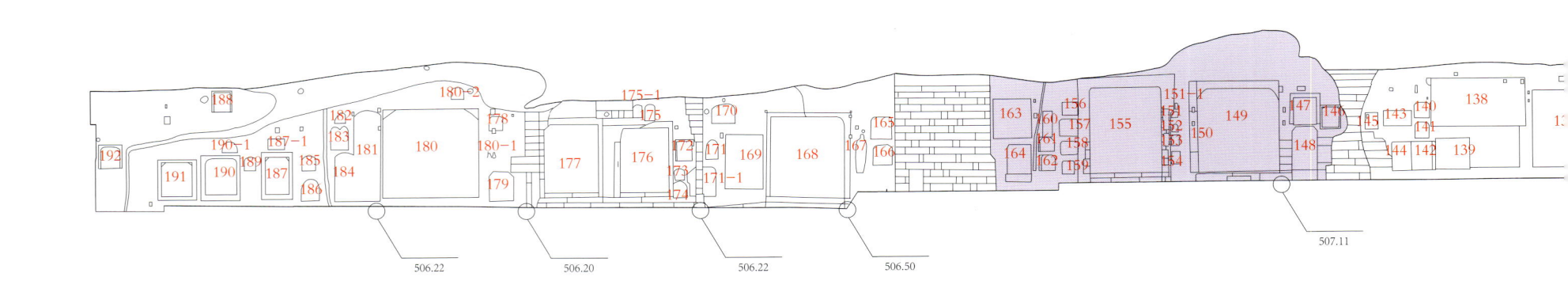

图 237　第 146—164 号在本卷龛窟中的位置图

图 238　第 146—164 号位置关系图

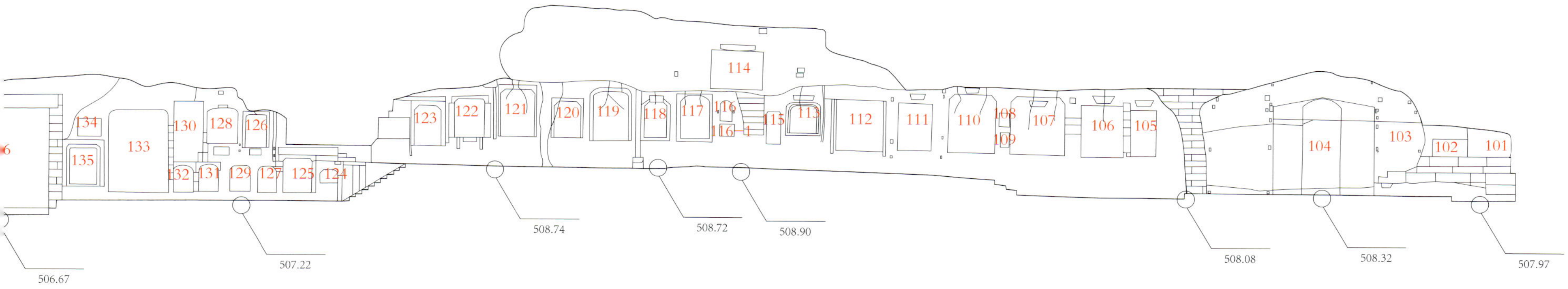

第五章 第146—164号

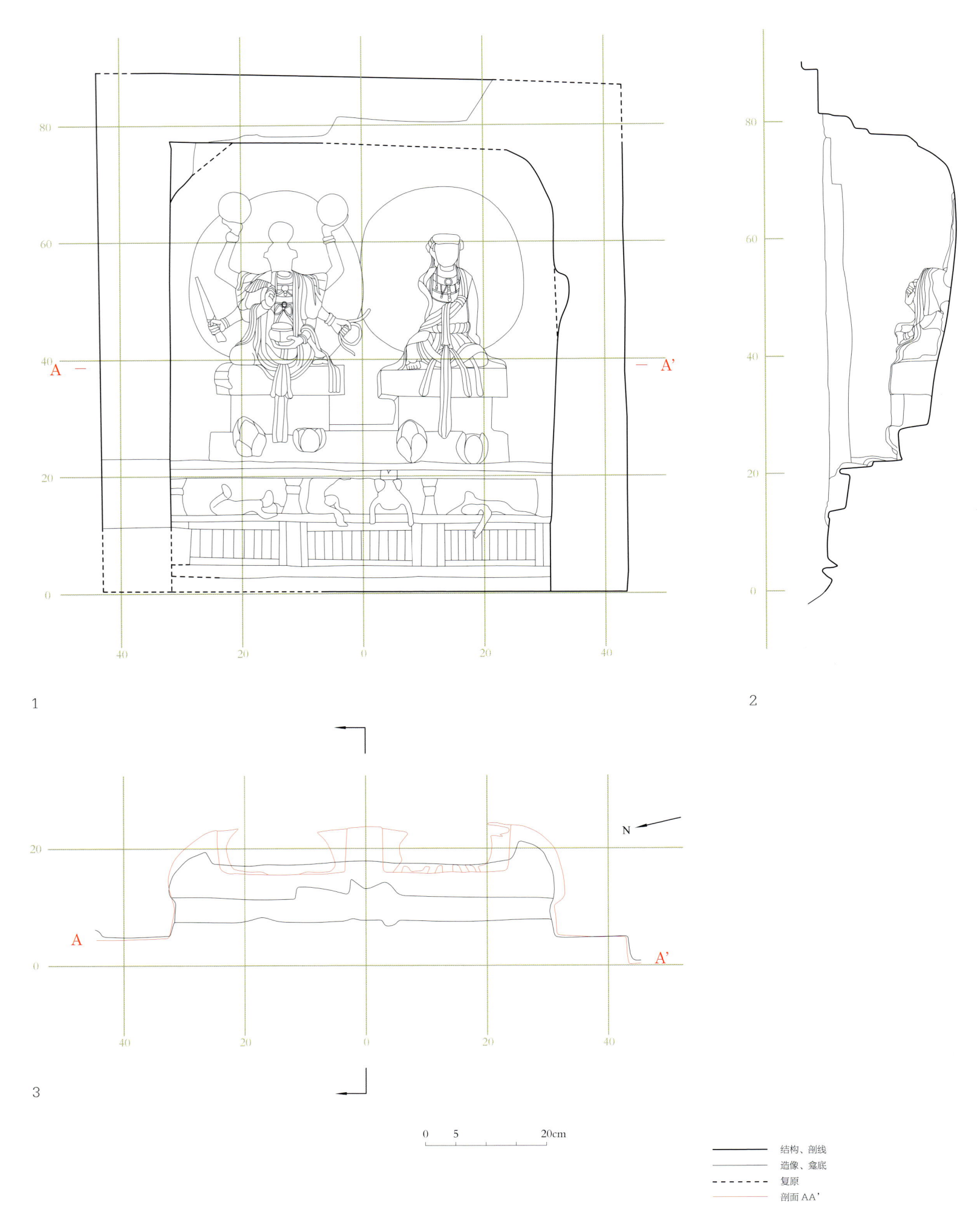

图 239　第 146 号龛平、立、剖面图
1　立面图　2　剖面图　3　平面图

图 240　第 147 号龛立面图

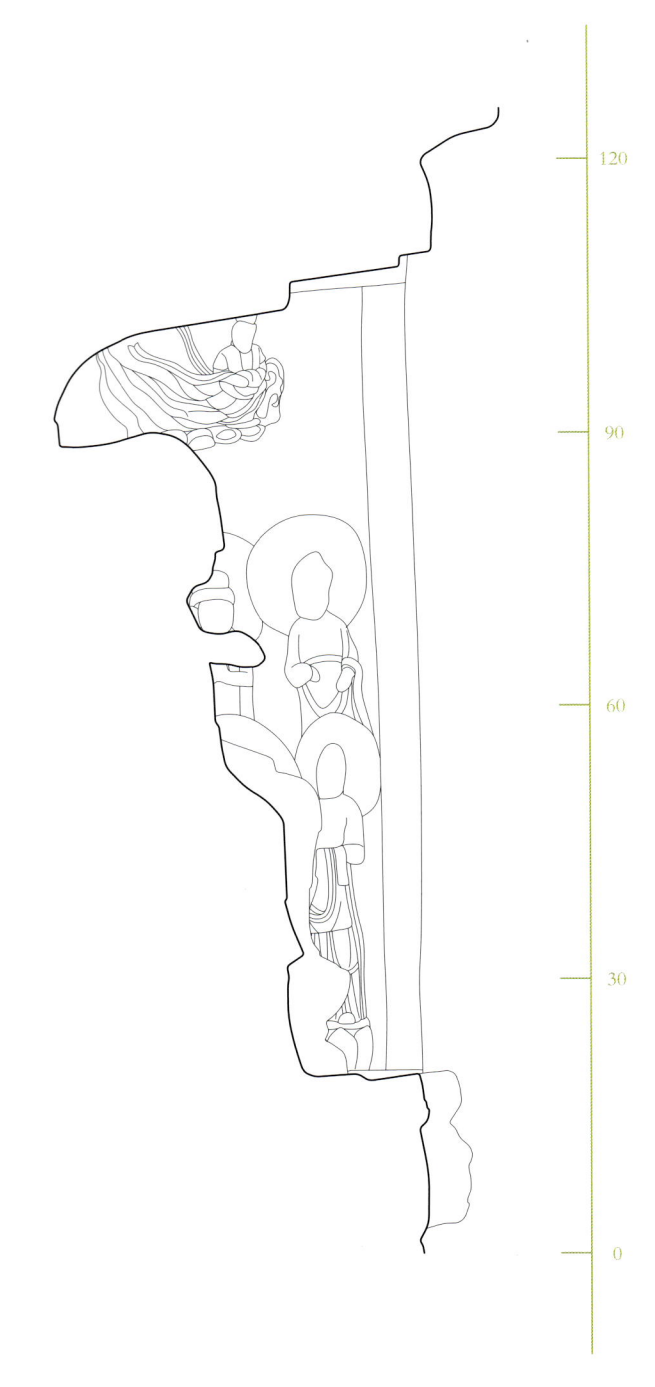

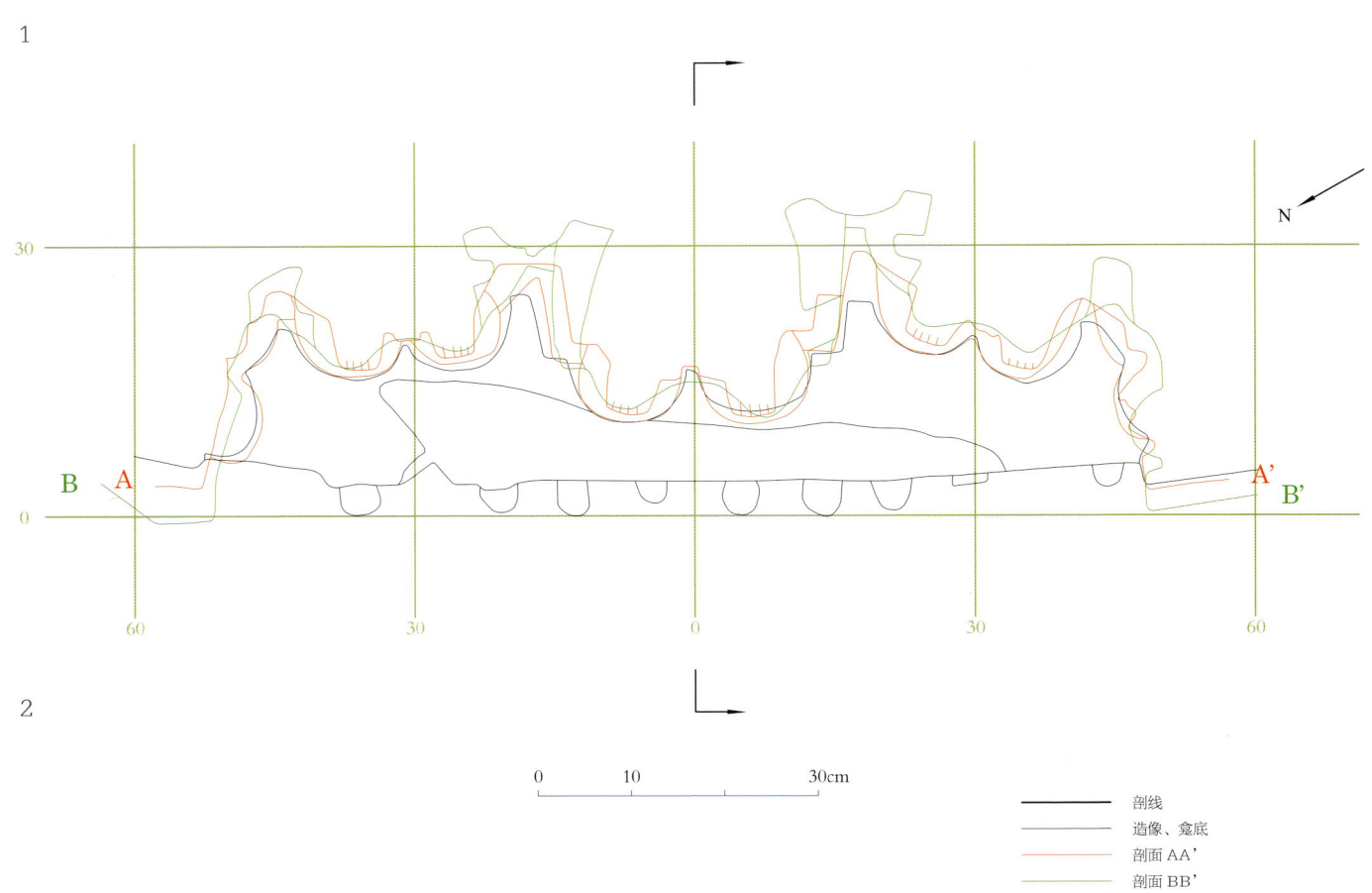

图 241　第 147 号龛平、剖面图
1　剖面图　2　平面图

（一）正壁

刻一佛二菩萨坐像3身，佛像左右两侧各刻立式侍者像1身，共5身像（图版Ⅰ：247）。

主尊佛像　坐高46厘米，头长16厘米，肩宽19厘米，胸厚13厘米。浅浮雕桃形头光和椭圆形身光。头光横径30厘米，内圆素平，边缘饰宽约4.5厘米的火焰纹，尖端延至龛顶。身光仅刻出右侧少许。在头光左上侧，有一圆钵，部分残，通高11.5厘米，直径9厘米。螺发，肉髻隆凸。面方圆，略剥蚀，双耳长垂。内着僧祇支，系带作结；外着双领下垂式袈裟，袈裟一角敷搭座侧。下着裙，腰带下垂至足间。左手抚膝，右手屈肘举于胸前结印。跣足，分踏莲台，倚坐于须弥座上。座高27厘米，台面宽28厘米，厚18厘米。莲台上为仰莲，下为覆莲，通高12厘米，径11厘米。

佛像背光左右后侧刻菩提树，冠幅宽大，左右宽约56厘米，略蚀；冠顶直抵龛顶。

左侍者像　立像高37厘米，头长8厘米，肩宽9厘米，胸厚3厘米。光头，面蚀，内着交领衫，外披袒右式袈裟，下着裙，双手当胸合十，双足不现。

右侍者像　立像高36厘米，头长9厘米，肩宽8厘米，胸厚4厘米。梳髻，面长圆，下颌残。上着对襟宽袖长服，下着裙。左手右斜下，右手屈肘横置左胸前，握持身前六环锡杖。杖通高52厘米，杖首呈桃形。双足不现。

左菩萨像　坐高39厘米，头长14.5厘米，肩宽14厘米，胸厚8厘米。浅浮雕圆形素面头光和椭圆形身光。头光直径23厘米，身光最宽30厘米。头、身风蚀略重。梳髻，头冠，垂发，耳饰珠串。胸饰璎珞，内着僧祇支，外着宽博披巾，下着裙。左手腹前托圆轮（略残），直径6厘米，右手抚膝，倚坐于束腰仰莲台上。座通高27厘米，宽27厘米，深10厘米，上部为双重仰莲台，直径26厘米；中部为圆棱台，显露少许；下部为两阶叠涩圆台，大部隐入前侧莲台后。莲台为两重，上重为仰莲，下重为覆莲，通高10厘米，莲径10厘米。

右菩萨像　坐高39厘米，头长15厘米，肩宽15厘米，胸厚9厘米。浅浮雕圆形素面头光和椭圆形身光。头光直径22厘米，身光左侧被佛像右侧侍者遮挡。梳髻，鬓发绕耳，垂发披肩；戴卷草冠，冠带作结下垂肩后。面方圆，弯眉细眼，直鼻小口，下颌稍残。耳饰珠串，略残。胸饰璎珞，内着僧祇支，外着宽博披巾，下着裙，双膝处亦饰璎珞，上部为横向的一条珠串，下垂三条由圆珠和流苏组成的坠饰；腰带长垂至足间。披巾两端于膝间交叠后，再敷搭前臂下垂座侧。腕镯，左手抚膝，右手腹前持圆轮，轮径5厘米，轮下饰云纹。跣足分踏束腰莲台，倚坐于束腰仰莲座上。座同左菩萨像。

（二）左侧壁

刻像5身。其中，上部刻飞天1身，下部刻菩萨立像4身（图242；图版Ⅰ：248）。

飞天像　身长13厘米。梳髻，面蚀，头向龛外。上着宽博披巾，两端飘于身后；下着长短两层裙。双手胸前捧圆状物，物残；抬头挺胸，胡跪于"L"形祥云之上。云头高4厘米，最宽16厘米，厚3.5厘米，云尾斜向上飘。

菩萨像　4身。作上二下二两排布置。上排两像下身部分隐于下排两像身后，下排两身立于单层仰莲台上。台高5厘米，直径9厘米。每像皆有圆形素面头光，部分残，完好者直径约11厘米。从上至下，从龛口向龛内，依次编为第1—4像。

第1像　大部残，立像残高约21厘米。仅辨少许披巾遗迹。

第2像　立像高约18厘米。头梳髻，面蚀。着宽博披巾，两端敷搭前臂下垂，双手胸前合十，略残。

第3像　头毁，立像残高约32厘米。右肩、腹部残。可辨下着的长裙及交叠腹前后敷搭左臂下垂的披巾。

第4像　残蚀甚重，立像残高约33厘米。仅辨轮廓。

（三）右侧壁

刻像5身，与左侧壁对称布置。上部刻飞天1身，下部刻菩萨立像4身（图243；图版Ⅰ：249）。

飞天像　身长14厘米。梳髻，面向龛外。上着宽博披巾，两端飘于身后；下着长短两层裙。右手屈肘上举持圆状物，左臂齐肘残断。抬头挺胸，胡跪于"L"形祥云之上。云头高4厘米，最宽16厘米，厚3.5厘米，云尾斜向上飘。

菩萨像　4身，残蚀甚重。仍作上二下二两排布置。上排两像下身部分隐于下排两像身后，下排两像均立于双层仰莲台上；台高4.5厘米，直径9厘米。每像皆浮雕圆形素面头光，部分残蚀，完好者直径11厘米。从上至下，从龛口向龛内，依次编为第1—4像。

第1像　残毁甚重，立像残高约23厘米。

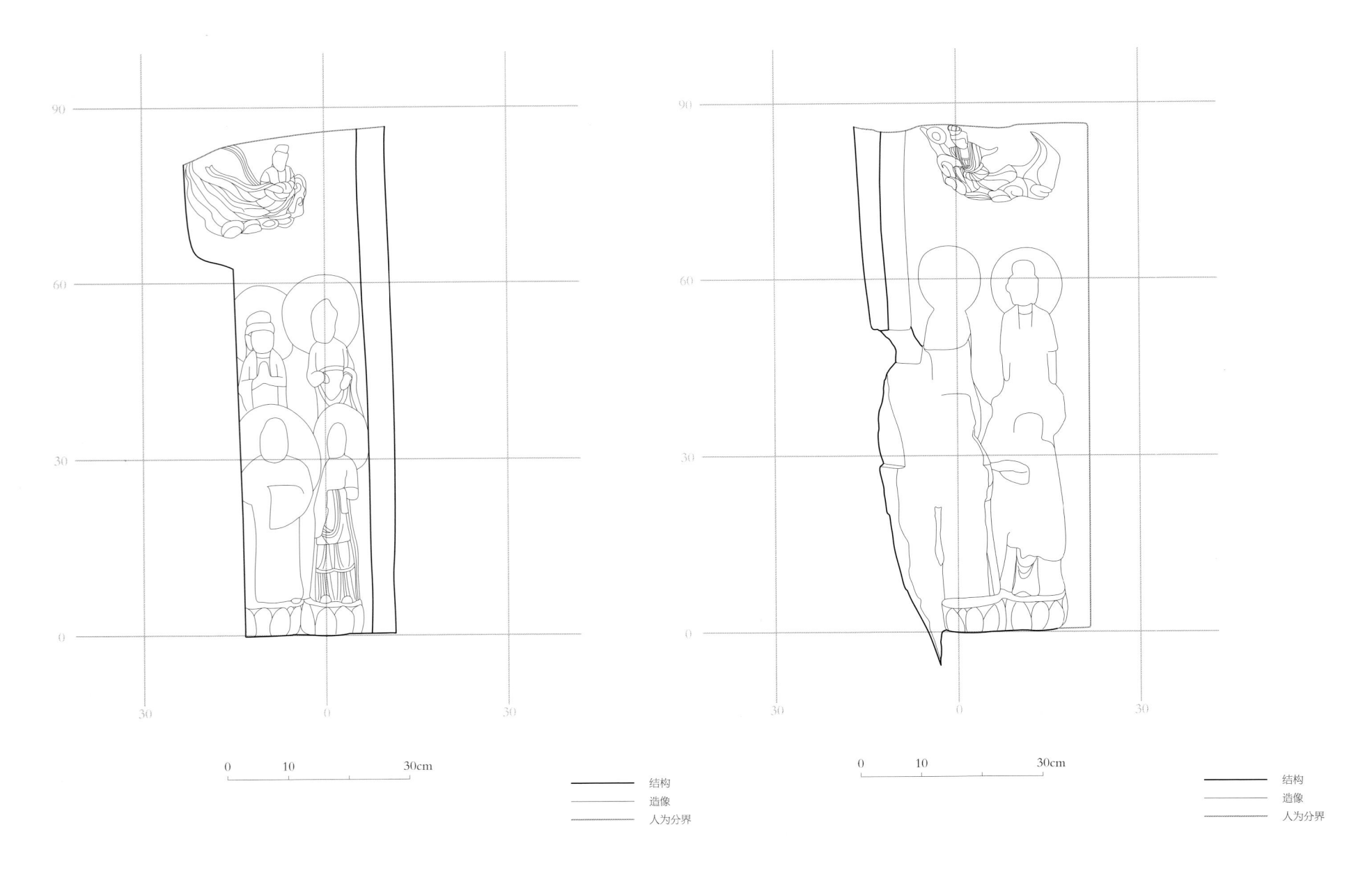

图 242　第 147 号龛左侧壁立面图　　　　　　　　　　　　图 243　第 147 号龛右侧壁立面图

第 2 像　立像高约 22 厘米。梳髻，头冠，面蚀。着披巾，两端沿肘部下垂，双手残。

第 3 像　残毁甚重，立像残高约 32 厘米。

第 4 像　残毁甚重，立像残高约 31 厘米。可辨长裙下摆及下垂体侧的披巾。

（四）龛底前侧

刻立式神将像 12 身，成"一"字形排列（图版Ⅰ：250）。立像高约 20 厘米，皆残毁甚重。从左至右，编为第 1—12 像。可辨者特征相近，皆圆脸，身着袍，袖摆宽大，以带扎束；腰系革带、抱肚，垂鹖尾；双手胸前合十（第 5 像双手交于腹前，右手握左手腕）。双足皆毁。其中，第 2、3、4、5、9、10 像头残，第 1、7、11 像头戴束发冠，第 6、8 像戴头盔，第 12 像毁。

（五）龛顶

中部刻覆莲，直径约 12 厘米，内圆素平，边缘刻覆莲瓣，部分残（图 244；图版Ⅰ：251）。覆莲左右两侧刻乐器，残存 3 件。其中，左侧存琵琶 1 件，全长 9.5 厘米，箱体最宽 6 厘米，顶端残。右侧存箜篌和筝各 1 件，箜篌高 11 厘米，宽 7 厘米；筝长 13 厘米，宽 3 厘米。

四　晚期遗迹

龛口上方刻方形匾额，部分残，高 24 厘米，宽 38 厘米，内素平。

龛内保存灰白色、红色、蓝色三种涂层。

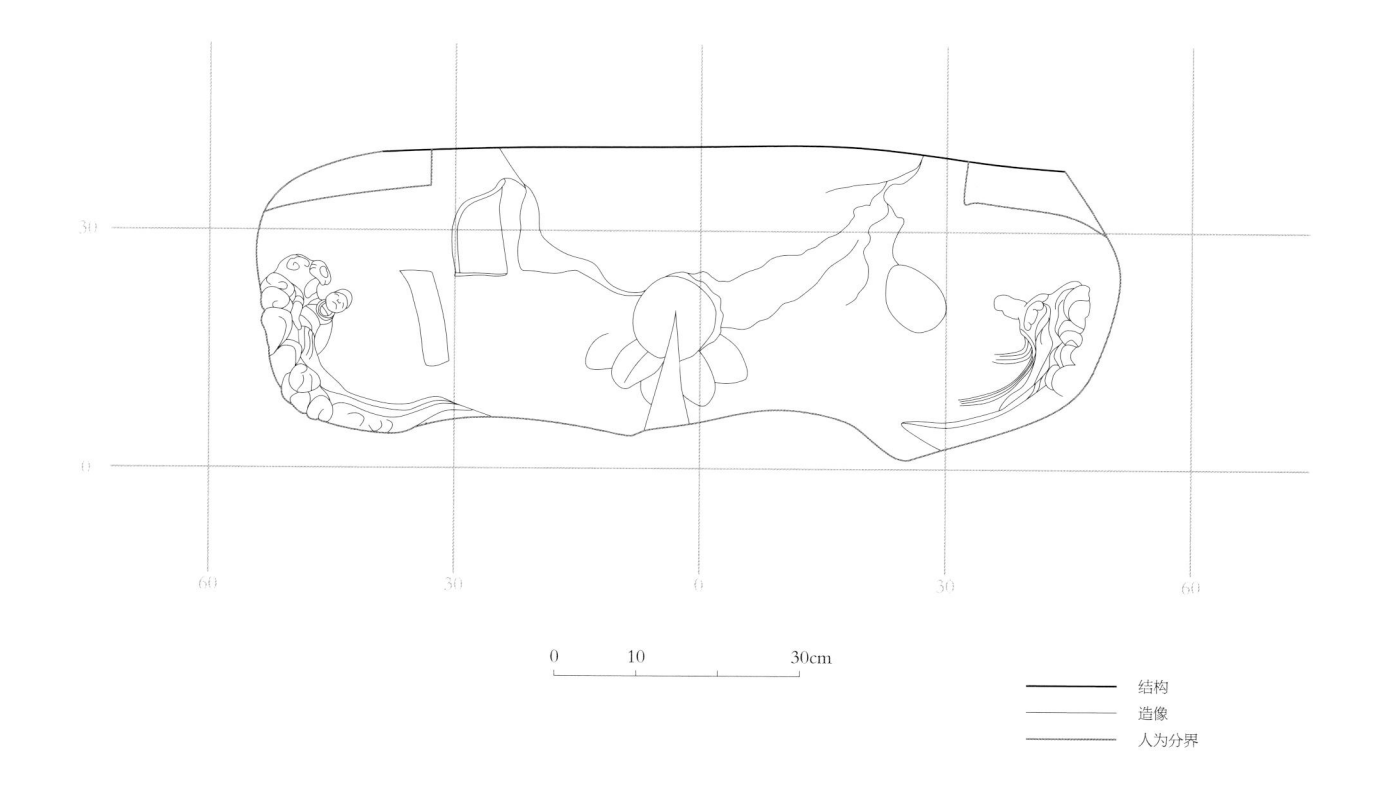

图 244　第 147 号龛龛顶仰视图

第四节　第148号

一　位置

位于第147号龛下方。左距岩体构造裂隙条石砌体边缘约40—60厘米，右距第149号窟31厘米；上距第147号龛12厘米，下距地坪45厘米。

龛口西北向，方向291°。

二　形制

龛口　在岩壁表面平直凿进最深约17厘米形成龛口（图245、图246；图版Ⅰ：252）。龛口方形，残毁较重。左沿中上部及下部皆毁，现以条石修补，残存沿面宽14厘米；右沿保存上部少许，余皆毁，现以条石修补，残存沿面宽14.5厘米。上沿毁，下沿未刻。龛口内缘高165厘米，宽107厘米，至后壁最深77.5厘米。龛口左右上角作斜面处理。

龛底　呈横长方形。内侧建一级低台，部分残蚀，低台高22厘米，最深23厘米。

龛壁　为弧壁，壁面与龛顶略垂直相交。

龛顶　平顶，略呈半圆形；内高外低，略倾斜。

三　造像

存像3身。正壁中刻主尊菩萨坐像1身，座前刻像1身；壁面左侧刻立像1身（图245；图版Ⅰ：252）。

菩萨像　坐高74厘米，头长27厘米，肩宽29厘米，胸厚13厘米。梳髻，鬓发绕耳，垂发作三缕覆肩。戴花卉冠，冠体略宽大，

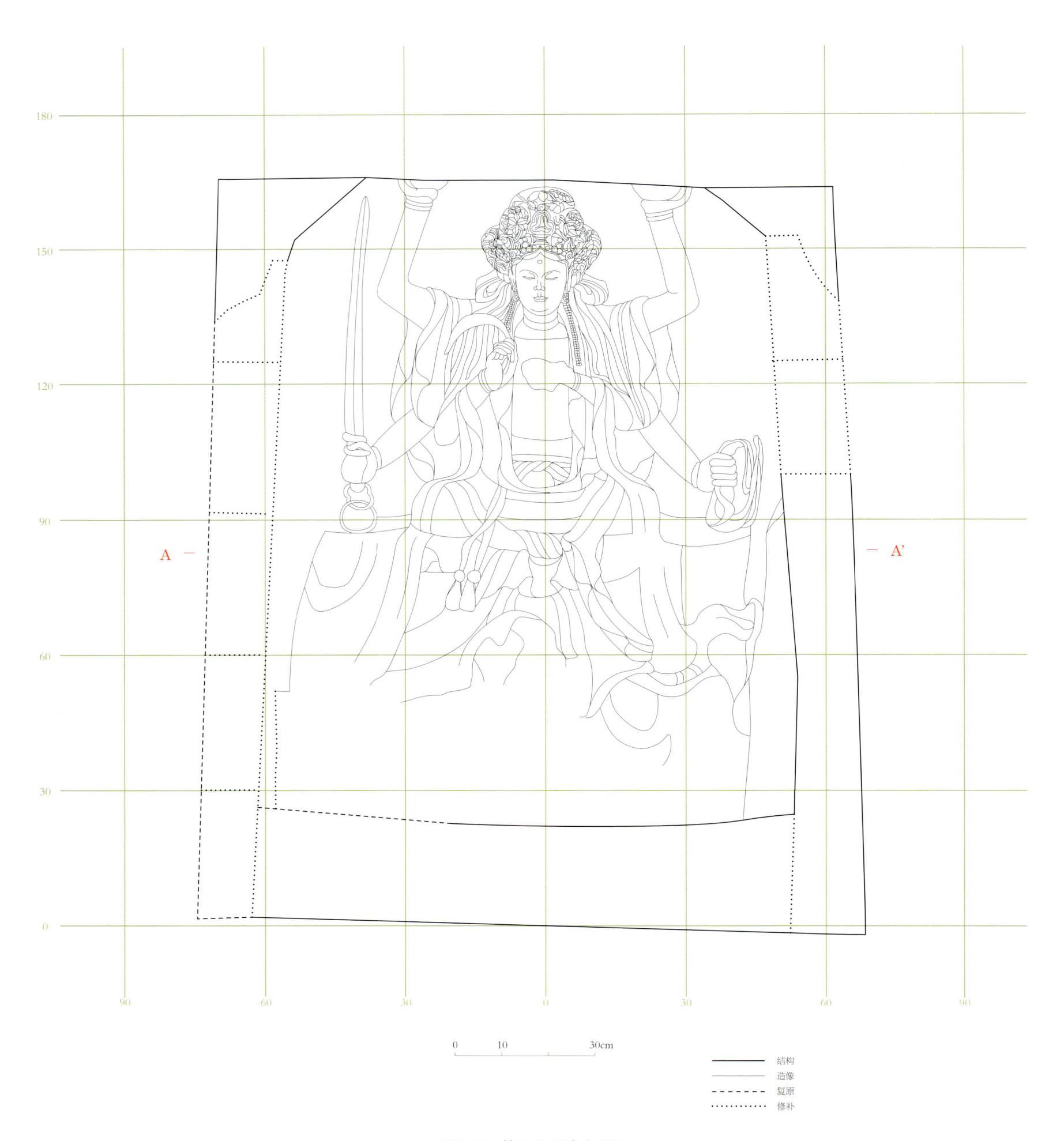

图 245　第 148 号龛立面图

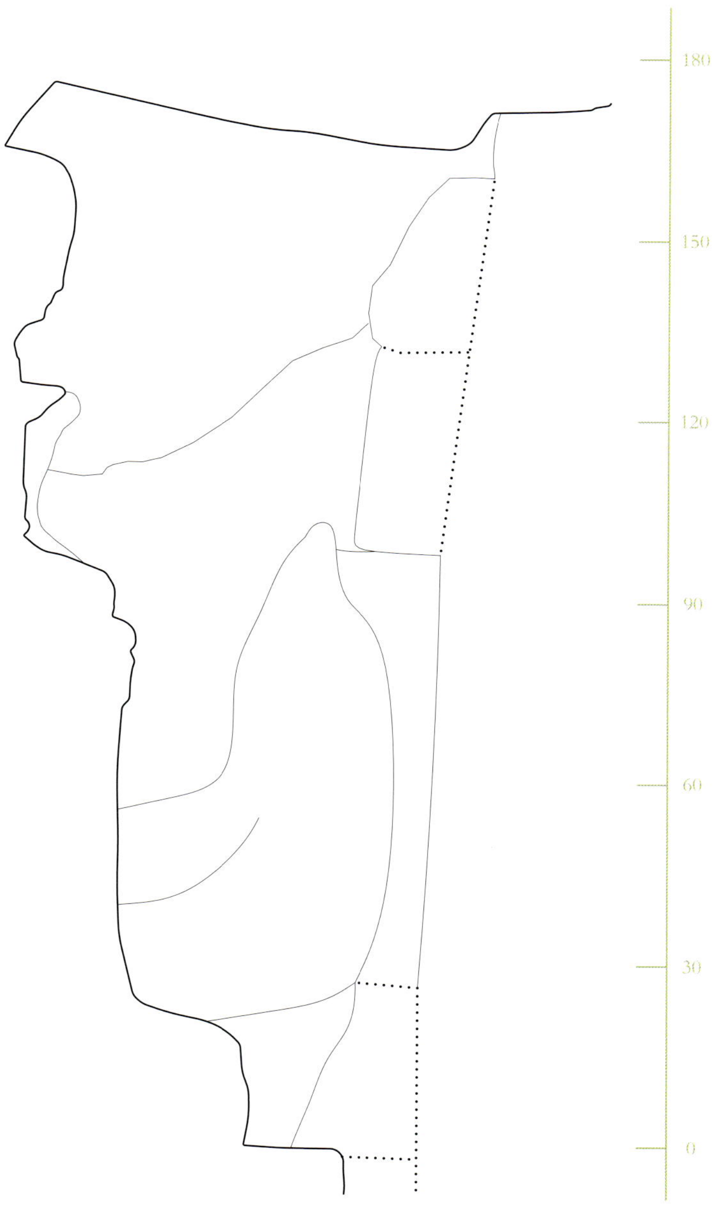

图246 第148号龛平、剖面图
1 剖面图 2 平面图

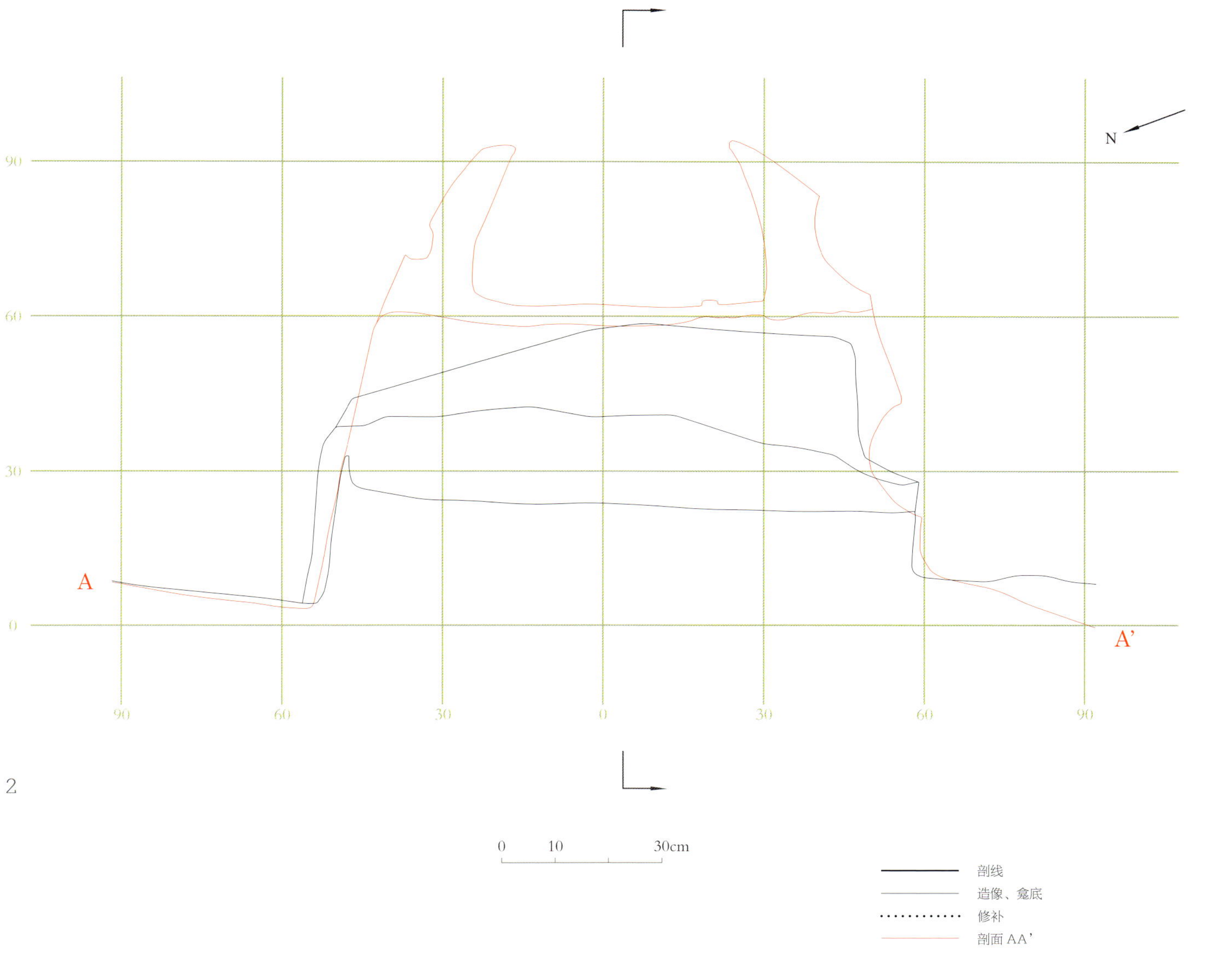

冠翼外展；冠带作结。面长圆，眉间刻白毫，眉眼细长，直鼻，鼻端残，小口；下颌刻一道肉褶线。耳饰珠串，下垂至胸，颈刻三道肉褶线。上着宽博披巾，下着长短两层裙；裙摆覆于座前。披巾两端交垂身前，敷搭前臂后垂于座前。短裙腰带为绳带，作结后左右各两条，下垂座前，端头残，轮廓呈桃形；长裙腰带垂于座前中部。自后腰斜出一道飘带，于座前交绕后斜垂座前。身六臂，腕镯。上两手屈肘上举分托圆轮，直径11厘米；左中手斜伸握羂索，右中手斜伸握宝剑，剑长64厘米；左下手胸前持钵，手及钵部残，右下手于胸前持柳枝。结跏趺坐于半圆形台座上。台高63厘米，宽91厘米，深33厘米。座前刻像1身，残毁甚重，仅辨头部和双肩的轮廓，头后有环状披帛。

左立像　残蚀甚重，残高72厘米。仅辨直立的身躯轮廓。

四　晚期遗迹

龛左沿中上部已用两级条石修补，修补面高53厘米，左端最远延至后期修补的条石壁面，宽78厘米；至龛内最深28厘米。

龛左沿下部与地坪间岩体毁，已用两级条石修补，修补面高72厘米，宽62厘米，深24厘米。

龛右沿下部与第149号窟之间的岩体毁，已用四级条石修补；修补面高126.5厘米，宽43厘米，至龛内最深67厘米。

龛内保存红色、灰白色、蓝色三种涂层。

第五节　第149、150号[1]

一　位置

第149号窟位于纵向布置的第147、148号龛右侧。左距第148号龛31厘米，右距纵向布置的第151—154号龛约10—15厘米；上为岩壁，下距地坪44厘米。

第150号窟为一则题记，位于第149号窟右沿。

窟口西北向，方向303°。

二　形制

方形平顶窟（图247、图248、图249、图250、图253、图254；图版Ⅰ：253、图版Ⅰ：254、图版Ⅰ：263、图版Ⅰ：267）。

窟口　在岩壁表面平直凿进最深约35厘米形成窟口。窟口方形，下部与地坪相接。外缘高424厘米，宽387厘米。左沿上部宽31厘米，下部毁，已用条石叠砌修补；右沿宽35厘米，上部少许残脱，现以石板嵌入修补。上沿仅存左右端头少许，其余毁，现已修补，并以水泥抹平，宽34厘米。下沿毁，现以石板修补，宽44厘米，并与窟沿齐平。窟口内缘高340厘米，宽321厘米，至窟后壁最深340厘米。窟左右沿内侧凿有宽27—30厘米的平整面。窟口左右上角作弧形处理。

窟底　方形，内高外低，略倾斜。外侧前端毁，已用三块石板铺设修补，并与窟底齐平。右侧局部残损，已用水泥填补。左端凿有一条浅沟，内侧中部凿有方形凹槽，右侧后部凿有圆形孔。环窟底三面建低坛，高约88—91厘米。正面低坛较深，深36—44厘米；左、右侧低坛进深略浅，最深16厘米。

窟壁　壁面竖直，中部均略内凹。正壁与左右侧壁圆转相接。壁面与窟顶略垂直相交。

窟顶　平顶，方形，外高内低，略倾斜，局部剥蚀。前端毁，已修补平整；中部存大致呈"品"字形布置的孔洞，现以水泥填补。窟顶分布有左、右两条较粗的裂隙，另于左裂隙中段再分出一条较细的裂隙。

---

[1]《大足石刻内容总录》将位于第149号窟右沿的一则游记铭文编为第150号，为保持总体编号不变，本次调查保留了该编号。现视其位置以及铭文内容，经课题组现场查看、讨论，将其纳入第149号窟介绍，故文中所述形制、造像、铭文、晚期遗迹等均指第149号窟。其中晚期遗迹中第4则铭文即为第150号。

图 247　第 149 号窟立面图

第五章　第 146—164 号

图 248　第 149 号窟纵剖面图（向北）

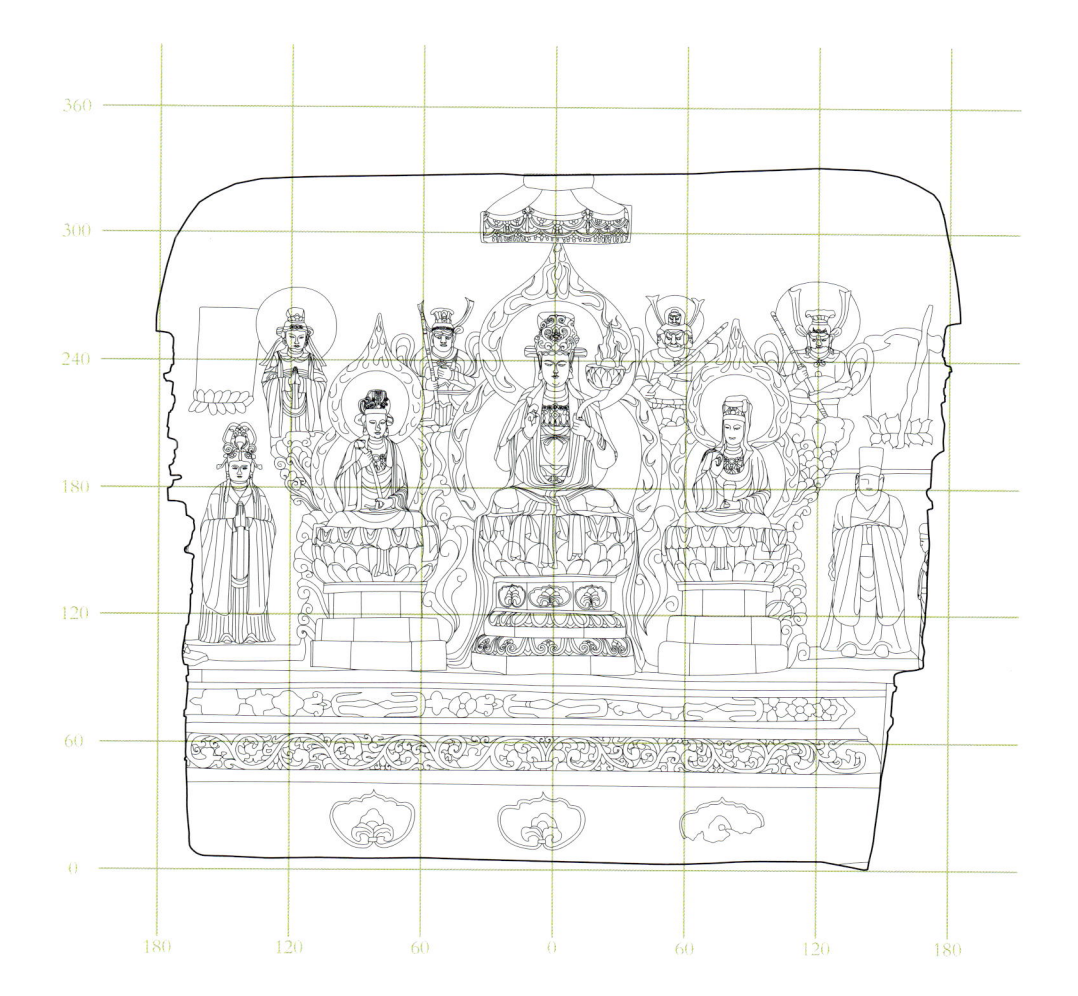

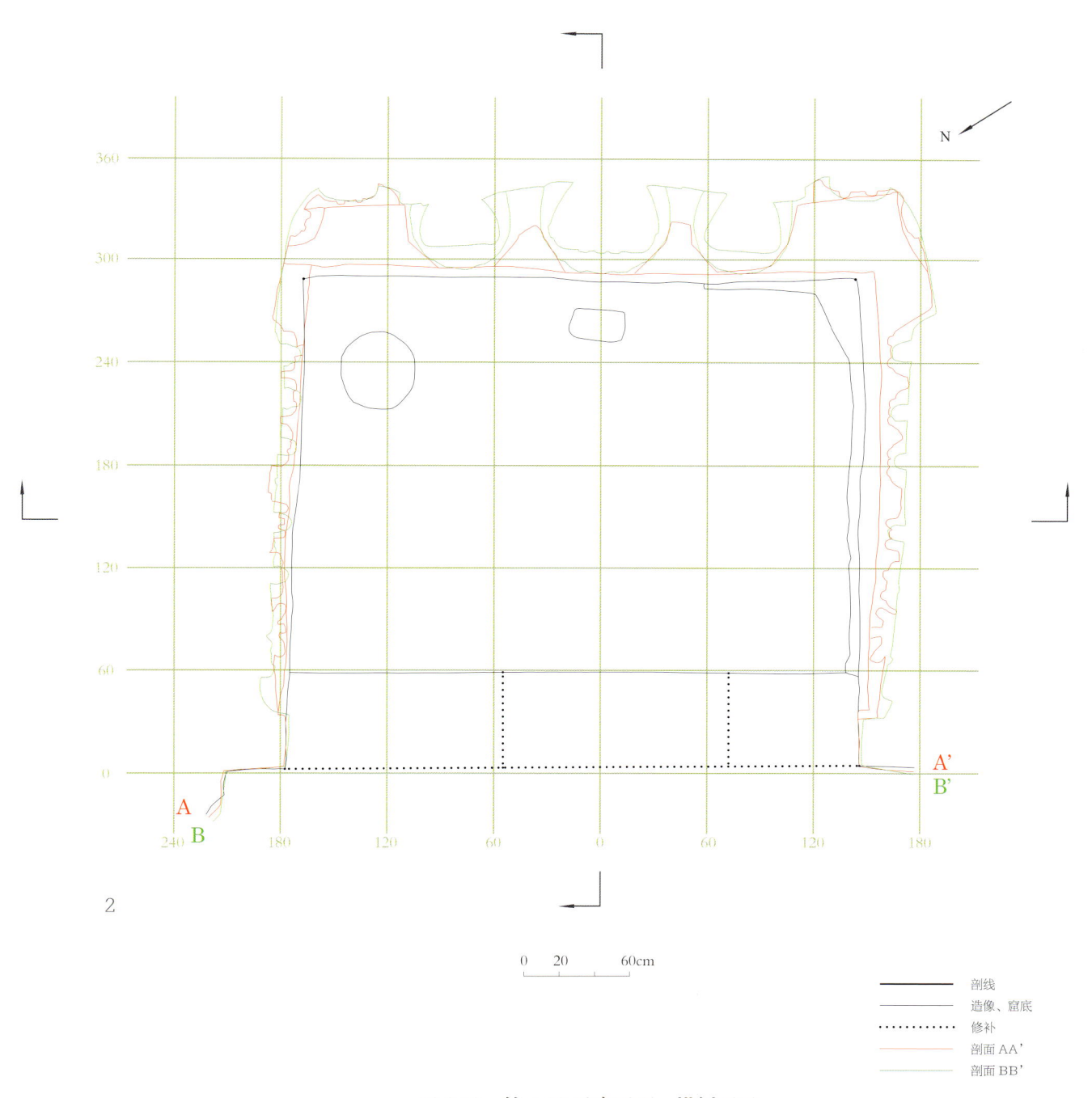

图 249　第 149 号窟平面、横剖面图
1　横剖面图（向东）　2　平面图

第五章　第 146—164 号　293

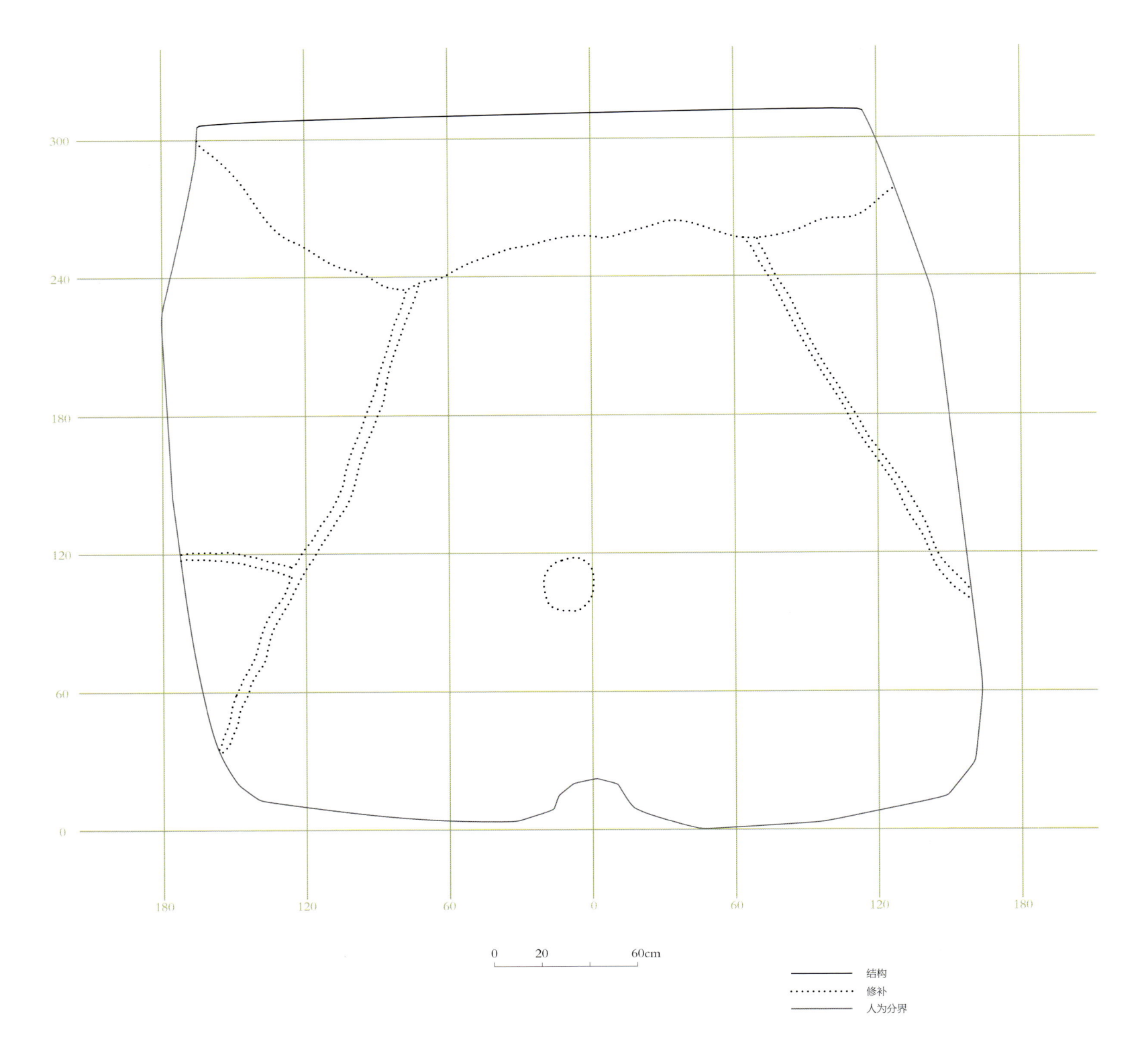

图 250　第 149 号窟窟顶仰视图

三　造像

刻像48身。均置于低坛上方壁面（图251；图版Ⅰ：253）。分为正壁、左侧壁、右侧壁造像三部分。低坛正面饰金刚铃、卷草、壸门等图集纹样。

（一）正壁

刻像11身。其中，中刻主尊菩萨及胁侍菩萨坐像3身；主尊菩萨座底两侧线刻祥云，左胁侍菩萨座左侧、右胁侍菩萨座右侧浮雕祥云，各升至身光左右侧，形成一云纹背屏，通高118厘米，宽260厘米，厚6—10厘米，于其上方置半身立像4身；三菩萨像两侧，各刻立像2身（图252；图版Ⅰ：255）。

1. 菩萨像

主尊菩萨像　坐高96厘米，头长35厘米，肩宽34厘米，胸厚17厘米（图版Ⅰ：256）。浮雕桃形头光和椭圆形身光，头光横径69厘米，身光最宽95厘米，皆内圆素平，边缘饰火焰纹。梳髻，鬓发绕耳。戴卷草冠，正面刻坐式化佛，高约3厘米。菩萨冠带作结后各分两道下垂，后侧两道垂于肩后，前侧两道敷搭双肩。脸长圆，弯眉细眼，鼻端残；下颌圆润，刻一道肉褶线；耳垂略残，戴桃形花钿耳饰。颈刻三道肉褶线。胸饰璎珞，内着僧祇支，系带作结；外着宽博披巾，左段中部残断，下着长短两层裙，裙摆覆于座前。披巾两端于腹前交叠，向上敷搭前臂后长垂座侧，止于低坛。腰带作结垂搭座前。自身下斜出一道飘带，于腿间交绕后垂搭座前。腕镯，左手于胸前持带茎莲，部分残，内置一粒放焰珠，珠径6厘米；右手于胸前持物，物残；结跏趺坐于束腰仰莲座上。座通高75厘米，上部为三重仰莲台，直径74厘米；其下为圆台，直径53厘米；中部束腰部分为八边低台，面宽约21厘米，各面中刻壸门，内刻桃形花卉；底部为两阶八边叠涩低台，边宽分别为32、39厘米；低台上部分别装饰覆莲瓣、羊角形云纹。

像头顶上方窟顶，刻八角形华盖，下接菩萨头光焰尖，通高33厘米，宽66厘米，厚37厘米。立面饰两重珠串、流苏等。

左胁侍菩萨像　坐高64厘米，头长23厘米，肩宽26厘米，胸厚13厘米（图版Ⅰ：257）。浮雕桃形头光和椭圆形身光。头光横径49厘米，身光最宽58厘米，皆内圆素平，边缘刻火焰纹。头冠，顶略残；脸椭圆，鼻残，下颌蚀；颈刻三道肉褶线。胸饰璎珞，外着双领下垂式袈裟，袈裟一角自左肩上撩，覆过头顶后披覆右肩；下着裙。袈裟下摆和裙摆覆搭座上，腰带下垂于座前。腕镯，左手腹前托净瓶，部分残，残高约11厘米；右手胸前持柳枝；结跏趺坐于束腰莲座上。座通高73厘米，上部为三重仰莲台，直径54厘米；其下为圆台，直径39厘米；中部束腰为八边形方台，面宽19厘米；下部为两阶八边叠涩方台，面宽分别为25.5、29.5厘米，素面。

右胁侍菩萨像　坐高65厘米，头长24厘米，肩宽22厘米，胸厚16厘米（图版Ⅰ：258）。梳髻，鬟发绕耳，垂发于双肩作结后分两缕下垂。戴卷草冠，冠顶略残，正面刻立式化佛，略残，高约5厘米；冠带作结后顺肩下垂。戴桃形耳饰，胸饰璎珞，上部为团花、圆环组成的项圈，下垂圆珠坠；身着双领下垂式袈裟，双手胸前持如意，部分残断。其余特征与左菩萨像同。

2. 菩萨身后像

半身，位于壁面上部云纹背屏上。4身，从左自右编为第1—4像。

第1像　半身立高50厘米。浅浮雕圆形素面头光，直径38厘米。梳髻，戴束发冠，冠带作结上扬。面方圆，浓眉鼓眼，下颌剥蚀，戴耳环。内着袍，外罩甲；袍服袖摆宽大、上扬。肩系巾，胸束勒甲索，部分残，腰束革带，系抱肚。双手胸前持鞭，鞭全长约55厘米。

第2像　半身立高48厘米。线刻圆形素面头光，直径25厘米。一头四面，正面方正，左、右面略残。头顶上方一面，戴兽头冠，略蚀，冠带上扬。双手胸前持铜，略蚀，全长约47厘米。余略同第1像。

第3像　半身立高55厘米。面长圆，左手于右胸前握拳，右手于左胸前持鞭，鞭全长约47厘米；余与第1像同。

第4像　半身立高69厘米。线刻圆形素面头光，直径37厘米。梳髻，鬟发绕耳；戴冠，冠带作结斜垂至肩后，系花式发箍。面长圆，下颌残，戴耳饰。身着翻领宽袖服，外披云肩，下着裙；裙腰上束腋下，腰带长垂足间。自双肩下垂披帛，于腹前交叠；双手当胸合十。

3. 菩萨两侧像

共4身，略对称布置于三菩萨像两侧。其中，左侧2身，为官员和男侍像；右侧2身，为贵妇和女侍像。

官员像　立高99厘米，头长23.5厘米，肩宽27厘米，胸厚11厘米（图版Ⅰ：259）。戴展脚幞头，稍残；圆脸，面蚀；刻连鬓胡须。上着圆领宽袖服，下着裙；裙腰上束至胸。腰际左侧刻算袋，右侧刻鱼符。双手胸前笼袖内，露右手拇指。着鞋立于低台上。台高8厘米，宽49厘米，最深14厘米。

男侍像　立高70厘米，头长15厘米，肩宽19厘米，胸厚9厘米（图版Ⅰ：260）。头巾，面圆，略蚀。上着圆领窄袖服，腰束带，下着裙。双手身前持笏，左手及笏板略残，立于台上，足及台残。

贵妇像　立高104.5厘米，头长28厘米，肩宽19厘米，胸厚9厘米（图版Ⅰ：261）。梳高髻，戴凤冠，冠带作结垂于头后左右。面长圆，下颌残，戴珠串耳饰。上着交领宽袖服，下着裙，腰带长垂足间。身饰一道披帛，中段垂于腹前，两端敷搭双肩后，垂于体侧，止于低台。双手胸前合十，着鞋站立低台上。台高9厘米，宽52厘米，深11厘米。

女侍像　立高57厘米，头长12厘米，肩宽13厘米，胸厚6厘米（图版Ⅰ：262）。头顶略残，梳双髻。面长圆，略蚀。上着双层对襟窄袖衫，下着裙，腰带长垂足间。双手胸前捧圆状物，部分残，着鞋立于低台上。台高4.5厘米，长30厘米。

（二）左侧壁

刻立像19身，作上中下三排布置（图253；图版Ⅰ：263、图Ⅰ：264）。其中，上排5身，中排8身，下排6身；各排造像身后

图251　第149号窟造像展开图

右侧壁　　　正壁

塔供 佛首

左側壁

图 252　第 149 号窟正壁立面图

298　大足石刻全集　第二卷（上册）

刻云纹背屏，上排为线刻，中下两排为浮雕。上排、中排造像现上半身，下半身隐入背屏内；下排造像刻出全身。下排最外端造像与窟口间的壁面刻出高71厘米、宽33厘米的如意头云纹。从上而下、由窟外至窟内（左至右），依次编为第1—19像。其造像特征列入表12。

表12　第149号窟左侧壁造像特征简表

位置	编号	造像特征
上排	1	身高36厘米，头长13厘米，肩宽21厘米，胸厚5厘米。头顶略残，刻短角（部分残），耳后刻环状发；面方，貌丑。肩系巾，身着窄袖服，挽袖至肘。胸系带，腰束革带，系抱肚。腕镯，双手身前握持旗杆，旗面卷裹。
上排	2	身高48厘米，头长19厘米，肩宽18厘米，胸厚5厘米。三面六臂，束发戴冠，冠带上扬。正面浓眉鼓眼，阔口闭合；左右侧面光头、圆脸。内着翻领窄袖服，外着裲裆甲，胸系带。腰间革带系抱肚。六臂，腕镯；当胸两手合十；上两手分举圆状物；左下手握弓箭，右下手握剑（图版Ⅰ：265）。
上排	3	身高42厘米，头长19厘米，肩宽19厘米，胸厚5厘米。头冠，面方圆。身着翻领宽袖服，下着裙；裙腰上束至胸。双手胸前持笏，略残。
上排	4	身高45厘米，头长18厘米，肩宽18厘米，胸厚7厘米。特征同第3像。
上排	5	身高45厘米，头长22厘米，肩宽20厘米，胸厚7厘米。线刻圆形素面头光，直径30厘米。头冠，冠顶宽出冠体。余略同第3像。
中排	6	身高47厘米，头长14厘米，肩宽20厘米，胸厚6厘米。头顶刻短角，方面阔口，隆眉鼓眼，鼻残。肩系巾，内着窄袖服，挽袖至肘；外着裲裆甲，胸系束甲索，腰束革带系抱肚和鹘尾；腿间刻出下垂的腰带。腕镯，双手胸前持斧，斧头位于头部左侧。
中排	7	身高48厘米，头长17厘米，肩宽22厘米，胸厚7厘米。束发，头冠，方脸。内着翻领窄袖衫，外着交领宽袖服；胸系带，腰束革带，系抱肚、鹘尾。革带下垂一道"U"形披帛。左手胸前握拳，右手腹前握剑。
中排	8	身高43厘米，头长15厘米，肩宽19厘米，胸厚4厘米。戴兽头冠，略残。披发刻于头后，呈圆形。貌丑怪，双手身前握剑，略残。余略同第6像。
中排	9	造像被第8和第10像部分遮挡，身高35厘米。光头，顶略残，有短角。面方，露齿，下颌略残。衣饰略同第6像。
中排	10	身高50厘米，头长19厘米，肩宽20厘米，胸厚5厘米。头冠，面方，竖眉鼓目。内着翻领宽袖服，外着裲裆甲。胸系束甲索，腰束革带系抱肚、鹘尾。腕镯，双手身前持斧，斧头位于头部右侧。
中排	11	身高46厘米，头长17厘米，肩宽19厘米，胸厚6厘米。头冠，略残。面方圆，下颌残。内着翻领窄袖衫，外着交领宽袖服，下着裙；裙腰上束至胸，腰带长垂身前。双手胸前持笏。
中排	12	身高47厘米，头长18厘米，肩宽19厘米，胸厚4厘米。面略蚀，同第11像。
中排	13	身高51厘米，头长20厘米，肩宽20厘米，胸厚7厘米。头冠，略残；面方，肩系巾。双手胸前握剑，剑略残。余略同第10像。
下排	14	身高62厘米，头长12厘米，肩宽18厘米，胸厚8厘米（图版Ⅰ：266）。头顶有短角，长发作两束上飘。面方，略蚀。上着翻领窄袖衫，挽袖至肘；下着短裙，腰带长垂足间。腕镯，双手抱持一袋，袋口系扎双带，自袋口刻出喷射状物。跣足站立，足部残。
下排	15	头大部残，残身高65厘米，肩宽20厘米，胸厚8厘米（图版Ⅰ：266）。存幞头软脚和下颌的胡须。身着圆领宽袖长服，腰束带；双手胸前持笏，笏部分残。双足残蚀。
下排	16	身高83厘米，头长19厘米，肩宽17厘米，胸厚7厘米（图版Ⅰ：266）。梳髻，头冠。面方圆，略蚀。内着翻领紧袖衫，外着交领宽袖长服；下着短裙，腰带长垂足间。腰束革带，系鹘尾、抱肚；腹前刻出"U"形下垂的披帛。双手身前横持一斧，部分残。双足略蚀。
下排	17	身高76厘米，头长18厘米，肩宽18厘米，胸厚7厘米。梳髻，头冠；发际处刻花式发箍，发带作结下垂及肩。面部分残。内着翻领窄袖衫，外着交领宽袖服；下着裙。裙腰上束至胸，腰带长垂足间。自双肩下垂一段披帛，于腹前呈"U"形。双手胸前持笏。小腿蚀，着鞋站立。
下排	18	身高77厘米，头长18厘米，肩宽17厘米，胸厚8厘米。梳髻，头冠；束发带，带作结后下垂及肩。面略蚀。内着翻领紧袖衫，外着交领紧袖服，下着长裙。裙腰上束腋下，腰带于腹前作结后下垂足间。双手残，于胸前合十，小腿及双足残蚀。
下排	19	身高79厘米，头长18厘米，肩宽18厘米，胸厚8厘米。头冠，面方圆。余略同第17像。

（三）右侧壁

刻立像18身，作三排布置（图254；图版Ⅰ：267、图版Ⅰ：268）。其中，上排5身，中排7身，下排6身；各排造像身后亦刻云纹背屏。上排、中排造像为半身，下排造像刻出全身。下排最右端造像与窟口间壁面刻如意头云纹，高58厘米，最宽35厘米。从上至下、由窟外至窟内（右至左）依次编为第1—18像。其造像特征列入表13。

表13　第149号窟右侧壁造像特征简表

位置	编号	造像特征
上排	1	身高45厘米，头长19厘米，肩宽17厘米，胸厚7厘米。梳髻，头冠。面圆，略蚀。身着双层交领服，胸系带；腰束革带，系抱肚、鹘尾。双手胸前持棍状物，物残。
	2	身高57厘米，头长20厘米，肩宽19厘米，胸厚6厘米。线刻圆形头光，直径32厘米。头冠，面长圆，眉目清晰，鼻稍残。内着袍服，外着裲裆甲。胸系带作结，腰束革带，系圆护、抱肚。腰带作结下垂。腿裙止于双膝。双手胸前持铜。
	3	身高53厘米，头长20厘米，肩宽20厘米，胸厚7厘米。戴进贤冠，冠顶后侧线刻五粒圆珠，中间一粒为放焰珠。面方圆，眉目清晰，鼻略蚀。身内着翻领窄袖衫，外着交领宽袖服，下着裙；裙腰上束至胸，腰带长垂。双手当胸持笏。
	4	身高63厘米，头长20厘米，肩宽20厘米，胸厚8厘米。余略同第3像。
	5	身高48厘米，头长20厘米，肩宽20厘米，胸厚8厘米。浅浮雕圆形素面头光，直径31厘米。戴进贤冠，顶部刻出宽出冠体的方板，大部残。余略同第3像。
中排	6	身高69厘米，头长20厘米，肩宽21厘米，胸厚7厘米。面长圆，略蚀。余略同第3像。
	7	身高59厘米，头长21厘米，肩宽20厘米，胸厚8厘米。浅浮雕圆形素面头光，直径27厘米。戴进贤冠，面方，眉目清晰。肩有鱼鳞披膊，双手身前持斧。腹前刻有"U"形披帛。余略同第2像。
	8	身高40厘米，头长15厘米，肩宽17厘米，胸厚7厘米。戴兽头冠，耳后披发作环状。面方貌丑。内着翻领窄袖衫，挽袖至肘；外着裲裆甲。胸系带，腰束革带，系抱肚；腰带作结下垂。腕镯，左手胸前握拳，右手腰际持双面斧。
	9	造像部分被遮挡，身高32厘米。头顶有双角，长发圆状刻于头后。面方，隆眉鼓眼，阔口露牙。左手不现，右手胸前握剑。余略同第8像。
	10	身高59厘米，头长19厘米，肩宽20厘米，胸厚7厘米。戴进贤冠。面长圆。肩饰云肩。腹前刻有"U"形披帛。双手胸前横持一铜。余略同第2像。
	11	身高59厘米，头长20厘米，肩宽20厘米，胸厚8厘米。戴凤翅盔。面圆，肩系巾，罩鱼鳞披膊；腹前刻有"U"形披帛。双手胸前持铜。余略同第2像。
	12	身高60厘米，头长20厘米，肩宽20厘米，胸厚11厘米。头后左侧刻出弧形头光。头冠，圆脸。肩系巾，有鱼鳞披膊。腹前刻有"U"形披帛。左手屈肘持物，难辨；右手胸前握剑。余略同第2像。
下排	13	身高59厘米，头长14厘米，肩宽18厘米，胸厚7厘米。蓄发，额前束发带，发上飘。面方，略蚀。内着翻领窄袖衫，挽袖至肘；外着裲裆甲；下着裤，缚裤；外系短裙，腰带作结长垂足间。胸系带，腰束革带，系圆护、抱肚。腕镯，左手胸前握拳，右手胸前持葫芦状物，前臂及物残，内出毫光，沿肩上飘。足环，跣足站立。
	14	身高80厘米，头长20厘米，肩宽18厘米，胸厚9厘米。梳髻，戴团冠。面长圆，略蚀。内着翻领窄袖衫，外着交领宽袖服，下着裙；裙腰上束至胸，腰带长垂足间；身前刻敝膝。双手笼袖内，夹持笏板。着云头履。
	15	身高80厘米，肩宽21厘米，胸厚8厘米。浮雕圆形素面头光，直径28厘米。梳髻，头冠。面长圆，略蚀、浓眉大眼。内着翻领紧袖衫，外着窄袖长服，袖摆飘飞；下着裤。袍服之外罩裲裆甲，胸系束甲索，作结；腰系革带，束抱肚、鹘尾。披帛垂于腹前，两端折入革带后垂于体侧。双手身下竖持一斧。足靴，略残。
	16	身高73厘米，头长19厘米，肩宽20厘米，胸厚8厘米。戴进贤冠，双手胸前持笏。余略同第14像。
	17	身高75厘米，头长20厘米，肩宽20厘米，胸厚7厘米。戴进贤冠，双手胸前持笏；余略同第14像。
	18	身高78厘米，头长23厘米，肩宽20厘米，胸厚11厘米。浮雕圆形素面头光，直径27厘米。梳髻，头冠；冠带作结下垂。肩饰披膊、云肩。腰带作结，双手胸前持笏，略残。余略同第14像。

（四）低坛

上部刻两列连续方框，通高约43厘米（图251）。其中，上列方框以正面低坛中部为轴线，左右对称刻出金刚杵、金刚铃的组合图案，共十件，部分残；下列方框内亦以正面低坛中部为轴线，左右水平延续刻卷草纹，少许残。

低坛下部即方框之下，各面均刻三个壸门，部分受损，大小相近，高30厘米，宽41厘米；内刻桃形花卉。此外，左侧壁面居中壸门上方边框内另线刻两个较小的壸门，式样与下部壸门同。

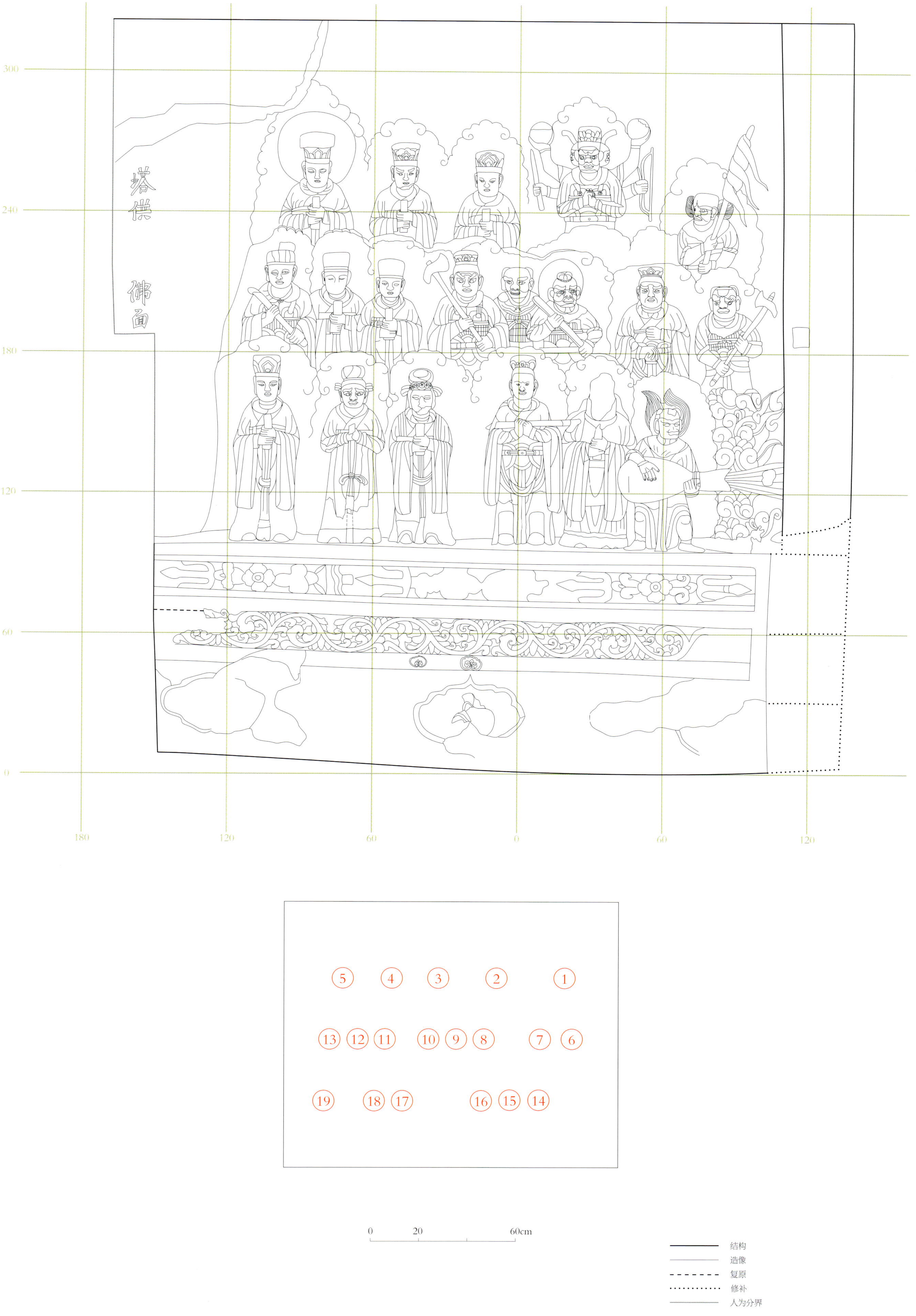

图253 第149号窟左侧壁造像及编号示意图

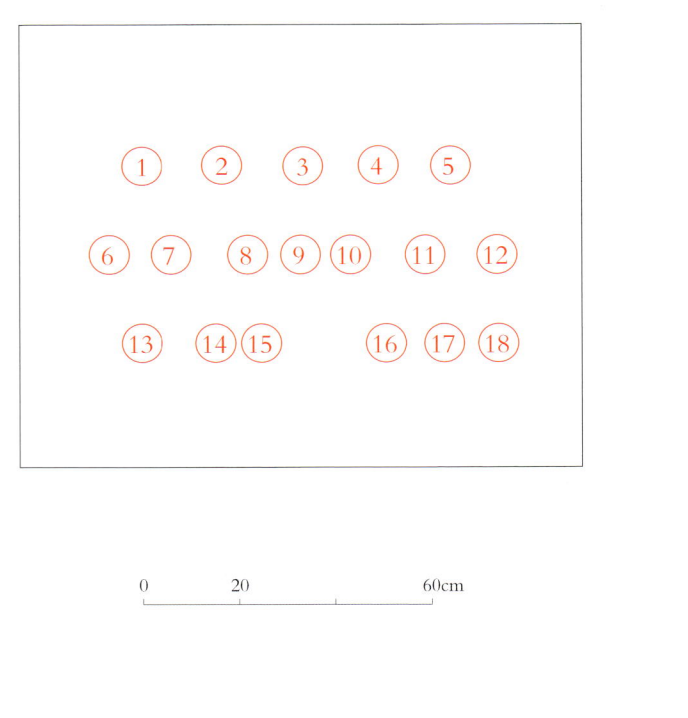

图 254　第 149 号窟右侧壁造像及编号示意图

302　大足石刻全集　第二卷（上册）

四 铭文

窟内保存铭文3则。

第1则

任宗易镌妆如意轮观音窟镌记，南宋建炎二年（1128年）。位于窟口外右侧岩壁中部，作碑形，部分残。碑首覆莲叶，碑身方形，碑座为仰覆莲；碑通高99厘米，宽30厘米。刻石面高67厘米，宽30厘米。碑文左起，竖刻5行，存51字，楷体，字径3厘米（图版Ⅱ：31）。

01　奉直大夫知军州事任宗易同恭人

02　杜氏发心镌造妆銮

03　如意轮圣观自在菩萨一龛永为一

04　方瞻仰祈乞

05　□□□□干戈永息建炎二年四月

第2则

任宗易自赞，南宋建炎二年（1128年）。位于正壁左侧官员像头顶上方，作碑形。因裂隙斜向通过，致碑身分裂。碑首为覆莲叶，碑身方形，碑座为仰覆莲。碑通高56厘米，宽45厘米。刻石面高56厘米，宽36厘米。碑文左起，竖刻5行，存30字，楷体，字径3厘米（图版Ⅱ：32）。

01　□还斋任〔宗易自赞〕

02　□□圆成包含六合

03　此〔豪〕□□□□□

04　为蛇画足造此石〔房〕

05　宰官现身〔雪〕□〔如霜〕

第3则

杜慧修自赞，南宋建炎二年（1128年）。位于正壁右侧贵妇像头顶上方，作碑形。碑座为仰覆莲，未见碑首，碑身方形。碑通高50厘米，宽41厘米。刻石面高50厘米，宽38厘米。碑文左起，竖刻5行，存39字，楷体，字径3厘米（图版Ⅱ：33）。

01　□雾中杜慧修自赞

02　女身垢秽不是法器

03　皈依菩萨作清净地

04　愿我多生爱根脱离

05　〔识〕本来面悟西来意

五　晚期遗迹

（一）铭文

窟内保存晚期铭文4则。

第1则

崔叮子题刻，宋。位于窟左、右侧壁内侧，楹联式。刻石面高78厘米，宽13厘米。楹联各竖刻7字，楷体，字径10厘米。署款竖刻6字，楷体，字径3厘米（图版Ⅱ：34）。

    白塔供当[1]诸佛面（左）

    红尘不染圣人心（右）

    楚人崔叮子书（署款）

第2则

郭庆祖逃暑岩阿题记，南宋嘉定十二年（1219年）。位于窟左沿内侧平整面。刻石面高55厘米，宽27厘米。文左起，竖刻4行，27字，楷体，字径5厘米（图版Ⅱ：35）。

01 郭庆祖才父李溯从

02 甫弟庭正甫

03 △右三人逃暑岩阿

04 △岁己卯季夏贰日[1]

第3则

赵宋瑞等游北山题记，南宋淳熙十四年（1187年）。位于窟右沿内侧平整面。刻石面高115厘米，宽20厘米。文左起，竖刻2行，46字，楷体，字径8厘米（图版Ⅱ：36）。

01 普慈赵宋瑞孙伯清〔清〕川黄平叔[2]资中王子仪郡人王延禧

02 高智夫何志〔升〕杨起之何长文淳熙丁未季春十有三日游

第4则[2]

刘子发等较试南昌毕事拉游北山题记，南宋淳熙十三年（1186年）。位于窟右沿。刻石面高240厘米，宽25厘米。文左起，竖刻2行，存57字，楷体，字径9厘米（图版Ⅱ：37）。

01 〔资中〕刘子发广安姚舜卿眉山史岩叟隆山陈德用较试南昌毕事之三〔日〕（漶）

02 守相眉山家宜父河南吕伯虎拉游北山徜徉竟日淳熙丙午四月辛酉[3]

（二）维修

1. 窟沿

窟上沿大部毁，现以水泥修补作旧涂抹。

窟左沿下部与第148号龛的岩体毁，现以4级条石叠砌修补；修补面高127厘米，宽40—44厘米，至窟内最深34厘米。

窟右沿上部局部残脱，现以石板嵌入修补。修补石板通高86厘米，宽15—40厘米，厚12厘米。

窟左、右沿中上部各凿有纵向的两个枋孔，对称布置，孔高14厘米，宽6厘米，深8厘米。其中，左沿下孔和右沿两枋孔均以水泥填补。

2. 窟顶

窟顶前端毁，现已修补[3]，与原窟顶齐平。修补面左右宽300厘米，至窟内深85厘米。

---

1 此"供当"二字《大足石刻铭文录》录为"供奉"。重庆大足石刻艺术博物馆编：《大足石刻铭文录》，重庆出版社1999年版，第30页。
2 此则题记即为1985年《大足石刻内容总录》中所记第150号。四川省社会科学院、大足县文物保管所编：《大足石刻内容总录》，四川省社会科学院出版社1985年版，第66页。
3 1982年，对第149号窟窟顶裂隙进行灌浆封护。邓之金：《大足石刻维修工程四十年回顾》，重庆大足石刻艺术博物馆编：《大足石刻研究文集》（2），重庆出版社1997年版，第579页。

窟顶中部存三个"品"字形布置的孔洞，大小不一，现已填补。

窟顶存两条较粗的裂隙，均起自窟顶前端残毁处。左裂隙斜向延伸至正壁左侧官员像头后，宽1—4厘米，全长约410厘米。右裂隙斜向延伸至右壁内侧，与低坛相接；裂隙宽1—4厘米，全长约440厘米。此外，自右裂隙中部向右侧壁发育出一条较细的裂隙，宽1—2厘米，全长90厘米。裂隙均已填塞修补。

3．窟底

窟底前端毁，现以三块石板铺设修补，修补面与原窟底齐平，左右宽366厘米，至窟内深56厘米。修补面与地坪间亦以三块石板嵌入修补，修补面与窟沿齐平，高37厘米，宽373厘米。

窟底后侧中部凿方形凹槽，长28厘米，宽14厘米，深8厘米；右侧凿有圆孔，直径39厘米，深6厘米。

窟底左端凿有浅沟，贯穿窟底；长230厘米，宽7—8厘米，深5厘米。

（三）妆绘

正壁主尊菩萨头冠、面部及上身贴金箔。

窟内保存灰白色、红色、蓝色、绿色、黑色五种涂层。

第六节　第151号

一　位置

位于第149号窟右侧。左距第149号窟15厘米，右紧邻第155号窟；上距第151-1号龛19厘米，下距第152号龛23厘米。龛口西北向，方向308°。

二　形制

龛残毁甚重，仅存部分弧形龛壁；残存部分高30厘米，最宽24厘米（图255；图版Ⅰ：269）。

三　造像

刻像1身。残毁甚重，残高21厘米。可辨头部部分花冠及作结的冠带、珠串耳饰（图版Ⅰ：269）。从轮廓看，似左手撑座台面，右手置于屈膝竖立的右腿膝部。

四　晚期遗迹

龛内存红色涂层。

第七节　第151-1号

一　位置

位于第149号窟右侧。左距第149号窟约20厘米，右紧邻第155号窟；上距长廊横梁约48厘米，下距第151号龛19厘米。

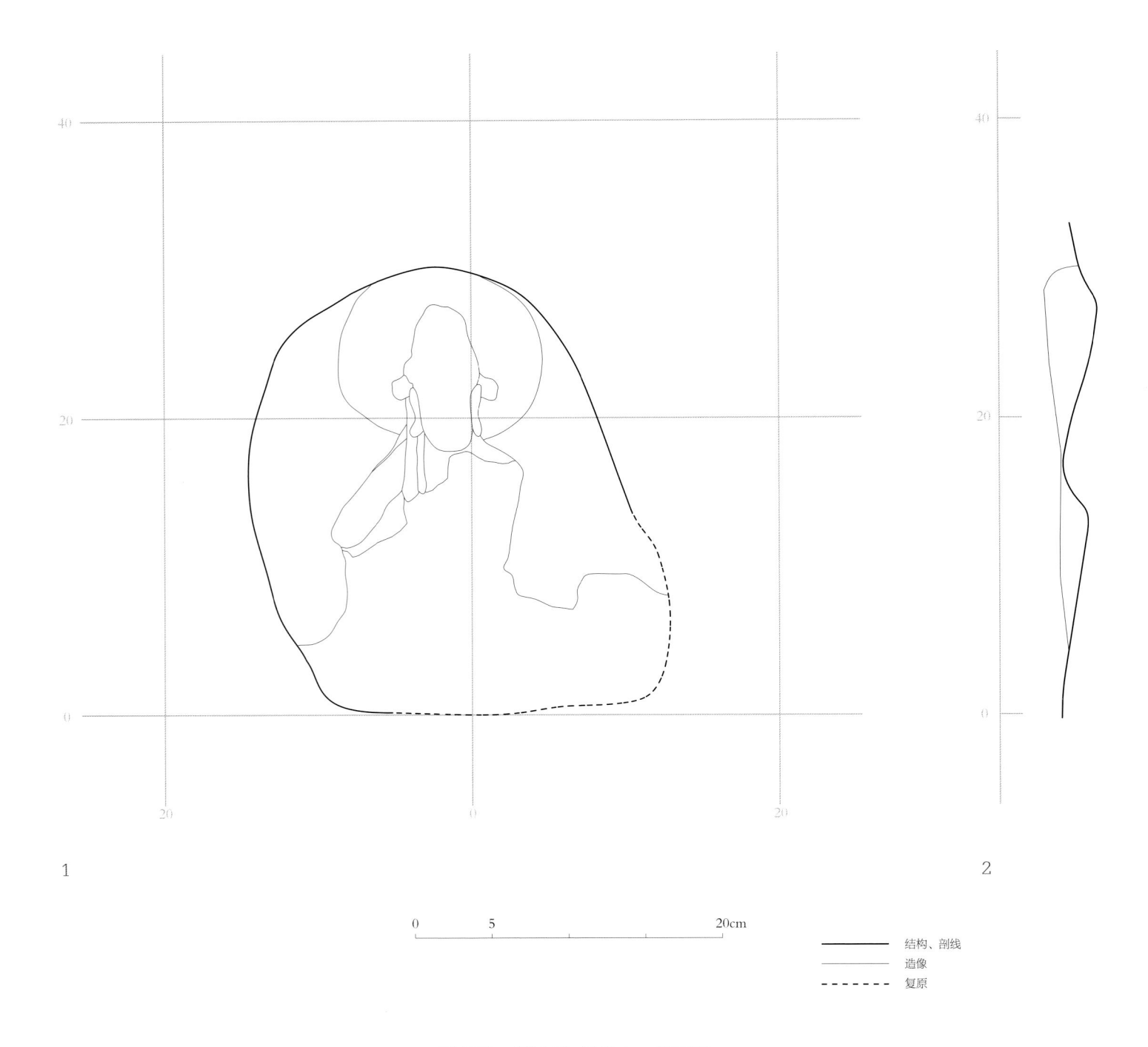

图 255　第 151 号龛立、剖面图
1　立面图　2　剖面图

龛口西北向，方向306°。

二　形制

龛残毁甚重，仅存少许弧形龛壁；残存部分高27厘米，宽18厘米（图256；图版Ⅰ：270）。

三　造像

刻像1身，残毁甚重，残高约17厘米（图版Ⅰ：270）。

第八节　第152号

一　位置

位于第149号窟右侧。左距第149号窟12厘米，右距第155号窟13厘米；上距第151号龛23厘米，下距第153号龛17厘米。

图 256　第 151-1 号龛立面图

龛口西北向，方向305°。

二　形制

龛残毁甚重（图257；图版Ⅰ：271）。龛口残高33.5厘米，宽26厘米，至后壁深9厘米。龛底略呈方形，前端略残，龛壁为弧壁，龛顶毁。

三　造像

刻像3身。其中，中刻菩萨坐像1身，左右各刻侍者立像1身（图版Ⅰ：271）。

菩萨像　坐高22.5厘米。浅浮雕圆形素面头光和身光，头光上部残，直径约16厘米，身光最宽20厘米。头面残毁，存部分冠体及作结下垂的冠带。胸饰璎珞，残蚀；上着双领下垂式袈裟，下着长裙，腰带长垂至足间。左手腹前托物，手及物残；右手胸前持柳枝，略残。倚坐于方形座台上。座台高10厘米，宽23厘米，最深5厘米。双足及足踏部分残；足踏残高2厘米，宽10.5厘米。

左侍者像　头、身部分残，残高约14厘米。双手残蚀，可辨置于胸前，立于低台上。台高1.5厘米，宽6.5厘米。

右侍者像　残毁甚重，残高6厘米。存小腿及低台。台高1.5厘米，宽6厘米。

四　晚期遗迹

龛内存灰白色和红色两种涂层。

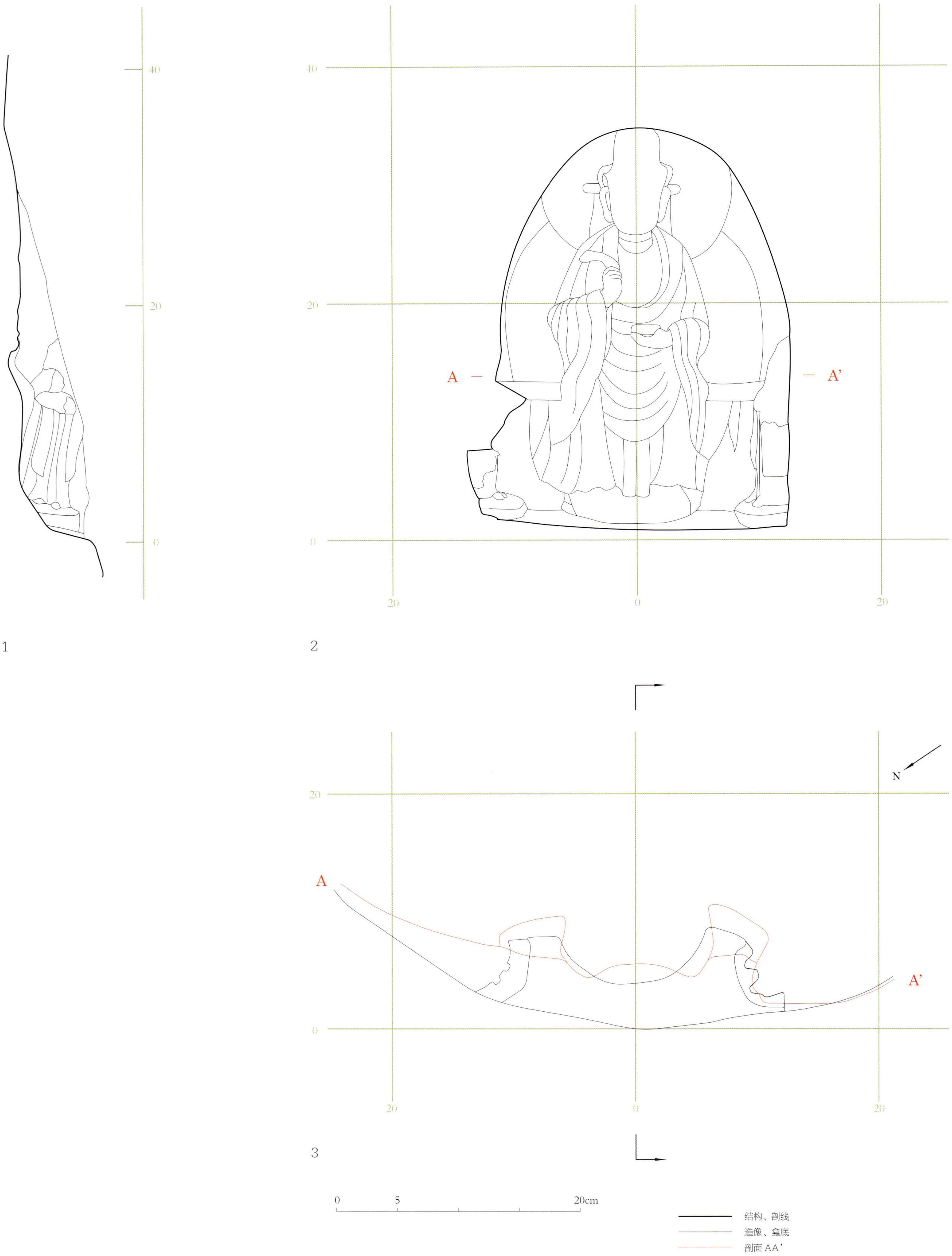

图 257　第 152 号龛平、立、剖面图
1　剖面图　2　立面图　3　平面图

第九节　第153号

一　位置

位于第149号窟右侧。左距第149号窟9厘米，右距第155号窟9厘米；上距第152号龛17厘米，下距第154号龛21厘米。龛口西北向，方向300°。

二　形制

龛残毁甚重。残存龛口略呈方形，高54厘米，宽32厘米，至后壁深7厘米（图258、图259；图版Ⅰ：272）。龛底部分残，略呈弦月形。龛壁为弧壁。龛顶毁，仅存少许。

三　造像

刻立像1身。头毁，残高约40厘米（图版Ⅰ：272）。浅浮雕圆形素面头光，直径18厘米；右侧边缘存少许棍状遗迹。身残，可辨袈裟一角和裙摆。跣足立于低台上，足及台大部残。台残高3厘米，宽22厘米。

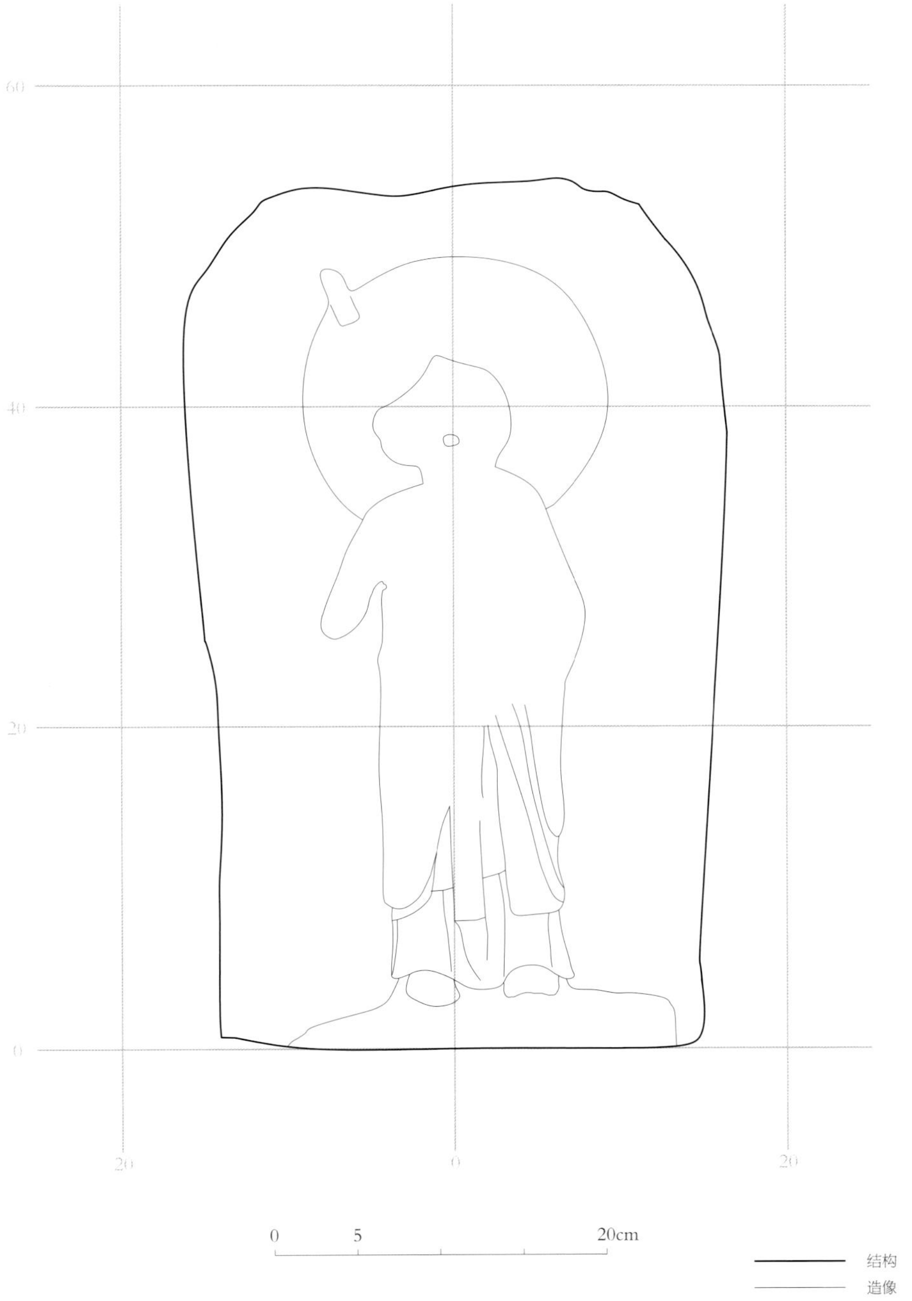

图258　第153号龛立面图

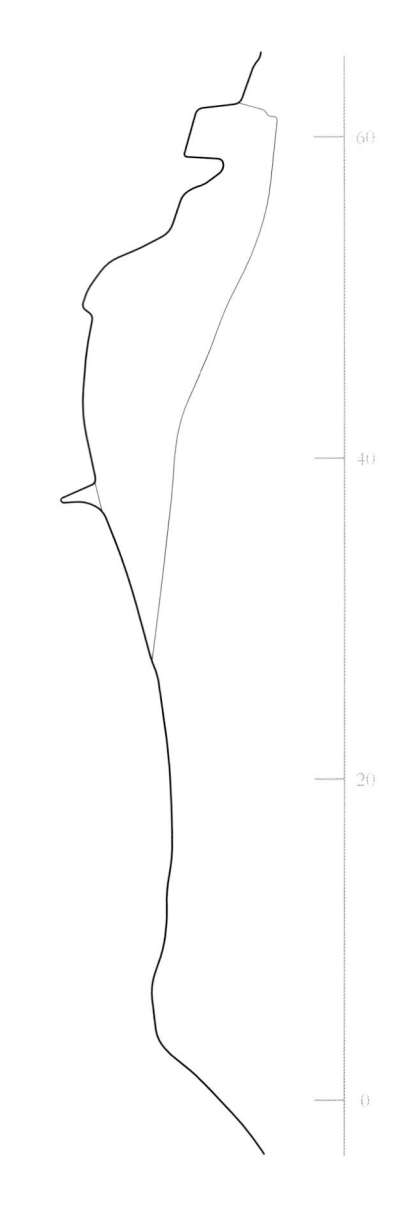

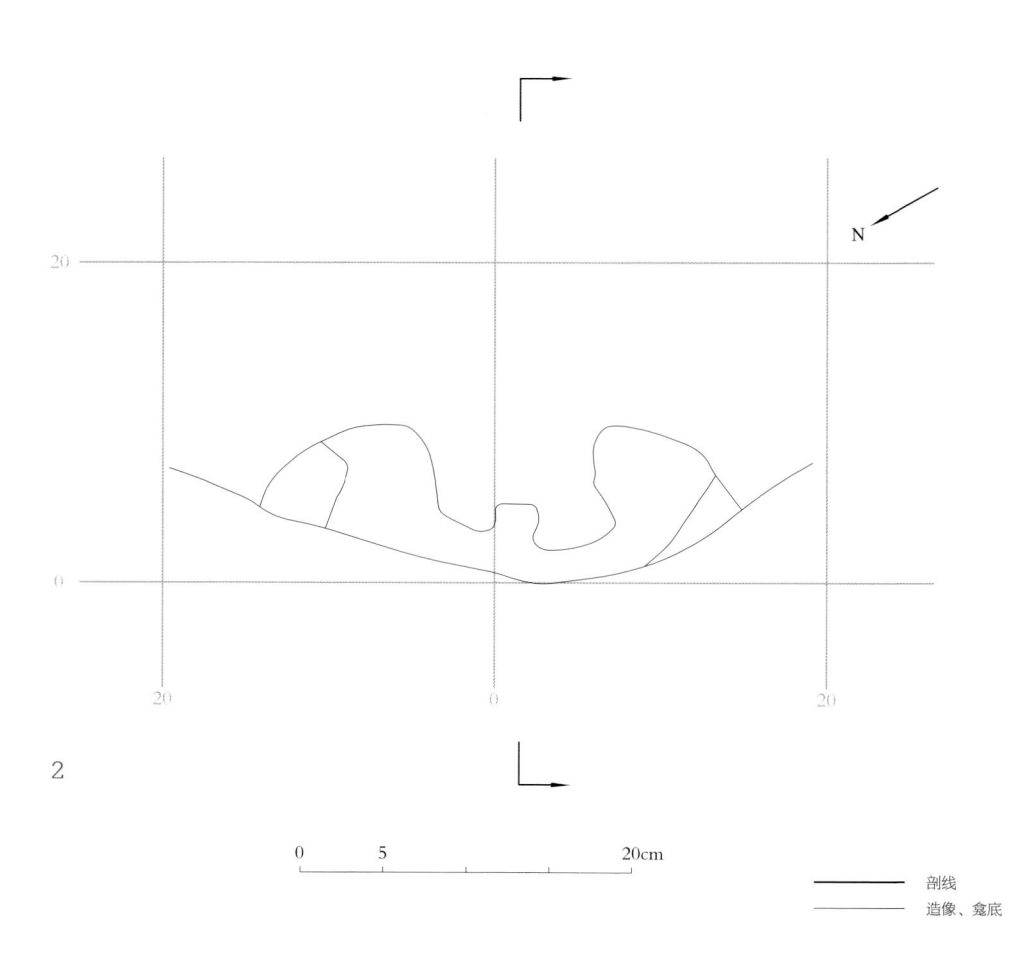

图 259　第 153 号龛平、剖面图
1　剖面图　2　平面图

四　晚期遗迹

立像头部残毁处凿有圆形小孔，直径1厘米，深3厘米。

龛内存灰白色和红色两种涂层。

第十节　第154号

一　位置

位于第149号窟右侧。左距第149号窟11厘米，右距第155号窟8厘米；上距第153号龛21厘米，下距地坪73厘米。

龛口西北向，方向300°。

二　形制

龛残毁甚重（图260、图261；图版Ⅰ：273）。龛口残高46厘米，宽28厘米，至后壁深6厘米。龛底大部毁，龛壁为弧壁，龛顶为券顶，部分残。

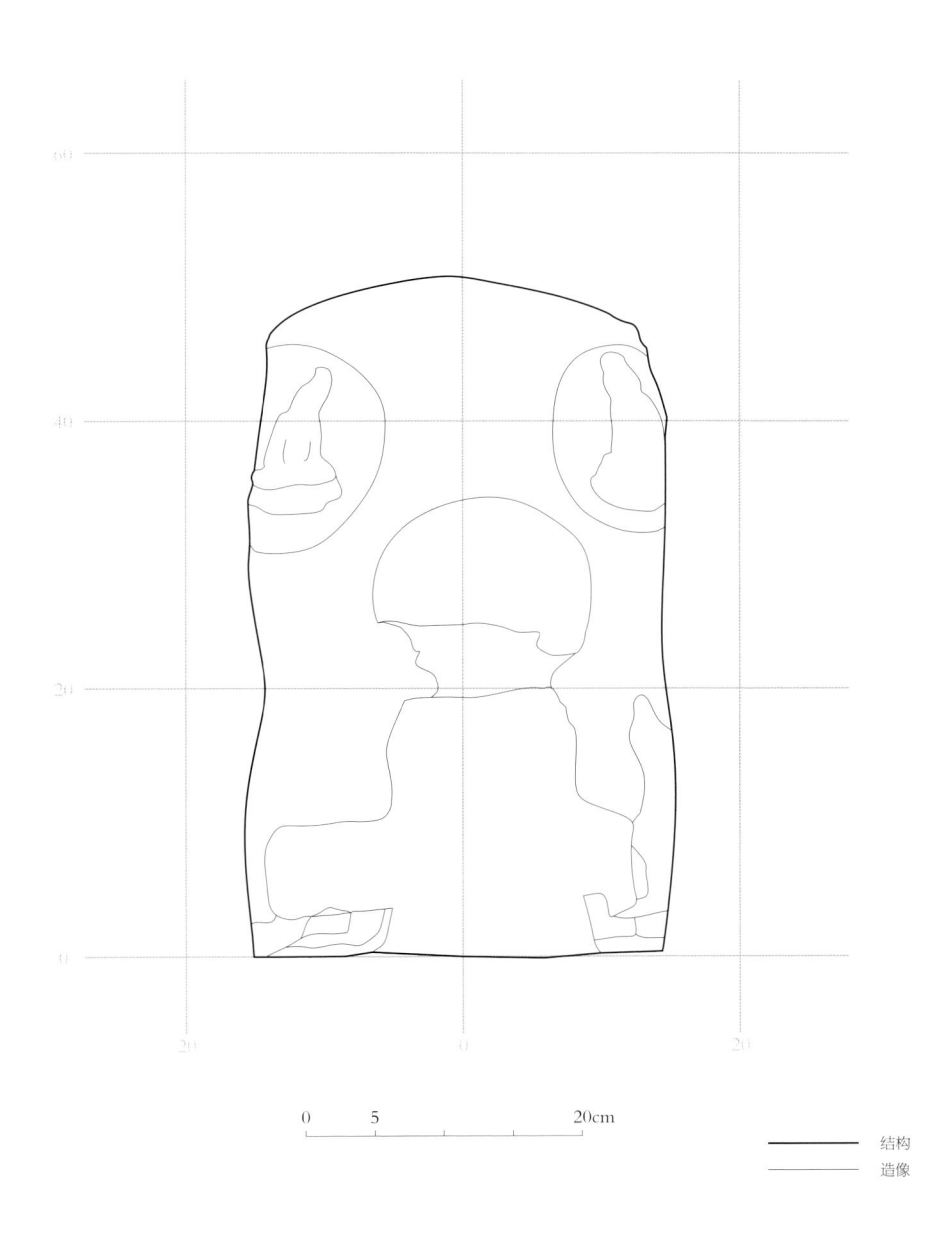

图260　第154号龛立面图

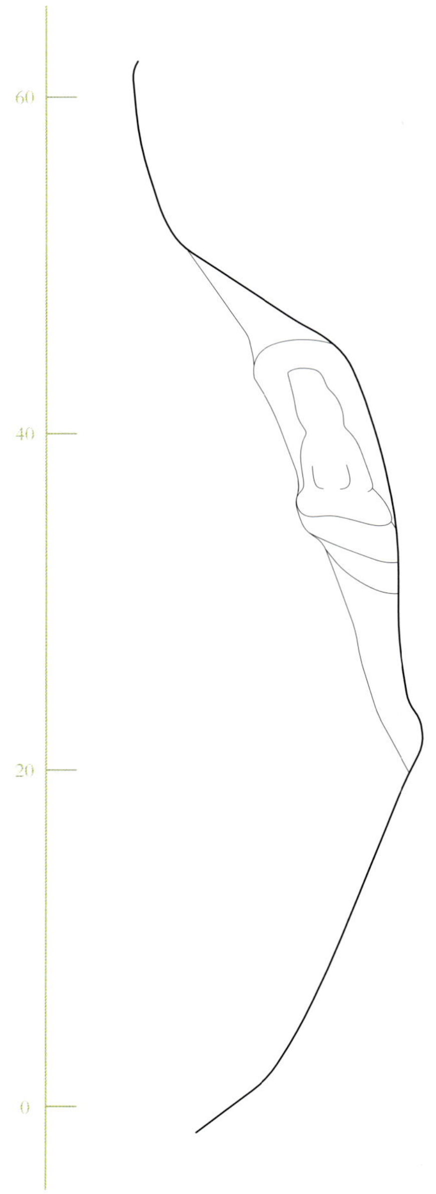

图261 第154号龛平、剖面图
1 剖面图　2 平面图

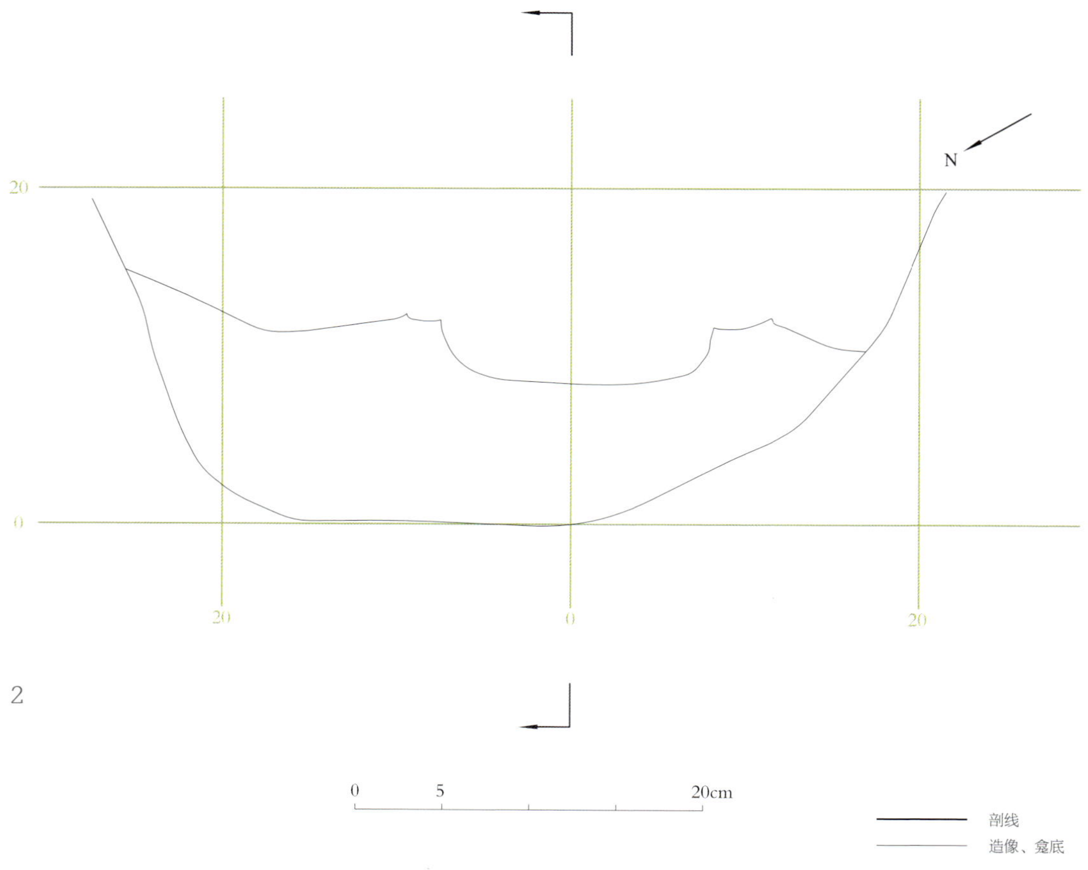

三　造像

刻像3身（图版Ⅰ：273）。居中为主像，残毁甚重，可辨圆形头光，直径15.5厘米；身后刻圆形背光，部分残，直径15厘米。身残高约9厘米。主像左右上方各刻坐像1身，残蚀甚重，残高约8厘米；结跏趺坐。

四　晚期遗迹

龛内存灰白色涂层。

第十一节　第155号

一　位置

左与纵向布置的第151、152、153、154号龛相距约8—13厘米，右与纵向布置的第156、157、158、159号龛相距约8—20厘米；上距岩顶约20—50厘米，下距地坪38厘米。

窟口西北向，方向300°。

二　形制

方形平顶窟（图262、图263、图264、图265、图266、图271、图274、图276；图版Ⅰ：274、图版Ⅰ：275、图版Ⅰ：279、图版Ⅰ：282、图版Ⅰ：286）。

窟口　在岩壁表面平直凿进最深约22厘米形成窟口。窟口方形，外缘高423厘米，最宽356厘米。左沿上部略残，残宽约43厘米，较中下部宽出9厘米；中下部大部毁，残毁处以条石修补。右沿大部残，残宽约27厘米；下部用条石修补。上沿毁，仅存左端少许，宽约38厘米；残毁处以水泥修补抹平。下沿毁，以条石修补，高38厘米；条石与长廊地坪相接。窟口内缘高347厘米，宽286厘米，至窟内正壁最深621厘米。窟左、右沿内侧面凿有宽32—36厘米的平整面，大部残损；内侧与窟壁垂直相接。窟口左、右上角作弧形，部分残。窟左沿中部开有纵向布置的两个方形浅龛。

窟底　现窟底已用石板平整铺砌，呈倒置的"U"形；外侧略宽，内侧稍窄，宽302—322厘米。窟底中部后侧立中心柱式石柱，与窟顶相接。

窟壁　壁面竖直。左壁中部略向外凸，高320—336厘米。右壁略起伏，高312—328厘米。正壁312—320厘米，上部略内凹。左、右壁与正壁上部垂直相交，下部圆转相接，分界明显。正壁与右壁中部交接处存一不规整的残洞，估计因裂隙经过所致；残洞最宽52厘米，高137厘米，深30厘米，其下部外侧形成一近似三角形的台面，斜边最长约76厘米，下距窟底约95厘米。窟壁下部保留高45—69厘米的素平壁面。窟壁与窟顶垂直相接。右壁中部存一道纵向裂隙，现已黏合修补。

窟顶　平顶，方形。前侧稍高，后侧略低。窟顶存数条纵横相接的裂隙，已黏合修补（图266）。

三　造像

窟内造像以窟底中部后侧的石柱造像为主体，窟壁和窟沿均刻有造像（图版Ⅰ：274）。据造像位置，分为窟中心石柱、正壁、左侧壁、右侧壁、窟左沿造像等五部分。

图262 第155号窟立面图

314　大足石刻全集　第二卷（上册）

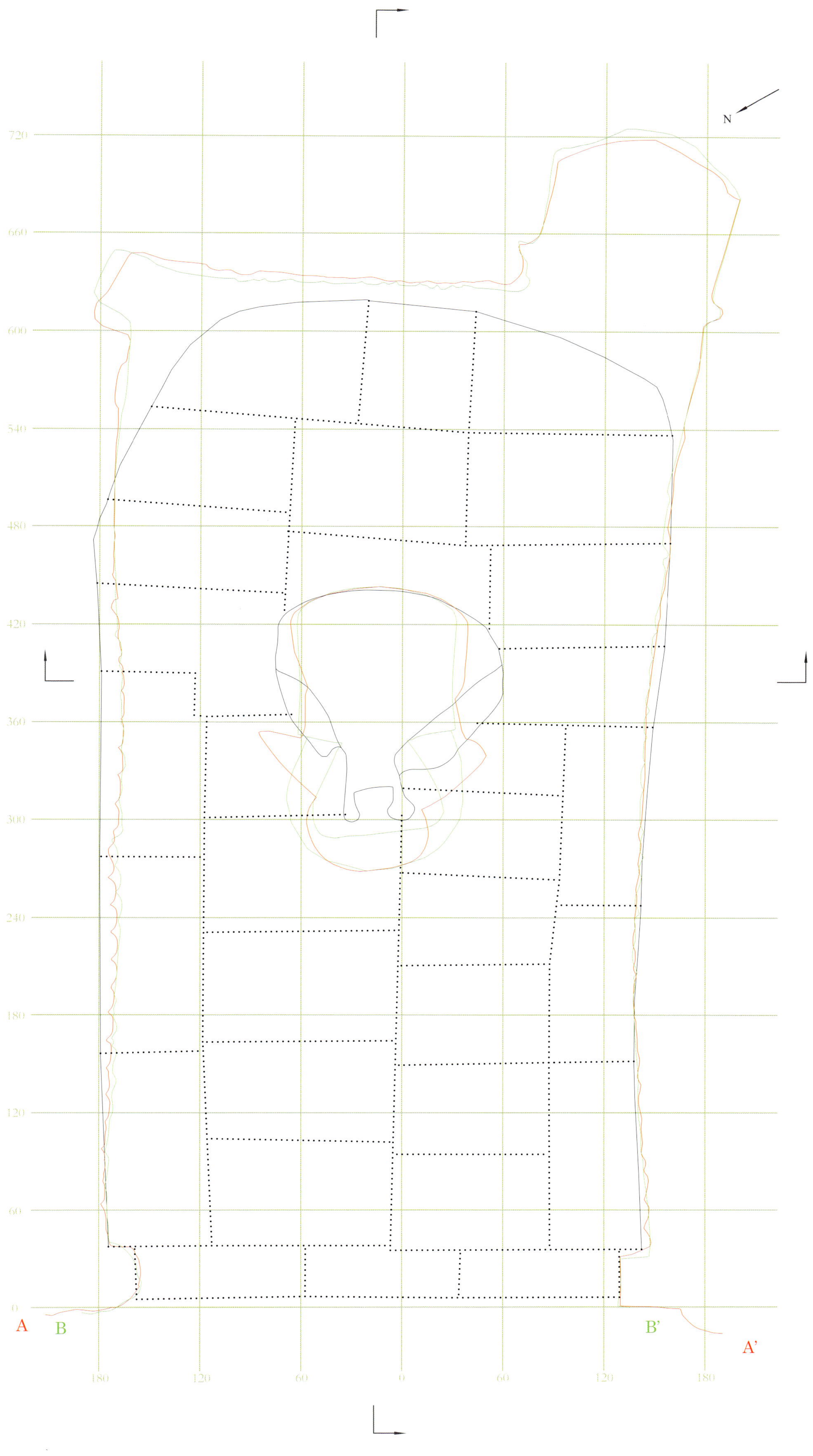

图 263　第 155 号窟平面图

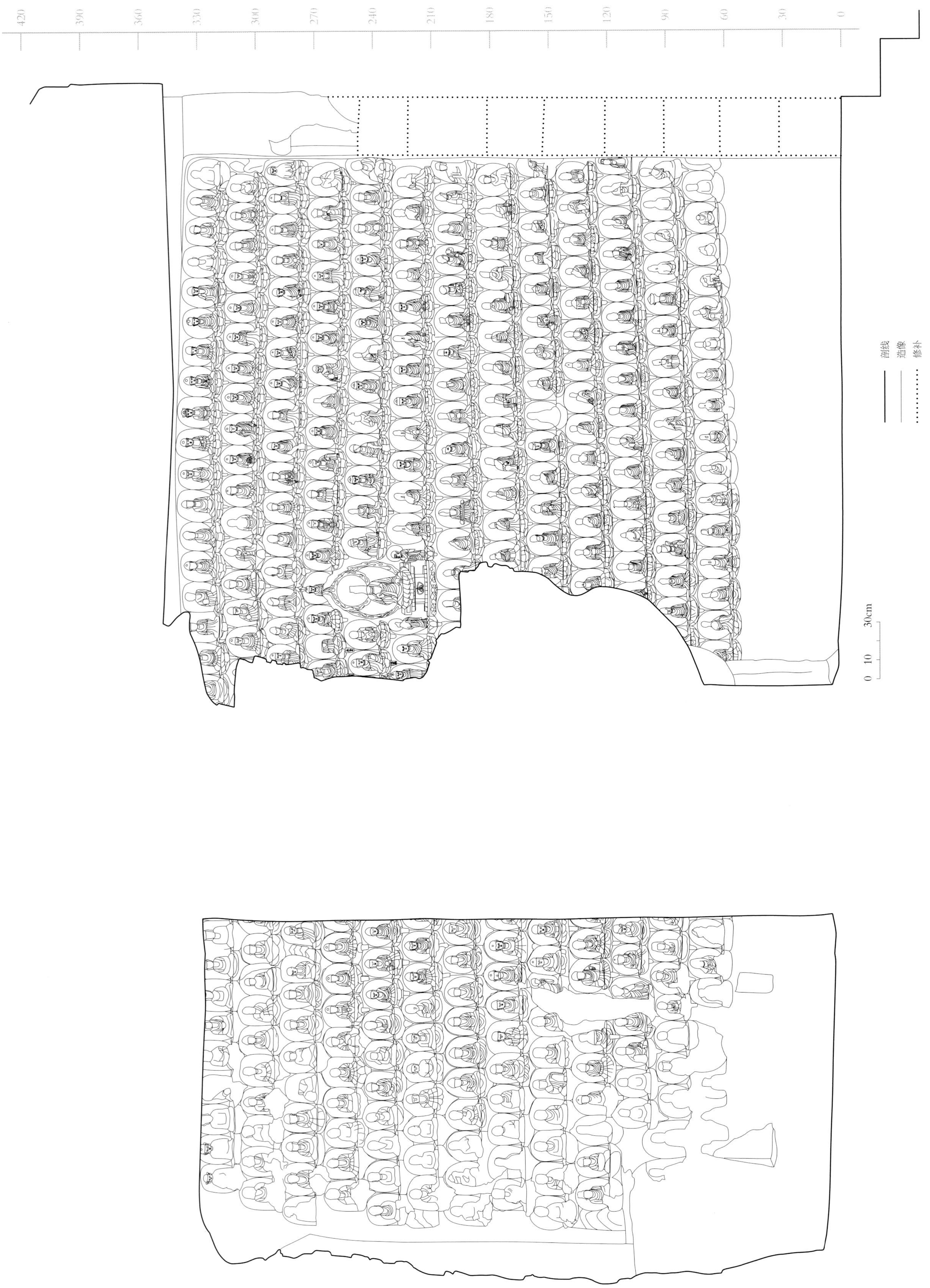

图 264 第 155 号窟纵剖面图（向南）

316 大足石刻全集 第二卷（上册）

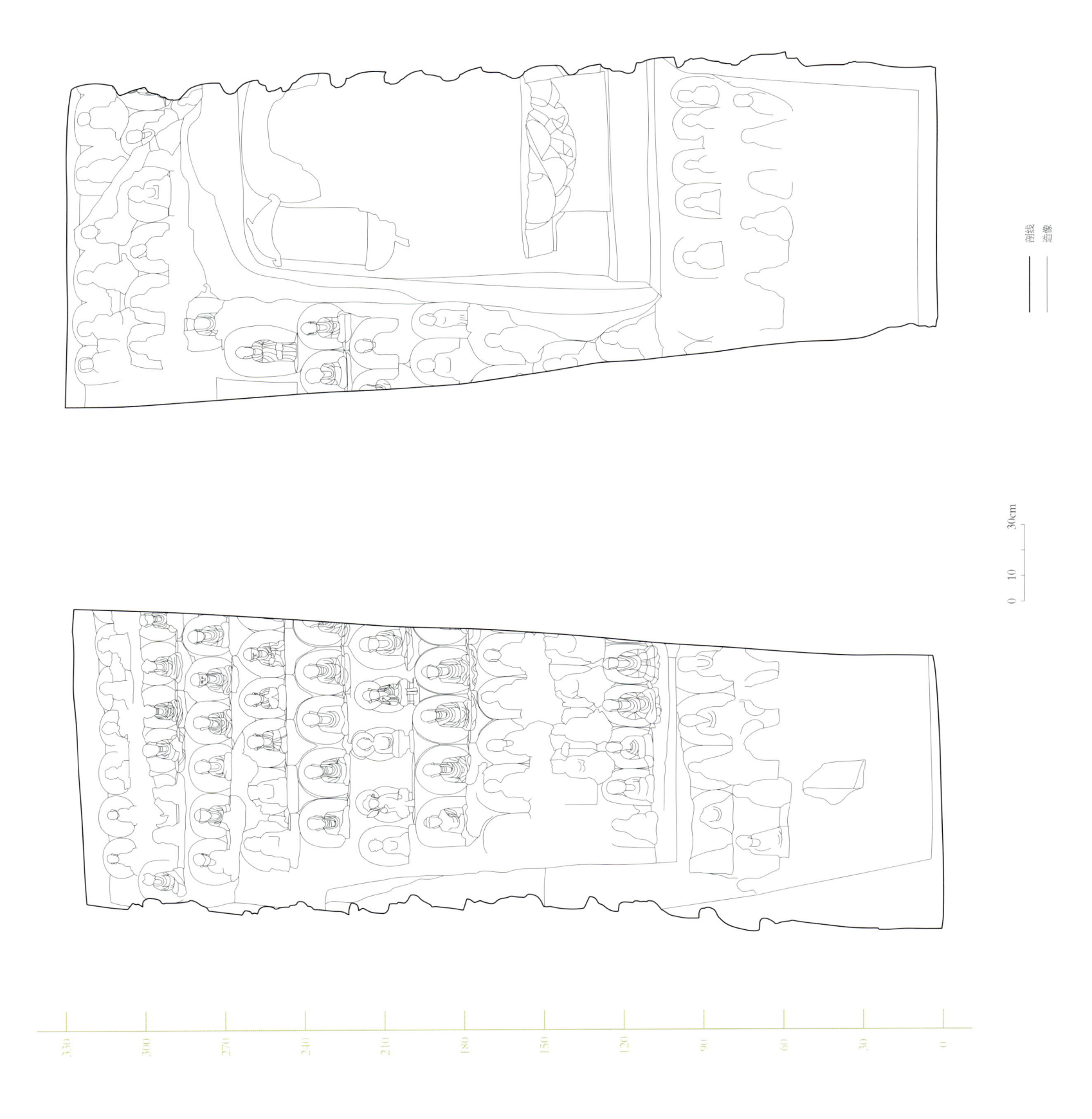

图 265　第 155 号龛横剖面图（向东）

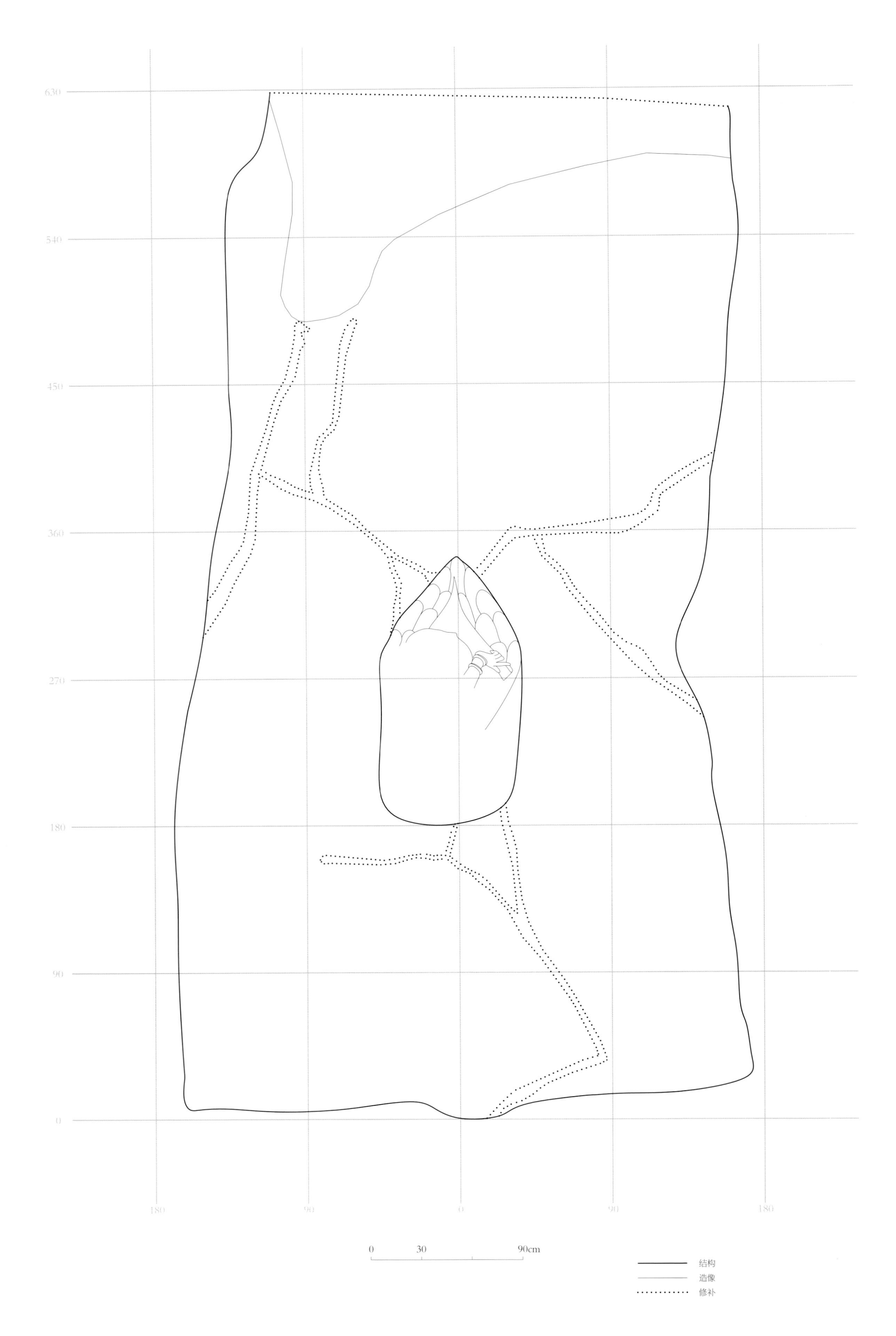

图 266　第 155 号窟窟顶仰视图

图 267　第 155 号窟石柱立面图

图 268　第 155 号窟主尊菩萨像等值线图

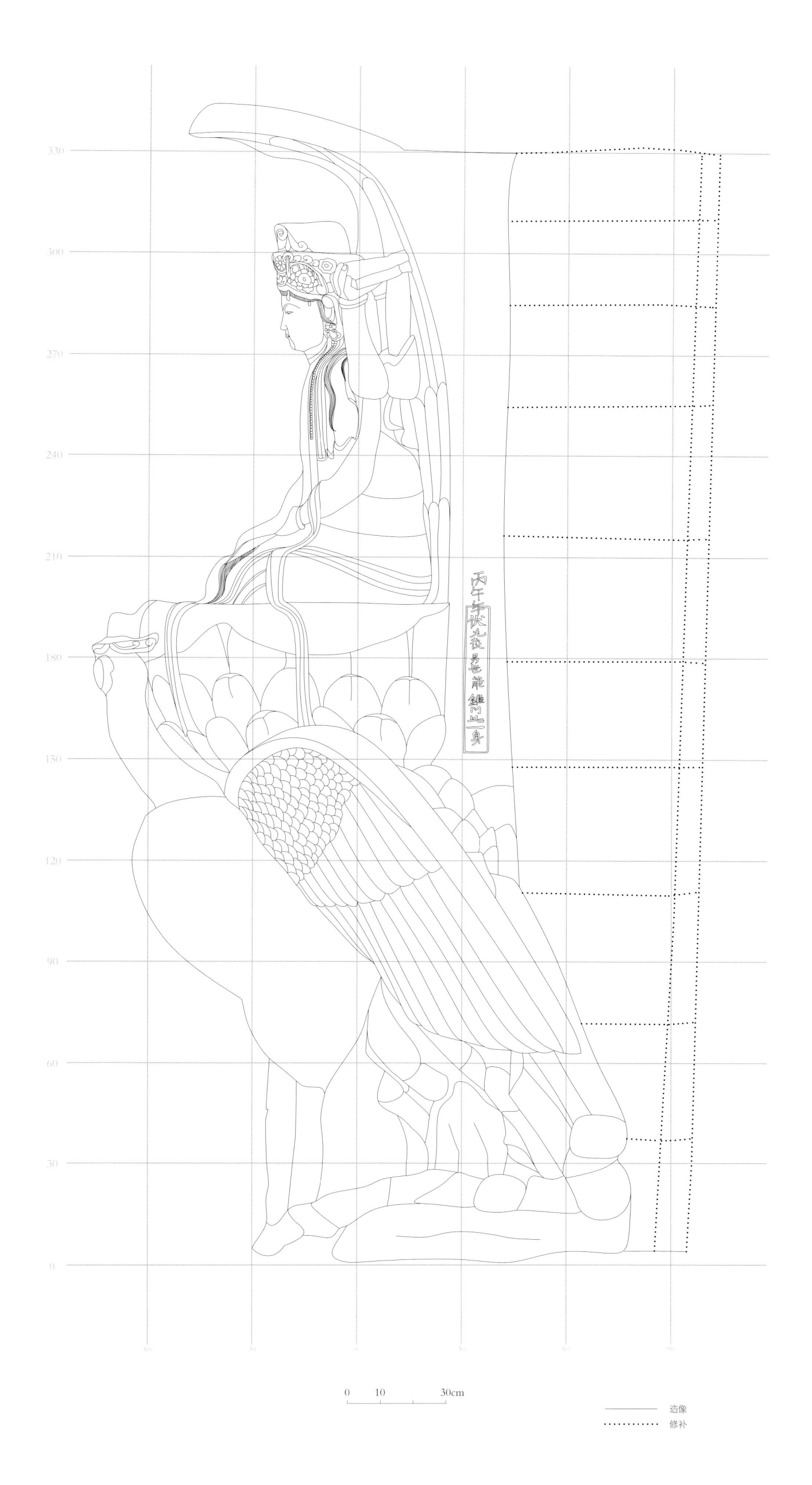

图 269　第 155 号窟石柱左侧视图

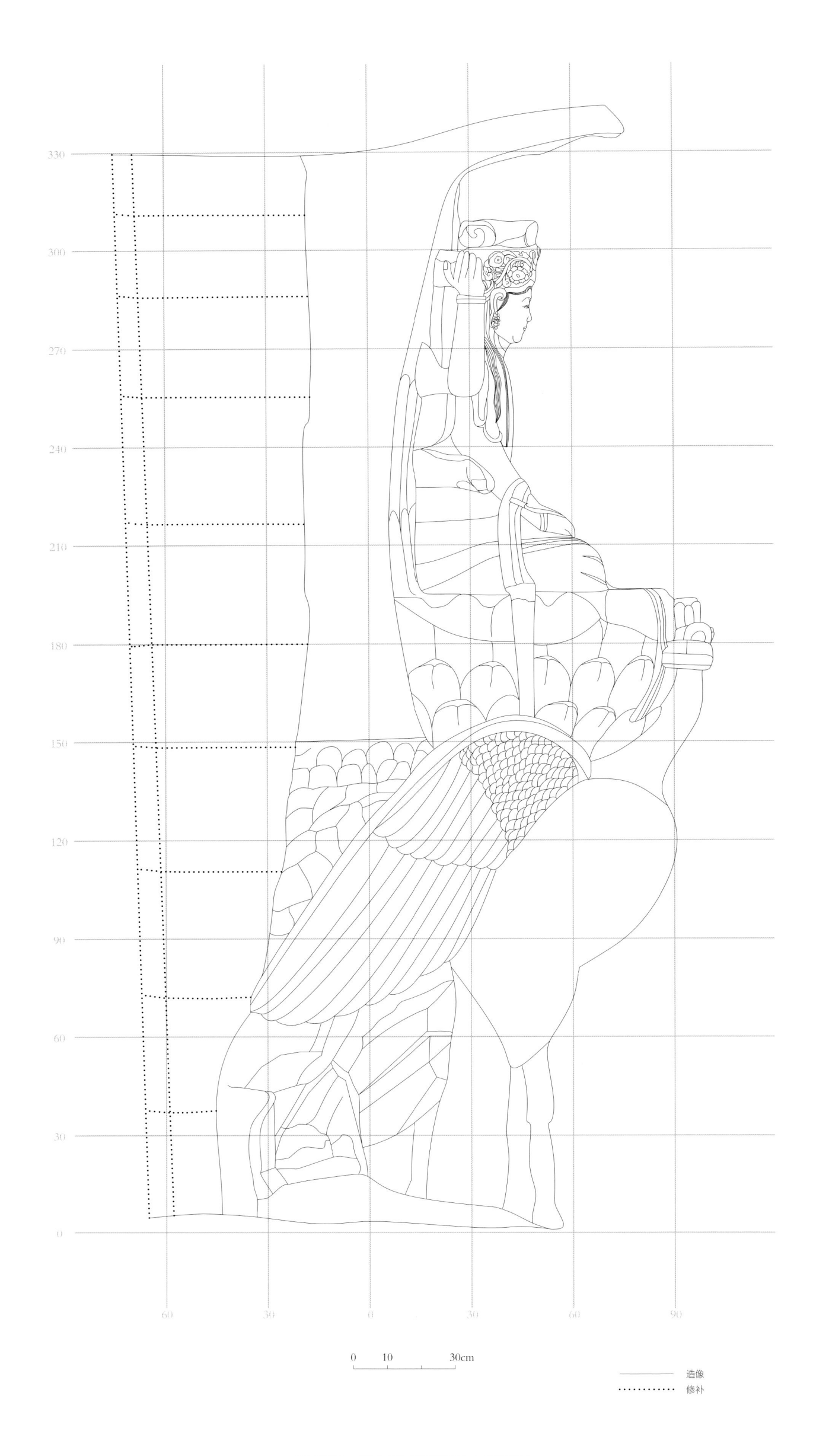

图 270　第 155 号窟石柱右侧视图

（一）窟中心石柱

在窟底中部后侧，立石柱，下起窟底，上接窟顶，通高约332厘米（图267、图268、图269、图270；图版Ⅰ：276）。柱底部刻山石台，平面呈三角形，显露部分高92厘米。柱正面刻双腿直立、展翅竖屏的孔雀，从双足至冠羽高约194厘米。孔雀冠羽，喙尖，头右侧，眼圆睁，细颈。双腿直立，胸腹硕大，最宽68厘米。双翅半开，外展宽出孔雀腹体约30厘米；上部羽毛呈鱼鳞状，下部羽毛呈长条形。尾线刻羽毛，直竖，呈尖拱形，与窟顶相接，高199厘米，宽88厘米，厚15—43厘米。孔雀背负三层仰莲台，上坐菩萨像1身。孔雀后部，为后期叠砌加固的石条柱（图版Ⅰ：277）。

孔雀背上的菩萨像坐高116厘米，头长39厘米，肩宽43厘米，胸厚25厘米（图版Ⅰ：278）。浮雕桃形头光，横径71厘米，外凸厚约1—5厘米，内圆素平，边缘饰火焰纹。梳髻，鬟发绕耳，垂发分二缕披肩。戴卷草花卉冠，饰花钿珠串，冠翼外展，冠幅宽大。冠带作结后下垂至腋下。面长圆，眉间刻白毫，眉眼细长，直鼻小口；下颌较尖，线刻一道肉褶线。耳饰珠串，两条下垂至胸。颈刻三道肉褶线，璎珞密布胸前。内着僧祇支，外着宽博披巾，下着裙。披巾两端垂于腹前，敷搭前臂后垂于座侧。裙腰外翻，裙摆覆于座上。自身后斜出一道披帛，于腿前交绕后，斜垂座前。身四臂，腕镯。左上手屈肘上举持经函，略残；右上手屈肘上举持宝珠，珠径9厘米；左下手腹前持团扇，全长33厘米，扇面最宽17厘米；右下手腹前持带茎莲，部分残。结跏趺坐于孔雀背负的三重仰莲台上。仰莲台高50厘米，最大直径100厘米。

（二）正壁

上方及左侧中部各开一小龛，内刻像；其余壁面遍刻小坐佛像（图271；图版Ⅰ：279）。

1. 中部上方浅龛

浅龛部分残。龛口残高75厘米，宽55厘米，深12厘米。龛内刻坐像1身；龛外左右各刻立式侍者像1身（图272；图版Ⅰ：280）。

坐像　头残，残高43厘米。右肩残脱。上着袈裟，下着裙，双手置于胸前，部分残，结跏趺坐于须弥座上。座高27厘米，宽40厘米，深13.5厘米。

左侍者像　立高23厘米。浅浮雕通体椭圆形背光，高27厘米，最宽19厘米。头、面蚀。身着双领下垂式袈裟，下着裙，双手笼于袖内，直身站立。

右侍者像　残蚀略重，残高20厘米。有椭圆形背光，显露部分；跣足立于仰莲上，足及仰莲部分残。

2. 左侧中部方龛

方形龛，部分残（图273；图版Ⅰ：281）。高168厘米，宽109厘米，深82厘米；龛底方形，三壁竖直且垂直相交；平顶，方形，部分残。龛内正壁造像已被凿毁，凿毁面存不规整且略粗的凿痕；凿面上部存圆形素面头光，直径60厘米；下部存须弥座，通高45厘米，上宽86厘米，下宽107厘米；座前垂搭衣摆。凿面左侧可辨一立像遗迹，残高79厘米。正壁右上方另存摩崖方碑1通，通高65厘米，最宽30厘米；碑首为覆莲叶，碑身方形，碑座为仰莲，略残，碑身素平。

3. 小坐佛像

壁面水平布置十二排小坐佛像，共150身（图271）。坐佛像皆残损甚重，残坐高18厘米，头长7厘米，肩宽7.5厘米，胸厚2厘米。浅浮雕椭圆形背光，最宽20.5厘米。除第十排坐于方台上，个别为立像外，余皆结跏趺坐于带茎仰莲台上。仰莲台约高7厘米，宽17.5厘米。为行文方便，按从上至下、由左至右顺序记述。

第一排

14身。残毁甚重，仅存部分躯体轮廓和背光。

第二排

13身。第1、7、8、9、10、13像可辨身着双领下垂式袈裟，下着裙。第1、8、9、13像可辨双手腹前笼袖内。其余造像特征不明。

第三排

13身。第2、3、4、5像因岩体残脱，造像毁。第8、9像保存较好，螺发，圆脸，上着双领下垂式袈裟，下着裙，双手腹前笼袖内。其余造像部分残，特征略同第8、9像。

第四排

6身。皆圆脸，上着双领下垂式袈裟，下着裙。第1、4像双手腹前笼袖内，第2像双手胸前持物，手及物残；第3像双手于左胸前合十；第5、6像细节难辨。

第五排

11身。头面略蚀，上着双领下垂式袈裟，下着裙，双手腹前笼袖内。

第六排

11身。第1、11像残毁甚重，仅存轮廓。第2—7像残蚀，可辨上着双领下垂式袈裟，下着裙，双手腹前笼袖内。第8、9、10像浅浮雕圆形头光和椭圆形身光，头光直径11厘米，身光最宽14厘米。其中，第8像梳髻戴冠，垂发披肩，冠略残蚀，冠带作结下垂；上着双领下垂式袈裟，下着裙，腰带长垂座前；左手腹前托钵，右手胸前持柳枝，手及物部分残蚀；结跏趺坐于须弥座上，座高4厘米，宽10.5厘米；座置仰莲上。第9像剥蚀略重，可辨双手置于腹前，结跏趺坐于束腰仰莲座上，座高5.5厘米，宽11厘米。第10像身蚀，存冠体及冠带作结下垂的遗迹，腰带下垂座前；左手抚膝，右手残，结跏趺坐于须弥座上。座高4厘米，宽12.5厘米。

第七排

11身。皆有残蚀。第1像为立像，残高18厘米，可辨下着裙。第2、3、4、11像仅辨轮廓；第5—10像可辨上着双领下垂式袈裟，下着裙，双手于腹前笼袖内，结跏趺坐。

第八排

12身。第1、2、3、4、8、10、11像仅辨轮廓；第5、6、7像可辨上着双领下垂式袈裟，腿残，结跏趺坐。第9、12像毁。

第九排

12身。第1、12像毁。第2、4、5、6像可辨双手置腹前，手残。第3、7、8、9、10、11像残漶甚重，仅可辨轮廓。

第十排

12身。皆坐于方台上，台高5厘米；台下刻出宽2.5厘米的平台，左与左侧中部方龛龛底大致齐平，右与残洞前的三角形台面齐平。第1、2、12像仅可辨轮廓。第6像仅辨上着双领下垂式袈裟，手及腿残。第7、8、9像保存完整，上着双领下垂式袈裟，下着裙，裙摆覆于座前，双手于腹前笼袖内，结跏趺坐。第3、4、5、10、11像略剥蚀，特征略同第7、8、9像。

第十一排

17身。皆残毁甚重，仅辨轮廓。

第十二排

18身。皆残毁甚重，仅辨轮廓。

（三）左侧壁

壁面中上部刻坐佛像1身，左右各刻弟子立像1身；其余壁面遍刻小坐佛像（图274、图275；图版Ⅰ：282）。

1. 中部上方坐佛及弟子像

坐佛像　头毁，残坐高18厘米（图版Ⅰ：283）。浮雕圆形头光和椭圆形身光。头光横径22厘米，身光最宽32厘米，皆内素平，边缘刻火焰纹；上着双领下垂式袈裟，下着裙；袈裟及裙摆覆于座前。左手抚小腿，右手胸前结印，结跏趺坐于叠涩须弥座上。座下浅浮雕云纹。座通高14厘米，宽28厘米，厚9厘米；中部束腰部分为方台，正面刻出壸门；上下皆为两阶叠涩方台，上部上阶方台正面线刻方框，显露左右端，下阶饰仰莲瓣；下部上阶方台饰覆莲瓣，下阶素平。

左弟子像　立像高18厘米。浅浮雕圆形素面头光，直径9厘米。光头，年长，略蚀。内着交领服，外披袒右式袈裟，下着裙。双手置于胸前，似合十，部分残，着鞋立于仰莲上。仰莲高7厘米，直径9厘米。

右弟子像　头毁，残高14厘米。余略同左弟子像。

2. 小坐佛像

左壁水平布置小坐佛像十三排，共435身。其中，从上至下，第一排34身，第二排33身，第三排35身，第四排34身，第五排33身，第六排31身，第七排34身，第八排34身，第九排34身，第十排33身，第十一排33身，第十二排33身，第十三排34身。

上述小坐佛像除个别者外，其基本特征是：坐高约16厘米。浅浮雕椭圆形背光，最宽约16厘米。螺发，高肉髻，髻珠，脸方圆。上着双领下垂式袈裟，下着裙；双手于腹前或胸前笼袖内，结跏趺坐于带茎仰莲上。莲高7厘米，宽17.5厘米（图版Ⅰ：284、

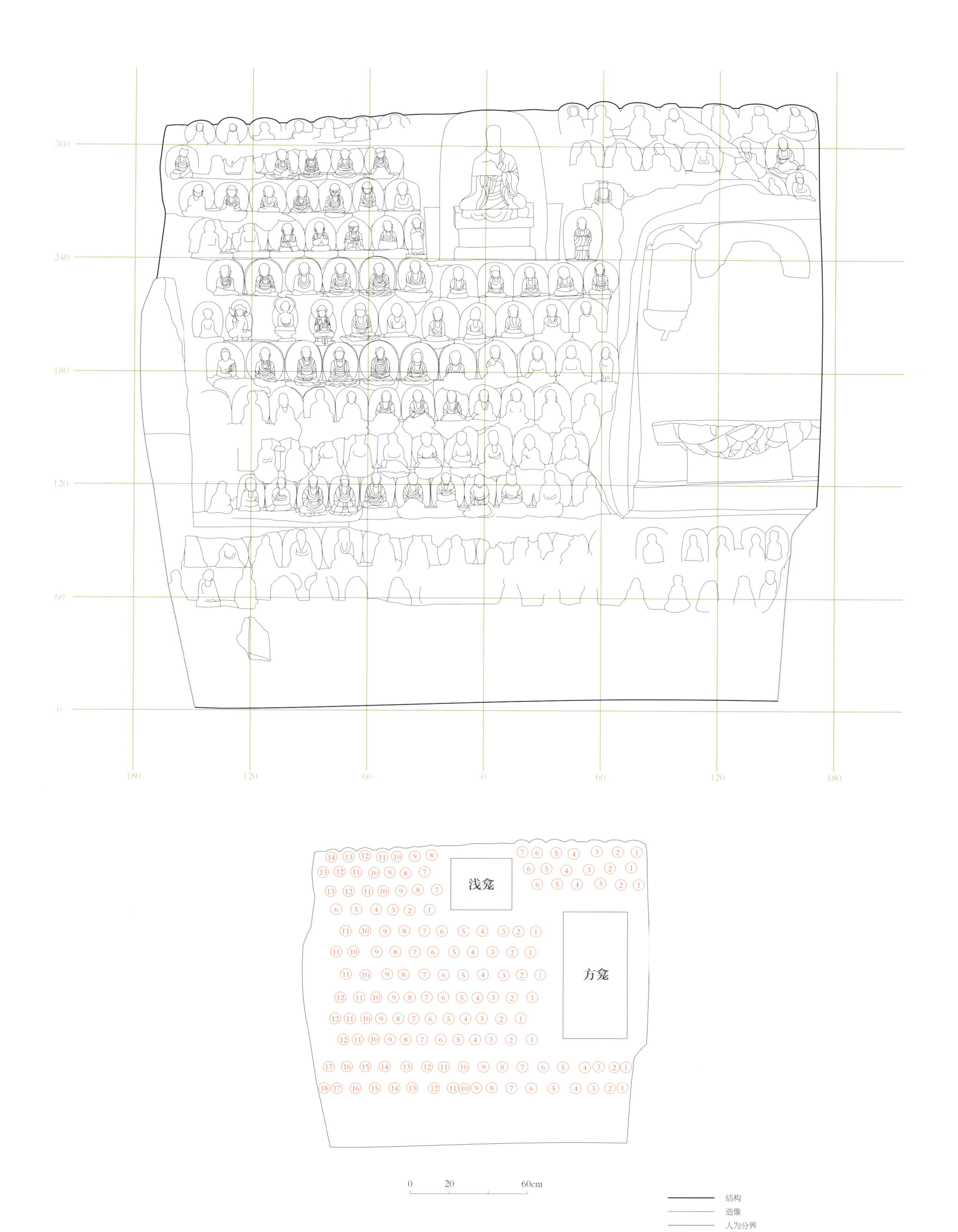

图 271　第 155 号窟正壁立面及编号图

图 272　第 155 号窟正壁上方浅龛立面图

图版Ⅰ：285）。

按由左至右（从外至内）的顺序，现将与上述造像在头饰、服饰、手势、持物、坐姿等基本特征方面相异的造像记述如下：

第一排

头饰　戴花冠（第9像）。

手势　胸前结印（第5像）；左手腹前结印，右手抱持小腿（第13像）；双手抱右小腿（第15像）。

持物　双手置腹前托巾，巾帕上置放焰珠（第8像）；巾帕上置钵（第9、29像）。

坐姿　盘左腿，竖右腿（第15像）。

其他　第27、30—34像，残损严重，细节难辨。

第二排

手势　左手抚左小腿，右手胸前结印（第9像）；双手胸前作拱（第13像）；双手抱右小腿（第15、27像）。

持物　腹前托物，物残（第2像）；腹前托珠（第4像）；腹前托法轮（第10像）；双手身前持摊开的经卷（第19像）。

坐姿　盘左腿，竖右腿（第15、27像）。

其他　第25、29、32、33像，残损甚重，细节不明。

第三排

服饰　袒右式袈裟（第5像）；着双领下垂式袈裟，袈裟一角系于左胸前的钩钮上（第7像）；偏衫式（第8像）。

手势　左手腹前结印，右手抱持右小腿（第5像）；双手腹前结印（第8像）；双手抱左膝（第16像）；双手抚右膝（第17像）；双手抚双膝（第19像）；左手残，右手抚右小腿（第20像）；左手抚左小腿，右手胸前持珠（第23像）；双手抚左膝（第26像）。

持物　腹前托圆状物（第4像）；左手腹前托放焰珠，右手抱右小腿（第11像）；双手抱持左腿（第16像）。

坐姿　盘右腿，竖左腿（第16、26像）；盘左腿，竖右腿（第17像）；像右倾，左手靠于头部，枕于圆枕上（第31像）。

其他　第34、35像受损严重，细节不明。

第四排

头饰　头戴冠（第2像）；髻珠升起两道毫光（第14像）。

图 273　第 155 号窟正壁左侧中部方龛平、立、剖面图
1　立面图　2　剖面图　3　平面图

图 274　第 155 号窟左侧壁立面图

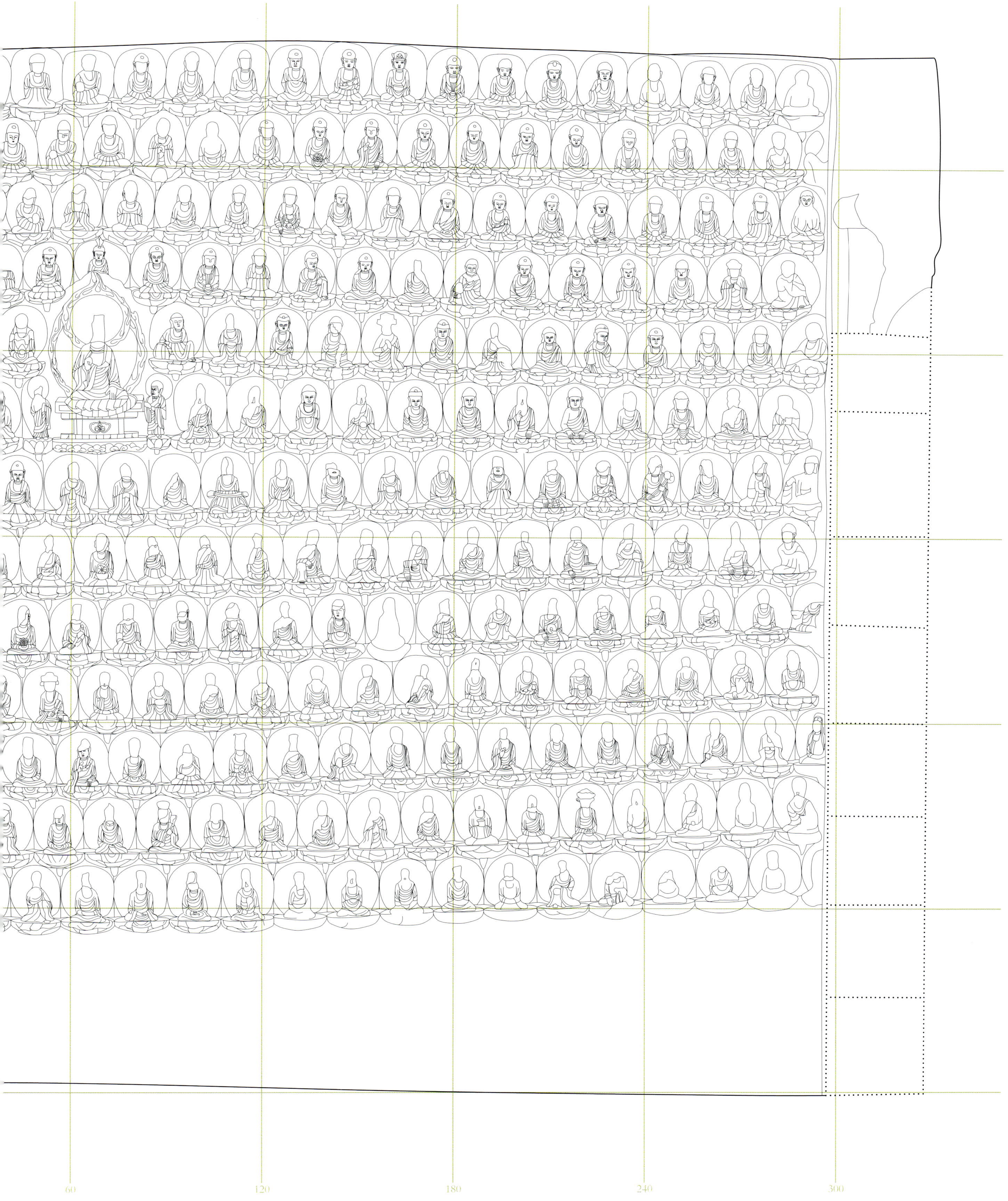
60
120
180
240
300

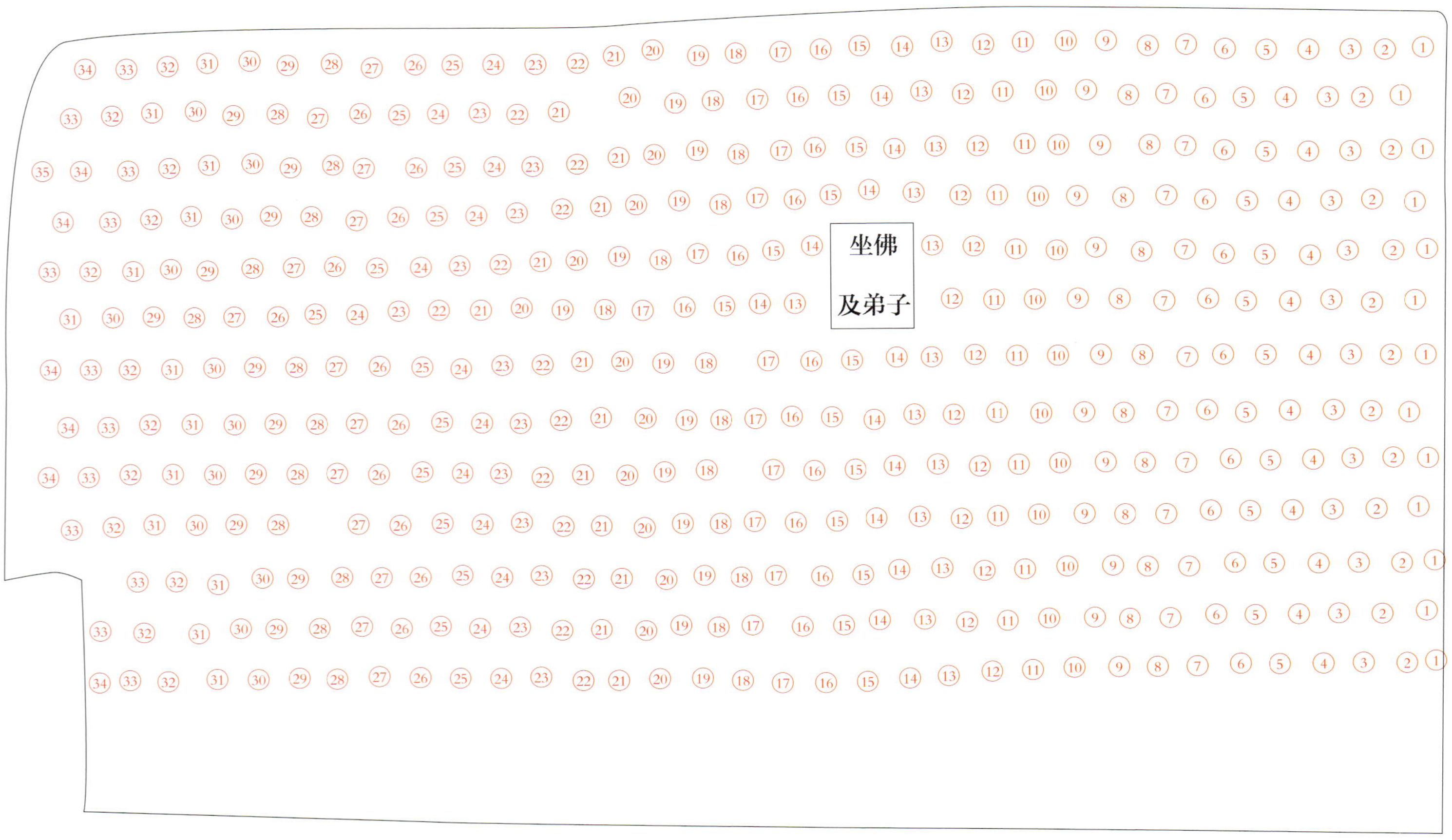

图 275　第 155 号龛左侧壁造像编号图

服饰　着双领下垂式袈裟，袈裟一角经腹前敷搭于左肩（第6、15像）。

手势　双手抱右小腿（第7、24像）；左手置左膝上，右手撑台（第10像）。

持物　双手腹前托钵（第5像）；双手腹前持放焰珠（第12、28像）；双手腹前托珠（第19像）；左手抚膝，右手腹前持法轮（第22像）。

坐姿　盘右腿，竖左腿（第1、10像）；盘左腿，竖右腿（第7、24像）。

其他　第16—18像，座下莲茎上刻有"文言"2字（图版Ⅱ：38）。

第19—25像，座下莲茎上刻有"伏氏"2字（图版Ⅱ：39）。

第32、34像，受损严重，细节不明。

第五排

头饰　头披巾（第28像）。

服饰　着双领下垂式袈裟，袈裟一角经腹前敷搭于左肩（第4、7像）；着双领下垂式袈裟，袈裟一角经腹前系于左胸钩钮上（第11像）。

手势　腕镯，双手胸前结印（第9像）；双手置左膝（第15像）；双手胸前合十（第17像）。

持物　双手腹前持法轮（第3像）；双手腹前持如意（第6像）；双手腹前覆巾，巾上置钵（第12像）；双手腹前托放焰珠（第14像）；左手托放焰珠，右手抚右小腿（第22、25像）。

坐姿　座前刻平几（第1像）；盘右腿，竖左腿，跣足，双手斜靠于圆状物上（第13像）；盘右腿，竖左腿（第15像）。

其他　第15—23像，座下莲茎上刻"陈吉桩"3字（图版Ⅱ：40）。

第31像，风蚀较重，细节不明。

第六排

服饰　着双领下垂式袈裟，袈裟一角经腹前敷搭于左肩（第4、9、13像）；袒右式袈裟（第5像）。

手势　双手抚小腿（第5像）；左手抚左小腿，右手胸前结印（第6像）；双手腹前结印（第12像）；左手结印，右手抚小腿（第20像）；左手抚膝，右手撑台（第22像）。

持物　双手腹前托巾，巾上托圆状物（第3像）；双手腹前持放焰珠（第9像）；双手腹前托钵（第16像）；双手身前持如意（第18像）。

坐姿　盘右腿，竖左腿（第22像）。

其他　第14像，为立像，高19厘米。高肉髻，髻珠升起两道毫光；面长圆，略蚀；上着通肩袈裟，下着裙；双手腹前笼袖内，跣足立于仰莲上。

第14—23像，莲茎上刻"陈吉粧"3字。

第29—31像，风蚀严重。

第七排

服饰　着双领下垂式袈裟，袈裟一角经腹前系于左胸钩钮上（第5像）；着双领下垂式袈裟，袈裟一角经腹前敷搭于左肩（第7、16像）。

手势　双手胸前合十（第14、15像）。

持物　双手身前持带茎莲叶、莲苞，斜置左肩（第4像）；左手腹前持念珠，右手抚右小腿（第6像）；双手覆巾，巾上托钵（第9像）；双手胸前笼袖内，夹持方形物（第20像）。

坐姿　竖左腿，左手置左膝上（第1像）；身前刻三足平几（第12像）。

其他　第17像，坐高16.5厘米，头戴披帽，身前刻几案，双手置案上，盘左腿，竖右腿，坐于仰莲上。身右侧刻山石台，台上刻一净瓶，瓶高8厘米。

第33像，背光内刻山石。

第32、34像，受损严重，细节不明。

第八排

服饰　着双领下垂式袈裟，袈裟一角经腹前敷搭于左肩（第6像）；着双领下垂式袈裟，袈裟一角经腹前系于左胸钩钮上（第9、15像）。

手势　双手置左膝上（第1、23像）；双手抚小腿（第2像）；双手抱左小腿（第4像）；左手抚左腿，右手置右膝上（第10像）；双手置座上（第17像）；双手抱右小腿（第21像）；双手胸前合十（第29像）。

持物　左手抱持经卷，右手抚右小腿（第5像）；左手腹前托放焰珠，右手抚右小腿（第8像）；双手腹前持法轮（第14像）；身前刻须弥座，双手笼袖内，置于座上（第17像）；双手胸前捧珠（第25像）。

坐姿　盘右腿，竖左腿（第1、4、23像）；盘左腿，竖右腿（第10、21像）。

其他　第18像，体量较小，坐高6.5厘米，莲座下刻出山石台；台高15厘米。

第31—34像，受损严重，细节不明。

第九排

服饰　着双领下垂式袈裟，袈裟一角经腹前敷搭于左肩（第6、11像）；着双领下垂式袈裟，袈裟一角经腹前系于左胸钩钮上（第3像）；着偏衫式袈裟（第12像）；内着交领式服，外着偏衫式袈裟（第14像）。

手势　双手置于右膝上（第7像）；双手抱右小腿（第24像）；双手胸前合十（第20、27像）；双手置于左膝上（第30像）。

持物　左手腹前托法轮，右手抚右小腿（第6像）；双手胸前作拱（第12像）；双手身前持如意（第15像）；双手腹前托法轮（第16像）；双手腹前托钵（第17像）；左手胸前持放焰珠，右手抚右小腿（第21像）。

坐姿　盘左腿，竖右腿，侧身而坐（第1像）；盘左腿，竖右腿（第7、24像）；立像（第27像）；盘右腿，竖左腿（第30像）。

其他　第17、18像之间刻山石座，座高6厘米，宽7厘米；座上刻单重方塔1座，通高10.5厘米，塔刹呈宝珠形。

第9、33、34像，毁。

第十排

头饰　头戴冠，略残（第15像）；头戴披帽（第22像）。

服饰　着双领下垂式袈裟，袈裟一角经腹前敷搭于左肩（第3、11像）；着双领下垂式袈裟，袈裟一角经腹前系于左胸钩钮上（第6像）。

手势　双手抱右小腿（第16像）；左手抚左小腿，右手结印（第20像）；左手垂于体侧，右手撑台（第27像）。

持物　双手腹前托钵，钵残（第5、13、26像）；双手身前持如意（第8像）；双手腹前持放焰珠（第11、17像）；左手抚左小腿，右手腹前持扇（第15像）。

坐姿　盘左腿，竖右腿（第16像）；盘右腿，竖左腿（第27像）。

其他　第18像，为立式女像，高16.5厘米，头梳髻，面蚀，身略剥蚀，衣饰不清；立于山石上。

第27、31像，毁。

第十一排

头饰　袈裟一角覆头顶后披垂右肩（第1像）。

服饰　偏衫式袈裟（第3像）；钩钮式袈裟（第13、27像）。

手势　左手腹前结印，右手胸前结印（第7像）；双手抱右小腿（第10像）；左手抚左小腿，右手胸前结印（第15像）；双手胸前合十（第20像）；左手抚左小腿，右手抚右膝（第30像）。

持物　双手胸前持物，物残（第2像）；双手身前持扇（第4像）；双手腹前持物（第12、25像）；双手腹前覆巾，巾上托钵（第18像）；双手腹前覆巾，巾上置珠（第19像）。

坐姿　盘左腿，竖右腿（第10、30像）。

其他　第28像，为立像，头毁，残高14厘米，外披袈裟，下着裙，左手似曲于胸前，上臂残，右手毁。

第31—33像，残损严重，细节不明。

第十二排

头饰　头戴冠（第5、13像）；头披巾（第16像）。

服饰　着双领下垂式袈裟，袈裟一角经腹前系于左胸钩钮上（第3像）；着双领下垂式袈裟，袈裟一角经腹前敷搭于左肩（第6、11像）。

手势　双手腹前结印（第5像）；双手胸前合十（第9像）；双手抱右小腿（第19、22像）；左手抚左小腿，右手置于右膝上（第21像）；左手撑台，右手残（第27像）。

持物　双手腹前持物，物残难辨（第3、7像）；双手身前持带茎莲，斜置左肩（第13像）；左手抚左小腿，右手腹前持拂子，斜置左肩（第24像）。

坐姿　盘左腿，竖右腿（第19、21、22像）。

其他　第29—33像，受损严重，细节不明。

第十三排

头饰　头戴披帽（第25像）。

服饰　着双领下垂式袈裟，袈裟一角经腹前敷搭于左肩（第11、14、17像）；着双领下垂式袈裟，袈裟一角经腹前系于左胸钩钮上（第20像）；偏衫式袈裟（第25像）。

手势　双手置于右膝上（第6像）；双手腹前结印（第14像）；双手置左膝上（第16像）；双手抱左膝（第19像）。

持物　左手胸前持念珠，右手抚右小腿（第5像）；左手抚左小腿，右手持扇（第12像）；双手腹前持圆状物（第17像）；身前刻三足平几（第22像）。

坐姿　盘左腿，竖右腿（第6像）；盘右腿，竖左腿（第16、19像）。此排造像座下仰莲未刻莲茎。

其他　第1、27、29—34像，受损严重，细节不明。

（四）右侧壁

壁面中部上方刻坐佛像1身，中部左侧和内侧各刻碑1通。壁面内侧中部开浅龛刻像3身，下部刻1组4身像。其余壁面刻小坐佛像（图276、图277；图版Ⅰ：286）。

1. 中部上方坐佛像

头毁，残高18厘米（图278；图版Ⅰ：287）。浅浮雕圆形素面头光，直径14厘米。右肩残，以泥补塑。上着袒右式袈裟，下着裙；袈裟及裙摆覆于座前。腕镯，左手腹前结印，右手抚膝，结跏趺坐于须弥座上。座通高12厘米，宽29厘米，厚8厘米，座下浅浮雕云纹，中部束腰部分为方台，正面刻出壹门；上下皆为两阶方台叠涩，上部上阶方台正面线刻方框，显露左右端，下阶饰仰莲瓣；下部上阶方台饰覆莲瓣，下阶素平。身后刻背屏，通高37厘米，最宽30厘米，上部呈尖拱八边形，内刻7身小坐像（蚀）；屏首内卷，下部左右侧，刻骑坐兽背的童子1身。童子高7.5厘米，戴束发箍，圆脸，上身衣饰不清，下着裤，双手置于兽头，骑于兽背之上。兽通高8厘米，兽头蚀，曲两前腿，直伸两后腿，作跃起状，立于圆台上。

须弥座左右侧，各刻净瓶一只，置于云台上。左瓶略小，高约10厘米，腹径5厘米；右瓶略大，高约13.5厘米，腹径7厘米。云台高4.5厘米。

2. 内侧中部浅龛像

方形龛（图279；图版Ⅰ：288）。龛沿宽约6—7厘米，龛口高36厘米，宽63厘米，至后壁深8厘米；龛口左右上角刻三角形斜撑。龛内刻像3身，均倚坐于高10厘米，深3厘米的方台上，跣足踏仰莲。仰莲高3厘米，宽16厘米，深约4厘米。

中像　坐高19厘米。头顶稍残，梳髻戴冠，面及身略蚀。上着袈裟，下着裙；腰带垂于足间。左手腹前托钵，右手胸前持柳枝，略残。

左像　坐高16厘米。头部分残，存冠体及冠带遗迹；身蚀，上着双领下垂式袈裟，下着裙。双手抚膝。

右像　坐高18厘米。头部分残，存披帽遗迹。上着袈裟，下着裙。双手（残）身前斜持锡杖，杖首桃形，位于头部右侧，全长约31厘米。

3. 内侧下部像

一组四身像（图280；图版Ⅰ：289）。从左至右，第1像残损较重，仅辨轮廓。第2像为坐像，残损较重，残高25厘米，存头后冠带，可辨左手下垂，右手残。第3像为立像，高38厘米，头面皆蚀，内着交领服，外着袒右式袈裟，下着裙，腰带长垂；双手于右肩持曲首杖，略残，双足残蚀。第4像为立像，高35厘米，刻圆形素面头光，直径18厘米；头顶稍残，戴披帽；面蚀，内着双层交领服，外着袒右式袈裟，下着裙。左手胸前托钵（残），右手胸前持柳枝（残）。双足残蚀。

4. 小坐佛像

左壁水平布置小坐佛像十二排，共359身（图276、图277）。其中，第一排34身，第二排33身，第三排31身，第四排32身，第五排29身，第六排29身，第七排27身，第八排28身，第九排31身，第十排31身，第十一排26身，第十二排28身。

上述小坐佛像除个别者外，其基本特征是：坐高约16厘米。浮雕椭圆形背光，最宽约16厘米。螺发，高肉髻，髻珠，脸方圆。上着双领下垂式袈裟，下着裙；双手于腹前或胸前笼袖内，结跏趺坐于带茎仰莲上。莲高7厘米，宽17.5厘米（图版Ⅰ：290、图版Ⅰ：291）。

按由右至左（从外至内）的顺序，现将与上述造像在头饰、服饰、手势、持物、坐姿等基本特征方面相异的造像记述如下：

第一排

头饰　头戴冠（第10像）。

服饰　着双领下垂式袈裟，袈裟一角经腹前系于左胸钩钮上（第9、11、17像）。

手势　左手毁，右手抚右小腿（第5像）；双手腹前结印（第9像）；双手胸前结印（第10像）；左手结印，右手抚右小腿（第11像）；双手抱左小腿（第15像）。

持物　双手胸前托钵（第2像）；双手覆巾，腹前持放焰珠（第14像）；左手抚左小腿，右手胸前托珠（第23像）。

坐姿　盘右腿，竖左腿（第15像）。

其他　第1、3、4、18、26—34像，受损严重，细节不明。

第二排

服饰　着双领下垂式袈裟，袈裟一角经腹前敷搭于左肩（第11、13像）。

手势　双手置左膝上（第6像）；双手胸前合十（第9像）；左手腹前结印，右手抚右小腿（第13像）。

持物　双手腹前持放焰珠（第8像）；双手胸前托钵（第12像）；双手腹前持法轮（第15像）；左手抚左小腿，右手腹前托珠（第20像）；左手抚左小腿，右手腹前托法轮（第22像）。

坐姿　盘右腿，竖左腿（第6像）。

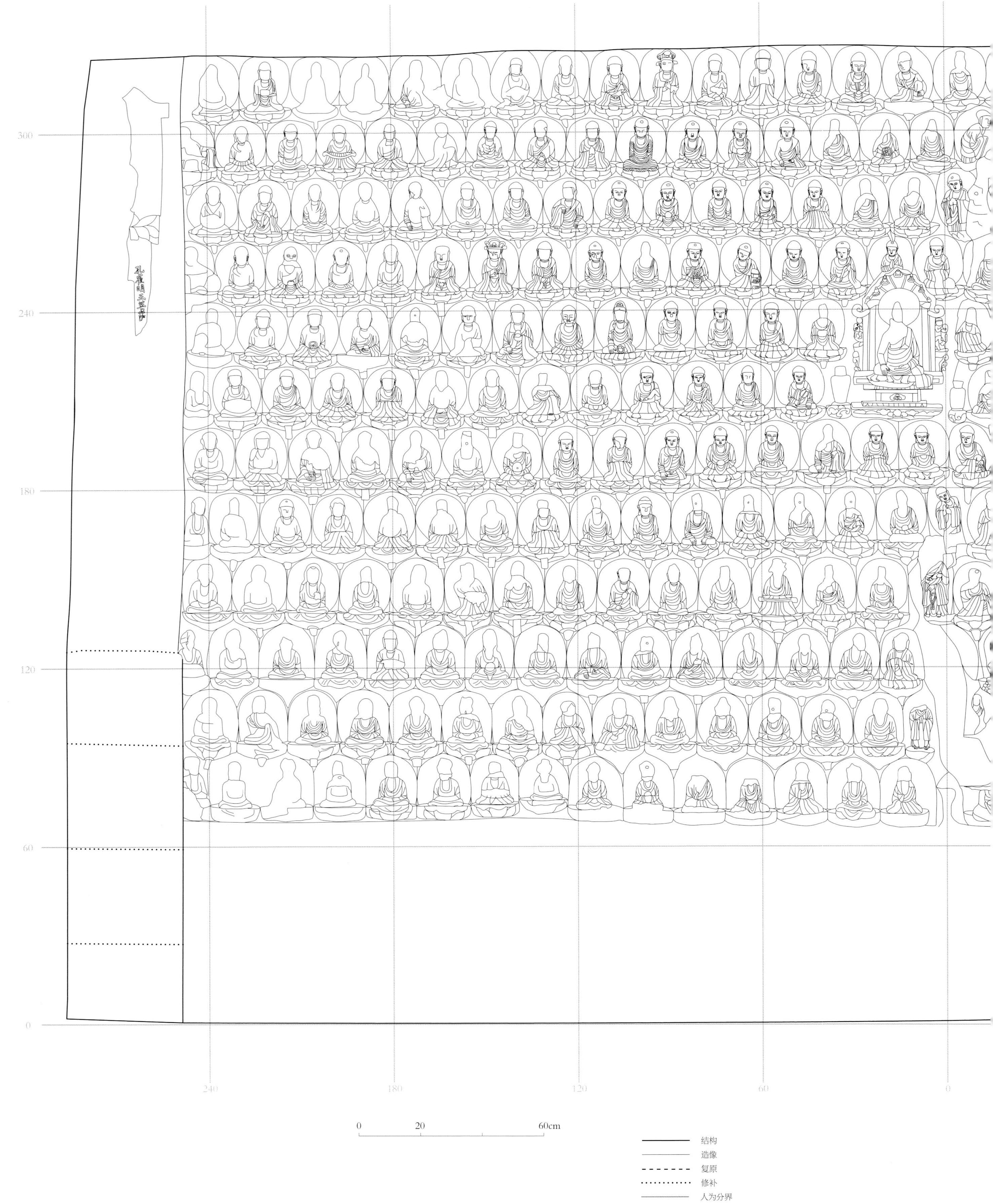

图 276　第 155 号窟右侧壁立面图

第五章 第146—164号

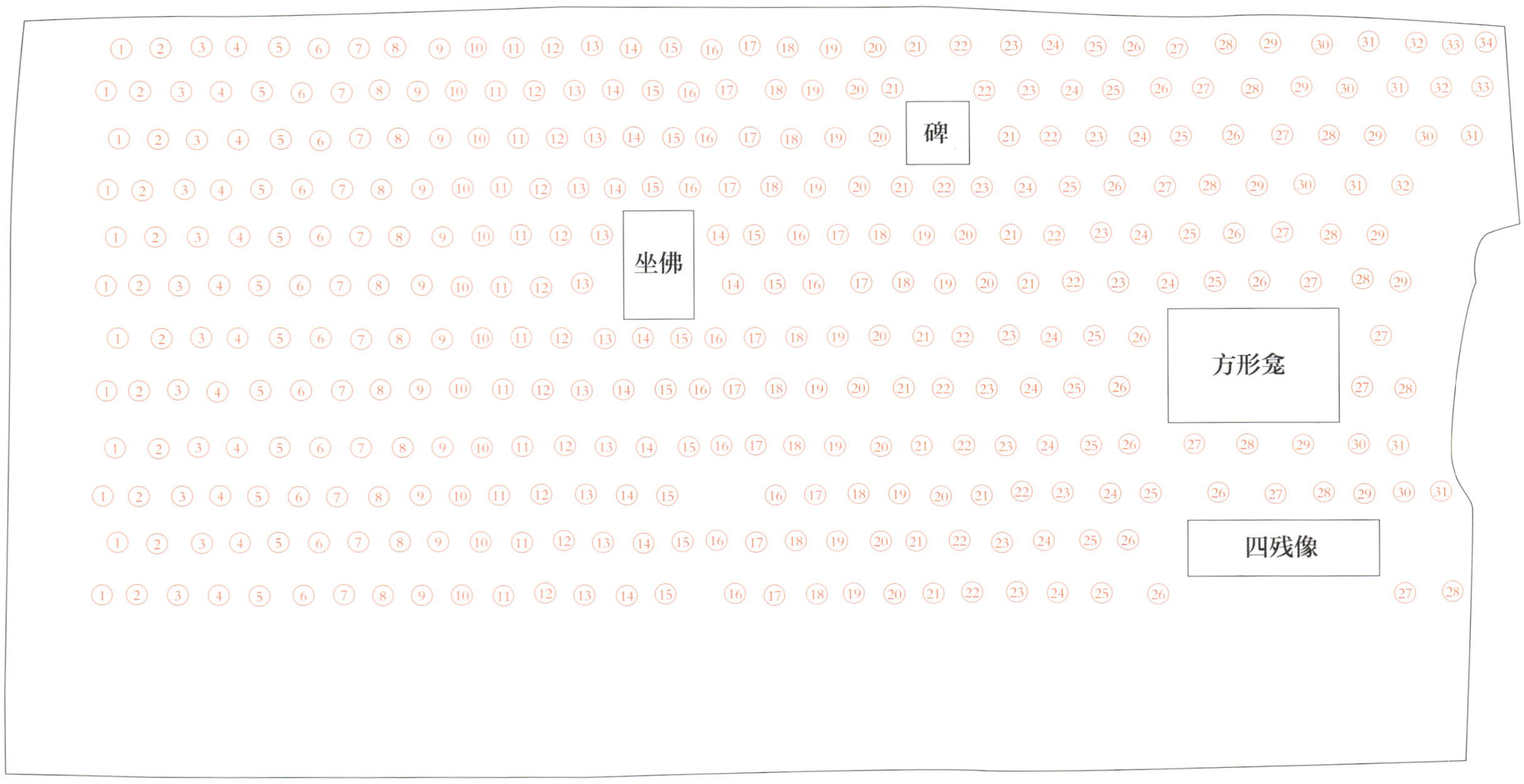

图 277　第 155 号窟右侧壁造像编号图

图 278　第 155 号窟右侧壁中部坐佛像效果图

其他　第1、4像，身前刻三足凭几。

第17像，为立像，高17厘米；头顶残，面圆，上着袒右式袈裟，下着裙，双手胸前笼袖内，身微躬，侧身向窟内站立。

第25—32像，受损严重，细节不明。

第三排

服饰　着双领下垂式袈裟，袈裟一角经腹前敷搭于左肩（第2、8、12像）。

手势　左手残，右手抚右小腿（第5像）；左手抚左小腿，右手置于右膝上（第8像）；左手抚左膝，右手胸前结印（第19像）；双手抱左小腿（第26像）。

持物　双手身前持如意（第2像）；双手腹前托圆状物（第10像）；左手抚左膝，右手腹前托放焰珠（第24像）；左手腿上托物，物残，右手抚膝（第25像）。

坐姿　盘左腿，竖右腿（第8像）；盘右腿，竖左腿（第26像）。

其他　第16像，立像，高21厘米，头略右侧，面长圆，上着袈裟，下着裙；双手胸前合十，跣足立于莲台上。

第27、30、31像，受损严重，细节不明。

第四排

头饰　头戴花冠（第7、31像）。

服饰　着双领下垂式袈裟，袈裟一角经腹前敷搭于左肩（第2、8、12、20像）。

手势　双手腹前结印（第6、8像）；双手胸前结印（第7像）；双手抱持左小腿（第12像）；双手胸前合十（第15像）；双手抱左膝（第26像）。

持物　双手腹前托圆状物（第3像）；双手腹前持法轮（第11像）；双手身前持如意（第14像）；左手腹前托钵，右手蚀（第31像）。

坐姿　盘右腿，竖左腿（第12、26像）。

其他　第1像，残蚀甚重。

第31像，浅浮雕圆形头光，直径约9厘米。

第32像，残坐高约18厘米，浅浮雕圆形头光，直径9厘米；戴冠，斜披络腋，左手撑台，右手置右膝上，游戏坐于仰莲上；身左侧刻山石，上置净瓶，瓶高约6厘米。

第五排

头饰　头戴冠，袈裟一角覆于头顶，披垂右肩（第9像）。

服饰　着双领下垂式袈裟，袈裟一角经腹前敷搭于左肩（第4、12像）。

手势　双手置右膝上（第14像）；双手抱左小腿（第25像）；双手胸前合十（第29像）。

持物　双手腹前托法轮（第3像）；左手腹前托圆珠，右手抚右小腿（第4像）；左手胸前托放焰珠，右手抚右小腿（第7像）；左手胸前持念珠，右手抚膝（第9像）；双手胸前托钵（第13像）；双手胸前托圆状物（第20像）；双手胸前持圆珠（第27像）。

坐姿　盘左腿，竖右腿（第14像）；盘右腿，竖左腿（第25像）。

第1、5像，受损严重，细节不明。

第六排

服饰　着双领下垂式袈裟，袈裟一角经腹前敷搭于左肩（第4像）；着双领下垂式袈裟，袈裟一角经腹前系于左胸钩钮上（第10像）。

手势　双手腹前结印（第6像）；双手置左膝上（第8、25像）；双手抱左小腿（第17像）。

持物　双手腹前持如意（第11像）；左手抚膝，右手腹前持扇（第13像）；双手腹前托圆状物（第14像）；双手腹前托法轮（第22像）。

坐姿　盘右腿，竖左腿（第8、17、25像）。

其他　第1、6、28像，受损严重，细节不明。

第29像，为立像，残高约19厘米；头略残，身蚀，可辨上着袈裟，左手下垂，右手横置胸前。

第七排

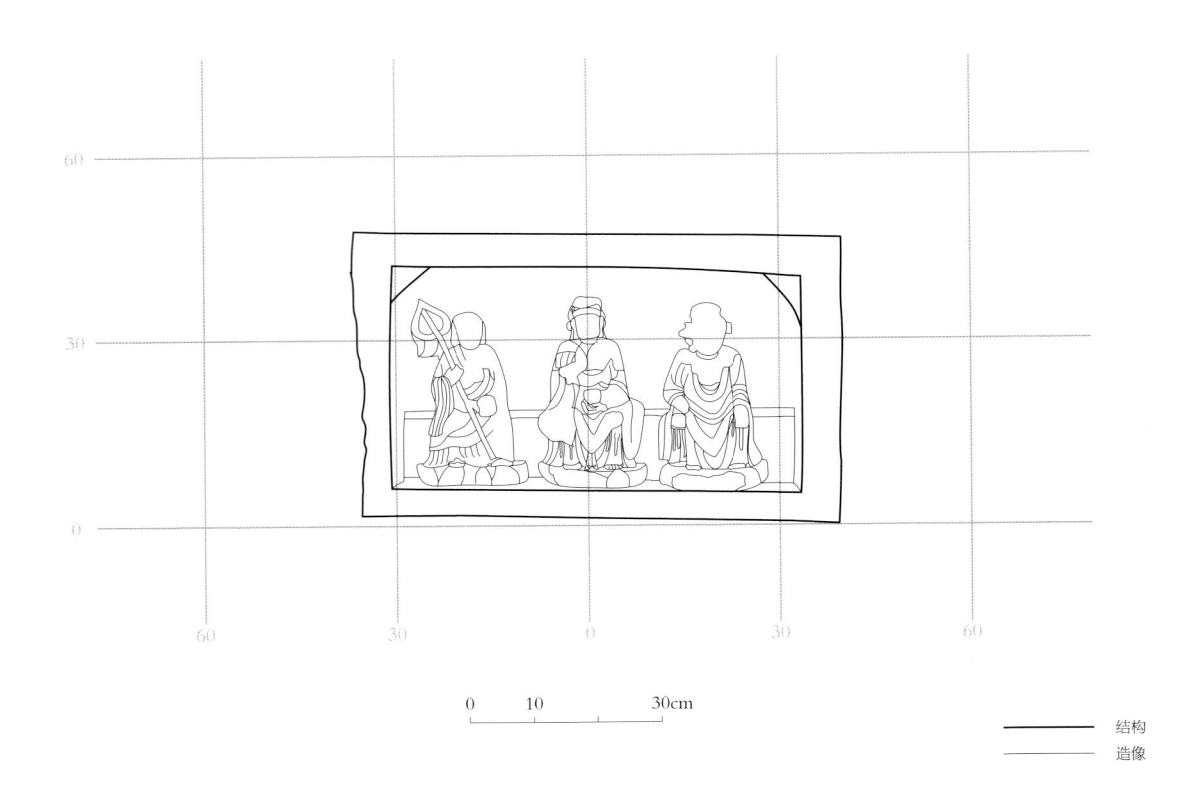

图 279　第 155 号窟右侧壁内侧中部浅龛立面图

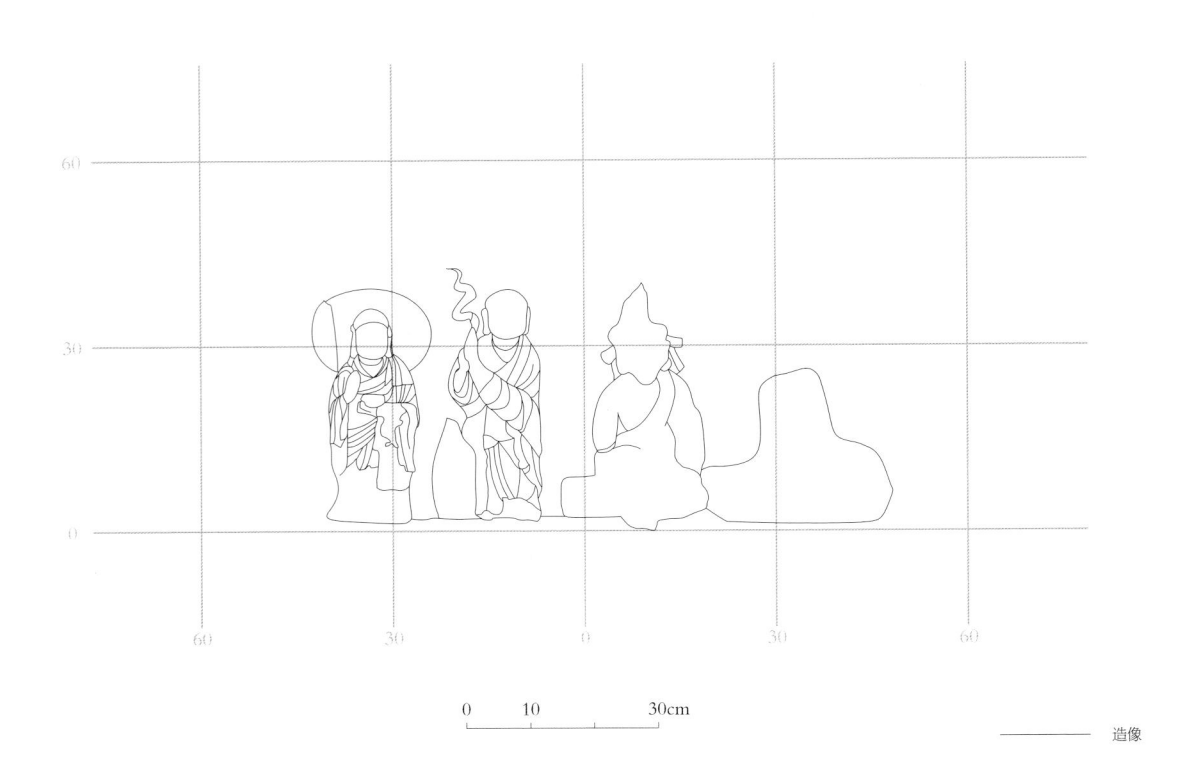

图 280　第 155 号窟右侧壁内侧下部造像立面图

服饰　着双领下垂式袈裟，袈裟一角经腹前敷搭于左肩（第13、22像）。

手势　左手腹前结印，右手抚膝（第10、22像）；左手置左膝，右手抚右小腿（第13像）；双手抱左小腿（第16像）；双手胸前合十（第17像）；双手抱右小腿（第25像）。

持物　左手腹前持念珠，右手抚膝（第3像）；左手腹前托放焰珠，右手抚膝（第5像）；双手腹前托法轮（第7、19像）；双手腹前托钵（第11像）。

坐姿　盘右腿，竖左腿（第13、16像）；盘左腿，竖右腿（第25像）。

其他　第1、27像，受损严重，细节不明。

第八排

服饰　着双领下垂式袈裟，袈裟一角经腹前敷搭于左肩（第11、21、24像）；着双领下垂式袈裟，袈裟一角经腹前系于左胸钩钮上（第14像）。

手势　双手抚小腿（第11像）；双手置左膝上（第23像）。

持物　双手腹前托圆状物，物残（第15像）；左手抚膝，右手腹前持如意（第20像）。

坐姿　盘右腿，竖左腿（第23像）。

第16像，为立像，高20.5厘米，头右倾，圆脸略蚀，上着袈裟，下着裙，双手胸前合十。

第1、2、27、28像，受损严重，细节不明。

第九排

头饰　袈裟覆于头顶，披垂右肩（第3像）；头戴冠（第12、28、29像）。

服饰　着双领下垂式袈裟，袈裟一角经腹前敷搭于左肩（第9、13、17、21像）。

手势　双手置于左膝上（第6、16像）；双手抱右小腿（第25像）；双手胸前合十（第26像）。

持物　双手腹前持扇（第9像）；身前刻三足凭几（第12像）；双手胸前托圆珠（第18像）；双手腹前托法轮（第19像）；左手胸前托放焰珠，右手抚膝（第22像）；左手腹前托钵，右手胸前持柳枝（第28像）。

坐姿　盘右腿，竖左腿（第6、16像）；盘左腿，竖右腿（第25像）。

其他　第15像，为立像，头毁，残高18厘米，上着钩钮式袈裟，下着裙，左手握右手腕，右手持念珠，跣足站立。

第29—31像，受损严重，细节不明。

第十排

服饰　着双领下垂式袈裟，袈裟一角经腹前敷搭于左肩（第18、20像）。

手势　左手腹前结印，右手抚膝（第9像）；双手胸前合十（第15像）；双手置于右膝（第24像）；双手抱左小腿（第28像）。

持物　双手腹前托圆状物（第7、13像）；双手身前持扇（第11像）；双手腹前结印（第17、18、19像）。

坐姿　盘左腿，竖右腿（第24像）；盘右腿，竖左腿（第28像）。

其他　第16、17像之间刻三重方塔1座，置于仰莲上，塔通高18.5厘米；塔基为方台，显露少许，塔身三级，呈方形，各级正面开圆拱龛，内刻坐像1身，残蚀甚重；底层塔身左右侧面另线刻圆拱龛。塔檐残毁较重，塔刹呈桃形。塔后刻尖拱形背屏，高19厘米，最宽11厘米。

第16、29、30、31像，毁。

第十一排

头饰　头戴披帽（第16、24像）。

手势　左手腹前结印，右手置胸前（第17、24像）；双手抱左小腿（第20像）。

持物　双手身前持拂子（第9像）。

坐姿　盘右腿，竖左腿，双手残（第2像）；盘右腿，竖左腿（第20像）。

其他　第15像，为立像，头毁，残高约15厘米，上着袈裟，下着裙，双手胸前合十，跣足立于仰莲上。

第十二排

持物　双手腹前托圆状物（第10像）；双手腹前托钵（第12、17像）；双手腹前托圆珠（第22像）。

坐姿　结跏趺坐于仰莲上，莲下未刻莲茎。

其他　第1—4、24、27、28像，残毁甚重，细节不明。

第16像，毁。

（五）窟左沿

窟左沿中部开二浅龛，上下相邻。龛大部残，均保存左侧部分；后世修补窟沿时将龛右侧部分修缮完整，并重新刻像。

1. 上龛

龛口方形，高84厘米，宽25厘米，至后壁深10厘米（图281；图版Ⅰ：292）。龛左上角存三角形斜撑。龛口上方凿有一平整面，部分残，高11厘米，宽18厘米。龛内刻立像2身，呈上下布置。上方立像，存直径18厘米的圆形头光，身躯为后世补刻，刻工粗糙，仅刻半身；身高43厘米。梳高髻，方圆脸，衣饰难辨，双手未见刻出。下方立像高19厘米。头大部残，上着宽袖服，下着裙；双

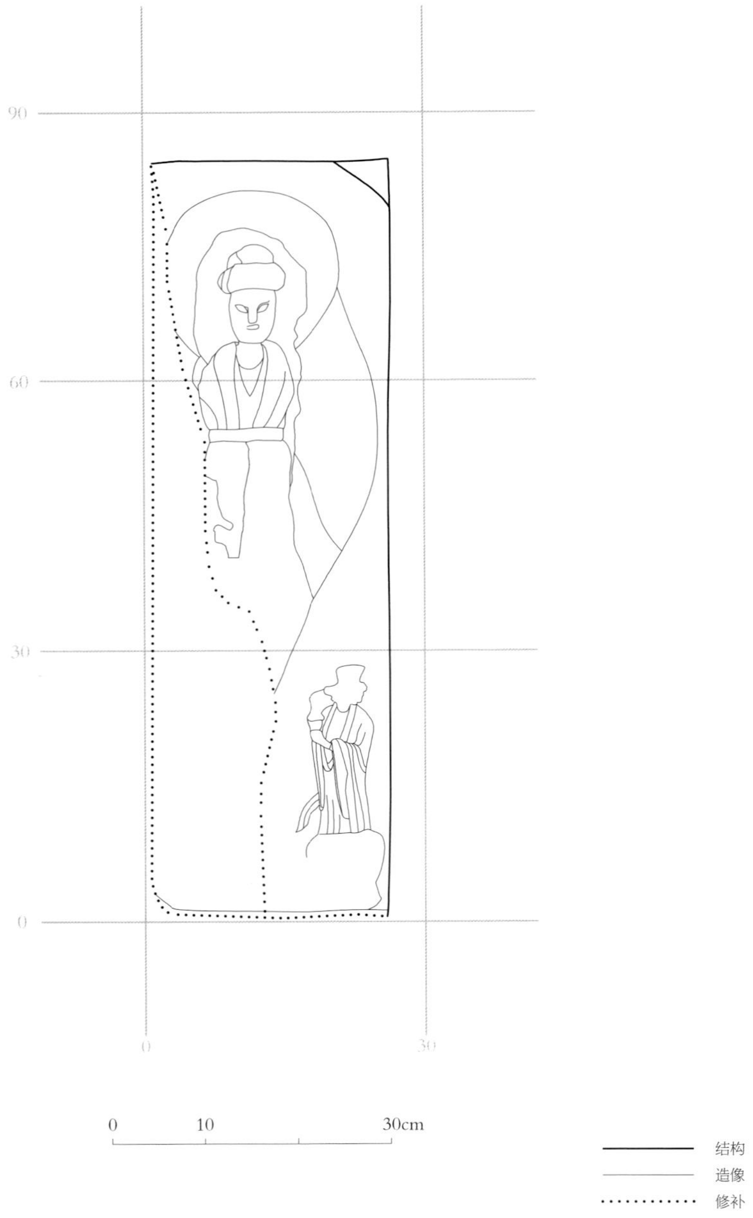

图281　第155号窟左沿上浅龛立面图

图282　第155号窟左沿下浅龛立面图

手持物，物残难辨，双足及足台毁。

2. 下龛

龛口圆拱形，高51厘米，宽25厘米，至后壁深12厘米（图282；图版Ⅰ：293）。龛内后世补刻立像1身，高39厘米。头梳髻，饰珠串；面长圆；胸饰璎珞，上着宽袖服，下着裙，披帛环状绕于头后，两端飘于体侧；双手胸前合十，立于仰莲台上（部分残）。

四　铭文

龛内保存铭文6则。

第1则

佚名残记，年代不详。位于窟左沿内侧平整面上部。作碑形，碑首为覆莲叶，大部残，碑身方形，碑座毁；通高45厘米，残宽18厘米。碑文竖刻1行，存6字，楷体，字径3厘米（图版Ⅱ：41）。

（漶）工造佛贰拾身（漶）

第2则

位于窟右沿内侧平整面上部。作碑形，碑高52厘米，残宽15厘米。碑首为覆莲叶，大部残，碑身方形，碑座为仰覆莲。文漶。

第3则

佚名残记，年代不详。位于第2则下方。刻石面残高22厘米，宽7厘米。内竖刻1行，存7字，楷体，字径3厘米（图版Ⅱ：42）。

孔雀明王菩萨□母

第4则

伏元俊镌孔雀明王窟题名，北宋靖康元年（1126年）[1]。位于窟中心石柱主尊菩萨像背屏左下侧。刻石面高53厘米，宽7厘米。文竖刻1行13字，楷体，字径4厘米。自第3字至文末线刻方框，高44厘米，宽7厘米（图版Ⅱ：43）。

丙午年伏元俊男世能镌此一身

第5则

位于窟正壁左侧方龛正壁右侧。作碑形，碑高63厘米，宽31厘米，碑首为覆莲叶，大部残，碑身方形，素平，碑座为仰覆莲。

第6则

位于窟右侧壁内侧上部。碑高59厘米，宽36厘米，其制与第5则同，碑身素平。

五　晚期遗迹

（一）妆彩记

徐荣德妆彩孔雀明王佛洞中诸神镌记，清道光二十三年（1843年）。位于窟右侧壁中上部左侧。碑高44厘米，宽20厘米。碑首为覆莲叶，碑身方形，碑座为仰覆莲。碑文左起，楷体，竖刻6行，存66字，字径2厘米（图版Ⅱ：44）。

01　棠城信士徐荣德合宅人等[4]
02　发心△叩许
03　孔雀明王佛洞中诸神金身焕彩蒙
04　神护祐即日彩焕金身酬恩了愿
05　乞保人眷身安吉祥如意
06　道光二十三年〔正月〕十八日徐〔荣德〕□

（二）维修

窟左沿大部、右沿下部以条石叠砌修补。修补面最高263厘米，宽24厘米，至窟内深31—38厘米。

窟上沿和窟顶前端已修补平整。其中，上沿修补面高50厘米，宽同窟口；窟顶修补面宽同窟口，至窟内最深160厘米。

窟下沿以两级条石修补，下接窟前地坪，上与窟底齐平；条石高40厘米，宽同窟口。

窟底以石板平整铺设。

窟中心石柱后侧以10根条石叠砌加固，下起窟底，上接窟顶。条石高325厘米，宽112厘米，厚32—58厘米。

窟顶后部分布数道裂隙，纵横交接，现已填塞修补[2]。

窟正壁左侧方龛内存一道裂隙，起于龛底左侧，逆时针旋绕延伸，止于龛底右侧，全长约426厘米，最宽12厘米。

（三）妆绘

窟内主尊菩萨造像贴金，另存红色、白色、蓝色、黑色、绿色五种涂层。

1　本则铭文中"丙午年"为北宋靖康元年（1126年），详见本章小结年代分析。
2　1982年，对第155号窟窟顶进行灌浆封护。邓之金：《大足石刻维修工程四十年回顾》，重庆大足石刻艺术博物馆编：《大足石刻研究文集》（2），重庆出版社1997年版，第579页。

第十二节　第156号

一　位置

位于第155号窟右侧。左紧邻第155号窟，右为略为转折的斜向岩壁；上距岩顶87厘米，下距第157号龛13厘米。碑刻西北向，方向298°。

二　形制

在岩壁表面平直凿进最深约11厘米形成方形壁面。壁面高52厘米，宽61.5厘米。

三　碑文

赵紫光题《西域禅师坐化塔》诗，清光绪八年（1882年）[1]。壁面刻碑文。左起，竖刻8行，存66字，楷体，字径4厘米；署款字径2厘米（图版Ⅱ：45）。

```
01　西域禅师坐化塔
02　为了凡生愿到处
03　是吾家乾坤原不
04　老谢却一袈裟精
05　魂归西域游戏乘仙
06　槎来往无拘滞净土
07　一昙花△崇〔庆〕赵紫光龙成
08　璧同蹬[2]□此偶题数言以志景仰[5]
```

第十三节　第157号

一　位置

位于第155号窟右侧。左距第155号窟8.5厘米，右紧邻第160号龛；上距第156号龛13厘米，下距第158号龛18厘米。龛口西北向，方向300°。

二　形制

龛残损甚重（图283；图版Ⅰ：294）。现存龛口略呈圆拱形，高74厘米，宽67厘米，至后壁深30厘米。龛底略呈方形，前端残缺，内侧建一弦月形低坛。坛高6厘米，最深16厘米。龛壁为弧壁，与龛顶弧面相交。龛顶大部残，仅存少许。

---

[1] 赵紫光于宝顶山小佛湾第8号窟外西壁所题《和杨昙诗》的时间是在清光绪八年（1882年）。重庆大足石刻艺术博物馆编：《大足石刻铭文录》，重庆出版社1999年版，第248页。

[2] 此"蹬"字《大足石刻铭文录》录为"游"。同前引书，第67页。

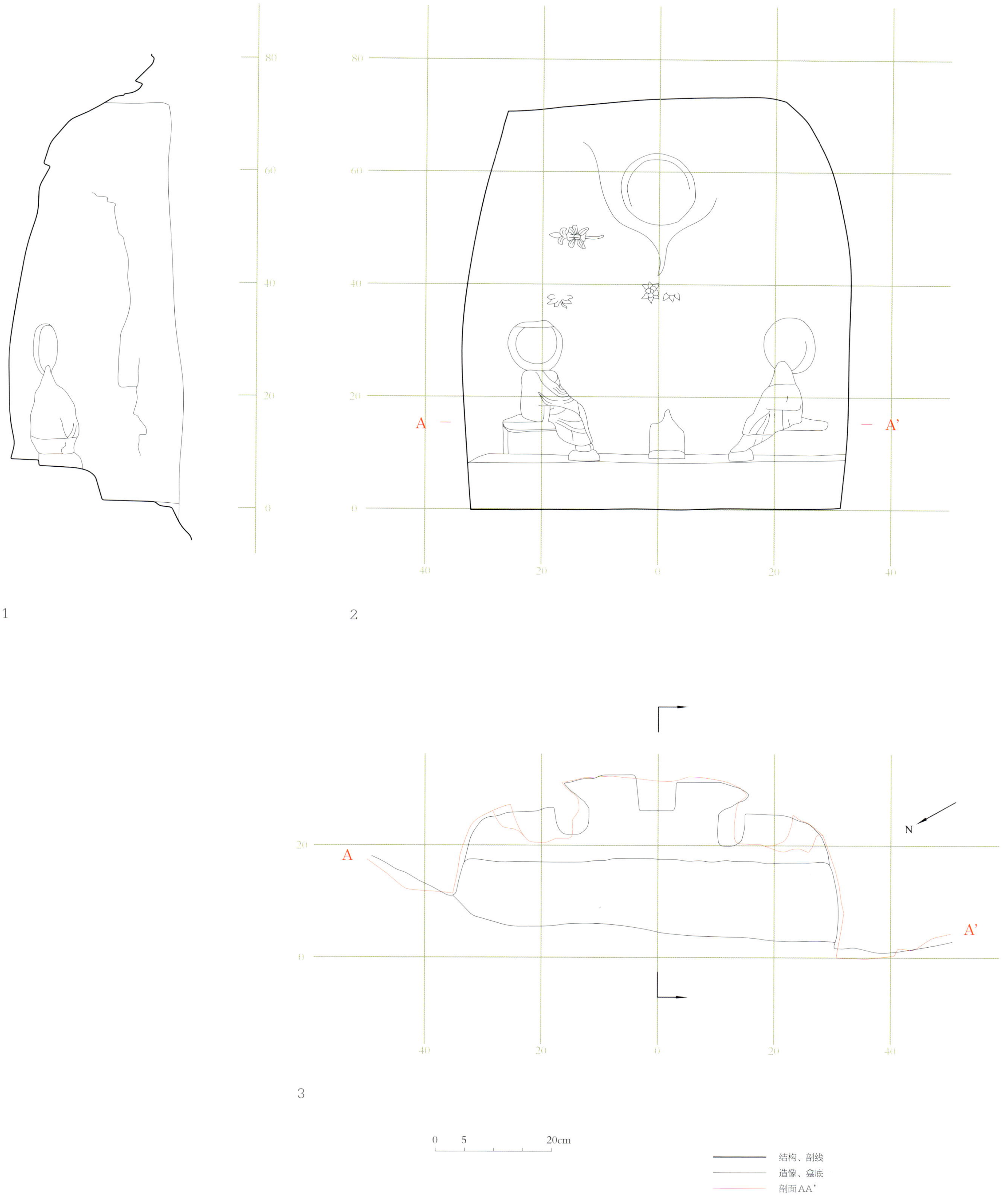

图 283 第 157 号龛平、立、剖面图
1 剖面图 2 立面图 3 平面图

第五章 第 146—164 号

三　造像

龛内低坛上刻像3身。中像毁，左右像相对而坐，壁面阴刻花卉数朵（图283-2；图版Ⅰ：294）。

中像　毁，仅下部存少许残迹。上方线刻一道毫光，内浮雕直径为12.5厘米的圆环，部分残。

左像　头毁身残，残高10厘米。浮雕圆形素面头光，直径9厘米。上身似着袈裟，下着裙。双手残，侧身坐于外挑悬空的座椅上，腰部刻出椅圈。双足踏莲台。台高1.5厘米，直径5厘米。

右像　头毁，残高9厘米。浅浮雕圆形素面头光，顶端残，直径9.5厘米。上着袈裟，袈裟一角经腹前覆于左臂上。左手抚膝，右手隐于袈裟内，现出手掌，略残。余略同左像。

四　晚期遗迹

龛内存蓝色、红色、灰白色三种涂层。

第十四节　第158号

一　位置

位于第155号窟右侧。左距第155号窟8厘米，右距第161号龛11厘米；上距第157号龛18厘米，下距第159号龛16厘米。龛口西北向，方向289°。

二　形制

龛残损甚重（图284；图版Ⅰ：295）。现存龛口略呈方形，高60厘米，宽70厘米，至后壁最深10厘米。龛底大部毁，仅存少许。龛壁为弧壁，与龛顶弧面相交，龛顶前端毁。

三　造像

存像3身。中刻主尊坐像1身，左右各刻立式弟子像1身；左右侧壁造像毁，仅存圆形素面头光遗迹，直径约20厘米（图284-2；图版Ⅰ：295）。

主尊坐像　头毁、身残，残坐高28厘米。浮雕圆形头光，直径16.5厘米，内素面，边缘刻出宽约4厘米的火焰纹，焰尖延至龛顶。上身似着袈裟，下着裙；袈裟、裙摆覆于座前。左手腹间托钵，右手残，置于胸前。结跏趺坐于须弥座上。须弥座高15.5厘米，宽22厘米，深11厘米；上枋下缘刻出仰莲瓣，束腰部分前侧存二圆形遗迹，似莲台，未刻下枋。

主尊像头上方龛顶刻覆莲，莲蕊素平，直径8.5厘米，外刻一周莲瓣，宽6厘米。

左弟子像　头残、面蚀，高23厘米。内着交领衫，外披袒右式袈裟，下着裙。双手胸前合十，双足残，立于方台上。台高4.5厘米，宽5厘米，深3.5厘米。

右弟子像　头毁，残高25厘米。双手竖持六环锡杖，杖高36厘米，杖首呈桃形。余略同左弟子像。

四　晚期遗迹

龛内保存灰白色、红色两种涂层。

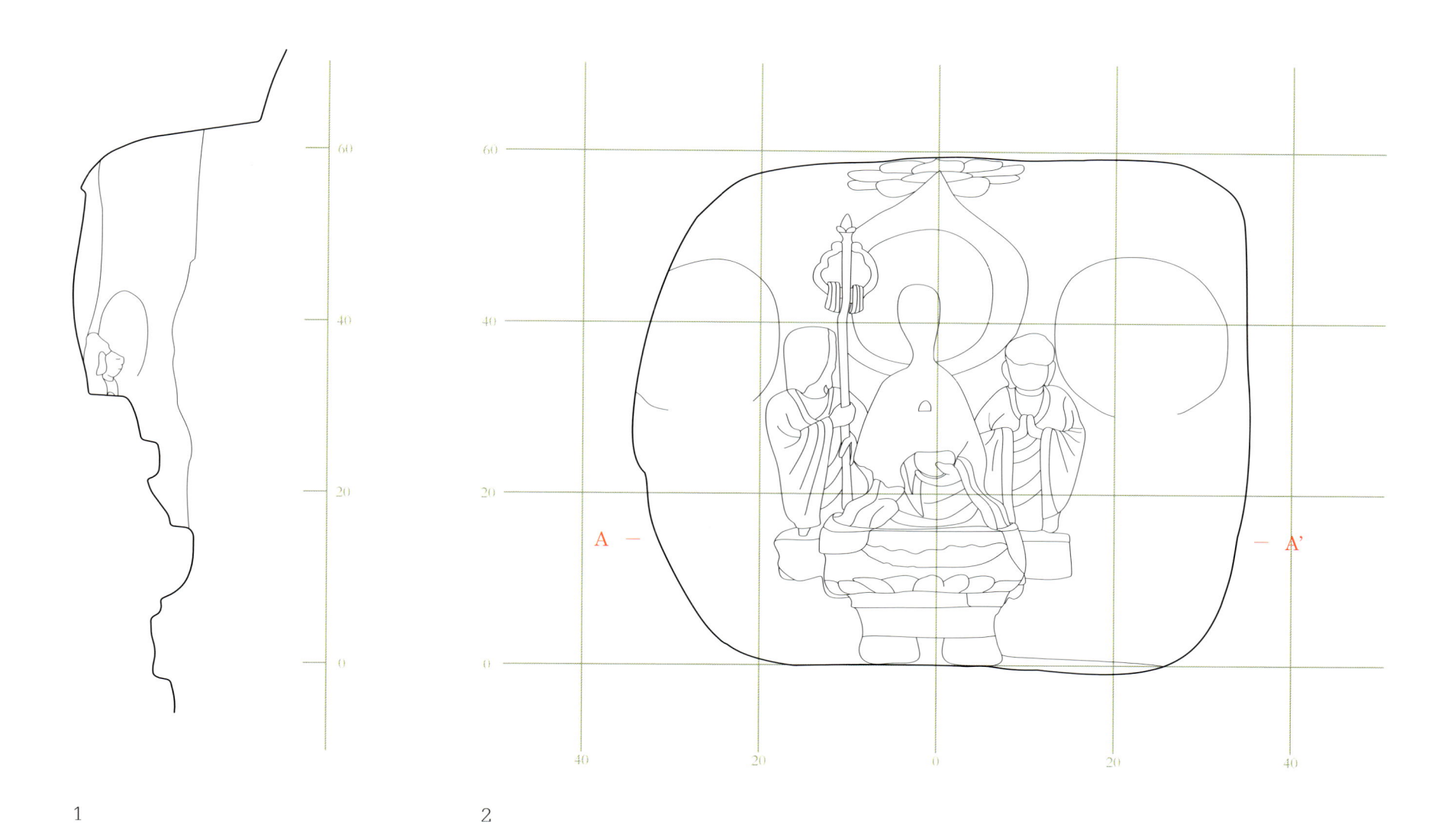

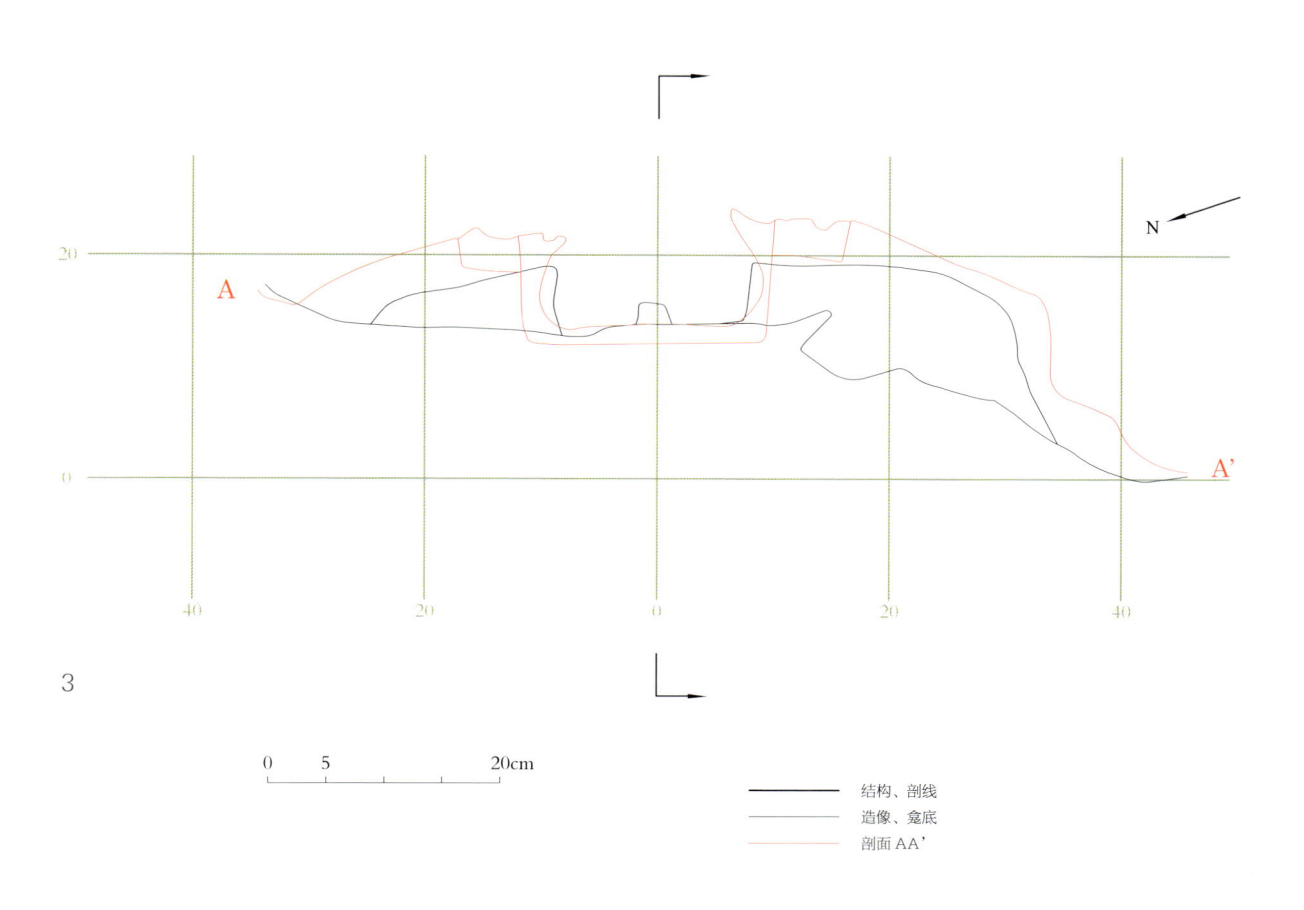

图 284　第 158 号龛平、立、剖面图
1　剖面图　2　立面图　3　平面图

第十五节　第159号

一　位置

位于第155号窟右侧。左距第155号窟16厘米，右距第162号龛18厘米；上距第158号龛16厘米，下距地坪48厘米。龛口西北向，方向290°。

二　形制

龛残毁甚重（图285；图版Ⅰ：296）。现存龛口略呈方形，高55.5厘米，宽53厘米，至后壁最深17厘米。龛底略呈方形，部分残。正壁竖直，与左右侧壁圆转相接。左右侧壁部分残，龛顶毁。

三　造像

存像2身（图285-2；图版Ⅰ：296）。正壁刻主尊坐像1身，左壁刻立像1身。

主尊像　坐高36厘米。头大部残，存下垂的冠带。内着僧祇支，外着宽博披巾，下着长短两层裙。身六臂，部分残，腕镯。上两手屈肘上举捻祥云，云头刻圆轮，轮径5.5厘米；中两手斜伸握剑，剑身部分为后世补塑；下两手腹前托钵，手及钵部分残。结跏趺坐于须弥座上。座通高20厘米，残损甚重。

左立像　残毁甚重，仅辨轮廓，残高27厘米。

四　晚期遗迹

主尊像头部残毁处存二圆孔，小孔直径1厘米，深2厘米；大孔直径3厘米，深4.5厘米。

龛内保存蓝色、红色两种涂层。

第十六节　第160号

一　位置

位于第157号龛右侧。左紧邻第157号龛，右距第163号龛87厘米；上距岩顶约124厘米，下距第161号龛7.5厘米。碑刻西北向，方向347°。

二　形制

在岩壁表面凿进最深约3厘米形成方碑。碑左侧残损，上部左端和右侧下部存宽5厘米，厚5厘米的碑框；碑高80厘米，残宽43厘米。

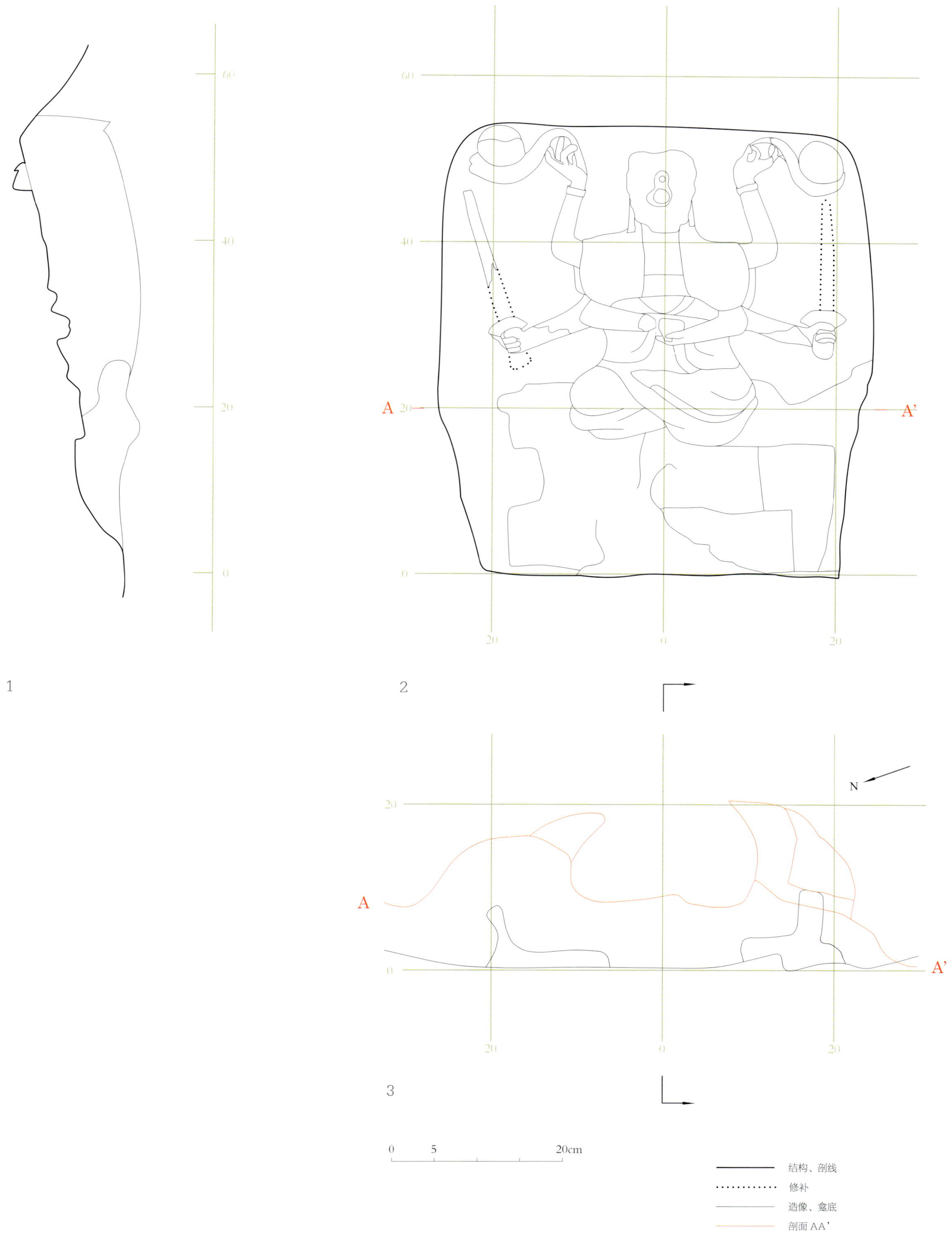

图 285　第 159 号龛平、立、剖面图
1　剖面图　2　立面图　3　平面图

三　碑文

佚名残刻，南宋绍兴十二年（1142年）。碑文左起，竖刻4行，存27字，隶书，径6厘米（图版Ⅱ：46）。

01　□□〔身〕迁直□□□
02　父运义父回深父史
03　玮国宝从寔绍兴十
04　二年八月初六日也

第十七节　第161号

一　位置

位于第160号龛下方。左距第158号龛11厘米，右距第164号龛57厘米；上距第160号龛7.5厘米，下距第162号龛10厘米。龛口西北向，方向349°。

二　形制

单层方形龛（图286；图版Ⅰ：297、图版Ⅰ：298、图版Ⅰ：299）。

在岩壁表面平直凿进最深约3厘米形成龛口。龛口左侧、上部及下部残，右沿完整，宽7厘米。龛口内缘残高63厘米，宽63厘米，至后壁深28厘米。龛左上角毁，右上角作斜面处理。龛底略呈梯形（略残），内侧建一级低坛，高5.5厘米，宽49厘米，深10厘米；坛正面刻一列莲瓣。龛壁略为弧壁，与龛顶弧面相交，龛顶为弧顶，前端残。

三　造像

刻像5身（图286-1；图版Ⅰ：297）。其中，中刻主尊坐像1身，左右各刻立式弟子像1身，此三像位于低坛上；左右侧壁外侧各刻立像1身。

主尊像　头残毁，残像坐高29厘米，肩宽14厘米，胸厚10厘米。浅浮雕圆形素面头光，直径25厘米。上着双领下垂式袈裟，下着裙。双手置于腹前，手残。双膝毁。跣足倚坐于叠涩方台上。台通高11.5厘米，最宽32厘米，深8厘米。

左弟子像　男像。高35厘米。头顶残，面蚀。上着交领衫，外披袒右式袈裟，下着裙。双手胸前覆巾，抱持圆钵，着鞋站立。

右弟子像　女像。高34厘米。高髻，圆脸，略蚀。上着双领下垂式袈裟，下着裙。双手胸前握持十二环锡杖，斜置左肩；杖高50厘米，杖首呈桃形。着鞋站立。

左侧壁立像　位于左侧壁外侧，大部毁，可辨轮廓及少许裙摆（图版Ⅰ：298）。

右侧壁立像　位于右侧壁外侧，头部残，残高31厘米（图版Ⅰ：299）。梳髻，面蚀。上着双领下垂式袈裟，下着裙。双手置于胸前隐于袈裟内，上覆巾，巾上托物，物残，着鞋站立。

四　晚期遗迹

主尊头部残毁处凿方形小孔，边宽1.5厘米，深2厘米。

龛内保存灰白色、红色、蓝色三种涂层。

图 286　第 161 号龛平、立、剖面图
1　立面图　2　剖面图　3　平面图

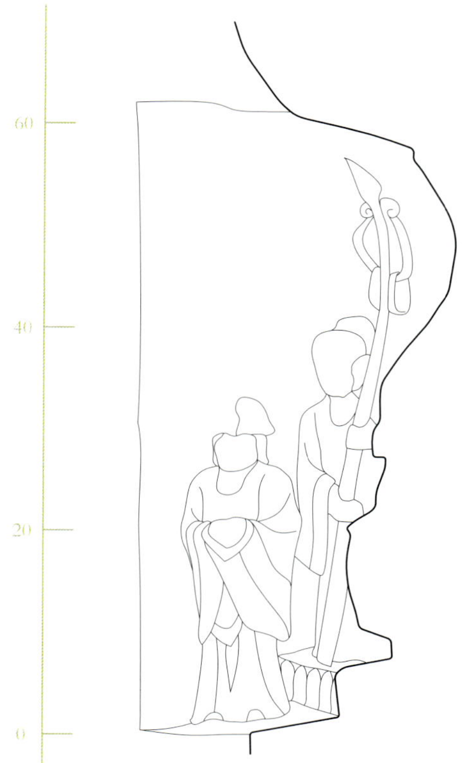

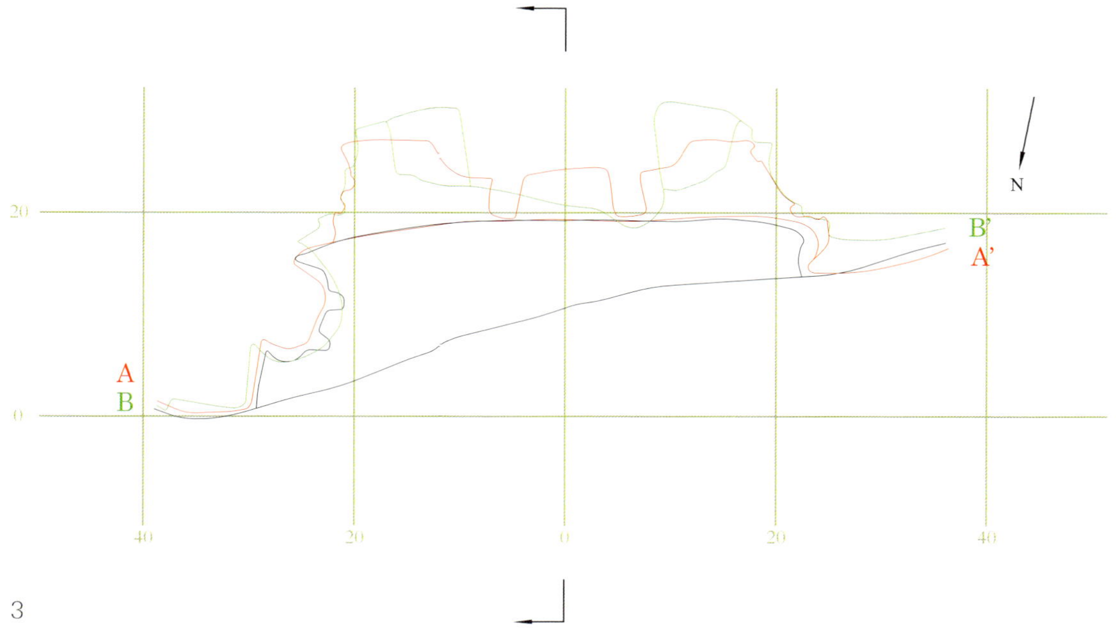

第五章　第 146—164 号

第十八节　第162号

一　位置

位于第161号龛下部。左距第159号龛18厘米，右距第164号龛50厘米；上距第161号龛10厘米，下距后世改凿的石台84厘米。龛口西北向，方向340°。

二　形制

在岩壁表面平直凿进最深约2厘米形成龛口（图287；图版Ⅰ：300）。龛口方形，右沿完整，宽8厘米；其余皆残。内缘高57厘米，宽60厘米，至后壁最深28厘米。右上角刻三角形斜撑，略残。龛底略呈方形，前侧残，并于龛外形成一不规则的平台。龛壁为弧壁，左侧外端毁。龛顶为券顶，部分残。

三　造像

刻像3身（图287-1；图版Ⅰ：300）。其中，中刻主尊坐像1身，左右各刻立像1身。

主尊像　头毁，残坐高30厘米。浅浮雕圆形素面头光，直径23厘米。上着交领服，下身衣饰不明；左手似抚膝，右手于胸前持一条状物，长约6厘米。双腿残，坐姿不明。座台部分残，高约14厘米，宽约45厘米。座右侧刻盘龙，大部残，可辨龙身卷曲，尾下垂。

左立像　残毁甚重，仅辨少许右侧头光及躯体下部。

右立像　残高26厘米。头残，身蚀，可辨身着交领服，双手胸前似抱持龙尾。

四　晚期遗迹

龛内主尊头部残毁处向下凿一方孔，边宽1.5厘米，深2厘米。

龛内保存灰白色、蓝色、红色三种涂层。

第十九节　第163号

一　位置

位于第160号龛右侧。左距第160号龛87厘米，右为后世砌筑的石壁；上为岩壁，下距第164号龛19厘米。碑刻西北向，方向297°。

二　形制

在岩壁表面平直凿进最深约6厘米形成方碑。上方碑框残，左侧碑框保存上部，宽9厘米，厚9厘米；中下部残，残毁处以条石修补；右侧碑框较完整，宽8厘米，厚9.5厘米；下方碑框部分残，高6.5厘米，厚9厘米。碑心方形，高165厘米，宽152厘米；左下角毁，现以条石修补平整。

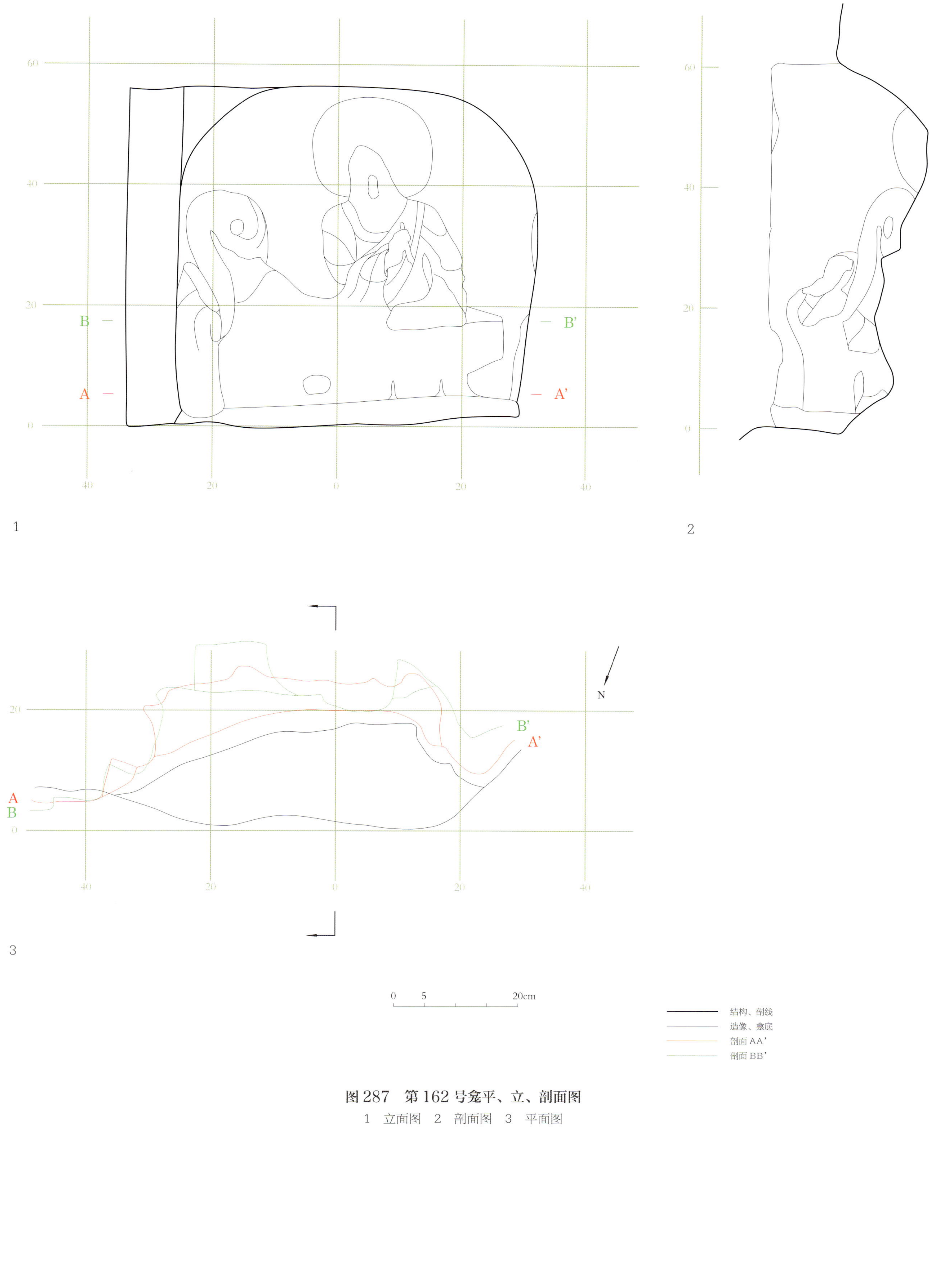

图 287　第 162 号龛平、立、剖面图
1　立面图　2　剖面图　3　平面图

第五章　第 146—164 号

三　碑文

无尽老人语录碑，南宋年间（1127—1279年）。碑文左起，竖刻16行，存237字，楷体，字径6厘米（图版Ⅱ：47）。

01　□尽老人尝谓余曰世间甚力最大余□□□□
02　□人曰何以言之余曰毗岚风灾起时须弥七□□
03　山山山相击碎如微尘故知风力最大老人曰毗□
04　风灾虽能碎须弥七金诸山然不能转人心吾以为
05　愿力最大今北山之石看看尽于老僧之手倍觉斯
06　言有味戏书伽陀
07　一念兴时法法兴鸟飞尘起及云腾寂寥野寺元无
08　事刚与山僧种葛藤
09　实际理地不受一尘故见佛见法是须弥山万行门
10　中不舍一法故聚沙画地皆成佛道虽然如此切忌
11　错认
12　瑞烟终日萦香篆石佛休嗟未放光试问丹霞烧却
13　后何如镌刻奉空王
14　自家佛只坐心头色与音声处处求掀却禅床非性
15　躁壁边挂口去来休
16　△如有辨眼衲子入寺请看这一转语[1][6]

四　晚期遗迹

龛左下角毁，以条石修补。修补面高100厘米，宽36—70厘米。

龛外左侧转折壁面凿有上、下两个枋孔，相距64厘米。枋孔形制相近，高18厘米，宽7厘米，深9厘米。

第二十节　第164号

一　位置

位于第163号龛下方。左距第162号龛约50厘米，右距后世砌筑的石壁边缘约49厘米；上距第163号龛19厘米，下距后世修建的石台58厘米。

龛口西北向，方向300°。

二　形制

在岩壁表面平直凿进最深约12厘米形成龛口（图288、图290、图291；图版Ⅰ：301、图版Ⅰ：302、图版Ⅰ：303）。龛口方形，左侧残，右沿保存上部，宽16.5厘米，其余皆毁，后世以条石修补完整。龛口内缘高130厘米，宽94厘米，至后壁最深70厘米。

1　《民国重修大足县志》卷一录此碑，据其录文，第1行第1字为"无"，最后5字为"曰风力最大"；第2行第1字为"老"，最后2字为"金宝"；第3行最后一字为"岚"。关于此碑上石年代，请参见本章小结。

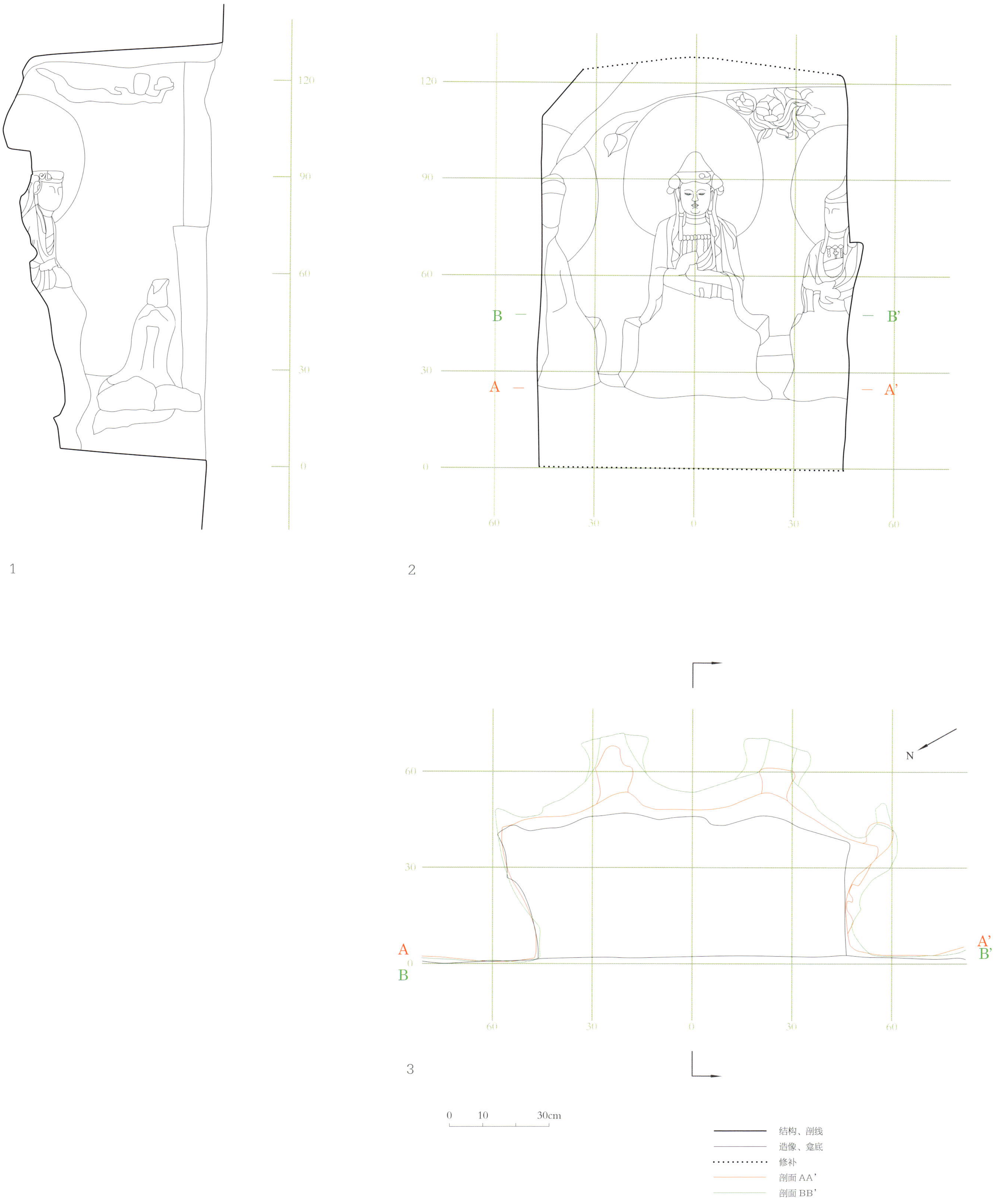

图 288　第 164 号龛平、立、剖面图
1　剖面图　2　立面图　3　平面图

图 289　第 164 号龛正壁立面图

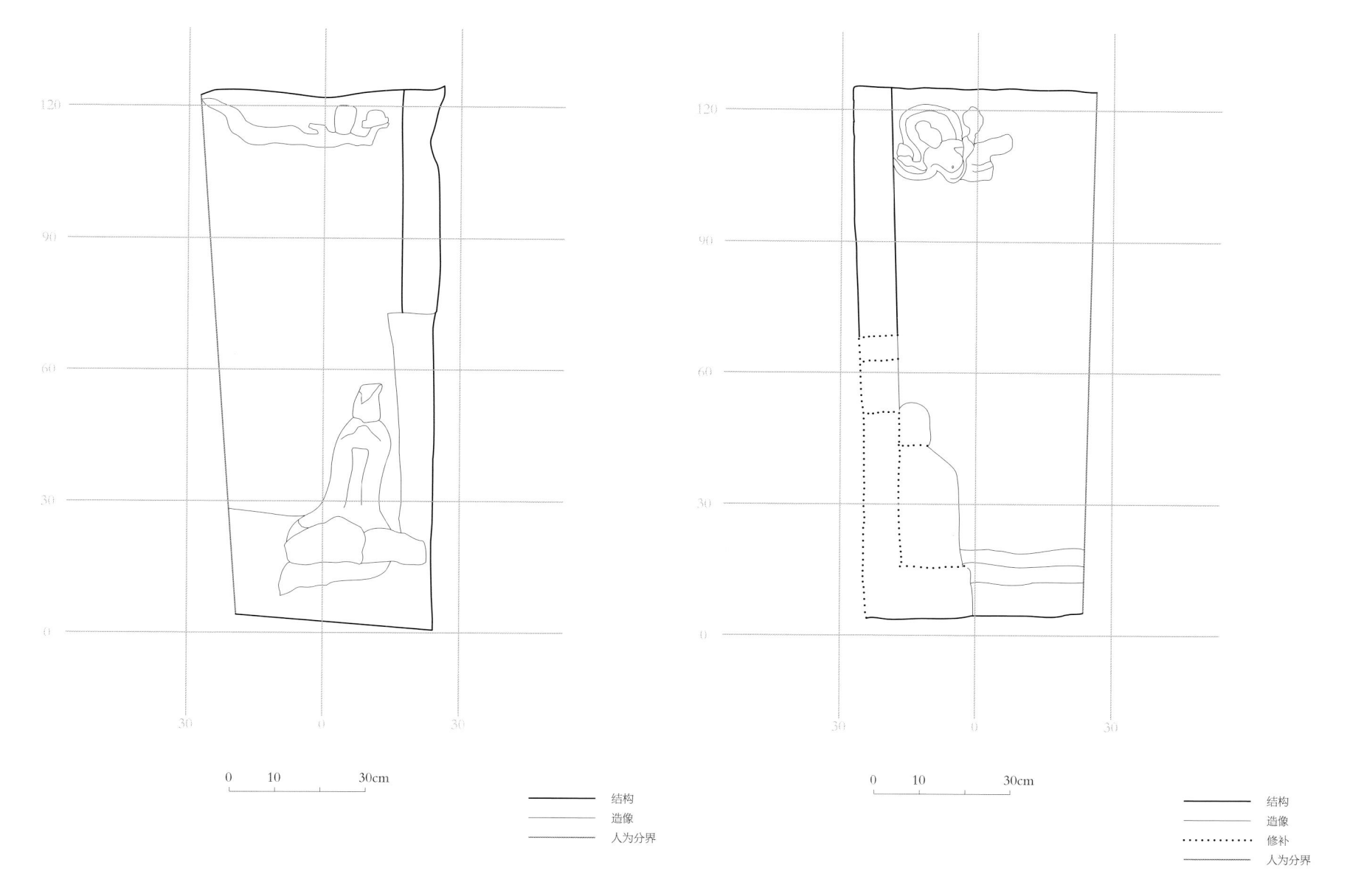

图 290　第 164 号龛左侧壁立面图　　　　　　　　　　　　图 291　第 164 号龛右侧壁立面图

龛口左右内侧刻有宽9厘米的平整面，与龛壁衔接。龛口左上角毁，右上角作斜面处理。龛底略呈半圆形，前部毁，为后世补砌的条石面；后侧建一级低坛，高25厘米，深18厘米。正壁竖直，与左右侧壁弧面相接；壁面与龛顶约垂直相接。龛内存一道较粗的裂隙，斜向贯穿整个龛壁。龛顶大部毁，现以水泥板补接，略呈方形，中部略内收。

三　造像

刻像7身（图版Ⅰ：301）。分为正壁、左侧壁、右侧壁造像三部分。

（一）正壁

刻菩萨坐像3身（图289）。

中菩萨像　坐高52厘米，头长20厘米，肩宽20厘米，胸厚10厘米。浮雕椭圆形素面头光，最宽41厘米。头顶残，梳髻，鬓发绕耳，垂发披巾。戴冠，大部残，冠带作结沿胸下垂，敷搭前臂下垂体侧，大部残。面长圆，略蚀。耳饰珠串，下垂至胸。右肩残，胸饰璎珞，上部为团花饰物项圈，下垂坠饰，残蚀略重。上身斜披络腋，下身衣饰不明。双手于胸前似持物，手及物残。双腿残蚀，坐于方台上。台高20厘米，宽37厘米，深14厘米，残蚀不清。头光左右上部各刻花枝1朵，右花枝残损严重。

左菩萨像　坐高47厘米，头长20厘米，肩宽19厘米，胸厚10厘米。浮雕圆形素面头光，直径38厘米。内着僧祇支，外披双领下垂式袈裟。腕镯，双手腹前托圆状物，手及物部残。双腿部分残损，倚坐于座台上，座残，高20厘米。其余特征同中菩萨像。

右菩萨像　坐高46厘米。浮雕圆形素面头光，直径40厘米。身残蚀甚重，细节难辨。因裂隙通过，致躯体左右斜向分裂。座高约20厘米，残损甚重。

（二）左侧壁

上部刻面向龛外的飞天像1身，下部刻立像1身（图290；图版Ⅰ：302）。

飞天像　残蚀甚重，身长34厘米；仅可辨左手于身前托物。

立像　残毁甚重，残高33厘米。

（三）右侧壁

上部亦刻面向龛外的飞天像1身，下部刻立像1身，与左侧壁造像对称布置（图291；图版Ⅰ：303）。

飞天像　残蚀甚重，身长24厘米。可辨头顶环状的披帛、下着的长裙、体侧托物的双手。

立像　毁，仅存头部遗迹。躯体下部为后世补刻，通高约37厘米。

四　晚期遗迹

龛口右下角残，后世以条石修补。修补面高67厘米，最宽24厘米，至龛内深20厘米。

龛口下部补砌的条石高33厘米，宽102厘米，至龛内深31厘米。

龛顶补砌的水泥板向左右延伸，通宽199厘米，厚17厘米，至龛内深60厘米。

龛内保存红色、灰白色、蓝色三种涂层。

第二十一节　本章小结

一　形制特点

本章20个编号中，第156、160、163号为摩崖碑刻，第148、150、151、152、153、154、157、158、159、164号，以及第151-1号等11龛龛制残损，特点不明。其余第146、147、149、155、161、162号等6龛窟形制保存较好，特点较为明显，可分为两类。

第一类　方形平顶窟。有第149号和155号等2窟。窟口方形，左右上角作弧面处理；有窟沿，其内侧凿竖直的平整面与窟壁相接。窟底方形，窟壁竖直，相交壁面略成垂直相接，分界较为明显。其中，第149号窟环窟壁凿低坛，造像布置于低坛之上；第155号窟窟底中后部建竖直石柱，连接窟顶，形似中心柱窟；中心柱与窟壁之间形成回廊。窟内未建低坛，造像刻于壁面上。

第二类　单层方形龛。有第146、147、161、162号等4龛。龛口方形，有龛沿；龛底以弦月形和方形为主，龛壁为弧壁，无明显分界。其中，第146号和第162号龛口左右上角凿三角形斜撑，略低于龛沿面；第147号和第161号龛口左右上角分别作弧面和斜面处理，与沿面齐平。此外，第146号和第147号龛沿内侧凿有竖直的平整面与龛壁衔接，第161号和第162号龛沿内侧无平整面。

二　年代分析

本章20个编号中，第150号为一则游记，其纪年为淳熙丙午年（1186年）。第156号为赵紫光题《西域禅师坐化塔》诗，诗刻虽无纪年，但据赵紫光清光绪八年（1882年）游宝顶山题刻《和杨昙诗》，疑此为同年游北山时所题。第160号虽为摩崖残碑，漶失甚重，然存"绍兴十二年（1142年）"纪年。第163号"无尽老人语录碑"无纪年，但据碑中"今北山之石，看看尽于老僧之手"句，当为南宋年间刻石[1]。

本章规模最大的龛窟像是比邻而居的第149号窟和第155号窟，均处于岩体中部显著位置，壁面开阔，岩体稳定，应为本章最早的造像。而据第149号窟造像纪年，该窟开凿于南宋建炎二年（1128年）；第155号窟虽无纪年，但有"丙午年伏元俊男世能镌此一身"的镌匠题名，据研究，此处"丙午"为北宋靖康元年（1126年）[2]。由此可知，此两窟造像开凿于北宋靖康至建炎年间（1126—1130年）。

其余14个龛像中，第146、148号龛位于第149号窟左侧壁面和一条构造裂隙之间，第157、158、159、161、162、164号龛位于第155号窟右侧壁面，上述龛像相互比邻，龛制略小。第151、152、153、154号龛和第151-1号龛处于第149号窟和第155号窟之间的壁面上，相对前述龛像位置更紧促，龛制更浅小。据其与第149、155号窟的位置关系及刻于其中的碑刻题记纪年分析，上述龛像大致开凿于南宋年间。第147号龛虽位于第149号窟左侧壁面，但与上述小龛造像风格迥异，而诸多特征与前后蜀造像趋同，故此龛像疑开凿于前后蜀[3]。

三　题材内容

本章20个编号中，第153、154、157、162号及第151-1号等5龛造像残毁甚重，题材难辨；其余第146—152、155、156、158—161、163、164号等15个编号龛窟造像或碑铭保存较好，题材可辨。

第146号　龛内左主尊像斜披络腋，左手撑台，右手残，呈游戏坐式坐于须弥座上，与水月观音像特征相符；右主尊像头虽毁，但从其身具六臂，分持日、月、宝剑、羂索、柳枝、钵等特征判断，应为不空羂索观音像。据其主尊，应为"水月观音与不空羂索观音龛"。

第147号　龛内主尊像肉髻隆凸，左手抚膝，右手举于胸前，倚坐于须弥座上，头左侧有一药钵；身左侧立一双手合十的侍者，身右侧立一持锡杖的侍者。从其特征看，主尊应为药师佛。龛左右侧壁立像，为八菩萨，下部立像为十二药叉神将。据此，此龛应为"药师经变龛"。

第148号　龛内结跏趺坐主尊像头冠，着披巾，身六臂，分持日、月、宝剑、羂索、柳枝等，疑为"不空羂索观音龛"。

第149号　窟正壁三身结跏趺坐主像菩萨特征明显。其中，中菩萨左手持带茎莲，上置放焰珠，右手举胸前持物；左菩萨左手置腹前持净瓶，右手于胸前持柳枝；右菩萨双手于胸前持如意。三主尊像左右两侧近侧壁转角处所刻四像，身高者为该窟供养人任宗易及其妻杜氏，身低者各为二供养主的侍者。三主尊像身后四像及窟左右侧壁三十七像为天众立像。据窟口外右侧岩壁中部造像记，此龛为"如意轮圣观自在菩萨窟"。

第150号　摩崖游记。按其内容，为"刘子发等较试南昌毕事拉游北山题记"。

第151号　龛内一身刻像虽残毁甚重，然从其存少许冠带及耳饰，游戏坐式的特征判断，疑为"水月观音龛"。

第151-1号　龛内刻像1身，残毁甚重，为"残像龛"。

第152号　龛内主尊坐像头残面毁，从其有头光和身光，存部分冠体及冠带，身着袈裟，胸饰璎珞，左手托物，右手持柳枝的特征判断，疑为"观音龛"。

第153号　龛内立像头毁身残，身份不辨，为"残像龛"。

第154号　龛内造像残毁甚重，身份不辨，为"残像龛"。

第155号　窟口右侧刻有"孔雀明王菩萨"题记。窟内结跏趺坐于孔雀背上，身四臂，各持经函、宝珠、团扇、带茎莲的主像即为此像。窟内三壁遍刻结跏趺坐小像，为千佛像。据此，此窟应为"孔雀明王菩萨窟"。

1　北山佛湾造像主体开凿始于晚唐，历五代、北宋，盛于南宋。据碑文文意揣测，碑上石应在造像主体完成之后；结合第160号和该碑于壁面的位置分布，考虑其开凿次第，故将该碑上石年代推测为南宋时期。
2　陈习删：《大足石刻志略》，1955年油印本，第74页。
3　此段崖面仅出现此一例类似于前后蜀风格的造像，从开凿次第来看似不合情理，原因有待探讨。

第156号　摩崖方碑。为"赵紫光题《西域禅师坐化塔》诗"。

第157号　龛内造像残毁甚重，身份不辨，为"残像龛"。

第158号　龛内主尊虽头毁身残，然存火焰纹头光，身着袈裟，左手托钵，结跏趺坐；身左侧立像双手合十，右侧立像手持锡杖。据此推测，疑为"药师佛龛"[1]。

第159号　龛内结跏趺坐主像头毁，上着披巾，下着裙，身六臂，上两手分持日、月，中两手托钵，两下手分持宝剑，疑为"不空羂索观音龛"[2]。

第160号　摩崖方碑。存部分铭文，为"佚名残刻"。

第161号　龛内主像头毁，有圆形头光，上着双领下垂式袈裟，下着裙，双手置腹间，倚坐于方台上；身左侧一立像捧钵，右侧一立像持锡杖。从其特征判断，疑为"药师佛龛"[3]。

第162号　龛内主像头毁，上着交领服，左手似抚膝，右手胸前持一条状物，坐于座台上。座右侧刻盘龙，主像右侧侍者似抱龙尾。因造像特征较模糊，定为"残像龛"。

第163号　摩崖方碑。因碑文首行有"无尽老人尝谓余曰世间甚力最大"一语，故以"无尽老人语录碑"名之。

第164号　龛内三身主像菩萨特征明显，为"菩萨像龛"。

四　晚期遗迹

（一）构筑遗迹

第149号窟左右沿中上部各凿有纵向的两个枋孔，对称布置；第163号龛外左侧岩壁存上下两个枋孔，右侧现已用条石补砌，疑原亦有对应的枋孔；第155号窟窟沿左右内侧平整面亦存对应布置的枋孔。推测上述三龛窟所存枋孔系历史上构建构筑物时所凿。

第149号窟窟底中部内侧存一方形槽孔，凿面较为粗糙，推测是后世信众为方便插放香烛而凿的"香槽"。

第153、159、161、162号等4龛主尊像残毁断面处凿有方形或圆形小孔，推测其为后世补接塑像时作为插接榫头之用。

（二）妆绘遗迹

本章第151-1号为较小残龛，第156、160、163等3号为碑刻，未见妆绘涂层。其余16个龛窟造像，皆有妆绘遗迹，其中以第149号窟和第155号窟较为显著。涂层颜料以灰白色、红色为主，亦有少量的蓝色、绿色和黑色。龛壁和龛顶施以红色涂层，造像涂层大致分作两层，底层着灰白色，外层根据造像不同部位选择使用蓝色、绿色和黑色等涂层。

第149号窟和第155号窟主尊像花冠、面部和上部身躯存金箔，表明其历史上曾作过贴金处理。

据第149号窟保存的造像记可知，该窟造像在雕刻时就曾进行过妆绘。第155号窟有信士徐荣德妆彩记，表明该窟造像曾在清道光二十三年（1843年）进行过妆彩。

注释：

[1]　本则铭文第1行第7字"溯"；第2行第3字"庭"；第3行第6字"岩"，铭文分别为：

[2]　此"叔"字，铭文为：

[3]　本则铭文第1行第14字"岩"；第2行第22字"熙"，

1　《大足石刻内容总录》定名为"残像龛"。四川省社会科学院、大足县文物保管所编：《大足石刻内容总录》，四川省社会科学院出版社1985年版，第69页。

2　《大足石刻内容总录》定名为"残像龛"，言"龛内有不空羂索观音像一尊"。同前引书，第69页。

3　《大足石刻内容总录》定名为"残像龛"。同前引书，第70页。

铭文分别为：

岩 　熙

［4］ 此"等"字，铭文为：

等

［5］ 本则铭文第7行第2字"昙"；第7行第7字"紫"；
第8行第3字"蹬"，铭文分别为：

昙 　紫 　蹬

［6］ 本则铭文第4行第15字"转"；第5行第3字"最"；
第12行第2字"烟"，铭文分别为：

转 　最 　烟

第六章　第165—192号

第一节　本章各编号位置及相互关系

本章介绍的第165—192号，以及第171-1、175-1、180-1、180-2、187-1、190-1号等34个编号位于北区石窟中段第三部分造像区（图292，图293）。最南端的第165号龛直抵北区石窟中段第二条构造裂隙边缘（后世以条石修筑为石墙），最北端的第192号龛接北区石窟北段造像（图版Ⅰ：304、图版Ⅰ：305、图版Ⅰ：306、图版Ⅰ：307）。

本章龛像由南向北，沿壁依次比邻布置。其中，第168、169、176、177、180号是其较大的龛窟，占据壁面显著位置；其余各龛则以其为中心，布置于相邻壁面。

第168号窟左侧壁面为第165、166、167号等三龛。其中，第165号龛位于壁面最左端，下部为第166号龛，上下而邻；第166号龛右侧壁面略转折后为第167号龛。第168号窟右侧为第169号龛。第169号龛右侧，自上而下纵向布置第170、171、171-1号龛等三龛（图版Ⅰ：308）。

第176号和第177号为一组双窟，相邻设置。第176号窟左侧，纵向布置第172、173、174号等三龛；其窟口上方，则布置第175、175-1等二龛（图版Ⅰ：309）。

第180号窟左侧上下布置第178、180-1、179号等三龛；右侧为第181号龛，再右则纵向布置第182、183、184号等三龛；窟口上方为第180-2号龛（图版Ⅰ：310）。

第182、183、184号龛右侧，为上下布置的第185、186号龛。第186号龛之右，依次向北横向布置第187、190、191号龛，且龛前设有统一的低台。在第187、190号龛之间的狭窄壁面上，布置第189号龛。第187-1号龛和第190-1号龛分别位于第187号龛和第190号龛上部。第188号龛则位于第190-1号龛上部岩体壁面。自第191号龛开始，壁面右转，于此转折壁面上，开凿第192号龛（图版Ⅰ：311、图版Ⅰ：312）。

本章龛窟像地坪海拔高度大致从南端第164、165号龛的507.11米，至第168号龛下降至506.22米，其后大致保持在同一水平高度。

第二节　本章各编号所在岩体软弱夹层带的分布

本章龛像所在岩体分布有两条较明显的软弱夹层带。

第一条　起于第169号龛左壁残毁处，水平向右延伸，止于第191号龛龛外右侧中部；前端发育较宽，后端逐步变小；全长约4260厘米，最宽约20厘米。

第二条　起于第180号窟上方中部，向右发育，延伸至第192号龛右上方岩体边缘；全长约1300厘米，最宽约34厘米。

第三节　第165号

一　位置

位于本章岩体最南端上方。左与后世砌筑的石壁相接，右距第167号龛11厘米；上距岩顶约42厘米，下距第166号龛18厘米。龛口西向，方向272°。

二 形制

在岩壁表面直接凿建龛口（图294、图295；图版Ⅰ：313）。龛口方形，残损甚重；左侧现为后世砌筑的石壁边缘，右侧、上部及下部局部残脱。龛口残高86厘米，宽80厘米，至后壁深42厘米。龛底呈半圆形，前端剥蚀。龛壁为弧壁。龛顶亦呈半圆形，前侧残脱。

三 造像

刻像5身（图版Ⅰ：313）。分为正壁、左侧壁、右侧壁造像三部分。

（一）正壁

刻主尊菩萨坐像1身。

头、颈、双肩毁，残坐高23厘米（图294；图版Ⅰ：314）。浮雕圆形素面背光，左侧部分残蚀，直径约49厘米。上身斜披络腋，末端外翻，下垂腹前；下着长短两层裙，裙腰翻出；短裙腰带显露少许，长裙腰带作结后下垂，于座前再次作结后垂于龛底。自身后斜出一带，于腿间交绕后下垂龛底。座前左右端各有一带垂于座前。腕镯，左手直伸撑台，右手大部残断，似置右膝上。垂左腿，跣足踏仰莲；右腿斜向上竖，膝部残，游戏坐于山石座上。双膝之下饰璎珞，极为繁复。座台高28厘米，宽38厘米，深18厘米。台前刻出两枝带茎仰莲和两张闭合莲叶。左莲高6.5厘米，直径9厘米；右莲高4.5厘米，直径4.5厘米。

（二）左侧壁

刻2身立像（图版Ⅰ：315），皆残毁甚重。内侧立像仅辨轮廓，残高约28厘米。外侧立像存躯体下部，残高约12厘米，可辨腰带及长裙下摆。

（三）右侧壁

与左侧壁对称刻2身立像（图版Ⅰ：316），亦残蚀甚重。内侧像为一女像，高28厘米。高髻，面蚀，上着对襟窄袖长服，下着裙。双手胸前合十，右手前臂刻有敷搭的条形帛带；双足不现。外侧像上身毁，残高约21厘米；可辨部分宽袖及下着的裙，身前刻有下垂的腰带和披帛；双足略蚀。

四 晚期遗迹

龛口左侧毁，后世以条石补砌。修补面高102厘米，宽17厘米，至龛内深17厘米。

龛内保存灰白色涂层。

第四节 第166号

一 位置

位于第165号龛下方。左与后世补砌的石壁边缘相接，右为第167号龛，壁面经后世处理，分界不明；上距第165号龛18厘米，下距地坪132厘米。

龛口西向，方向262°。

第六章 第165—192号 361

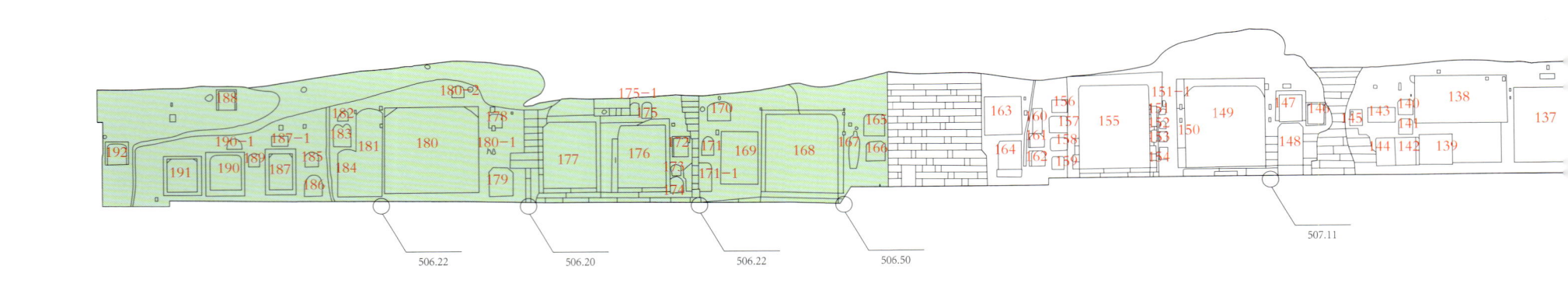

图 292　第 165—192 号在本卷龛窟中的位置图

图 293　第 165—192 号位置关系图

第六章 第165—192号

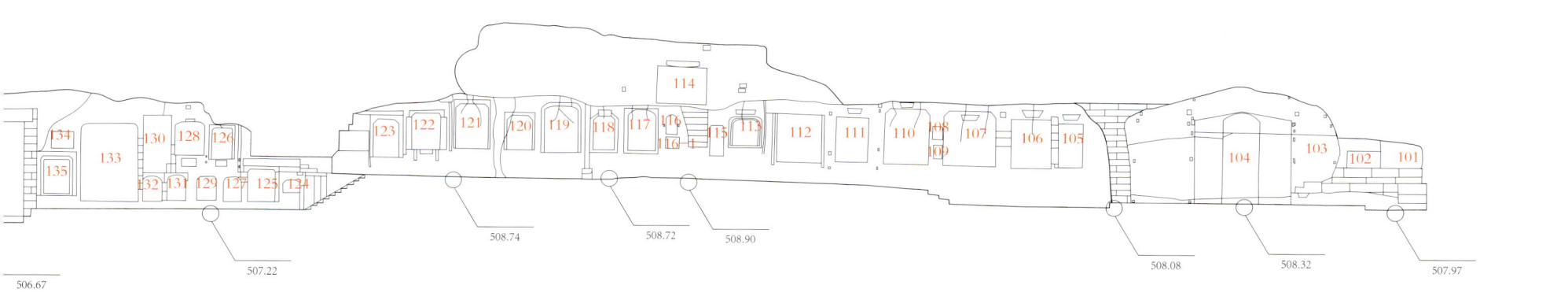

图 294　第 165 号龛立面图

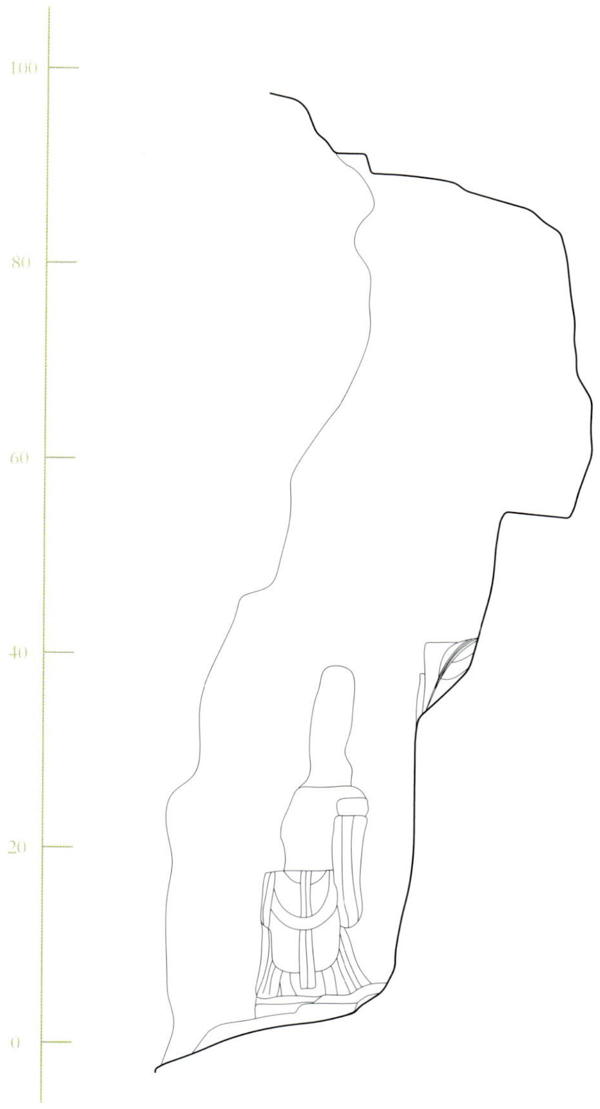

图295 第165号龛平、剖面图
1 剖面图 2 平面图

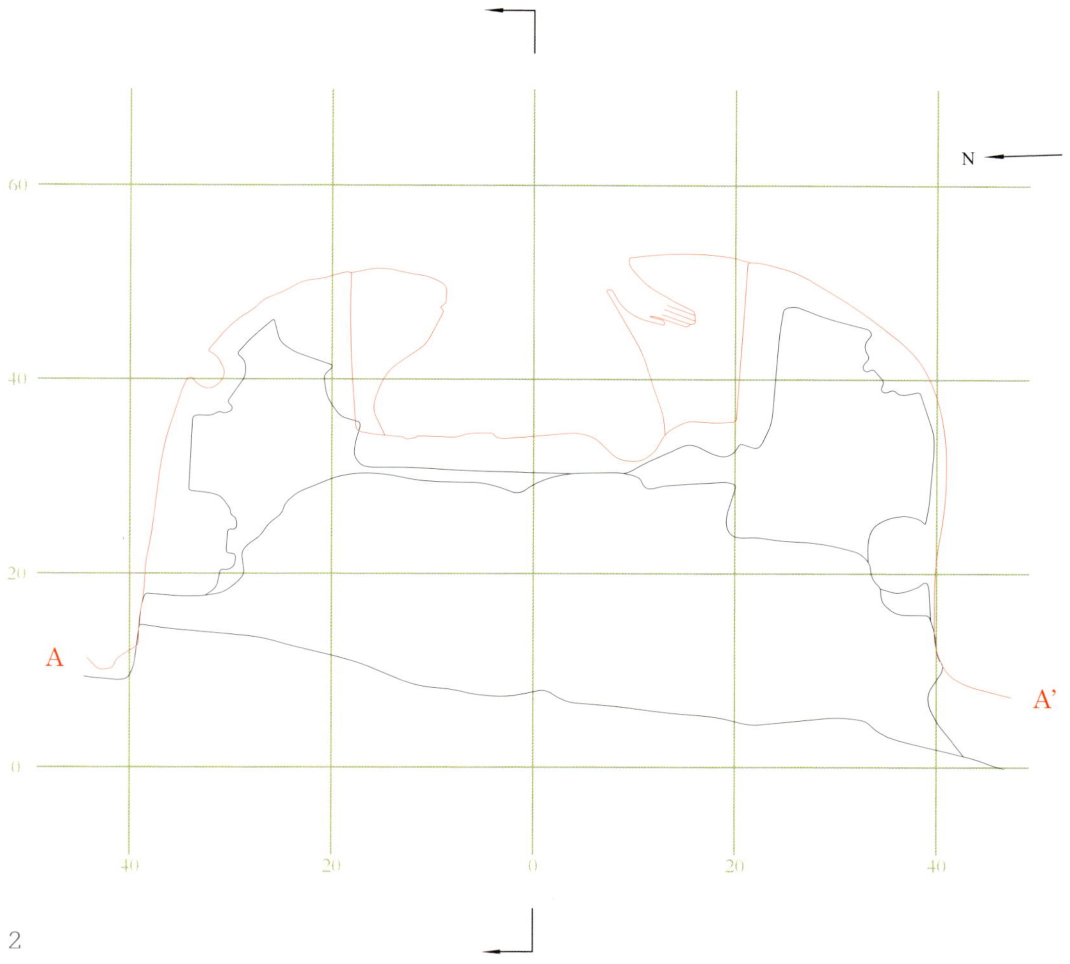

二 形制

在岩壁表面直接凿建龛口（图296；图版Ⅰ：317）。龛口方形，残损甚重，左侧毁，现为后世补砌的石壁边缘；右侧存加工后的凿痕；上部毁；下部现为后世开凿的石壁，露粗大的凿痕。龛口内缘高78厘米，宽72厘米，至后壁最深21厘米。龛口左上角毁，右上角作弧面处理。龛底呈弦月形，前端毁。正壁竖直，与左右侧壁弧面相接；左侧壁大部毁。壁面与龛顶弧面相交。正壁中部刻弦月形平台，台高6厘米，宽72厘米，最深10厘米；正面刻一列莲瓣。龛顶大部毁。

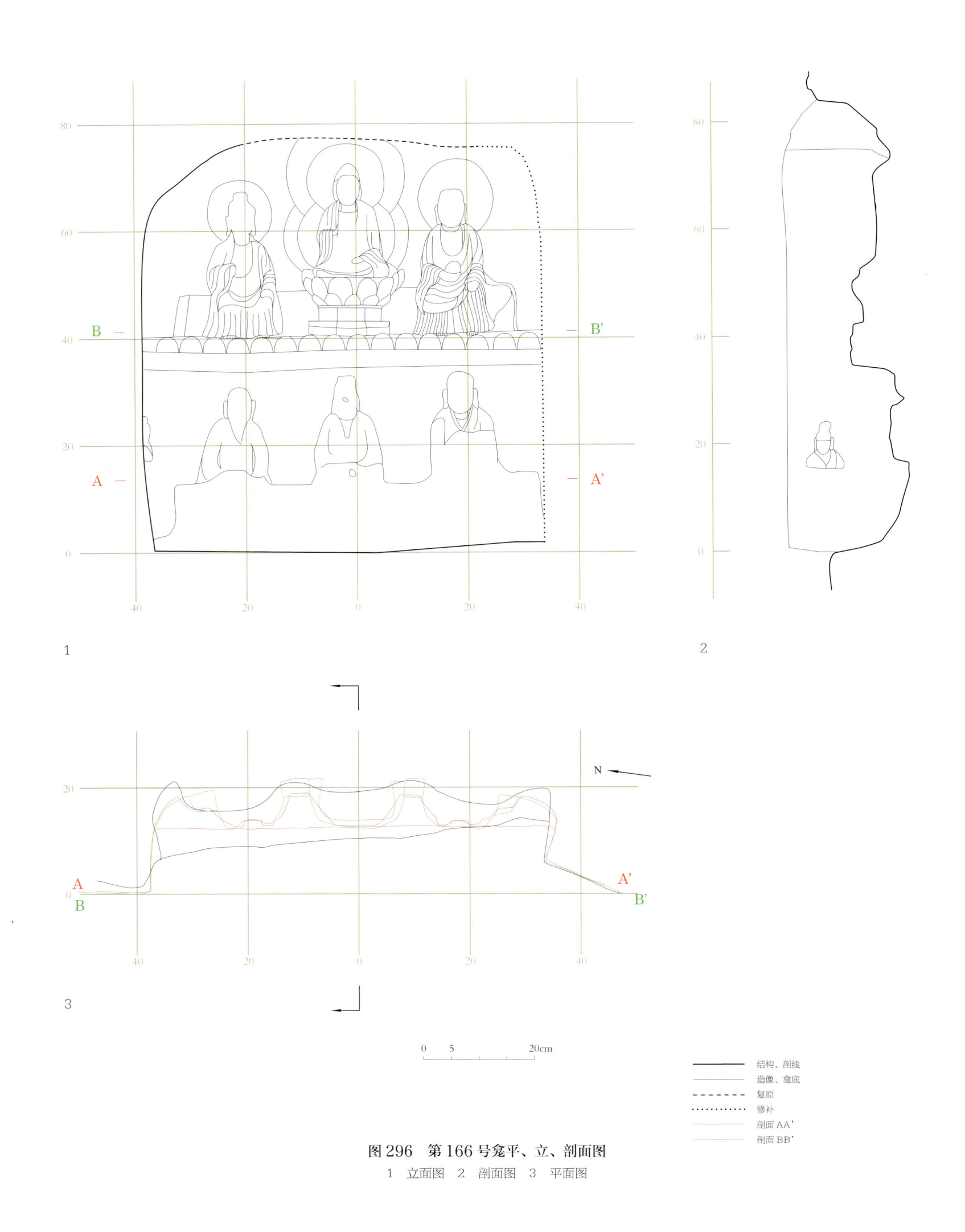

图296 第166号龛平、立、剖面图
1 立面图　2 剖面图　3 平面图

三 造像

存像7身（图296-1；图版Ⅰ：317）。分为正壁上部、下部、右侧壁造像三部分。

（一）正壁上部

刻坐像3身，置于平台上。

中像　坐高21厘米，头长8厘米，肩宽9厘米，胸厚3厘米。线刻葫芦形头光和背光，最宽21厘米，尖端残。头面皆蚀，上身似着袈裟，下着裙。左手置于腹前，右手置于胸前，均残。结跏趺坐于束腰仰莲座上。座通高11厘米，上部为两重仰莲台，直径18.5厘米；中部束腰部分为八边形方台，面宽约5.5厘米；下部亦为八边形方台，中部线刻一道凹线，面宽约7.5厘米。

左像　坐高18厘米，头长7厘米，肩宽8厘米，胸厚3厘米。线刻圆形头光，直径14厘米。面残，上着双领下垂式袈裟，下着裙，腰带垂至足间。左手抚膝，右手腹前托圆状物，似钵，手及物略残。跣足，倚坐于方台上。台高8厘米，宽23厘米，深3.5厘米，右端与中像座台衔接。

右像　坐高18厘米，头长9厘米，肩宽9厘米，胸厚3.5厘米。头顶残，似戴冠；胸剥蚀。左手抚膝，右手屈肘横置，似持物，手及物残；残迹下方刻有下垂的巾带。余略同左像。

（二）正壁下部

刻坐像3身，置于龛底。

中像　残损甚重，残坐高21厘米。可辨上着交领服。

左像　坐高21厘米。光头，面蚀，耳垂肥大。身大部残，可辨上着双层交领服。

右像　残蚀较重，残高19厘米，细节不明。

此三像似坐于同一横长方形方台上，台大部毁。

（三）右侧壁

下部刻立像1身，残损甚重，仅存头部及双肩，遗迹残高约8厘米，似梳高髻。

四 晚期遗迹

龛口左侧为后世补砌的石壁边缘，至龛内最深约11厘米。

龛口下部凿有不规则的平整面，最高约96厘米，宽约71厘米，深约7—15厘米。

龛内保存灰白色涂层。

第五节　第167号

一 位置

位于第165号龛右侧。左距第165号龛11厘米，右紧邻第168号窟；上距岩顶约80厘米，下距地坪116厘米。

造像西北向，方向297°。

二　形制

于岩壁直接浮雕造像（图297；图版Ⅰ：318）。

三　造像

浮雕立像1身。头毁，残高154厘米（图版Ⅰ：318）。头部存作结上扬的冠带，部分残。身残损甚重，左侧被后世改刻，存斜向凿痕；可辨右侧袍服袖摆和少许甲裙，双足残。

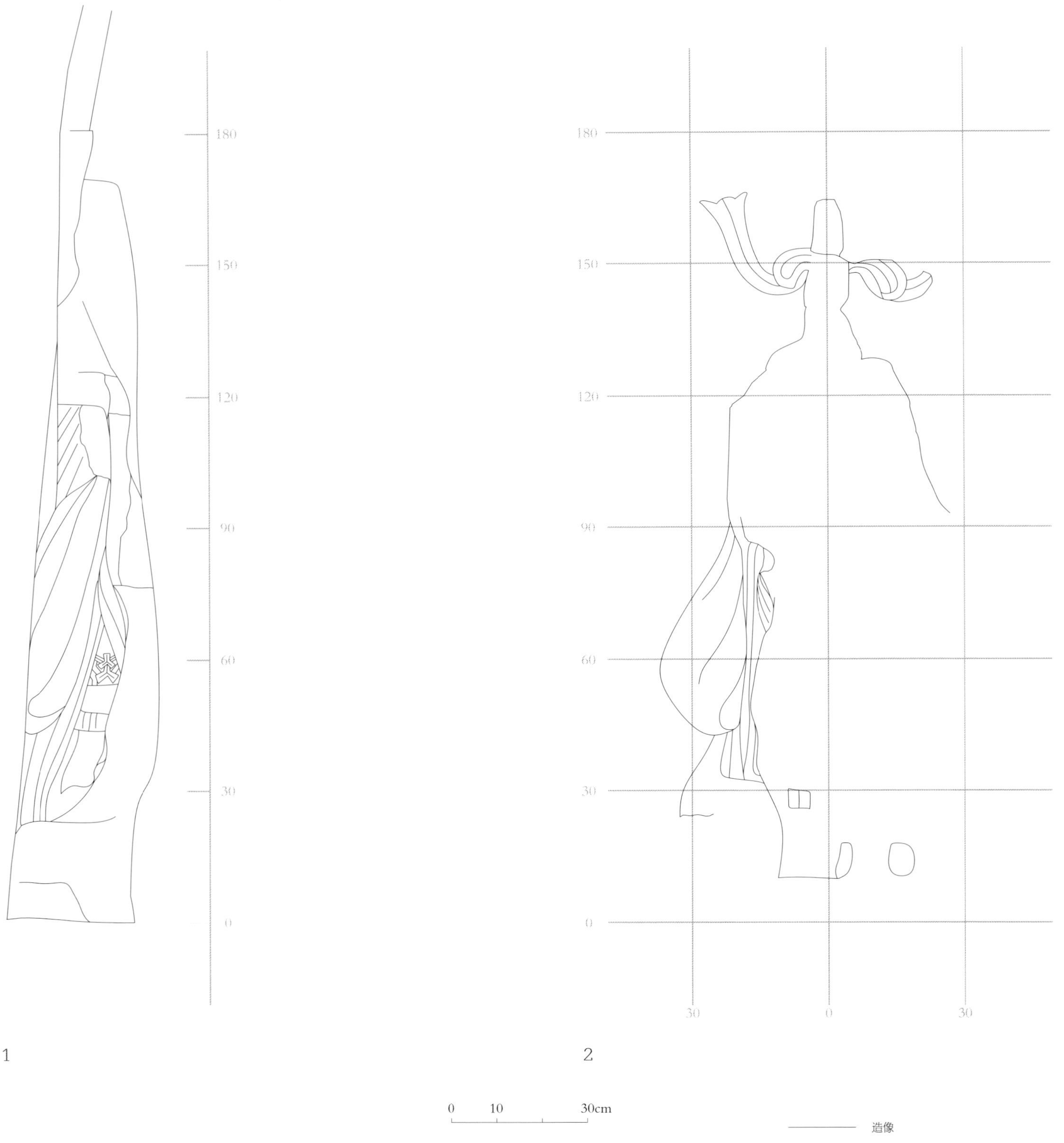

图297　第167号龛立面、侧视图
1　侧视图　2　立面图

四　晚期遗迹

立像头部上方存有两个不规则圆孔，左孔最宽11厘米，深13厘米；右孔最宽10厘米，深12厘米。

第六节　第168号

一　位置

左紧邻第167号龛，右紧邻第169号龛；上为岩壁和后期修补的岩体，下距地坪46厘米。

窟口西向，方向274°。

二　形制

平顶方形窟（图298、图299、图300、图301、图302、图303、图308、图309；图版Ⅰ：319、图版Ⅰ：320、图版Ⅰ：321、图版Ⅰ：330、图版Ⅰ：338）。

窟口　在岩壁表面平直凿进最深约18厘米形成窟口。窟口方形，外缘高约355厘米，宽约335厘米。上沿、左沿、右沿面皆饰山峦。左沿宽20—30厘米，部分残脱；内侧刻出宽17—22厘米的平整面；平整面外侧凿有一道纵向的凹槽，宽11厘米，深6—13厘米，用途不明。右沿毁，现以条石补砌，沿面宽17厘米，内侧平整面宽14厘米。上沿宽18—20厘米，下端略残脱。下沿毁，现为条石补砌，打磨平整，与地坪相接。窟口内缘高335厘米，宽288厘米。窟口左上角为圆弧形，部分残；右上角毁。

窟左沿外侧刻有高230厘米，宽17厘米的竖直平整面。

窟底　呈方形。内高外低略倾斜，局部剥蚀。前端毁，现以条石修补；前侧宽276厘米，后侧宽390厘米；窟底左侧长735厘米，右侧长717厘米。在距正壁86厘米，距左侧壁82厘米，距右侧壁85厘米处，建石塔一座。窟底与左右侧壁相交处，各纵向开凿一条排水浅沟，宽5厘米，深8厘米。

窟壁　壁面竖直，略有起伏。正壁与左、右侧壁垂直相交。壁面与窟顶亦垂直相接。正壁中上部开方形浅龛，内刻像。正壁及左右侧壁凿出六排横贯凹槽，槽间五排石垠凸显；前端均与窟口内侧平整面相接。凹槽形制相近，高约38厘米，深9—27厘米；石垠高6—9厘米。其中，由上至下第五排石垠大部毁，仅保存右壁前端少许。凹槽内通壁刻像，其中正壁第六排未完工，仅刻出左端4身。壁面最下部素平，高26—48厘米。

窟顶　平顶，方形。前端少许残脱。中部存有一条纵向裂隙。后世于窟内置钢管和钢板支架，以固窟顶。

三　造像

根据窟内造像位置及组合特点，分为正壁、左壁、右壁造像及窟底石塔四部分（图版Ⅰ：319）。

（一）正壁

正壁中上部近窟顶处，凿一方龛，内刻像；其余壁面凹槽内，皆刻罗汉像（图303；图版Ⅰ：321）。

1. 方龛

方龛高79厘米，宽135厘米，至后壁深34厘米；龛口左右上角作圆弧形。龛内刻像13身。其中，正壁中刻一佛二菩萨像，佛与左右菩萨像间各刻立像4身；左右壁外侧各刻立像1身（图304、图305、图306；图版Ⅰ：322）。

佛像　头残面毁，残坐高38厘米，肩宽15厘米，胸厚6厘米（图307）。浮雕桃形头光和椭圆形身光，内皆素平，边缘饰宽约4.5厘米的火焰纹；头光横径27厘米，身光最宽23厘米。内着僧祇支，系带作结；外披双领下垂式袈裟，下着裙；袈裟一角系于左肩。左

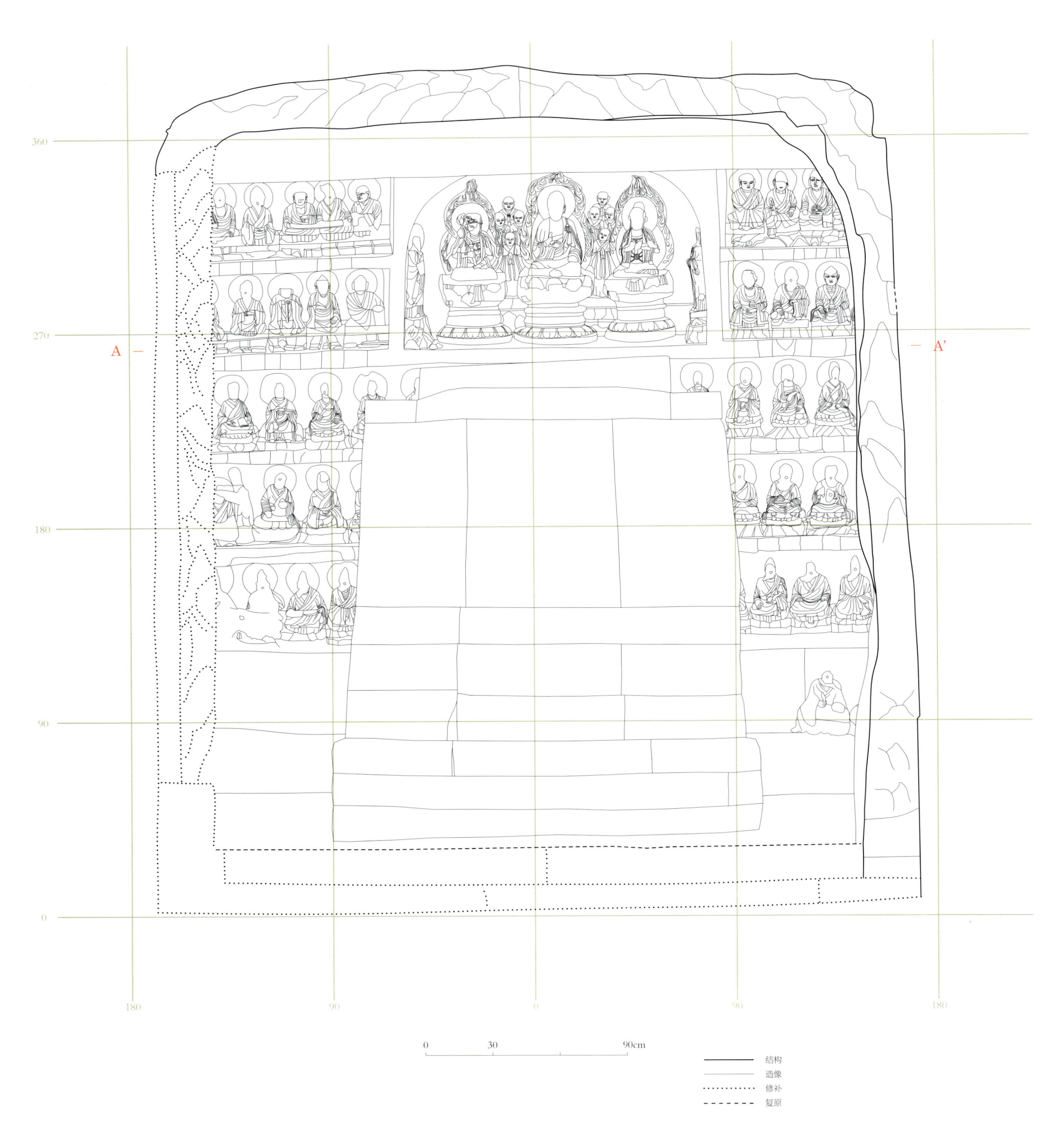

图 298　第 168 号窟立面图

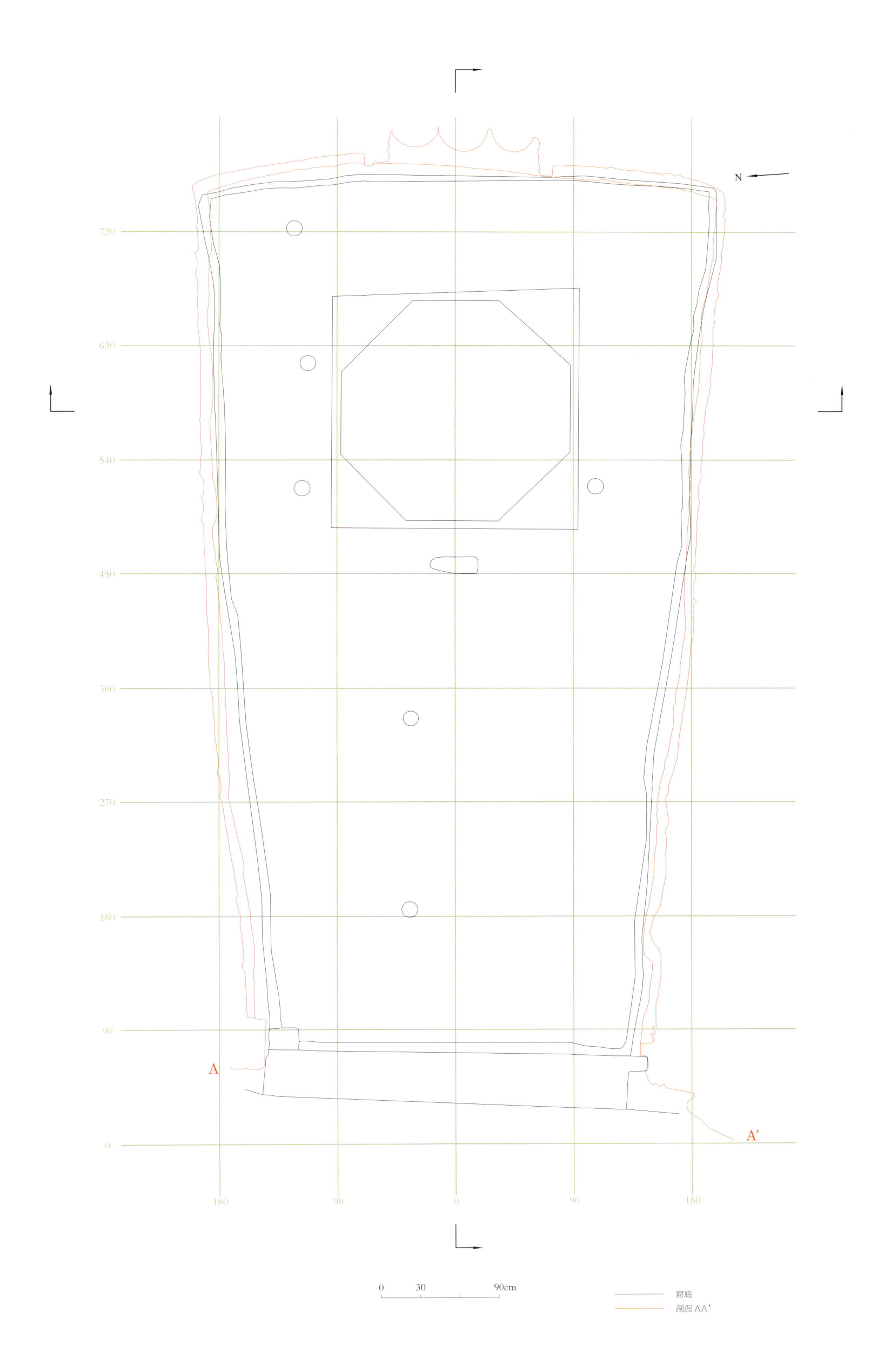

图 299 第 168 号窟平面图

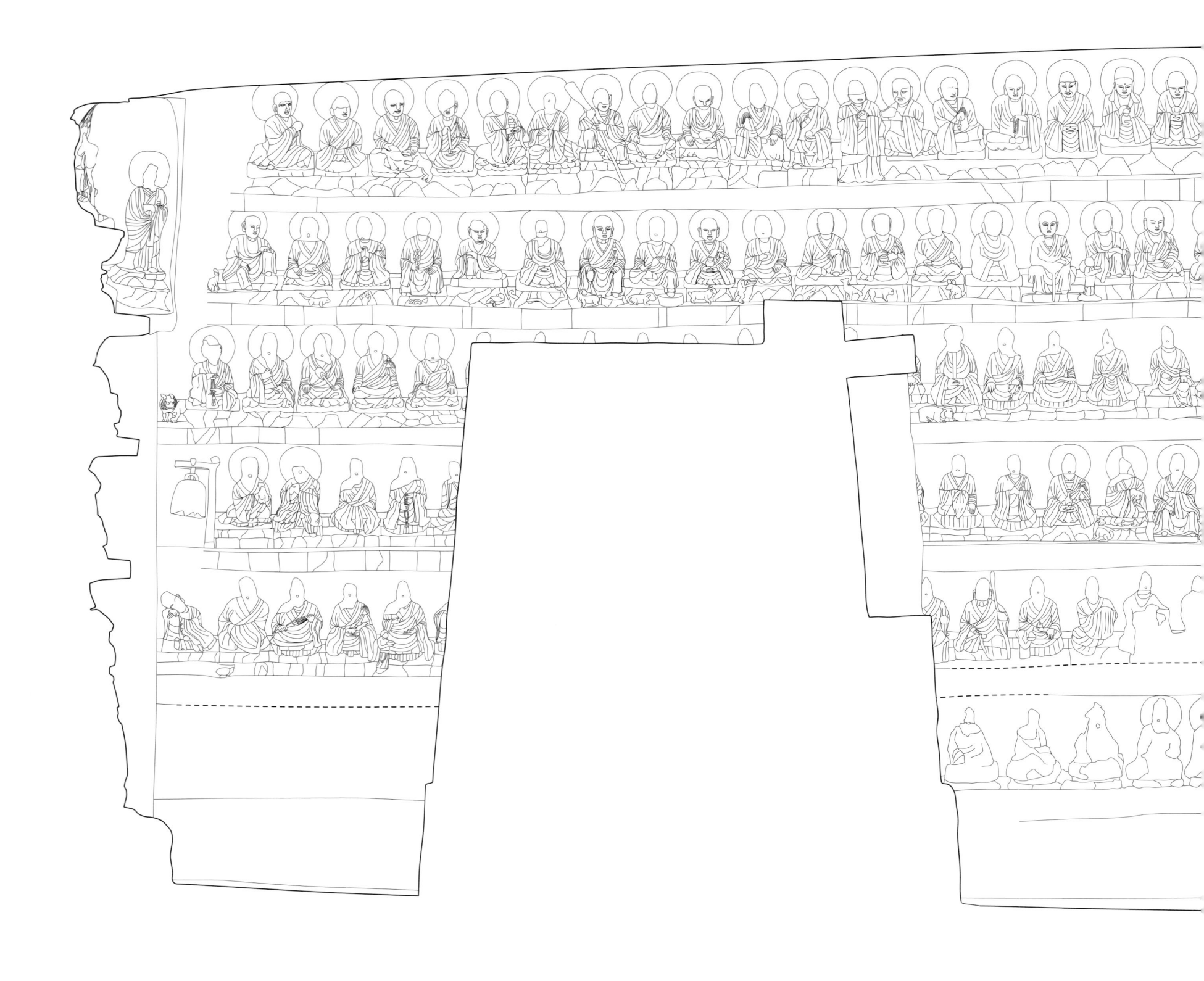

图 300　第 168 号窟纵剖面图（向南）

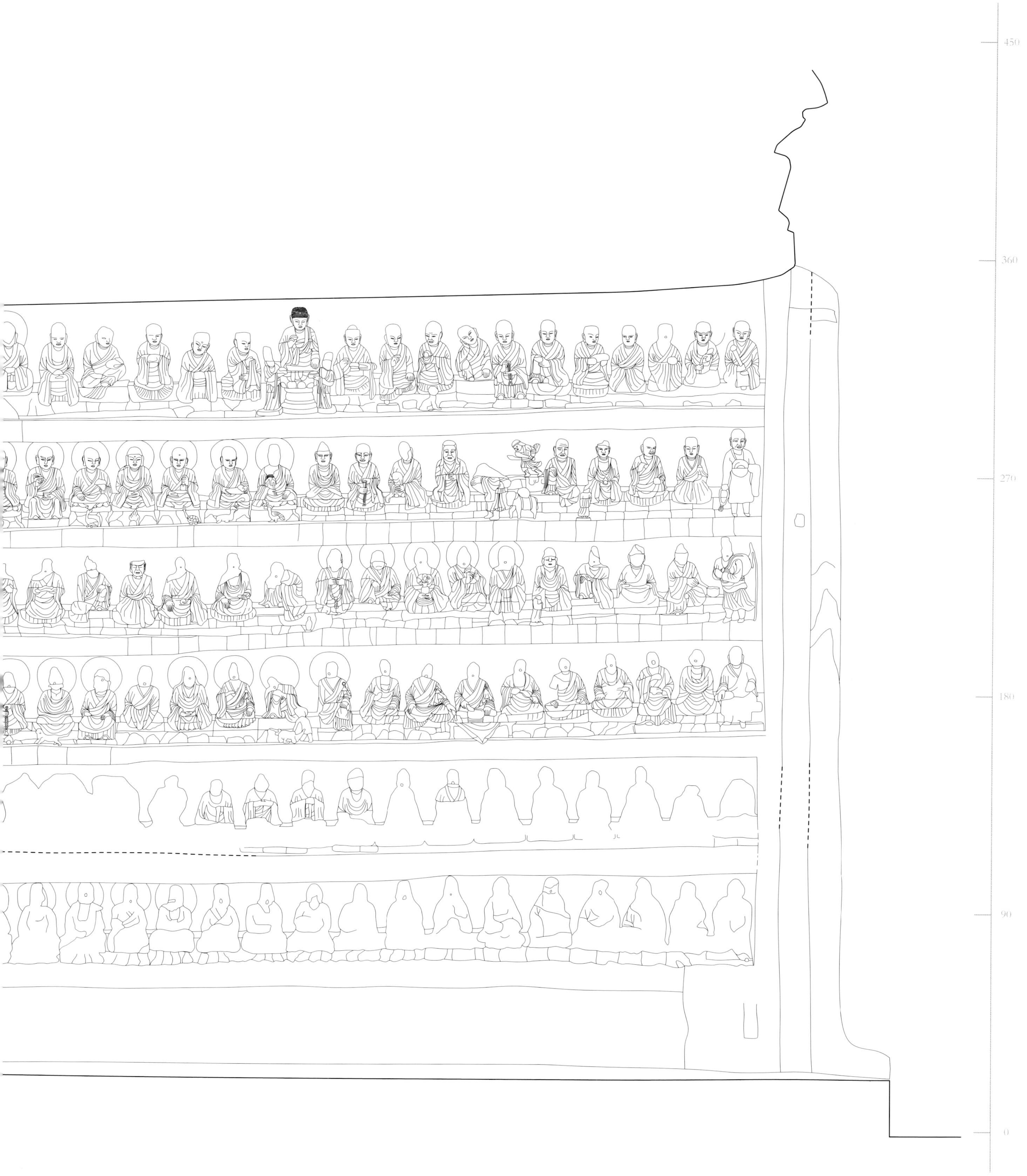

第六章　第165—192号　373

图 301 第 168 号窟纵剖面图（向东）

374　大足石刻全集　第二卷（上册）

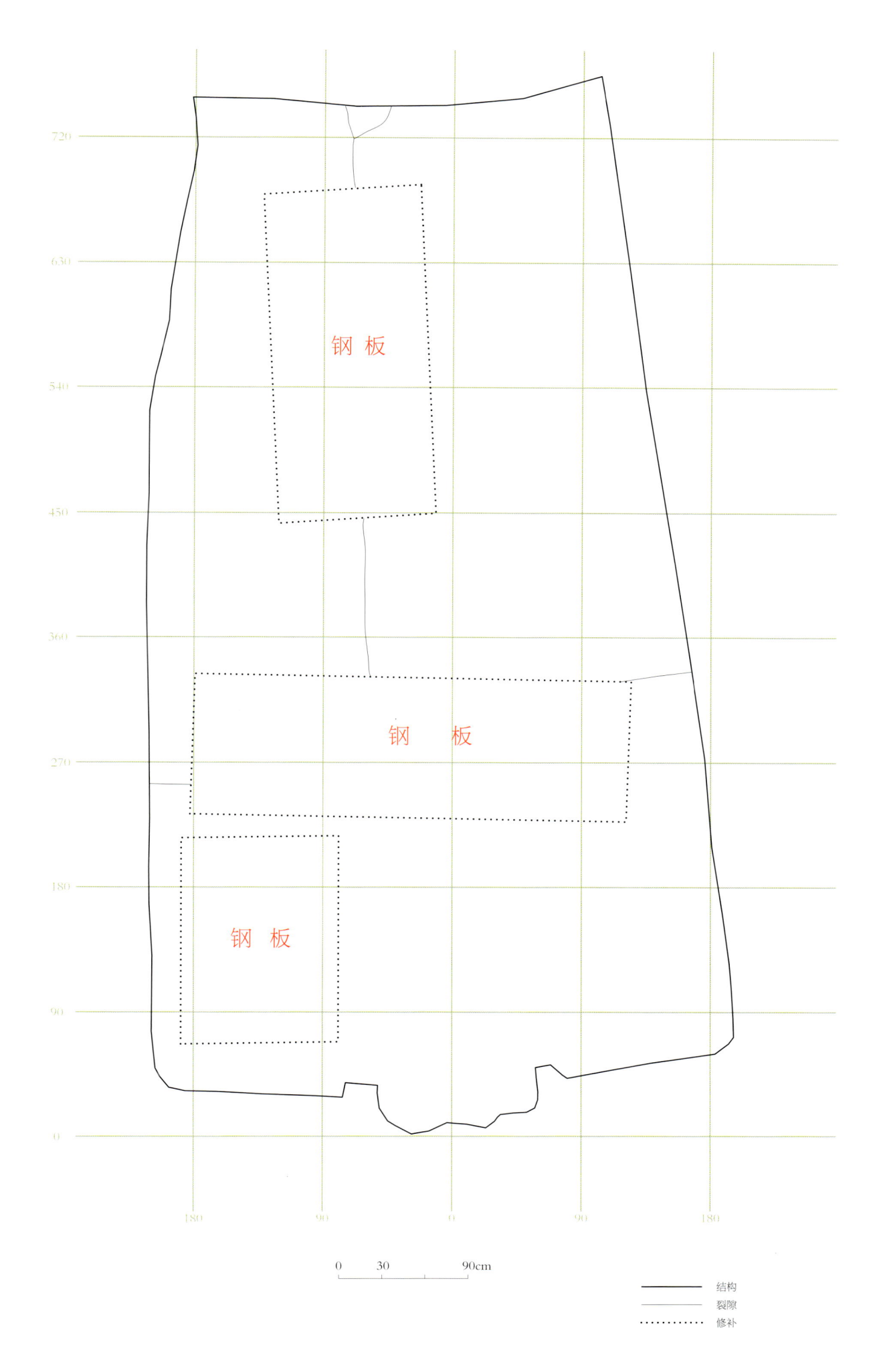

图302 第168号窟窟顶仰视图

图 303　第 168 号窟正壁立面及编号图

第六章　第 165—192 号　377

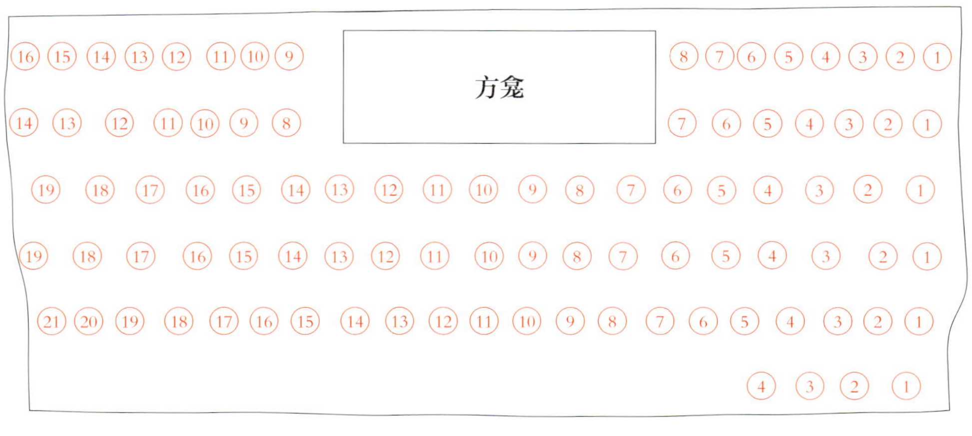

图 304　第 168 号窟正壁方龛立面图

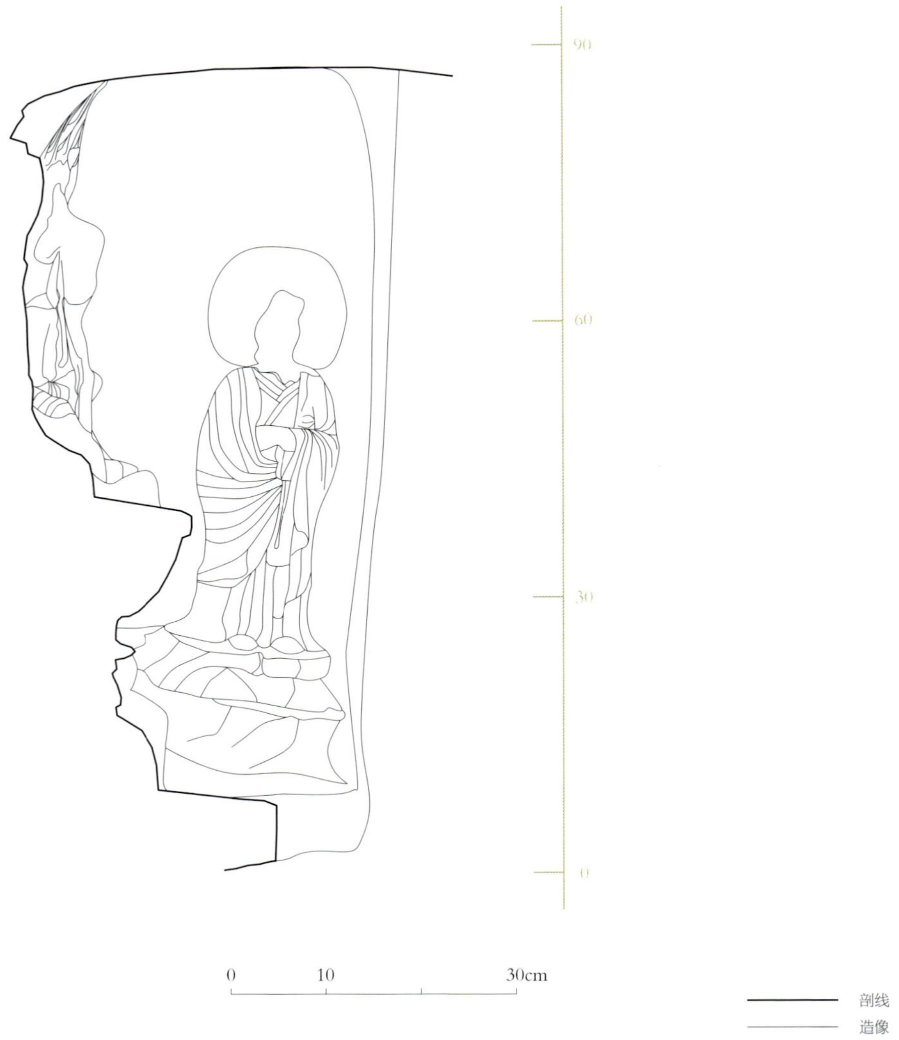

图 305　第 168 号窟正壁方龛剖面图

378　大足石刻全集　第二卷（上册）

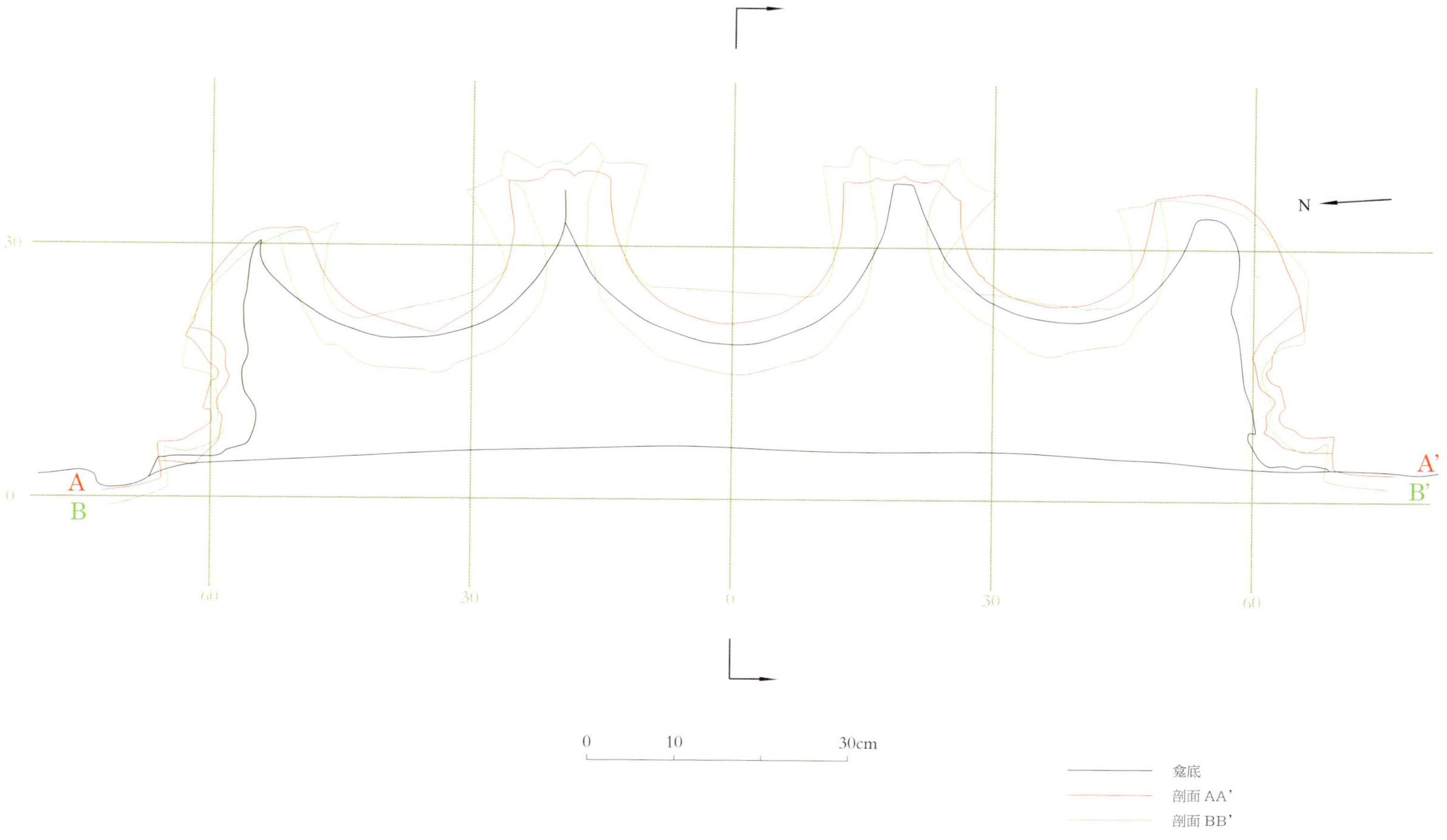

图306　第168号窟正壁方龛平面图

手抚膝，手掌残；右手举胸前，齐腕残。结跏趺坐于束腰仰覆莲座上。座部分残，通高32厘米，上部为两重仰莲台，莲瓣剥落，直径35厘米；中部束腰为圆棱台，直径26厘米；下部为覆莲台，直径38厘米。

左菩萨像　头残面毁，残坐高32厘米，肩宽12厘米，胸厚5厘米。浮雕桃形头光和椭圆形身光，皆内素平，边缘饰宽约3.5厘米的火焰纹；头光横径24厘米，身光最宽23厘米。梳髻，垂发分两缕披肩，冠带作结，耳饰珠串；胸饰璎珞，上着宽博披巾，下着裙；腰带垂于座前。披巾两端垂于腹前，敷搭前臂后长垂座侧，部分残断。双手屈于胸前，手残；结跏趺坐于束腰仰覆莲座上。座稍残，高29厘米，式样略同佛像座。

右菩萨像　坐高32厘米。头面残，存花冠遗迹。冠带作结斜垂至肘部外侧。腕镯，双手身前持带茎莲，斜置右肩。余与左菩萨像同。

佛左右侧立像　8身。分三排立于佛与左右菩萨像之间，作上一中二下一布置。各像特征大致相同。前排像为全身，后两排像为半身，皆光头圆脸，上着交领宽袖服，双手胸前合十。其中，全身立像通高约30厘米，下着裙，立于山石台上，台高18厘米，最深约2厘米。

左壁立像　头毁，立像残高36厘米（图版Ⅰ：323）。存圆形素面头光残迹，直径12厘米。内着双层交领服，外披袈裟，下着裙。双手置胸前，手残。着鞋立于山石台上。台通高15厘米，深10厘米。

右壁立像　头身剥蚀略重，立像残高39厘米（图版Ⅰ：324）。略同左壁弟子像。

2. 罗汉像

六排93身。部分头残或毁，残毁者坐高约16—19厘米，完整者坐高约24厘米（图303）。为记述方便，现按从上至下、从左至右顺序编号介绍。

第一排16身。像坐高约24厘米。其中，第1—8像位于方龛左侧，第9—16像位于方龛右侧。第二排14身。像坐高约24厘米。其中，第1—7像位于方龛左侧，第8—14像位于方龛右侧。第三排19身。头皆残毁，坐像残高约16厘米。第四排19身。头皆大部残，坐像残高约23厘米；刻圆形素面头光，直径13厘米。第五排21身。头皆大部毁，残坐高约23厘米。其中，第12—20像线刻头光，直径15厘米。第六排，未完工，仅刻出左端4身像，残损较重，仅可辨少许细节。上述造像，皆结跏趺坐于山石台上，台高约10厘米，宽

图 307　第 168 号窟正壁方龛主尊佛像效果图

15厘米，深4.5厘米。现将各像具体特征列入表14。

表14　第168号窟正壁罗汉像特征简表

排号	编号	造像特征
一	1	刻圆形素面头光，直径14厘米。光头，面长圆。内着单层交领宽袖服，外披袒右式袈裟，下着裙，袈裟和裙摆覆于座前。左手胸前持如意，右手置膝上（图版Ⅰ：325）。
	2	双手胸前结印，袈裟一角过双手。余略同第1像（图版Ⅰ：326）。
	3	双手胸前持念珠。余略同第1像（图版Ⅰ：327）。
	4	头毁，残坐高19厘米。刻圆形素面头光，直径15厘米。双手抱右膝，垂左腿踏山石足踏，右腿屈膝上竖置于台面。
	5	眉间刻白毫。双手胸前合十。台左下方刻一蹲兽。余略同第1像。
	6	头部分残。左手腹前持法轮，轮径5厘米，右手（残）抚膝。台下刻一粒放焰珠。余略同第1像。
	7	头大部残。左手抚膝，右手腹前持拂子。盘左腿，垂右腿踏足踏，着鞋右舒相坐。余略同第1像。
	8	面方，眉间刻白毫。双手腹前笼袖内。台下刻一匍匐兽。余略同第1像（图版Ⅰ：328）。

续表14

排号	编号	造像特征
一	9	头右侧，面方，深目阔口，双手胸前持物，手及物残。余略同第1像（图版Ⅰ：329）。
	10	头毁，残坐高16厘米。双手与第11像共持展开的经卷。余略同第1像。
	11	面方，显老。左手横置胸前，右手持经卷。余略同第1像。
	12	头毁，残坐高14厘米。双手腹前结印。余略同第1像。
	13	头毁，残坐高15厘米。刻圆形素面头光，直径15厘米。上着双领下垂式袈裟，下着裙，左手抚膝，右手胸下持拂子。
	14	头毁，残坐高14厘米。双手胸前覆巾，巾上置假山。余与第1像同。
	15	头毁，残坐高14厘米。上着双领下垂式袈裟，下着裙，双手腹前笼袖内。余略同第1像。
	16	头大部残，左手抚膝，右手腹前托钵，高3厘米，口径3厘米。余略同第1像。
二	1	刻圆形素面头光，直径14厘米。光头，面长圆，双眉隆起，眼眶较深，厚唇。内着单层交领宽袖服，外披袒右式袈裟，下着裙，袈裟和裙摆覆于座前。左手抚小腿，右手腹前竖持拂子。台右下侧刻一粒放焰珠。
	2	头毁，残坐高14厘米。身着双领下垂式袈裟，袈裟一角覆于右肩。双手腹前合掌，手指下指。余略同第1像。
	3	头左侧，大部残，左手曲于胸前持经卷，部分残，右手抚膝，着鞋倚坐，踏山石足踏。余略同第1像。
	4	头顶残，身着双领下垂式袈裟。左手腹前握右手腕，右手持念珠。台下刻一昂头的龟。余略同第1像。
	5	头顶残，左手腹前持净瓶，瓶高4.5厘米，右手腹前持柳枝。余略同第1像。
	6	头毁，残坐高15厘米。左手横置左膝，右手抚小腿。竖左腿，盘右腿，着鞋。余略同第1像。
	7	头大部残，上着双领下垂式袈裟，左手胸下托圆珠，右手腹前结印。余略同第1像。
	8	头面残，着双领下垂式袈裟；双手抱左小腿，竖左腿，盘右腿而坐。余略同第1像。
	9	头顶残，身完整，左手抚膝，右手胸前持经函。余略同第1像。
	10	头大部残。双手胸前竖持戒尺。余略同第1像。
	11	头毁，残坐高14厘米。双手胸前持物（物残难辨）。余略同第1像。
	12	头毁，残坐高13厘米。上着双领下垂式袈裟。左手胸下托圆珠，右手抚膝而坐。余略同第1像。
	13	头毁，残坐高14厘米。左手抚膝，右手置胸前，部分残。余略同第1像。
	14	头完整，身大部残，细节不明。
三	1	刻圆形素面头光，直径15厘米。上着双层交领宽袖服，外披袒右式袈裟，下着裙，袈裟和裙摆覆于座前。双手腹前笼袖内。结跏趺坐。
	2	左手腹前结印，右手抚膝。余与第1像同。
	3	左手抚膝，右手胸前握持袈裟一角，垂于腿间。余与第1像同。
	4	双手腹前握持绳索，索绕于后颈。余与第1像同。
	5	内着僧祇支，系带作结，外披双领下垂式袈裟。左手抚膝，右手腹前持拂子。余与第1像同。
	6	双手置胸前，齐腕残。余与第1像同。
	7	袈裟一角系于左肩。双手胸前似合十，指残。余与第1像同。
	8	左手抚膝，右手胸前持长竿，略残，残长24厘米。着鞋倚坐。余与第1像同。
	9	左手似置膝上，前臂残，右手撑台。竖左腿，盘右腿而坐。余与第1像同。
	10	双手抱右小腿，盘左腿，竖右腿，膝残。着鞋。余与第1像同。
	11	左手腹前持经卷，右手胸下握经卷系带。余与第1像同。

续表14

排号	编号	造像特征
三	12	袈裟一角系于左肩，左手置腿上握簿册，右手置于胸前，手残。余与第1像同。
三	13	双手胸前持念珠。余与第1像同。
三	14	双手腹前托净瓶，瓶部分残。余与第1像同。
三	15	左手抚膝，右手腹前持物，物残难辨。余与第1像同。
三	16	双手胸前持长柄香炉。着鞋倚坐。余与第1像同。
三	17	左手腿上持簿册，右手腹前结印。余与第1像同。
三	18	双手胸前结印。余与第1像同。
三	19	双手置腹前，双腿残蚀。余与第1像同。
四	1	内着双层交领宽袖服，外披袒右式袈裟，下着裙，袈裟和裙摆覆于座前。双手腹前持戒尺。结跏趺坐。
四	2	头略右侧，左手抚膝，右手胸下托珠。余与第1像同。
四	3	左手抚膝，右手握持袈裟一角，着鞋倚坐。像左刻一立像，头毁，残高35厘米；右肩残，上着窄袖服，下着裙，腰束带；左手似抚右像头，右臂毁，着鞋侧身立于山石低台上。台高2厘米，宽12厘米。
四	4	双手胸前持钹，部分残；余与第1像同。
四	5	双手腹前持钹，略残；余与第1像同。
四	6	披双领下垂式袈裟，双手腹前隐于袈裟内。余与第1像同。
四	7	双手胸前持钹，略残；余与第1像同。
四	8	双手胸前持钹，略残；余与第1像同。
四	9	左手腹前持鼓，右手腿上持槌。余与第1像同。
四	10	头略右倾，存双唇和下颔，双手腹前笼袖内；余与第1像同。
四	11	左手腹前持锣，右手腿上持槌。余与第1像同。
四	12	双手合十，夹持槌，手略残。台前刻一鼓，部分残。余与第1像同。
四	13	左手胸前持铃，右手腹前结印。余与第1像同。
四	14	双手腹前隐于袈裟内。余与第1像同。
四	15	存披帽遗迹。双手腹前托物，物难辨。余与第1像同。
四	16	左手胸前持物，物难辨；右手置右膝上，略残。余与第1像同。
四	17	双手似置腹前。着鞋倚坐。前臂及双腿残。像左刻一立像，头毁，残高30厘米。身略蚀。可辨上着交领窄袖服，下着裙。双手抚右像头部，侧身向右。
四	18	残毁甚重，仅辨轮廓。
四	19	残毁甚重，仅辨轮廓。
五	1	头大部残，残坐高23厘米。存右耳。内着单层交领服，外披袒右式袈裟，下着裙，双手拱于胸前，着鞋倚坐。
五	2	身略左侧，双手胸前合十，部分残。盘左腿，垂右腿，右舒相坐。余与第1像同。
五	3	左手持簿，置于左膝上，右手抚膝。竖左腿，盘右腿，着鞋而坐。座左下刻一向左匍匐的小像，略残，身长约7.5厘米。
五	4	袈裟和裙摆之间刻出下垂的腰带。双手腹前隐于袈裟内。结跏趺坐。余与第1像同。
五	5	袈裟和裙摆之间刻出下垂的腰带。双手置于双膝上，握持念珠。结跏趺坐。余与第1像同。

续表14

排号	编号	造像特征
五	6	袈裟一角系于左肩。袈裟和裙摆之间刻出下垂的腰带。左手腹前托珠，右手抚膝。结跏趺坐。余与第1像同。
	7	身着双领下垂式袈裟。腰带垂于座前。双手覆巾，巾上置钵。结跏趺坐。余与第1像同。
	8	左手抚兽，右手置胸前，部分残。垂左腿，盘右腿，左舒相坐。余与第1像同。
	9	身着双领下垂式袈裟。左手隐于袈裟内，右手抚膝，略残。盘左腿，竖右腿而坐。余与第1像同。
	10	双手胸前持念珠。结跏趺坐。余与第1像同。
	11	双手合十，手略残。结跏趺坐。余与第1像同。
	12	左手腹前托钵，右手胸前持柳枝。余与第1像同。
	13	双手持如意，部分残。结跏趺坐。余与第1像同。
	14	身略右侧。左手置胸前似持物，略残，右手抚兽。盘左腿，垂右腿，右舒相坐。余与第1像同。
	15	左手抚膝，右手腹前持放焰珠。结跏趺坐。余与第1像同。
	16	双手腹前隐于袈裟内。结跏趺坐。余与第1像同。
	17	双手持展开的经卷。结跏趺坐。余与第1像同。
	18—21	残毁甚重，仅辨轮廓。
六	1	残坐高25厘米，可辨上着双层交领服，左手似抚膝，右手置腹前，均残，结跏趺坐。
	2	残坐高23厘米，可辨双手置腹前托物。结跏趺坐。
	3	残坐高23厘米，可辨双手置胸前。
	4	残坐高19厘米，可辨左手置腿上，右手置腹前。

（二）左壁

左壁最上排近窟顶凹槽中偏右位置，刻一佛二菩萨像；其余凹槽内皆刻罗汉像（图308；图版Ⅰ：330）。

1. 一佛二菩萨像

中刻佛像（图版Ⅰ：331），坐高27厘米。头布螺髻，面方圆。内着僧祇支，外披双领下垂式袈裟，袈裟一角系于左肩，下着裙，裙摆覆于座前。左手抚膝，右手略残，举于胸前结印，结跏趺坐于束腰仰莲座上。座通高18厘米。座前左右侧，各刻一菩萨像，立高20厘米。头均残，上着宽博披巾，披巾一端敷搭前臂后下垂，下着裙，腰带长垂；双手托盘，盘内盛物，相向立于山石台上。

2. 罗汉像

六排210身（图308）。为记述方便，按从上至下、从窟外至窟内（左至右）顺序编号介绍。

第一排36身，像坐高约23厘米。其中，第1—11像位于上述一佛二菩萨像左侧，余像位于右侧；第17—36像线刻圆形素面头光，直径16厘米。第二排35身，其中，第1、6像为立像；余为坐像，高约23厘米。第三排37身，其中，第1像为立像，高35厘米；余像为坐像，头大部残或毁，残坐高约15—23厘米；第6—10、33—37像线刻圆形素面头光，直径15厘米。第四排37身，其中，第1像头部分残，坐高约23厘米；余像头皆毁，残坐高约16厘米；第10—13、15—21、36、37像线刻圆形素面头光，直径16厘米。第五排37身，大多头毁身残，坐高约16厘米；其中，第1—8、13—18像大部毁，仅可辨轮廓。第六排28身，亦皆残泐较重，残坐高约23厘米，细节难辨；其中，第13—19像存圆形素面头光，直径14厘米，末段壁面未见雕刻。上述造像，均坐于山石台上。台高9厘米，宽19厘米，深6厘米。现将各像具体特征列入表15。

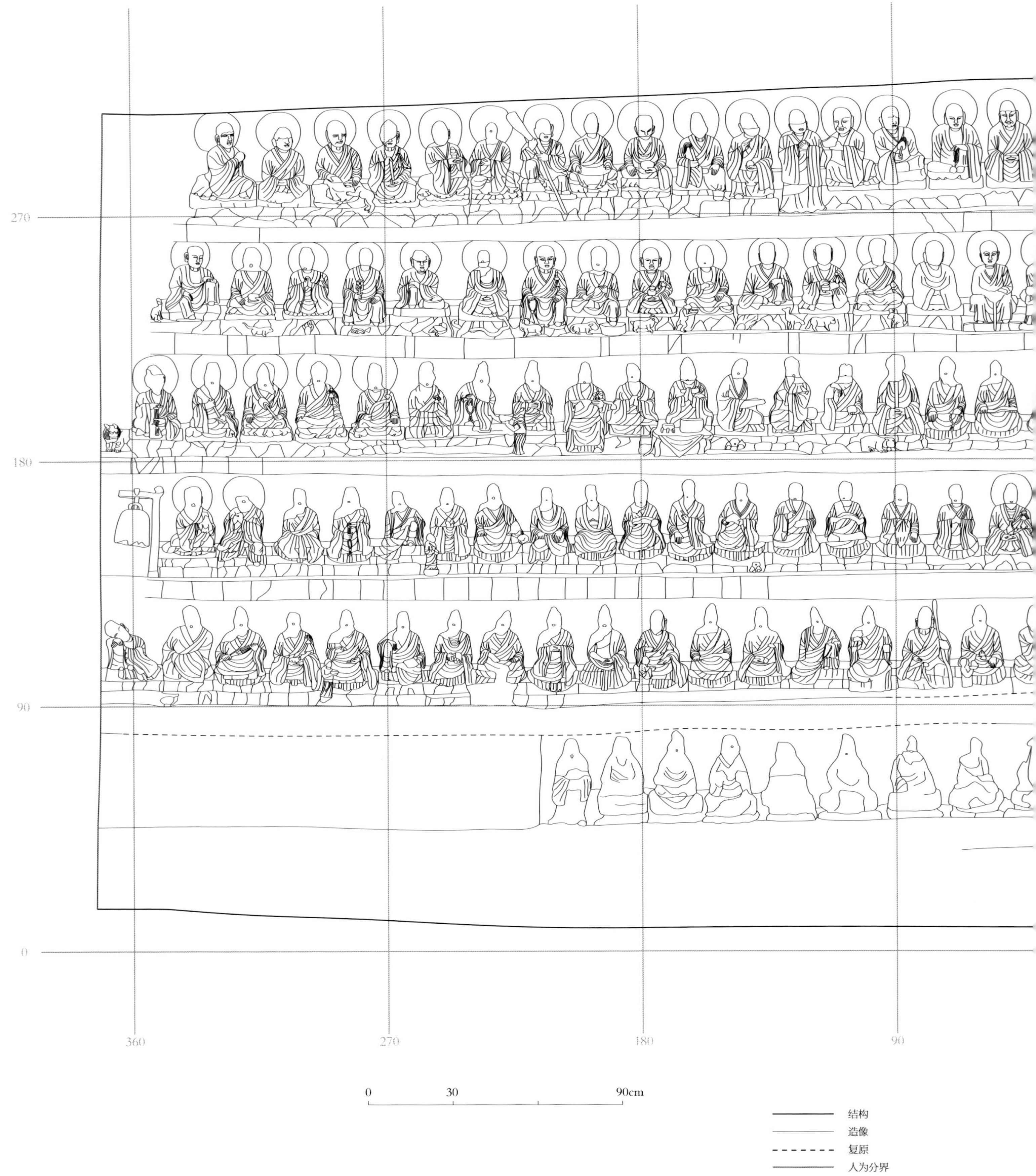

图 308　第 168 号窟左壁立面及造像编号图

第六章　第165—192号　385

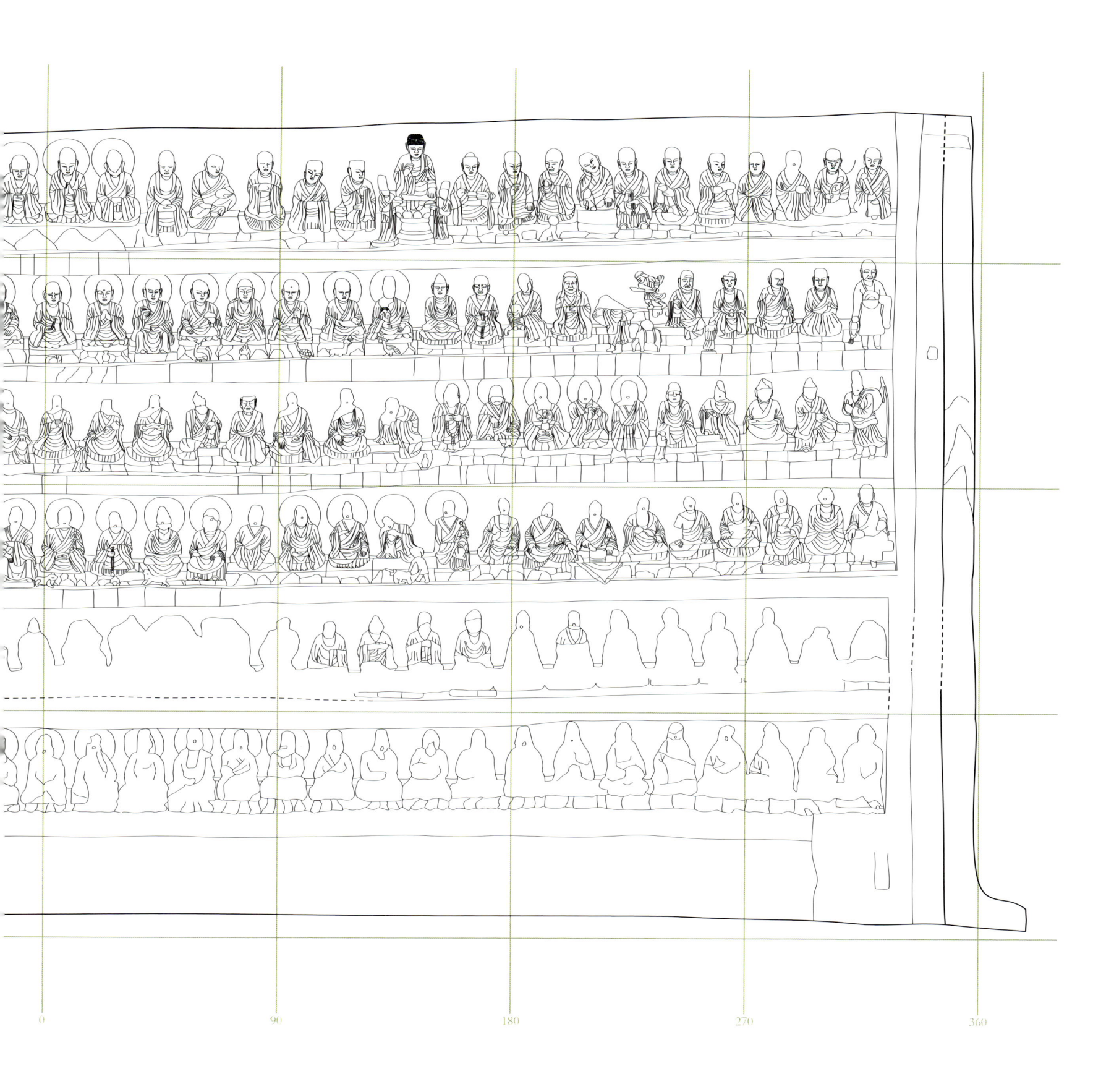

表15　第168号窟左壁罗汉像特征简表

排号	编号	造像特征
一	1	坐高22厘米，光头，面长圆。内着单层交领服，外披袒右袈裟，下着裙，双手腹前持如意。结跏趺坐。
	2	坐高23厘米。光头，长圆脸。上着双领下垂式袈裟，下着裙。左手抚膝，右手胸下持带茎莲。结跏趺坐。
	3	头毁，残坐高20厘米。竖左腿，盘右腿，双手笼袖内抱左小腿而坐。余略同第1像。
	4	双手腹前笼袖内。余略同第1像。
	5	头略左侧。双手胸前持簿。余略同第1像。
	6	盘左腿，竖右腿，左手握右手置右膝上。着鞋。余略同第1像。
	7	双手腹前持念珠，着鞋倚坐。余略同第1像。
	8	头右侧。左手抚膝，右手托腮，作思维状。竖右腿，盘左腿。余略同第1像（图版Ⅰ：332）。
	9	光头，刻出皱纹，面老。双手置胸前，手上覆巾，巾上置宝珠。台前刻一蹲兽。余略同第1像（图版Ⅰ：333）。
	10	左手抚膝，右手置胸前，稍残。盘左腿，垂右腿。着鞋，右舒相坐。余略同第1像。
	11	头顶残。左手胸前持长柄香炉，右手略残，置胸前。余略同第1像。
	12	头左侧。左手抚袖摆，右手握袈裟一角。余略同第1像。
	13	头左侧。双手腹前持物，手及物风蚀难辨。余略同第1像。
	14	面蚀。双手胸前作拱。台覆帏垫。余略同第2像。
	15	头左侧，面蚀。左手膝上持簿，右手置腹前。竖左腿，盘右腿。着鞋。余略同第1像。
	16	双手腹前持圆状物。余略同第2像。
	17	头残。双手腹前托钵。余略同第1像。
	18	双手胸前合十。余略同第2像。
	19	头略残。双手胸前托莲花盏。余略同第1像。
	20	头戴披帽。双手胸前持净瓶。余略同第1像。
	21	头顶残。双手腹前托物。余略同第1像。
	22	头顶残。左手膝上持念珠，右手撑右大腿。竖左腿，着鞋，盘右腿而坐。余略同第2像。
	23	头左侧，身右扭，左手撑左大腿，右手持扇；余略同第1像。
	24	身右侧。双手胸前持物，物残。余略同第1像。
	25	立像，头大部残，残高32厘米。双手胸前结印。余略同第1像。
	26	头大部残。左手腹前托宝珠，右手胸前结印。着鞋倚坐。余略同第1像。
	27	头大部残。左手抚膝，右手腹前竖持拂子。盘右腿，垂左腿，左舒相坐，着鞋。余略同第1像。
	28	左手腹前托钵，右手抚右膝。余略同第2像。
	29	头、面残。双手腹前持簿。余略同第1像。
	30	头、面大部残。双手持棍状物，残长约40厘米。垂左腿，竖右腿，着鞋。余略同第1像。
	31	身右侧，头毁，残坐高20厘米。双手胸前结印。余略同第1像。

续表15

排号	编号	造像特征
一	32	身左侧。双手胸前托盘，内置塔。余略同第1像。
	33	头、面残。袈裟一角系于左肩，双手胸前竖持戒尺。余略同第1像。
	34	左手抚虎头，右手持物。台下刻一虎，作直立攀爬状。余略同第1像。
	35	双手腹前结印。余略同第1像。
	36	光头，隆眉垂梢。身左侧，双手拱于胸前。余略同第1像（图版Ⅰ：334）。
二	1	立像，高35厘米。光头，面长圆，上着交领服，下着齐膝短裙，左手胸前持圆状物，右手下垂持念珠。着鞋站立。身后刻山石台。
	2	光头，面长圆，略蚀。内着双层交领服，外披袒右式袈裟，袈裟一角系于左肩，双手腹前笼袖内，结跏趺坐。
	3	光头。头左侧，面蚀，内着交领服，外披袒右式袈裟，下着裙，袈裟和裙摆覆于座前。左手腿上持簿，右手胸前结印。结跏趺坐。
	4	头顶残。身着双领下垂式袈裟，下着裙，袈裟和裙摆覆于座前。双手腹前持放焰珠。结跏趺坐。座右下侧刻一身立像，头毁，残高12厘米；身上着宽袖服，下着裙，双手笼袖内，着鞋立于山石上。
	5	光头，长圆脸，线刻皱纹，面老。左手撑台，右手抚膝，盘左腿，竖右腿，着鞋而坐。余略同第3像。
	6	立像，肩部以上毁，残高18厘米。上着宽袖服，下着齐膝短裙，背负搭袋，双手胸前似合十，着鞋、侧身向窟内站立。其身后刻一马，高11厘米，身长13厘米，头残，存缰绳，背负鞯，其上横托圆柱物；圆柱上方另刻"斗"形物，正面刻线纹，状如一束毫光。像身后刻一前倾立像，头扎巾，着交领宽袖衫，腰束带，下着裤；双手各持一刀，足靴，立于山石台上（图版Ⅰ：335）。
	7	面老，身着袈裟，袈裟一角罩于头顶，敷搭右肩；双手交于胸前。余略同第3像（图版Ⅰ：336）。
	8	头部分残，盘左腿，竖右腿，双手抱右腿，着鞋。余略同第3像。
	9	光头，双手胸前持念珠。余略同第3像（图版Ⅰ：337）。
	10	头顶残，双手腹前笼袖内。余略同第4像。
	11	头毁，残坐高15厘米；左手抚膝，右手腹前持扇；余略同第3像。台前刻一孔雀，向窟内站立，高9厘米。
	12	双手腹前持簿，余略同第3像。台前刻一孔雀，向窟外蹲伏，与第11像座前孔雀相对。
	13	左手胸前持铃，右手腹前结印；余略同第3像。台左下刻一龟。
	14	面方圆，内着交领服，外着双领下垂式袈裟，袈裟一角覆于头顶，敷搭右肩，下着裙；双手腹前结印，结跏趺坐。台前刻一粒放焰宝珠。
	15	光头，前额略凸，下颌稍尖；左手置胸前托物，手及物残，右手抚膝；余略同第3像。台前刻站立的长颈尖喙鸟。
	16	光头，双眉垂梢；左手腹前托钵，右手胸前持柳枝，着鞋倚坐；余略同第3像。
	17	光头，眉间刻白毫，双手当胸合十；余略同第3像。台前刻一净瓶，高5厘米。
	18	光头，脸长圆，眼眶略深，双手胸前持念珠；余略同第4像。台前刻一朵团花。
	19	左手抚左小腿，右手胸下持经卷；余略同第2像。
	20	头毁，后世以泥补塑，双手抚于左膝上；竖左腿，盘右腿，着鞋而坐；余略同第4像。座右下刻一立像，高14厘米，头面残蚀，衣饰不清，可辨双手身前持物，侧身直立。
	21	双手腹前持棍状物，手及物残蚀，着鞋倚坐；余略同第3像。
	22	光头，面蚀，双手腹前笼袖内；余略同第4像。
	23	头大部毁，双手腹前持物，物残；余略同第3像。台下刻一长耳蹲兽，高6.5厘米。
	24	头毁，后世以泥补塑，双手胸下持钵状物；余略同第2像。台刻一向窟外站立的马，高5厘米，身长11厘米。
	25	头毁，后世以泥补塑，左手置左膝上，右手撑台；竖左腿，盘右腿，着鞋而坐；余略同第3像。台左下刻一直立的孔雀，高7厘米；台右下方刻一粒放焰珠。

续表15

排号	编号	造像特征
二	26	头毁，残坐高15厘米，左手抚膝，右手胸前结印；余略同第4像。台右下方刻一直立的猴，高11厘米，双臂托盏，内盛物。
二	27	双手腹前托净瓶，高4厘米；余略同第2像。台前刻一站立的羊，高6.5厘米，身长11厘米。
二	28	双手胸前持拂子，盘右腿，竖左腿而坐，着鞋；余略同第3像。台前刻一蹲卧的牛，高4厘米，身长10.5厘米。
二	29	左手抚膝，右手置膝上持念珠，着鞋倚坐；余略同第2像。台右下方刻一回首站立的犬，高6.5厘米，身长9厘米。
二	30	头毁，残坐高16厘米，双手腹前持圆饼状物；余略同第4像。台前山石间刻一蛇。
二	31	头部分残，双手叠于右膝上；盘左腿，竖右腿，着鞋而坐；余略同第3像。台前刻一回首的鸟，高4厘米。
二	32	头毁，残坐高15厘米，左手抚膝，右手腹前持扇，着鞋倚坐；余略同第3像。台前刻团花。
二	33	头毁，残坐高14厘米，双手胸前合十，指残；余略同第2像。台前刻一粒放焰珠。
二	34	头毁，残坐高14厘米，左手腹前托钵，右手抚膝；余略同第3像。台前刻一蹲伏的兽，高3厘米，身长10厘米。
二	35	左手置左膝上，持物，物残，右手抚膝；竖左腿，斜垂右腿，着鞋而坐；余略同第4像。像右侧刻一蹲坐的兽，头毁，高8.5厘米。
三	1	为立像，头毁，残高35厘米，上着圆领窄袖服，腰束带，下着齐膝短裙，肩缚带；双手置胸前，手残，向窟内侧身站立，足鞋。像身后刻一长竿，竿顶端悬挂什物。像身前山石台上刻一圆钵状物，部分残蚀，高约3厘米。
三	2	头大部残，面蚀，内着交领服，外披袒右式袈裟，下着裙；双手握于胸前，盘左腿，垂右腿，侧身右舒相坐，足鞋。
三	3	头大部残，双手腹前持薄，结跏趺坐；余略同第2像。
三	4	左手抚膝，右手握左手腕；盘左腿，竖右腿，着鞋；余略同第2像。
三	5	头大部残，上着双领下垂式袈裟，下着裙；双手腹前结印，结跏趺坐。台右下方刻一立像，头残，高12厘米，面蚀，衣饰难辨，双手置胸前，侧身站立。
三	6	头毁，内着双层交领服，外披袒右式袈裟，下着裙；双手腹前笼袖内，结跏趺坐。
三	7	双手胸前持经函，少许残；余略同第6像。
三	8	双手腹前托净瓶，高5厘米，瓶内插莲花莲叶；余略同第6像。
三	9	左手抚左小腿，右手置右膝；盘左腿，竖右腿，着鞋；余略同第6像。
三	10	双手胸前持念珠，余略同第6像。
三	11	头毁，右肩残，双手似置右膝上，手及膝残；盘左腿，竖右腿，着鞋；余略同第6像。
三	12	头毁，右肩残，左手腿上握经卷，右手抚膝；余略同第5像。
三	13	头毁，右肩残，左手腹前托珠，右手抚膝；余略同第6像。
三	14	头顶残，面老，双手置腹前隐于袈裟内；余略同第6像。
三	15	左手抚膝，右手撑台，竖左腿，盘右腿，着鞋；余略同第6像。
三	16	双手腹前持展开的经卷，余略同第6像。
三	17	双手身前持拂子，余略同第6像。像右下方刻立像1身，高13厘米，头部分残，身着交领宽袖服，下着裙，双手笼袖内，着鞋站立。
三	18	双手拱于胸前，余略同第6像。
三	19	头毁，上着双领下垂式袈裟，下着裙，左手握右小腿，右手抚膝；垂左腿，右腿盘于左腿上，着鞋而坐。
三	20	双手置腹前覆巾，巾上置珠；余略同第6像。台左侧刻一净瓶，高5.5厘米。

续表15

排号	编号	造像特征
三	21	双手腿上持如意，余略同第6像。
	22	左手腿上持念珠，右手抚膝；余略同第6像。台右下侧刻一净瓶，高5.5厘米。
	23	双手腹前竖托戒尺，余略同第5像。台前刻一蹲兽，部分残，后世以泥补塑，高5.5厘米，身长12厘米。
	24	左手腹前托钵，右手胸前持柳枝；余略同第6像。
	25	左肩残，身右侧，双手胸前合十，指残；余略同第6像。
	26	身左侧，双手胸前持物，手及物部分残；余略同第6像。台前刻三粒放焰珠和一圆形方孔钱。
	27	袈裟一角系于左肩，双手胸前合十，夹持经卷；余略同第6像。台前刻一案，高8厘米，宽19厘米，深8厘米，其上覆巾，巾上置圆钵和带足香炉，钵高5厘米，径7.5厘米，香炉高3厘米。
	28	双手胸前合十，指残；余略同第6像。
	29	袈裟一角系于左肩，双手胸前持长柄香炉，右手及炉柄部分残；着鞋倚坐，余略同第6像。
	30	双手拱于胸前，余略同第6像。台前刻一立像，高17厘米。头大部毁。袒上身，饰披帛，下着裙；臂钏，腕镯，双手胸前托物，手及物残，侧身直立。
	31	右手持念珠置于右膝上，左手抚右手，盘左腿，竖右腿，着鞋；余略同第6像。
	32	袈裟一角系于左肩，双手身前隐于袈裟内，余略同第6像。
	33	左手抚膝，右手腹前持如意；余略同第6像。
	34	袈裟一角系于左肩，双手置于大腿外侧；余略同第6像。
	35	左手腿上持扇，右手抚膝；余略同第6像。
	36	双手持物，物残。余略同第6像。
	37	双手持念珠，余略同第6像。台右刻一狮，显露半身，高10厘米。
四	1	头部分残，面蚀，内着交领服，外披袒右式袈裟，左手前臂毁，右手似持物，双腿部分残，足蚀，倚坐。
	2	上着双领下垂式袈裟，下着裙，袈裟和裙摆覆于座前，双手腹前笼袖内，结跏趺坐。
	3	左手胸下似托物，右手胸前似持物，手及物残，着鞋；余略同第1像。
	4	左手残，右手持物，物大部残；余略同第2像。
	5	上着袒右式袈裟，下着裙，袈裟和裙摆覆于座前，左手腿上结印，右手抚膝，部分残断，结跏趺坐。
	6	双手身前持扇，余略同第2像。
	7	内着双层交领服，外披袒右式袈裟，袈裟一角系于左肩，下着裙，左手抚膝，右手持鼓槌，击鼓。台前刻几案，高8厘米，宽27厘米，深7.5厘米；案上覆巾，其上中置圆鼓，略残，两端置什物，残损不可辨。
	8	左手斜伸，握持几案右端什物，右手抚大腿；盘左腿，垂右腿，着鞋，右舒相坐；余略同第7像。
	9	身略左倾，左手置于左腿上，右手残；余略同第2像。
	10	左手握右足，右手撑台；垂左腿，右腿盘于左腿上；余略同第7像。
	11	双手相握置右膝上，盘左腿，竖右腿，着鞋而坐；余略同第1像。台前刻一立像，高11厘米，头毁，身蚀。双手前伸，部分残。侧身站立，似逗弄身前兽。兽蹲伏，部分残。
	12	左手抚膝，右手置胸前残；余略同第7像。
	13	双手腹前托一圆形方孔钱，余略同第2像。

续表15

排号	编号	造像特征
四	14	双手置腹前隐于袈裟内，结跏趺坐；余略同第1像。
	15	左手抚大腿，右手托物，物难辨，着鞋；余略同第1像。
	16	同第2像，台前刻昂首阔步的兽，高7厘米，身长14厘米。
	17	双手胸下持念珠，结跏趺坐；余略同第1像。台前刻一粒放焰珠。
	18	双手腹前结印，余略同第7像。台前右下方刻一蹲兽，高5.5厘米，身长9厘米。
	19	左手残，置胸前；右手置大腿上，着鞋，足下刻方形足踏；余略同第1像。
	20	双手胸前托物，物残，结跏趺坐，余略同第1像。台右下方刻一蹲兽，高9厘米，身长6.5厘米。
	21	双手腹前持净瓶，高7厘米；余略同第7像。
	22	双手胸前似合十（残），结跏趺坐；余略同第1像。
	23	左手抚膝，右手胸前握袈裟一角，结跏趺坐；余略同第1像。
	24	双手胸前持展开的经卷，结跏趺坐；余略同第1像。
	25	左手胸前似持物，手及物残，右手置胸前，结跏趺坐；余略同第1像。
	26	身略右侧，双手腹前持展开的簿册，结跏趺坐；余略同第1像。台右下方刻一枚圆形方孔钱和两粒放焰珠。
	27	左手胸前结印，右手抚膝，结跏趺坐；余略同第1像。
	28	双手胸前持展开的经卷，结跏趺坐；余略同第1像。
	29	略同第2像。
	30	左手抚左膝，右手握左足踝，左腿盘于右腿上，垂右腿，着鞋而坐；余略同第2像。
	31	左手抚一蹲兽，兽头毁，右手置右膝上，结跏趺坐；余略同第1像。
	32	双手胸前托巾，巾上置假山，高3.5厘米，结跏趺坐，余略同第1像。台右下刻一立像，高12厘米。头大部残。身似着圆领窄袖服，下着裙。双手持物。着鞋侧身立于圆台上，台高2厘米，直径4厘米。
	33	左手持物置左膝上，手及物残，右手撑台；竖左腿，盘右腿，着鞋而坐；余略同第1像。
	34	双手胸下持念珠，结跏趺坐；余略同第1像。
	35	双手腹前笼袖内，结跏趺坐；余略同第1像。
	36	双手置胸前（残），盘右腿，垂左腿，身右侧，着鞋而坐；余略同第7像。
	37	身略左侧，双手身前托巾帕，巾上置假山，大部残；结跏趺坐，余略同第1像。像右侧刻直角支架，支架通高34厘米。架上悬钟1口，钟高15厘米，口径13厘米。
五	1—8	大部毁，可辨轮廓。
	9	头毁，残坐高19厘米；可辨身着双领下垂式袈裟，双腿及座台大部残。
	10	头大部残，残坐高18厘米；可辨双手置胸前持物，物残，双腿及座台大部残。
	11	头大部残，残坐高18厘米；身着交领服。双手置胸前，部分残蚀；双腿及座台残损。
	12	头大部残，残坐高20厘米；身着双领下垂式袈裟，左手胸前持物，物残难辨，右前臂残；双腿及座台残。
	13—18	毁，可辨残毁轮廓。
	19	头毁，身大部残，残坐高约17厘米，细节不明。
	20	头大部残，残坐高22厘米；内着单层交领服，外披袒右式袈裟，下着裙，袈裟及裙摆覆于座前；双手隐于袈裟内置于左膝上，竖左腿，盘右腿而坐。
	21	头毁，残坐高14厘米；内着单层交领服，外披袒右式袈裟，下着裙，袈裟及裙摆覆于座前；左手抚膝，右手腹前持放焰珠，结跏趺坐。台前刻一立像，大部残，残高11厘米，可辨双手托盘，内置物。

排号	编号	造像特征
五	22	头大部残，残坐高23厘米，左手持长竿，略残；右手腹前结印；垂左腿，盘右腿，左舒相坐；余略同第21像。
	23	头毁，残坐高22厘米，左手部分残，右手胸前持柳枝，略残；倚坐，余略同第21像。
	24	头毁，残坐高23厘米，左手（略残）膝上持念珠，右手撑台；竖左腿，盘右腿，着鞋而坐；余略同第21像。
	25	头毁，残坐高23厘米，左手置胸前，略残，右手胸前托物；余略同第21像。
	26	头毁，残坐高22厘米，双手持如意，略残；余略同第21像。
	27	头毁，残坐高23厘米，袈裟一角系于左肩，左手腹前结印，右手置胸前，略残；余略同第21像。台前刻一立像，部分残，残高13厘米，可辨着窄袖服，双手身前似托物。
	28	头毁，残坐高23厘米，右肩残，似着偏衫式袈裟，下着裙，腰带垂于座前；双手腹前结印，结跏趺坐。
	29	头毁，残坐高23厘米，右肩残，双手胸前持物，物残难辨；余略同第21像。
	30	头毁，残坐高22厘米，左手置左膝上，右手置胸前，部分残；余略同第21像。
	31	头毁，残坐高23厘米，上着双领下垂式袈裟，下着裙；双手腹前捧卷轴，结跏趺坐。
	32	头毁，残坐高23厘米，左手腿上持簿，右手置右膝上，略残；盘左腿，竖右腿，着鞋而坐；余略同第21像。
	33	头毁，残坐高22厘米，右肩部分残；左手腹前结印，右手胸前持经函；余略同第21像。台右下方刻一立像，残高15厘米；可辨下着长裙，双手身前托盘，内盛物。
	34	头毁，残坐高23厘米，袈裟一角系于左肩，双手腹前托一蹲兽。
	35	头毁，残坐高23厘米，双手身前持拂子；余略同第21像。
	36	头毁，残坐高23厘米，双手腹前隐于袈裟内；余略同第21像。
	37	坐高17厘米，光头，面蚀，双手于右膝相握，头右倾，靠于右膝上；盘左腿，竖右腿，着鞋而坐；余略同第21像。
六	1—28	刻像28身，皆残漶较重，残坐高约23厘米，细节难辨；其中，第13—22像存圆形素面头光，直径14厘米。末段壁面未见雕刻。

（三）右壁

右壁最上排近窟顶凹槽中偏右位置，刻一佛二菩萨像；其余凹槽内皆刻罗汉像（图309；图版Ⅰ：338）。

1. 一佛二菩萨像

中为佛像（图版Ⅰ：339），头毁，后世补塑，残坐高25厘米。线刻圆形头光和椭圆形身光，头光直径14厘米，身光最宽17厘米，内皆素面，边缘饰火焰纹。内着僧祇支，外披袒右式袈裟，下着裙；左手抚膝，右手残，上举胸前；结跏趺坐于束腰仰莲座上。座通高20厘米。座左右侧各刻菩萨立像1身，高28厘米。头大部残。上着宽博披巾，下着裙，披巾两端敷搭前臂垂于体侧。双手托盏，盏内置物。两立像相向直立，作供奉状。

2. 罗汉像

六排202身。按从上至下、从窟外至窟内（右至左）编号记述。

第一排31身。其中，第1—7像位于上述一佛二菩萨像右侧，余像位于左侧；第15—31像线刻圆形素面头光，直径15厘米。第二排34身，线刻圆形素面头光，直径15厘米；其中，第3、4、8、12、14、16、20像头保存较好，坐高23厘米；余像头皆大部残或毁，残坐高约17—22厘米。第三排35身，其中，第4—8像头部分残，余像头毁，可辨残痕遗迹，残坐高约23厘米；第2—5、7—35像线刻圆形素面头光，直径约14—16厘米。第四排35身，其中，第4—7、9、11、12、14、15、16、18像头大部残，余像头毁，可辨残痕，残坐高约23厘米；第18—21像线刻圆形素面头光，直径15厘米。第五排35身，头大部残或毁，可辨残痕，残坐高23厘米，其中，第20、21、24、26—29像线刻圆形素面头光，直径14厘米，第21—35像下方石垠毁。第六排32身，头大部残或毁，可辨残痕，残坐高23厘米；其中，第18—26像线刻圆形素面头光，直径13厘米。上述造像均坐于山石台上。台高9.5厘米，宽19厘米，深5厘米。现将各像具体特征列入表16。

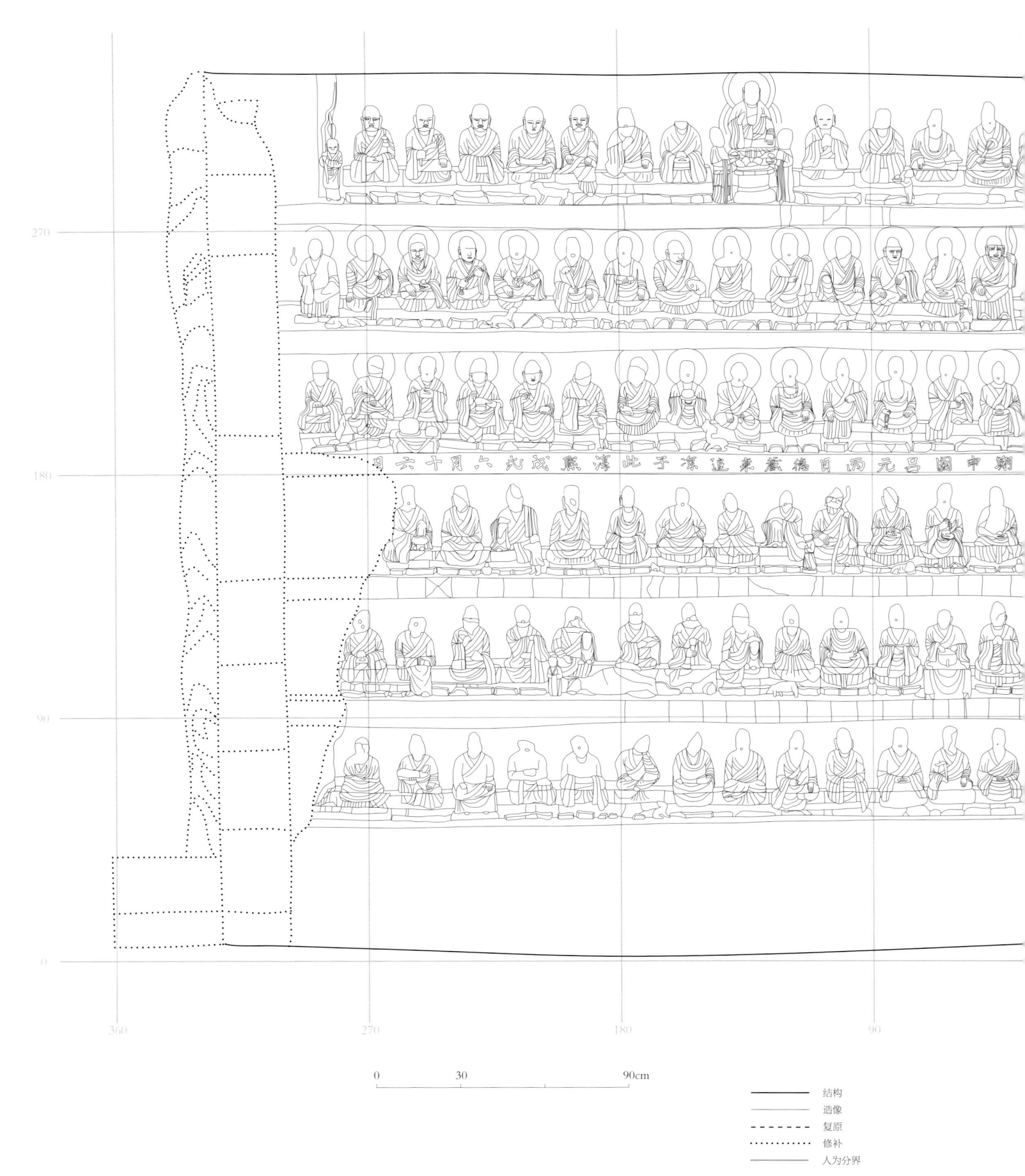

图 309　第 168 号窟右壁立面及编号图

第六章 第165—192号

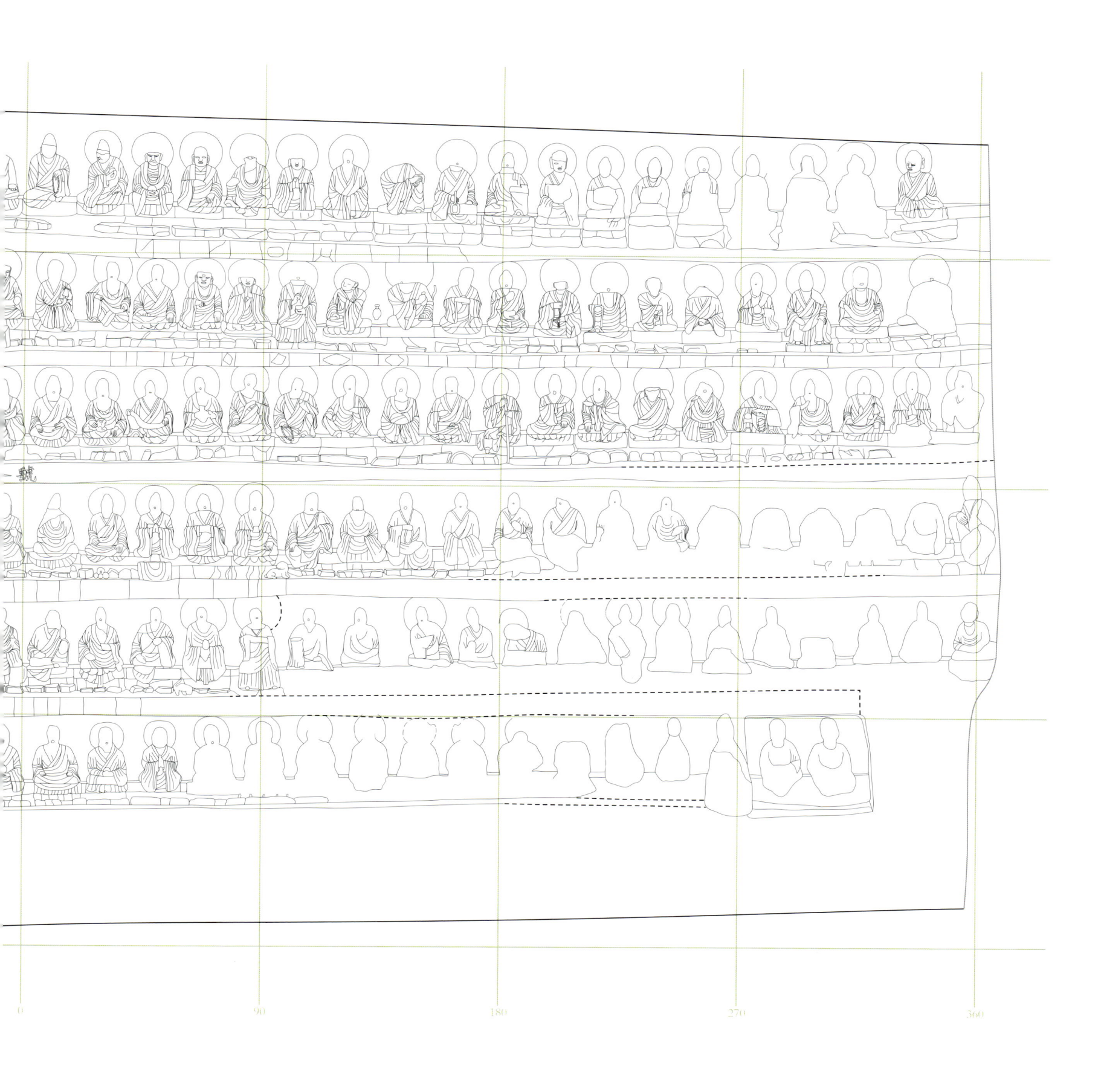

表16　第168号窟右壁罗汉像特征简表

排号	编号	造像特征
一	1	坐高23厘米。光头，面方，内着交领服，外披袒右式袈裟，袈裟一角系于左肩，下着裙；袈裟和裙摆覆于座前，双手腹前结印，结跏趺坐。像右下侧刻立像1身，高23厘米，头面略蚀。身着交领窄袖服，腰束带。双手握长竿，竿上悬什物。两小腿残蚀，直身站立。
	2	坐高23厘米。光头，面长圆，内着交领服，外披袒右式袈裟，下着裙，袈裟和裙摆覆于座前，左手抚膝，右手持带茎莲；结跏趺坐。
	3	双手腹前笼袖内，余与第2像同。
	4	双手腹前持展开的经卷，余与第2像同。台前刻一立兽，略蚀，高5.5厘米，身长13厘米。
	5	袈裟一角系于左肩，左手握右足踝，右手抚膝；垂左腿，右腿盘于左腿上；余与第1像同（图版Ⅰ：340）。
	6	头毁，残坐高17厘米，内着交领服，外披袒右式袈裟，下着裙，袈裟和裙摆覆于座前；左手抚膝，右手胸前结印；结跏趺坐。
	7	头大部毁，双手腹前持圆形方孔物；余与第6像同。
	8	双手拱于胸前，余与第2像同。
	9	头毁，残坐高17厘米。双手腹前笼袖内，余与第1像同。台左下刻一立猴，高12厘米，双臂托盘，作供奉状。
	10	头毁，残坐高17厘米。上着双领下垂式袈裟，下着裙，袈裟和裙摆覆于座前；左手腿上持簿，右手抚膝；结跏趺坐。
	11	头毁，残坐高19厘米。左手抚膝，右手腹前持扇；余略同第2像。
	12	头稍残，面苍老，双手置下颌处持戒尺；余略同第2像。
	13	头顶稍残，左手持物，物残难辨，右手残，置胸前；余略同第2像。
	14	头顶部分残，左手膝上持念珠，右手撑台；盘右腿，竖左腿，着鞋而坐；余略同第2像。
	15	头部分残，头右侧，左手腿上握短棍，右手持物，物残难辨；余略同第2像。
	16	头部分残，上着双领下垂式袈裟，双手腹前持圆状物；余略同第2像。
	17	上着双领下垂式袈裟，左手抚膝，右手残，置胸前；余略同第2像。
	18	头毁，残坐高19厘米。上着双领下垂式袈裟，下着裙，裙摆覆于座前；左手撑台，右手抚膝；盘左腿，竖右腿，着鞋而坐。
	19	头顶部分残，双手拱于胸前；余略同第2像。
	20	头毁，残坐高17厘米，双手腹前笼袖内；余略同第2像。
	21	头毁，残坐高17厘米。双手置左膝上，竖左腿，盘右腿，着鞋而坐；余略同第2像。
	22	头毁，残坐高18厘米。左手残，右手胸下持扇，余略同第2像。
	23	头毁，残坐高17厘米。身剥蚀甚重，可辨着双领下垂式袈裟。左手残，置左膝上，右手置腿上；竖左腿，盘右腿而坐。
	24	身剥蚀，可辨双手腹前结印；余略同第2像。
	25	头部分残，身剥蚀，可辨左手抚膝，右手腹前持物；余略同第2像。
	26	头部分残，身剥蚀，可辨双手腹前笼袖内；余略同第2像。
	27	身躯被后人改刻，细节难辨。
	28—30	受损严重，仅辨轮廓。
	31	双手腹前笼袖内，余略同第2像。

续表16

排号	编号	造像特征
二	1	上身蚀，衣饰不明，下着裙；左手抚膝，右手残蚀；着鞋倚坐。
二	2	内着交领服，外披袒右式袈裟，下着裙，腰带垂于座前；左手握经卷置膝上，右手撑台；竖左腿，斜垂右腿而坐。台前刻一蹲伏的兽，部分残损。
二	3	面老，内着交领服，外披双领下垂式袈裟，袈裟一角覆于头顶，下着裙，袈裟和裙摆覆于座前；左手置膝托圆瓶状物，右手抚膝；结跏趺坐（图版Ⅰ：341）。
二	4	内着双层交领服，外披袒右式袈裟，下着裙，袈裟和裙摆覆于座前，双手身前持念珠；结跏趺坐。
二	5	左手膝上持带茎莲，右手抚膝；竖左腿，盘右腿而坐，着鞋；装束同第3像。台前刻一兽，头毁，高7厘米，身长9厘米。
二	6	左手抚膝，右手腹前持如意；余与第4像同。
二	7	上着双领下垂式袈裟，下着裙，左手抚膝，右手胸前握经卷，结跏趺坐。
二	8	左手抚兽，右手置大腿上，余与第4像同。身左侧刻探出头的兽（图版Ⅰ：342）。
二	9	双手撑台，余与第4像同。
二	10	双手牵扯袈裟一角，余与第4像同。
二	11	左手置腿上，右手置膝上；盘左腿，竖右腿，着鞋而坐；装束同第4像。
二	12	左手置膝上，右手抚膝，竖左腿，盘右腿而坐，装束同第6像。
二	13	上着偏衫式袈裟，下着裙，双手腹前结印。台左下刻一立像，高12.5厘米。头毁，上着窄袖服，腰束带，下着裤；双手身前捧盏，盏上盛物，着鞋侧身站立。
二	14	面老，双眉垂梢；左手于左肩持杖，全长36厘米，右手抚膝，倚坐；装束同第4像（图版Ⅰ：343）。
二	15	双手胸前作拱，余与第4像同。台前左侧刻一方案，高7厘米，宽18厘米，深1厘米；案覆巾，巾上置圆鼓及两件什物，鼓高4厘米，直径6厘米；什物难辨。
二	16	双手持展开的经卷，余与第4像同。
二	17	袈裟一角系于左肩，双手腹前笼袖内；余与第4像同。
二	18	上着双领下垂式袈裟，下着裙，双手身前持展开的经卷，盘左腿，竖右腿而坐。
二	19	左手抚膝，右手握经卷；余与第4像同。
二	20	上着双领下垂式袈裟，左手抚膝，右手胸前持物，物难辨；余与第4像同。
二	21	双手于胸前合十，余与第4像同。
二	22	左手托钵，右手持柳枝，着鞋倚坐，装束与第4像同。
二	23	左手置于右胸处，稍残，右手腿上握经卷；余与第4像同。
二	24	左手握拳置于腿上，右手胸前持物，物难辨；余与第4像同。
二	25	双手置胸前，残蚀；余与第4像同。
二	26	左手腹前托钵，右手置胸前；余与第4像同。
二	27	双手身前持念珠，余与第4像同。
二	28	上着双领下垂式袈裟，左手撑台，右手残；盘左腿，竖右腿而坐。
二	29	右手置胸前，左手握袈裟袖摆；余与第4像同。身左刻一立兽，风蚀略重。
二	30	双手交于腹前，余与第4像同。

续表16

排号	编号	造像特征
二	31	身着双领下垂式袈裟，双手胸前托巾，巾上置物，物残难辨；结跏趺坐。
二	32	双手抚膝，手稍残，倚坐于山石台上，足稍残；余与第4像同。
二	33	身着双领下垂式袈裟，双手持展开的经卷，结跏趺坐。
二	34	大部毁，仅辨轮廓。
三	1	内着交领服，外披袒右式袈裟，下着裙，袈裟和裙摆覆于台前，双手腹前持经函，结跏趺坐。
三	2	左手撑台，右手抚膝，垂左腿，右腿盘于左腿上，着鞋而坐，装束同第1像。
三	3	双手胸前似持物，余略同第1像。台前刻一几案，高6.5厘米，宽18厘米，深7厘米，案上覆巾，上置圆鼓及什物，部分残。
三	4	双手胸前持长柄香炉，盘左腿，垂右腿，着鞋右舒相坐，装束同第1像。
三	5	左手腿上持托钵，右手胸前持柳枝，着鞋倚坐，装束同第1像。
三	6	左手于左腿上抚供物，右手置于胸前，略残，装束同第1像。台左下方刻一立猴，高13厘米，立猴托举一盏，内盛供物。
三	7	左手握拳置膝上，右手腿上持簿，略残，装束同第1像。
三	8	上着双领下垂式袈裟，下着裙，双手胸前覆巾，巾上置珠，结跏趺坐。
三	9	左手抚大腿，右手握小腿；垂左腿，盘右腿，着鞋左舒相坐，装束同第1像。台右下方刻一蹲伏回首的兽，高9厘米，身长9厘米。
三	10	上着双领下垂式袈裟，左手抚膝，右手腹前结印，余略同第1像。
三	11	左手握拳置膝上，右手抚膝，竖左腿，垂右腿，着鞋而坐，装束同第1像。
三	12	上着双领下垂式袈裟，左手抚膝，右手腹前持念珠，余略同第1像。
三	13	左手置左膝上，右手握左手，竖左腿，垂右腿，着鞋而坐，装束同第1像。
三	14	双手腹前托圆形方孔钱，余略同第1像。
三	15	左手抚膝，右手腹前持拂子，余略同第1像。
三	16	上着双领下垂式袈裟，双手腹前笼袖内，余略同第1像。
三	17	左手腹前结印，右手抚膝，余略同第1像。
三	18	上着双领下垂式袈裟，左手抚膝，右手抚蹲伏的小狮，余略同第1像。
三	19	双手身前持展开的经卷，盘左腿，竖右腿，着鞋，装束同第1像。
三	20	上着双领下垂式袈裟，双手胸前持物，手及物残，余略同第1像。
三	21	双手身前持物，左手及物部分残，余略同第1像。
三	22	左手残，右手腿上持念珠，竖左腿，盘右腿，着鞋而坐，装束同第1像。
三	23	上着双领下垂式袈裟，双手分置膝上，手略残，竖双腿，着鞋而坐。
三	24	上着双领下垂式袈裟，双手腹前笼袖内，余略同第1像。
三	25	左手腹前结印，右手横于胸前，似持物，余略同第1像。
三	26	双手身前持长竿，全长27厘米，盘左腿，垂右腿，着鞋右舒相坐，装束同第1像。
三	27	左手半握拳置膝上，右手斜置左肩，残，余略同第1像。
三	28	左手斜置右肩，右手抚膝，余略同第1像。
三	29	双手抱于颈后，部分残，余略同第1像。

续表16

排号	编号	造像特征
三	30	身披双领下垂式袈裟，袈裟一角绕头顶覆于右肩，双手置腹前，结跏趺坐。
	31	左肩残，左手握右手腕，右手胸前持念珠，竖双腿，着鞋而坐，装束同第1像。
	32	上着双领下垂式袈裟，左手撑台，右手斜置胸前，手残，余略同第1像。
	33	袈裟一角系于左肩，左手抚膝，右手腿上持物，物残，余略同第1像。
	34	双手拱于胸前，双腿残，余略同第1像。
	35	造像大部残，仅辨轮廓。
四	1—2	毁。
	3	内着交领服，外披袒右式袈裟，下着裙，袈裟和裙摆覆于台前，双手抱持左小腿，竖左腿，盘右腿，着鞋而坐。
	4	内着交领服，外披交领袈裟，下着裙，双手腹前隐于袈裟内，结跏趺坐。台下方刻一净瓶，高5.5厘米。
	5	上着交领服，左肩垂搭一条帛带，下着裙，左手撑台，右手残，置膝上；盘左腿，竖右腿，着鞋而坐。台左下刻一立像，残高15厘米，可辨上衣下摆。
	6	内着交领服，外披袒右式袈裟，下着裙，袈裟和裙摆覆于台前，双手撑台，结跏趺坐。
	7	着双领下垂式袈裟，双手腹前持物，手及物残，余略同第6像。
	8	双手叉腰，余略同第6像。
	9	双手腹前笼袖内，余略同第6像。
	10	双手置于右膝上，盘左腿，竖右腿而坐，装束同第6像。台左下方刻一立像，残高13厘米，可辨上着紧袖服，下着裙，腰束带，双手托供物，稍残，着鞋侧身立于低台上。
	11	头略左侧，左手于左肩持长竿，竿全长34厘米，右手抚膝，垂左腿，盘右腿，着鞋左舒相坐，装束同第6像。
	12	双手腹前持经函，余略同第6像。台前刻一匍匐回首的兽，高4.5厘米，身长9厘米。
	13	左手腹前托钵，右手胸前持柳枝，着鞋倚坐，装束同第6像。
	14	上着偏衫式袈裟，下着裙，腰带垂于台前，双手腹前托珠，结跏趺坐。台左下刻一净瓶，高5.5厘米。
	15	左手置左膝持物，手及物略残，右手撑台，竖左腿，盘右腿，着鞋而坐，装束同第6像。
	16	双手身前持扇，余略同第6像。
	17	肩残，上着双领下垂式袈裟，双手腹前隐于袈裟内，余略同第6像。台左下方刻一葫芦，高5厘米。
	18	左手抚膝，右手腿上持拂子，余略同第6像。台下刻三粒圆珠及一枚圆形方孔钱。
	19	双手胸前夹持经卷，余略同第6像。台前刻一方案，高5.5厘米，宽11.5厘米，深9厘米，案上覆巾，上置什物，残。
	20	双手置胸前，手略残，余略同第6像。
	21	袈裟一角系于左肩，左手抚膝，右手胸前持物，略残，余略同第6像。台左下方刻一回首的蹲兽，高7厘米，身长9厘米。
	22	左手置膝上，略残，右手抚大腿，竖左腿，垂右腿，着鞋而坐，装束同第6像。
	23	上着双领下垂式袈裟，双手腹前持物，物难辨，余略同第6像。
	24	左手残，置左膝，右手胸前持念珠，略残，垂左腿，盘右腿，左舒相坐，装束同第6像。
	25	双手腹前笼袖内，余略同第6像。
	26	左手腿上持扇，右手抚膝（残），余略同第6像。台下刻一兽，高8厘米，身长18厘米，风蚀甚重。
	27	残毁甚重，可辨内着交领服，外披袈裟。
	28	仅辨轮廓。
	29	可辨上着双领下垂式袈裟，左手横置身前。

续表16

排号	编号	造像特征
四	30—34	残毁甚重，仅辨轮廓。
	35	残毁甚重，可辨身着交领服，右手置膝上，垂左腿，侧身而坐。
五	1	毁。
	2	内着交领服，外披袒右式袈裟，下着裙，袈裟和裙摆覆于台前，双手腹前托圆形物，物难辨，结跏趺坐。
	3	左手抚左脚，右手抚膝，竖左腿，盘右腿，着鞋而坐，装束同第2像。
	4	左手腹前托钵，略残，右手胸前持柳枝，余略同第2像。
	5	双手置于左胸，略残，余略同第2像。台左下刻一立像，残高16厘米，可辨头梳髻，上着窄袖服，下着裙，双手置腹前，覆巾，侧身站立。
	6	左手抚膝，右手抚小腿，竖左腿，盘右腿，着鞋而坐，装束同第2像。
	7	双手置胸前持物，物难辨，余略同第2像。
	8	左手置胸前，齐腕残，右手握左手袖摆，余略同第2像。
	9	内着交领服，外披偏衫式袈裟，下着裙；左手残，置膝上，右手撑台，竖左腿，盘右腿，着鞋而坐。
	10	双手腹前隐于袈裟内，余略同第2像。台左下方刻一蹲兽，部分残，高6.5厘米，身长10厘米。
	11	上着双领下垂式袈裟，双手腹前持展开的经卷，余略同第2像。台左下刻一净瓶，略残，高6.5厘米。
	12	双手握于胸前，余略同第2像。
	13	左手抚圆鼓，右手持槌作击鼓状，余略同第2像。台前刻方案，高11厘米，宽16.5厘米，深9厘米，案上覆巾，上置圆鼓和什物。
	14	双手拱于胸前，余略同第2像。
	15	双手腹前隐于袈裟内，夹持如意，余略同第2像。
	16	袈裟一角系于左肩，双手腹前隐于袈裟内，余略同第2像。台左下刻一立像，大部毁，仅辨轮廓。
	17	左手托腮，前臂残断，右手腿上持经册，竖左腿，盘右腿，着鞋而坐，装束同第2像。
	18	上着双领下垂式袈裟，左手横于胸前，略残，右手置右腿上，略残，余略同第2像。
	19	左手置左膝上，略残，右手抚膝，竖左腿，盘右腿而坐，装束同第2像。台前刻一匍匐的兽，略残，高4厘米，身长8厘米。
	20	上着双领下垂式袈裟，双手置腹前，覆巾，巾上置一桃形物，余略同第2像。
	21	双手胸前持物，物部分残，着鞋倚坐，装束同第2像。
	22	左手撑左腿上，右手残，置膝上，盘左腿，竖右腿而坐，余略同第2像。
	23	上着交领袈裟，双手腹前笼袖内，结跏趺坐。
	24	左手残断，右手横置胸前，略残，双腿及台毁。
	25	双手抱持右腿，略残，左腿及台残，余略同第2像。
	26	头斜靠右肩，身大部毁，可辨上着交领服。
	27—34	造像残毁甚重，细节难辨。
	35	上着双领下垂式袈裟，下着裙，双手置腹前，手残，结跏趺坐。
六	1	毁。
	2	可辨内着交领服，外披双领下垂式袈裟，下着裙，袈裟和裙摆覆于台前；双手腹前笼于袈裟内，结跏趺坐。

续表16

排号	编号	造像特征
六	3	内着交领服，外披袒右式袈裟，下着裙，袈裟和裙摆覆于台前，左手抚小腿，右手置膝上似托物，手及物残，竖右腿，盘左腿，着鞋而坐。
	4	双手抚膝，倚坐，装束同第2像。
	5	衣饰不明，可辨双手胸前持物，结跏趺坐。
	6	可辨上着双领下垂式袈裟，下着裙，双手置腹前，结跏趺坐。
	7	左手托腮，右手置腿上，斜竖左腿，盘右腿，着鞋而坐，装束同第3像。台左下刻一回首的蹲兽，略蚀，残高7厘米。
	8	左手腿上持物，物难辨，右手残，置腿上，余略同第2像。
	9	内着交领服，外披袒右式袈裟，下着裙，袈裟和裙摆覆于台前，双手撑台，结跏趺坐。
	10	左手抚膝，右手腹前持扇状物，盘左腿，垂右腿，右舒相坐，装束同第9像。
	11	双手腹前笼袖内，余略同第9像。
	12	上着交领服，双手腹前结印，余略同第9像。
	13	左手抚膝，右手持拂子，余略同第9像。
	14	双手腹前结印，余略同第9像。
	15	左手腹前托钵，略残，右手抚膝，余略同第9像。
	16	双手腹前托物，余略同第9像。
	17	双手握拳，置于腿上，余略同第9像。
	18	双手腹前持物，手及物残，余略同第9像。
	19	双手胸前合十，略残，余略同第9像。
	20—32	残损甚重，细节难辨。其中，第31、32像并刻于方龛内，并坐于山石台上。方龛高36厘米，宽48厘米，深5—15厘米。

（四）窟底石塔

窟底后侧以条石建塔1座，通高163厘米（图310；图版Ⅰ：344）。塔基方形，高45厘米，边宽193厘米。塔身平面作八边形，底部略宽，上部略窄，每面宽约71—77厘米；塔身上部板石叠砌放置。塔身正面（西向）设龛，龛口方形，高89厘米，宽70厘米，深22厘米；龛楣横刻"明西域坐脱大禅师之塔"10字，楷体，字径5厘米（图版Ⅱ：48）；内嵌碑1通；其余各面素平。

碑为"潘绂撰《西域坐化大禅师记事》碑"，明崇祯七年（1634年）上石。碑文左起，竖刻26行，存738字，楷体，字径1.5厘米（图版Ⅱ：49）。

01　西域坐化禅师纪事△△△△△△△△△△△△△△△[1]助工丁文周方有重冯节

02　师不知何国人癸酉之夏独自合州来邑中人不识也游妙高及他梵刹凡数月十有一月始去妙

03　高和宝顶宝顶僧益不识师亦雅好清静选地兀坐都不乞食然终以不通华言故又

04　貌服都异山中人往往闻而诣师轻肆侮慢师便怒叱或起挞之有樵佣[2]被酒使气忿师叱

05　□□能忍辄掠师束衣带以去带中有石师自国中携来今失之甚悯然诸人殊不解宁

06　□刺史戴公敬辰言在治日遇西僧与师皆类亦有携石为□伯□□诉之州为鞫还之因叩

---

[1] 此处"西域坐化禅师纪事△△△△△△△△△△△"《大足石刻铭文录》录为"西域坐化大禅师记事△△△西□□□□□"。重庆大足石刻艺术博物馆编：《大足石刻铭文录》，重庆出版社1999年版，第56页。

[2] 此"佣"字《大足石刻铭文录》录为"庸"。同前引。

07 □□师作形语以沸汤浸石饮之便不饥始知师所失石□□□□资粮也遂去宝顶还住

08 □□□□更移住天庆观当是时师益绝火食有欲设供□□□枣栗葡萄或生米面升许

09 □□□复¹两月一日拉冯生德濬报恩僧了智登北山礼浮屠绕〔佛〕岩□□者弥日步观全邑

10 山川□天〔画〕地作欣喜状已更指岩头〔废〕□□□乐作忏悔状〔既〕还直母指向冯生再三示

11 谢□无何复欲游妙高中途而〔返〕过西禅更为市肆小儿狎去志遂决乙丑昧爽礼佛

12 毕合掌趺坐而逝是时二月八日也先是师行时□生揣知师意〔殆〕不欲住世传谕师到

13 处□□动静以闻至是西禅僧走白冯□冯□□□□智往叩则已嗒然矣冯生曰是恶可

14 以奉师师游北山时固甚喜然未得师指奈何智□□□□之再报可遂与师至山而谋之

15 同志为师造塔六月塔成当是时牧□□□□目不知□〔礼〕者师辩发□齿发长委地三

16 尺余两臂隐隐有莲花各一殊非刺纹面瘦削如石〔黝然黑〕色目光射人灭度后犹能鉴物

17 绝不瞑端坐盘膝宛然如生鸣呼吾辈不能□□言师之行□□不可知然以去来若此不可

18 谓非有道者矣吾乡尊崇净业者固多谤□者亦自不□如师坐化片时凛凛可敬犹

19 复增慢他何足道乎师有遗经皆片片分析今不辨其文也不肖欲安置塔中智不可

20 遂听之当奉之本山以俟能受持者△捐资督工建塔弟子了智△了因△清言

21 崇祯柒年岁在甲戌夏六月望后三日带发弟子潘绂记△捐资严以元△任学荣△夏光祖

22 捐资贡生潘纮△冯世伦蒋国柱△潘绂△潘絅

23 乡官李来凤△庠生孙崇先△冯德浚△潘延

24 监生潘统△熊渭飞冯德濬△冯希京△萧□

25 信女冯门张氏萧门王氏冯门萧氏

26 孩童潘怀道△潘怀建冯延祚△潘怀远萧玉秀△潘怀鄩潘怀平△冯延禧²[1]

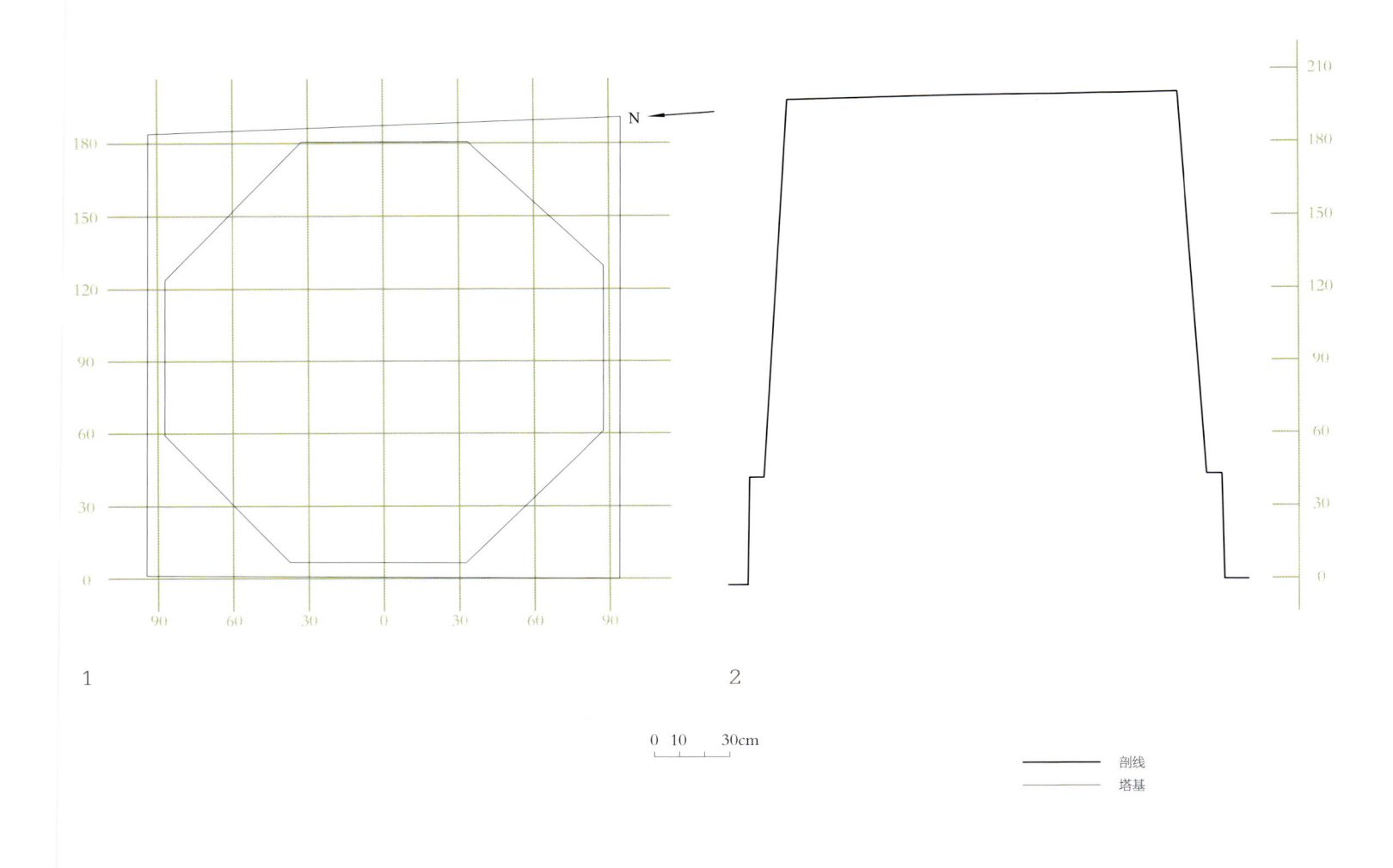

图310 第168号窟窟底平、剖面图

1 平面图 2 剖面图

---

1 此"复"字《大足石刻铭文录》未录。重庆大足石刻艺术博物馆编：《大足石刻铭文录》，重庆出版社1999年版，第57页。
2 碑文捐资人部分排列不规整，此处合录。《大足石刻铭文录》据《民国重修大足县志》对碑文进行过校补。同前引书，第57—58页。

四　铭文[1]

窟内保存铭文18则，其中，正壁3则，左壁11则，右壁4则。

第1则

佚名残记，北宋宣和年间（1119—1125年）。位于正壁从上至下（下同）第三排罗汉第2—6像下方的石埂上。由三部分组成，刻石面高8厘米，通宽89厘米。文左起，竖刻6行，存7字，楷体，字径1厘米。

01　（漶）
02　□同政
03　□男□
04　作善行
05　□□住
06　（漶）

第2则

位于正壁第三排罗汉第1—5像下方的石埂上；刻石面高6厘米，宽114厘米；文漶。

第3则

佚名残记，北宋宣和年间（1119—1125年）。位于正壁第三排罗汉第7—11像下方的石埂上，由六部分组成。刻石面高6厘米，通宽36厘米。文右起，竖刻23行，存30字，楷体，字径1厘米（图版Ⅱ：50）。

01　八月□
02　（漶）
03　（漶）
04　（漶）
05　昌州大足
06　□□女男
07　□街□□
08　奉善弟□
09　□王□□
10　同政张□
11　夫妇为□
12　□□□男
13　□□□□
14　安发心□
15　造□三
16　□二身□
17　□□四
　　（18—22行，漶）
23　□吉立

---

[1] 因石材风化严重，不宜捶拓，本窟第1则、第8则、第15则等3件铭文为现场实录。

第4则

何仪兴镌妆罗汉像记，北宋宣和四年（1122年）。位于左壁第一排罗汉第8—15像下方的石垠上，由六部分组成。刻石面高8厘米，通宽122厘米。文左起，竖刻26行，存64字，楷体，字径2厘米（图版Ⅱ：51）。

01　大宋昌
02　州大足
03　县袁□
04　乡东郊
05　住何仪
06　兴男觉
07　发女大
08　娘子二
09　娘三娘
10　四娘子阖
11　家等并
12　发心镌
13　造妆銮
14　中尊罗
15　汉共一
16　十九位
17　以宣和
18　四年六
19　月□十
20　八□□
21　次男□
22　上□□
23　（漶）
24　（漶）
25　庆□□
26　供养记

第5则

佚名画妆罗汉像镌记，北宋宣和四年（1122年）。位于左壁第一排罗汉第29—36像下方的石垠上。刻石面高6厘米，通宽160厘米。文右起，横刻1行，存24字，楷体，字径4厘米（图版Ⅱ：52）。

□□存日发心妆此五色云下相对罗汉共拾陆身以宣和四年中（漶）

第6则

佚名残记，北宋宣和年间（1119—1125年）。位于左壁第二排罗汉第2—6像下方的石垠上，由四部分组成。刻石面高8厘米，通宽67厘米。文左起，竖刻16行，存9字，楷体，字径2厘米（图版Ⅱ：53）。

01　（漶）

02　（漶）

03　（漶）

04　愿（漶）

05　（漶）

06　（漶）

07　（漶）

08　（漶）妆

09　（漶）

10　（漶）

11　昌□□上

12　□□□未

13　□□□

14　□□日

15　□吉□

16　昌州□

第7则

文志认妆罗汉像镌记，南宋建炎四年（1130年）。位于左壁第二排罗汉第6—10像下方的石垠上，由五部分组成。刻石面高8厘米，通宽77厘米。文左起，竖刻17行，存50字，楷体，字径2厘米（图版Ⅱ：54）。

01　昌州克

02　宁荣□

03　挥十将

04　文志夫

05　妇一家

06　等先发

07　心认妆

08　罗汉计

09　五位乞

10　祈安乐

11　保佑自

12　身生日

13　命僧庆

14　题建炎

15　四年贰

16　月二十

17　二日记

第8则

佚名残记，北宋宣和年间（1119—1125年）。位于左壁第二排罗汉第30像下方的石垠上。刻石面高8厘米，宽5厘米。文左起，2

行，存4字，楷体，字径2厘米。

01 （漶）□

02 二十一日

第9则

佚名残记，北宋宣和年间（1119—1125年）。位于左壁第二排罗汉第32—33像下方的石垠上。刻石面高8厘米，通宽21厘米。文左起，竖刻，可辨9行，存15字，楷体，字径2厘米（图版Ⅱ：55）。

01 （漶）

02 昌州在城

03 （漶）

04 □□当□

05 □□发心

06 妆銮□六

07 身祈□□

08 家清吉□

09 （漶）

第10则

小八镌罗汉像记，北宋宣和年间（1119—1125年）。位于左壁第三排罗汉第5—10像下方的石垠上，由六部分组成。刻石面高7厘米，通宽102厘米。文左起，竖刻24行，存53字，楷体，字径2厘米（图版Ⅱ：56）。

01 （漶）

02 宣和□□

03 七月七日

04 题记

05 □城□

06 外居住

07 奉善□

08 弟子苗

09 以夫妇

10 一家等

11 （漶）

12 愿罗汉

13 □建造

14 □像五

15 身祈乞

16 弟子无

17 □今者

18 （漶）

19　□同孙

20　女□绊

21　之日命

22　僧看经

23　表庆

24　小八□题

第11则

佚名残记，北宋宣和年间（1119—1125年）。位于左壁第三排罗汉第20—23像下方的石垆上，由四部分组成。刻石面高6厘米，通宽56厘米。文左起，竖刻9行，存10字，字径2厘米（图版Ⅱ：57）。

01　（漶）

02　（漶）

03　身祈

04　乞二

05　（漶）

06　吉三

07　月一

08　九日

09　（漶）

第12则

佚名残记，北宋宣和年间（1119—1125年）。位于左壁第三排罗汉第36像下方的石垆上。刻石面高6厘米，宽10厘米。文左起，竖刻5行，存7字，楷体，字径2厘米（图版Ⅱ：58）。

01　（漶）

02　（漶）

03　（漶）

04　年四月

05　十六日记

第13则

佚名造罗汉三身镌记，北宋宣和年间（1119—1125年）。位于左壁第四排罗汉14—17像下方的石垆上。由两部分组成。刻石面高7.5厘米，通宽63厘米。文左起，竖刻8行，存15字，楷体，字径1.5厘米（图版Ⅱ：59）。

01　（漶）

02　膝下男女

03　（漶）

04　〔阖〕□大小

05　弟子〔五〕

06　心□造〔罗〕

07　□三身□

08　（漶）

第14则

王惟祖造像记，北宋宣和年间（1119—1125年）。位于左壁第四排罗汉第18—21像下方的石垠上。刻石面高5厘米，通宽62厘米。文左起横刻1行15字，楷体，字径3厘米（图版Ⅱ：60）。

弟子〔王惟祖〕夫〔妇〕造上件四身乞[1]无灾

第15则

位于右壁第二排罗汉第18—22像下方的石垠上。刻石面高6厘米，通宽83厘米；竖刻，行数不清，文仅识"作"1字，字径2厘米。

第16则

赵仲□妆绚罗汉像镌记，南宋。位于右壁第四排罗汉第3—9像下方的石垠上。由七部分组成。刻石面高6厘米，通宽124厘米。文左起，竖刻22行，存34字，楷体，字径2厘米（图版Ⅱ：61）。

01　寄居

02　昌州

03　（漶）

04　（漶）

05　□奉

06　善男[2]

07　弟子

08　赵仲

09　□与

10　王氏

11　为膝

12　下□

13　妆此

14　罗汉

15　十位

16　（漶）

17　□□生

18　日之□

19　斋僧

20　十位看

21　经□□

22　庆祈

1　此"乞"字《大足石刻铭文录》录为"祈"。重庆大足石刻艺术博物馆编：《大足石刻铭文录》，重庆出版社1999年版，第26页。

2　此"男"字《大足石刻铭文录》未录。同前引书，第74页。

第17则

李世明造罗汉像镌记，北宋宣和三年（1121年）。位于右壁第四排罗汉第13—17像下方的石垠上。由五部分组成。刻石面高8厘米，通宽83厘米。文右起竖刻16行，存48字，楷体，字径2厘米（图版Ⅱ：62）。

01　昌州在城
02　（澨）居
03　住奉善
04　弟子李
05　世明夫妇
06　意为膝
07　下女三二
08　娘子□
09　造罗汉
10　五身乞
11　合家安
12　宁寿命
13　延长宣
14　和三年七
15　月初五
16　日题□

第18则

王惟祖造像记，北宋宣和年间（1119—1125年）。位于右壁第四排罗汉第19—20像下方的石垠上。刻石面高6厘米，通宽35厘米。文右起，横刻1行10字，楷体，字径3厘米（图版Ⅱ：63）。

弟子王惟祖夫妇造上件

五　晚期遗迹

（一）铭文

杨彦翔等追凉北山题记，南宋淳熙五年（1178年）。位于右壁第三排罗汉第2—17像下方的石垠上。刻石面高7厘米，通宽264厘米。文左起横刻1行27字，楷体，字径7厘米（图版Ⅱ：64）。

虢略杨彦翔申国吕元丙自德藏来追凉于此淳熙戊戌六月十六日

（二）维修和妆绘

窟口右侧已用条石修补并作相应处理，修补面高320厘米，宽26厘米，至龛内最深78厘米[1]。

窟口下方以条石修补，下起地坪，上与窟底齐平，前侧并设石阶1级，通高42厘米，与窟口同宽，至窟内深42厘米。

窟底左右端及前端开有通壁的浅沟，宽6—8厘米，最深5厘米。

龛内保存灰色、红色、蓝色、绿色四种涂层。

---

[1] 1982年，对第168号窟右壁窟门进行钢筋混凝土加固。邓之金：《大足石刻维修工程四十年回顾》，重庆大足石刻艺术博物馆编：《大足石刻研究文集》（2），重庆出版社1997年版，第579页。

第七节　第169号

一　位置

位于第168号窟右侧。左紧邻第168号窟，右与第171、171-1号龛紧邻，右上方为第170号龛，下距地坪69厘米。龛口西向，方向273°。

二　形制

单层方形龛（图311、图312、图313、图314、图315；图版Ⅰ：345、图版Ⅰ：347、图版Ⅰ：348）。

龛口　在岩壁表面平直凿进最深约14厘米形成龛口。龛口大致呈方形，残损较重。龛口左侧与第168号窟之间的岩体毁，现以条石修补，并处理成龛沿；右侧大部残；上部残；下部少许残脱，保存宽7厘米的沿面，内侧凿出宽6厘米的平整面。现龛口内缘高220厘米，宽150厘米，至后壁最深107厘米。

龛底　龛底略呈方形，略剥蚀；内高外低，略倾。内侧建一级低坛，横贯正壁，高37厘米，宽125厘米。

龛壁　正壁中部略为内凹，与左右侧壁圆转相接。左侧壁大部毁，现修补。右侧壁外端残。壁面与龛顶略垂直相接。

龛底　平顶，前端毁；现存龛顶略呈弦月形。

三　造像

据龛内造像布置，分为正壁、左侧壁、右侧壁造像三部分（图版Ⅰ：345）。

（一）正壁

中刻主尊坐佛1身，左右各刻立像5身；座前下方刻一方案，右侧立像1身；均置于自低坛升起的云纹背屏内（图311；图版Ⅰ：346）。

1. 主尊佛像

坐高60厘米，头长18厘米，肩宽24厘米，胸厚11厘米。浮雕桃形头光和椭圆形身光。头光横径40厘米，内圆素平，边缘饰刻宽约7厘米的火焰纹；身光最宽76厘米，素平。头为后世补接[1]。内着僧祇支，外着双领下垂式袈裟，袈裟一角敷搭右肩，下着裙。袈裟和裙摆敷搭座台。左手于腹前持六角法轮，右手略残，举于胸前结印。结跏趺坐于双重仰莲座上。座通高39厘米，宽65厘米，厚22厘米。

佛像头顶上方龛顶处刻圆形华盖，直径40厘米，高16厘米；中刻覆莲瓣，外遍饰云纹，立面上部刻五粒圆珠。自华盖底部左右出两道毫光，斜向上飘。华盖上方与龛顶间存有方形遗迹，残损难辨。华盖左右上部刻仰莲瓣。背光左右上方各刻菩提树一株，枝干凸显，树冠宽大。

佛像座前下方刻方案，上窄下宽，通高28厘米，置于低坛上。案上刻三足香炉，炉大部毁。案右侧刻立像1身，头毁，残高49厘米；存倒三角形胡须，上着长服，下着裙，外披氅，左手持笏垂于体侧，右手伸至香炉，躬身作进香状。足履，略蚀，立于低坛上。

2. 佛左侧像

5身。刻于佛像左侧壁面。三排，作上一中二下二布置。由上至下、从左至右编为第1—5像。

第1像　半身立高35厘米。戴通天冠，面残。上着双层交领宽袖服，下着裙；裙腰上束至胸。双手持笏，均略残。

第2像　立高55厘米。顶残，似头冠，面蚀。上着双层交领长服，下着裙。双手持笏，着履站立。

第3像　头毁，半身立像残高39厘米。上着双层交领宽袖服，下着裙；裙腰束于胸部。双手笼袖内，夹持笏。

第4像　头毁，立像残高55厘米。内着宽袖服，外披云肩，下着长裙；腹前刻下垂蔽膝。身前刻披帛一道，于腹前相绕，敷搭前臂后长垂体侧。双手覆巾，握持笏。着履站立。

---

[1] 佛头早年已失，无原头像形象可循。1986年新刻佛头黏结，2000年9月被盗；现佛头为仿1986年佛头重雕黏结。陈明光：《大足石刻档案（资料）》，重庆出版社2012年版，第225页。

图 311　第 169 号龛立面图

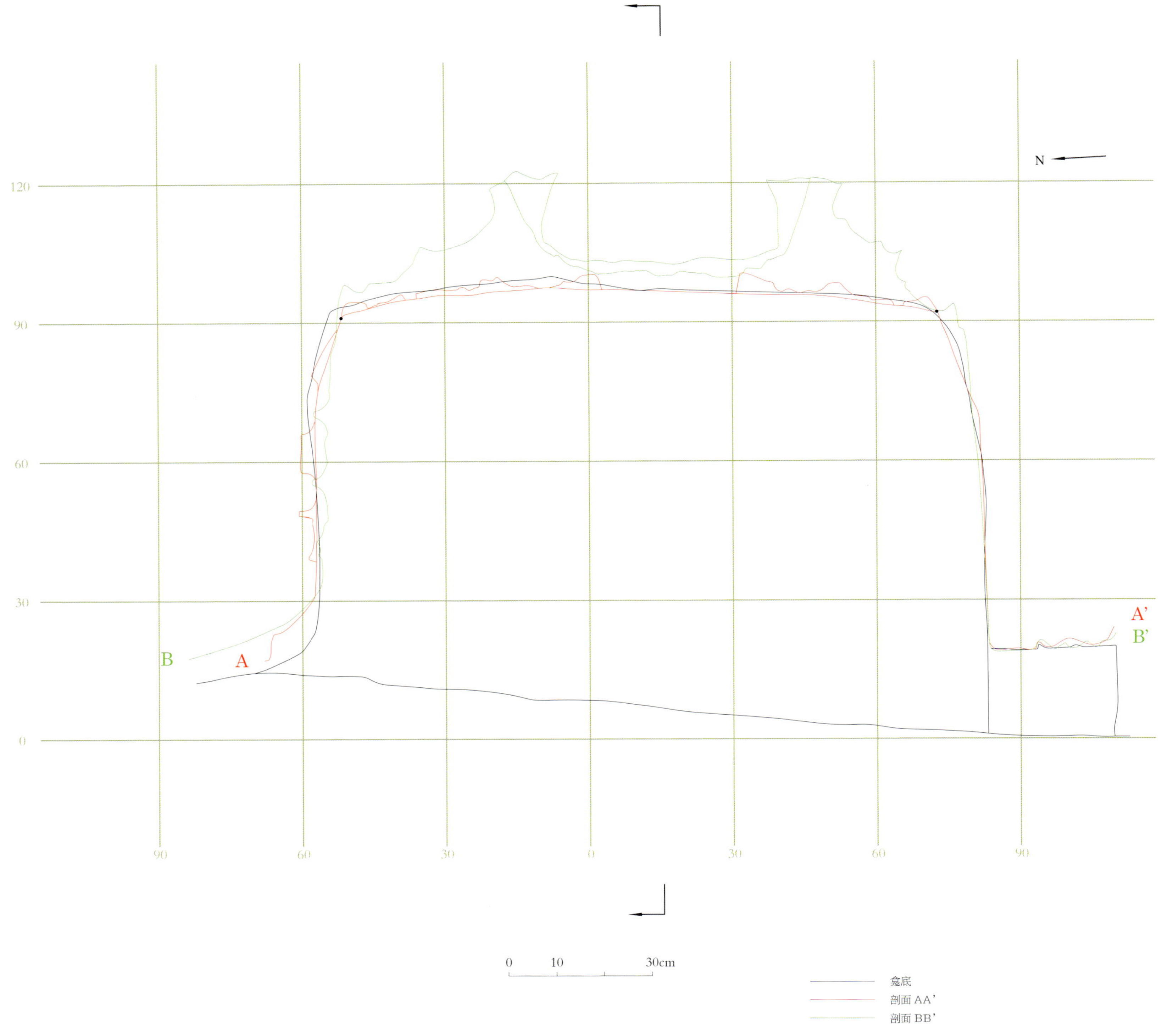

图 312　第 169 号龛平面图

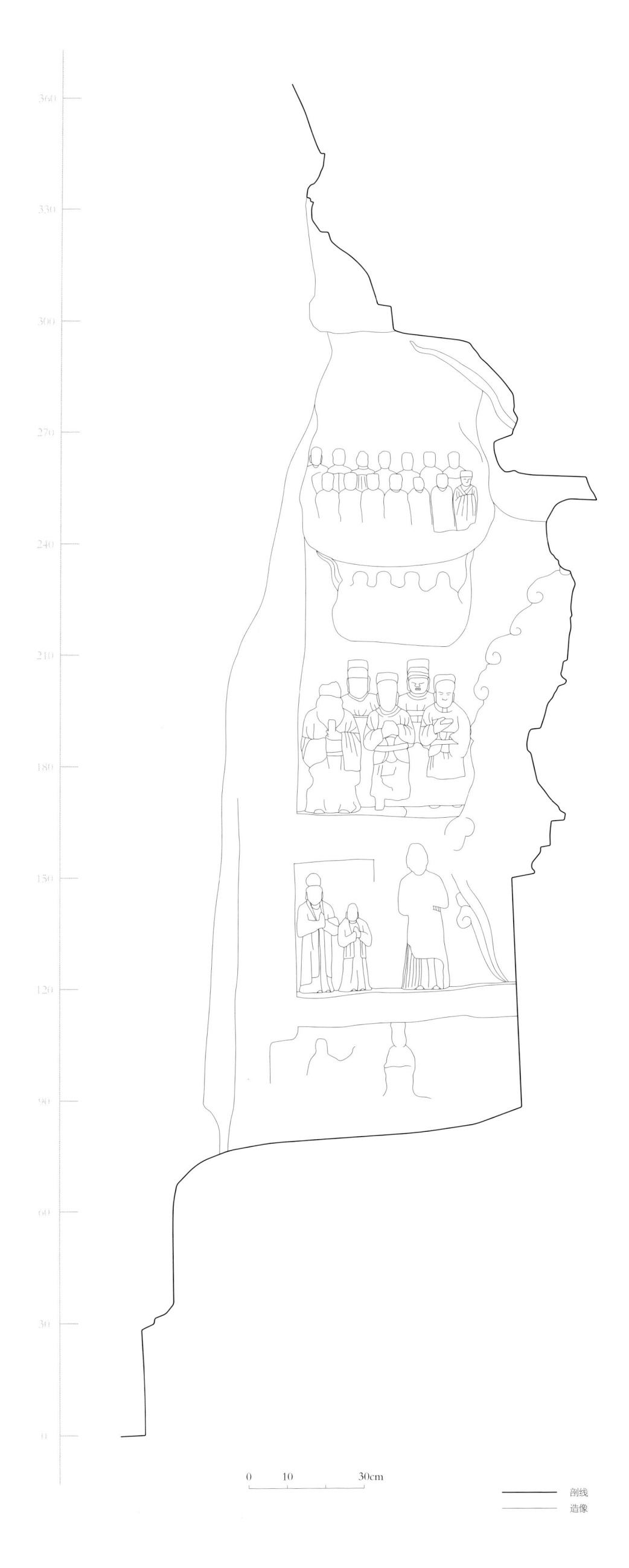

图 313　第 169 号龛剖面图

第5像　头肩毁，立像残高46厘米。着双层交领服，裙腰上束于胸。双手持笏，笏略残。余略同第4像。

3. 佛右侧像

5身。与佛左侧像对称布置，仍为三排，作上一中二下二布置。由上至下、从左至右编为第1—5像。

第1像　半身立高35厘米。头冠，面蚀。着翻领宽袖长服，裙腰束于胸部；披帛自胸下垂腹前相交。双手胸前持笏。

第2像　半身立高44厘米。头冠，面蚀。着双层交领长服，双手笼袖内，夹持笏。

第3像　头毁，半身立像残高31厘米。着交领宽袖长服，下着裙；裙腰上束胸部。双手持笏。

第4像　头毁，立像残高48厘米。着双层交领服，裙腰上束于胸。双手胸前持笏。着履站立。

第5像　立高61厘米。头面残，头冠，面残。双手笼袖内夹持笏。余略同第4像。

（二）左侧壁

壁面大部毁，仅上部存立像4身，上下各2身，错对布置于浅浮雕云纹内（图314；图版Ⅰ：347）。其体量、特征相近，均高约21厘米，头冠，面方，着交领宽袖长服，双手隐袖内，着鞋立于云头，云头部分残。云头下方存一条略细的云尾。

（三）右侧壁

从上至下布置5组造像（图315；图版Ⅰ：348）。其中，第1组15身，第2组可辨4身，第3组5身，第4组3身，第5组可辨3身。

第1组

于云纹内刻立像15身，作上七下八两排布置。云纹及造像残蚀较重，可辨轮廓。其中，前排左起第1像保存较好，高16厘米；可辨头冠，身着交领宽袖长服，双手笼袖。

第2组

云纹及造像皆残毁甚重，可辨其头部残迹者4身。

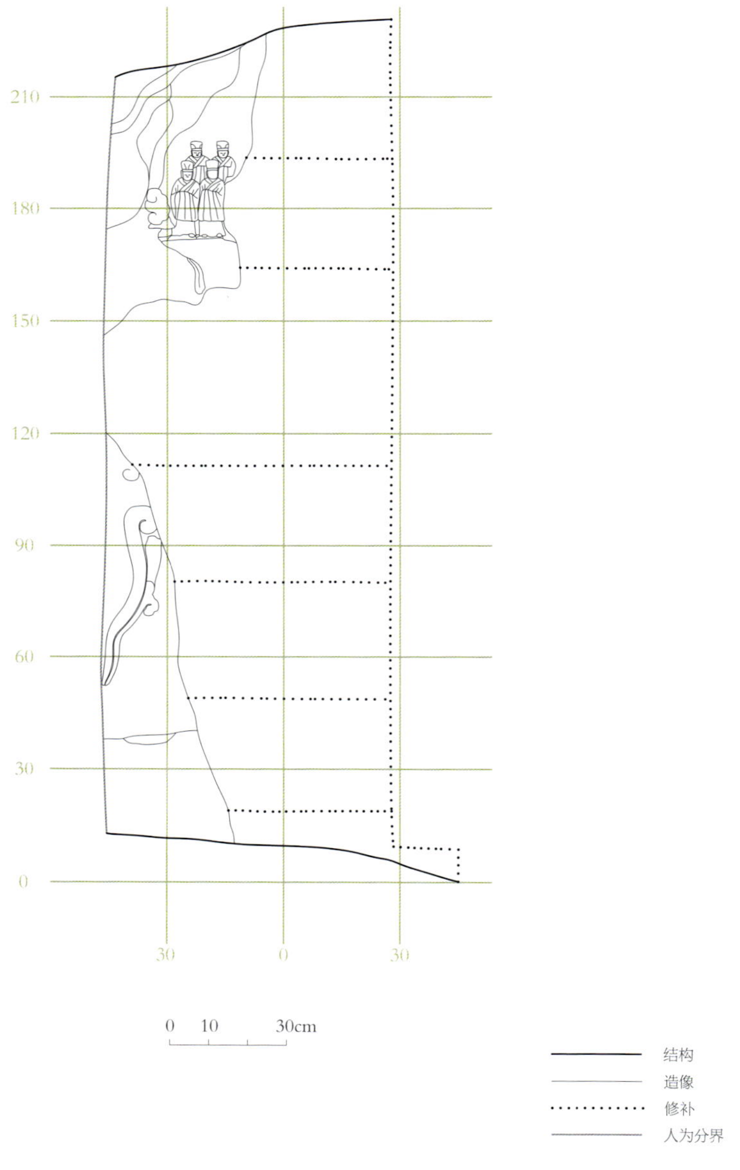

图314　第169号龛左侧壁立面图 　　　　　　　图315　第169号龛右侧壁立面图

第3组

5身。作上二下三两排布置。由上至下、从左至右编为第1—5像。

第1像　立高35厘米。戴幞头，面蚀，刻连鬓短须。身着窄袖服，腰束带，系抱肚。左手置腰间，手蚀；右手胸前持方形物，物难辨。身躯下部蚀。

第2像　立高22厘米。面方，着圆形翻领服，胸束带；双手不现。下身隐入云纹内。余略同第1像。

第3像　立高36厘米。面蚀，着交领窄袖服，双手交握胸前。余略同第1像。

第4像　立高33厘米，与第2像略同。

第5像　立高35厘米。头残，刻连鬓长须。身着宽袖长服，腰束带。双手持笏。双膝处残蚀，着鞋站立。

第4组

在方框内刻立像3身。方框高36厘米，最宽50厘米，深4厘米。从左至右编为第1—3像。

第1像　立高40厘米。面蚀、身残，可辨长裙下摆，着鞋站立。

第2像　立高24厘米。头部分残，上着对襟窄袖衫，下着长裙，双手合十站立。

第3像　立像高32厘米。高髻，面蚀；上着对襟窄袖服，下着长裙。身饰披帛，两端自身后绕过双肘，垂于身体内侧。右臂大部残，双手合十站立。

第5组

方框残损甚重，内刻像3身，仅辨轮廓。

四　晚期遗迹

龛口左侧与第168号窟之间的岩体毁，现以条石修补，并复原为龛沿，与第168号窟右沿相接。修补条石高305厘米，龛沿面宽10厘米，至龛内最深78厘米。

龛内保存灰白色、红色、蓝色三种涂层。

第八节　第170号

一　位置

位于第169号龛右上方。右接后世条石封护的排水沟边缘，上为后世加固的岩顶，下邻第171号龛，分界不明。

龛口西北向，方向305°。

二　形制

在岩壁表面平直凿进形成龛口（图316；图版Ⅰ：349）。龛口残损甚重，仅保存少许上部左端及左上角；上部左端存宽5厘米的沿面。龛口左上角作斜面处理。现存龛口不规整，残高75厘米，宽89厘米，至后壁最深33厘米。龛底大部毁，前端中部后世凿有不规则的方孔，此方孔与龛外上方方孔相对。正壁竖直，左右侧壁大部毁。壁面与龛顶略垂直相交。龛顶大部毁，存左端少许。

三　造像

可辨造像10身（图316-2；图版Ⅰ：349）。其中，正壁中刻主尊坐像2身，二主尊间及上方壁面刻带茎仰莲及两片闭合的莲叶，仰莲上各刻坐像1身，现存8身。

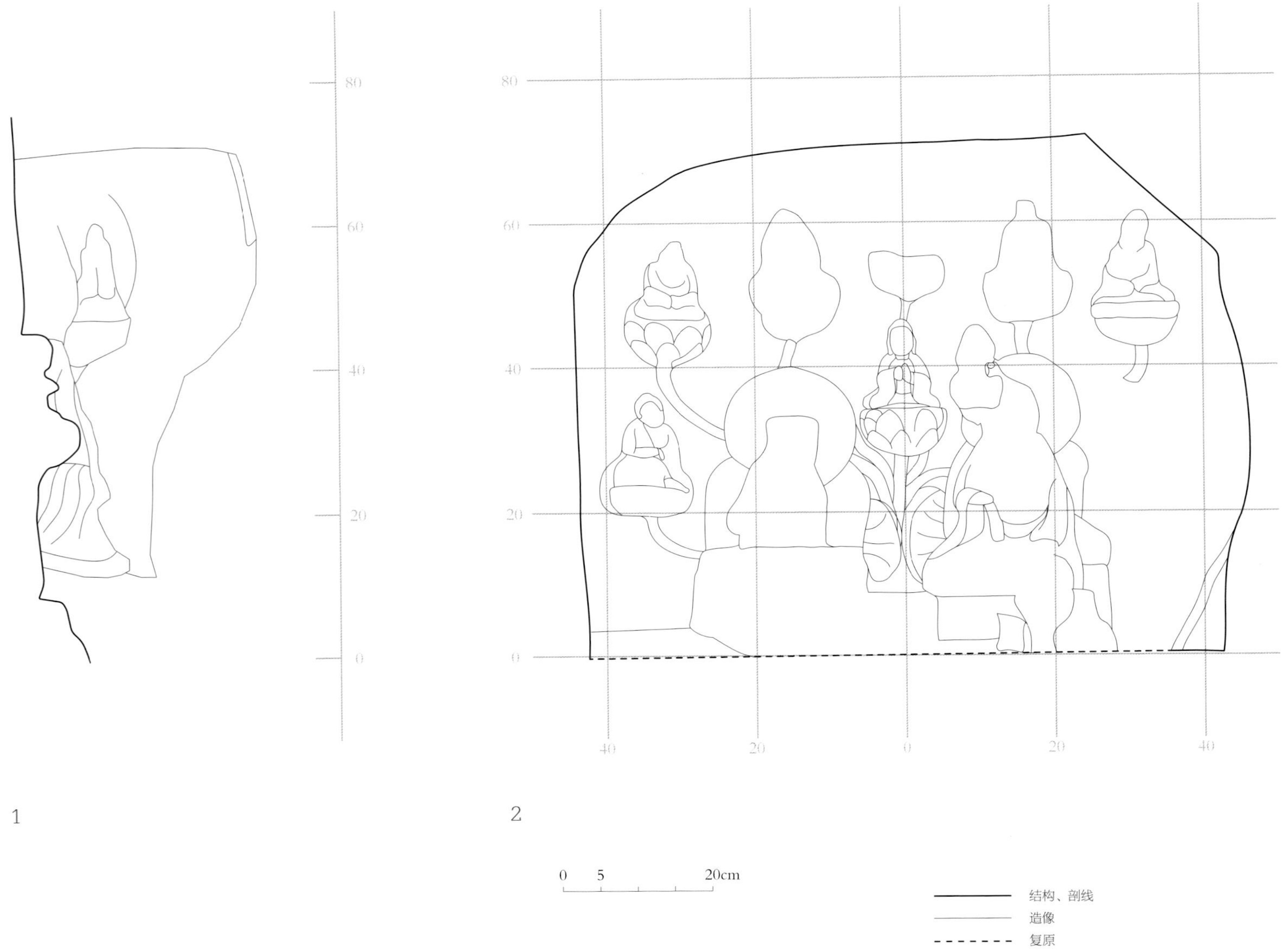

图316　第170号龛立、剖面图
1　剖面图　2　立面图

（一）主尊造像

左主尊像　头大部残，残坐高23厘米。浅浮雕圆形素面头光和椭圆形身光，头光直径17厘米，背光最宽22厘米。头部右侧存少许锡杖杖首遗迹，身残，特征不明。坐于须弥座上。座高11厘米，宽18厘米，深11厘米，部分残。

右主尊像　残损甚重，可辨轮廓；座台大部毁，背光与左主尊背光同。

（二）仰莲坐像

8身，呈上下两排布置。其中，上排5身，下排3身。二主尊间的一身保存较好，坐高12厘米，头顶略隆，面蚀，身着双领下垂式袈裟，双手于胸前似结印，结跏趺坐；仰莲高6厘米，直径12厘米。其余坐像残毁甚重，仅存轮廓。

四　晚期遗迹

龛底前端中部凿方孔，最高43厘米，宽11—18厘米，深21厘米。

龛外上方存一方孔，高13厘米，宽9厘米，深15厘米；此方孔与龛底方孔上下对应。

龛右壁上部凿有方形梁孔，高17厘米，宽20厘米，深16厘米；内置长廊横梁。

龛内保存灰白色涂层。

第九节 第171号

一 位置

左紧邻第169号龛，右与后世修砌的排水沟相接；上与第170号龛相邻，分界不明；下距第171-1号龛16厘米。龛口西向，方向285°。

二 形制

在岩壁表面直接凿建龛口（图317；图版Ⅰ：350）。龛损毁甚重，仅存部分龛底及正壁。正壁竖直，残高82厘米，宽75厘米。龛底大部残，残迹呈弦月形。

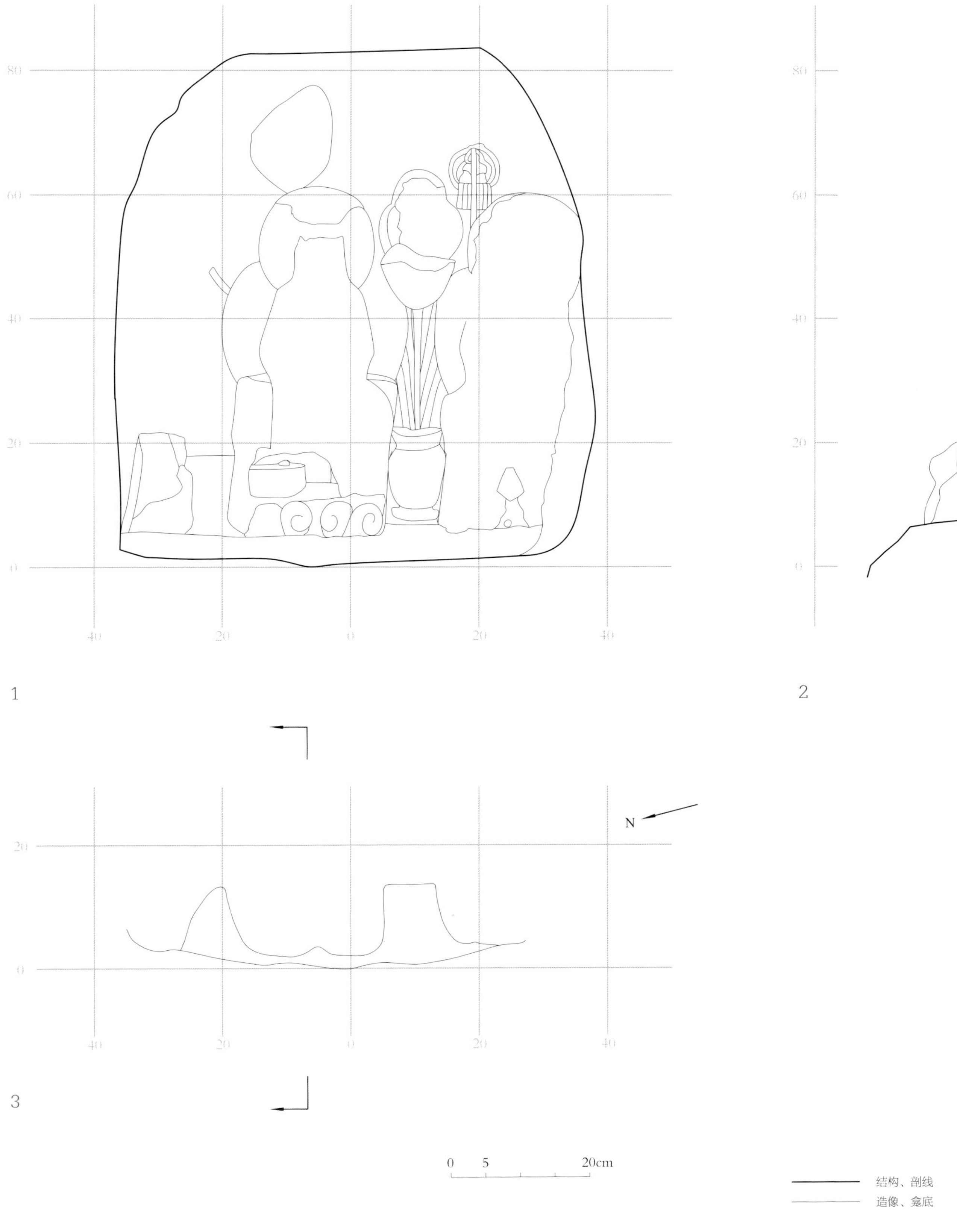

图317 第171号龛平、立、剖面图
1 立面图 2 剖面图 3 平面图

三　造像

可辨造像3身（图317-1；图版Ⅰ：350）。其中，正壁刻主尊坐像2身，于其座台间刻一坛，略残，高约16厘米，自坛口伸出7枝莲茎，向壁面散开；右主尊右下刻立像1身。

左主尊像　大部毁，可辨背光右侧部分。背光右上方刻六环桃形锡杖杖首。

右主尊像　残损较重。存圆形素面头光和身光，直径分别为18、28厘米。座下可辨莲台和两朵如意头云纹。

右主尊像右下侧，刻立像1身，大部毁，残高16厘米；可辨下部轮廓。

二主尊像背光间存一朵仰莲，大部残；其上刻有葫芦形遗迹。右主尊像头顶上方存一段弧线遗迹。

四　晚期遗迹

龛内保存灰白色涂层。

第十节　第171-1号

一　位置

位于第171号龛下方。左与第169号龛比邻，右侧上方紧邻第173号龛，下方距第174号龛11厘米；上距第171号龛16厘米，下距地坪50厘米。

龛口西北向，方向290°。

二　形制

在岩壁表面直接凿建龛口（图318；图版Ⅰ：351）。龛口残毁甚重，残存高140厘米，宽70厘米，至后壁最深37厘米。龛底不规整，被后世改刻。龛壁为弧壁，左右端存后世改刻的凿痕。龛壁中部后世设置一条纵向排水沟。龛顶毁。

三　造像

可辨造像5身。中为主尊，左右各刻侍者像1身（图318-1；图版Ⅰ：351），左右侧壁刻坐像1身。

主尊像　毁。可辨左侧少许背光遗迹；上方存部分华盖遗迹。

左右侍者像　残毁甚重，残高37厘米；仅辨轮廓。

左侧壁坐像　残毁甚重，可辨部分头光和少许身光；座前刻带茎莲，部分残（图版Ⅰ：352）。

右侧壁坐像　残毁甚重，与左侧壁坐像同（图版Ⅰ：353）。

四　晚期遗迹

龛壁中部后世以条石设一条排水沟，自岩顶纵向延至地坪，全长约470厘米，宽约23—50厘米。

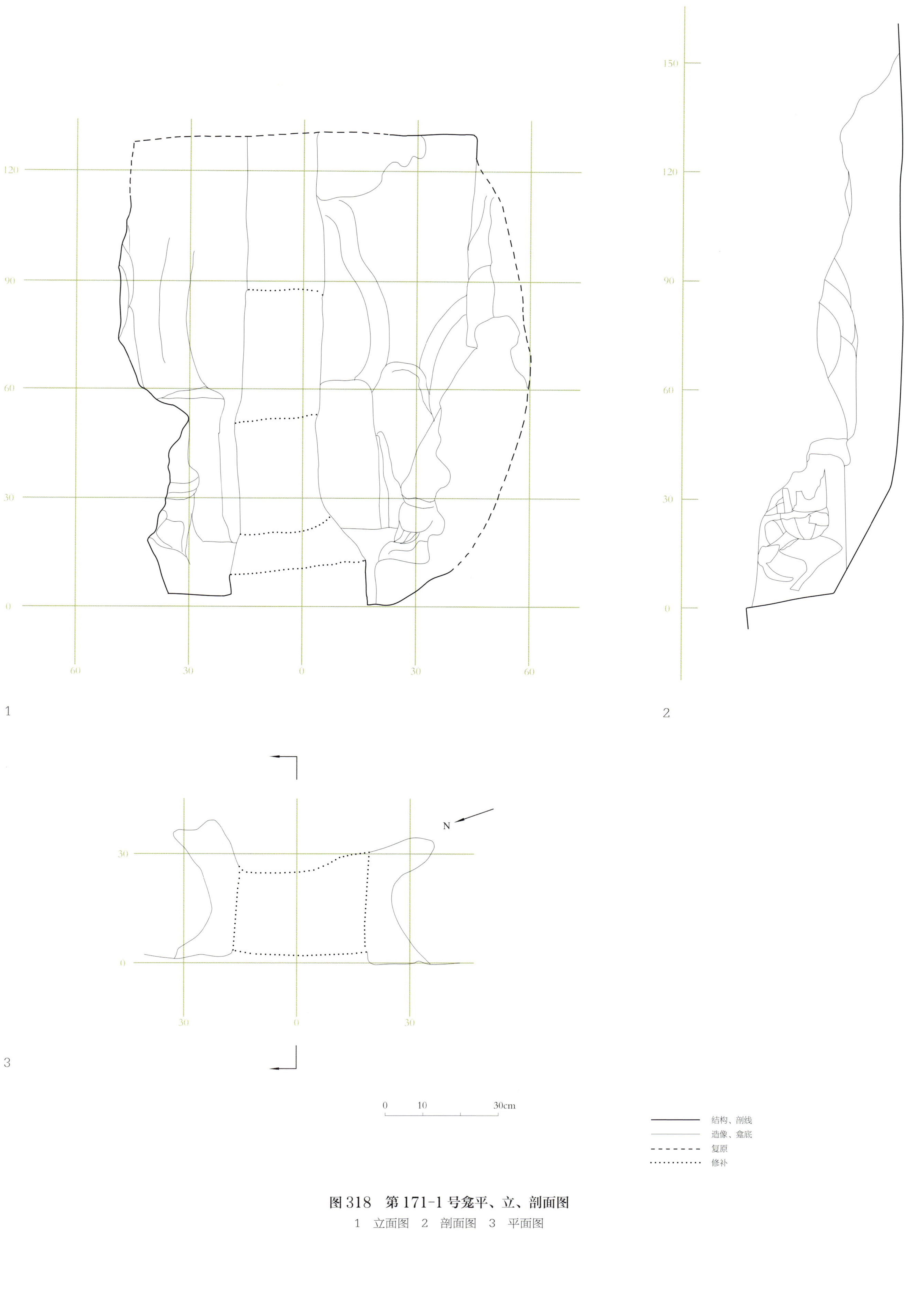

图318 第171-1号龛平、立、剖面图
1 立面图 2 剖面图 3 平面图

第十一节　第172号

一　位置

位于第171号龛右侧。左距第171号龛45厘米，右距第176号窟35厘米；上为岩壁，下距第173号龛26厘米。

龛口西北向，方向283°。

二　形制

单层方形龛（图319；图版Ⅰ：354）。

龛口　在岩壁表面平直凿进最深约8厘米形成龛口。龛口方形，左侧大部残，保存上端宽9厘米的沿面；右沿略窄，宽4厘米；上沿宽8厘米；下沿毁。现存龛口内缘高77厘米，宽58厘米，至后壁最深38厘米。左右沿内侧刻有宽3厘米的平整面，与龛壁衔接。龛口左右上角作斜面处理。

龛底　略呈半圆形，前端毁。

龛壁　壁面竖直。正壁与左右侧壁圆转相接，左壁外端毁；壁面与龛顶略垂直相接。

龛顶　平顶，呈半圆形。

三　造像

刻像12身（图319-1；图版Ⅰ：354）。其中，正壁中刻主尊坐像2身；其上方及左右侧刻坐佛像8身；左右侧壁下部各刻立像1身。

左主尊像　残坐高24厘米。头残毁，可辨披帽披幅覆肩，上着双层交领服，下着裙。左手置腹前托珠，右手于右胸前握持六环锡杖。杖全长41厘米，杖首呈桃形，略残。双腿剥蚀，跣足踏莲台，倚坐于须弥座上。座左侧残蚀，通高13厘米。座前刻仰莲台，残蚀较重。

右主尊像　坐高25厘米。头部分残，面长圆，已蚀。上着双领下垂式袈裟，袈裟一角覆于头顶后披垂右肩，下着裙。左手于腹前托钵，右手握捣杵。余与左主尊像略同。

坐佛像　8身，呈圆弧状布置于两主尊像上方及左右侧。坐高均约17厘米。头螺发，面方圆，上着双领下垂式袈裟，下着裙。结跏趺坐于带茎仰莲上，莲茎自二主尊座台间出。从左至右，第1、2像毁，手势不明；第3像双手腹前结印；第4像左手抚膝，右手横置腹前，掌心向上；第5像左手抚膝，右手屈于胸前，略残；第6、7像双手腹前笼袖内；第8像双手胸前持幡。

左侧壁立像　毁。

右侧壁立像　上身残，残高32厘米；可辨下着长裙，左手前臂下垂一段帛带，着鞋立于低台上。

四　晚期遗迹

龛内保存灰白色遗迹。

第十二节　第173号

一　位置

左紧邻第171-1号龛，右距第176号窟26厘米；上距第172号龛26厘米，下紧邻第174号龛。

龛口西北向，方向287°。

图 319　第 172 号龛平、立、剖面图
1　立面图　2　剖面图　3　平面图

二 形制

龛残毁甚重，保存不规则的龛底和弧形龛壁（图320；图版Ⅰ：355）。现龛口残高57厘米，宽44厘米，至后壁最深21厘米。

三 造像

刻像3身（图320-2；图版Ⅰ：355）。中刻主尊菩萨坐像1身，左右各刻立像1身。

菩萨像　坐高28厘米。浮雕圆形素面头光，直径18厘米。头部分残，冠带作结下垂至胸，戴耳饰。内着僧祇支，外着宽博披巾；下身衣饰不明。身六臂，腕镯，上两手屈肘上举托圆轮，轮径约7厘米；左中手斜伸持羂索，右中手斜伸持剑，左下手置于腹前，前

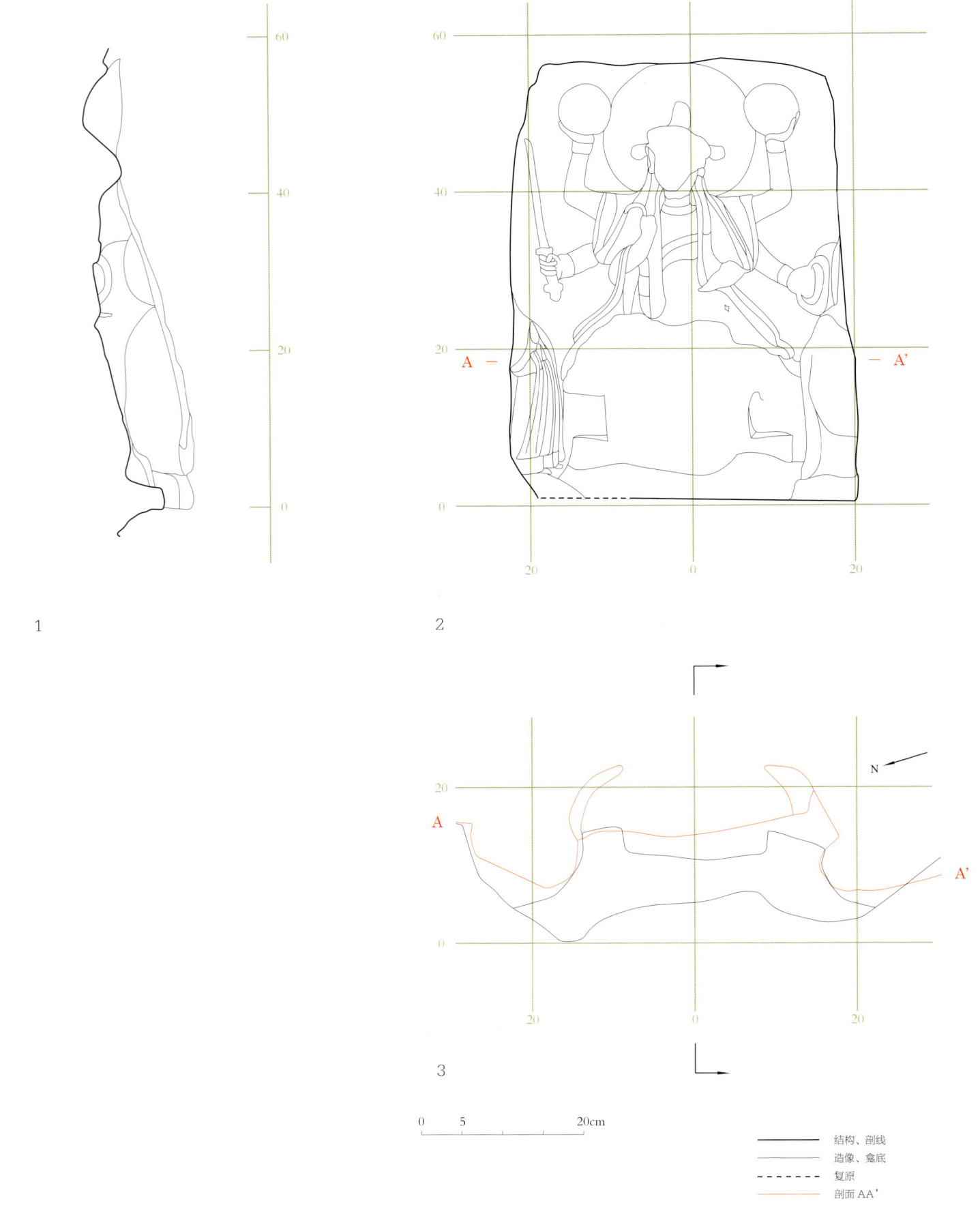

图320　第173号龛平、立、剖面图
1　剖面图　2　立面图　3　平面图

臂残，右下手屈于胸前持柳枝。双腿残，似结跏趺坐于须弥座上。座通高18厘米，部分残。

左立像　头毁，残高22厘米（图版Ⅰ：356）。存右侧少许头光；身大部残，可辨下着长裙，立于低台上。台高4.5厘米，宽11厘米，深6厘米。

右立像　头毁，残高21厘米（图版Ⅰ：357）。双肩残，上着对襟窄袖衫，下着裙；双手胸前合十，右手前臂垂搭一条帛带。双足残，直身立于低台上。台大部残。

四　晚期遗迹

龛内存灰白色涂层。

第十三节　第174号

一　位置

位于第171-1号龛右侧。左距第171-1号龛11厘米，右距第176号窟26厘米，上紧邻第173号龛，下距地坪43厘米。龛口西北向，方向293°。

二　形制

单层方形龛（图321；图版Ⅰ：358）。

龛口　在岩壁表面平直凿进最深约4厘米形成龛口。龛口方形，左沿上部毁，存下部，宽4厘米；右沿完整，宽约6厘米；上沿毁；下沿宽5厘米，与下方岩壁大致在同一平面上。龛口内缘高65厘米，宽48厘米，至后壁最深33厘米。龛左上角毁，右上角作斜面处理。

龛底　略呈方形，部分剥蚀。后侧建一级半圆形低坛，高15厘米，深12厘米。

龛壁　正壁为弧壁，略内凹，与左右侧壁圆转相接。左壁上方毁，壁面与龛顶弧面相接。

龛顶　略呈半圆形，前端毁。

三　造像

刻像3身（图321-1；图版Ⅰ：358）。中刻主尊菩萨坐像1身，左右侧壁各刻立像1身。

菩萨像　坐高36厘米。浅浮雕圆形素面头光，左侧残，直径约21厘米。头面部分残，存头冠遗迹，冠带作结下垂覆肩，戴耳饰。上着宽博披巾，下身衣饰不明。身六臂，腕镯，上两手屈肘上举托圆轮，轮径7厘米；左中手斜伸持物，物残难辨；右中手斜伸持剑，左下手残，右下手残，似屈于胸前持柳枝。双腿残，似结跏趺坐于须弥座上。座部分残，通高21厘米；座前刻带茎仰莲，部分残。

左侧壁立像　残损甚重，残高23厘米；仅可辨下着的长裙，立于低台上（图版Ⅰ：359）。台部分残。

右侧壁立像　头毁，残高32厘米；身大部残，可辨下着长裙，着鞋立于低台上（图版Ⅰ：360）。台部分残，高5厘米，宽19厘米，深11厘米。

四　晚期遗迹

龛内存灰白色涂层。

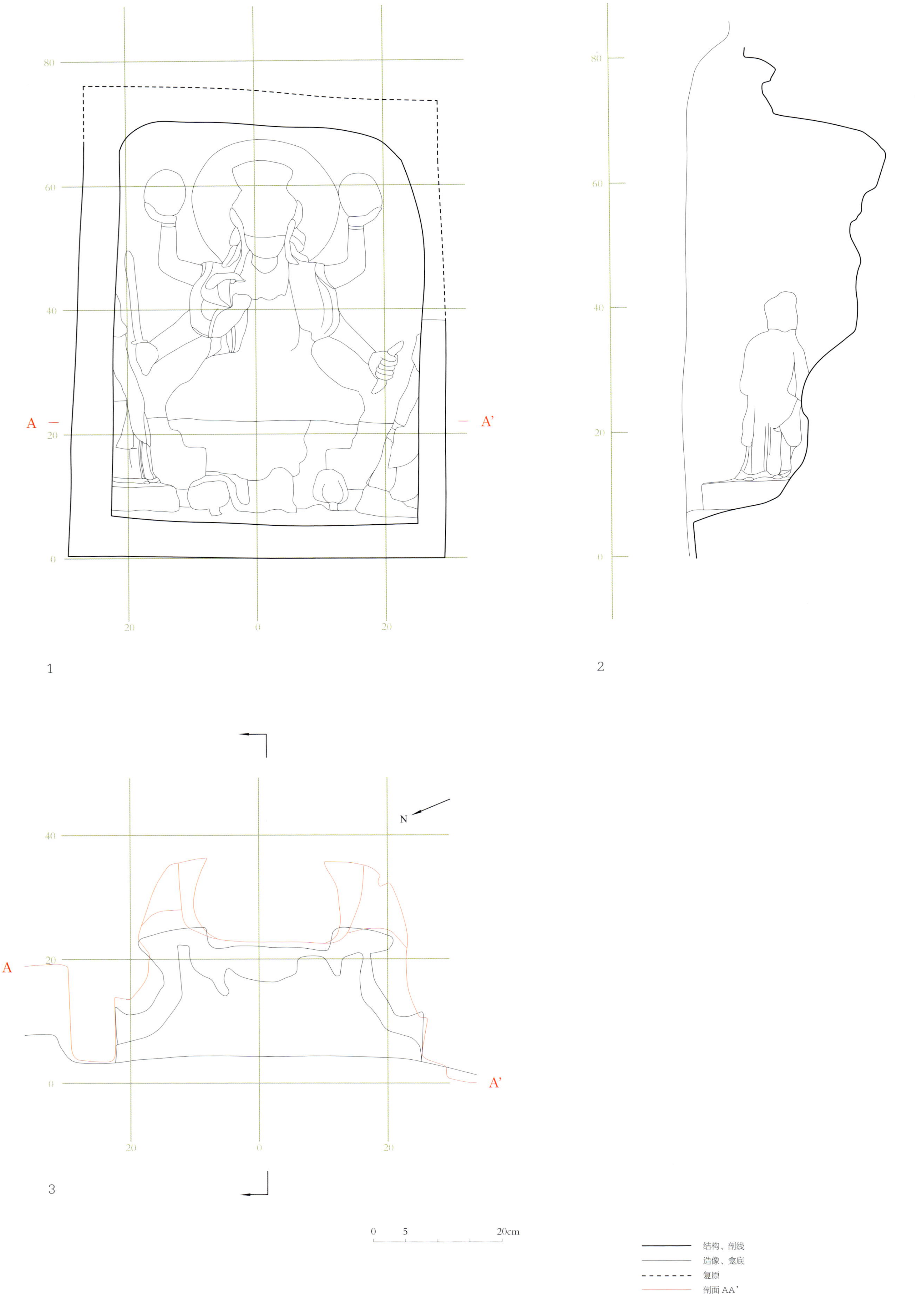

1

2

3

图 321　第 174 号龛平、立、剖面图
1　立面图　2　剖面图　3　平面图

结构、剖线
造像、龛底
复原
剖面 AA'

422　大足石刻全集　第二卷（上册）

第十四节 第175号

一 位置

位于第176号龛外上方中部15厘米处。左为岩壁，右距第175-1号龛12厘米，上距岩顶约16厘米。龛口西北向，方向293°。

二 形制

在岩壁表面平直凿进最深约2厘米形成龛口（图322；图版Ⅰ：361）。龛口残损甚重，左侧大部残，保存下部宽7厘米的沿面；右沿与第175-1号龛共用，上下部分残，存中部宽约12厘米；上沿及下沿与岩壁分界不明。龛口内缘高64厘米，宽37厘米，至后壁最深8厘米。龛底略呈方形。龛壁竖直，与龛顶弧面相接。龛顶平顶，略呈弦月形。

图322 第175号龛平、立、剖面图
1 立面图 2 剖面图 3 平面图

三　造像

刻菩萨立像1身，高42厘米（图322-1；图版Ⅰ：361）。浅浮雕圆形素面头光，上部残，直径约24厘米。头戴冠，冠体模糊，冠带作结下垂；面蚀，戴珠串耳饰。身残损甚重，可辨裙摆；直立圆形仰莲台上。台大部残，高约7厘米，直径20厘米。

第十五节　第175-1号

一　位置

位于第175号龛右侧。左距第175号龛12厘米，右侧岩体毁，为后期修补的条石；上距岩顶18厘米，下邻第176号窟30厘米。龛口西北向，方向293°。

二　形制

龛残损甚重，仅保存与第175号龛共用的左沿（图323；图版Ⅰ：362）。龛口内缘高52厘米，宽40厘米，至后壁最深11厘米。龛底毁，现以条石修补嵌入，并略经打磨。龛壁为弧壁，右侧毁，现以条石嵌入修补，壁面与龛顶弧面相接。龛顶为券顶，部分残。

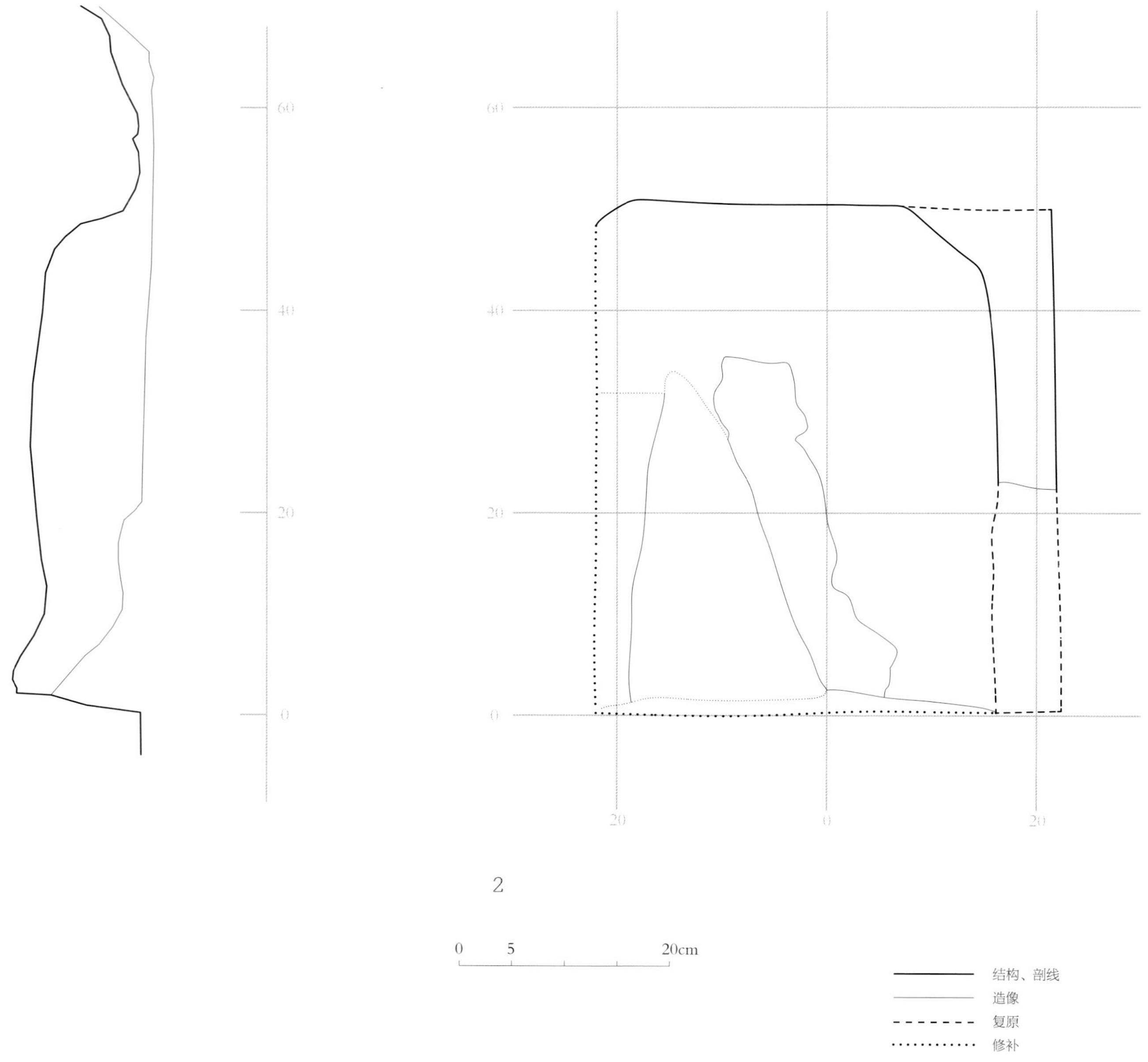

图323　第175-1号龛立、剖面图
1　剖面图　2　立面图

三　造像

刻像1身，残毁甚重，仅存少许遗迹（图版Ⅰ：362）。

第十六节　第176号

一　位置

左与纵向布置的第172、173、174号龛相邻，分别相距35、26、26厘米；右距第177号窟86厘米；上距第175号龛15厘米，下距地坪45厘米。

窟口西北向，方向293°。

二　形制

平顶方形窟（图324、图325、图326、图327、图329、图332、图335；图版Ⅰ：363、图版Ⅰ：365、图版Ⅰ：371、图版Ⅰ：380）。

窟口　在岩壁表面平直凿进最深约13厘米形成窟口。窟口方形，左沿完整，宽19厘米；右沿中上部、上沿右侧毁，后世以条石修砌；右沿中下部略残，其下端完整，存面宽23厘米；上沿存左端少许，宽25厘米；下部在后世被改动，现为三级石阶。窟口内缘高275厘米，宽196厘米，至后壁深212厘米。窟左右沿内侧刻出宽27厘米的平整面，部分残损。窟口左上角稍残，似作弧面；右上角毁，现已修补。

窟底　呈方形。内侧建一级低坛，高30厘米，深52厘米，与窟口等宽，部分残。窟底中部残，现以石板嵌入修补，与原窟底齐平。窟底前端被后世修补，现作三级石阶。

窟壁　壁面竖直，正壁与左右侧壁圆转相接；壁面与窟顶略垂直相接。

窟顶　平顶，呈方形，前端残脱，已作修补。

三　造像

按其位置，窟内造像分为正壁、左侧壁、右侧壁、窟顶造像等四部分（图版Ⅰ：363）。

（一）正壁

造像较多，为行文方便，将其分为主尊佛像、左弟子像、右弟子像、正壁下部造像四部分记述（图327；图版Ⅰ：364）。

主尊佛像　坐高85厘米，头长28厘米，肩宽30厘米，胸厚18厘米（图328）。浅浮雕圆形素面头光，最宽48厘米。螺发，高髻，白毫，脸长圆，弯眉细眼，鼻残，小口，下颌略突。双耳垂肩，颈刻三道肉褶线。双肩下溜，内着僧祇支，系带作结，外披双领下垂式袈裟，下着裙；袈裟及裙摆敷搭座前。左手抚膝，右手腹前结印，结跏趺坐于束腰仰莲座上。座置于低坛上，通高88厘米。座基呈八边形，最下素面，中饰一周羊角云纹，上刻仰莲瓣。中部束腰部分呈圆柱形，最下刻一周如意头云纹，正面及左右侧面各刻蹲狮一身。狮立高29厘米，颈下系铃；后两腿下蹲，两前腿上举过顶，作托举状。狮间刻壸门，内各刻坐式伎乐一身。左伎乐坐高14.5厘米，头梳髻，面蚀，上着交领宽袖服，下着裙，双手持拍板，盘坐于仰莲台上。右伎乐坐高13厘米，双手持排箫，余略同左伎乐像。座上部为三层仰莲台，高30厘米，直径84厘米。

佛像身后，刻龙首背屏，高95厘米，最宽118厘米，厚5—7厘米；内饰花枝。龙首横置背屏中偏上位置。其上部作弧边内凹的八角形面，边缘刻出花绳；左右上侧各刻坐佛3身，对称布置；坐高6厘米，着双领下垂式袈裟，双手笼袖内，结跏趺坐于仰莲台上。八角形面左右下角，各刻一回首鸟禽，略蚀。背屏左右底部，各刻一坛，出带茎莲朵。莲朵之上，刻羊角蹲兽，略残；兽两前腿屈于身

图 324　第 176 号龛立面图

426　大足石刻全集　第二卷（上册）

图 325　第 176 号窟剖面图

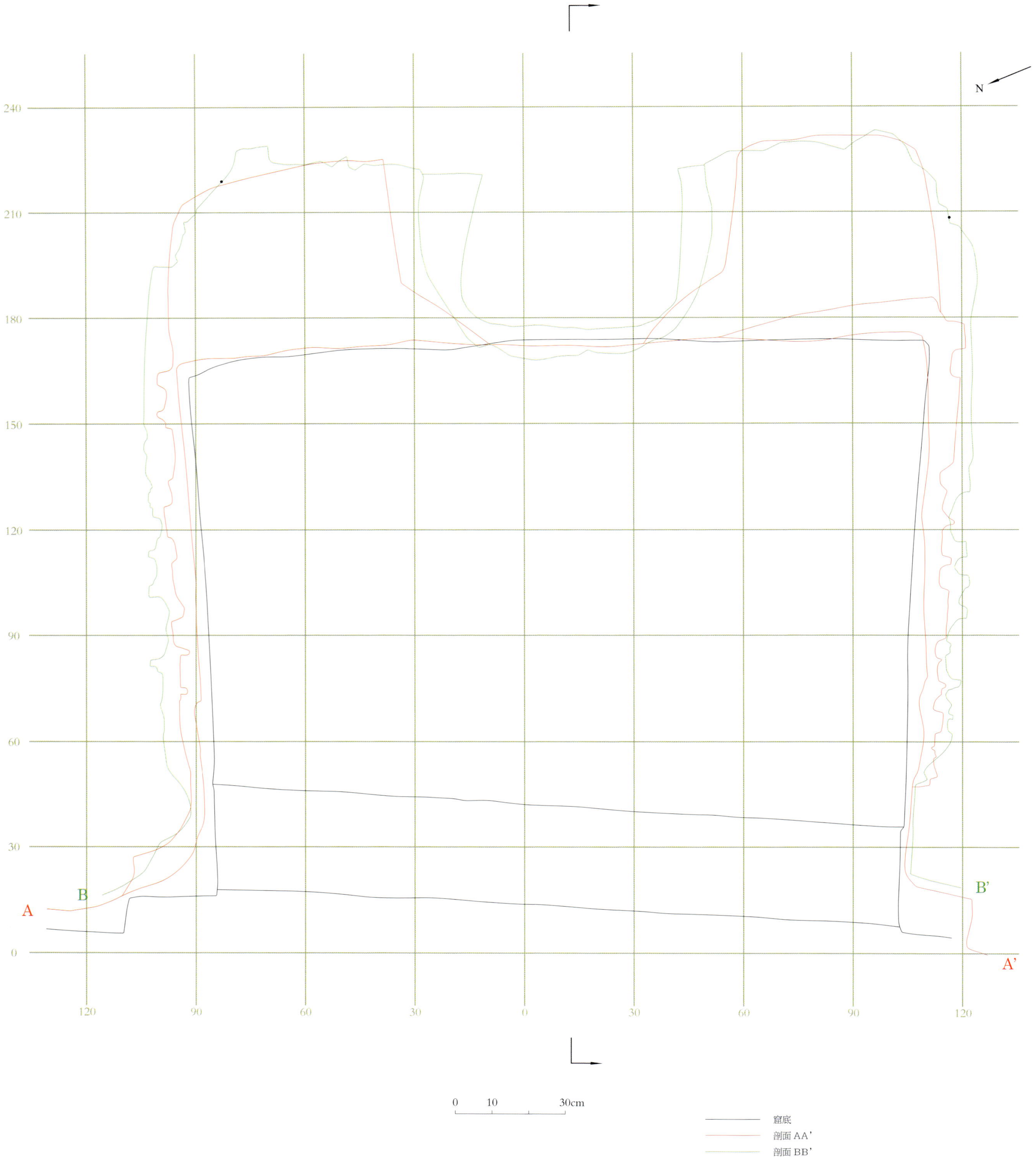

图 326　第 176 号窟平面图

图 327　第 176 号窟正壁立面图

图 328　第 176 号窟正壁主尊佛像等值线图

前，侧身背负一童子；童子高23厘米，卷发浓密，面圆，上身斜披帛带，下着裤，臂环、腕镯，一手抚羊角，一手抚膝，侧身骑坐于兽背上，双足略蚀。背屏后侧，刻云纹；上方刻菩提树，冠幅宽大，几乎占据整个壁面上部。

佛像头顶上方，即龙首背屏顶部，刻单重八角形华盖，通高17厘米，最宽34厘米；立面饰卷草花纹及珠串。

华盖上方，刻重檐庑殿式楼阁1座，通高51厘米。楼阁屋身底层四柱三间，面阔24厘米，深7厘米。柱间刻出阑额，左右次间补间铺作刻一散斗；再上为第一层屋顶。屋檐左右侧出檐较深，屋面刻出瓦垄、瓦沟。屋顶上置略宽出屋脊的平座，上承第二层屋身。屋身四柱三间，面阔19厘米，深8厘米。屋身四周刻重台勾栏，与屋身间形成回廊；栏间刻四身童子像，已蚀。屋身左、右次间前各刻一身双手合十的小像，略蚀。最上为第二层屋顶，略残；可辨屋面刻出瓦垄、瓦沟；正脊左右相对刻出鸱尾。楼阁前刻一只展翅的金翅鸟，伏于华盖上；头、颈残，尾上竖，贴于屋身。

由佛像顶部所出四道毫光，分为左右两道，经华盖左右底端（佛像顶至华盖底残断），沿华盖及楼阁左右壁面，过左右侧壁上部，飘向龛外。其中，左侧最下一道毫光各绕四匝，前两匝内刻坐佛1身，体量不一，坐高3.5—6.5厘米，头略蚀，身着双领下垂式袈裟，双手腹前笼袖内，结跏趺坐于仰莲上；仰莲高约1—2.5厘米，直径3—6.5厘米；后两匝刻重檐楼阁一座（位左壁顶部），通高约9厘米，底层屋身略蚀，可辨两柱一间，线刻双扇板门；上接第一重屋顶，屋面线刻瓦垄瓦沟；第二层屋身以上蚀，细节难辨。右侧最下一道毫光亦绕四匝，内刻坐佛一身，同左侧前两匝内刻佛像；后两匝毁。

左右两道毫光之间，即楼阁左右，对称各刻一只金翅鸟。鸟嘴残，双翅略展，作俯冲状。左右最下一道毫光下方，近窟正壁左右上角处，各刻一只孔雀，尖喙，冠羽，细颈，展翅，尾残，作飞翔状。

左右最下一道毫光下方近华盖左右侧，于如意头云纹上各刻飞天像1身，身长约32厘米。梳髻，头冠，面长圆；袒上身，下着长裙；披帛环状绕于头后，顺两腋飘于体侧。腕镯。左飞天像左手贴身下垂，右手前伸屈肘托盏，内盛假山；右腿屈膝上抬，左腿斜伸，双足不现。右飞天像左手前伸屈肘托盏，内盛团花，右手贴身下垂，掌心向外；左腿屈膝上抬，右腿斜伸，双足不现。两飞天像相向作飞翔敬献状。

左弟子像　立像高70厘米，头长16厘米，肩宽18厘米，胸厚7厘米。光头，面略残。内着双层交领服，外披袒右式袈裟，下着裙。双手拱于胸前，着鞋站立。该弟子像上方另刻立像1身，高34厘米，梳髻戴冠，面蚀；上着宽博披巾，下着裙；披巾交垂于腹前，敷搭前臂后下垂；身六臂，腕镯；上两手屈肘举托圆轮，轮径5厘米；左中手平伸持羂索，右中手平伸持剑；两下手胸前合十，直身站立，小腿以下不现。

右弟子像　立像高68厘米，头长14厘米，肩宽17厘米，胸厚7厘米。光头，顶略残，面长圆，眉清目秀；双手合十，余略同左弟子。像右膝前刻跪像1身，高约15厘米；梳髻，面蚀，着交领窄袖服，下着裙；双手于胸前合十，侧身胡跪于云纹上，云纹大部残。该弟子像上方另刻一身立像，高37厘米；梳髻戴冠，面长圆，双眼圆瞪，上着圆形翻领宽袖服，下着裙，裙腰上束至胸；双手胸前合十，双膝以下不现。

正壁下部造像　正壁下部左右各开一方形浅龛，高43厘米，宽52厘米，深约6厘米；内各刻立像3身。左浅龛造像残蚀甚重，仅辨轮廓。右浅龛左立像高23厘米，头梳髻，面蚀；上着对襟窄袖服，下着裙；双手于胸下笼于袖内，双足残。中立像高36厘米，头残，面蚀；上着对襟长服，下着裙；左手屈肘举持带茎莲朵，右手胸前持物，物难辨；前臂敷搭一条帛带；双足不现。右立像高37厘米，高髻，面残；双手胸前合十，余略同中立像。

（二）左侧壁

造像遍布壁面，按其分布特点，可区分为四组，即上部、中部左侧、中部右侧、下部造像四部分。（图329、图330；图版Ⅰ：365、图版Ⅰ：366）。

1. 上部

左侧壁上方壁面遍刻山峦，其左右两端各刻菩萨坐像1身；中部位置凿4个小圆龛，内刻像1身。

菩萨像　2身。坐像皆高约11厘米，头冠，面长圆，略蚀。身着交领宽袖服，双手胸前合十，结跏趺坐于双重仰莲台上。莲台高3.5厘米，直径10.5厘米。像置身于圆形素面背光内，背光直径约21厘米，厚2厘米。

小圆龛像　4身。分刻于两个山峦，每个山峦各刻2身，相向胡跪于线刻的云纹上，高约8厘米。其中，内侧2身为男像，外侧2身为女像；皆蚀，可辨双手合十。

2. 中部右侧

左侧壁中部右侧高浮雕菩萨坐像1身，其身后侧刻像13身（图331；图版Ⅰ：367）。

菩萨像　头毁，残高16厘米。浅浮雕圆形素面头光和身光，直径分别为17、23厘米。内着僧祇支，系带作结，外披宽博披巾，下着裙；披巾两端交垂腹前，再敷搭前臂后长垂体侧。左手抚膝，右手腹前持如意，略残；侧身向窟外，结跏趺坐于狮身背负的三重仰莲台上。莲台高7厘米，最宽20厘米。狮身长36厘米，高23厘米，昂首扭颈，闭口露齿，背负鞯，腿粗短，向龛外作行进状。狮立于云台上，台通宽50厘米，高13厘米，厚14厘米。狮头前侧刻立式狮奴1身，头毁，残高13厘米；身残，仅辨轮廓。

菩萨后侧像　13身，立像。从上至下四排，作三、四、三、三布置。前三排像部分残蚀，残高约32厘米，头梳球状髻，面长圆，身着交领宽袖服，下着裙，裙腰上束至胸，双手合十站立。其中，第三排右像双手持物，物残难辨。第四排左像头毁身残，残高约21厘米，似坐于方台上；中像头毁，残高约26厘米，衣饰不明，腰束带，双手前伸，手残，似置于左像双肩；右像高32厘米，头残，面蚀，双手毁，可辨上着袈裟，下着裙，直身站立。

3. 中部左侧

在中部左侧偏左下近窟口位置刻一组像。其中，中为一体量稍大的立式主像，左右各立三身女侍像（图版Ⅰ：368）。以此组造像为中心，四周壁面刻像30身。

主像　头毁，残像立高44厘米。内着翻领窄袖服，外着交领宽袖服，披云肩，下着裙。裙腰上束至胸，腰带长垂。双手残，于胸

图 329　第 176 号窟左侧壁立面图

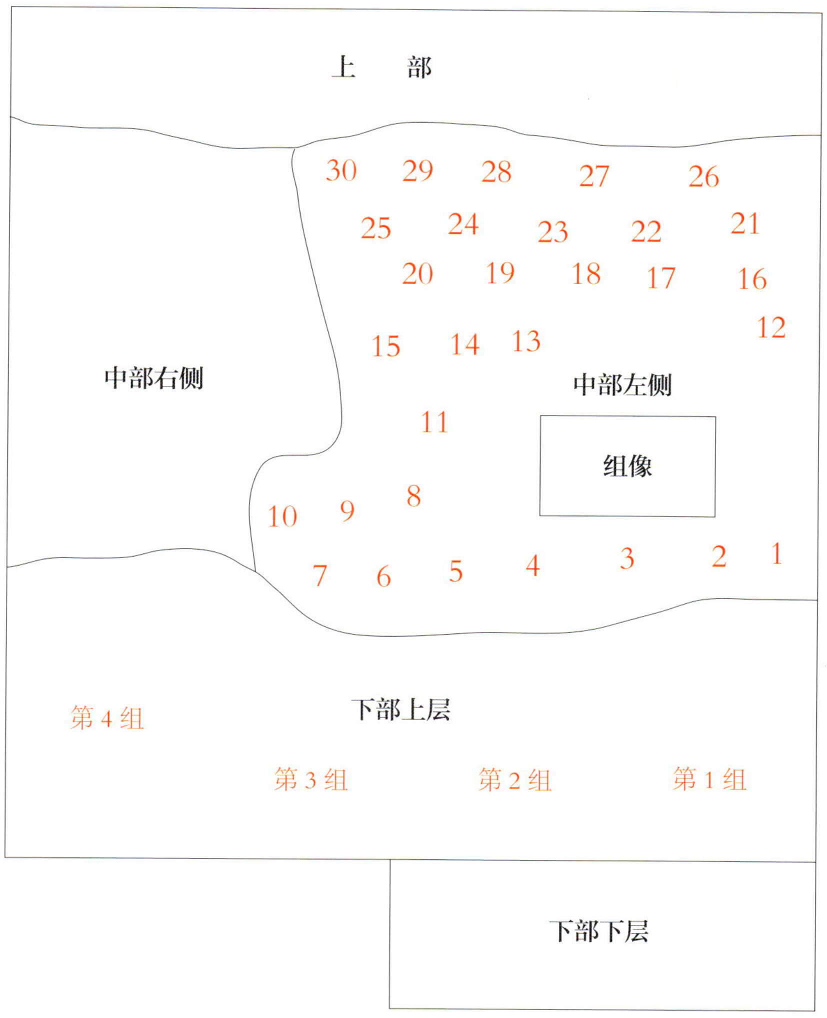

图 330　第 176 号窟左侧壁造像分组及编号图

图 331　第 176 号窟左侧壁中部右侧造像展开图

第六章　第 165—192 号　433

前合十，横持拂子；双足不现。

主像左右侧，各立3像，两排，呈上一下二"品"字形布置。皆高约23厘米，头身残损，可辨上着交领宽袖长服，下着裙。主像左右内侧两身双手于胸前托物，物残难辨；外侧四身双手举持长柄扇，簇拥主像；扇面呈椭圆形和"U"形。

主像和侍女像身后刻云纹背屏，略残蚀。

主像四周像　按从下至上、由左及右顺序，将主像四周壁面30身半身立像编为第1—30像。

第1像　立像高17厘米。头大部残，袒上身，双手于身前举持幡杆，扛于左肩，幡卷曲上飘。

第2、3、21、22、26、27像　6身。皆立高约29厘米。头戴冠，略残蚀。身内着翻领宽袖服，外着裲裆甲，披膊；腰束带，系圆护、抱肚；下着裙。双手合十，略残。其中，第3像头毁。

第4、5像　2身。皆头毁，身下刻云纹，残像立高26厘米。第4像内着袍，袖摆上扬，外披甲，下身衣饰模糊，腹前垂一条飘带，两端塞入腰带垂于体侧；左手于胸前握拳，右手于腹前挂斧。第5像双手于胸腹前持物，余略同左像。

第6—20像　15身。头部分残毁，均高约31厘米。光头，面残蚀；内着双层交领服，外披袒右式袈裟，下着裙。双手胸前合十站立。其中，第12像侧身作礼拜状。

第23、24、25像及第28、29、30像　6身。第23、24、25像头毁，残像立高约25厘米。第28、29、30像完整，高约34厘米；梳髻头冠，面长圆，略残蚀。各像皆内着僧祇支，外披双领下垂式袈裟，下着裙；双手合十站立。

4. 下部

造像可分为上下两层（图版Ⅰ：369）。

上层

位于中部下方。造像横向布置，其间刻三株树，树干分叉，树冠相连，线刻圆形松针状树叶，通高约41—54.5厘米；其中，最右一株树残，可辨部分树冠。以树为界，按从左至右顺序，将造像编为第1—4组。

第1组　刻立像4身（图版Ⅰ：370）。从左至右，第1像头残面蚀，残高约25.5厘米，身着圆领窄袖长服，双手略残，前伸，弯腰施礼，着鞋站立。身后刻部分圆顶建筑，门洞半开。第2像头毁，残高约12.5厘米，双手残，置于身前，弯腰而立。第3像高21厘米，头似披帽，面残，着窄袖长服，腰束带，双手似掩面直立，足鞋。第4像高23.5厘米，头戴布帛，下垂至后背，面蚀，着窄袖长服，腰束带，左手捻须，右手挂杖，侧身站立。

第2组　刻立像2身。左像头戴冠，侧身仰面，身蚀，直身站立；左手残，右手上举前伸，作取衣状。右像残蚀甚重，可辨轮廓；其身后侧树分三杈，最左树杈上刻敷搭的数件衣物。二像间，存一方形低台遗迹，高约5厘米，宽约8.5厘米。

第3组　刻像1身，残毁甚重，残高约25厘米。

第4组　位于第3组造像右侧。刻重檐庑殿顶门楼建筑一座，残蚀略重，通高54厘米。可辨底层中设门洞，刻双扇板门，门微开。底层屋檐及第二层屋身向右倾斜，剥蚀较重。门楼右侧接墙身一堵，高约37厘米；上刻两坡屋顶，屋面线刻瓦垄瓦沟。

下层

9身。位于近窟底处，一字布列于高27厘米、宽80厘米、深4厘米的方框内。像残毁甚重，仅辨轮廓，高约23厘米。其中，从左至右第1、2、3像似双手于胸前合十。

（三）右侧壁

右侧壁左前侧及上方浮雕山峦，无造像。中部及下部造像大致与左侧壁呈对称布置。除上部外，亦可区分为三组，即中部左侧、中部右侧、下部造像三部分。（图332、图333；图版Ⅰ：371、图版Ⅰ：372）。

1. 中部左侧

高浮雕菩萨坐像1身，其身后刻像13身（图334；图版Ⅰ：373）。

菩萨像　坐高24厘米。浮雕圆形素面头光和身光，直径分别为16、23厘米。头大部残，衣饰与左侧壁右侧菩萨坐像略同。腕镯，左手于胸下托经函，右手抚膝，侧身向窟外，结跏趺坐于大象背负的三重仰莲台上。莲台高8厘米，直径24厘米。大象身长45厘米，高17厘米，长鼻低垂，露齿，刻络头，背负鞯，四腿粗短，亦侧身向窟外立于云台上。云台通宽47厘米，高15厘米，厚16厘米。象鼻内侧刻半身象奴1身，立像高约14厘米，光头，面残，上着宽博披巾，下着裙，披巾敷搭前臂下垂；双手胸前合十。

菩萨后侧像 13身。从上至下四排，作四、四、二、三布置，第一、二、三排立像高约35厘米，皆残蚀，梳髻，头冠，面长圆，上着交领宽袖服，下着裙，裙腰上束至腋下，双手胸前合十。第四排左立像高31厘米，头顶略残，圆脸，上着交领窄袖服，下着裙，左手抚中坐像左肩，右手胸前持物，物难辨；中像坐高25厘米，光头，圆脸，上着双层交领服，下着裙。双肩覆搭一块方巾，双手抚膝，坐于方台上，台露少许；右像立高30厘米，光头，圆脸，内着双层交领服，外披袒右式袈裟，下着裙，双手胸前持盘，着鞋站立。该像右侧10厘米处刻一低矮方案，高6厘米，宽7厘米，深4厘米；案台覆巾，上置一圆盘，盘高1厘米，直径4.5厘米。

2. 中部右侧

在中部右侧偏右下近窟口位置刻一组像，其中，中为一体量稍大的立式主像，左右各立三身女侍像。以此组造像为中心，四周壁面刻像30身（图版Ⅰ：374）。

主像 立像高41厘米。头湮身残，仅存轮廓，可辨着翻领服，双手置于胸前。

侍女像 6身。位于主像左右侧，两排，作上一下二"品"字形布置，主像右侧前排两身残毁甚重。立像高约22厘米，完整者头梳髻，上着交领宽袖服，下着裙。其中，前排内侧两身双手于胸前托盏，内盛物。其余四身持长柄扇，扇面式样与左侧壁侍女像同。

主像和侍女像身后，刻圆拱形云纹背屏，高约52.5厘米，最宽40厘米，厚6厘米。

主像四周像 按从下至上、由右及左顺序，将主像四周壁面30身半身立像编为第1—30像。

第1像 残毁甚重，残高22厘米；仅辨上方飘动的幡。

第2、3、21、22、26、27像 6身。其中，第2、3像残蚀略重，第21、22、26、27保存较好。立像皆高约29厘米，头冠，内着翻领宽袖服，外着裲裆甲，披膊；腰束带，系圆护、抱肚；下着裙。双手合十，略残。

第4、5像 2身。第4像高约28厘米，头顶残，似戴冠，面方正，略蚀。内着翻领宽袖袍，外着裲裆甲，肩饰披膊，胸际系带作结，腰系抱肚、鹘尾。左手屈肘托塔，塔身上部残，高约6厘米，右手握腰带，下身隐于树冠内。第5像高约24厘米，头盔，盔顶有缨，顿项翻卷，面残，袖摆上扬；右臂残，双手握持棍状物，部分残，残长15厘米。

第6—20像 15身。显露部分高约20—30厘米。其中，第6、7像双腿隐于云纹内。第5—8像及第13、15—18像等头部残毁甚重，其余存者为光头。皆内着双层交领服，外披袒右式袈裟，下着裙。第14像双手拱于胸前，其余皆双手于胸前合十站立。

第23、24、25像及第28、29、30像 6身。皆高约29厘米，梳髻，头冠，面长圆，内着僧祇支，外披双领下垂式袈裟，下着裙；双手合十站立。

3. 下部

可分为上下两层（图版Ⅰ：375）。

上层

上层造像位于中部右侧造像下方，横向布置。其间刻粗大的三株树，树通高约50厘米，树干分叉，树冠相连，线刻圆形松针状树叶。以树为界，按从右至左顺序，将造像编为第1—4组。

第1组 刻像3身（图版Ⅰ：376）。中像高约16厘米；头部分残，头巾披覆长垂，面蚀。上着交领窄袖服，下着裙。左手扶鞍，右手斜伸举持长柄华盖，侧身骑于马背上。马嘴残，身长23厘米，高16厘米，抬腿向窟外作行进状。右像位于马头前侧，残毁甚重，存少许遗迹，可辨右手斜伸，牵持缰绳。左像位于马身后侧，头毁，残高21厘米，上身衣饰不明，下着裙；双手胸前托物，物残难辨，侧身站立作送别状。

第2组 刻立像1身，头毁，残高约21厘米；身着交领紧袖长服，腰束带作结。肩挑担，左手斜伸握担绳，右手屈肘上举扶担，双足残，直身站立（图版Ⅰ：377）。

第3组 右侧中部刻一方案，高约9厘米，宽14厘米，深4.5厘米，案面覆巾，上置三卷轴（图版Ⅰ：378）。案右前侧刻立像1身，高约20厘米，头面残，存披幅覆肩；内着交领服，外披袈裟，下着裙。左手胸前托钵状物，右手残，举于胸前，着鞋站立。案左上角刻立像1身，高约23.5厘米，头部分残，圆脸；身着圆领窄袖长服，侧身倚靠于方案上，双手抚卷轴。案左侧刻立像1身，高约22.5厘米，头部分残；内着交领宽袖服，外披袒右式袈裟，下着裙。双手胸前托持卷轴，双足残。

第4组 在第3组像左侧，刻重檐庑殿顶建筑一座，通高54厘米（图版Ⅰ：379）。自第一层屋顶以上结构倾斜设置，左低右高。底层屋身面阔32厘米，最高约34厘米，最深约3厘米，中设门洞，线刻双扇板门，门半开，内刻立式女像1身。像高13厘米，头梳髻，部分残，面蚀，上着对襟窄袖衫，下着裙，双手腹前笼袖内，作探望状，双足不现。屋身上为第一层屋顶，翼角微翘，屋面线刻瓦

图 332　第 176 号窟右侧壁立面图

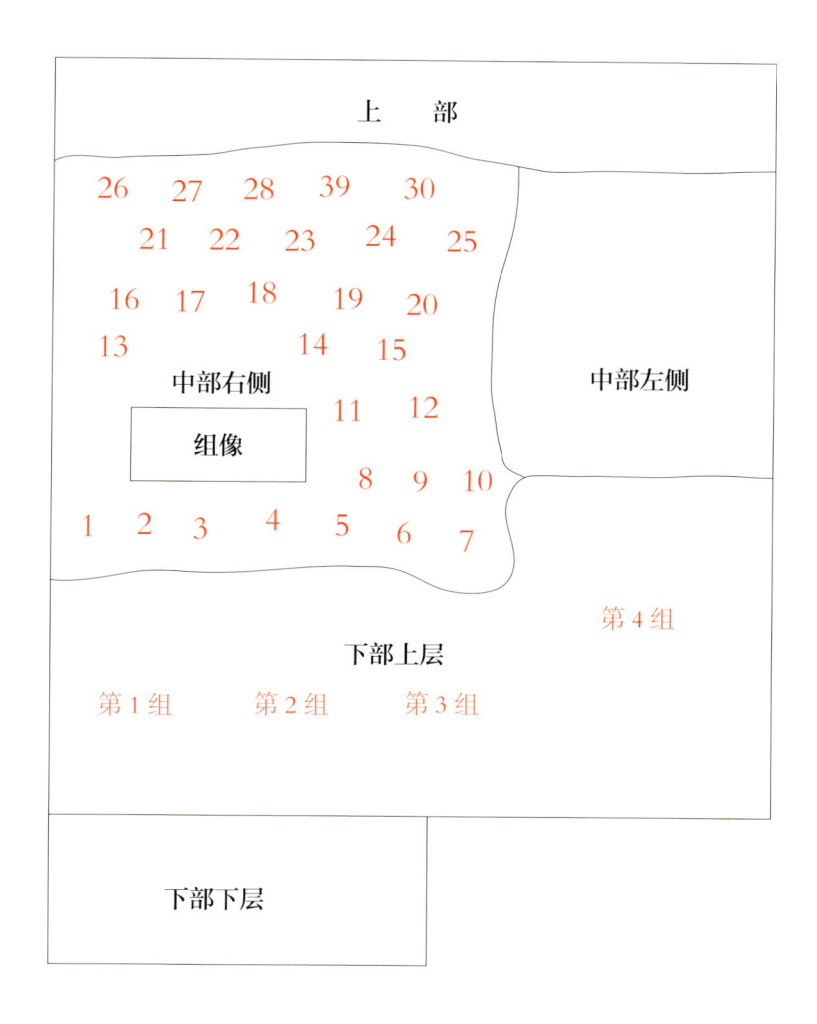

图 333　第 176 号窟右侧壁造像分组及编号图

图 334　第 176 号窟右侧壁中部左侧造像展开图

垄、瓦沟。第二层屋身四柱三间，面阔16厘米，高约7厘米；屋身下部设置勾栏，正面刻出两段，高4厘米，通长约22厘米；栏间似线刻卧棂。第二层屋顶略残，细节与底层屋顶同。门楼左侧接墙身一堵，高约36厘米；上刻两坡屋顶，屋面线刻瓦垄、瓦沟。

下层

10身，皆残蚀略重（图332；图版Ⅰ：375）。位于上层下部近窟底处，"一"字形布列于高23厘米、宽85厘米、深3厘米的方框内。按从右至左顺序，将其编为第1—10像。

第1—4像，为女像，高约22厘米，可辨上着对襟窄袖衫，下着裙，双手胸前合十。第5像高约22.5厘米，头似戴冠，身着圆领窄袖长服，可辨双手屈肘持长柄香炉。第6、7像为小孩像，高约9—13.5厘米，可辨双手抓握前像的姿势。第8、9、10像为男子像，高约21厘米，双手胸前合十。

（四）窟顶

中刻一朵覆莲，残蚀甚重，可辨遗迹（图335；图版Ⅰ：380）。覆莲左右各存一朵云纹，内刻器乐。其中，左侧云纹部分残，内可辨一件鞉鼓，系飘带，带残，通高14厘米，最宽4厘米。右侧云纹及器乐毁。祥云内侧各刻一只飞鸟，残损甚重；左飞鸟可辨两腿及身侧的飘带，右飞鸟可辨展翅飞翔的姿态。

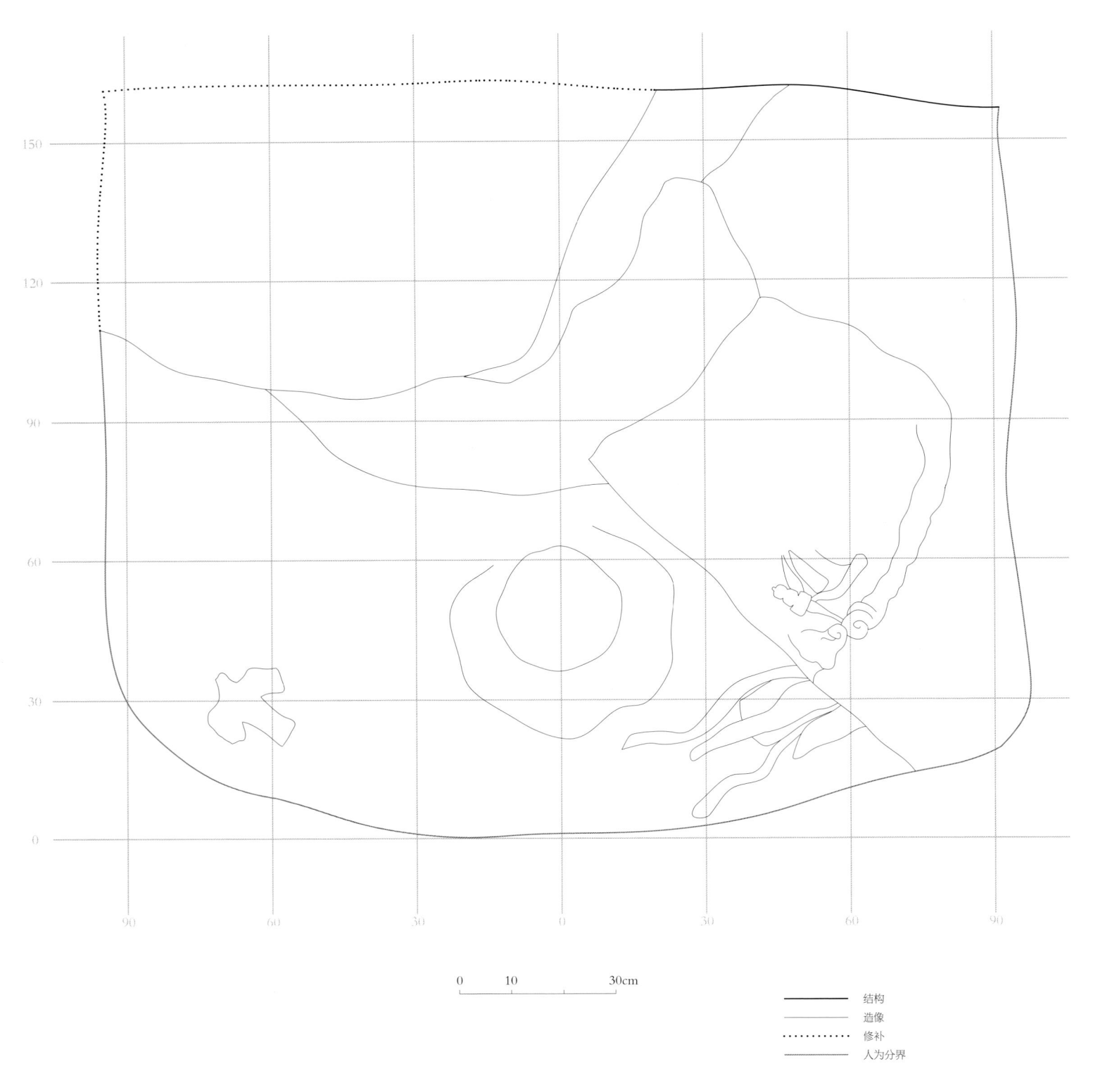

图335　第176号窟窟顶仰视图

438　大足石刻全集　第二卷（上册）

四　铭文

伏元俊镌像记，北宋靖康元年（1126年）。位于窟右沿内侧平整面上部。刻石面高23厘米，宽6厘米，文右起，竖刻2行，22字，楷体，字径2厘米（图版Ⅱ：65）。

01　本州匠人伏元俊男世能镌弥
02　勒泗洲大圣时丙午岁题[1]

五　晚期遗迹

（一）铭文

窟内保存晚期铭文3则。

第1则

吕元锡等避暑北山题记，南宋淳熙四年（1177年）。位于窟左沿上部。刻石面高75厘米，宽19厘米。文右起，竖刻2行，楷体，存28字，字径4厘米（图版Ⅱ：66）。

01　元锡[2]同弟元牧数来此避暑煮饼沦茶
02　弈棋[2]赋诗□为终日留淳熙丁酉夏

第2则

何□妆銮弥勒下生经变相镌记，南宋。位于窟左沿内侧平整面上部。刻石面高42厘米，宽16厘米。文右起，竖刻10行，存69字，楷体，字径2厘米（图版Ⅱ：67）。

01　在城左厢□正街居住清信何□
02　与同政赵氏洎膝下男女等先□
03　往岁之内伏为膝下次男何彦所
04　患眼目不安□□□妆銮弥勒下
05　生经堵[3]并仙乐顶盖乞眼目校可
06　□后已□初心今者镌□□□□
07　□□生□□□□□□表庆□□
08　（漫）
09　（漫）
10　（漫）

第3则

赵循父登北山题记，南宋嘉定五年（1212年）。位于窟左沿内侧中部（即第2则下方），刻石面高58厘米，宽16厘米。文左起，竖刻2行，14字，楷体，字径5厘米（图版Ⅱ：68）。

1　"弥勒泗州大圣"分指第176、177号窟主尊，二窟为一组双窟造像。马世长：《大足北山佛湾176与177窟——一个奇特题材组合的案例》，重庆大足石刻艺术博物馆编：《2005年重庆大足石刻国际学术研讨会论文集》，文物出版社2007年版，第1—22页。
2　此"元锡"2字《大足石刻铭文录》录为"吕元锡"。重庆大足石刻艺术博物馆编：《大足石刻铭文录》，重庆出版社1999年版，第65页。
3　此"堵"字《大足石刻铭文录》录为"一睹"。同前引书，第74页。

01	赵循父以壬申仲
02	秋中澣日登此山

（二）维修

窟口右侧岩壁已加固修补[1]。

窟口右上角及上方以条石嵌入修补，修补面高155厘米，最宽200厘米，至龛内深64厘米。

窟底中部嵌入石板一块，石板长120厘米，宽77厘米。

窟前经改刻和修补，现作三级阶梯，通高62厘米。

（三）妆绘

窟内保存红色、蓝色、绿色、白色四种涂层。

第十七节　第177号

一　位置

位于第176号窟右侧。左距第176号窟86厘米，右为第178、179号龛，分别相距180厘米、120厘米；上为岩壁，下距地坪66厘米。窟口西北向，方向290°。

二　形制

平顶方形窟（图336、图337、图338、图339、图340、图341、图342；图版Ⅰ：381、图版Ⅰ：383、图版Ⅰ：386、图版Ⅰ：389）。

窟口　在岩壁表面平直凿进最深约19厘米形成窟口。窟口方形，残损较重；左沿略残，开裂处现已修补，沿面宽20厘米；右沿中上部毁，现以条石修补，所存下端沿面宽18厘米；上沿部分残脱，沿面残宽13厘米；下沿不存，原迹不明，现为三级石砌台阶。窟口内缘高298厘米，宽222厘米，至后壁最深约237厘米。窟左右沿内侧凿有宽19—23厘米的平整面；左平整面残，右平整面为后世修补。窟左上角大部残损，右上角后世修补为圆弧面。

窟底　原窟底毁。现存窟底系由原窟底向下竖直开凿7厘米形成，呈不规则的方形；左侧深110厘米，右侧深69厘米。窟底建倒置的"凹"字形低坛一级，高38厘米，最深106厘米，正面宽204厘米，左侧面宽113厘米，右侧面宽96厘米。窟底前侧与地坪间，补作三阶石梯，通高约70厘米，与第176号窟前石梯衔接。

窟壁　壁面竖直，正壁与左右侧壁圆转相接。左右侧壁壁面略内凹。壁面与窟顶垂直相接。

窟顶　平顶，略呈圆形；右前端部分残脱，残脱面形如三角形。窟顶存一道较为明显的裂隙。

三　造像

刻像7身。分布于正壁、左右侧壁，均置于低坛上；窟顶刻覆莲、云纹及金翅鸟等（图版Ⅰ：381）。

（一）正壁

中刻主尊坐像1身，左右各刻立式弟子像1身（图339；图版Ⅰ：382）。

---

[1] 1982年，对第176号窟右壁窟口及顶部进行灌浆封护、加固处理。邓之金：《大足石刻维修工程四十年回顾》，重庆大足石刻艺术博物馆编：《大足石刻研究文集》（2），重庆出版社1997年版，第579页。

图 336 第 177 号窟立面图

图 337　第 177 号窟剖面图

442　大足石刻全集　第二卷（上册）

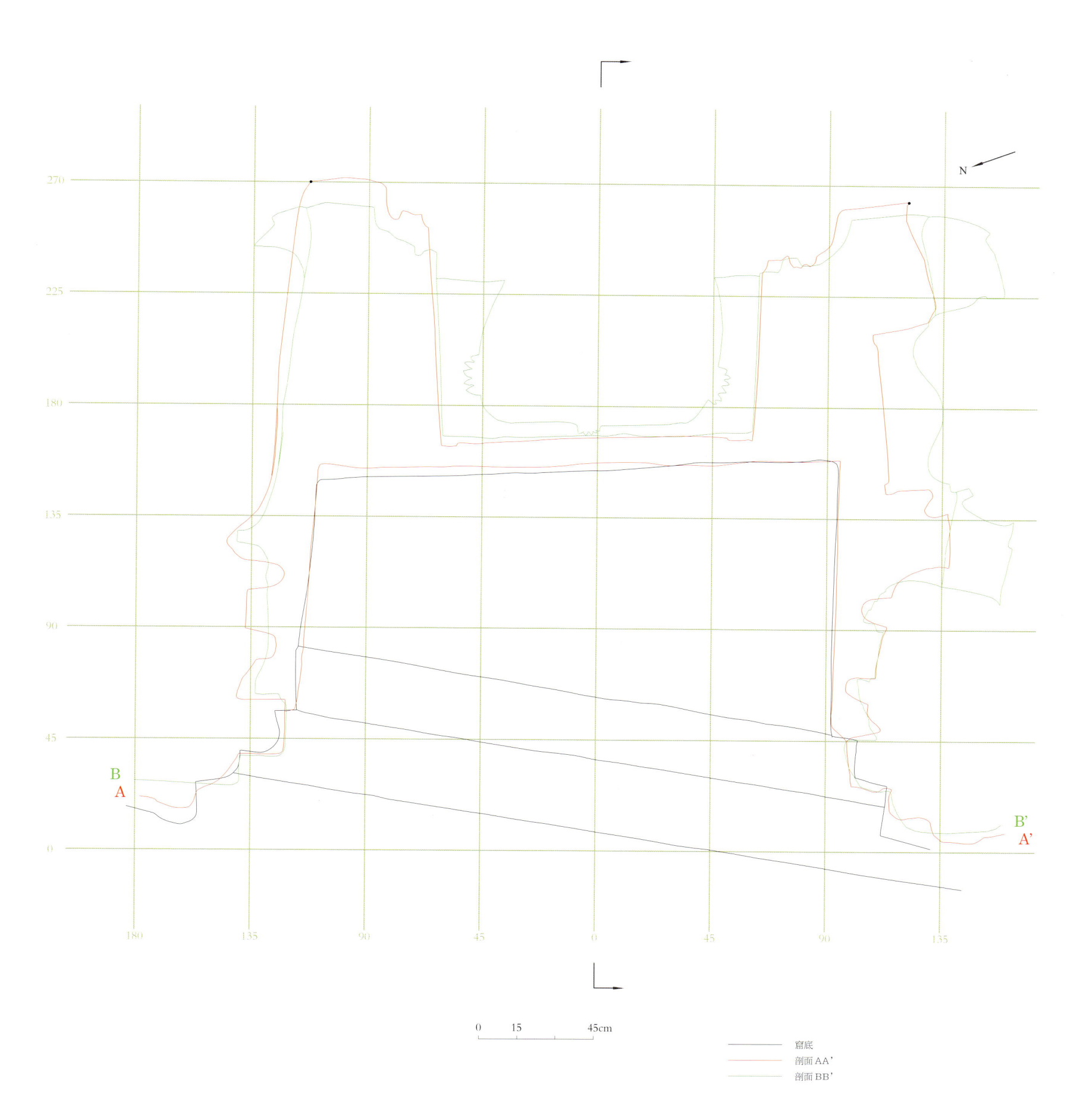

图 338　第 177 号窟平面图

图 339　第 177 号窟正壁立面图

主尊像　坐高106厘米，头长32厘米，肩宽53厘米，胸厚30厘米。戴披帽，披幅覆肩；披帽自耳侧斜出一带，交绕头后垂于胸前。面方圆，细眼微闭，直鼻小口，下颌外凸。身敦实，内着双层交领服，外披双领下垂式袈裟，下着裙；腰带长垂至座下部，袖摆及袈裟垂搭座前。双手笼袖内，露拇指。身前刻三足兽面凭几，结跏趺坐于如意头靠背椅座上。凭几通高41厘米。座通高160厘米，宽122厘米，深63厘米；正面覆织物，下部及座椅左右侧横枋间刻壸门，部分残；靠背方形，厚20厘米，上部左右端刻外凸的如意头；靠背上方置素面方形抹角背屏，高50厘米，宽122厘米，厚15厘米。

左弟子像　立像高141厘米，身右侧隐入靠椅。光头，脸长圆，眉目清晰。内着双层交领宽袖服，外披袒右式袈裟，袈裟一角系于左肩，下着裙。双手持六环锡杖，着鞋站立。锡杖通高214厘米，杖首呈葫芦形，大环套六小环；杖柄呈方形。

右弟子像　立像高120厘米，身略蚀，左侧隐入椅座。蓄短发，发髻线呈"人"字形。面略蚀。上着双层交领窄袖服，下着裙；腰束带，作结长垂。双手胸前持净瓶，着鞋站立。瓶通高20厘米，腹径7厘米。

（二）左侧壁

内侧刻坐像1身，外侧刻立像1身（图340；图版Ⅰ：383）。

坐像　坐高103厘米，头长32厘米，肩宽50厘米，胸厚22厘米（图版Ⅰ：384）。戴披帽，披幅覆肩；披帽自耳侧斜出一带，绕于头后。面方，前额线刻皱纹一道，眼眶内陷，颧骨略凸，喉结、锁骨突显，面老，作苦修状。上身内着双层交领宽袖服，外披袒右式袈裟，下着裙；袈裟一角系于左肩。左手屈于右肩持杖，右手胸前结印，拇指与食指相捻，余指弯屈。杖拄于低坛上，通高219厘米；杖首自上而下悬挂角尺、扫帚、剪刀，剪刀左侧另刻一作攀爬状小猴。跣足踏座下方形足踏，足及踏略残，倚坐于方台上。方台高71厘米，宽149厘米，深26厘米；方台后侧为素面方形抹角背屏，高131厘米，宽113厘米，厚5.5厘米。足踏高20厘米，宽64厘米，深25厘米；上部以枋条间隔方框，下部立面刻壸门，皆素面。

立像　立像高182厘米，头长37厘米，肩宽52厘米，胸厚30厘米（图版Ⅰ：385）。光头，眉间刻白毫，面方圆，微胖，眼半睁，鼻端残，双唇微闭，下颌外凸。左耳垂肥大，右耳垂残。脸微扬，作眺望状。身魁梧，内着双层交领宽袖服，外披袒右式袈裟，下着裙；袈裟一角系于左肩。双手交握身前，略残，着鞋站立。

（三）右侧壁

内侧刻坐像1身，外侧刻立像1身，布局与左侧壁同（图341；图版Ⅰ：386）。

坐像　坐高94厘米，头长33厘米，肩宽50厘米，胸厚24厘米（图版Ⅰ：387）。脸长圆，前额线刻三道皱纹，双眼微启下视，口微张。喉结、锁骨略显。上身内着双层交领服，外披双领下垂式袈裟，下着裙；袈裟一角覆盖头顶，披于右肩；袈裟袖摆悬垂座前。双手于腹前结印，略残。结跏趺坐于方台上。台高73厘米，宽136厘米，深44厘米。台后侧刻素面方形抹角背屏，高131厘米，宽108厘米，厚3厘米。

立像　头毁身残，残高163厘米（图版Ⅰ：388）。可辨内着交领服，外披袒右式袈裟，下着裙；袈裟一角系于左肩，着鞋站立。其余细节不明。

（四）窟顶

中部，即正壁主尊坐像头顶上方，刻一朵覆莲，风蚀略重（图342；图版Ⅰ：389）。

窟顶左前侧，浮雕一朵云纹，部分剥蚀；上下高约73厘米，左右宽约67厘米，云尾向内侧中部斜飘，内浮雕乐器。乐器剥蚀甚重，仅可辨三件，一件为钹，内径3厘米，外径7厘米；另两件仅辨遗痕。

窟顶左后侧，浮雕一只金翅鸟和一朵如意头云纹。金翅鸟身长约50厘米，喙尖细，有冠羽，颈细长，飘带于颈部作结后长飘身侧，展翅作飞翔状。窟顶右侧毁，造像不存。

四　铭文

窟内保存铭文2则。

第1则

伏元俊镌泗洲大圣龛题名，北宋靖康元年（1126年）。位于窟左沿内侧平整面上部方框内，刻石面高19厘米，宽10厘米。文右起，竖刻，2行，存9字，楷体，字径3厘米（图版Ⅱ：69）。

01　伏元俊镌记
02　丙午年记[1]

第2则

佚名残记，宋。位于窟上沿，刻石面高14厘米，宽129厘米。文左起，横刻1行，存7字，隶书，字径9厘米（图版Ⅱ：70）。

1　铭文方框上方另竖刻"丙午"2字，估计为匠人误刻。

图 340　第 177 号窟左侧壁立面图

446　大足石刻全集　第二卷（上册）

图 341　第 177 号窟右侧壁立面图

第六章　第 165—192 号　447

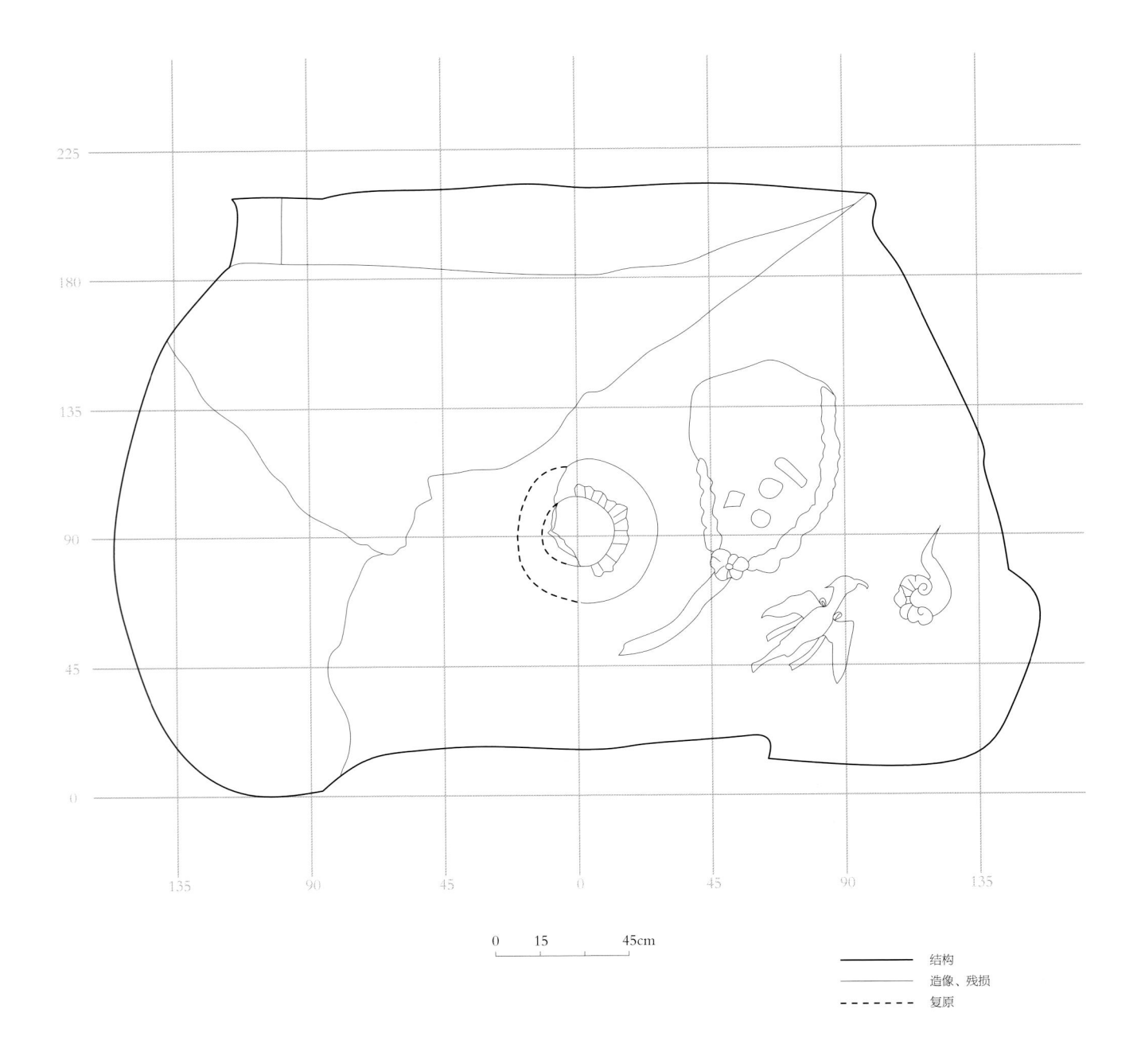

图 342　第 177 号窟窟顶仰视图

（漶）贰正汁子平（漶）才符（漶）

五　晚期遗迹

窟顶右侧斜向裂隙局部黏结修补。

窟口左侧与第176号窟之间的岩体断裂，现已黏结修补。

窟口右侧中上部已毁，现以条石修补，修补面高274厘米，最宽135厘米，至窟内深37厘米。修补面下方中部另纵向嵌入石板，底端与地坪相接，石板高135厘米，宽16厘米[1]。

窟口下方经改刻和修补，现为三级石阶，与地坪相接，石阶通高66厘米。

窟内保存灰白色、红色、蓝色、黑色四种涂层。

---

[1] 1982年，对第177号窟右壁进行加固处理。邓之金：《大足石刻维修工程四十年回顾》，重庆大足石刻艺术博物馆编：《大足石刻研究文集》（2），重庆出版社1997年版，第579页。

第十八节　第178号

一　位置

位于第177号窟右上方。左与第177号窟相距180厘米；右距第180号窟37厘米；上为岩顶，下距第179号龛161厘米。龛口西北向，方向287°。

二　形制

龛损毁严重，龛口仅存左沿上方少许，宽9厘米；其余毁（图343；图版Ⅰ：390）。龛口内缘残高63厘米，宽51厘米，至后壁最深14厘米。龛底毁。龛壁为弧壁，与龛顶似弧面相接；其右下方后世凿一枋孔。龛顶似券顶，平顶，大部毁。

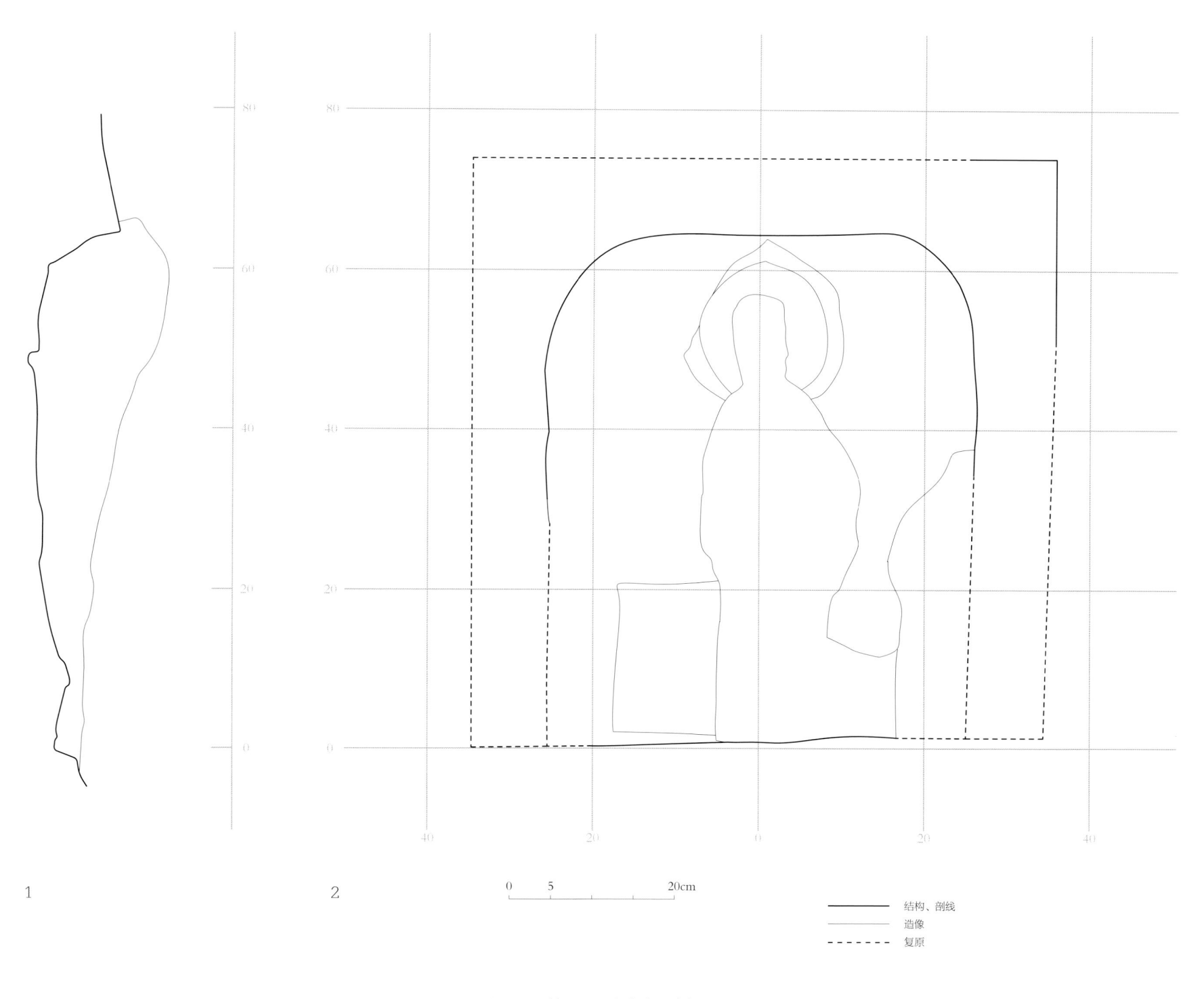

图343　第178号龛立、剖面图
1　剖面图　2　立面图

三　造像

刻像3身（图343-2；图版Ⅰ：390）。中像，可辨轮廓，残高41厘米；浅浮雕圆形头光，内素面，边缘饰火焰纹，横径约16.5厘米。左、右像毁，存少许遗迹。

四　晚期遗迹

壁面右下方凿一枋孔，高20厘米，宽12厘米，深15厘米。

龛内保存灰白色涂层。

第十九节　第179号

一　位置

位于第177号窟右下方。左与第177号龛水平相距约120厘米，右距第180号窟40厘米；上距第178号龛161厘米，下距地坪29厘米。

龛口西北向，方向286°。

二　形制

单层方形龛（图344；图版Ⅰ：391）。在岩壁表面直接凿建龛口。龛口方形，残损甚重，残高120厘米，宽92厘米，至后壁最深48厘米。龛底略呈半圆形，前侧残脱。龛壁为弧壁，与龛顶弧面相接。左侧上方毁。龛顶大部毁，仅存少许。

三　造像

刻像5身（图版Ⅰ：391）。其中，中刻主尊坐像1身，左右各刻侍者立像1身；壁面下方左右各刻立式供养人像1身。

主尊像　坐高67厘米。线刻圆形素面头光和身光，横径分别为41、62厘米。头大部残，似戴冠，冠带作结下垂及肩。肩及胸残，可辨上着袈裟，下着裙；小腿间刻出下垂的腰带。双手毁。双腿残，倚坐于叠涩须弥座上；足残。座通高42厘米，宽62厘米，深22厘米，座前刻两朵仰莲，仅存遗迹。

左侍者像　头毁身残，残高63厘米。可辨上着宽袖服，下着裙；身前刻作结下垂的腰带。双手毁，着鞋立于低台上。台高16厘米。

右侍者像　残毁甚重，残高63厘米；可辨少许裙摆，着鞋立于低台上。台高16厘米。

左供养人像　立像高约45厘米。头大部残，存幞头右侧幞脚。上身残，似着宽袖服，下着裙。双手毁，着鞋立于低台上。台部分残，高10厘米，宽20厘米，深9.5厘米。

右供养人像　立像高约44厘米，残毁甚重，可辨特征与左供养人像同。

四　晚期遗迹

龛外前端后世凿一方槽，长14厘米，宽6厘米，深5厘米。

图344 第179号龛平、立、剖面图
1 立面图 2 剖面图 3 平面图

第二十节 第180号

一 位置

位于第179号龛右侧。左距第179号龛约40厘米，右紧邻第181号龛；上为岩壁，下与长廊地坪相接。

窟口西北向，方向292°。

二 形制

单层方形平顶窟（图345、图346、图347、图348、图350、图352、图353；图版Ⅰ：392、图版Ⅰ：393）。

窟口　在岩壁表面平直凿进形成窟口。窟口方形，残毁甚重。窟左沿、右沿及上沿残毁甚重，宽度不明；下沿与地坪相接，宽37厘米。窟口内缘高380厘米，宽372厘米，至后壁最深约320厘米。窟口左右上角刻三角形斜撑，略残，高约44厘米，宽约54厘米，斜边略作弧面，并与窟壁衔接。

窟底　呈倒置的"U"字形，略内高外低。窟底环壁建一级低坛，高22—37厘米，深33—40厘米，外端距窟口约14—20厘米；低坛上部立面刻仰莲一周，高18厘米，深32—37厘米。

窟壁　壁面作弧形，与窟顶垂直相交。

窟顶　平顶，略呈圆形；其前端部分残脱。

三 造像

刻像25身。其中，中刻主尊菩萨坐像1身，左右侧环壁刻像24身。为方便记述，结合造像布局，将其分为正壁主尊像、主尊左侧及左侧壁、主尊右侧及右侧壁造像三部分（图349；图版Ⅰ：392）。

（一）正壁主尊像

刻主尊菩萨坐像1身，近似圆雕（图350、图351，图版Ⅰ：394）。

像坐高178厘米，头长62厘米，肩宽70厘米，胸厚26厘米。浮雕圆形素面头光，直径112厘米；左右侧下方线刻三道毫光。梳髻，露额发，垂发分三缕披肩。头冠，冠带作结下垂于双肩外侧。冠体两重（图版Ⅰ：395），上重刻卷草花纹，下重正面刻结跏趺坐化佛1身，四周饰花枝。化佛坐高约10.5厘米，有圆形头光和椭圆形身光，边缘刻火焰纹，横径分别为5.8、9厘米，面蚀，身着袈裟，双手置于腹前，结跏趺坐于仰莲上。菩萨面长圆，眉间刻白毫，眉眼细长，直鼻，鼻梁较高，鼻尖为后世修补；小口，下颌略凸，双耳肥大，直颈，略蚀。身健硕，胸略蚀，斜披络腋，下着长短两层裙，腰带作结后长垂座前，带部分残断；裙摆饰珠串、璎珞。自身后斜出一道披帛，于腹前相绕后垂座前。腕镯，左手撑台，右手抚膝。左腿横置座台面，右腿直竖，游戏坐式坐于束腰须弥座上。座通高107厘米，台面宽117厘米，深122厘米；上下枋刻方框，内刻长枝花卉，束腰部分为素面方台，面宽约73厘米。须弥座置于山石台上，台高约35厘米，宽出下枋约17厘米。座前刻两朵带茎仰莲和莲叶，部分残；左莲高约23厘米，直径29厘米；右莲大部残，残高约17厘米，直径26厘米。

菩萨像头顶上方窟顶处刻圆形华盖，最大直径约83厘米，厚16厘米。中素面凸显，立面饰璎珞等物（图348-2）。

（二）主尊左侧及左侧壁

主尊左侧及左侧壁低坛上刻立式菩萨像6身，从内至外，编为第1—6像，其中第1、2像位于主尊左侧。另在第2—6像上方壁面对应，刻小菩萨像6身（图349、图350、图352；图版Ⅰ：396、图版Ⅰ：397）。

第1像　位于主尊菩萨像左侧内凹的圆拱浅龛内，龛口高237厘米，宽100厘米，至后壁最深29厘米。立像高约198厘米，头长39厘米，肩宽40厘米，胸厚20厘米。浅浮雕圆形素面头光，直径约51厘米。头梳髻，鬓发绕耳，垂发披肩。戴卷草冠，正面饰珠串；冠带作结沿胸下垂至肘。面长圆，鼻尖为后世修补；耳饰珠串，下垂至胸。身修长，胸饰璎珞，上部为横向的团花、珠串链，下垂两条"U"形珠串；其下再接一条"U"形珠串。内着僧祇支，系带作结；外披双领下垂式袈裟，腹前衣纹作右斜下阶梯状，下着裙，腰带长垂至足间；裙摆饰璎珞，略剥蚀。腕镯，左手横置胸前托钵，右手胸前竖掌持物，指略残；跣足立于单层仰莲台上。莲台高5厘米，直径56厘米；置于低坛山石台上；山石台高8厘米，最宽83厘米，宽出仰莲台15厘米。

第2像 位于第1像左侧。立像高约195厘米，头长42厘米，肩宽35厘米，胸厚18厘米。浅浮雕圆形素面头光，直径55厘米。头戴卷草花卉冠，正面上方立化佛1身，高约8厘米，浅浮雕椭圆形素面头光和身光，横径分别为3、4厘米。冠带作结沿胸下垂至肘。面长圆，眉间刻白毫，耳饰珠串，下垂至胸。身修长，胸饰璎珞，上部为弧形项圈，下垂三条饰物链，链间横向以珠串相接；下部垂于袈裟外。袈裟腹前上部衣纹呈"U"形，下部呈"V"形。下着裙，腰带长垂至足间。腕镯，左手握右手腕，右手握帛带，交于腹前。跣足立于仰莲台上。仰莲略残，高约7厘米，直径28厘米。

自该菩萨像头顶上方生出带茎仰莲，再于其上部分出三朵仰莲，左为单重仰莲，右为莲蕾，中间为两重仰莲；上刻菩萨坐像1身。像坐高49厘米，头长19厘米，肩宽18厘米，胸厚8厘米。浅浮雕圆形素面头光及身光，横径分别为28、43厘米。梳髻，垂发披肩，戴化佛冠。脸长圆，内着僧祇支，系带作结；外披双领下垂式袈裟，下着裙。腕镯，左手腹前托钵，右手于钵上持柳枝；垂左腿踏仰莲，盘右腿，左舒相坐于两重仰莲上。

第3像 立像高约195厘米，头长38厘米，肩宽36厘米，胸厚19厘米（图版Ⅰ：398）。浮雕圆形素面头光，直径55厘米。梳高髻，鬓发绕耳，垂发分三缕覆肩；头冠，线刻花卉冠饰，正面线刻结跏趺坐化佛1身，高4厘米；冠下沿为水波纹状，下垂桃形坠饰。冠带作结下垂，止于当胸外侧。面长圆，鼻尖残，后世以泥补塑。耳饰珠串，下垂至胸。胸饰璎珞，上部为一条弧形下垂的珠串，再下垂三条饰物链，链间以珠串相接，形如网状，部分隐于袈裟内。内着僧祇支，外披双领下垂式袈裟，胸腹衣纹形如斜向阶梯；下着裙，腰带长垂至足间；双膝下饰璎珞，部分剥蚀。腕镯，左手腹前托篮底，右手握持篮柄。双足残，立于单重仰莲台上。台残蚀，高约7.5厘米，直径56厘米。

该菩萨像头光上部升起云台，高27厘米，宽52厘米，深7厘米。台上刻菩萨坐像1身。像坐高33厘米，头长11厘米，肩宽14厘米，胸厚5厘米。浅浮雕圆形素面头光及身光，直径分别为16、30厘米。梳髻，头冠。内着僧祇支，外披双领下垂式袈裟，下着裙。左手于腿上持经函，右手抚膝；结跏趺坐于狮像背负的单重仰莲台上。莲台高6厘米，直径20厘米，台下刻云纹。狮身长42厘米，高33厘米，阔口露齿，颈下系铃，背负鞯，腚后系带坠铃，尾上竖，直立于云台上。

第4像 立像高约199厘米，头长38厘米，肩宽40厘米，胸厚18厘米（图版Ⅰ：399）。浅浮雕圆形素面头光，直径55厘米。戴卷草冠，正面刻立式化佛1身，有舟叶背光，立于莲朵上。胸饰璎珞，下部垂覆于胸前袈裟上；腕镯，左手腹前握印带，右手胸前持印，印部分残，残长15厘米，宽8.5厘米，厚4厘米。腿膝处垂挂璎珞。右足残，跣足立于单重仰莲台上。台高7厘米，直径27厘米。余略同第3像。

该菩萨像头光上方升起云台，高27厘米，宽42厘米，深9厘米，上刻菩萨坐像1身。像坐高44厘米，头长14厘米，肩宽17厘米，胸厚6厘米。浅浮雕圆形素面头光及身光，横径分别为20、37厘米。戴卷草冠，胸饰网状璎珞，内着僧祇支，外披双领下垂式袈裟，袈裟一角覆头顶后披于右肩，下着裙，双膝处饰璎珞。左腿横置座台面，右腿上竖直立；腕镯，左手直伸撑台，右手置右膝上持念珠，游戏坐式坐于三重仰莲台上。莲台高17.5厘米，宽36厘米，深13厘米，置于云台上。

第5像 立像高约192厘米，头长38厘米，肩宽36厘米，胸厚18厘米（图版Ⅰ：400）。浅浮雕圆形素面头光，直径51厘米。戴花卉冠，正面刻立式化佛1身，高约7厘米，有圆形素面头光和椭圆形身光；冠体下沿呈水波纹，下垂坠饰。胸饰璎珞，衣饰略同第4像。左手持拂子，拂略残；右手托瓜棱瓣坛，坛略残；左足残，跣足立于单重仰莲台上。台高6.5厘米，直径约55厘米，部分残。

该菩萨像头后出带茎莲叶，自其上部形成二层仰莲台，其上各刻菩萨坐像1身。

左菩萨像，坐高48厘米，头长19厘米，肩宽19厘米，胸厚9厘米。浅浮雕圆形素面头光及身光，横径分别为26、36厘米。梳高髻，鬓发绕耳，垂发披肩；戴卷草冠，冠带作结下垂至胸。面长圆，耳垂肥大；胸饰璎珞，内着僧祇支，外着双领下垂式袈裟，下着裙；袈裟和裙摆悬垂台前。左手托圆轮，轮径8厘米；右手抚膝，结跏趺坐于双重仰莲台上。台高17厘米，直径33厘米。

右菩萨像，坐高50厘米，头长18厘米，肩宽20厘米，胸厚8厘米。内着僧祇支，系带作结；上着宽博披巾，下着裙，披巾两端敷搭前臂后垂于莲台左右侧；腰带长垂台前，裙摆于膝下装饰一条珠串。腕镯，左手抚膝，右手腹前托圆轮，轮径8厘米；余略同左菩萨像。

图 345　第 180 号窟立面图

第六章　第 165—192 号　455

图 346　第 180 号窟纵剖面图（向南）

图347　第180号窟横剖面图（向东）

第六章　第165—192号　457

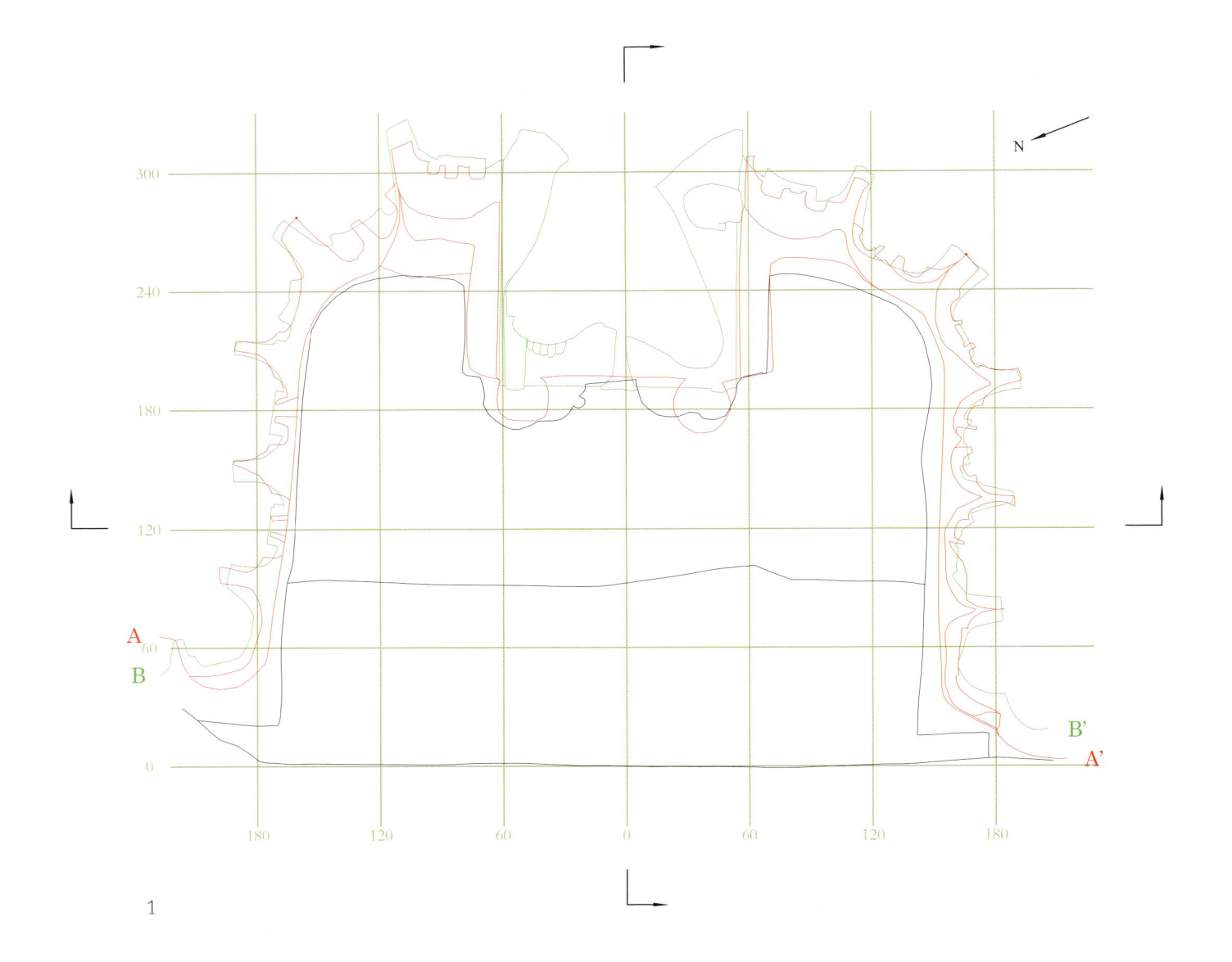

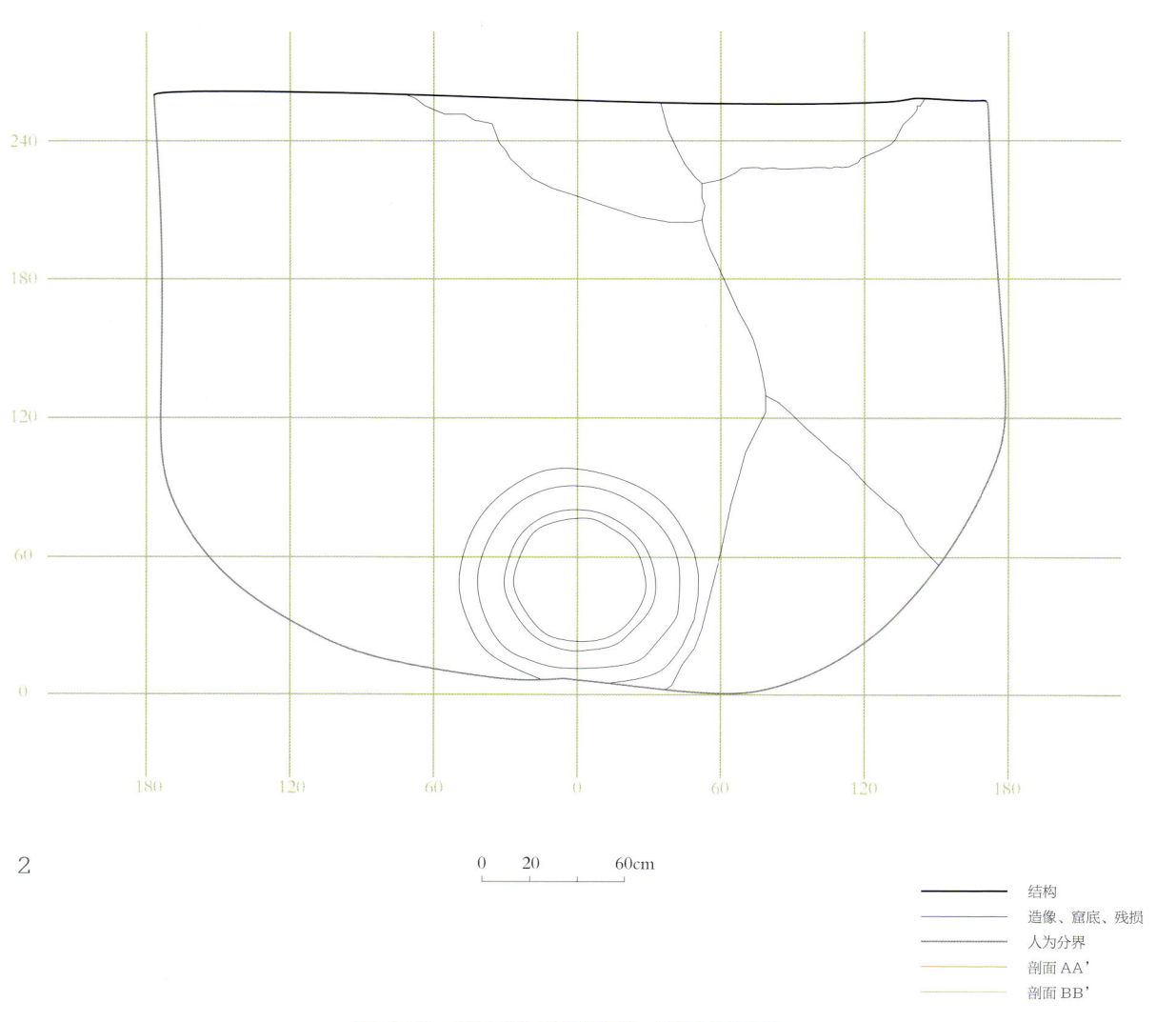

图 348　第 180 号窟平面、窟顶仰视图
1　平面图　2　窟顶仰视图

第6像　立像残高187厘米。存留部分圆形头光。头毁身残，右肩刻披覆的垂发。身似着袈裟，下着裙，腰带垂至足间；膝下饰璎珞，部分残。双手置于身前，手残；足残，立于低台上，台大部残。

该菩萨像头光上方32厘米处刻立像1身，残毁甚重，仅辨轮廓，高约57厘米。存部分弧形背光遗迹。

（三）主尊右侧及右侧壁

主尊右侧及右侧壁低坛上刻立式菩萨像6身，从内至外，编为第1—6像，其中第1、2像位于主尊右侧。另在第2—6像上方壁面对应刻有体量较小的菩萨像6身（图349、图350、图353；图版Ⅰ：401、图版Ⅰ：402）。

第1像　位于主尊菩萨像右侧圆拱形浅龛内。龛口高215厘米，宽114厘米，至后壁深26厘米。立像高190厘米，头长37厘米，肩宽36厘米，胸厚13厘米。浅浮雕圆形素面头光，直径67厘米。梳髻，鬓发绕耳，垂发分三缕覆肩；戴花卉冠，顶残，冠体两重，上重正面内凹，刻结跏趺坐化佛1身，像残；下重饰团花珠串。冠带作结后，沿胸下垂。长脸，两颊稍尖，戴花钿，下垂两条珠串，垂至胸前。颈刻三道肉褶线，胸饰璎珞。上着双领下垂式袈裟，袈裟腹前衣纹作斜向阶梯状；下着裙，腰带垂至足间。左手横于胸下，似托物；右手屈于胸前似持物，物皆残。双足残，立于单重仰莲台上。台高5厘米，直径64厘米，置于山石台上。山石台高9厘米，最宽37厘米，宽出仰莲台15厘米。

第2像　位于第1像右侧。立像高195厘米，头长41厘米，肩宽36厘米，胸厚20厘米。浅浮雕圆形素面头光，直径63厘米。梳髻，鬓发绕耳，垂发披肩；戴卷草花卉双重冠。脸长圆，眉眼细长，棱鼻小口，戴耳饰。颈刻三道肉褶线，胸饰璎珞。内着僧祇支，系带作结，外披双领下垂式袈裟，胸腹前衣纹呈连续的"U"字形；下着裙，腰带垂至足间，膝下饰璎珞，残蚀略重。腕镯，左手体侧持净瓶，瓶高26厘米，腹径9厘米；右手胸前持柳枝，跣足立于仰莲台上。

该菩萨像头顶上方刻菩萨坐像1身。坐高43厘米，头长20厘米，肩宽20厘米，胸厚9厘米。浅浮雕圆形素面头光及身光，横径分别为24、44厘米。戴卷草冠，腕镯，左手腹前托钵，右手胸前持柳枝。盘左腿，垂右腿踏莲，右舒相坐于带茎双重仰莲台上。莲台高16厘米，直径35厘米；其下各刻带茎的仰莲朵及莲苞，莲朵高9厘米，直径10厘米，承托菩萨右足；莲苞高12厘米，横径7厘米。

第3像　立像高193厘米，头长43厘米，肩宽37厘米，胸厚15厘米（图版Ⅰ：403）。浅浮雕圆形素面头光，直径53厘米。梳髻，鬓发绕耳，垂发分三缕覆肩。戴卷草冠，冠体两重；上重正面刻一粒放焰珠，下重正面刻一朵仰莲；冠带作结，下垂至肩。面长圆，眉间刻白毫，弯眉细眼，直鼻，鼻尖残，后世以泥补塑；嘴角内收，下颌外凸。耳饰珠串，下垂于胸前。戴圆弧项圈，垂团花坠饰；项圈两端下垂弧形圈，圈下垂三条饰物链；链间以饰物相接。内着僧祇支，外披双领下垂式袈裟，下着裙，双膝处饰璎珞，部分剥蚀；腰带垂至足间。腕镯，左手横置，略残；右手屈肘略前伸，掌心向外，手指向下。足残，立于莲台上。

该菩萨像头光上方刻云台，高27厘米，宽55厘米，深6厘米；台上刻菩萨坐像1身。坐高35厘米，头长15厘米，肩宽13厘米，胸厚7厘米。浅浮雕圆形素面头光及身光，横径分别为22、32厘米。戴卷草冠，面长圆，内着僧祇支，外着双领下垂式袈裟，袈裟一角覆于冠上，披于右肩；下着裙，腰带垂搭身前。腕镯，双手胸前持如意，结跏趺坐于大象背负的仰覆莲台上；台通高11厘米，直径25厘米。大象高19厘米，身长49厘米，六齿，长鼻低垂，戴络头，背负辔，尾下垂，立于云台上。

第4像　立像高193厘米，头长41厘米，肩宽35厘米，胸厚21厘米（图版Ⅰ：404）。浅浮雕圆形素面头光，直径58厘米。梳髻，鬓发绕耳，垂发披肩，额下发际线平直；戴卷草冠，冠体两重，冠带作结后沿胸下垂至肘。面长圆，戴花钿耳饰，下垂两条细珠串。胸饰璎珞，上部为一条细珠串，珠串下垂三条饰物链，链间以横向的珠串相接。内着僧祇支，系带作结，外披双领下垂式袈裟，腹前衣纹呈连续的"U"字形；下着裙，腰带长垂至足间，裙摆饰璎珞，由珠串、饰物交织呈网状。腕镯，双手胸前持如意，略残，全长约39厘米。左足残，跣足立于仰莲台上。

该菩萨像头光上方刻云台，高27厘米，宽46厘米，深5厘米。台上刻菩萨坐像1身。像坐高44厘米，头长17厘米，肩宽17厘米，胸厚7厘米。浅浮雕圆形素面头光及身光，横径分别为22、32厘米。梳髻，头冠，胸饰璎珞，内着僧祇支，外披双领下垂式袈裟，下着裙。腕镯，左手置于左膝上，食指直伸，余指弯曲，右手直伸撑台；左腿屈膝上竖，右腿盘于台面，跣足坐于四重仰莲台上。莲台高18厘米，直径35厘米，置于云台上。台高27厘米，宽46厘米。

第5像　立像高193厘米，头长40厘米，肩宽36厘米，胸厚20厘米（图354、图355；图版Ⅰ：405）。浅浮雕圆形素面头光，直径57厘米。戴卷草花卉冠，正面刻立式化佛1身，高8.5厘米，浅浮雕圆形头光和椭圆形身光。菩萨冠下发际线平直，面长圆，鼻残，后世以泥补塑；颈刻三道肉褶线，右肩刻三缕垂发，左右胸前各垂两条细珠串。胸饰璎珞，上部为宽扁的项圈，装饰团花及饰物；项

图 349　第 180 号窟造像展开图

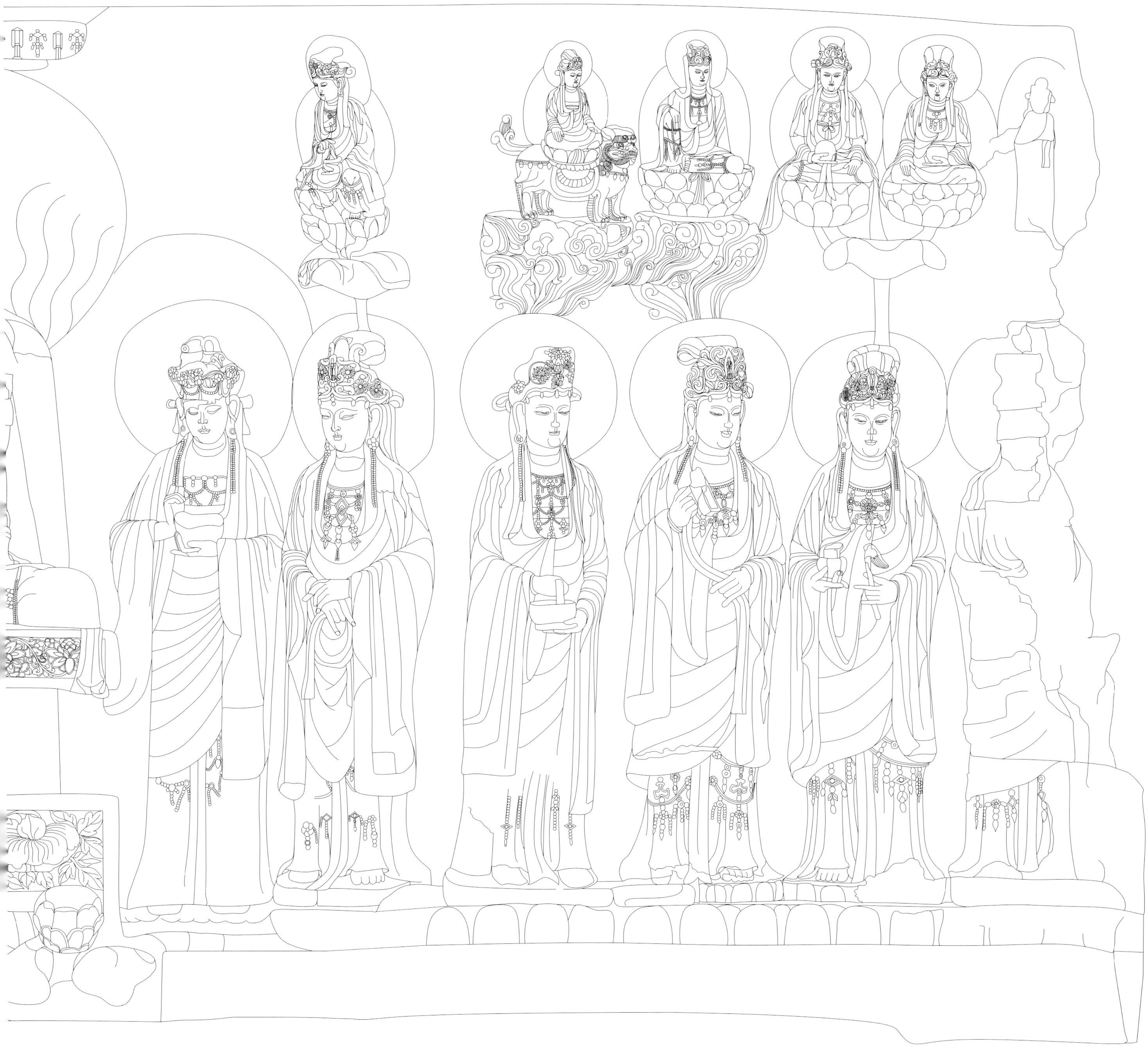

图 350　第 180 号窟正壁立面图

462　大足石刻全集　第二卷（上册）

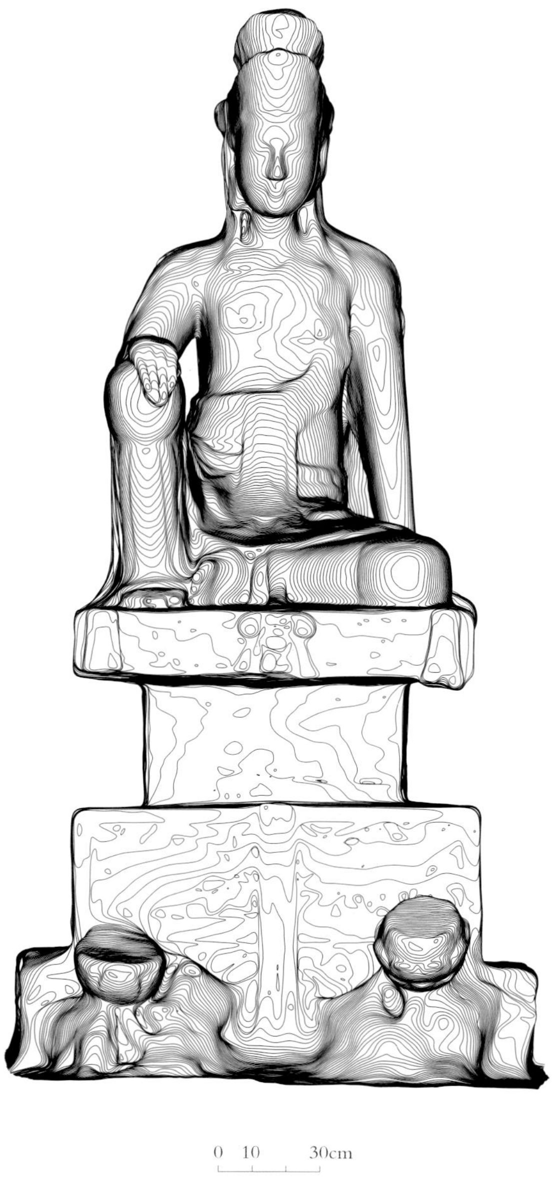

1

0 10   30cm

2

图 351　第 180 号窟主尊菩萨像等值线图及花冠图
1　等值线图　2　花冠图

图 352　第 180 号窟左侧壁立面图

图 353　第 180 号窟右侧壁立面图

图354　第180号窟主尊右侧及右侧壁内起第5身菩萨像效果图 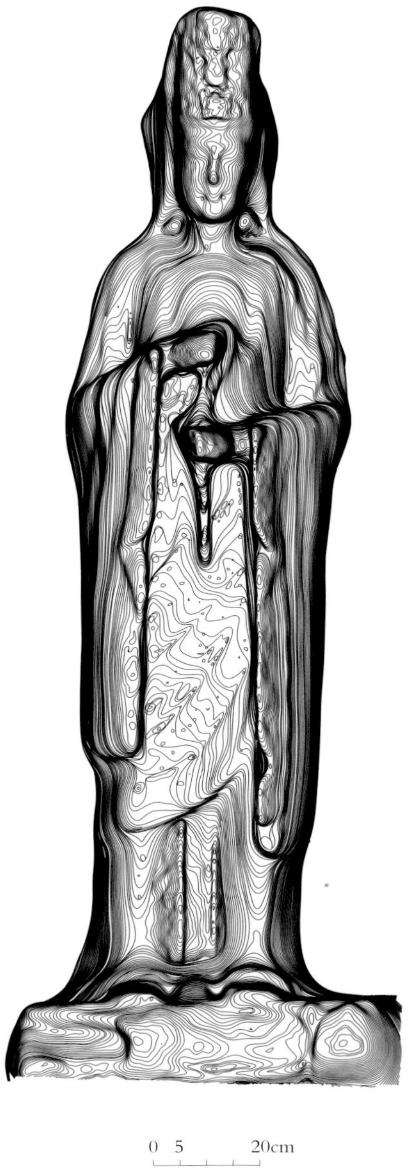　　　　图355　第180号窟主尊右侧及右侧壁内起第5身菩萨像等值线图

圈下垂水波纹样的珠串，珠串垂坠饰。上着双领下垂式袈裟，袈裟一角覆于冠上，披于右肩，下着裙；腰带长垂足间，双膝处饰璎珞。腕镯，双手横于胸前，左手胸下握念珠，右手胸前提持念珠；跣足立于仰莲台上。

该菩萨像上方刻菩萨坐像2身。左菩萨像坐高50厘米，头长17厘米，肩宽20厘米，胸厚7厘米。浅浮雕圆形素面头光及身光，横径分别为24、36厘米。头略左侧，双手抱持左小腿，竖左腿，盘右腿，跣足坐于仰莲台上；余与第4像上方菩萨像同。右菩萨像坐高48厘米，头长16厘米，肩宽18厘米，胸厚7厘米。浅浮雕圆形素面头光及身光，左侧保存较好，右侧残；肩残身蚀，衣饰不明，双手大部残，结跏趺坐于仰莲台上。此二菩萨仰莲台略同，皆高20厘米，直径31厘米。

第6像　残毁甚重，仅辨轮廓，残高约185厘米。可见裙摆及少许腰带。该像上方约40厘米刻造像1身，已毁，存左侧弧形背光遗迹。

四　铭文

窟内保存铭文4则[1]。

第1则

佚名造像镌记，北宋。位于主尊左侧及左侧壁第4、5身菩萨像间的壁面上方。刻石面高26厘米，宽16厘米。文右起，竖刻5行，存16字，楷体，字径1厘米（图版Ⅱ：71）。

1　《大足石刻铭文录》共收录本窟3则铭文，即第2、3、4则，第1则铭文在"附注"中记录。重庆大足石刻艺术博物馆编：《大足石刻铭文录》，重庆出版社1999年版，第25页。

01　当州□昌州（漶）居住

02　（漶）

03　（漶）上件（漶）圣容

04　（漶）

05　（漶）宣和□年正月□日（漶）

第2则

邓惟明造画普见龛记，北宋政和六年（1116年）。位于主尊右侧及右侧壁第2、3身菩萨像间。刻石面高28厘米，宽12厘米。文左起，竖刻4行，存35字，楷体，字径2厘米（图版Ⅱ：72）。

01　县门前仕人弟邓惟明

02　造画普见壹身供养乞

03　愿壹家安乐政和六年

04　□壹月内弟子邓惟明

第3则

佚名造像龛记，北宋宣和四年（1122年）。位于主尊右侧及右侧壁第5身菩萨像左上方。刻石面高15厘米，宽13厘米。文右起，竖刻5行，存26字，楷体，字径2厘米（图版Ⅱ：73）。

01　当州在城〔奉佛弟子〕

02　等□为同（漶）

03　发心就画（漶）

04　菩萨一尊（漶）

05　经表庆宣和四年

第4则

佚名造像龛记，北宋宣和二年（1120年）[1]。位于主尊右侧及右侧壁第5身菩萨像右上方。刻石面高10厘米，宽14厘米。文右起，竖刻5行，存14字，字径1厘米（图版Ⅱ：74）。

01　□□□德

02　身□□龛

03　妆彩同就

04　贺恩水□

05　庚子三月

五　晚期遗迹

窟口左右角外侧各凿一方形梁孔，相对设置，内置横梁。孔大小相近，高26厘米，宽20厘米，深22厘米。梁孔外侧另各凿一枋孔，高12厘米，宽7厘米，深8厘米。

窟口右侧中上部凿一枋孔，高17厘米，宽10厘米，深15厘米；此枋孔与第178号龛枋孔相对应。

---

[1] 本则与第3则铭文分别位于右侧第5身菩萨像左、右上方，视其内容，皆为造像龛记，时代应相近。结合第3则铭文纪年，初步判定"庚子"为北宋宣和二年（1120年）。

窟内保存红色、绿色、灰白色、黑色、蓝色五种涂层。

第二十一节　第180-1号

一　位置

位于第180号窟外左侧中部。右距第180号窟18厘米，左距第177号窟约165厘米；上为岩壁，下距地坪约184厘米。龛口西北向，方向288°。

二　形制

龛已毁（图356；图版Ⅰ：406）。

三　造像

仅可辨2身造像轮廓。

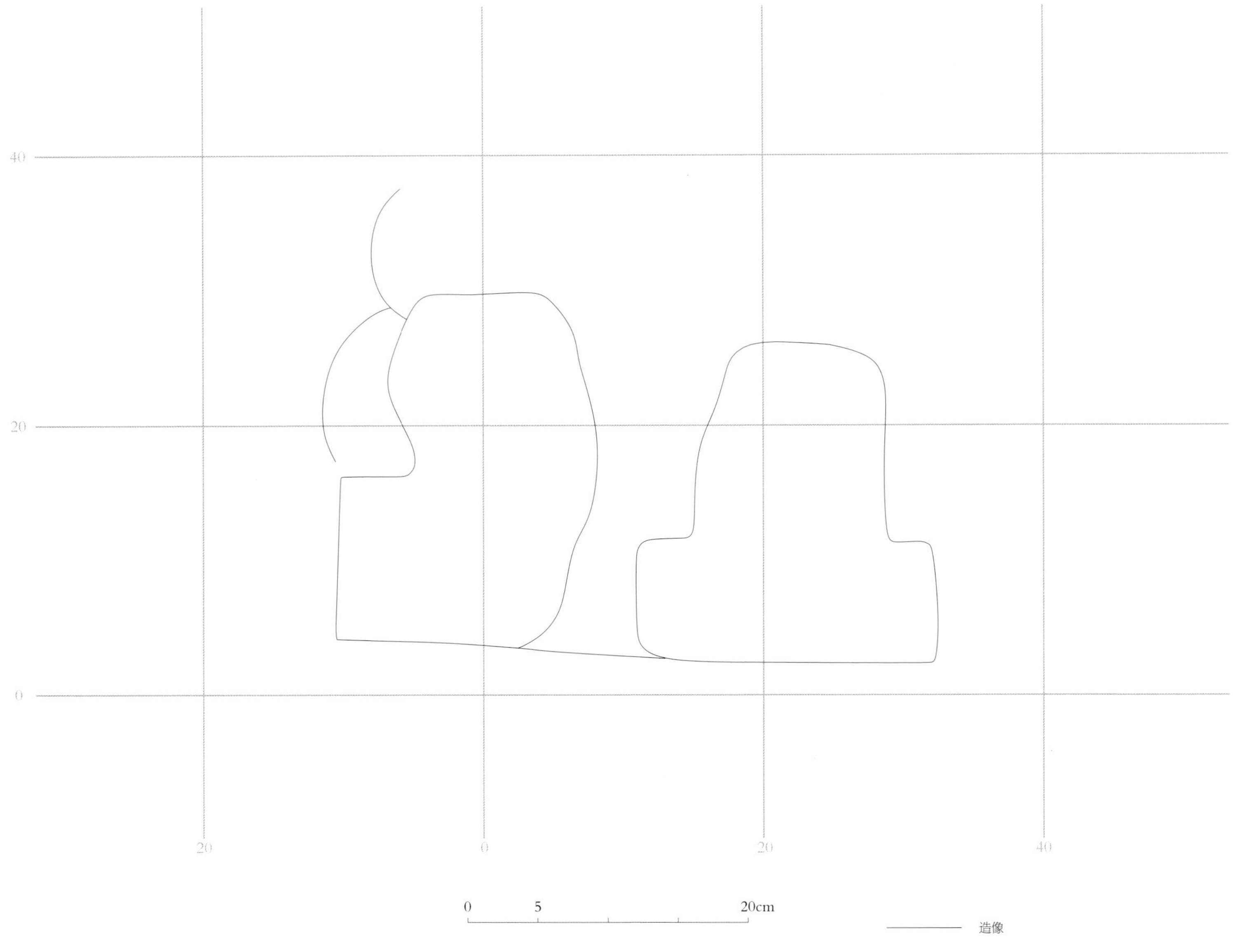

图356　第180-1号龛立面图

第二十二节　第180-2号

一　位置

位于第180号窟上沿左上方，竖直相距约28厘米；左右侧及上方皆为岩壁。龛口西北向，方向294°。

二　形制

单层方形龛（图357；图版Ⅰ：407）。

在岩壁表面平直凿进最深约8厘米形成龛口。龛口方形，上部残。外缘残高57厘米，宽52厘米。龛左沿完整，宽7厘米；右沿上端残，存宽6.5厘米；上沿毁；下沿中部残，存宽6厘米。龛口内缘高45厘米，宽39厘米，至后壁最深10厘米。龛口左右上角作弧面处理。龛底呈横长方形，内高外低，略倾斜。龛正壁竖直，与左右侧壁垂直相交。正壁与龛顶垂直相交，左右侧壁与龛顶弧面相接。龛顶为券顶。

三　造像

刻像1身，残毁甚重，仅存轮廓，残高约40厘米（图版Ⅰ：407）。

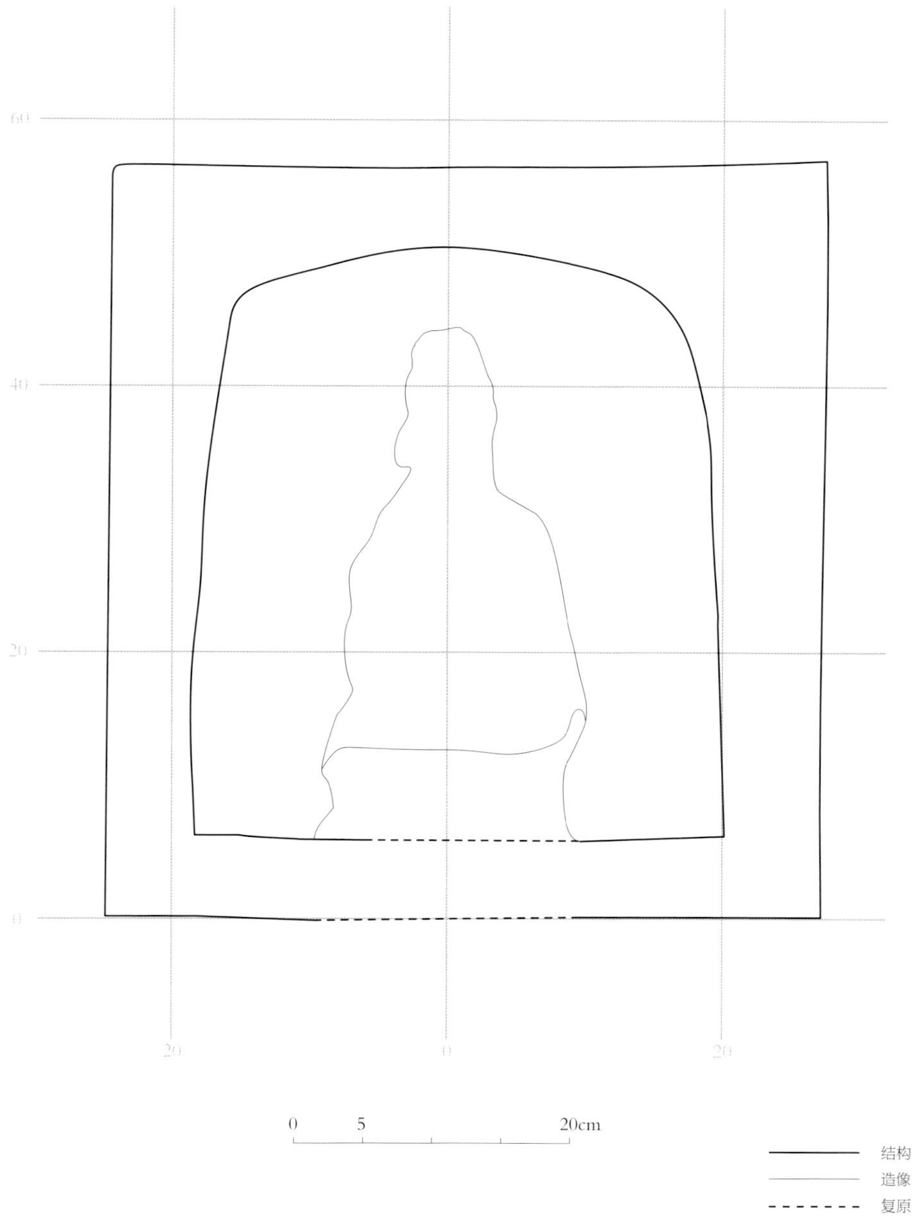

图357　第180-2号龛立面图

第二十三节　第181、184号[1]

一　位置

第181号左与第180号窟紧邻，右与右侧上方纵向布置的第182、183号龛分别竖直相距22、16厘米；上为岩壁，下接地坪。第184号位于第181号右下方。

龛口西北向，方向290°。

二　形制

单层圆拱龛（图358；图版Ⅰ：408）。

在岩壁表面直接凿建龛口。龛口呈圆拱形，部分残，高370厘米，上宽126厘米，下宽192厘米，至后壁最深69厘米。龛底处于现地坪之下，情况不明。龛壁为弧壁，与龛顶弧面相接。龛顶为券顶。其右下侧另开一圆拱龛，即第184号，高197厘米。

三　造像

刻像2身。第181号刻主尊像1身（图358-1；图版Ⅰ：408），其右下方圆拱龛内（第184号）立胁侍像1身。

主尊像　立像残高319厘米。头身皆残毁甚重，可辨裙摆和下垂足间的腰带，跣足分踏单层仰莲。仰莲高约16厘米，直径约54厘米。

胁侍像　头毁，侧身面向主尊，残高117厘米（图版Ⅰ：409）。身残，可辨下着长裙，双腿间刻下垂的腰带；体侧垂飘带。跣足立于圆台上。台高16厘米，最宽80厘米。

四　晚期遗迹

龛内保存灰白色涂层。

第二十四节　第182号

一　位置

位于第181号龛右上方。左与第181号龛相距约22厘米，上方及右侧均为岩壁，下距第183号龛17厘米。

龛口西北向，方向293°。

二　形制

在岩壁表面直接凿岩开龛（图359；图版Ⅰ：410）。龛残损较重，仅存部分弧形龛壁。龛壁残高40厘米，宽48厘米。

---

[1] 原历次编号时，均将其编定为两个号。本次调查后认为，第181号与第184号实为同一龛内的一组造像，不宜将其分割，但考虑到原已有两个编号，重新编号会打乱所有编号，故仍保留其两个编号，但合并为一组造像进行介绍。

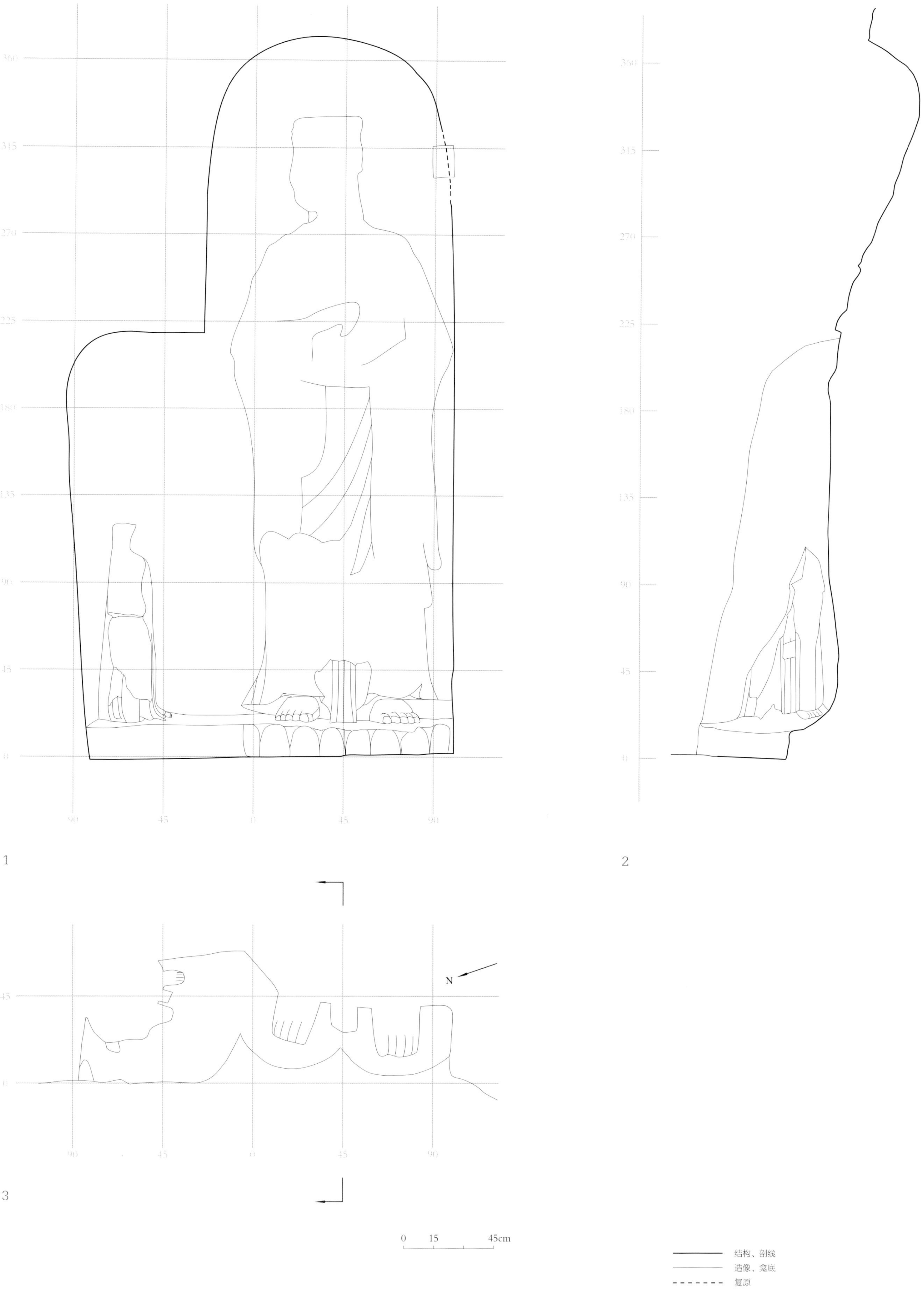

图 358　第 181、184 号龛平、立、剖面图
1　立面图　2　剖面图　3　平面图

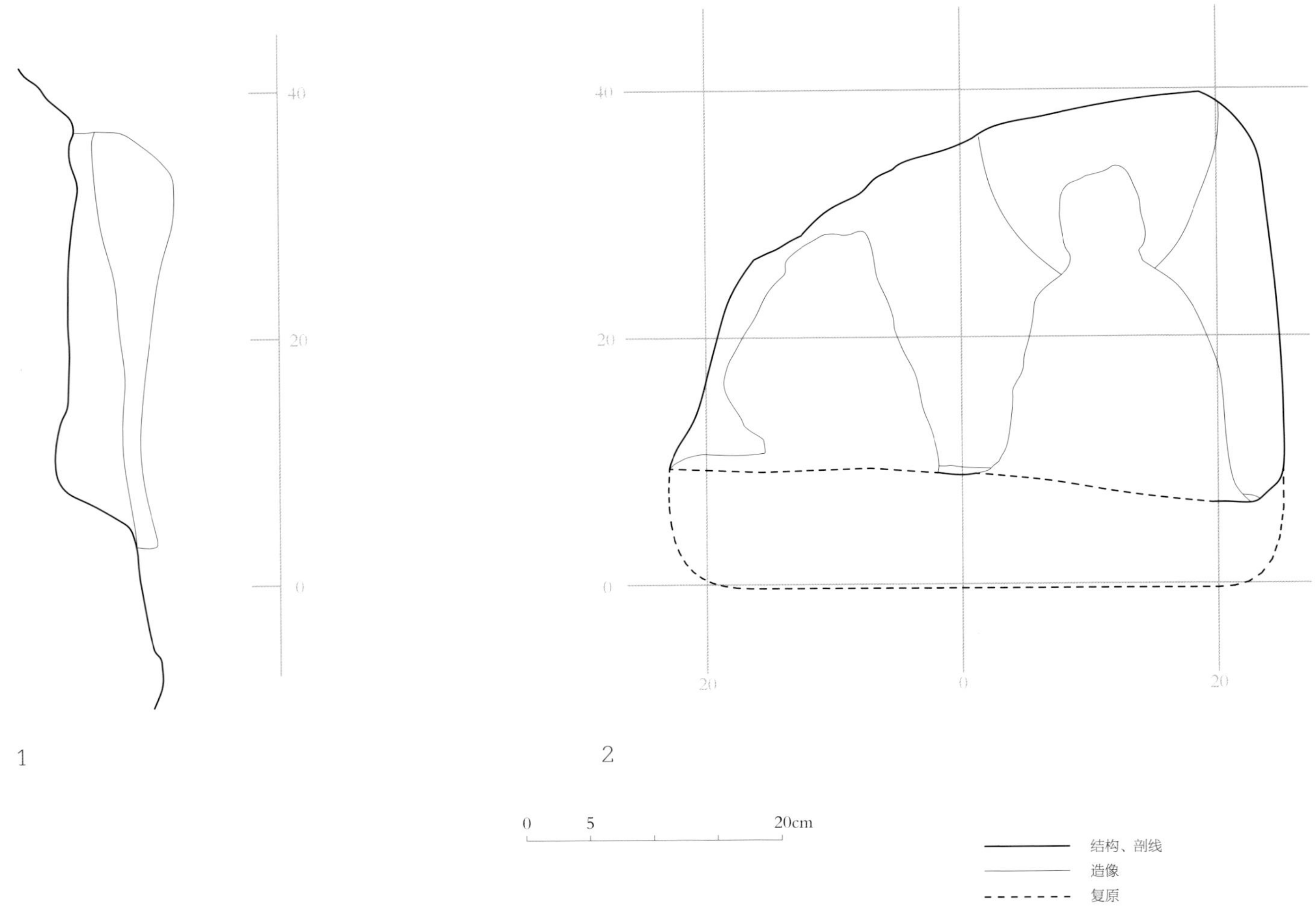

图 359　第 182 号龛立、剖面图
1　剖面图　2　立面图

三　造像

刻坐像2身，大部毁，仅辨躯体轮廓（图版Ⅰ：410）。左像残坐高约28厘米，存圆形头光，直径约20厘米；右像残坐高约21厘米。

第二十五节　第183号

一　位置

位于第181号龛右侧。左距第181号龛16厘米，右侧为岩壁；上距第182号龛17厘米，下距第184号龛15厘米。
龛口西向，方向280°。

二　形制

在岩壁表面直接凿建龛口（图360；图版Ⅰ：411）。龛残毁较重，现存龛口高89厘米，宽76厘米，至后壁深19厘米。龛底为横长方形，前侧略残，龛底后侧建一级低坛，高19厘米，宽57厘米，深8厘米；龛壁为弧壁，部分残，与龛顶弧面相接。龛顶似券顶，大部残。

三　造像

刻像3身（图360-1；图版Ⅰ：411）。其中，中刻主尊坐像1身，左右侧各刻立像1身。

472　大足石刻全集　第二卷（上册）

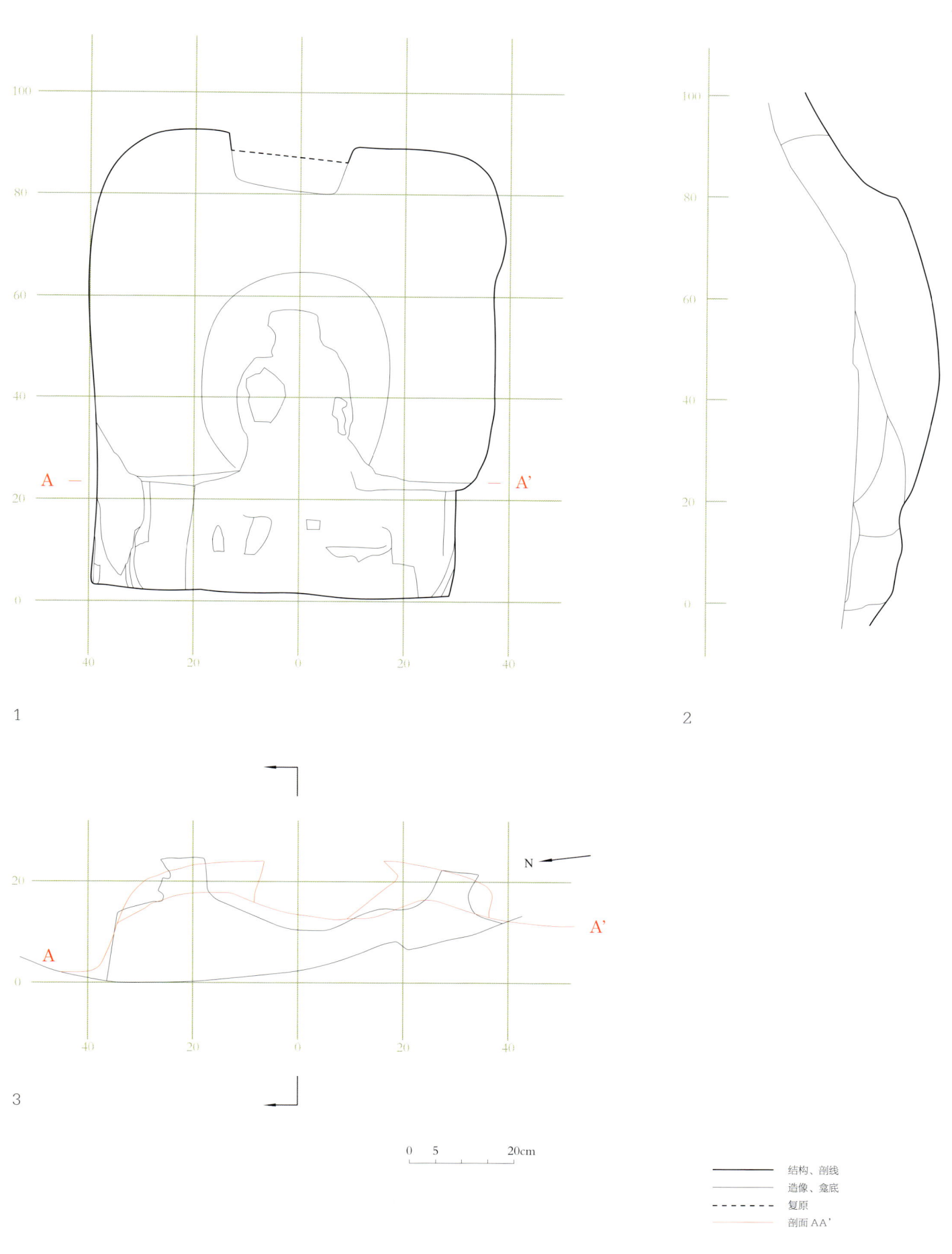

图360　第183号龛平、立、剖面图
1　立面图　2　剖面图　3　平面图

主尊像　头毁身残，残坐高27厘米。浅浮雕圆形素面头光和身光，皆剥蚀甚重。座台大部残，高约19厘米，宽约45厘米。主尊像上方存少许华盖遗迹。

左立像　残毁甚重，残高约21厘米。可辨下着裙及体侧的披巾。

右立像　残毁甚重，残高约25厘米。

四　晚期遗迹

龛右侧凿一纵向浅沟，其上端位于龛右上方，下端与地坪相接，全长约368厘米，宽10—15厘米，深2—17厘米。

第二十六节　第185号

一　位置

位于第184号龛右侧。左距第184号龛66厘米，右距第187号龛31厘米；上为岩壁，下紧邻第186号龛，与其分界不明。

龛口西向，方向277°。

二　形制

龛残损严重（图361；图版Ⅰ：412）。龛口左右侧及下方残，上方部分受损，存宽8厘米的上沿。龛口内缘残宽60厘米，高63厘米，至后壁最深18厘米。龛口左右上角作弧面处理。龛底毁。龛壁为弧壁，与龛顶弧面相接。龛顶近似平顶，略呈半圆形，略残。

三　造像

刻像3身（图版Ⅰ：412）。其中，中刻主尊坐像1身，左右各刻立像1身。

主尊像　坐高29厘米。头毁身残，双手残，似置腹前，结跏趺坐于束腰座上。座大部残，高17厘米。

左右立像　二像残毁甚重，仅见轮廓，残高约31厘米。

第二十七节　第186号

一　位置

位于第185号龛下方。左距第184号龛55厘米，右距第187号龛32厘米；上紧邻第185号龛，下距地坪31厘米。

龛口西向，方向284°。

二　形制

龛残损严重（图362；图版Ⅰ：413）。龛口左侧和上方毁，右沿存下部少许，残宽13厘米；下沿保存略好，宽8厘米。龛口内缘残高97厘米，宽62厘米，至后壁最深29厘米。龛底为方形，略剥蚀。正壁竖直，左右侧壁上部已毁。正壁与左右侧壁下部略垂直相交，上部弧面相接。壁面与龛顶似券面相交。龛顶毁。

三　造像

存像10身，大致作上、中、下三层环壁布置（图362-1；图版Ⅰ：413）。

（一）下层

刻主尊坐像1身，左右环壁刻山石。像坐高17厘米。浅浮雕圆形素面背光，直径29厘米。光头，略残，面蚀。内着交领服，外披袒右式袈裟。左手持圆状物（略残），右手握锡杖，杖首呈桃形。似结跏趺坐于低台上。台部分残，高6厘米。

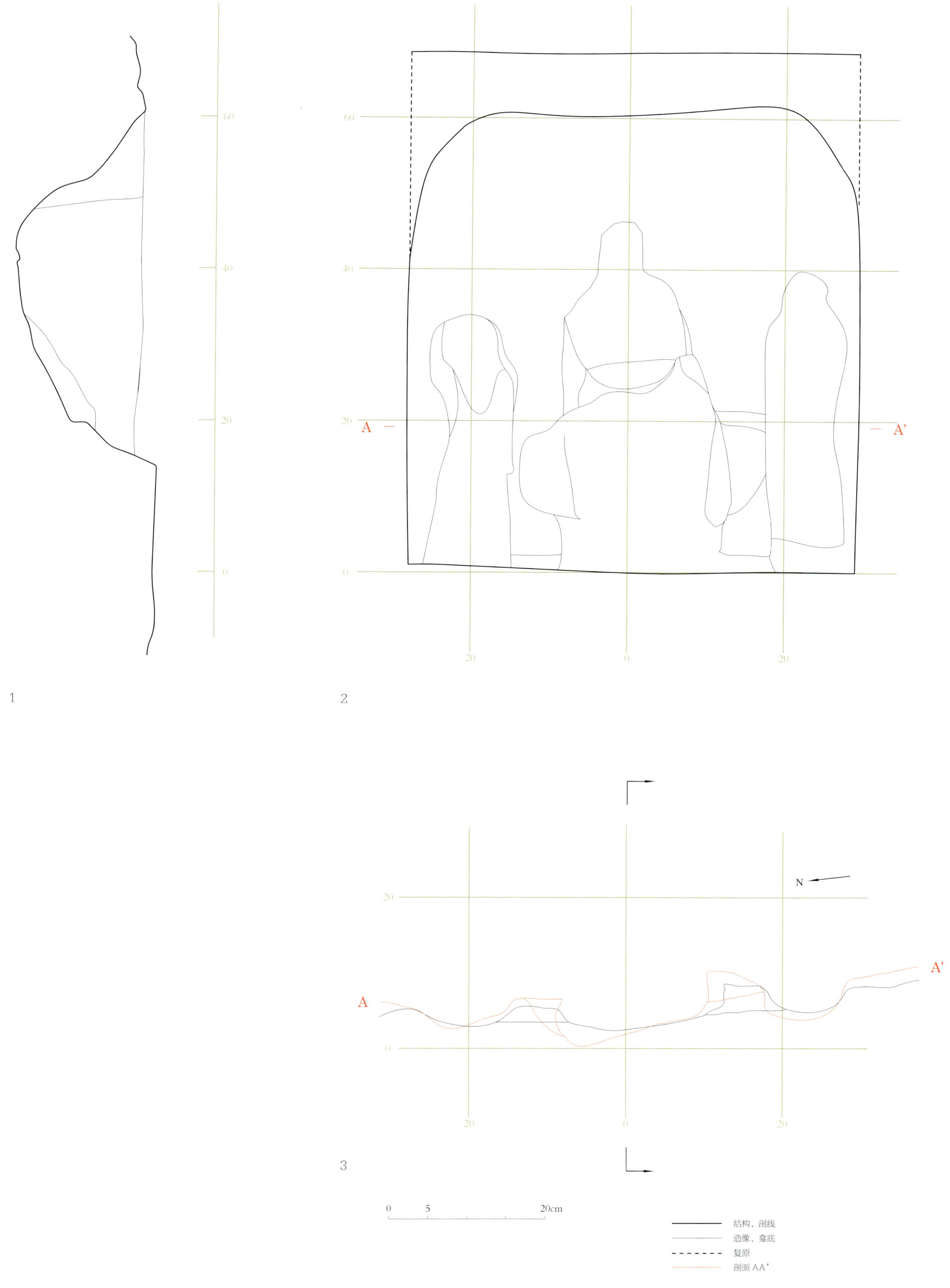

图361 第185号龛平、立、剖面图
1 剖面图 2 立面图 3 平面图

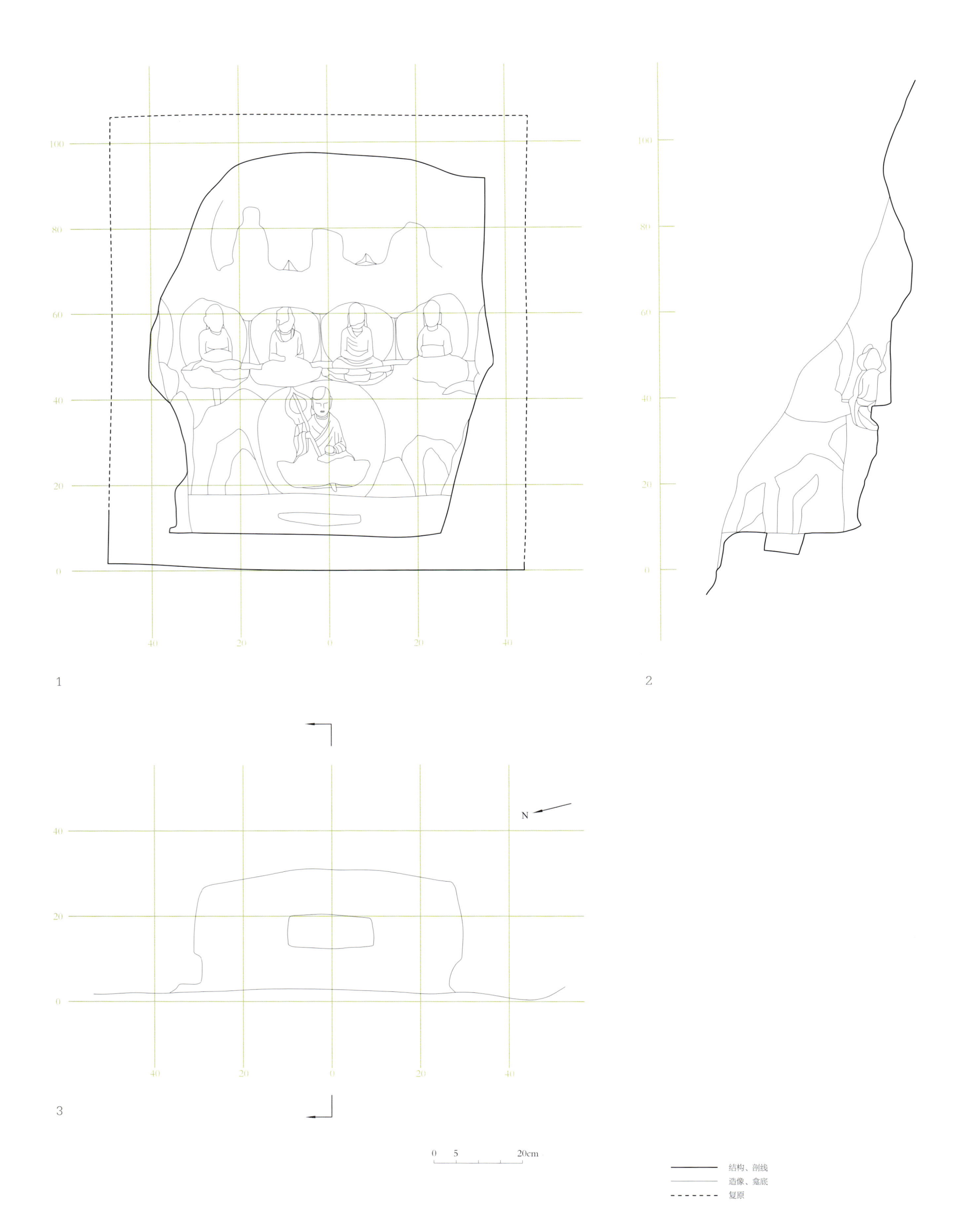

图 362　第 186 号龛平、立、剖面图
1　立面图　2　剖面图　3　平面图

476　大足石刻全集　第二卷（上册）

（二）中层

刻坐像6身。从左至右编为第1—6像。其中，第1、6像毁，可辨少许遗迹。第2—5像保存较好，特征相近，像坐高15厘米；刻圆形素面背光，直径16厘米，部分残；头部分残，着双领下垂式袈裟，双手腹间笼袖内，结跏趺坐于仰莲上。莲大部残，高4厘米，宽17厘米。

（三）上层

刻像3身，皆残，仅辨轮廓和背光遗迹。

四　晚期遗迹

龛底中部凿一方形凹槽，长18厘米，宽7厘米，深4厘米。

龛内存灰白色、红色两种涂层。

第二十八节　第187号

一　位置

位于第185、186号龛右侧。左分别距第185、186号龛31、32厘米，右距第189号龛23厘米；上距第187-1号龛26厘米，下距地坪52厘米。

龛口西向，方向276°。

二　形制

单层方形龛（图363、图364、图365、图366；图版Ⅰ：414）。

龛口　在岩体表面平直凿进最深约21厘米形成龛口。龛口左侧部残，保存沿面宽13厘米；右侧毁；上沿略残，存宽17厘米；下沿部分残蚀，存宽16厘米。龛口内缘高152厘米，宽135厘米，至后壁最深46厘米。龛口左上角三角形斜撑完整，右上角残蚀。

龛底　略呈方形，前端剥蚀。

龛壁　壁面竖直，正壁与左右侧壁弧面相接。壁面与龛顶略垂直相交。

龛顶　平顶，略呈半圆形，部分剥蚀。

三　造像

刻像14身。其中，正壁中刻主尊坐像2身，身侧长茎仰莲上刻坐佛10身；左右侧壁下方各刻立式胁侍菩萨像1身（图363、图365、图366；图版Ⅰ：414、图版Ⅰ：415）。

左主尊像　坐高46厘米。浮雕圆形素面头光和身光，横径分别为39、45厘米，皆厚约3厘米。头顶残，存披帽披幅；面残，身略蚀。似内着交领衫，外披袈裟，下着裙。左手残，置腹前；右手握锡杖，手及杖皆部分残。左腿大部残，横置座台面，垂右腿，膝部残，右舒相坐于束腰方台上。台通高47厘米，宽39厘米，深23厘米，部分残。足残。

右主尊像　坐高46厘米。浮雕圆形头光和身光，头光横径39厘米，边缘由内至外刻云纹和火焰纹；身光最宽约49厘米，边缘刻火焰纹。头大部残，存冠带遗迹。上身蚀，衣饰不明，下着裙，裙摆饰璎珞；腰带垂于座前。双手残。双腿部分残，右腿横置座台面，垂左腿，左舒相坐于束腰莲座上。座通高42厘米，通宽42厘米，深27厘米，上部为三重仰莲台，束腰以下部分剥蚀。

图363 第187号龛立面图

图 364　第 187 号龛平、剖面图
1　剖面图　2　平面图

第六章　第 165—192 号

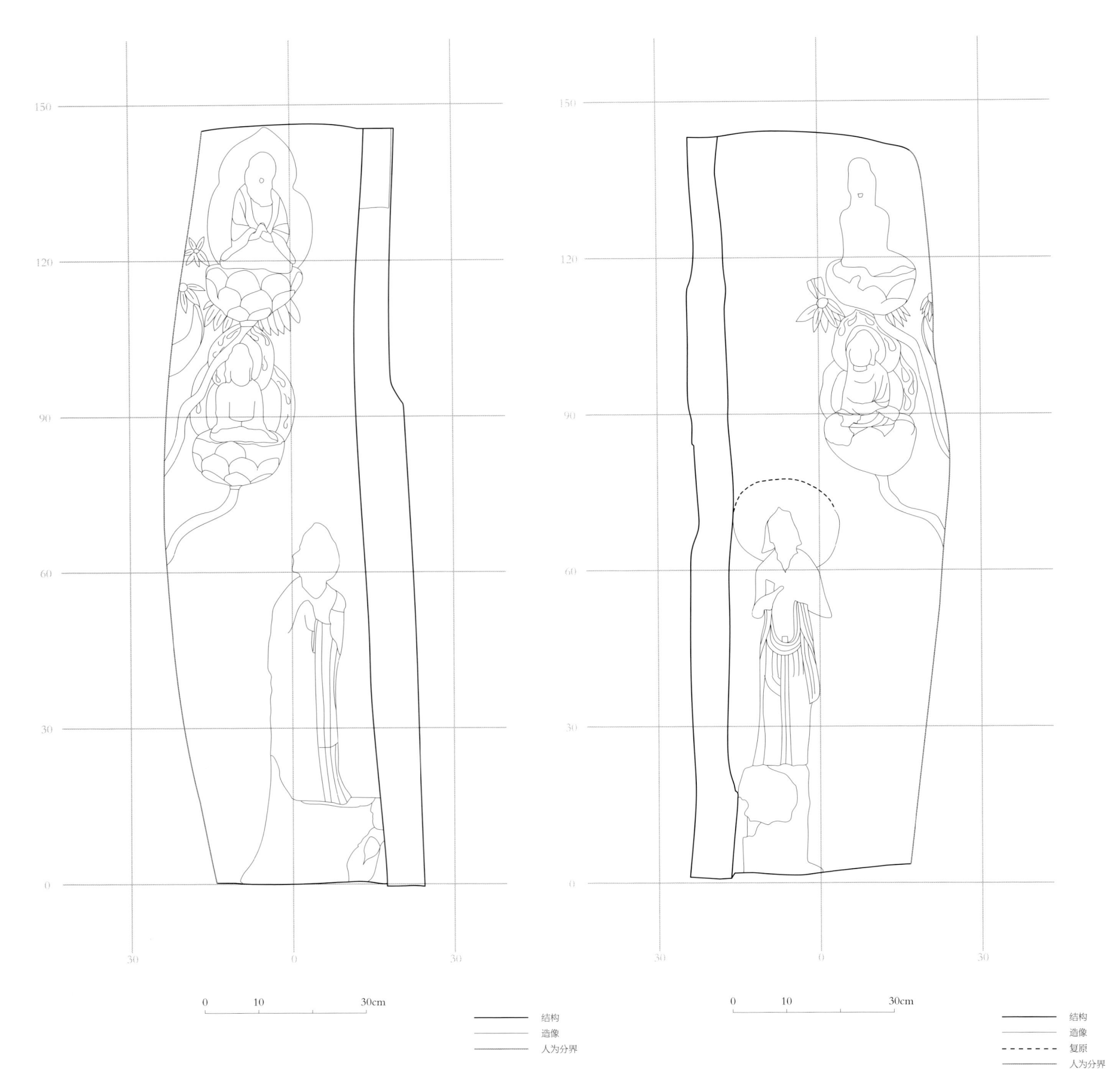

图 365　第 187 号龛左侧壁立面图

图 366　第 187 号龛右侧壁立面图

二像上方刻菩提树树冠，占据正壁上部。

在二像间，刻一瓶，瓶口略残，高34厘米，由瓶内生出十枝长茎仰莲和四枝莲叶，每枝仰莲上各刻坐佛1身，共10身。按其位置，正壁6身，其中两主尊像间1身；左右壁上部各2身。像皆部分受损，体量、特征相近，高约20厘米。浅浮雕桃形头光和椭圆形身光，头光横径15厘米，内圆素平；身光最宽19.5厘米，内素平，边缘饰火焰纹。头残、身蚀，可辨身着袈裟，下着裙，双手结印或笼袖内，结跏趺坐于仰莲台上。仰莲台高11厘米，直径17厘米。其中，上排最左两身像局部以泥补塑。

左侧壁胁侍菩萨像　立像高51厘米（图版Ⅰ：416）。头大部残，身略蚀，可辨上着袈裟，下着裙；双手胸前合十，手部分残；立于低台上。台高16厘米，部分残。

右侧壁胁侍菩萨像　立像高50厘米（图版Ⅰ：417）。浅浮雕圆形素面头光，部分残，直径19厘米。头大部残，身蚀，可辨披巾和裙摆；左手毁，右手残，置于胸前；立于低台上。台高19厘米，大部残。

四　晚期遗迹

龛外下方中部凿方形凹槽，长23厘米，宽6厘米，深10厘米。

龛左右沿上端外侧各凿一方形浅孔，对称布置；孔大小相近，高8厘米，宽8厘米，深3厘米。

龛左沿下端外侧凿一方孔，高7厘米，宽10厘米，深2厘米。推测右沿下端外侧亦对称凿有一方孔，现已毁。

龛内保存灰白色、红色两种涂层。

第二十九节　第187-1号

一　位置

位于第187号龛上方中部，竖直相距26厘米。

龛口西向，方向283°。

二　形制

龛损毁甚重，龛口与岩壁分界不明（图367；图版Ⅰ：418）。现存造像壁面高33厘米，宽53厘米。

三　造像

龛内刻像2身，大部毁，仅可辨轮廓（图版Ⅰ：418）。

第三十节　第188号

一　位置

位于第187号龛右侧上方岩体，四周无比邻的其他龛像。本龛所在岩体与下方第187号龛所在岩体之间存一道明显的软弱夹层带。

龛口西向，方向293°。

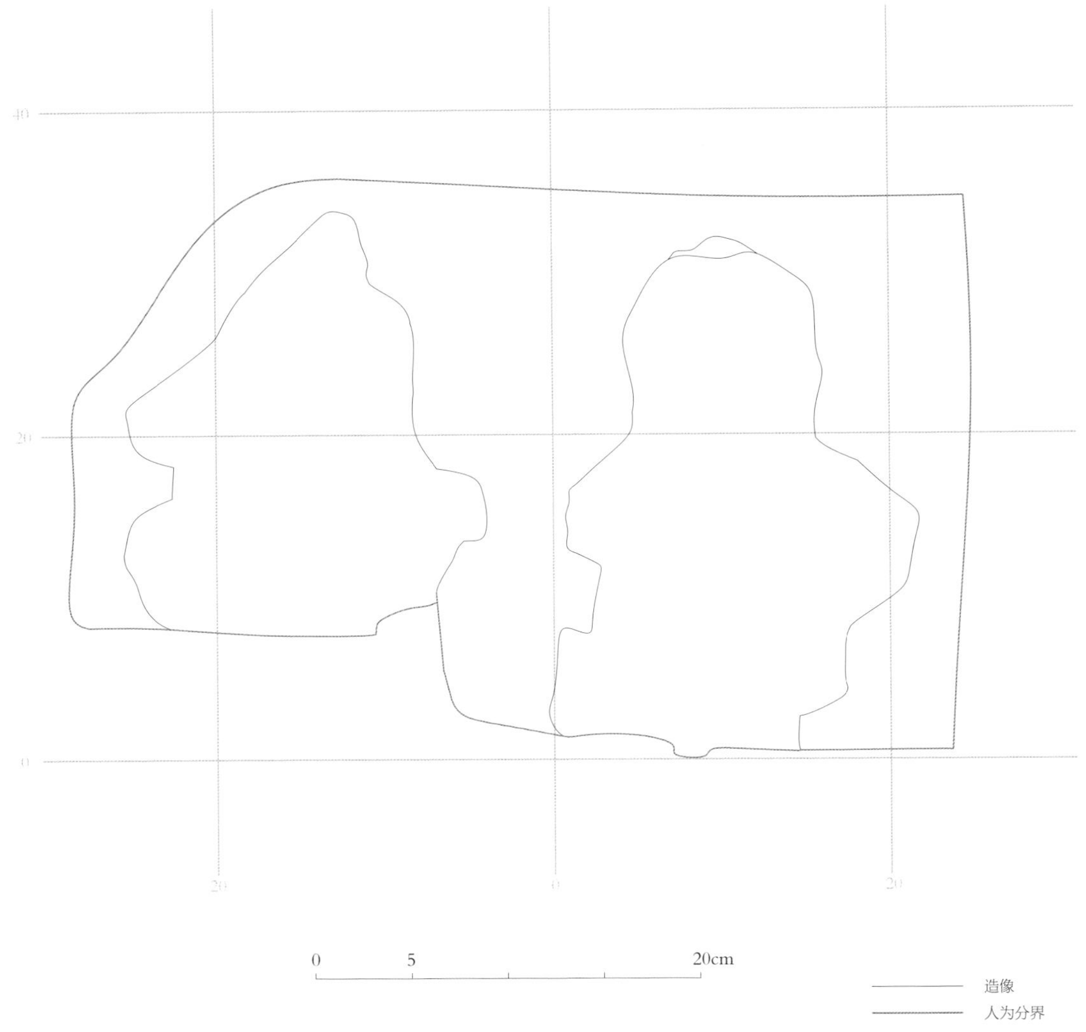

图 367　第 187-1 号龛立面图

二　形制

单层方形龛（图368、图369、图370；图版Ⅰ：419）。

龛口　在岩壁表面平直凿进最深约21厘米形成龛口。龛口左沿略残，宽8厘米；右沿部分残，宽7厘米；上沿亦部分残，宽5厘米；未刻下沿。龛口内缘高80厘米，宽62厘米，至后壁最深49厘米。

龛底　呈方形。

龛壁　正壁竖直，与左右侧壁垂直相接；壁面存粗大的凿痕。龛壁与龛顶亦垂直相接。

龛顶　平顶，呈方形；前端存一道裂隙。

三　造像

刻像3身，皆残毁甚重（图368-2；图版Ⅰ：419）。其中，正壁中刻靠背座椅，部分残，通高26厘米。其左侧刻立像1身，高36厘米，仅辨双手置于胸前持物。左侧壁线刻立像1身，高26厘米，可辨双手置于左侧（图369；图版Ⅰ：420）。右侧壁线刻立像1身，高25厘米，可辨上着窄袖衣，下着裙；双手置于右侧（图370；图版Ⅰ：421）。

四　晚期遗迹

龛底前端凿一凹槽，左右与龛壁相接，宽8厘米，深1厘米。

龛外右侧22厘米处，凿一圆形梁孔，直径约34厘米，深26厘米。

龛外左右壁面共存六道纵向的浅槽，其开凿时间和用途不明。

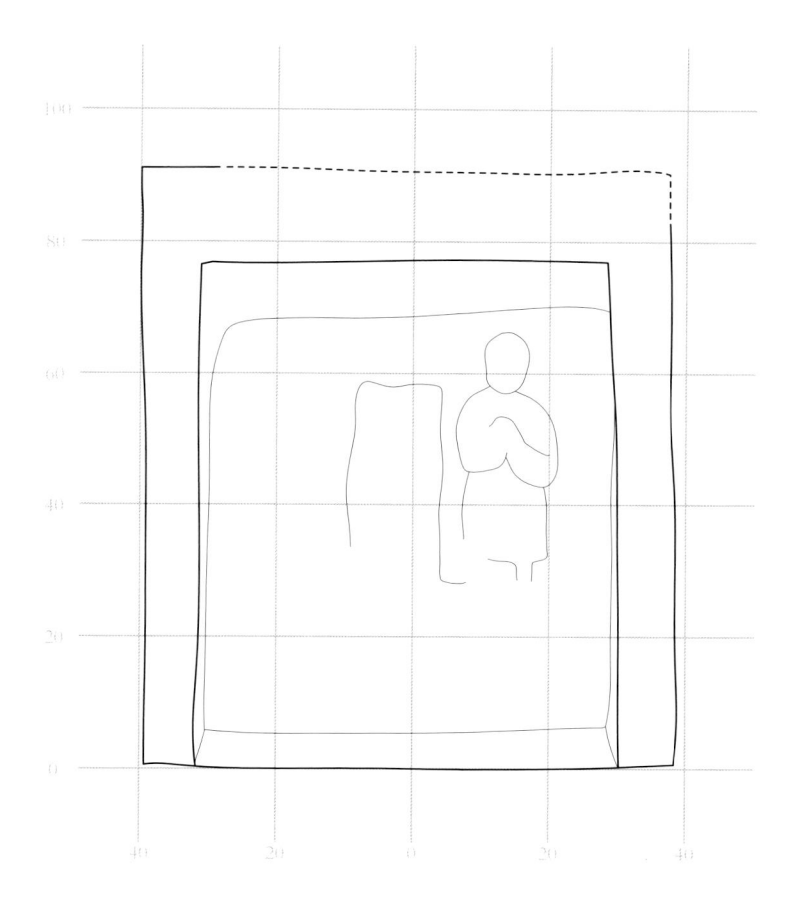

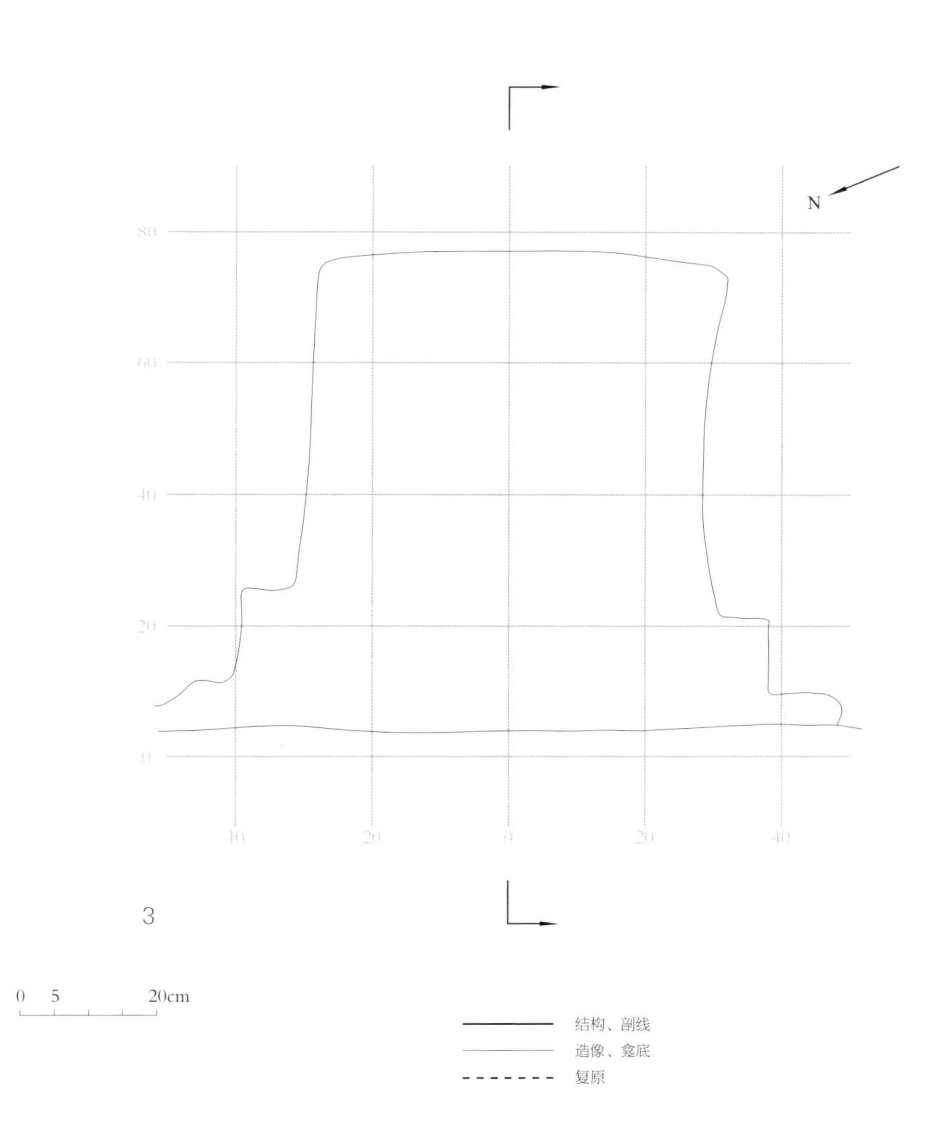

图 368　第 188 号龛平、立、剖面图
1　剖面图　2　立面图　3　平面图

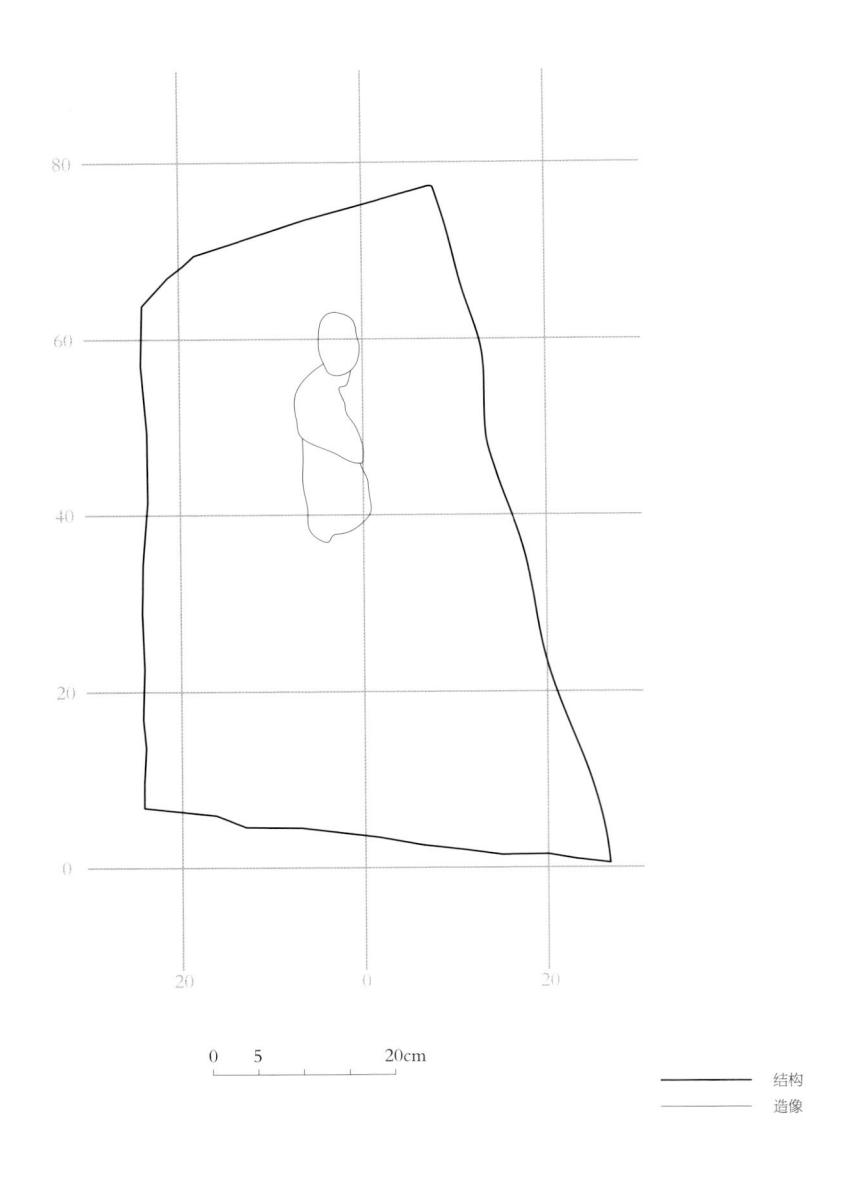

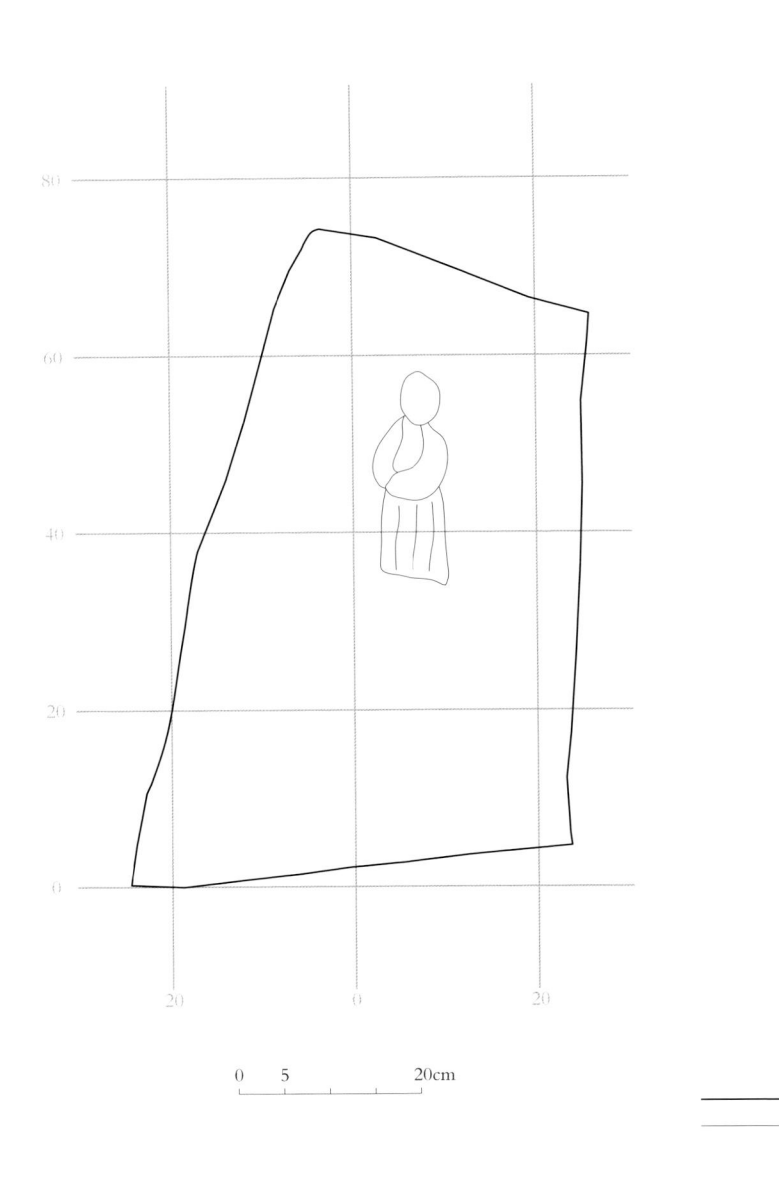

图 369　第 188 号龛左侧壁立面图

图 370　第 188 号龛右侧壁立面图

第三十一节　第189号

一　位置

位于第187号龛右侧。左距第187号龛23厘米。右距第190号龛31厘米，上为岩壁，下距地坪144厘米。龛口西北向，方向297°。

二　形制

在岩壁表面平直凿进最深约9厘米形成龛口（图371；图版Ⅰ：422）。龛口左侧、下部毁；右侧大部残，存右沿，宽6厘米；上沿部分残，宽7厘米。龛口残高47厘米，宽43厘米，至后壁最深10厘米。龛底大部毁，仅存少许。龛壁为弧壁，与龛顶券面相交。龛顶为券顶，略残脱。

三　造像

刻坐像1身，残毁甚重，残坐高24厘米。存部分线刻的头光和身光（图371-1；图版Ⅰ：422）。坐于山石台上，台通高13厘米，宽26厘米，深6厘米。左侧刻一龙，曲颈昂头，略蚀。

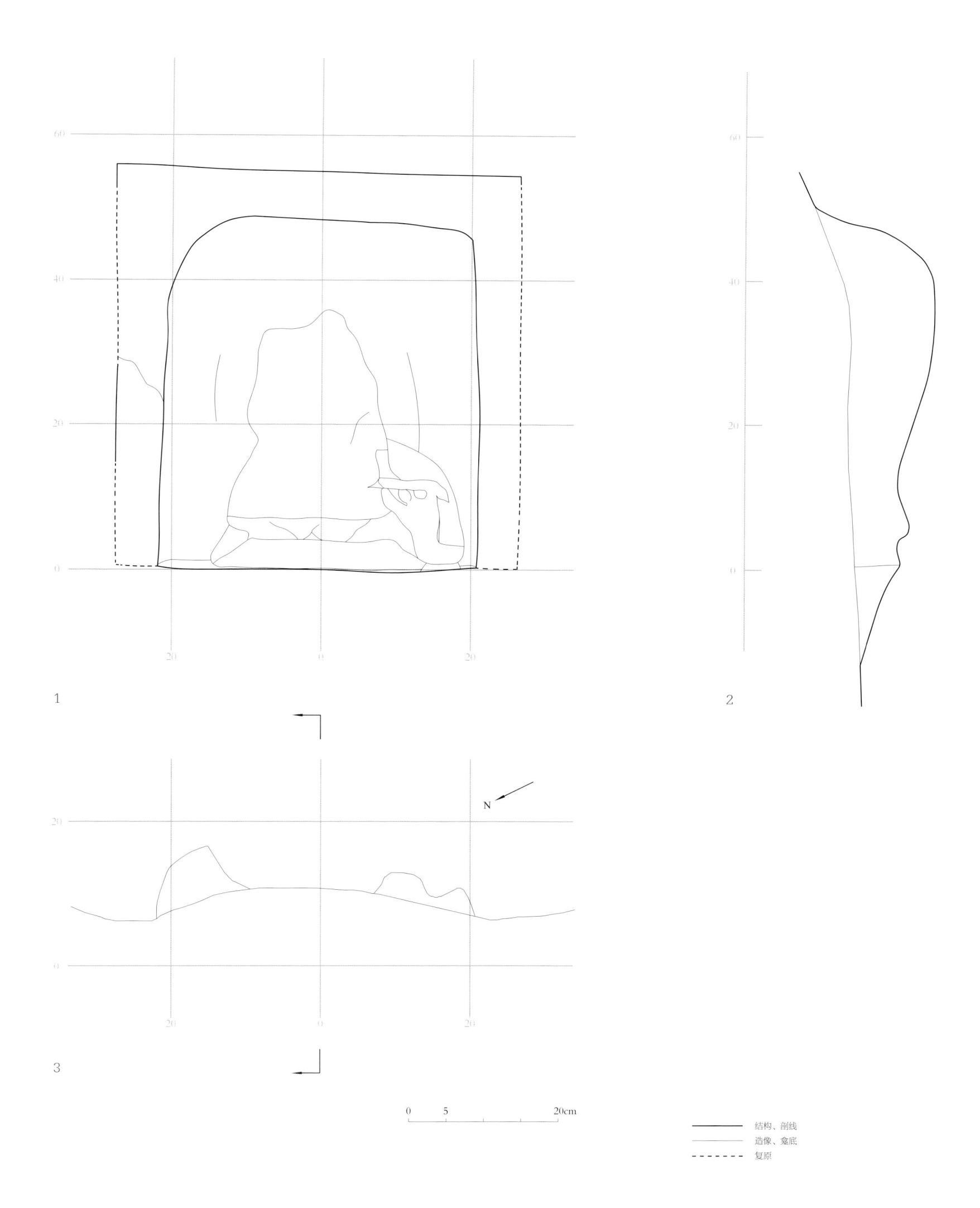

图 371　第 189 号龛平、立、剖面图
1　立面图　2　剖面图　3　平面图

第三十二节　第190号

一　位置

位于第189号龛右侧。左距第189号龛31厘米，右距第191号龛46厘米；上距第190-1号龛21厘米，下距地坪56厘米。龛口西北向，方向293°。

二　形制

单层方形龛（图372、图373、图374、图376、图377；图版Ⅰ：423、图版Ⅰ：425、图版Ⅰ：426）。

龛口　在岩体表面平直凿进最深约43厘米形成龛口。龛口方形，外缘高182厘米，宽153厘米。左沿大部残，存宽10—15厘米；右沿完整，宽16厘米；上沿部分残，宽12厘米；下沿宽23厘米，略剥蚀。龛口内缘高133厘米，宽122厘米，至后壁深53厘米。左、右沿内侧凿平整面，左沿平整面存少许，宽3厘米；右沿平整面宽5厘米。龛口左右上角残损。

龛底　略呈方形。自下而上建两级低坛，高分别为5、44厘米，深分别为9.5、23厘米。

龛壁　正壁为弧壁，与左右侧壁弧面相接。壁面与龛顶略垂直相交。

龛顶　平顶，呈半圆形，略残脱。

三　造像

刻像26身。分为正壁、左右侧壁、龛前低坛、右沿外浅龛造像四部分（图372、图373；图版Ⅰ：423）。

（一）正壁

中刻一佛二菩萨坐像3身，佛左右侧各刻立式侍者像2身（图版Ⅰ：424）。

佛像　坐高40厘米。浮雕桃形头光和身光，部分残，皆内圆素平，边缘刻火焰纹；头光横径33.5厘米，身光最宽40.5厘米。头大部毁，身蚀。内着僧祇支，外披双领下垂式袈裟，下着裙。左手抚膝，右手残，置胸前，跣足分踏仰莲台，倚坐于须弥座上。座通高32.5厘米，宽34厘米，深21厘米；仰莲台高10厘米，直径11厘米。

左菩萨像　坐高38厘米。浮雕桃形头光和圆形身光，部分残，皆内圆素平，边缘刻火焰纹；头光横径约33厘米，身光最宽40厘米。头残，面蚀；存下垂的冠带。身蚀，似上着披巾，下着裙。左手腹前托物，物残难辨；右手抚膝，稍残。足残，分踏仰莲台，倚坐于束腰莲座上。座通高29.5厘米，部分残；仰莲台大部残，残高9厘米。

右菩萨像　坐高39厘米。浮雕桃形头光和圆形身光，部分残，皆内圆素平，边缘刻火焰纹；头光横径23厘米，身光最宽32厘米。左手抚膝，右手腹前托圆状物，稍残。余略同左菩萨像。

上述三像间刻两株菩提树，部分残；可辨树干分叉，树冠略外凸于壁面。

左侍者像　立高43厘米。光头，面蚀；内着交领服，外披袒右式袈裟，下着裙；双手合十，着鞋立于山石台上。台高18厘米，宽12厘米，深7厘米。

右侍者像　立高46厘米。梳髻，面蚀，胸饰璎珞，上着双领下垂式袈裟，下着裙；双手持锡杖，通高69厘米；杖首略残，呈桃形；跣足立于山石台上。台高16厘米，宽15厘米，深8厘米。

（二）左右侧壁上部

左、右侧壁上部各刻四身立式胁侍菩萨像，作上二下二两排对称布列，位于第二级低坛上方（图376、图377；图版Ⅰ：425、图版Ⅰ：426）。

造像皆残。浅浮雕圆形素面头光，直径13厘米。头冠，冠带作结下垂，跣足立于仰莲台上。台高5厘米，直径14厘米。从左至

图 372　第 190 号龛立面图

图 373　第 190 号龛剖面图

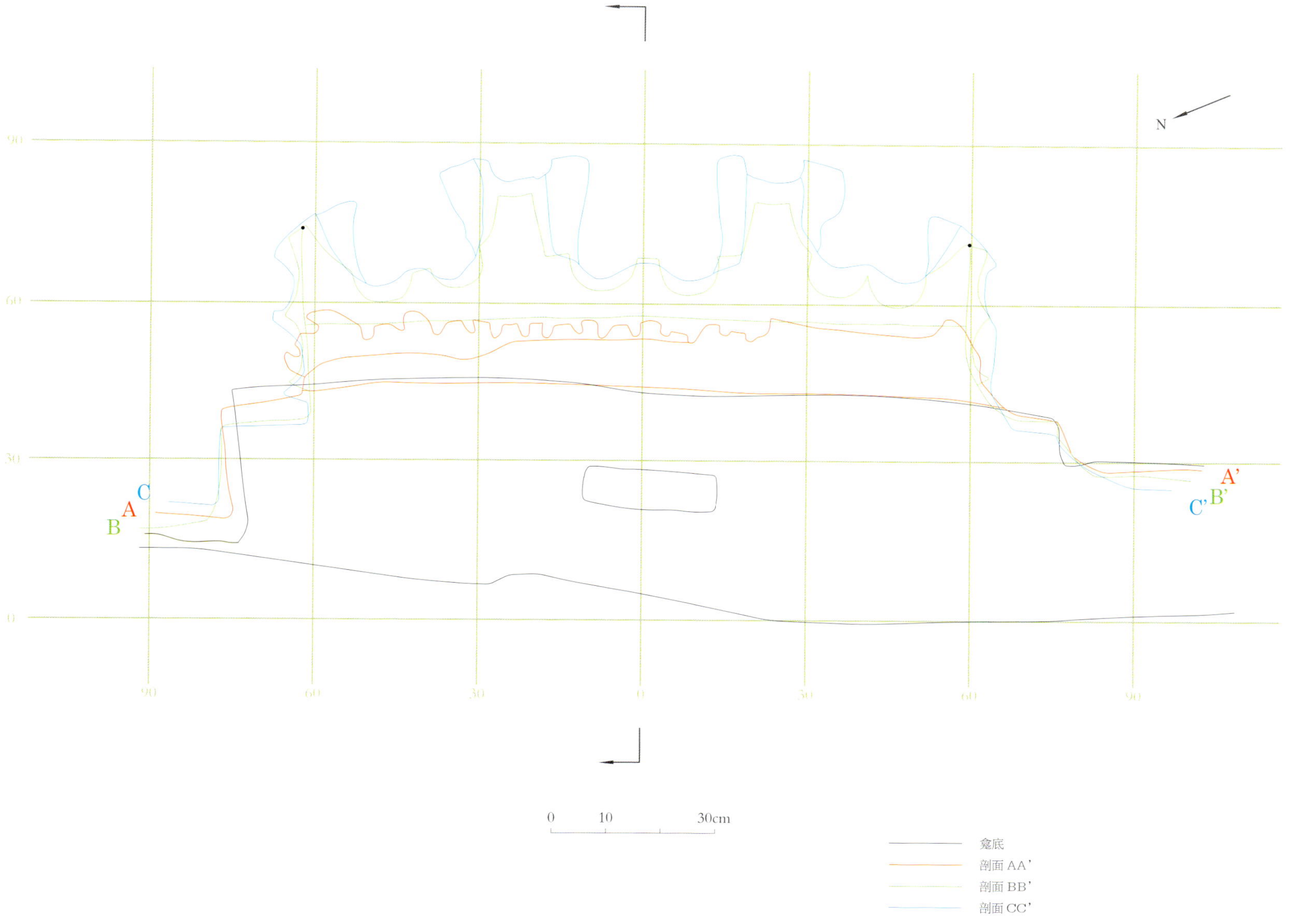

图374　第190号龛平面图

右、由上至下依次编为左第1—4像和右第1—4像。其特征列入表17。

表17　第190号左右侧壁上部造像特征简表

左侧壁	造像特征	右侧壁	造像特征
1	头大部残，残高36厘米；身略蚀，可辨双手持物。	1	高约38厘米，身蚀甚重，可辨长裙下摆；双手似持带茎莲。
2	头毁身残，残高约34厘米；双手腹前似持物。	2	头稍残，高约41厘米；上着披巾，下着裙；双手胸前持物，物残难辨。
3	大部毁，轮廓高约39厘米。	3	头面略蚀，高约39厘米；上着袈裟，下着裙；双膝处饰璎珞。双手胸前合十。
4	头部分残，残高约39厘米；身略蚀，上着袈裟，下着裙；双手合十。	4	头残面蚀，高约39厘米；上着披巾，下着裙；双手胸前合十。

（三）低坛

刻神将12身，体量相近，高约36厘米（图版Ⅰ：427）。从左至右依次编为第1—12像，其中，第1、12像分别位于左右侧壁下部。

第1像　头面略蚀，戴束发冠，刻连鬓胡须。衣饰不清。左手置于胸前，右手置于体侧，略残。

第2—4像　毁。

第5像　头盔，顿项翻卷，面蚀。内袍，外甲，腿裙止于双膝，腰系带，身饰飘带；双手拱于胸前，着靴站立，足稍残。

第6像　头盔，顿项披垂。内袍，外甲，腿裙垂于小腿。余略同第5像。

第7像　头扎巾，面方，身剥蚀，着鞋站立。

第8像　略同第6像。

第9像　头扎巾，面残。余略同第5像。

第10像　双手残，腿裙垂于小腿。余略同第5像。

第11像　头扎巾，圆脸。身蚀甚重，细节难辨。

第12像　戴束发冠，左手托放焰珠，右手胸前似持物。衣饰略同第6像。该像下部低坛饰刻云纹。

（四）龛外

龛右沿外侧开方形浅龛，高35厘米，残宽12厘米，深4厘米（图373）。龛内刻立式女像1身，头毁，残高34厘米；上着对襟窄袖衫，下着裙；双手笼袖内，着鞋站立。

图375　第190号龛效果图

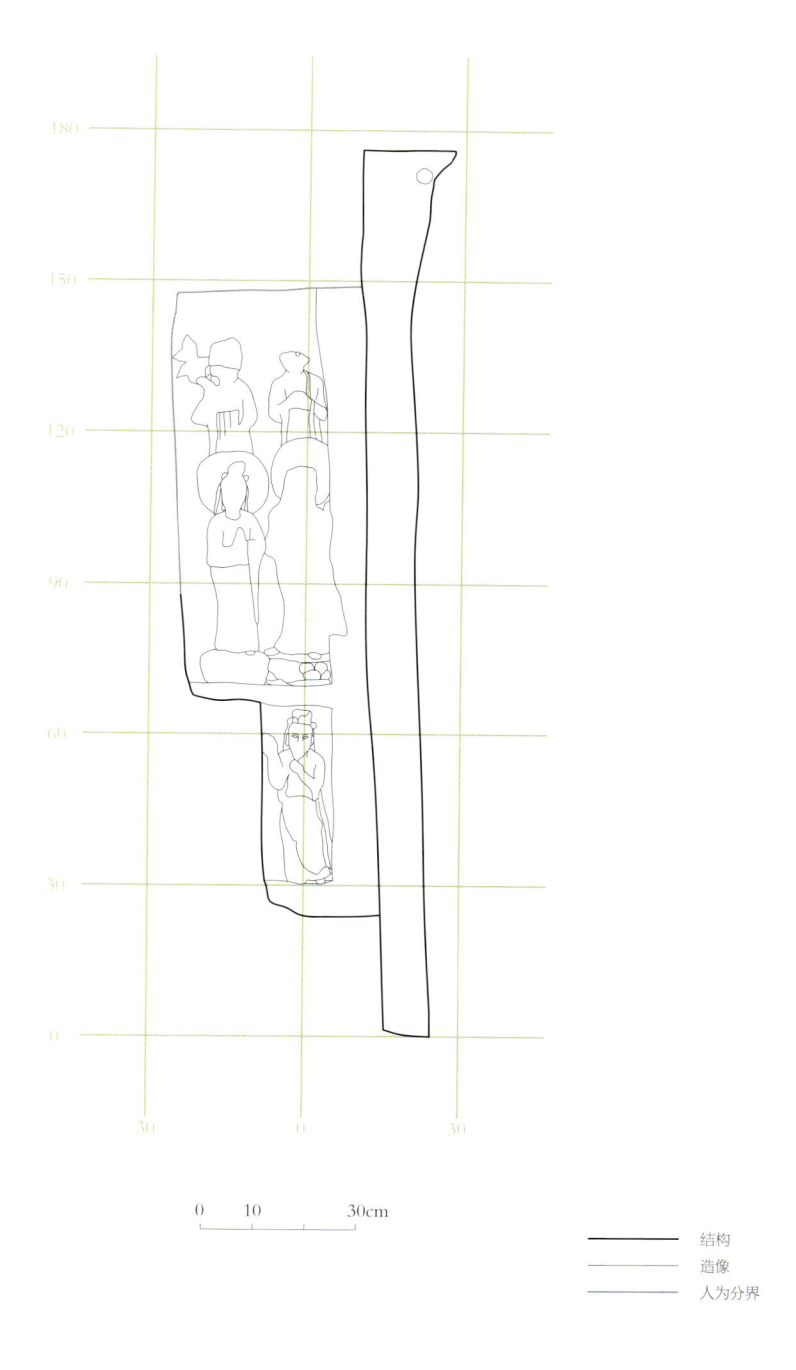

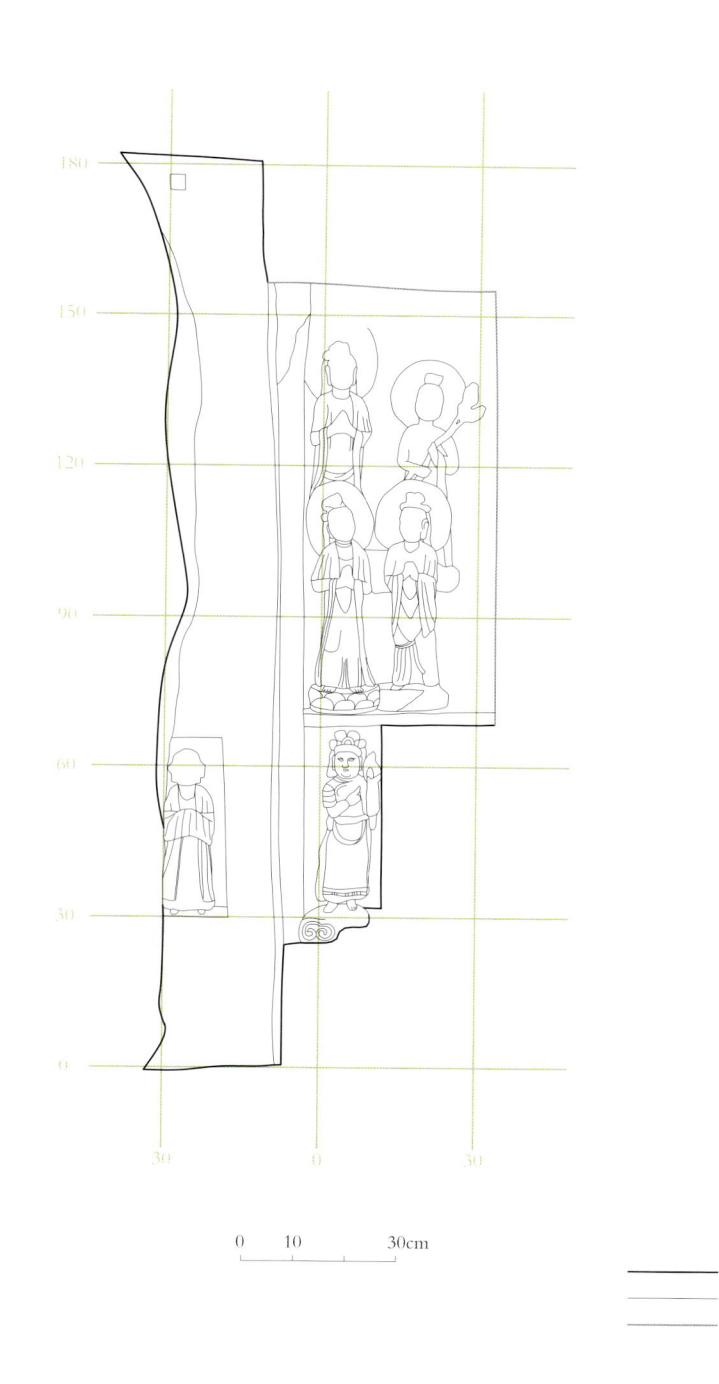

图 376　第 190 号龛左侧壁立面图

图 377　第 190 号龛右侧壁立面图

四　晚期遗迹

龛左右沿外侧上方各凿一方形小孔，对称布置。孔大小相近，皆高3厘米，宽3厘米，深2厘米。

龛外平台中部凿方形凹槽，长24厘米，宽6.5厘米，深8厘米。

龛内保存红色、灰白色两种涂层。

第三十三节　第190-1号

一　位置

位于第190号龛上方21厘米处。

龛口西北向，方向293°。

二　形制

龛残毁甚重，仅可辨少许龛底和弧形龛壁。现存龛壁高35厘米，宽53厘米（图378；图版Ⅰ∶428）。

第六章　第165—192号　491

三 造像

刻像3身，皆毁，仅辨轮廓（图版Ⅰ：428）。

四 晚期遗迹

龛内保存灰白色涂层。

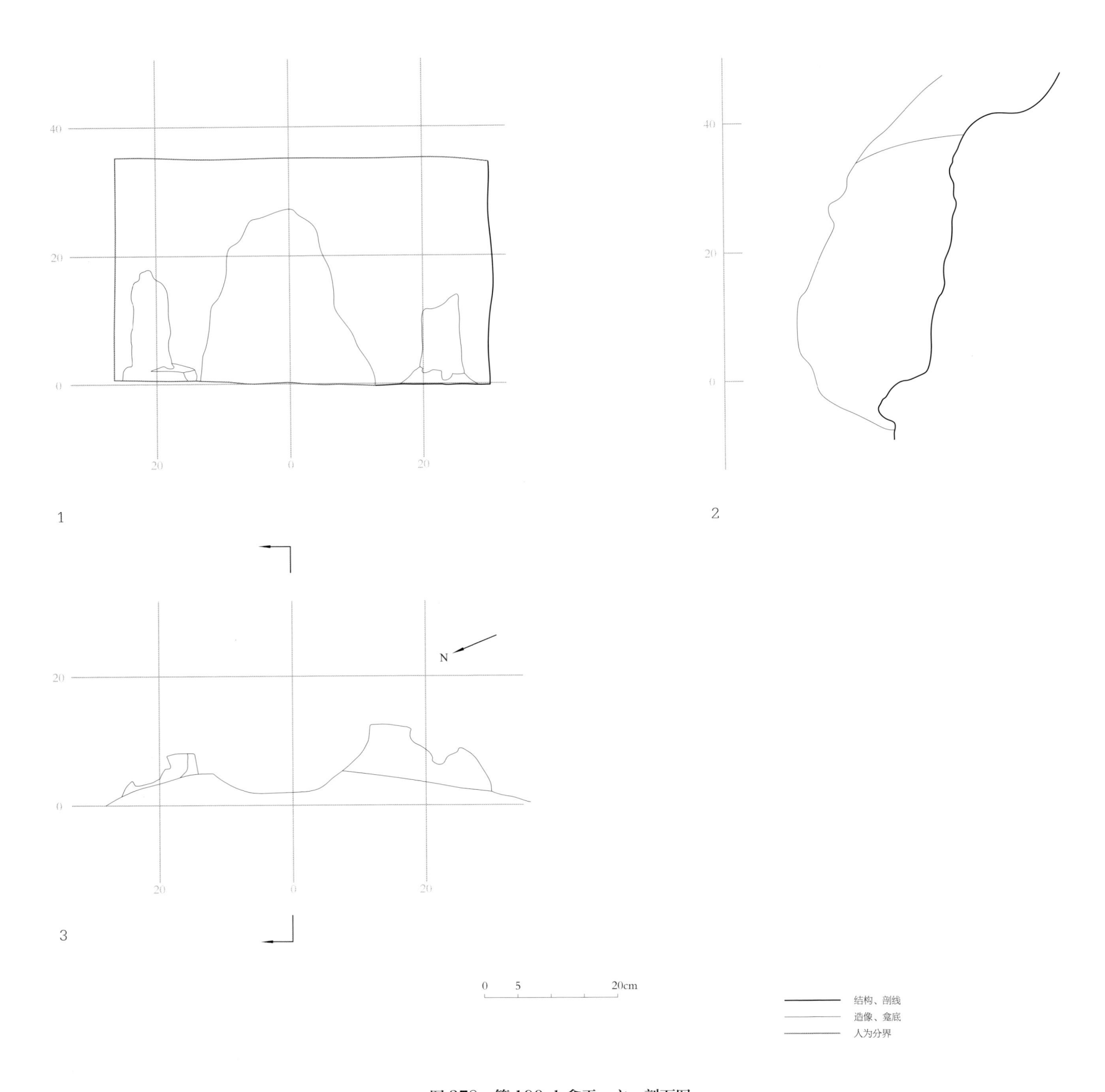

图378 第190-1龛平、立、剖面图
1 立面图 2 剖面图 3 平面图

第三十四节　第191号

一　位置

位于第190号龛右侧。左距第190号龛46厘米，右距壁面转折边缘55厘米；上为岩壁，下距地坪38厘米。龛口西北向，方向308°。

二　形制

单层方形龛（图379、图380、图381、图382、图383；图版Ⅰ：429、图版Ⅰ：431、图版Ⅰ：432）。

龛口　在岩体表面平直凿进最深约44厘米形成龛口。龛口方形，外缘高约183厘米，宽149厘米。左沿宽11厘米，右沿宽13.5厘米，上沿宽12厘米，下沿宽13厘米。龛口内缘高158厘米，宽124.5厘米，至后壁最深44厘米。左、右沿内侧凿有宽4厘米的平整面。内缘左右上角刻三角形斜撑，高14厘米，宽17厘米，厚3厘米；斜边平直，低于沿面1厘米。

龛底　呈半圆形，略蚀。

龛壁　弧壁，与龛顶略垂直相交。

龛顶　平顶，呈半圆形，略蚀。

三　造像

刻像18身。分为龛内、龛外造像两部分（图版Ⅰ：429）。

（一）龛内

正壁中刻主尊坐像2身，二像座台间刻一瓶，高33厘米，腹径24厘米；自瓶口生出十枝长茎莲和四张莲叶，莲朵上皆刻坐佛1身；左右壁外侧下方各刻立像1身（图379、图382、图383；图版Ⅰ：430）。

左主尊像　坐高46厘米。浮雕圆形素面头光和身光，横径分别为32、54厘米，头光外凸壁面约9厘米。头毁，存披帽披幅遗迹。戴项圈，内着交领服，外披袒右式袈裟，下着裙。左手残，置腹前；右手胸前握锡杖，手及杖部分残。左腿横置座台面，右腿下垂，跣足踏带茎仰莲，右舒相坐于束腰方台上。台高45厘米，台面宽37厘米，深21厘米，部分残。座前刻并蒂仰莲，大部残。

右主尊像　坐高56厘米。浮雕桃形头光和椭圆形身光。头光横径28厘米，内圆素平；身光最宽48厘米，内素平，边缘刻火焰纹。梳髻，头冠，冠带作结下垂，面残。身漫，上身衣饰不明，下着裙。左手于腹前托钵，右手置钵上，似持物，手及物略残。双腿部分残，右腿横置座台面，左腿下垂，跣足踏带茎仰莲，左舒相坐于束腰莲座上。座通高42厘米，通宽45厘米，深22厘米，部分残；座前并蒂仰莲部分残。

二像左右各浅浮雕两株菩提树，树冠占据壁面上部，可辨树叶。

坐佛　10身。分两排刻于主像身后长茎仰莲上。其中，下排3身，位于二主尊间及左右两侧壁上部；上排7身，环壁布置。像皆残损，坐高约25厘米；刻圆形素面头光，直径13厘米；结跏趺坐于仰莲上。仰莲高9厘米，直径17厘米。从上至下、由左及右编为第1—10像。其中，第1像位于左侧壁上部，第2—6像位于正壁，第7像位于右侧壁上部，第8像位于第1像下，第9像位于两主尊像间，第10像位于第7像下。

第1像　头毁。身着双领下垂式袈裟；双手持放焰珠。

第2像　头毁。衣饰不明；双手胸前结印。

第3像　头毁，身残。后世局部以泥补塑；双手置胸前，覆巾。

第4像　头毁。身着双领下垂式袈裟；左手置腹前，右手抚膝；双腿部分以泥补塑。

第5像　头大部残，特征与第3像同。

图 379　第 191 号龛立面图

图 380　第 191 号龛剖面图

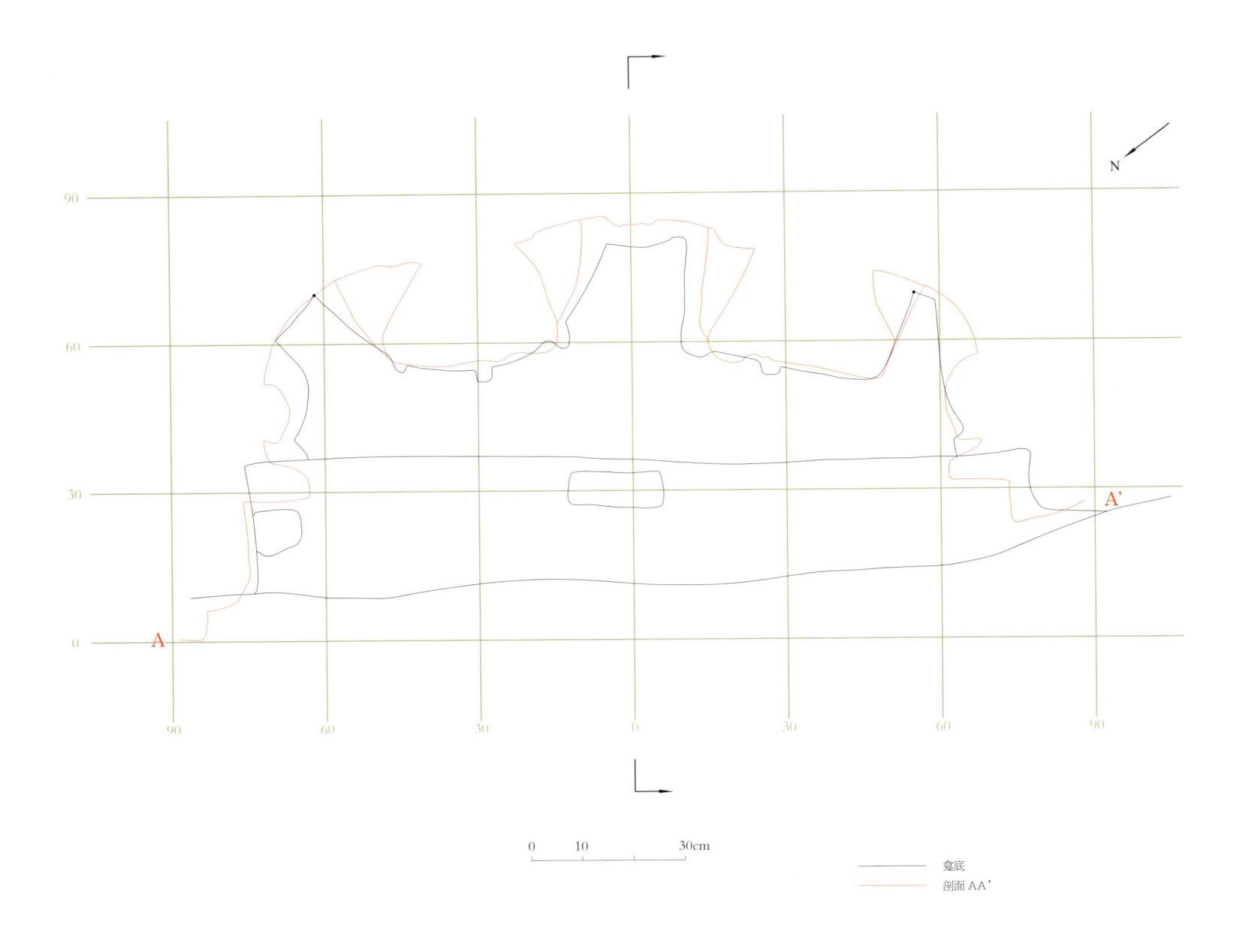

图381　第191号龛平面图

第6像　头毁。身部分以泥补塑；手势不明。
第7像　头部分残。特征同第1像。
第8像　头、身大部残；局部以泥补塑，原迹不明。
第9像　头毁，身剥蚀。衣饰不明，双手残，置腹前；双腿以泥补塑。
第10像　头大部残，内着僧祇支，系带作结，外披双领下垂式袈裟，其余特征不明。

左壁立像　高49厘米（图382；图版Ⅰ：431）。浮雕圆形素面头光，直径13厘米。头面蚀，身躯大部为后世以泥补塑，衣饰不明。双手残，合十，立于低台上。台高12厘米，宽26厘米，深6厘米，部分残。

右壁立像　高45厘米（图383；图版Ⅰ：432）。浮雕圆形素面头光，直径13厘米。梳髻，头冠，冠带作结下垂，面丰圆。身剥蚀，衣饰不明。双手胸前似持物，手及物残。自前臂刻有下垂体侧的披巾。双足残，立于低台上。台高14厘米，宽19厘米，深6厘米，部分残。

（二）龛外

龛左、右沿外侧中部各开一方形浅龛，大部毁。左龛内存像1身，残损甚重，残高约10厘米（图382；图版Ⅰ：433）。右龛内存像3身，仅辨轮廓，残高约11.5—17厘米（图383；图版Ⅰ：434）。

四　晚期遗迹

龛外平台中部凿方形凹槽，长18厘米，宽7厘米，深7厘米。

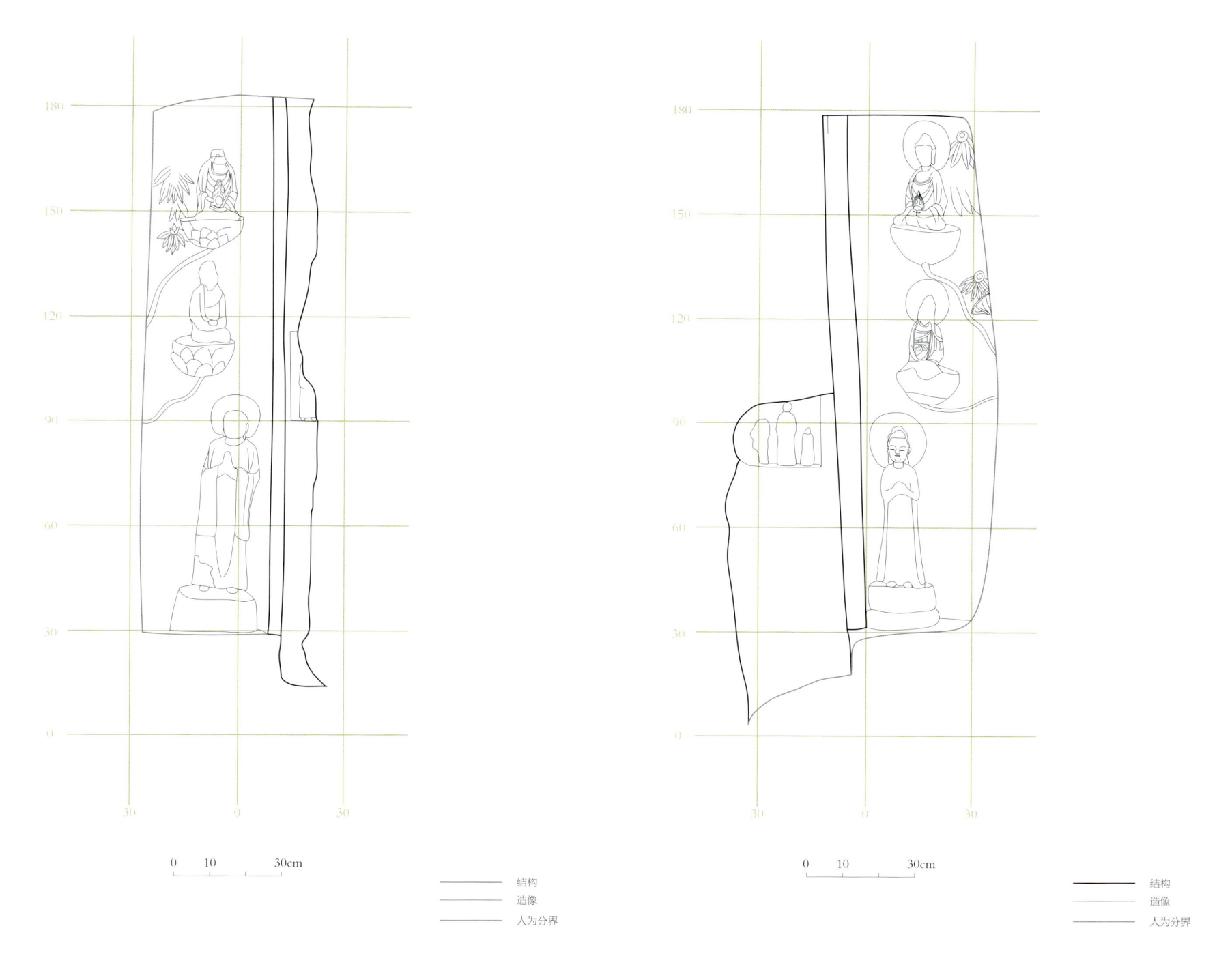

图382　第191号龛左壁立面图

图383　第191号龛右壁立面图

龛外平台左右端各凿一方孔，对称布置；孔大小相近，宽9厘米，深7厘米。

龛内保存红色、灰白色、蓝色、黑色四种涂层。

第三十五节　第192号

一　位置

位于第191号龛右侧转折壁面中部。左距壁面转折边缘101厘米，右距壁面边缘63厘米；上为岩壁，下距地坪173厘米。龛口北向，方向8°。

二　形制

单层方形龛（图384；图版Ⅰ：435）。

龛口　在岩壁表面平直凿进最深约5厘米形成龛口。龛口左侧部分残脱，存左沿宽10厘米；右沿略残，宽7厘米；上沿部分残，残

第六章　第165—192号　497

宽9厘米；下部大部毁。龛口内缘高86厘米，宽77厘米，至后壁最深28厘米。

龛底　呈方形，前端毁。内侧建低坛一级，高24厘米，深15厘米。

龛壁　正壁竖直，略微内凹；与左右侧壁略垂直相交。壁面与龛顶弧面相接。

龛顶　略呈半圆形，部分脱落。

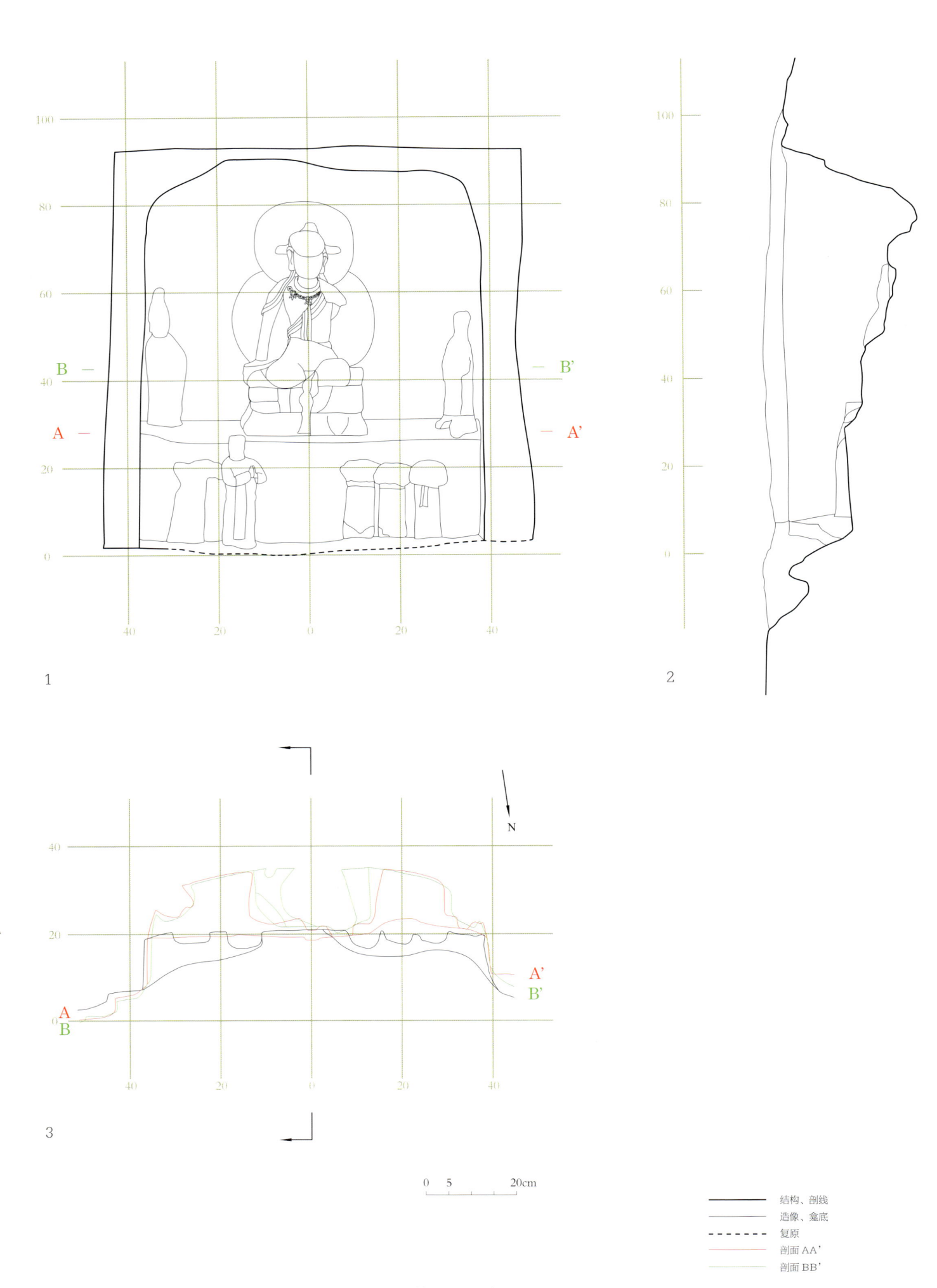

图384　第192号龛平、立、剖面图
1　立面图　2　剖面图　3　平面图

三　造像

刻像8身（图版Ⅰ：435）。其中，正壁中刻主尊坐像1身，左右各刻立像1身；低坛正面刻供养人立像5身。

主尊像　坐高32厘米。线刻圆形素面头光和身光，横径分别为22、30厘米。头顶残，存作结长垂的冠带。脸圆，面蚀。胸饰璎珞，上身斜披络腋，下着裙。腰带作结垂于座前，略蚀。左臂毁，右手撑台，略残；垂左腿（足残），盘右腿，左舒相坐于山石台上。台高14厘米，宽28厘米，深11厘米。

左立像　残高22厘米，仅辨轮廓。

右立像　残高32厘米，仅辨轮廓。

供养人像　5身，皆残损甚重，残高约22厘米。其中，左起第4身可辨双手合十，右手前臂垂搭一条帛带。

四　晚期遗迹

龛外下方凿两个较浅的孔洞，大小相近；孔直径12厘米，深5厘米。

龛外右上方凿一较深的孔洞，直径17厘米，深17厘米。

龛内保存灰白色涂层。

第三十六节　本章小结

一　形制特点

本章34个编号中，第167号像直接刻于岩壁上。第165、166、170、171、173、175、178、182—186、189号，以及第171-1、175-1、180-1、180-2、187-1、190-1号等19龛残毁甚重，龛制不明。其余第168、169、172、174、176、177、179、180、181、187、188、190、191、192号等14龛窟形制保存较好、特征明显，可将其分为三类。

第一类　方形平顶窟。有第168、176、177、180号等4窟。窟口方形，有窟沿；第168、176、177号窟左右上角作弧面处理，第180号窟左右上角凿三角形斜撑。第176、177号窟沿内侧凿有竖直的平整面与窟壁相接，第168、180号窟沿内侧未凿出平整面。窟底以方形为主，仅第180号窟底呈半圆形；窟壁竖直，窟顶为平顶。其中，第168号窟未建低坛，明代时在窟底后部以条石砌筑方形石塔，未与窟顶相接；第176、177、180号等窟建低坛，造像布置于低坛之上。此外，第168、176、177号等3窟壁面竖直，正壁与左右侧壁略成垂直相交，分界较为明显；第180号窟窟壁为弧壁，分界略显模糊。

第二类　单层圆拱龛。仅第181号龛。从岩壁直接凿建圆拱形龛口，龛沿毁，龛底略呈方形，龛壁为弧壁。

第三类　单层方形龛。有第169、172、174、179、187、188、190、191、192号等9龛。龛口方形，有龛沿。龛口左右上角的处理有两种情形，即第172、174号龛作斜面处理（第190号龛残损），与龛沿齐平；第187、191号龛为三角形斜撑，略低于龛沿。第172、190、191号龛龛沿内侧凿竖直的平整面与龛壁相接，第174、187号龛未凿平整面。龛底有半圆形和方形两种，即第172、191号龛底呈半圆形，第174、187、190号龛底呈方形。龛壁大多竖直，其中第174、190、191号龛为弧壁，第172、187号龛正壁与左右壁圆转相接，分界较为明显。此外，第174、190号龛内建低坛，造像置于低坛之上；第172、187、191号等龛未建低坛。

二　年代分析

本章34个编号，按其分布特点及造像风格，大致可划分为两大部分。

第一部分，为本章岩壁左侧部分，包括第165—184号，以及第171-1、175-1、180-1、180-2号等24龛窟。其中，第168、176、177、180号窟位置显著，规模较大，开凿进深较深，应是此段壁面最先开凿的造像。

紧邻第168号窟和第180号窟右侧开凿的第169号龛及第181号龛，所处壁面位置亦佳，仅规模、进深略小，似为随后开凿的造像。

第165、166、167、170—175、182、183号龛，以及第171-1、175-1、180-1、180-2号等龛，或处于岩体次要壁面，或位于龛窟之间，位置欠佳，规制较小，布置略显凌乱，似为最后开凿的造像。

在上述龛窟中，有4龛窟保存明确纪年：第168号窟造像纪年为北宋宣和三年（1121年）、宣和四年（1122年）；第176、177号窟据其伏元俊丙午年镌记，知其开凿于北宋靖康元年（1126年）[1]；第180号窟造像纪年为北宋政和六年至宣和四年（1116—1122年）。据此，结合本段岩壁龛窟像开凿次第，推测第168、176、177、180号窟开凿于北宋政和六年至靖康元年（1116—1126年），其余龛像开凿于北宋靖康至南宋末年（1126—1279年）。

第二部分，为本章岩壁右侧部分，包括第185—192号及第187-1、190-1号等10龛，位于北区石窟中段最北端，与北段南端龛像相邻。其中，第187、190、191号龛位于岩体最坚实的壁面，一字布列，规模相近，且龛前设有统一的低台，应是其最先开凿的龛像。第185、186号龛位于第187号龛左侧边缘；第188号龛位于岩体软弱夹层带之上的壁面，高壁独处；第189号龛位于第187和190号龛之间的狭小壁面空间，略显紧促；第192号龛位于岩体最北端的转折壁面，位置略高；第187-1、190-1号龛则处于第187、190号龛上方，保存较差。此7龛造像所处壁面皆不甚理想，应是在第187、190、191号龛开凿之后的选择。

从整体上看，上述10龛像呈现出大龛连小龛、比邻开凿的特点。在造像风格上，与其紧邻的北区石窟北段前后蜀龛像更为接近，故推测其开凿年代略早于本章第一部分龛像，其上限可至前后蜀，下限至北宋靖康元年（1126年）。

三 题材内容

本章34个编号中，第167、170、171、171-1、178、180-1、180-2、181（含第184号）、182、183、185、187-1、188、190-1号等15龛造像残损较重，题材难辨；其余第165、166、168、169、172—177、179、180、186、187、189、190—192号及第175-1号等19龛窟造像保存稍好。

第165号　龛内主尊头毁，从其斜披络腋，左手撑台，右手似置右膝，呈游戏坐式坐于山石台上的特征判断，疑为"水月观音龛"。

第166号　龛内正壁上部中像呈结跏趺坐式，左手置腹前，右手胸前结印，似为阿弥陀佛。从衣饰、手姿判断，左右两身似菩萨像。下部三身残毁甚重，身份不明。按上部造像，此龛疑为"阿弥陀佛、观音、地藏龛"。

第167号　龛内仅一身造像，且残毁，为"残像龛"。

第168号　窟内正壁及左右侧壁遍刻罗汉群像，现存四百九十五身，故应为"五百罗汉窟"。窟底后侧石塔，据其碑文，可知为"西域禅师坐化塔"。

第169号　龛内结跏趺坐主像内着僧祇支，外着双领下垂式袈裟，左手于腹前持金轮，右手结印，据此可知其为"金轮炽盛光佛龛"。

第170号　龛内造像残毁甚重，为"残像龛"。

第171号　龛内造像残毁甚重，为"残像龛"。

第171-1号　龛内造像残毁甚重，为"残像龛"。

第172号　龛内左像头戴披帽，左手捧珠，右手持锡杖，应为地藏像；右像头冠，身着袈裟，双手于胸腹间持钵，应为观音像。两主像上方及左右壁面所存八身坐像，皆头布螺髻，身披袈裟，当为佛像。据其主像，此龛为"观音地藏龛"。

第173号　龛内主像头冠，披巾，身六臂，分持日、月、宝剑、羂索、柳枝等，应为"不空羂索观音龛"。

第174号　龛内主像略同第173号龛，故亦为"不空羂索观音龛"。

第175号　龛内主像头戴冠，耳饰珠串，胸饰璎珞，为"菩萨龛"。

第176号　据窟左沿内侧平整面上部妆銮题记，此窟为"弥勒下生经变相窟"。其正壁主尊即为弥勒佛像，左右两侧壁为其经变图像。

1　陈习删：《大足石刻志略》，1955年油印本，第82页。

第177号　据考证，窟内正壁坐像为泗州大圣像，左侧持锡杖者为其弟子木叉，右侧持净瓶者为其弟子慧俨；左壁戴风帽，双手擎持锡杖，杖头悬挂剪、直角尺和扫帚，倚坐于高座上者为志公，其外侧年轻比丘为其侍者；右侧壁结跏趺坐，满脸皱纹，双目下视、口微张作说法状者为万回，其外侧作僧人像者为其侍者。据其主像，此窟应为"泗州大圣窟"[1]。

第178号　龛内像毁，为"残像龛"。

第179号　龛内像残毁甚重，从其主尊坐像似戴冠，上着袈裟，下着裙，腿间下垂腰带等特征判断，应为一菩萨像，故此龛似为"菩萨龛"。

第180号　窟内正中头戴高花冠，身披络腋，下着裙，左手撑台，右手抚膝，游戏坐式坐于须弥座上者，以及环列其左右壁的12身立像皆观音像。两侧壁观音头顶上方祥云中，另有文殊、普贤、如意轮观音、数珠手观音、不空羂索观音等12身坐像。疑此窟为"十三观音变相窟"[2]。

第180-1号　龛内像毁，为"残像龛"。

第180-2号　龛内像毁，为"残像龛"。

第181、184号　龛内像残，题材不明，为"残像龛"。

第182号　龛内像毁，为"残像龛"。

第183号　龛内像毁，为"残像龛"。

第185号　龛内像毁，为"残像龛"。

第186号　龛内主尊坐像光头，左手捧珠，右手持锡杖，当为地藏像；其上方仰莲上结跏趺坐10身像，皆头布螺髻，为佛像。据其主像，此龛为"地藏龛"。

第187号　龛内左主尊坐像披帽，手持锡杖，当为地藏像；右主尊坐像菩萨特征明显，似为观音像。二像间坛内生出长茎仰莲，上刻十坐像，视其特征为佛像。左右侧壁像残毁甚重，从轮廓判断，似为菩萨像。据其主尊，此龛应为"观音地藏龛"。

第187-1号　龛内像毁，名为"残像龛"。

第188号　龛内像残，名为"残像龛"。

第189号　龛内主尊坐像残损较重，从其山石台侧所刻盘龙，以及北山佛湾石窟类似造像看，似为"降龙罗汉龛"[3]。

第190号　据龛内造像特征，正壁三身坐像为药师佛、日光菩萨、月光菩萨组合，且三像间各刻手持锡杖和双手合十的侍者立像；左右侧壁八身立像，为八菩萨；下部十二身立像，则为药叉十二神将。据此，此龛应为"药师经变龛"。

第190-1号　龛内像毁，为"残像龛"。

第191号　龛内左主尊戴披帽，手持锡杖，为地藏像；右主尊戴冠，托钵持柳枝，为观音像。在两像座间瓶口生出的十枝长茎莲朵上，各坐一像，为佛像。左右侧壁下方各立一像，从轮廓判断，似为菩萨像。据其主像，应为"观音地藏龛"。

第192号　龛内像残，然具菩萨特征，且可见左手残，右手撑台坐于山石座上，似为水月观音像。其左右侧所刻两身立像，为侍者像；低坛正面所刻五身立像为供养人像。据其主像，疑为"水月观音龛"[4]。

四　晚期遗迹

（一）构筑遗迹

第168、176、177、180号等窟外岩壁皆存方形枋孔，呈左右对称布置；第188—191号龛龛外岩壁亦存较小方形枋孔，推测前者四窟和后者岩壁在历史上曾有建筑设施。第186、187、190、191号等龛龛前存方形槽孔，凿面粗糙，推测是后世信众为方便插放香

---

[1]《大足石刻内容总录》定名为"地藏变相图"。四川省社会科学院、大足县文物保管所编：《大足石刻内容总录》，四川省社会科学院出版社1985年版，第78页。2005年，马世长先生考证为"泗州大圣"窟。马世长：《大足北山佛湾176与177窟——一个奇特题材组合的案例》，重庆大足石刻艺术博物馆编：《2005年重庆大足石刻国际学术研讨会论文集》，文物出版社2007年版，第1—22页。

[2] 李巳生先生认为第180号窟为"普贤神变窟"。李巳生：《川密造像艺术初探》，重庆大足石刻艺术博物馆编：《2005年重庆大足石刻国际学术研讨会论文集》，文物出版社2007年版，第363页。

[3] 大足大钟寺遗址出土的圆雕造像中，亦有1件圆雕残像，其座左侧刻"镌妆降龙罗汉一尊罗□□王氏"，可知该像为降龙罗汉像。本龛和北山佛湾第258号龛的图像特征与大钟寺圆雕像相近，故亦皆为"降龙罗汉"。

[4]《大足石刻内容总录》定名为"残像龛"。四川省社会科学院、大足县文物保管所编：《大足石刻内容总录》，四川省社会科学院出版社1985年版，第84页。

烛而凿的"香槽"。

第168号窟残毁罗汉像头颈部，第187号龛主尊及上部坐佛残毁头颈部，第190号龛下部药叉神将残毁头颈部，第191号龛主尊像残毁头颈部，均于其断面处凿有方形或圆形小孔，推测这些小孔为后世所凿，以便作为补接塑像插接榫头之用。

（二）妆绘遗迹

本章34个编号中，第167、171-1、175、175-1、179、180-1、180-2、182、183、185、187-1、188、189号等13龛处于岩壁边缘或洞窟之间的紧促位置，龛制较小，造像保存较差，未见妆绘遗迹；其余龛窟均存妆绘遗迹，表明在历史上曾进行过妆彩。

从现存遗迹看，其妆绘存在两种情形。第一种情形是，龛壁、龛顶和造像全部施以灰白色涂层，未再使用其他涂层。龛像包括第165、166、170、171、172、173、174、178、181、190-1、192号等11龛。第二种情形是，龛壁和龛顶施以红色涂层，造像涂层另分作两层，底层主要为灰白色，外层据造像不同部位施以蓝色、绿色和黑色等，龛像包括第168、169、176、177、180、186、187、190、191号等9龛窟。颜料以灰白色、红色为主，另有少量的蓝色、绿色和黑色。其中，第168、176、177、180号等窟规模较大，进深较深，造像所处的局部环境较好，保存的涂层也较完整；其余各龛略浅小，受自然因素影响，保存的涂层剥落较重，颜色较淡。

据第168、176、180号窟中所存铭文可知，此三窟造像在雕造时就进行过妆绘。

注释：

[1] 本则铭文第2行第29字"凡"；第4行第28字"佣"；第6行第35字"因"；第8行第33字"面"；第17行第15字"辈"；铭文分别为：

凡　佣　因　面

辈

[2] 此"棋"字，铭文为：

棋

图书在版编目（CIP）数据

北山佛湾石窟第101—192号考古报告．上册／黎方银主编；大足石刻研究院编．— 重庆：重庆出版社，2017.11
（大足石刻全集．第二卷）
ISBN 978-7-229-12680-3

Ⅰ.①北… Ⅱ.①黎…②大… Ⅲ.①大足石窟－考古发掘－发掘报告
Ⅳ.①K879.275

中国版本图书馆CIP数据核字(2017)第228174号

北山佛湾石窟第101—192号考古报告　上册
BEISHAN FOWAN SHIKU DI 101-192 HAO KAOGU BAOGAO SHANGCE
黎方银 主编　　大足石刻研究院 编

总策划：郭　宜　黎方银
责任编辑：李盛强　王　娟
美术编辑：郑文武　王　娟　周　瑜　吕文成　王　远
责任校对：刘　艳
装帧设计：胡靳一　郑文武
排　　版：杨　琴

重庆出版集团　出版
重庆出版社

重庆市南岸区南滨路162号1幢　邮政编码：400061　http://www.cqph.com
重庆新金雅迪艺术印刷有限公司印制
重庆出版集团图书发行有限公司发行
E-MAIL:fxchu@cqph.com　邮购电话：023-61520646
全国新华书店经销

开本：889mm×1194mm　1/8　印张：69
2017年11月第1版　2017年11月第1次印刷
ISBN 978-7-229-12680-3
定价：2400.00元

如有印装质量问题，请向本集团图书发行有限公司调换：023-61520678

版权所有　侵权必究